contrôle continu

résumés de cours | exercices | contrôles | corrigés

David Latouche
Hervé Tellier

Physique Chimie

conforme au nouveau programme 2012

Tle S

ellipses

Collection « contrôle continu »
dirigée par Pascal Clavier

Retrouvez tous les titres disponibles de la collection sur notre site :
www.editions-ellipses.fr

ISBN 978-2-7298-7564-0

32, rue Bargue 75740 Paris cedex 15

www.editions-ellipses.fr

Sommaire

Physique

Chimie

PHYSIQUE

1

Les ondes

RAYONNEMENTS DANS L'UNIVERS

○ Le rayonnement électromagnétique

Les objets présents dans l'Univers (étoiles, trous noirs, nébuleuses, galaxies…) émettent des rayonnements électromagnétiques, caractérisés par des longueurs d'onde λ, s'étalant des rayons γ aux ondes radios. Le domaine de la lumière visible ne représente qu'une infime partie de la famille des ondes électromagnétiques.

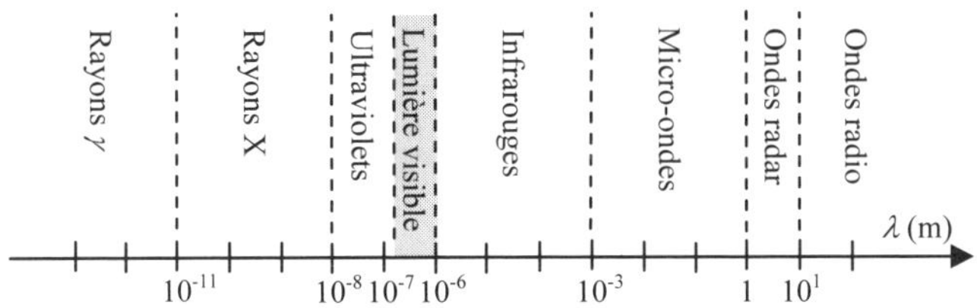

Ondes électromagnétiques

Les pulsars, étoiles à neutrons, en rotation rapide, résidus d'une étoile qui a explosé en supernova sont des sources très énergétiques de rayonnement γ.
Les amas de galaxies, les centres des galaxies, les quasars, les trous noirs émettent des rayons X.
Le Soleil émet principalement un rayonnement électromagnétique s'étalant des ultraviolets aux infrarouges.
Le rayonnement fossile, capté depuis toutes les directions du cosmos, est le vestige des premiers instants ayant suivi la naissance de l'Univers : il est composé de micro-ondes.

○ Absorption du rayonnement par les molécules atmosphériques

Lors de leur pénétration dans l'atmosphère terrestre, les photons entrent en collision avec les molécules atmosphériques et sont progressivement absorbées.
L'absorption du rayonnement électromagnétique par les molécules atmosphériques est intimement liée aux quanta d'énergie transportés par les photons. Une molécule possède des niveaux énergétiques discrets ou quantifiés associés à des états de rotation, de vibration ou de configuration électronique. Un photon peut être absorbé lorsque son énergie correspond à une transition entre le niveau fondamental et un de ces états excités.

En outre, une molécule peut être dissociée par des photons dépassant l'énergie d'ionisation de la molécule. Il y a alors un continuum énergétique d'absorption au-delà de l'énergie d'ionisation.
L'atmosphère terrestre étant transparente au rayonnement visible, on distingue trois types d'absorption moléculaire suivant l'énergie du photon incident :

- ultraviolet : les molécules sont dissociées (absorption non quantifiée)
- infrarouge : les molécules vibrent (absorption quantifiée)
- micro-onde : les molécules tournent (absorption quantifiée).

LES ONDES DANS LA MATIÈRE

○ Les ondes sismiques

Les ondes sismiques sont des ondes mécaniques élastiques qui peuvent traverser un milieu matériel sans le modifier durablement. La perturbation initiale se propage de proche en proche dans le milieu en faisant vibrer les particules qui le compose autour de leur position d'équilibre.
On distingue les ondes de volume, qui se propagent à l'intérieur du globe terrestre, des ondes de surface.

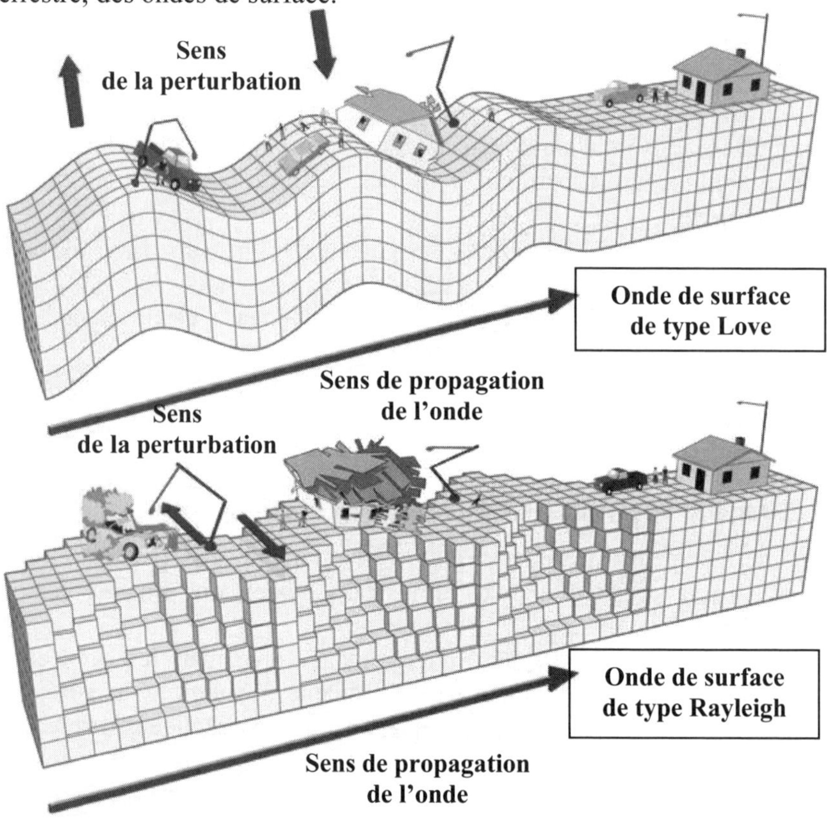

L'échelle de Richter permet de comparer entre elles les énergies libérées par les différents séismes. C'est une échelle logarithmique non linéaire :

les ondes sismiques d'un séisme de magnitude 6 ont une amplitude dix fois plus grande que celles d'un séisme de magnitude 5. L'échelle est ouverte et sans limite supérieure connue.

Description	Magnitude	Effets	Fréquence
Micro	< 1,9	Microtremblement de terre, non ressenti	8 000 par jour
Très mineur	2,0 à 2,9	Généralement non ressenti mais détecté, enregistré	1 000 par jour
Mineur	3,0 à 3,9	Souvent ressenti mais causant rarement des dégâts	49 000 par an
Léger	4,0 à 4,9	Secousses notables d'objets à l'intérieur des maisons, bruits d'entrechoquement. Dommages importants peu communs.	6 200 par an
Modéré	5,0 à 5,9	Peut causer des dégâts majeurs à des édifices mal conçus dans des zones restreintes. Cause de légers dommages aux édifices bien construits.	800 par an
Fort	6,0 à 6,9	Peut être destructeur dans des zones allant jusqu'à 180 km à la ronde si elle est peuplée.	120 par an
Majeur	7,0 à 7,9	Peut provoquer des dommages modérés à sévères sur des zones plus vastes.	18 par an
Important	8,0 à 8,9	Peut causer des dommages sérieux dans des zones à des centaines de kilomètres à la ronde.	1 par an
Exceptionnel	9,0 et plus	Dévaste des zones de plusieurs milliers de kilomètres à la ronde.	1 tous les 20 ans

La magnitude du séisme le plus fort jamais mesurée a atteint la valeur de 9,5 sur l'échelle de Richter le 22 mai 1960 au Chili. Le séisme qui a ravagé le Japon le 12 mars 2011 avait quant à lui une magnitude de 9,0.

Les ondes sonores

Les ondes sonores sont des ondes mécaniques longitudinales de compression-dilation des atomes ou des molécules composant le milieu de propagation. Cette perturbation se propage de proche en proche en faisant vibrer les particules du milieu autour de leur position d'équilibre. Les sons ne se propagent donc pas dans le vide : leur propagation nécessite un milieu matériel (solide, liquide ou gazeux).

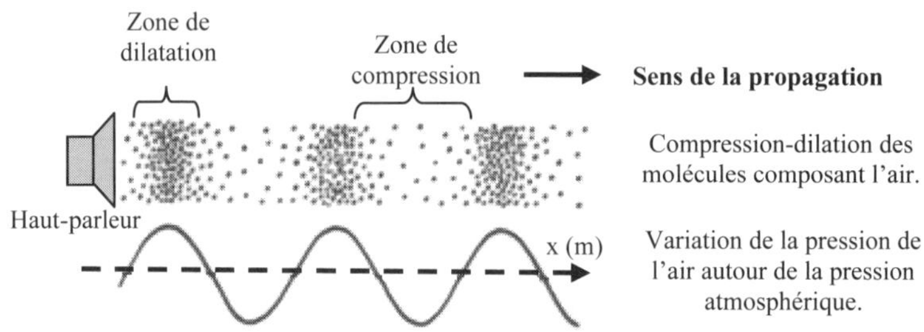

Propagation d'une onde sonore dans l'air

Le niveau sonore noté L, se mesure en décibels acoustique (dB_A). C'est une grandeur sans dimension, logarithme du rapport de l'intensité I de la source sonore exprimée en $W.m^{-2}$ par l'intensité de référence $I_0 = 10^{-12}$ $W.m^{-2}$ qui correspond au seuil d'audibilité pour l'oreille humaine :

$$\boxed{L = 10 \log\left(\frac{I}{I_0}\right)}$$

dB_A	
120	Bruits douloureux : marteau piqueur à 1 m.
100	Bruits nocifs : concert, discothèque.
80	Bruits pénibles : forte circulation, klaxon.
70	Bruyant mais supportable : aspirateur à 1 m.
50 à 60	Bruits courants : zone résidentielle.
30 à 40	Calme : chambre à coucher, bureau tranquille.
20	Très clame : conversation à voix basses.
0	Seuil d'audibilité.

Échelle des niveaux sonores

DÉTECTEURS D'ONDES

○ Le photomultiplicateur : détecteur de photons

Le photomultiplicateur est un dispositif permettant de détecter les photons. Sous l'action de la lumière, des électrons sont arrachés au métal constituant la photocathode par effet photoélectrique. Le faible courant ainsi généré est ensuite amplifié par une série de dynodes mettant en jeu le phénomène d'émission secondaire d'électrons afin d'obtenir un gain important. Ce détecteur permet un comptage individuel des photons et est sensible aux ondes électromagnétiques s'étalant de l'ultraviolet à l'infrarouge proche.

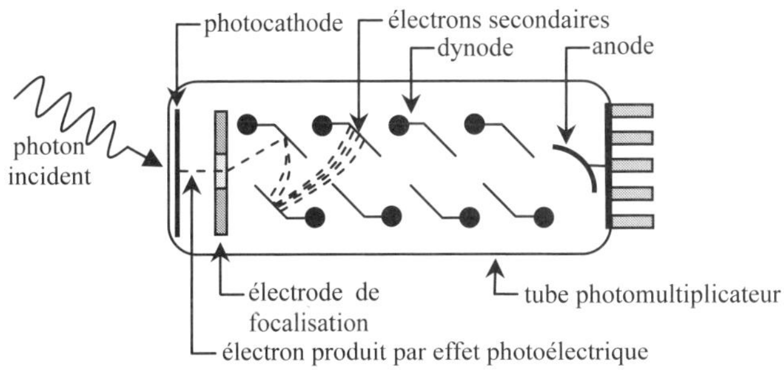

Schéma de principe d'un photomultiplicateur

○ Le microphone dynamique : détecteur de sons

Le microphone dynamique est un transducteur électroacoustique. Il convertit une onde sonore acoustique en une tension électrique variable.
L'onde sonore entraîne la vibration d'une membrane sur laquelle est fixée une bobine. Le déplacement de cette dernière dans le champ magnétique statique créé par un aimant, engendre une tension électrique variable (phénomène d'induction) image du signal sonore.

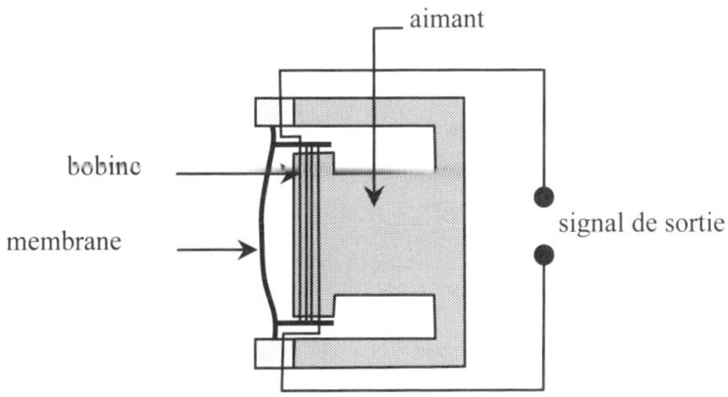

Schéma de principe d'un microphone dynamique

CARACTÉRISTIQUES DES ONDES

○ Définition d'une onde

Une onde est la propagation d'une perturbation produisant sur son passage une variation réversible des propriétés physiques locales.
Certaines ondes ont besoin d'un milieu matériel (solide, liquide ou gazeux) pour se propager : c'est le cas des ondes mécaniques. Les ondes électromagnétiques peuvent se propager, quant à elles, y compris dans le vide.

○ Onde progressives unidimensionnelles

Une onde progressive unidimensionnelle est une onde se propageant dans une seule direction de l'espace, en s'éloignant de la source qui engendre la perturbation.

On distingue les ondes unidimensionnelles progressives :

- transversales, dont la direction de propagation est orthogonale à celle de la perturbation ;
- longitudinales, dont la direction de propagation est parallèle à celle de la perturbation.

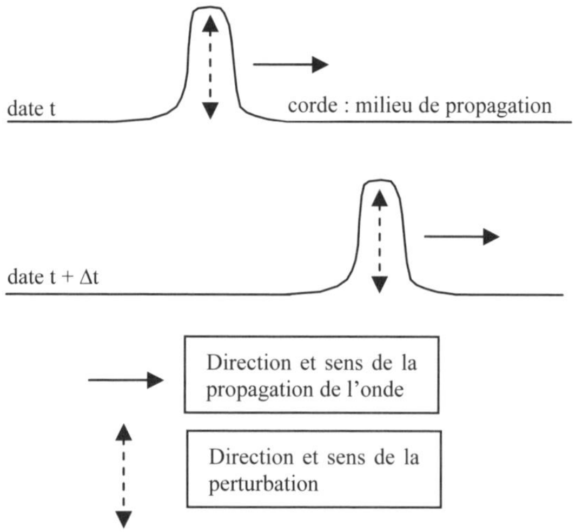

Propagation d'une onde progressive unidimensionnelle transversale

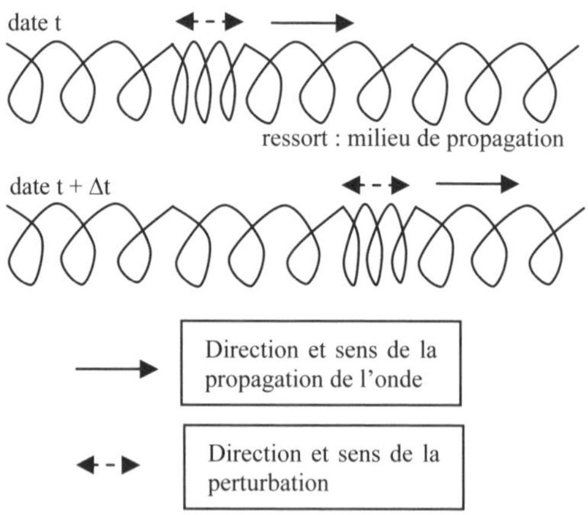

Propagation d'une onde progressive unidimensionnelle longitudinale

o Vitesse de propagation et retard

La propagation d'une onde n'est pas un phénomène instantané car la vitesse de propagation a nécessairement une valeur finie.

Une onde qui perturbe un point M à une date t, atteint un point M' distant à une date $t + \Delta t$, c'est-à-dire avec un retard Δt. Le retard est proportionnel à la distance d séparant les deux points considérés et inversement proportionnel à la vitesse de propagation v de l'onde.

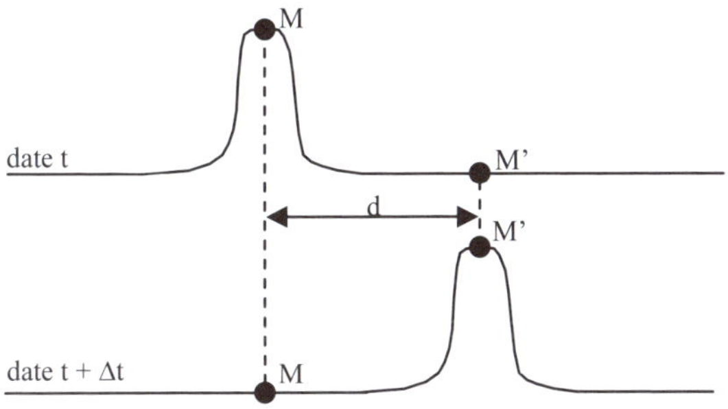

La perturbation atteint le point M' avec un retard Δt

La vitesse de propagation, ou célérité, notée v, est le quotient de la distance d que l'onde a parcourue par la durée Δt nécessaire à ce trajet.

$$v = \frac{d}{\Delta t}$$

avec v en $m.s^{-1}$, d en m, Δt en s

La célérité d'une onde dépend du milieu de propagation. Ainsi, la célérité du son dans l'air est de 340 $m.s^{-1}$ et d'environ 1500 $m.s^{-1}$ dans l'eau.

o Ondes progressives périodiques

Une source, qui engendre une perturbation, se répétant identiquement à elle-même à intervalles de temps réguliers, produit une onde progressive périodique. Ainsi une source qui vibre sinusoïdalement produit une onde progressive sinusoïdale. Une onde progressive périodique est caractérisée par une double périodicité : temporelle et spatiale.

▸ Période T et fréquence f (périodicité temporelle)

En un point M, fixe du milieu de propagation (air), on place un récepteur permettant de capter l'onde mécanique progressive périodique produite par un émetteur d'ultrasons. Un oscilloscope relié au récepteur d'ultrasons permet d'observer la nature du signal capté.

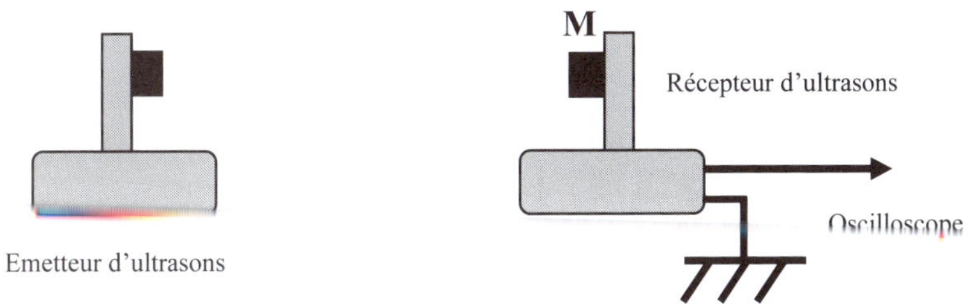

Un récepteur relié à un oscilloscope permet de mesurer la période du signal associé à une onde ultrasonore

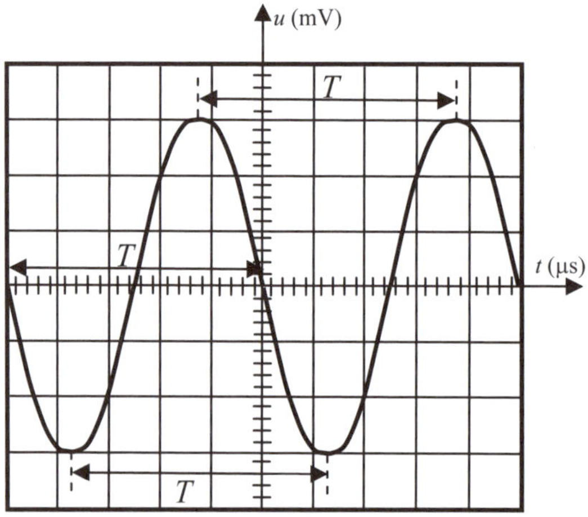

Sensibilité horizontale : $k_H = 5{,}0\ \mu s$ / DIV
Sensibilité verticale : $k_V = 10$ mV / DIV

Période d'une onde ultrasonore sinusoïdale

Sur l'oscillogramme, la **période** est le plus petit **motif élémentaire** permettant de reconstituer l'intégralité du signal. On mesure la période T d'un signal sur l'écran d'un oscilloscope en appliquant la formule :

$T = n_H \times k_H$	T : période (en s) n_H : nombre de divisions horizontales correspondant à une période (en DIV) k_H : sensibilité horizontale (en $s.DIV^{-1}$)

EXEMPLE : sur l'oscillogramme précédent $T = 5 \times 5{,}0 = 25\ \mu s$.

REMARQUE :

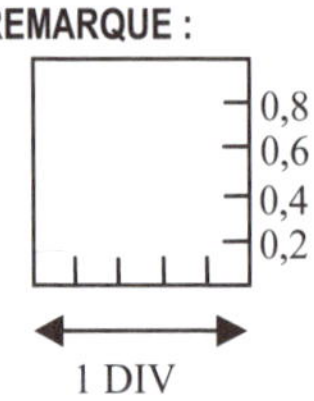

Sur l'écran d'un oscilloscope, chaque division est divisée en cinq intervalles égaux par quatre subdivisions. Chacune d'entre elles représente donc un cinquième de division soit 0,2 DIV.

La période T d'une onde en un point M de l'espace est la plus petite durée au bout de laquelle ce point retrouve le même état vibratoire.
La fréquence f exprimée en hertz (Hz) est le nombre de périodes par seconde :

$f = \frac{1}{T}$	f : fréquence en hertz (Hz) T : période en seconde (s)

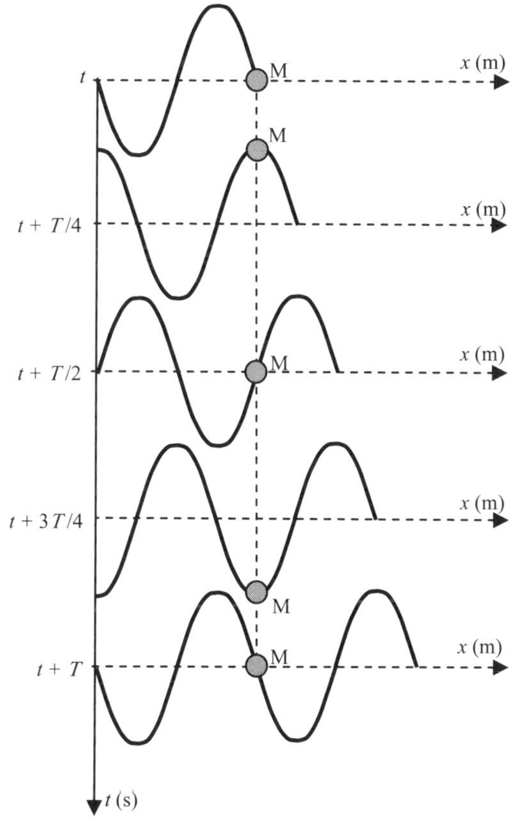

Interprétation physique de la période temporelle d'une onde sinusoïdale

► **Longueur d'onde λ (périodicité spatiale)**

En deux points M_1 et M_2 différents du milieu de propagation (air) séparés par une distance d on place des récepteurs (R_1 et R_2) permettant de capter l'onde mécanique progressive périodique produite par un générateur d'ultrasons fixe (E). Le récepteur R_1 est fixe alors que R_2 est mobile.

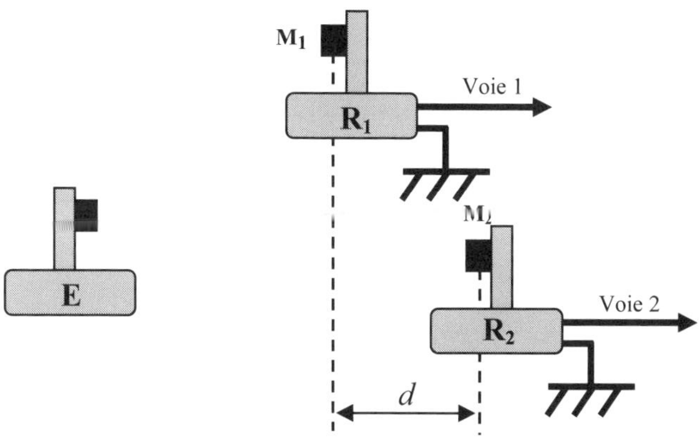

Mise en évidence expérimentale de la longueur d'onde

Pour différentes distances d, on observe l'un des cas suivants :

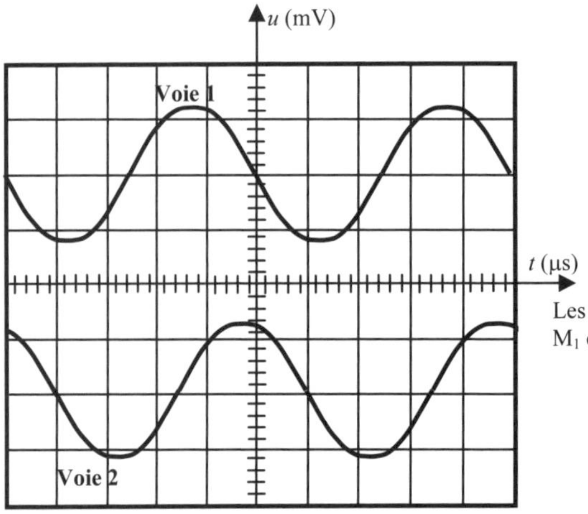

d quelconque

Les états vibratoires aux points M_1 et M_2 sont déphasés.

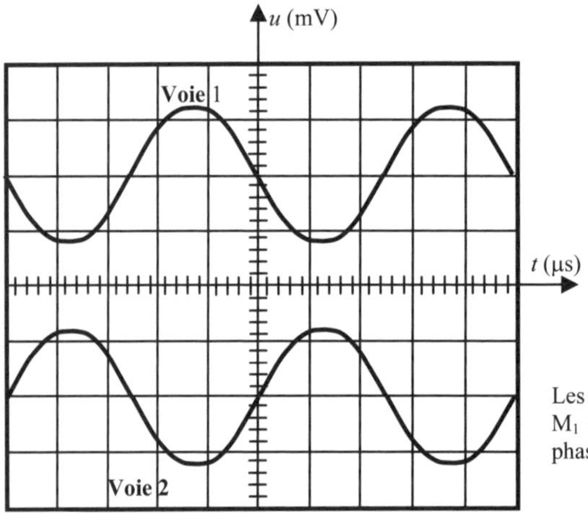

$$d = \left(k + \frac{1}{2}\right)\lambda$$

$$k \in N$$

Les états vibratoires aux points M_1 et M_2 sont en opposition de phase.

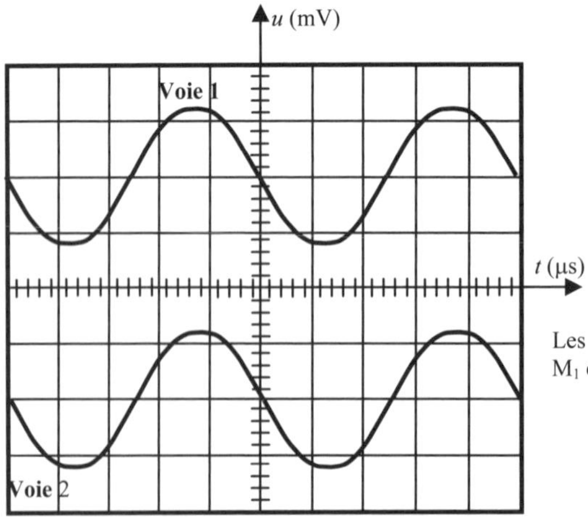

$$d = k\,\lambda \qquad k \in N$$

Les états vibratoires aux points M_1 et M_2 sont en phase.

États vibratoires en différents points de l'espace

Deux points séparés par un nombre entier de longueurs d'onde λ, **vibrent en phase** : on parle de périodicité spatiale.

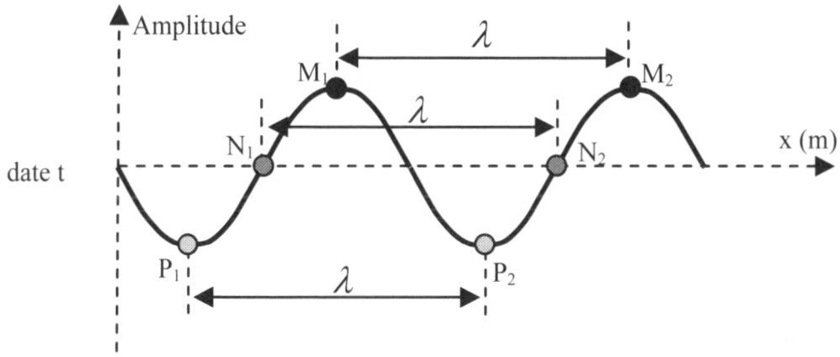

Notion de longueur d'onde : les points M_1 et M_2 sont, pour une même date t, dans le même état vibratoire (ils vibrent en phase)

La **longueur d'onde** notée λ, exprimée en mètres, est la plus **petite distance** séparant **deux points** qui **vibrent en phase**. C'est aussi la distance parcourue par l'onde pendant une période T.

▶ Double périodicité : lien entre λ et T

Les deux périodes (spatiale et temporelle) sont liées par la relation :

$\lambda = v \times T$	λ : longueur d'onde (en m) v : vitesse de propagation (en m.s^{-1}) T : période temporelle (en s)

En effet, comme la longueur d'onde λ est la distance parcourue par l'onde à la célérité v pendant une durée correspondant à une période T, on en déduit que :

$$v = \frac{\lambda}{T} \Rightarrow \lambda = v \times T$$

○ Ondes sonores et ultrasonores

Les **sons audibles** par l'oreille humaine ont des fréquences comprises entre **20 Hz** et **20 000 Hz** :

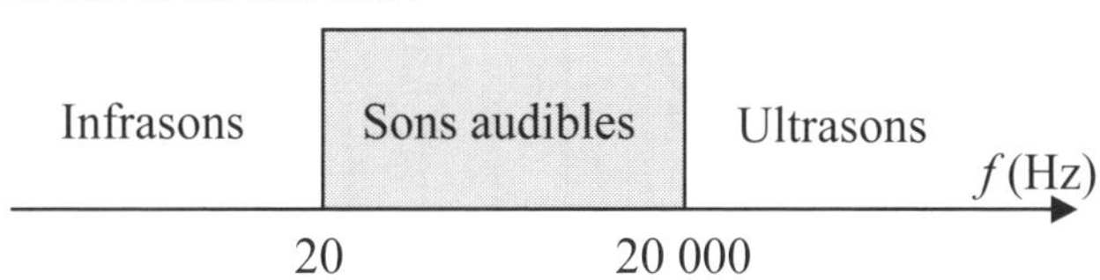

○ Analyse spectrale

▶ Intensité et hauteur d'un son

L'**intensité** d'un son est liée à l'**amplitude** de l'onde sonore.
La **hauteur** d'un son est liée à la **fréquence** (du fondamental) de l'onde sonore. Plus elle est élevée, plus le son est aigu, plus elle est basse, plus le son est grave.

▶ Sons purs et sons complexes

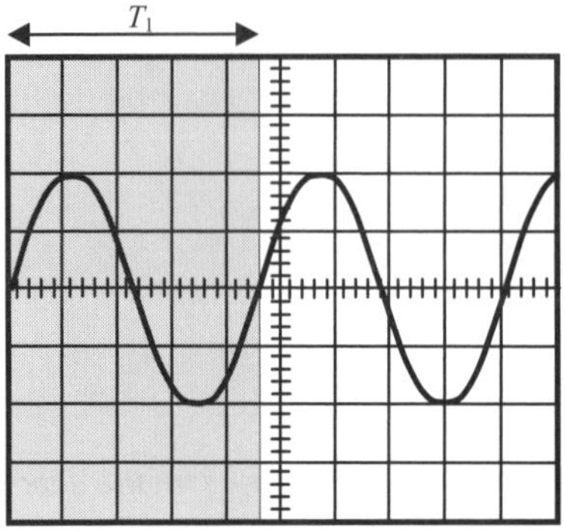

Son pur

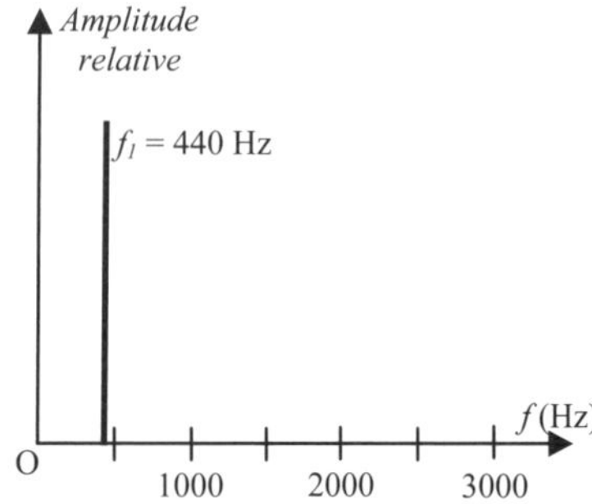

Spectre fréquentiel

Le son émis par un diapason est un **son simple** ou **pur** de fréquence $f_1 = 1/T_1$. Les vibrations sonores correspondantes sont **périodiques et sinusoïdales**.

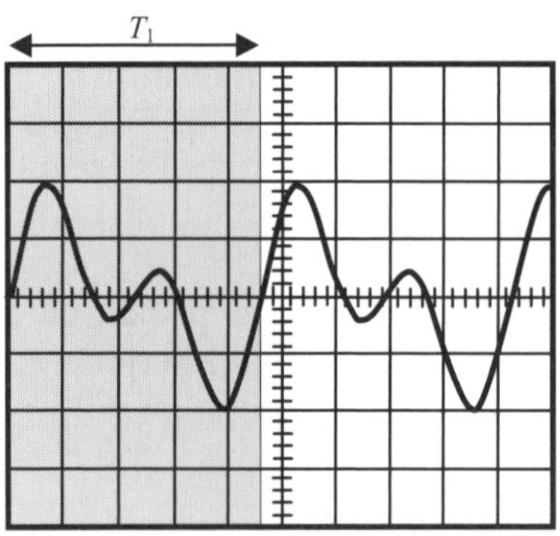

Son complexe n° 1

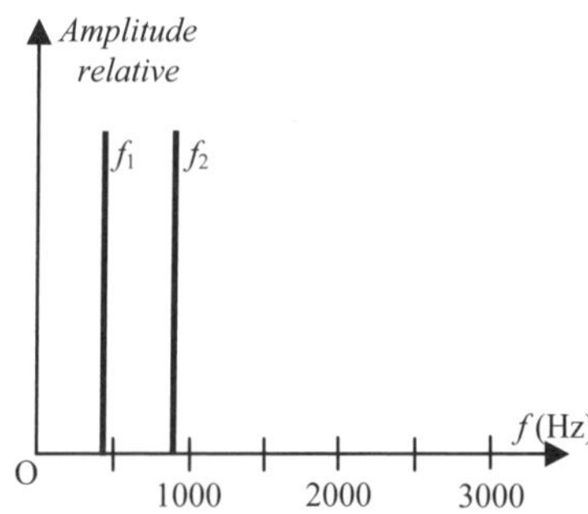

Spectre fréquentiel

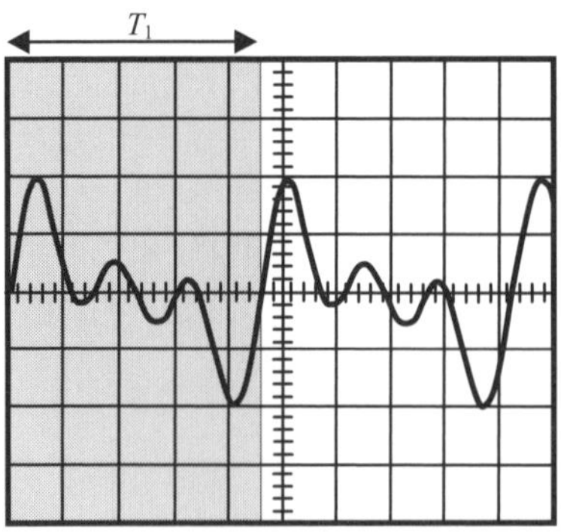

Son complexe n° 2

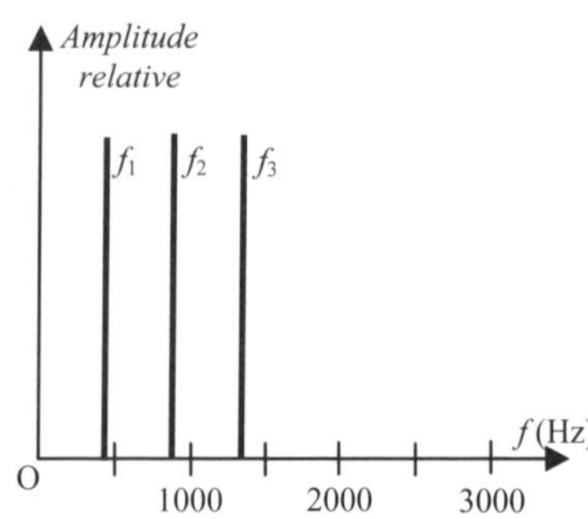

Spectre fréquentiel

Le son émis par un instrument de musique est un **son complexe** de fréquence $f_1 = 1/T_1$. Les vibrations sonores correspondantes sont **périodiques** mais **non sinusoïdales**.

Un **son complexe** de fréquence f_1 résulte de la **superposition** de **sons purs** (donc **sinusoïdaux**) de fréquences $f_1, f_2 = 2 \times f_1, f_3 = 3 \times f_1, \ldots$

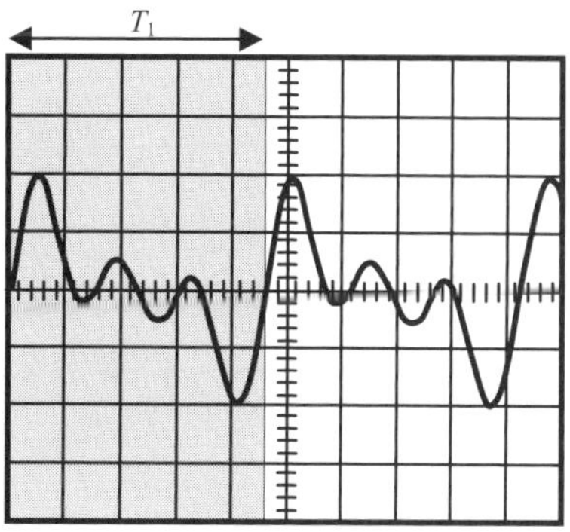

Son complexe de fréquence f_1

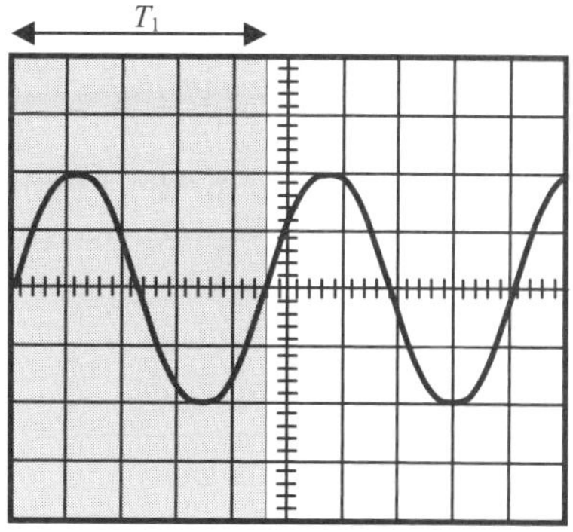

Son pur de fréquence f_1

+

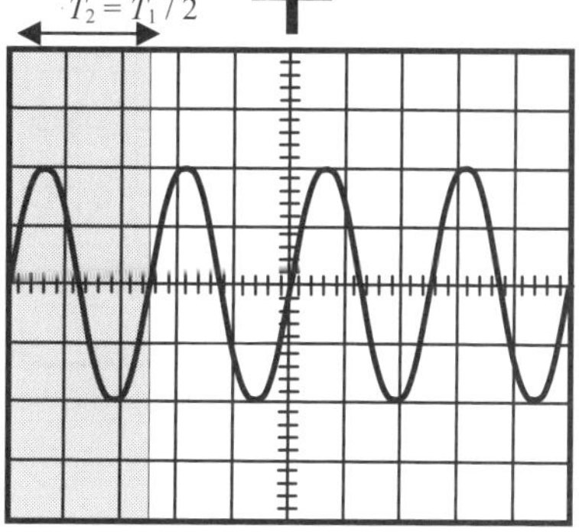

Son pur de fréquence $f_2 = 2 \times f_1$

+

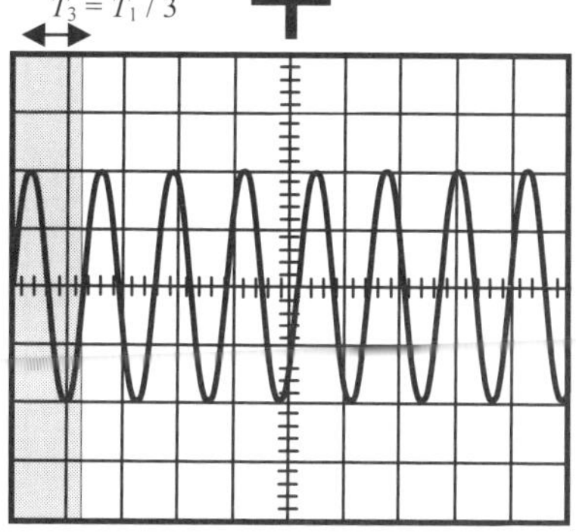

Son pur de fréquence $f_3 = 3 \times f_1$

Le son pur de fréquence f_1 est appelé le **fondamental** ou le **premier harmonique**.
Les sons purs de fréquence $f_2 = 2 \times f_1$, $f_3 = 3 \times f_1$, … sont appelés les **harmoniques** (2e harmonique, 3e harmonique, …).

▶ Timbre d'un son

Deux sons de **même hauteur**, c'est-à-dire ayant un **fondamental de même fréquence**, ne produisent pas nécessairement la même **sensation auditive**. Ils peuvent différer par leur intensité ou par l'importance relative des différents **modes harmoniques** qui les composent.
Ainsi, la même note jouée par deux instruments de musique différents sera distinguée par l'oreille.

Signaux analogiques	Spectres fréquentiels

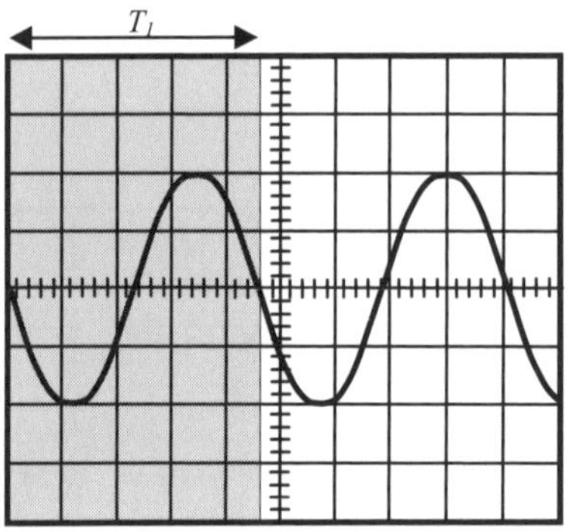

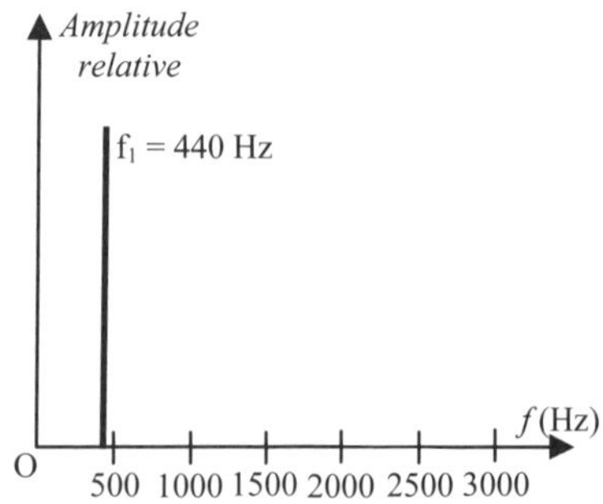

La$_3$ (diapason)

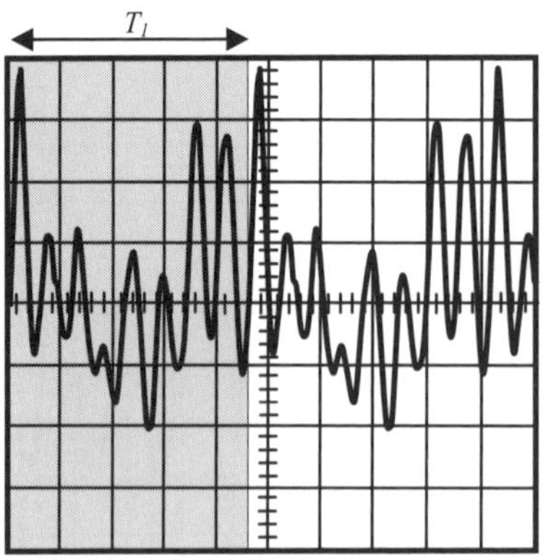

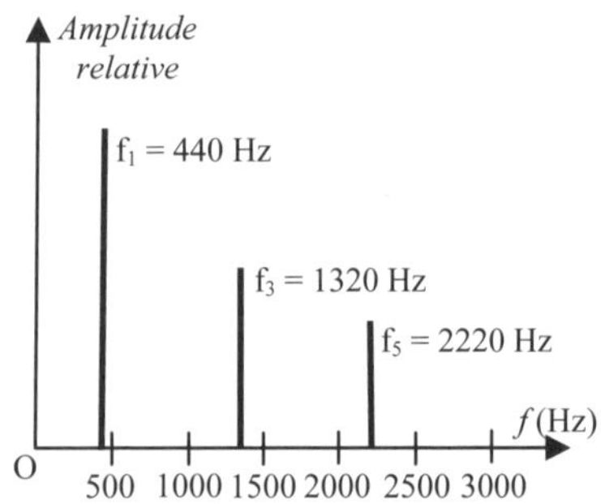

La$_3$ (violon)

L'**analyse spectrale** d'un son complexe permet de visualiser le **fondamental** et les **harmoniques** qui le composent. Le spectre fréquentiel d'un son est sa signature : il caractérise son **timbre**.

PROPRIÉTÉS DES ONDES

Transport d'énergie sans transport de matière

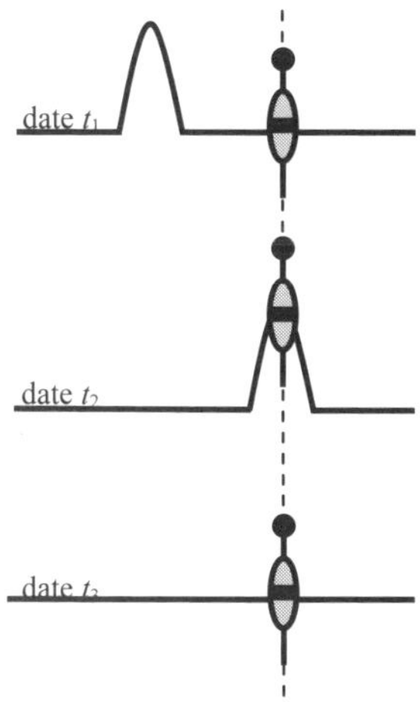

Une onde se propage dans toutes les directions qui lui sont offertes.
La **perturbation** se transmet **de proche en proche** : il y a **transfert d'énergie sans transport de matière**.

EXEMPLE : Au passage d'une vaguelette, le bouchon de la ligne à pêche s'élève, puis redescend en retrouvant sa position initiale.

Diffraction

▶ Définition

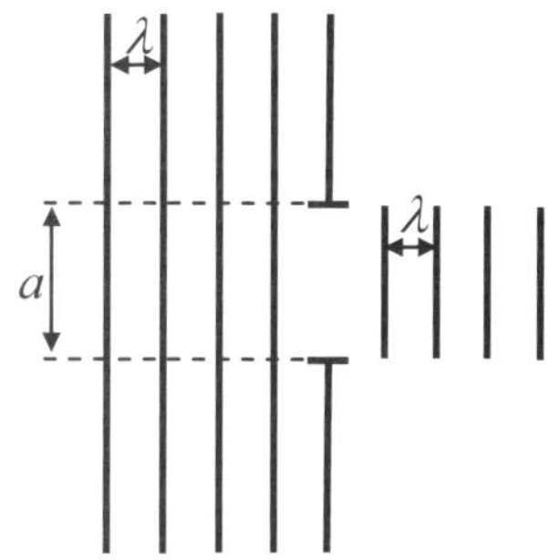

$a >> \lambda$: absence de diffraction

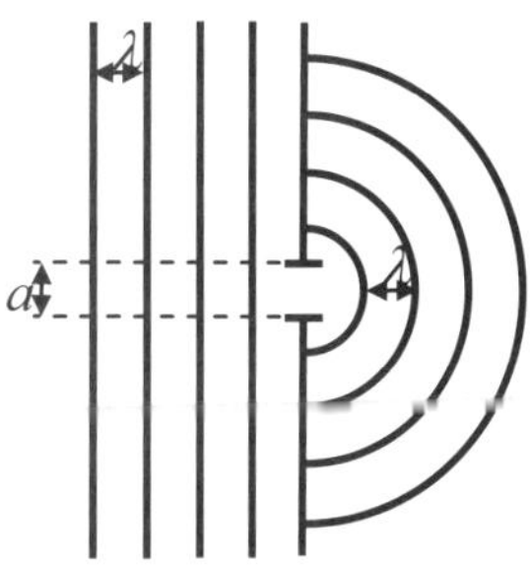

$a \approx \lambda$: diffraction

La **diffraction** est la **déviation** d'une onde lorsqu'elle rencontre une ouverture ou un obstacle dont la **dimension** est de l'**ordre de grandeur** de sa **longueur d'onde**.

Lorsqu'une onde progressive plane sinusoïdale, de longueur d'onde λ, passe au travers d'une ouverture de dimension a :

- si a est beaucoup plus grande que λ, l'onde passe sans être perturbée ;
- si a est du même ordre de grandeur que λ, l'onde est diffractée et elle prend la forme d'une onde circulaire centrée sur l'ouverture.

REMARQUE : l'onde incidente et l'onde diffractée ont la même longueur d'onde pour un milieu donné.

▶ **Diffraction d'une onde lumineuse monochromatique**

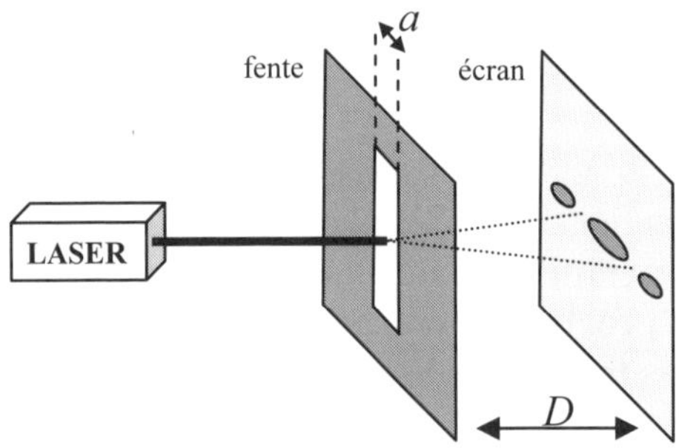

Diffraction d'un faisceau laser par une fente rectangulaire fine

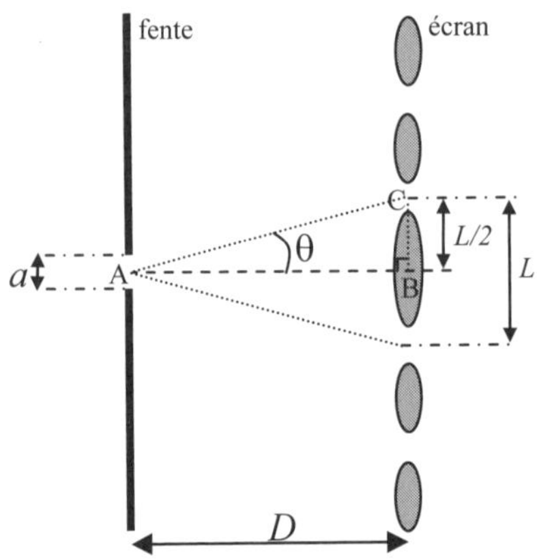

Relation géométrique entre l'écart angulaire θ et la demi-largeur L/2 de la tache centrale de diffraction.

Lorsque l'on envoie un faisceau de lumière laser sur une fente rectangulaire fine dont la largeur est de l'ordre de grandeur de la longueur d'onde de la lumière monochromatique incidente, on observe une figure de diffraction sur l'écran. Celle-ci est composée d'une tache centrale nettement plus large et lumineuse que les taches latérales. Les différentes taches lumineuses sont séparées par des zones d'extinction.

On montre expérimentalement que l'écart angulaire θ (angle sous lequel est vu la moitié de la tâche centrale de diffraction) est :

– proportionnel à la longueur d'onde λ de l'onde incidente monochromatique ;
– inversement proportionnel à la largeur a de la fente fine rectangulaire.

$\theta = \dfrac{\lambda}{a}$	θ en rad λ en m a en m

En outre, dans le triangle (ABC) rectangle en B on a : $\tan\theta = \dfrac{BC}{AB} = \dfrac{L/2}{D}$.

$\Rightarrow L = 2.D.\tan\theta$

Dans l'approximation des petits angles, $\tan\theta \approx \theta \;\Rightarrow L \approx 2.D.\theta$.

La largeur de la tache centrale de diffraction est donc :

$L \approx \dfrac{2.D.\lambda}{a}$	L : largeur de la tache centrale (en m) D : distance fente-écran (en m) λ : longueur d'onde (en m) a : largeur de la fente (en m)

▶ **Diffraction d'une onde lumineuse polychromatique : cas de la lumière blanche**

Si on envoie un faisceau de lumière blanche sur une fente rectangulaire fine et longue, on observe sur l'écran des taches irisées. Chaque radiation de longueur d'onde λ donne sa propre figure de diffraction. La tache centrale est blanche mais bordée de rouge. En effet, au centre, toutes les radiations sont présentes mais la tache rouge est plus large que les autres. Les taches latérales sont également irisées.

O Interférences

▶ **Notion d'interférences**

Un vibreur permet de produire des ondes périodiques progressives circulaires à la surface de l'eau d'une cuve à ondes. Chaque trait noir représente le sommet d'une vaguelette. Entre deux traits noirs se trouve un creux.

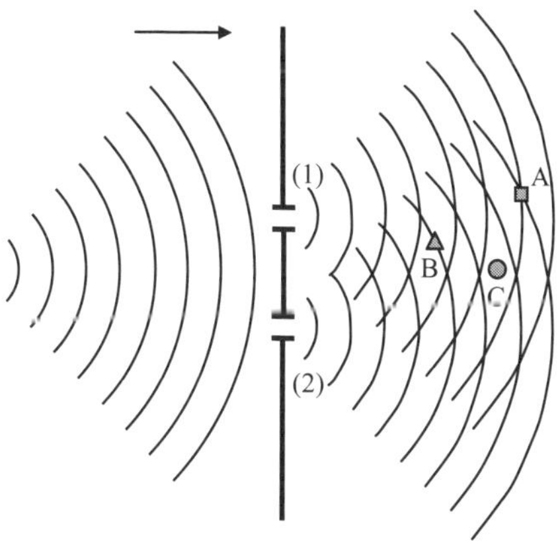

Interférences de deux ondes circulaires à la surface de l'eau

Lorsque l'onde circulaire incidente atteint les deux ouvertures (1) et (2), celles-ci se comportent comme deux sources secondaires cohérentes d'ondes périodiques progressives circulaires. Dans la zone où les deux ondes se superposent plusieurs cas de figure sont à envisager :

- au point A, les deux ondes se renforcent mutuellement puisque les sommets des vaguelettes s'y croisent ;
- au point B, les deux ondes s'annulent mutuellement car le sommet d'une vaguelette coïncide avec le creux d'une autre ;
- au point C, les deux ondes se renforcent mutuellement puisque les creux des vaguelettes s'y croisent.

La zone dans laquelle les deux ondes se superposent est le siège d'interférences.

résumés de cours

exercices

contrôles

corrigés

▶ Interférences constructives et destructives

Il y a interférences constructives, lorsqu'au point considéré, les deux ondes sont en phase : l'amplitude de l'onde résultant de la superposition des deux ondes est maximale. Il y a interférences destructives, lorsqu'au point considéré, les deux ondes sont en opposition de phase : l'amplitude de l'onde résultant de la superposition des deux ondes est nulle.

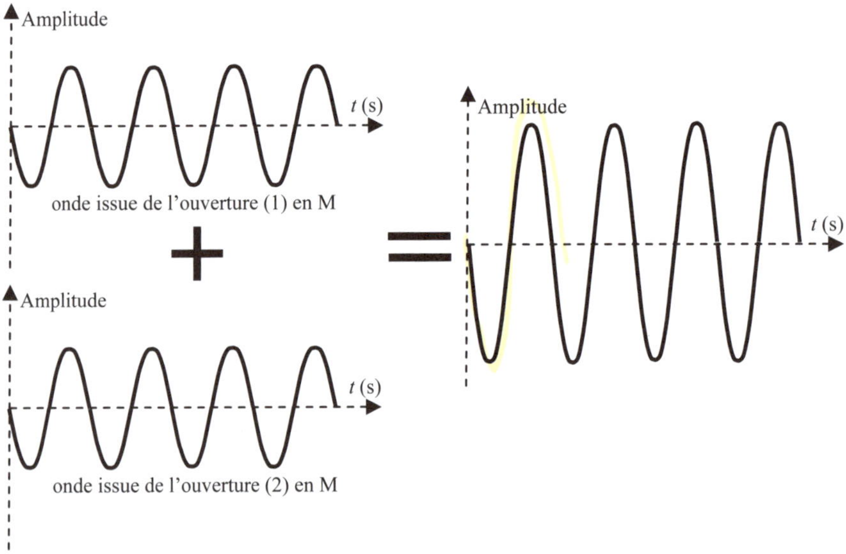

Interférences constructives en un point M de l'espace : ondes en phase

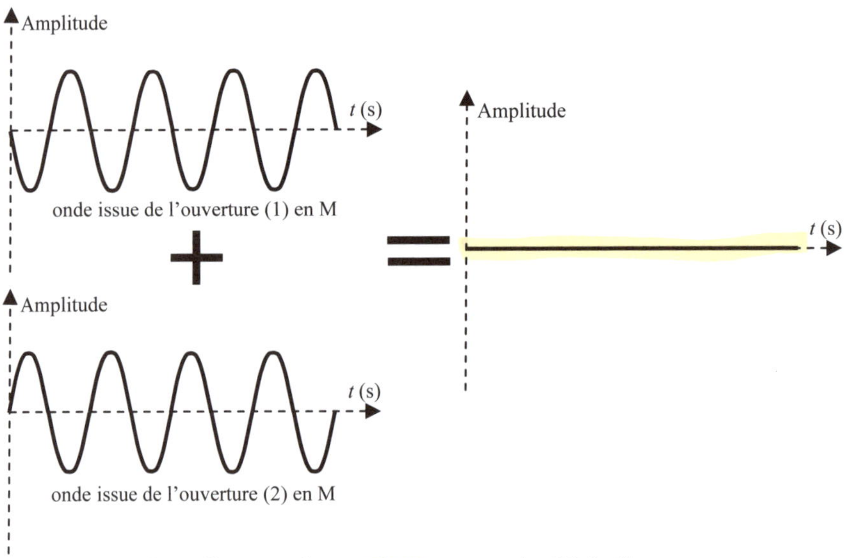

Interférences destructives en un point M de l'espace : ondes en opposition de phase

▶ Conditions d'obtention d'interférences

Le phénomène d'interférences résulte de la superposition de 2 ondes. On observe ce phénomène en un point de l'espace si les deux ondes sont :

- cohérentes (de différence de phase constante) ;
- synchrones (de même fréquence) ;
- parallèles (de même polarisation) ;
- de même amplitude, ou presque.

▶ Interférences d'ondes lumineuses monochromatiques

Les conditions précédentes sont vérifiées si, à partir d'une source laser monochromatique, on divise l'onde en deux sources secondaires en utilisant le dispositif des fentes d'Young. Les ordres de grandeurs du dispositif sont rappelés ci-dessous :

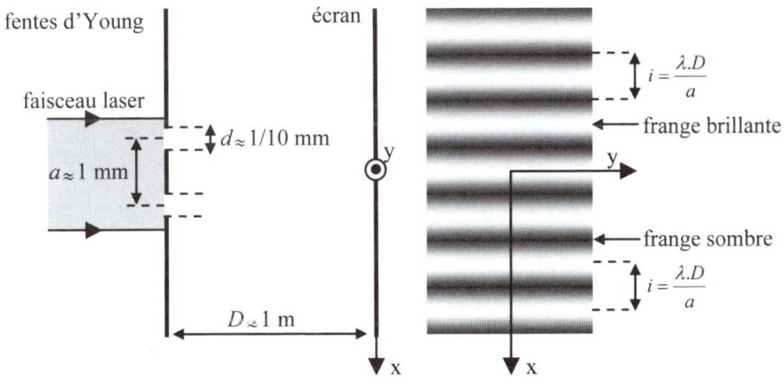

Dispositif des fentes d'Young : franges d'interférences

On observe sur l'écran une succession de franges brillantes (interférences constructives) de la couleur du laser et des franges sombres (interférences destructives). Deux franges brillantes (ou sombres) consécutives sont séparées par une distance appelée interfrange et notée i. On montre expérimentalement que l'interfrange i est :

- proportionnelle à la longueur d'onde λ de la lumière monochromatique incidente et à la distance D séparant le dispositif des fentes d'Young de l'écran ;
- inversement proportionnelle à la distance a séparant le centre des fentes d'Young.

La relation mathématique traduisant ces observations expérimentales est :

$i = \dfrac{\lambda . D}{a}$	i : interfrange (en m) λ : longueur d'onde (en m) D : distance fentes-écran (en m) a : distance fente-fente (en m)

Si I_0 désigne l'intensité lumineuse produite séparément par chacune des fentes du dispositif d'Young, l'intensité lumineuse sur l'écran est :

$$I = 4\, I_0 \cos^2\left(\frac{\pi}{i} x\right)$$

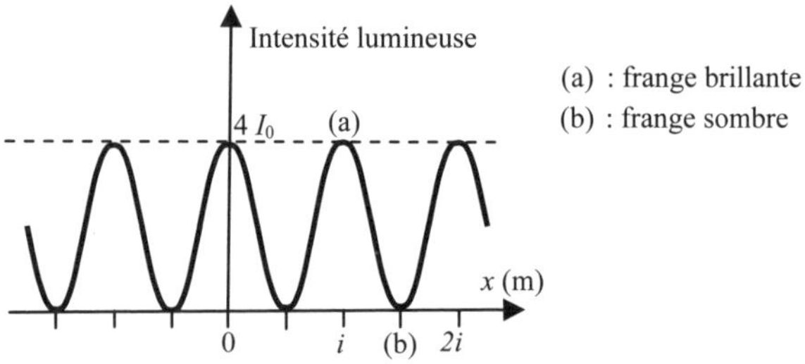

Fonction mathématique modélisant l'intensité lumineuse sur l'écran lors du phénomène d'interférences

Lorsqu'il y a interférences, l'intensité résultant de la superposition de deux ondes n'est pas la somme des intensités de chacune de ces ondes. En effet en l'absence d'interférences, l'écran devrait être uniformément éclairé avec une intensité $I = I_0 + I_0 = 2\, I_0$.

▶ **Interférences en lumière blanche**

En lumière blanche, chacune des longueurs d'onde du spectre visible constitue un système de franges qui se superposent.

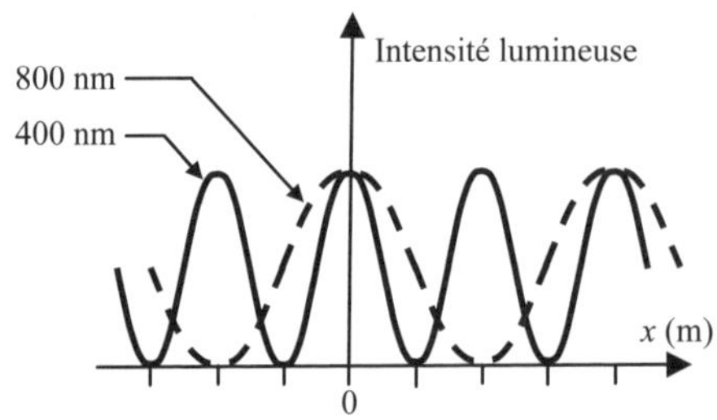

Superposition des franges d'interférences en lumière blanche (extrémités du spectre de la lumière visible)

Tant que l'on reste au voisinage immédiat du centre de la figure d'interférences, on observe des franges colorées. Un peu plus loin, les teintes pâlissent (on dit qu'elles sont délavées de blanc) car les extinctions d'une radiation lumineuse peuvent coïncider avec les maxima d'une autre. Encore plus loin, l'écran apparaît uniformément blanc car l'œil ne peut plus distinguer les nombreuses radiations éteintes et celles qui ont une intensité maximale : cette teinte porte le nom de blanc d'ordre supérieur.

Effet Doppler

Principe

L'**effet Doppler** est la **variation apparente** de la **fréquence** d'une **onde** (acoustique ou lumineuse) émise par une **source en mouvement** par rapport à un observateur. Ce phénomène physique permet d'expliquer pourquoi, par exemple, le son produit par la sirène d'une ambulance ou d'une voiture de pompiers paraît plus aigu quand elle s'approche et plus grave quand elle s'éloigne.

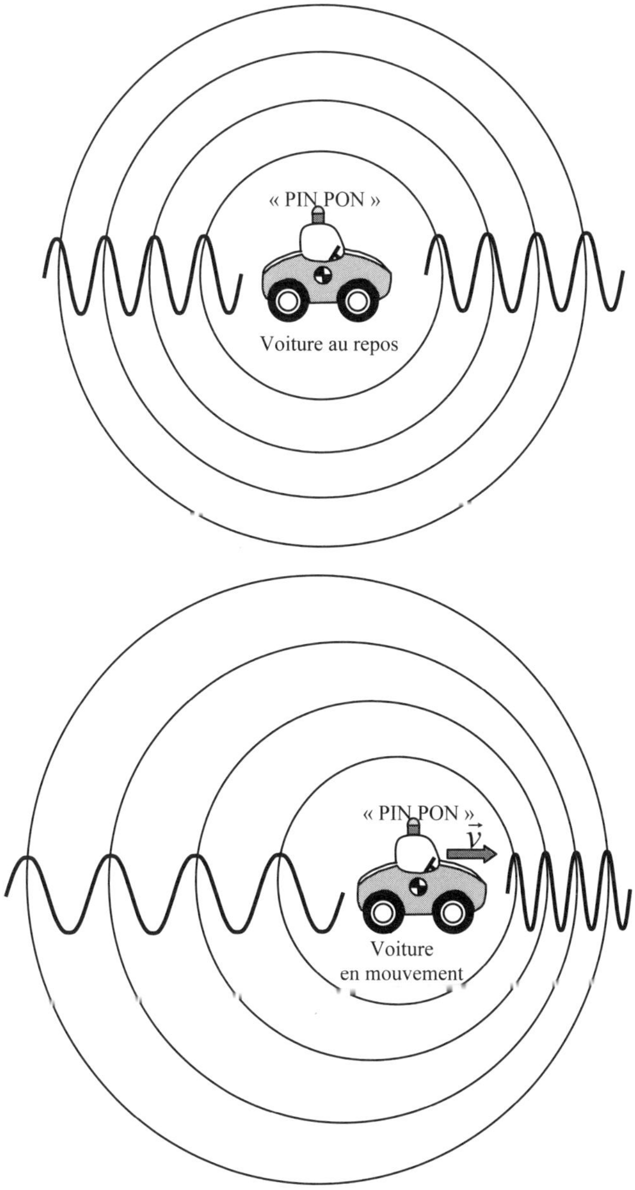

Illustration de l'effet Doppler

▸ Expression du décalage Doppler de la fréquence

Notons c la célérité de l'onde et v la vitesse de déplacement de l'émetteur E par rapport au récepteur supposé immobile dans un référentiel galiléen. L'onde émise par l'émetteur E est caractérisée par sa période T_E et par sa fréquence $f_E = 1/T_E$. L'onde reçue par le récepteur R est caractérisée par sa période T_R et par sa fréquence $f_R = 1/T_R$.

1er cas : *l'émetteur E se déplace sur la droite (ER) en se rapprochant du récepteur R à la vitesse v.*

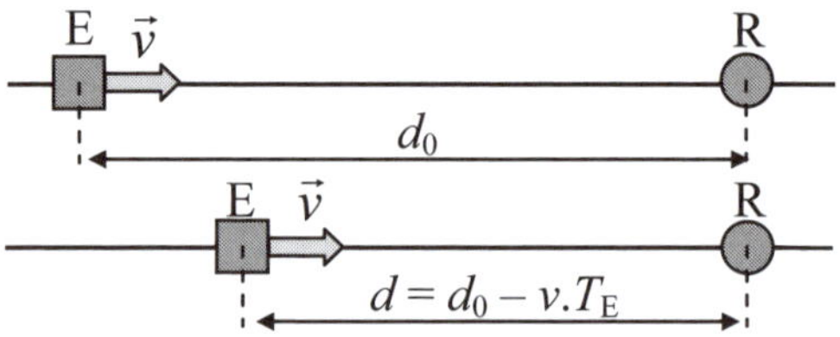

Afin de simplifier le raisonnement considérons que l'émetteur E émette une onde dont la durée est exactement égale à une période T_E.
Supposons que le début du signal est émis à la date t = 0 par E.
À cet instant, la distance entre l'émetteur et le récepteur est d_0. Ce signal se propageant à la célérité c atteint R après une durée t_1 telle que :

$$t_1 = \frac{d_0}{c}$$

Le début du signal est donc reçu par R à la date t_1.
La fin du signal est émise par E à la date $t = T_E$.
À cet instant, la distance entre l'émetteur et le récepteur est $d = d_0 - v.T_E$ puisque l'émetteur s'est rapproché du récepteur d'une distance $v.T_E$. La fin du signal atteint R après une durée t_2 telle que :

$$t_2 = \frac{d}{c} = \frac{d_0 - vT_E}{c}$$

La fin du signal est donc reçue par R à la date $T_E + t_2$.
La période apparente T_R perçue par le récepteur est la durée qui s'écoule entre le début et la fin de la réception du signal, soit :

$$T_R = (T_E + t_2) - t_1 = T_E + \frac{d_0 - vT_E}{c} - \frac{d_0}{c} = T_E\left(\frac{c-v}{c}\right)$$

La fréquence apparente f_R perçue par le récepteur est alors :

$$f_R = f_E\left(\frac{c}{c-v}\right)$$

Le décalage Doppler de la fréquence s'exprime par la relation suivante :

$\Delta f = f_R - f_E = f_E\left(\frac{v}{c-v}\right) > 0$	Δf : décalage Doppler (en Hz) f_R : fréquence apparente du signal (en Hz) f_E : fréquence réelle du signal (en Hz)

2e cas : *l'émetteur E se déplace sur la droite (ER) en s'éloignant du récepteur R à la vitesse v.*

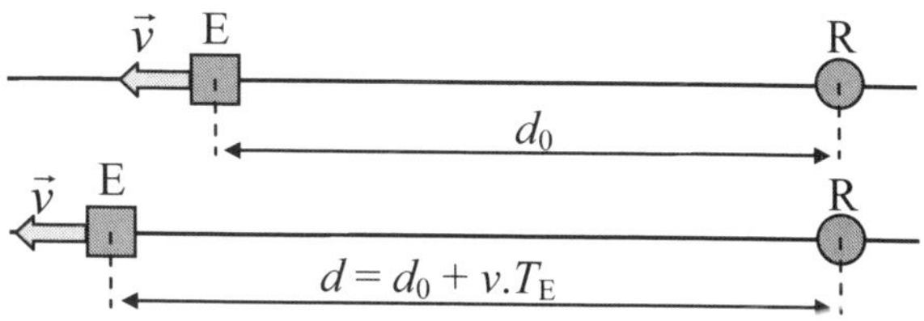

En suivant un raisonnement analogue et avec des notations identiques, on peut écrire :

$$t_1 = \frac{d_0}{c}$$

$$t_2 = \frac{d}{c} = \frac{d_0 + vT_E}{c}$$

$$T_R = (T_E + t_2) - t_1 = T_E + \frac{d_0 + vT_E}{c} - \frac{d_0}{c} = T_E\left(\frac{c+v}{c}\right)$$

La fréquence apparente f_R perçue par le récepteur est alors :

$$f_R = f_E\left(\frac{c}{c+v}\right)$$

Le décalage Doppler de la fréquence s'exprime par la relation suivante :

$\Delta f = f_R - f_E = -f_E\left(\frac{v}{c+v}\right) < 0$	Δf : décalage Doppler (en Hz) f_R : fréquence apparente du signal (en Hz) f_E : fréquence réelle du signal (en Hz)

résumés de cours

exercices

contrôles

corrigés

✷ Exercice 1

30 min

Pour chacune des questions, choisir la (ou les) bonne(s) proposition(s).

1. Une onde est la propagation d'une perturbation s'accompagnant d'un transport :
☐ de matière ☒ d'énergie

2.

a) Le son est une onde :
☒ mécanique ☐ électromagnétique

b) Le son se propage dans :
☐ le vide ☒ un milieu matériel

c) La célérité du son dans l'air (à 20 °C) est de :
☐ 34 $m.s^{-1}$ ☒ 340 $m.s^{-1}$ ☐ 340 $km.s^{-1}$

3.

a) Les UV sont des ondes :
☐ mécaniques ☒ électromagnétiques

b) Les UV sont tels que :
☒ $\lambda < 400$ nm ☐ $\lambda > 700$ nm

c) La célérité des UV dans le vide est de :
☐ 300 000 $m.s^{-1}$ ☒ 3.10^8 $m.s^{-1}$ ☐ 300 000 $km.s^{-1}$

4. Le rayonnement fossile est constitué de micro-ondes dont l'ordre de grandeur des longueurs d'onde est :
☐ 10^{-3} m ☐ 10^{-6} m ☐ 10^{-9} m

5. L'échelle de Richter qui permet de comparer l'énergie libérée par les séismes est une échelle :
☐ linéaire ☒ non linéaire

6. Un microphone relié à un oscilloscope permet de visualiser les signaux associés à une même note jouée par deux instruments de musique différents. Les oscillogrammes des deux signaux et les réglages de l'oscilloscope sont donnés ci-dessous :

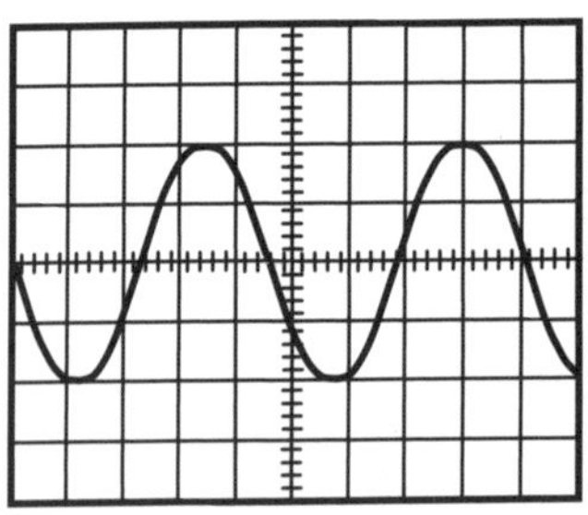

Son 1 : la_3 (diapason)

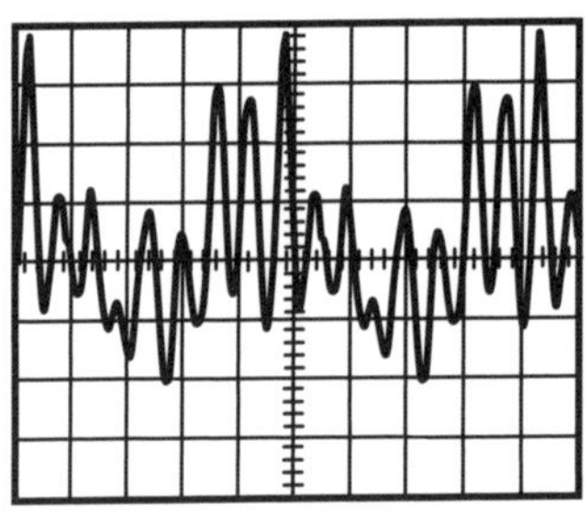

Son 2 : la_3 (violon)

Sensibilité horizontale :	$k_H = 0{,}5$ ms / DIV
Sensibilité verticale :	$k_V = 10$ mv / DIV

a) Le son 1 est :
☒ alternatif ☒ périodique ☒ sinusoïdal
b) Le son 2 est :
☒ alternatif ☒ périodique ☐ sinusoïdal
c) Les oscillogrammes ont des formes différentes. Cette différence caractérise :
☐ la hauteur ☒ le timbre ☐ l'intensité
d) La période du son 1 est :
☐ $T = 1,15$ ms ☒ $T = 2,3$ ms ☐ $T = 4,6$ ms
e) La fréquence du son 1 est proche de :
☐ $f = 0,44$ Hz ☒ $f = 440$ Hz ☐ $f = 880$ Hz
f) L'amplitude du son 1 est :
☒ $U_m = 20$ mV ☐ $U_m = 40$ mV ☐ $U_m = 2,0.10^{-2}$ V
g) Quel spectre fréquentiel peut-on associer au son 2 ?

☐ 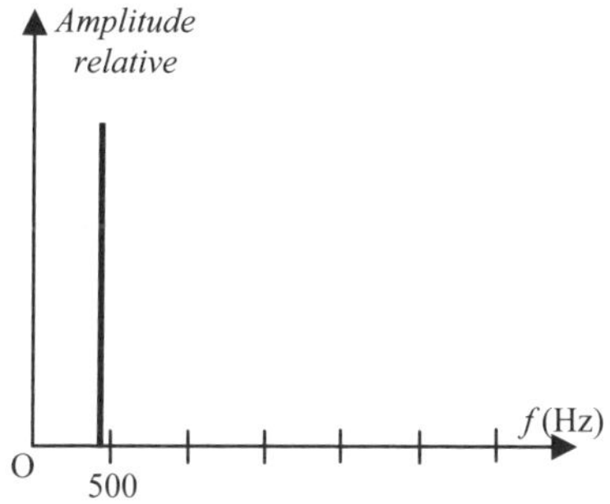

☒ 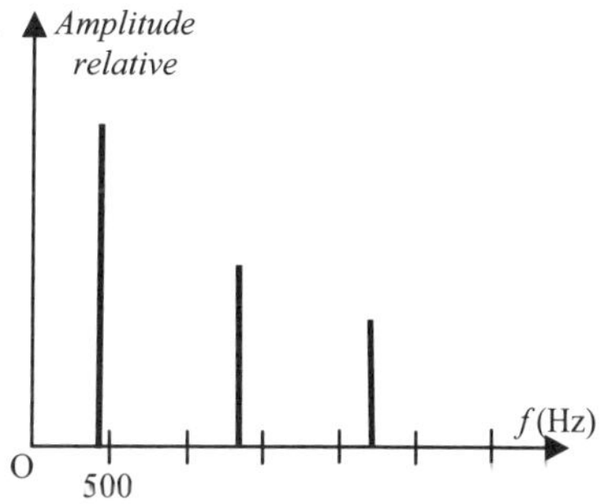

h) Le son 2 est un son :
☐ pur ☒ complexe

7. Dans un orchestre composé de quatre guitaristes, quel sera le niveau sonore résultant pour les quatre guitares, si chacune émet un son de 80 dB_A ?
☐ 80 dB_A ☒ 86 dB_A ☐ 320 dB_A

8. Une onde est diffractée si elle rencontre une ouverture ou un obstacle dont l'une des dimensions a est telle que :
☒ $a < \lambda$ ☒ $a = \lambda$ ☐ $a >> \lambda$

9. Lors de la diffraction de la lumière laser par une fente fine rectangulaire de largeur a et séparée par une distance D de l'écran, la dimension de la tâche centrale de diffraction est :
☐ indépendante de λ ☐ proportionnelle à a ☒ proportionnelle à D

✱ Exercice 2 — 10 min

Une source sonore, supposée ponctuelle, émet un son de fréquence 2 000 Hz.

1. Ce son est-il audible ? Justifier.
2. Calculer la période T du son.
3. Calculer la longueur d'onde λ du son.
4. Calculer l'intensité sonore I du son, exprimée en $W.m^{-2}$, à la distance $r = 1$ m de la source supposée ponctuelle, lorsque la puissance sonore émise est $P = 5{,}0$ W.
5. Calculer le niveau sonore L du son, à la distance $r = 1{,}0$ m de la source.

   Données :

   Célérité du son dans l'air à 20 °C : 340 $m.s^{-1}$

   Intensité sonore : $I = \frac{P}{S}$ où P désigne la puissance sonore de la source et $S = 4\pi r^2$ la surface de la sphère de rayon r sur laquelle l'énergie se répartit.

✱ Exercice 3 — 30 min

Un sonomètre, placé en un point A situé à 10 m devant un haut-parleur, indique un niveau sonore $L_A = 86$ dB_A.

1. Calculer l'intensité sonore en A.
2. Supposons que l'air ne soit pas un milieu absorbant pour les ondes sonores. Quelle serait alors l'intensité sonore en un point B, situé à 20 m devant le haut-parleur ?
3. Un sonomètre, placé en un point C face au haut-parleur, mesure un niveau sonore de 50 dB_A. Quelle distance sépare le sonomètre du haut-parleur ? L'absorption des ondes sonores par l'air sera négligée.

4.

a) À quelle distance du haut-parleur doit-on se trouver pour ne plus l'entendre ? On considérera que :
- le son généré par le haut-parleur devient inaudible lorsque le niveau sonore produit est nul ;
- l'absorption des ondes sonores par l'air peut être négligée.

b) Le résultat précédent est-il en accord avec la réalité ? Pourquoi ?

5.

a) On place, à côté du premier haut-parleur, un deuxième haut-parleur produisant le même niveau sonore que le premier. Montrer que le niveau sonore produit par les deux haut-parleurs associés est supérieur de 3 dB_A au niveau sonore produit par chacun d'entre eux.

b) En extrapolant le résultat précédent, tracer sur le graphique, à la fin de l'exercice, la courbe représentant l'augmentation du niveau sonore en fonction du nombre de sources identiques.

c) Combien de haut-parleurs identiques au premier doit-on disposer côte à côte pour produire, au point A (situé à 10 m devant les haut-parleurs), un niveau sonore L'_A de 93 dB_A ? On rappelle que le son, émis par un unique haut-parleur, a un niveau sonore de 86 dB_A au point A.

6. Calculer le niveau sonore produit par un système constitué de deux postes radio R_1 et R_2, dont les niveaux sonores respectifs L_1 et L_2 sont de 75 dB_A et 70 dB_A.

DONNÉE : Intensité sonore : $I = \dfrac{P}{S}$ où P désigne la puissance sonore de la source et $S = \pi r^2$, la surface d'un disque de rayon r sur laquelle l'énergie se répartit.

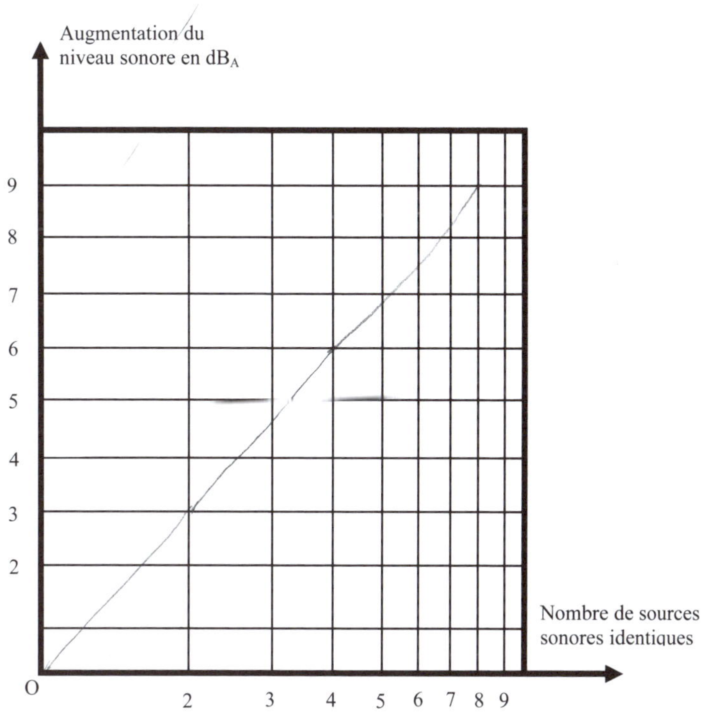

✸ Exercice 4 — 10 min

Le principe de la télémétrie ultrasonore peut être illustré en TP en utilisant un émetteur E et un récepteur R d'ultrasons placés l'un à côté de l'autre, à une distance d d'un écran métallique réfléchissant. L'émetteur et le récepteur sont reliés aux deux voies d'un oscilloscope. L'émetteur produit des salves ultrasonores, c'est-à-dire des « paquets » d'ultrasons, à intervalles de temps réguliers.

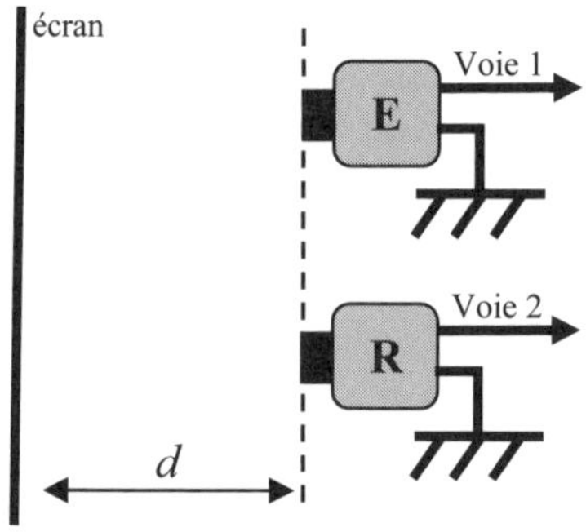

Les oscillogrammes observés sont présentés ci-après :

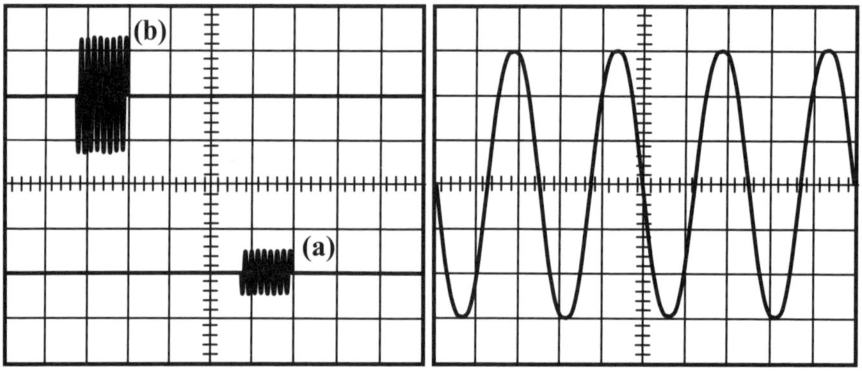

Sensibilité horizontale : $k_H = 1{,}0$ ms / DIV	Sensibilité horizontale : $k_H = 10$ µs / DIV Sensibilité verticale : $k_V = 20$ mV / DIV
Salves ultrasonores	Détail d'une salve ultrasonore

1. Identifier les signaux (a) et (b) observés. Justifier.
2. Calculer l'amplitude des ultrasons dans une salve.
3. Calculer la période des ultrasons dans une salve.
4. Calculer la fréquence des ultrasons dans une salve. Pourquoi ces ondes sont-elles qualifiées d'ultrasonores ?
5. En expliquant votre méthode, calculer la distance *d* séparant le couple {émetteur-récepteur} de l'écran métallique.

DONNÉE : Célérité des ultrasons dans l'air à 20 °C : 340 m.s^{-1}

** Exercice 5 — 15 min

Face à un émetteur E, d'ondes ultrasonores sinusoïdales, on dispose deux récepteurs notés R_1 et R_2 connectés aux deux voies d'un oscilloscope. On positionne le récepteur R_2, mobile par rapport au récepteur fixe R_1, de manière à obtenir les signaux de la figure 1. On écarte ensuite progressive-

ment le récepteur R_2 du récepteur R_1 (figure 2) d'une distance *d*, jusqu'à obtenir à nouveau les signaux de la figure 1.
La sensibilité verticale sur les deux voies de l'oscilloscope a pour valeur $k_V = 10$ mV / DIV et la sensibilité horizontale, commune aux deux voies, est $k_H = 5{,}0$ µs / DIV.

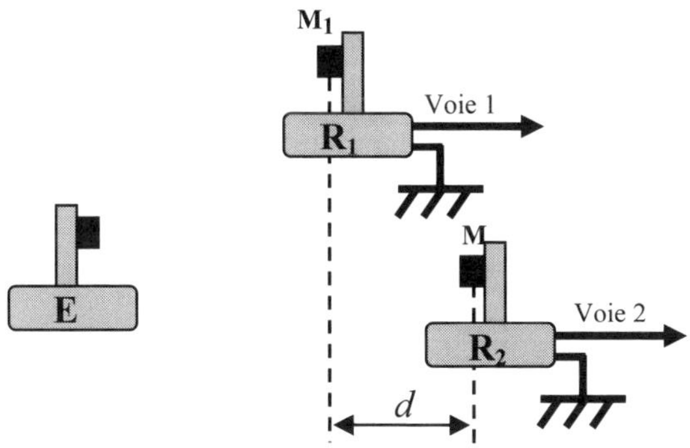

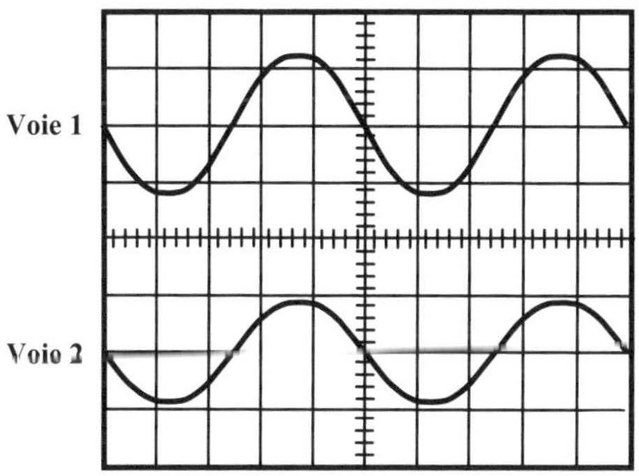

Figure 1

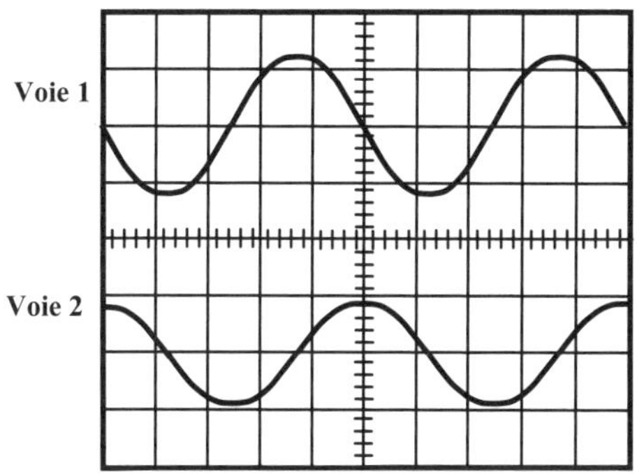

Figure 2

1. Calculer la période des signaux captés par les récepteurs.
2. En déduire la fréquence des signaux captés par les récepteurs.
3. Pourquoi les ondes sinusoïdales captées sont-elles qualifiées d'ondes ultrasonores ?

4. En éloignant progressivement R_2 de R_1, on observe que, pour des distances d particulières, séparant les deux récepteurs, on retrouve la situation de la figure 1. On repère sur une feuille de papier (figure 3 ; échelle 1/1), par un trait, les positions successives du récepteur R_2 permettant d'obtenir des signaux disposés comme ceux de la figure 1 :

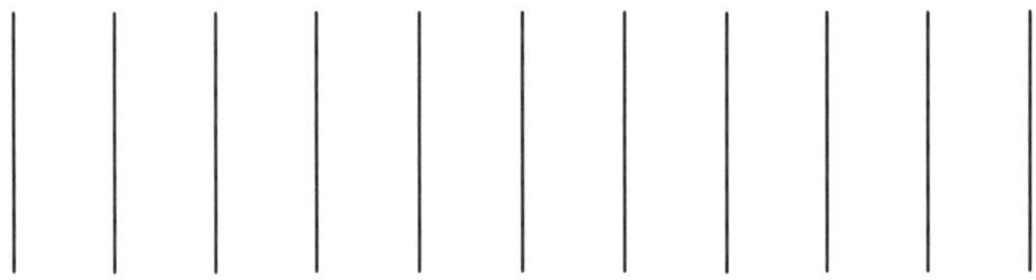

Figure 3

a) Quelle est la particularité des signaux de la figure 1 ?
b) Quelle particularité de l'onde sinusoïdale progressive ultrasonore, la figure 3 permet-elle de mettre en évidence ?
c) En expliquant votre méthode, mesurer la longueur d'onde λ de l'onde ultrasonore.
d) En déduire la vitesse de propagation des ultrasons dans l'air.

* Exercice 6 — 15 min

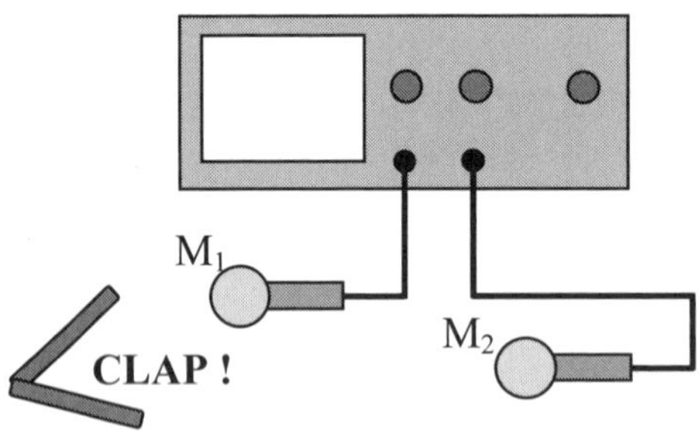

Figure 1

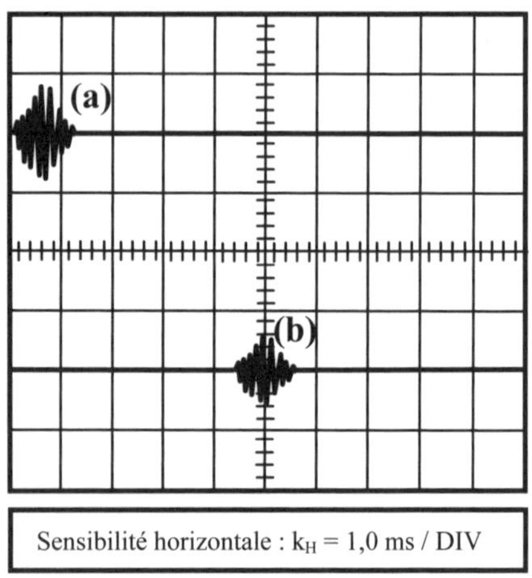

Figure 2

Deux microphones M_1 et M_2 alignés, et séparés par une distance $d = 1{,}5$ m, sont reliés aux deux voies 1 et 2 d'un oscilloscope à mémoire. On produit, devant le microphone M_1, un clap sonore en percutant deux plaquettes en bois (figure 1).
L'oscillogramme obtenu est représenté ci-contre (figure 2).

1. Quelle est la nature de l'onde sonore produite ?
2. Une onde sonore est-elle une onde transversale ou longitudinale ? Justifier.
3. Identifier les signaux (a) et (b) observés. Justifier.
4. En expliquant votre méthode, calculer la vitesse de propagation du son dans l'air.
5. Comparer le résultat expérimental obtenu avec la valeur théorique fournie par la formule :

$$v = \sqrt{\frac{\gamma RT}{M}}$$

   On supposera que lors de l'expérience, la température de l'air (assimilé à un gaz parfait diatomique) était de 20 °C, soit 293 K.

   DONNÉES : $\gamma = 1{,}41$; $M = 29.10^{-3}$ kg.mol^{-1} ; $R = 8{,}314$ J.mol^{-1}.K^{-1} ; T température de l'air en kelvins.
6. On modifie la distance *d* qui sépare les microphones M_1 et M_2 et on refait l'expérience du clap sonore. On obtient l'oscillogramme de la figure 3 :

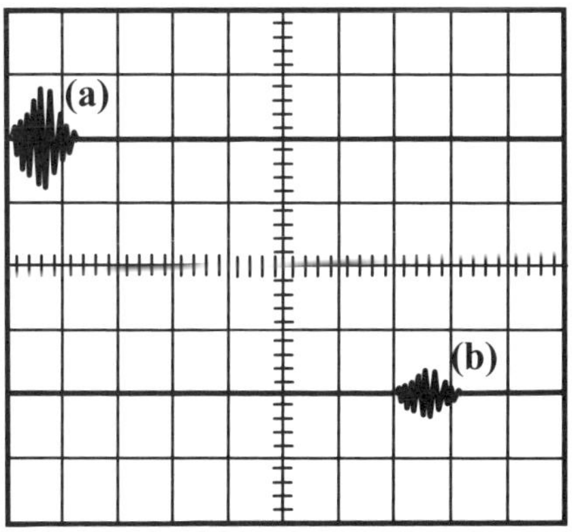

Sensibilité horizontale : k_H = 1,0 ms / DIV

Figure 3

a) Indiquer qualitativement si on a approché ou éloigné le microphone M_2 de M_1.
b) Calculer la nouvelle distance *d* séparant les deux microphones.

résumés de cours
exercices
contrôles
corrigés

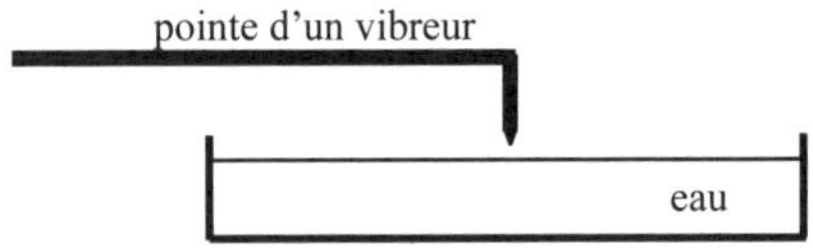

La pointe d'un vibreur vient frapper une seule fois la surface de l'eau d'une cuve à ondes. Avec une webcam, on filme l'onde produite à la surface de l'eau, à raison de 10 images par seconde.

On reproduit sur le document suivant l'image n° 1, réalisée à l'instant $t_0 = 0$ s, correspondant au contact de la pointe du vibreur avec l'eau. Les troisième et cinquième images du film (image n° 3 et image n° 5) sont également représentées sur ce document.

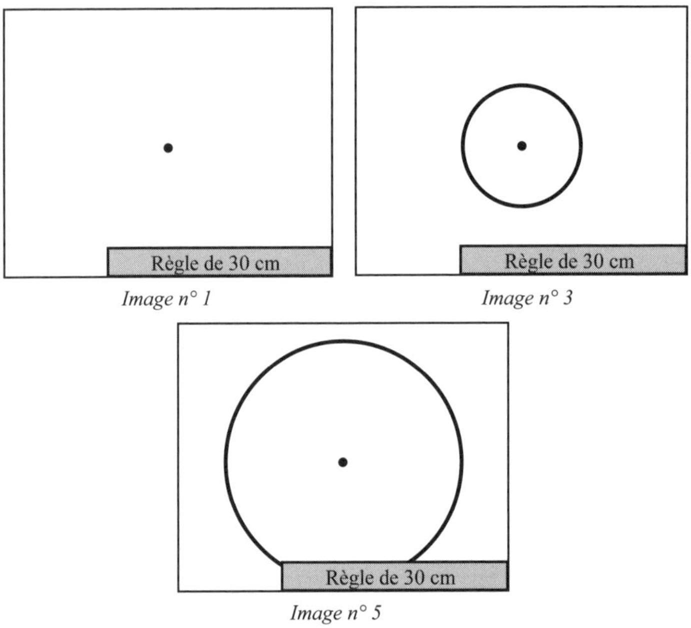

Document vu de dessus : le cercle noir représente le front de l'onde

1. Qu'appelle-t-on « onde » ?
2. Les ondes qui apparaissent sur la surface de l'eau sont-elles transversales ou longitudinales ? Justifier.
3. À l'aide des données expérimentales, calculer la vitesse de propagation des ondes, à la surface de l'eau.
4. La pointe du vibreur vient maintenant frapper, à intervalles de temps réguliers la surface de l'eau de la cuve à ondes. À un instant donné, la surface de la cuve présente l'aspect suivant :

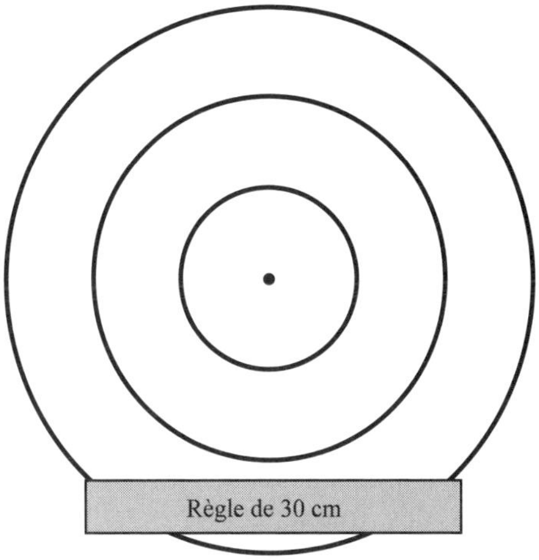

a) Déterminer la distance entre les différents cercles noirs. Que représente-t-elle ?
b) En considérant que la vitesse de propagation des ondes est $v = 0{,}38\ \text{m.s}^{-1}$ à la surface de l'eau, calculer la fréquence à laquelle la pointe du vibreur frappe la surface de l'eau.

5. On interpose maintenant sur le trajet des ondes produites, un obstacle qui présente une ouverture de 3 cm de large.

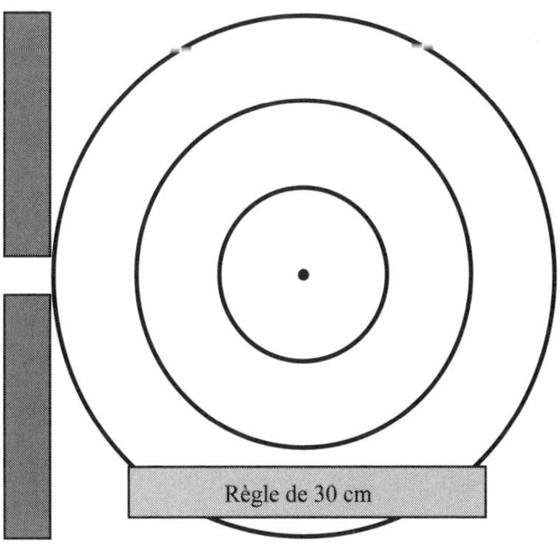

a) Quel phénomène va-t-on observer ? Pourquoi ?
b) Schématiser le phénomène.

résumés de cours
exercices
contrôles
corrigés

✱ Exercice 8 — 15 min

1. La figure 1 représente les enregistrements réalisés dans les mêmes conditions, d'une même note de musique, émise par un violon, d'une part, et par un diapason, d'autre part.

La sensibilité horizontale est k_H = 0,5 ms / DIV pour les deux oscillogrammes.

a) Parmi les caractéristiques physiques d'un son musical figurent la hauteur et le timbre. En analysant les deux oscillogrammes de la figure 1, préciser la caractéristique qui différencie les sons des deux émetteurs.

b) Calculer la période de chacun des deux sons.

c) Quel nom donne-t-on à la fréquence f_1 ? Calculer sa valeur.

d) Calculer les valeurs des fréquences f_2 et f_3 présentes dans le spectre fréquentiel du violon.

2. Au début d'un concert, une formation musicale comportant dix violons se produit.

On rappelle que le niveau sonore, exprimé en décibels (dB), d'une source sonore est donné par la formule :

$$L_1 = 10 \log\left(\frac{I_1}{I_0}\right)$$

Avec $I_0 = 1{,}0.10^{-12}$ W.m^{-2} : intensité de référence (intensité minimale).

I_1 : intensité sonore produite par une source sonore en W.m^{-2}.

Soit pour n sources sonores identiques :

$$L_n = 10 \log\left(\frac{n \times I_1}{I_0}\right)$$

RAPPEL : log (a × b) = log a + log b

a) Vérifier que le niveau sonore minimal perceptible est de 0 dB.

b) On estime à 70 dB le niveau sonore produit par un seul violon à 5 m. Calculer le niveau sonore produit par la formation musicale. On considère que tous les violons se tiennent à 5 m de l'auditeur.

c) L'exposition à une intensité sonore $I = 1{,}0.10^{-1}$ W.m^{-2} peut endommager l'oreille de l'auditeur. Combien de violons doivent jouer pour atteindre cette intensité pour un auditeur situé à 5 m ? Conclure.

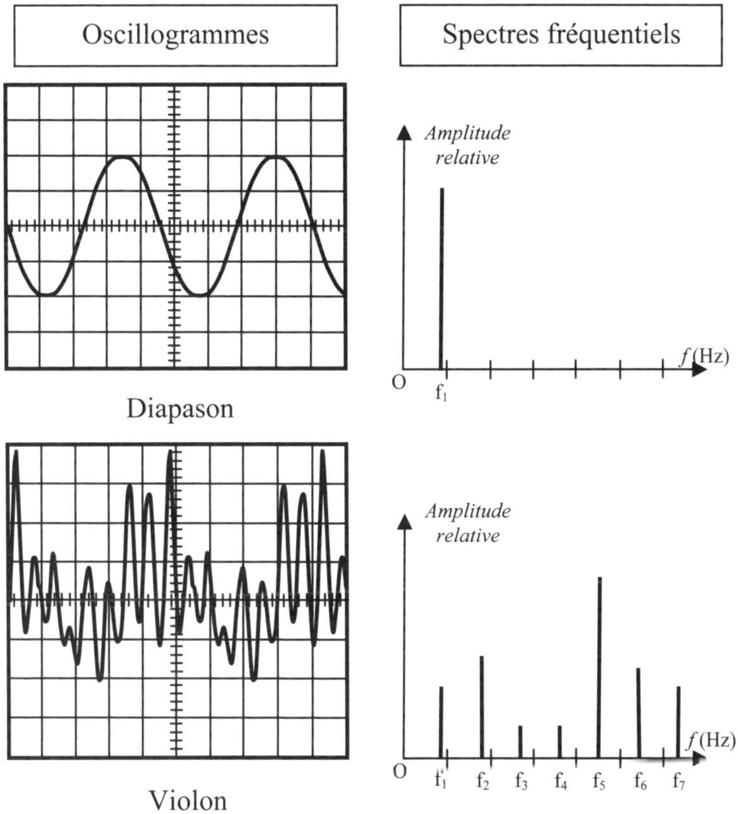

Figure 1 : oscillogrammes et spectres fréquentiels d'une même note jouée par deux instruments de musique différents

*** Exercice 9 — 15 min

La nouvelle génération de lecteurs DVD comporte un laser bleu (le blu-ray) dont la technologie utilise une diode laser fonctionnant à une longueur d'onde $\lambda_B = 405$ nm dans le vide, d'une couleur bleue (en fait violacée) pour lire et écrire les données. Cette nouvelle technologie de laser permet de stocker plus de données sur un disque de même diamètre (12 cm). La taille minimale du point sur lequel le laser grave l'information est limitée par le phénomène de diffraction. Les DVD conventionnels utilisent, quant à eux, des lasers rouges.

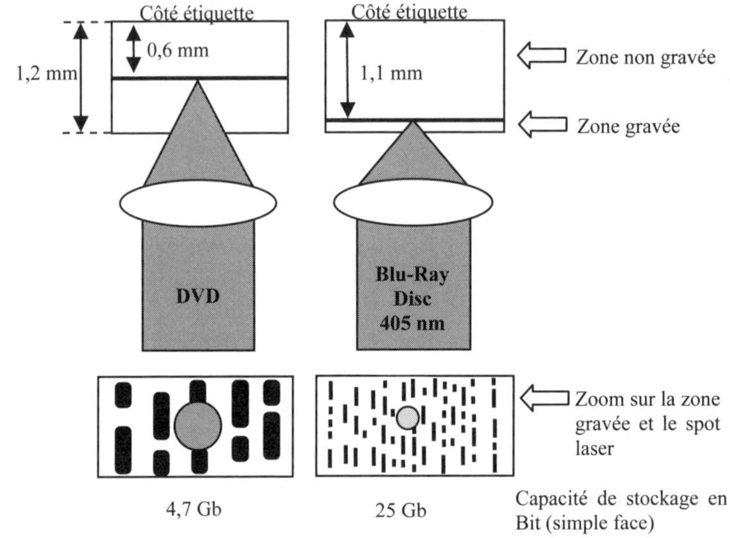

Figure 1 : DVD et Blu-Ray Disc

DONNÉE : célérité de la lumière dans le vide et dans l'air, $c = 3{,}00.10^8$ m.s^{-1}.

1. À propos du texte.

a) Quel est le nom du phénomène physique responsable de l'irisation d'un DVD éclairé en lumière blanche ?

b) Calculer la valeur de la fréquence ν de la radiation utilisée dans la technologie blu-ray.

c) Comparer la longueur d'onde du laser blu-ray à celle d'un système DVD classique.

d) Pourquoi peut-on stocker plus d'informations sur un blu-ray que sur un DVD classique ?

2. Expériences.

On veut retrouver expérimentalement la longueur d'onde λ_D de la radiation monochromatique d'un lecteur DVD.

On utilise pour cela le montage de la figure 2, *a* étant le diamètre d'un fil de pêche calibré et θ le demi-écart angulaire.

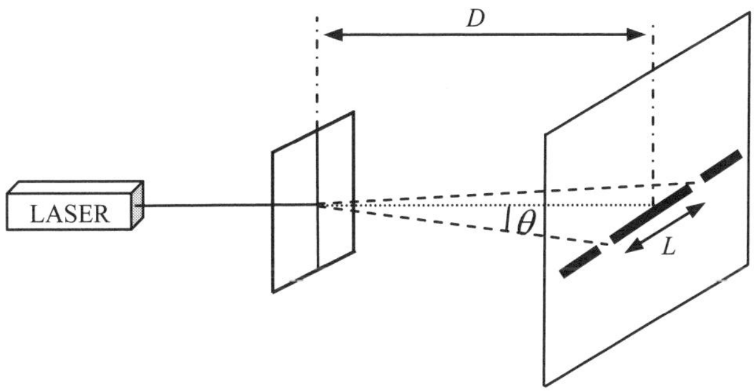

Figure 2 : dispositif expérimental

a) Établir la relation entre θ et L (largeur de la tache centrale de diffraction) et D (distance entre le fil et l'écran). On supposera θ suffisamment petit pour considérer $\tan\theta \approx \theta$ avec θ en radian.
b) Donner la relation entre θ, λ_D et a en indiquant l'unité de chaque grandeur.
c) En déduire la relation :

$$\lambda_D = \frac{L.a}{2D}$$

d) Pour la figure de diffraction obtenue, avec un laser « DVD », on mesure $L = 4{,}8$ cm. On remplace alors le laser « DVD » par le laser utilisé dans le lecteur blu-ray sans modifier le reste du montage. On obtient une tache de diffraction de largeur $L' = 3{,}0$ cm. À partir de ces deux expériences, calculer la valeur de la longueur d'onde λ_D de la radiation monochromatique d'un lecteur DVD et la comparer au résultat de la question 1. c).

✱✱✱ Exercice 10 — 15 min

Une sirène S émet des « bips » très brefs à intervalles de temps réguliers notés T. Chaque « bip » donne naissance à un signal sonore qui se propage dans l'air à la célérité $c = 340$ m.s^{-1}. La sirène équipe une ambulance qui roule sur une route rectiligne x'x en se dirigeant à la vitesse constante v vers un observateur immobile O.

1. À la date $t = 0$, la sirène est en S_1, à la distance d_1 de l'observateur, lorsqu'elle émet son premier « bip ».
a) À quelle date t_1, ce premier signal est-il perçu par l'observateur ?
b) À quelle date t_2 l'observateur perçoit-il le second « bip » ?
c) Quelle est la période T' qui sépare deux « bips » consécutifs, pour l'observateur ? Exprimer T' en fonction de T, c et v.

2. Dans la réalité, la sirène n'émet pas des « bips » mais une onde sonore de fréquence $f = 400$ Hz.

a) Déduire de l'étude précédente la fréquence f' de réception des signaux en fonction en fonction de la fréquence f de leur émission, de v et de c.

b) Quelle est la fréquence f' du son perçu par l'observateur lorsque l'ambulance roule à la vitesse v = 50,0 $km.h^{-1}$?

c) Le son paraît-il plus aigu ou plus grave que le son émis par la sirène immobile.

d) Quelle serait la fréquence f' du son perçu par l'observateur si l'ambulance s'éloignait à la vitesse v = 50,0 $km.h^{-1}$? Conclure.

e) Comment s'appelle ce phénomène ?

Contrôle

90 min / 20 pts

Exercice 1

45 min / 10 pts

Laser et fil de pêche…

Un faisceau de lumière laser monochromatique, de longueur d'onde λ, arrive sur un fil de pêche de diamètre a (de l'ordre du dixième de millimètre) maintenu verticalement par un support diapositive. On place un écran à une distance D de ce fil ; la distance D est grande devant a.

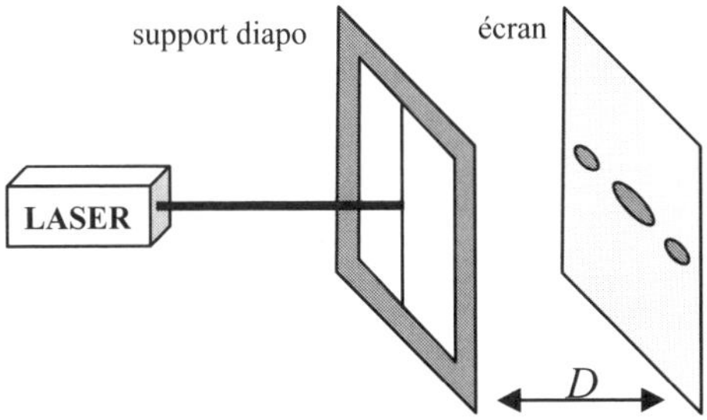

Figure 1 : dispositif expérimental

1. Quel enseignement sur la nature de la lumière ce phénomène met-il en évidence ? Nommer ce phénomène. **(0,5 pt)**
2. Faire apparaître sur un schéma l'écart angulaire θ. **(0,5 pt)**
3. En utilisant le schéma précédent, exprimer l'écart angulaire θ en fonction des grandeurs L et D sachant que pour de petits angles exprimés en radian on a : $\tan \theta = \theta$. **(0,5 pt)**
4. Quelle expression mathématique lie les grandeurs θ, λ et a ? On supposera que la loi vérifiée est la même que celle pour une fente de largeur a. Préciser les unités respectives de ces différentes grandeurs. **(0,5 pt)**
5. En utilisant les résultats précédents, montrer que la largeur L de la tache centrale de diffraction s'exprime par : **(0,5 pt)**

$$L = \frac{2.\lambda.D}{a}$$

6. On dispose de deux fils calibrés de diamètres respectifs a_1 = 60 µm et a_2 = 80 µm. On place verticalement ces deux fils verticaux dans le dispositif de la figure 1. On obtient sur l'écran deux figures de diffraction distinctes notées A et B (figure 2). Associer, en le justifiant, à chacun des deux fils la figure de diffraction qui lui correspond. **(0,5 pt)**

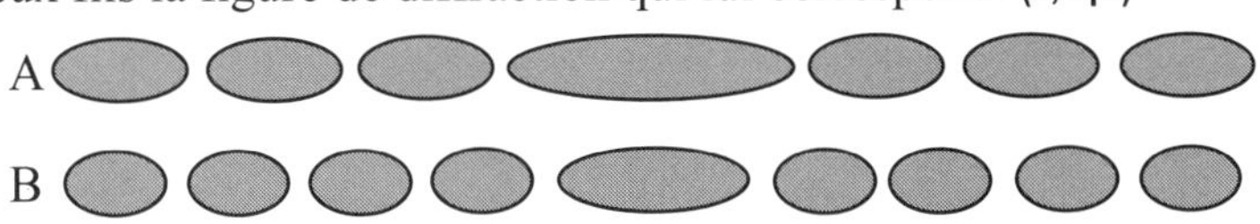

Figure 2

7. On cherche maintenant à déterminer expérimentalement la longueur d'onde λ dans le vide de la lumière monochromatique émise par la source laser utilisée.
Pour cela, on place devant le faisceau laser des fils calibrés verticaux.
On désigne par « a » le diamètre d'un fil. La figure de diffraction obtenue est observée sur un écran blanc, situé à une distance D = 2,50 m des fils.
Pour chacun des fils, on mesure la largeur L de la tache centrale de diffraction.
Avec un tableur grapheur, on trace la courbe $L = f(1/a)$.

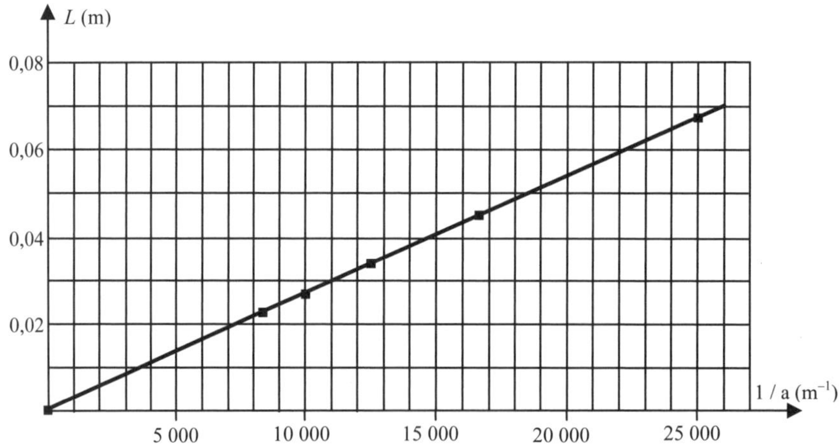

a) La lumière émise par la source laser est dite monochromatique. Quelle est la signification de ce terme ? **(0,5 pt)**
b) Montrer que l'allure de la courbe $L = f(1/a)$ obtenue est en accord avec l'expression de L donnée à la question n° 5. **(0,5 pt)**
c) Donner l'équation de la courbe $L = f(1/a)$ et en déduire la longueur d'onde λ dans le vide, de la lumière monochromatique laser utilisée. **(2,5 pts)**
d) Calculer la fréquence de la lumière monochromatique émise par la source laser. **(1 pt)**

8. On éclaire désormais des fentes d'Young avec le faisceau laser précédent et on recueille sur un écran la lumière issue de ce dispositif. La distance D est désormais plus grande que 2,5 m.

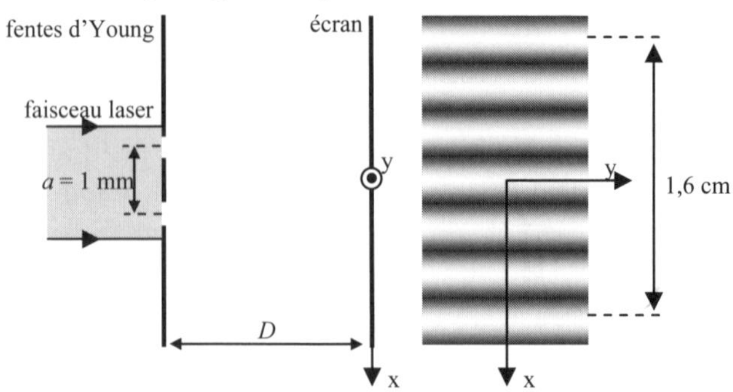

Figure 3

a) Quel est le nom du phénomène observé ? Que révèle-t-il sur la nature de la lumière ? **(1 pt)**
b) Comment peut-on expliquer l'allure du phénomène observé sur l'écran ?
c) Qu'est-ce que l'interfrange ? **(0,5 pt)**
d) En utilisant les informations du schéma, calculer la distance D séparant les fentes d'Young de l'écran, sachant que la longueur d'onde du faisceau laser utilisé est $\lambda = 540$ nm. **(1 pt)**

Exercice 2 45 min, 10 pts

Le téléphone pot de yaourt

À l'ère du téléphone portable, il est encore possible de communiquer avec un système bien plus archaïque…

Figure 1

L'onde sonore produite par le premier interlocuteur fait vibrer le fond du pot de yaourt, le mouvement de va-et-vient de celui-ci, imperceptible à l'œil, crée une perturbation qui se propage le long du fil. Cette perturbation fait vibrer le fond du second pot de yaourt et l'énergie véhiculée par le fil peut être ainsi restituée, sous la forme d'une onde sonore, perceptible par un second protagoniste.

DONNÉES : célérité du son dans l'air à 25°C : $v_{air} = 340$ m.s^{-1}.

A) À propos des ondes

1. Identifier la chaîne des différents milieux de propagation des ondes mécaniques au sein du dispositif : de la bouche de la personne qui parle, à l'oreille de la personne qui écoute (figure1). **(1 pt)**

Ce fil légèrement élastique peut être modélisé par un ressort à spires non jointives. Les schémas suivants illustrent les conséquences de deux modes de déformation d'un ressort : l'écartement d'une extrémité du ressort, selon une direction perpendiculaire à l'axe de celui-ci, produit une onde de cisaillement (figure 2), alors qu'une déformation, selon l'axe du ressort, produit une onde de compression (figure 3).

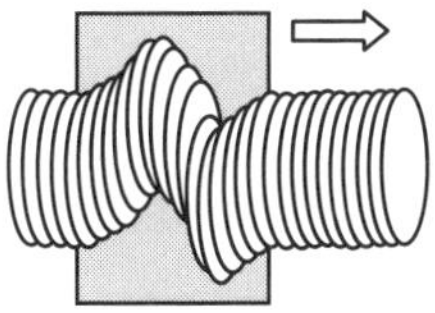

Figure 2

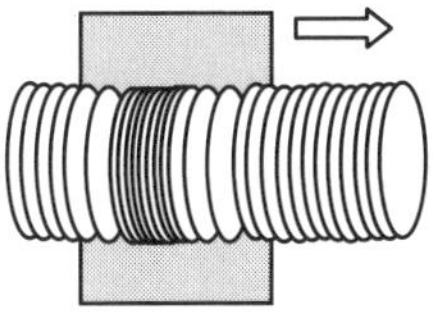

Figure 3

2. Attribuer, à chacune des situations représentées sur les figures 2 et 3, les expressions d'onde longitudinale et d'onde transversale. Justifier votre réponse. **(1 pt)**

Seul le second mode de déformation (figure 3) correspond au phénomène observé sur le fil du dispositif étudié par la suite.

B) Célérité de l'onde se propageant le long du fil

À 25°C, on réalise le montage suivant (figure 4), afin de mesurer la célérité des ondes sur le fil du dispositif. On dispose sur le fil, deux capteurs aux points A et B séparés d'une distance $D = 20$ m. Les capteurs enregistrent, l'amplitude de cette perturbation, au cours du temps.

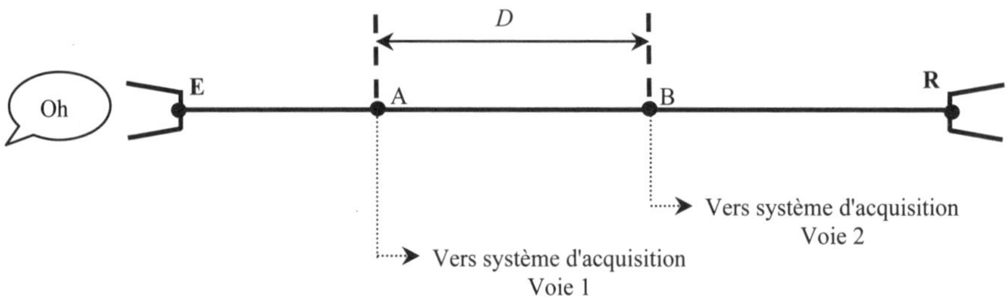

Figure 4

3. À partir de l'enregistrement (figure 5), déterminer avec quel retard Δt, par rapport au point A, le point B est atteint par le signal. **(0,5 pt)**

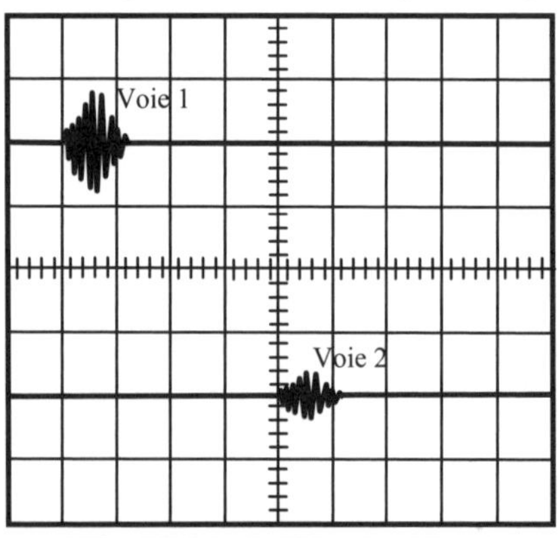

Sensibilité verticale : $k_V = 1$ mV / DIV
Sensibilité horizontale : $k_H = 5$ ms / DIV

Figure 5

4. Donner l'expression de la célérité v de l'onde sur ce fil en fonction de D et Δt. Calculer sa valeur. Comparer cette valeur à celle de la célérité du son dans l'air à 25°C. Quelle propriété justifie ce résultat ? **(1 pt)**

Le fil ER, de longueur $L = 50$ m, est assimilé à un ressort de constante de raideur $k = 20$ kg.s^{-2} et de masse linéique $\mu = 1{,}0.10^{-3}$ kg.m^{-1}. Dans le cas d'un fil, le produit $k.L$ est une constante caractéristique du milieu de propagation.

5. Un modèle simple de la célérité v d'une onde de ce type dans ce fil correspond à l'une des expressions suivantes :

$$(1)\ v=\sqrt{\frac{\mu.L}{k}} \quad (2)\ v=\sqrt{\frac{k.L}{\mu}} \quad (3)\ v=\frac{k.L}{\mu}$$

Retrouver la bonne expression parmi celle proposées en effectuant une analyse dimensionnelle. **(1,5 pts)**

6. Calculer la célérité de l'onde sur le fil ER. **(1 pt)**

Une autre méthode, permettant de déterminer la célérité v de l'onde se propageant dans le fil, consiste à placer, devant le pot de yaourt émetteur, un haut-parleur (figure 6) qui émet des ondes sonores sinusoïdales, de fréquence f_E. Les ondes sinusoïdales qui se propagent dans le fil ont la même fréquence.

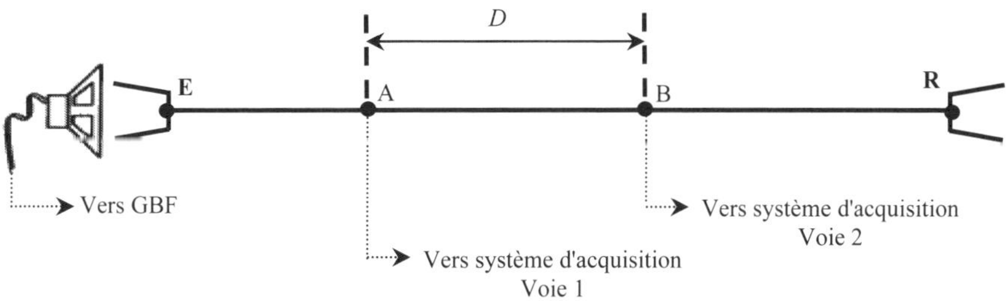

Figure 6

Lorsque la distance D est égale à 20,0 m, on obtient l'enregistrement de la figure 7.

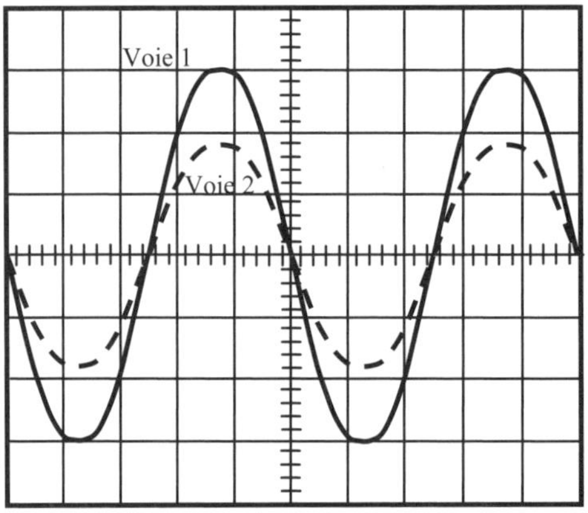

Sensibilité horizontale : $k_H = 1,0$ ms / DIV Sensibilités verticales : $k_V = 1,0$ mV / DIV

Figure 7

7. Comment peut-on expliquer que l'amplitude du signal au point B (voie 2) soit plus faible que l'amplitude du signal au point A (voie 1) ? **(1 pt)**

8. À partir de l'enregistrement de la figure 7, déterminer la fréquence de l'onde qui se propage dans le fil. **(1 pt)**

9. Lorsque l'on éloigne le point B, du point A, on constate que les signaux se retrouvent dans la même configuration pour les valeurs de la distance : $D = 25,0$ m ; $D = 30,0$ m ; $D = 35,0$ m…

a) En déduire la valeur de la longueur d'onde λ associée à l'onde qui se propage dans le fil, puis la célérité v de cette onde. **(1 pt)**

b) Sur la figure 8 ci-dessous, représenter l'allure de la courbe que l'on observerait sur la voie 2 si la distance D était égale à 27,5 m. **(1 pt)**

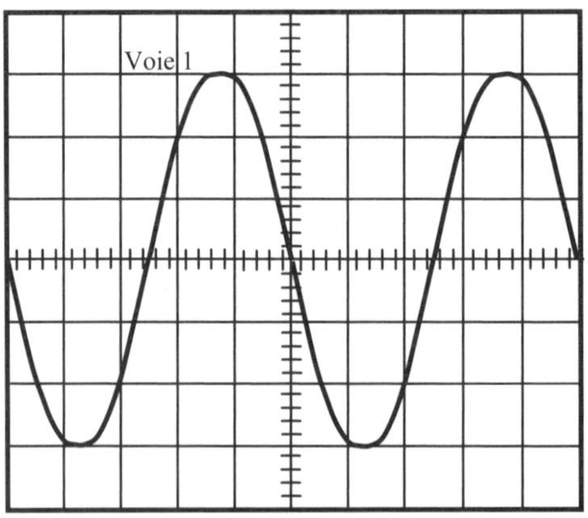

Sensibilité horizontale : $k_H = 1,0$ ms / DIV Sensibilité verticale : $k_V = 1,0$ mV / DIV

Figure 8

Corrigé des exercices

Corrigé 1

1. Une onde est la propagation d'une perturbation s'accompagnant d'un transport :
☐ de matière ☑ d'énergie

2.
a) Le son est une onde :
☑ mécanique ☐ électromagnétique
b) Le son se propage dans :
☐ le vide ☑ un milieu matériel
c) La célérité du son dans l'air (à 20 °C) est de :
☐ 34 $m.s^{-1}$ ☑ 340 $m.s^{-1}$ ☐ 340 $km.s^{-1}$

3.
a) Les U.V. sont des ondes :
☐ mécaniques ☑ électromagnétiques
b) Les U.V. sont tels que :
☑ $\lambda < 400$ nm ☐ $\lambda > 700$ nm
c) La célérité des U.V. dans le vide est de :
☐ 300 000 $m.s^{-1}$ ☑ 3.10^8 $m.s^{-1}$ ☑ 300 000 $km.s^{-1}$

4. Le rayonnement fossile est constitué de micro-ondes dont l'ordre de grandeur des longueurs d'onde est :
☐ 10^{-3} m ☐ 10^{-6} m ☑ 10^{-9} m

5. L'échelle de Richter qui permet de comparer l'énergie libérée par les séismes est une échelle : ☐ linéaire ☑ non linéaire

6.
a) Le son 1 est :
☑ alternatif ☑ périodique ☑ sinusoïdal
b) Le son 2 est :
☑ alternatif ☑ périodique ☐ sinusoïdal
c) Les oscillogrammes ont des formes différentes. Cette différence caractérise :
☐ la hauteur ☑ le timbre ☐ l'intensité
d) La période du son 1 est :
☐ $T = 1{,}15$ ms ☑ $T = 2{,}3$ ms ☐ $T = 4{,}6$ ms
e) La fréquence du son 1 est proche de :
☐ $f = 0{,}44$ Hz ☑ $f = 440$ Hz ☐ $f = 880$ Hz
f) L'amplitude du son 1 est :
☑ $U_m = 20$ mV ☐ $U_m = 40$ mV ☑ $U_m = 2{,}0.10^{-2}$ V

g) Quel spectre fréquentiel peut-on associer au son 2 ?

☐ 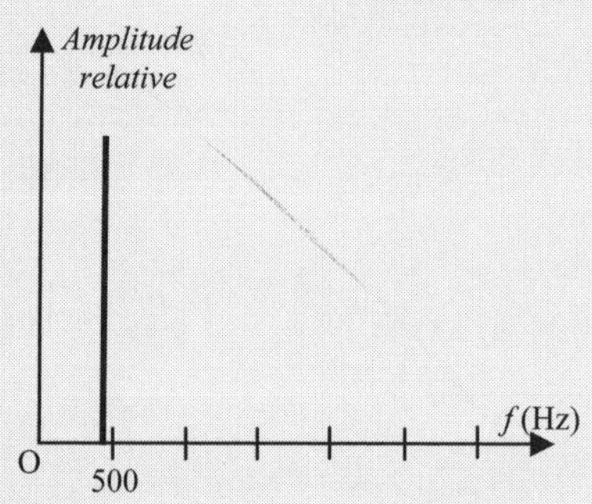

☑ 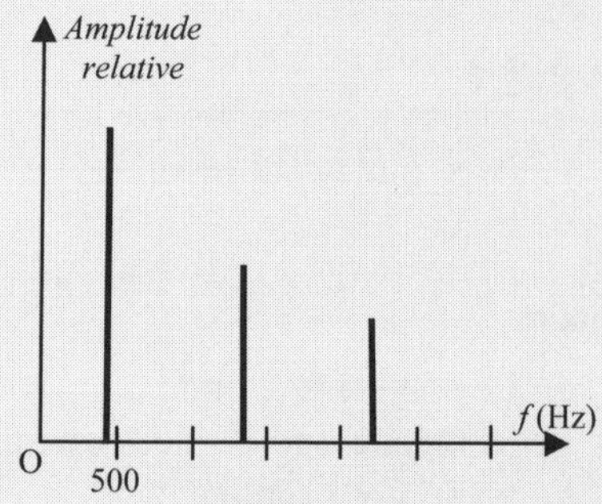

h) Le son 2 est un son:
☐ pur ☑ complexe

7. Dans un orchestre composé de quatre guitaristes, quel sera le niveau sonore résultant pour les quatre guitares si chacune émet un son de 80 dB_A ?
☐ 80 dB_A ☑ 86 dB_A ☐ 320 dB_A

8. Une onde est diffractée si elle rencontre une ouverture ou un obstacle dont l'une des dimensions a est telle que :
☑ $a < \lambda$ ☑ $a = \lambda$ ☐ $a >> \lambda$

9. Lors de la diffraction de la lumière laser par une fente fine rectangulaire de largeur a et séparée par une distance D de l'écran, la dimension de la tache centrale de diffraction est :
☐ indépendante de λ ☐ proportionnelle à a ☑ proportionnelle à D

Corrigé 2

1. L'oreille humaine est sensible aux sons dont les fréquences sont comprises entre 20 Hz et 20 000 Hz : le son de fréquence f = 2 000 Hz est donc audible.

2. Par définition $f = \frac{1}{T}$ d'où $\boxed{T = \frac{1}{f}}$ A.N. : $T = \frac{1}{2000} = \mathbf{5{,}0.10^{-4}\ s}$.

3. Par définition $\lambda = v \times T$ d'où $\boxed{\lambda = \frac{v}{f}}$ A.N. : $\lambda = \frac{340}{2000} = \mathbf{1{,}70.10^{-1}\ m}$.

4.

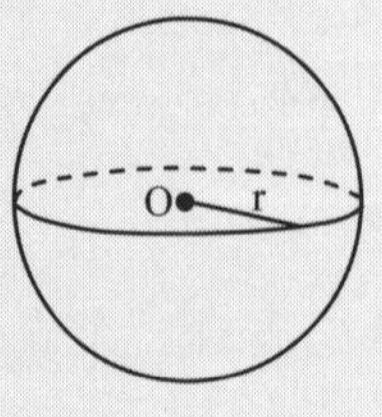

Une source sonore ponctuelle placée en un point O, rayonne une puissance sonore P dans toutes les directions de l'espace. L'énergie correspondante se répartit sur une sphère de rayon r et de surface $S = 4\pi r^2$, centrée sur O.

Par définition $\boxed{I = \frac{P}{S}}$

A.N. : $I = \frac{5{,}0}{4\pi \times 1{,}0^2} = \mathbf{4{,}0.10^{-1}\ W.m^{-2}}$.

5. Par définition $\boxed{L = 10 \log\left(\frac{I}{I_0}\right)}$

A.N. : $L = 10 \log\left(\frac{4{,}0.10^{-1}}{10^{-12}}\right) = \mathbf{1{,}2.10^2\ dB_A}$

Corrigé 3

1. Par définition $L_A = 10 \log\left(\frac{I_A}{I_0}\right) \Rightarrow \frac{L_A}{10} = \log\left(\frac{I_A}{I_0}\right) \Rightarrow 10^{\frac{L_A}{10}} = 10^{\log\left(\frac{I_A}{I_0}\right)}$

$\Rightarrow \frac{I_A}{I_0} = 10^{\frac{L_A}{10}}$ d'où $I_A = I_0 \times 10^{\frac{L_A}{10}}$

A.N. : $I_A = 10^{-12} \times 10^{\frac{86}{10}} = \mathbf{4{,}0.10^{-4}\ W.m^{-2}}$.

2. Soient :
   - P : puissance sonore produite par le haut-parleur situé en O ;
   - $P(S_1)$: puissance sonore reçue par le disque de surface S_1 centré en A ;
   - $P(S_2)$: puissance sonore reçue par le disque de surface S_2 centré en B ;

   Par définition : $I_A = \frac{P(S_1)}{S_1}$ et $I_B = \frac{P(S_2)}{S_2}$

   Or $S_1 = \pi\, r_1^2$; $S_2 = \pi\, r_2^2$ (surfaces des disques de rayons r_1 et r_2).

   De plus $\frac{r_2}{r_1} = \frac{OB}{OA}$ d'où $r_2 = r_1 \times \frac{OB}{OA} = 2r_1$.

   Donc $S_2 = \pi\,(2\, r_1)^2 = 4\, \pi\, r_1^2 = 4\, S_1$.
   S'il n'y avait pas d'absorption des ondes sonores par l'air, on aurait :

   $P(S_1) = P(S_2)$ d'où $I_B = \frac{P(S_2)}{S_2} = \frac{P(S_1)}{4S_1} \Rightarrow \boxed{I_B = \frac{I_A}{4}}$

   A.N. : $I_B = \frac{4{,}0.10^{-4}}{4} = \mathbf{1{,}0.10^{-4}\ W.m^{-2}}$.

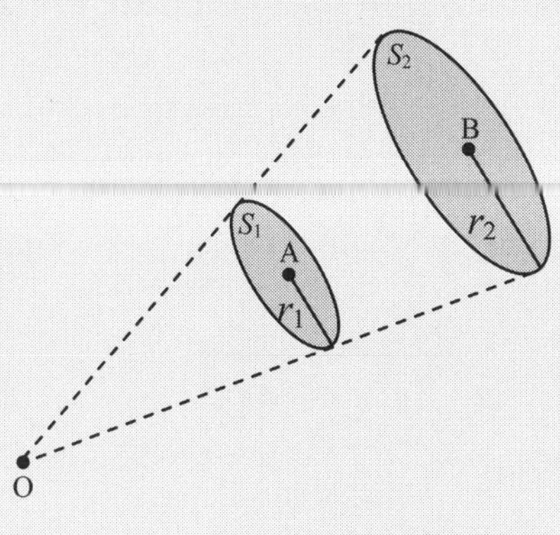

3. Soit I_C l'intensité sonore correspondant à un nive au sonore L_C de 50 dB_A.

$$L_C = 10\log\left(\frac{I_C}{I_0}\right) \Rightarrow \frac{L_C}{10} = \log\left(\frac{I_C}{I_0}\right) \Rightarrow 10^{\frac{L_C}{10}} = 10^{\log\left(\frac{I_C}{I_0}\right)}$$

$$\Rightarrow \frac{I_C}{I_0} = 10^{\frac{L_C}{10}} \text{ d'où } \boxed{I_C = I_0 \times 10^{\frac{L_C}{10}}}$$

A.N. : $I_C = 10^{-12} \times 10^{\frac{50}{10}} = \mathbf{1{,}0.10^{-7}\ W.m^{-2}}$.

De plus, $I_A = \dfrac{P(S_1)}{S_1}$ et $I_C = \dfrac{P(S_3)}{S_3} \Rightarrow \dfrac{I_C}{I_A} = \dfrac{S_1}{S_3}$

Soient r_1 et r_3 les rayons des disques de surfaces S_1 et S_3.

$S_1 = \pi\, r_1^2$; $S_3 = \pi\, r_3^2$ et $\dfrac{r_1}{r_3} = \dfrac{OA}{OC} \Rightarrow \dfrac{S_1}{S_3} = \dfrac{\pi r_1^2}{\pi r_3^2} = \left(\dfrac{OA}{OC}\right)^2$

D'où $\dfrac{I_C}{I_A} = \left(\dfrac{OA}{OC}\right)^2$ soit $\boxed{OC = OA\sqrt{\dfrac{I_A}{I_C}}}$

A.N. : $OC = 10\sqrt{\dfrac{4{,}0.10^{-4}}{1{,}0.10^{-7}}} = \mathbf{6{,}3.10^2\ m}$.

Le sonomètre se trouve donc à environ 630 m du haut-parleur.

4.

a) Soit D un point ou le niveau sonore (noté L_D) produit par le haut-parleur (situé en O) est nul. Calculons l'intensité sonore I_D en ce point :

$$L_D = 10\log\left(\frac{I_D}{I_0}\right) \Rightarrow \frac{L_D}{10} = \log\left(\frac{I_D}{I_0}\right) \Rightarrow 10^{\frac{L_D}{10}} = 10^{\log\left(\frac{I_D}{I_0}\right)}$$

$\dfrac{I_D}{I_0} = 10^{\frac{L_D}{10}}$ A.N. : $\dfrac{I_D}{I_0} = 10^{\frac{0}{10}} = 10^0 = 1$ d'où $I_D = I_0 = 10^{-12}$ $W.m^{-2}$.

En raisonnant comme à la question précédente on a :

$OD = OA\sqrt{\dfrac{I_A}{I_D}}$ A.N. : $OD = OA\sqrt{\dfrac{4{,}0.10^{-4}}{10^{-12}}} = 2{,}0.10^5$ m = $\mathbf{2{,}0.10^2\ km}$.

b) Si les ondes sonores n'étaient pas absorbées au cours de leur propagation, il faudrait se trouver à 200 km du haut-parleur pour ne plus l'entendre ! Ce résultat n'étant pas en accord avec la réalité, on en déduit que le phénomène d'absorption des ondes sonores est un phénomène loin d'être négligeable.

5.

a) Soient I et L, l'intensité sonore et le niveau acoustique produits en un point M quelconque de l'espace, par un haut-parleur. Si on ajoute un deuxième haut-parleur identique, placé à côté du premier, et produisant le même niveau acoustique L, donc la même intensité sonore I, alors l'intensité sonore totale au point M vaut $I' = 2\,I$.
Calculons le niveau acoustique total :

$$L' = 10\log\left(\frac{I'}{I_0}\right) = 10\log\left(\frac{2I}{I_0}\right) = 10\log(2) + 10\log\left(\frac{I}{I_0}\right) = L + 10\log(2)$$

$$L' = L + 3{,}0\,dB_A$$

b) À chaque fois que l'intensité sonore est doublée, le niveau sonore augmente de 3 dB_A. Cela se traduit graphiquement de la manière suivante :

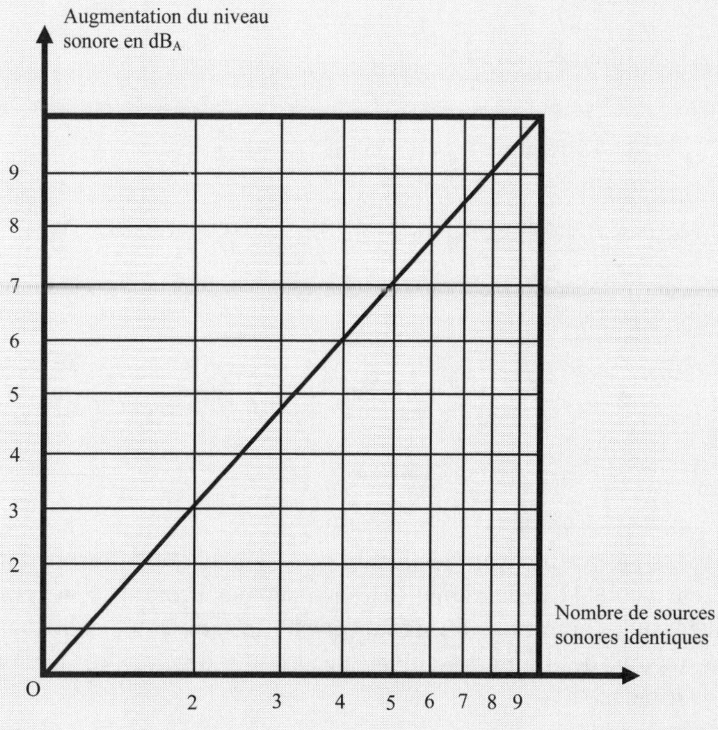

c) D'après la question 1. On sait que le son produit par un haut-parleur a, au point A, une intensité sonore $I_A = 4{,}0.10^{-4}$ W.m^{-2}. Désignons par n le nombre de haut-parleurs identiques nécessaires pour produire en A un son de niveau acoustique $L_A' = 93$ dB_A. Les n haut-parleurs produisent en À l'intensité sonore : $I_A' = n \times I_A$. On a donc :

$$L_A' = 10\log\left(\frac{I_A'}{I_0}\right) = 10\log\left(\frac{nI_A}{I_0}\right) \Rightarrow \log\left(\frac{nI_A}{I_0}\right) = \frac{L_A'}{10} \Rightarrow \frac{nI_A}{I_0} = 10^{\frac{L_A'}{10}}$$

$$\boxed{\Rightarrow n = \frac{I_0}{I_A} 10^{\frac{L_A'}{10}}}\ \text{A.N. : } n = \frac{10^{-12}}{4{,}0.10^{-4}} 10^{\frac{93}{10}} = \mathbf{5{,}0}.$$

Il faut disposer côte à côte 5 haut-parleurs pour produire en A un niveau sonore de 93 dB_A. Ce résultat est cohérent avec le graphique de la question précédente (lorsqu'il y a 5 sources sonores identiques, le niveau sonore augmente de 7 dB_A par rapport à une source sonore unique).

6. Soient :

- I_1 et I_2 les intensités sonores produites par les postes R_1 et R_2.
- L_{tot} le niveau sonore produit par les deux postes.

Les intensités sonores des deux postes radio s'additionnent au point considéré.

$$L_1 = 10 \log\left(\frac{I_1}{I_0}\right) \Rightarrow \frac{L_1}{10} = \log\left(\frac{I_1}{I_0}\right) \Rightarrow 10^{\frac{L_1}{10}} = 10^{\log\left(\frac{I_1}{I_0}\right)}$$

$$\Rightarrow \frac{I_1}{I_0} = 10^{\frac{L_1}{10}} \text{ d'où } \boxed{I_1 = I_0 \times 10^{\frac{L_1}{10}}}$$

A.N. : $I_1 = 10^{-12} \times 10^{\frac{75}{10}} = \mathbf{3{,}2.10^{-5}\ W.m^{-2}}$

De même $\boxed{I_2 = I_0 \times 10^{\frac{L_2}{10}}}$ A.N. : $I_2 = 10^{-12} \times 10^{\frac{70}{10}} = \mathbf{1{,}0.10^{-5}\ W.m^{-2}}$

$$\boxed{L_{tot} = 10 \log\left(\frac{I_1 + I_2}{I_0}\right)}$$

A.N. : $L_{tot} = 10 \log\left(\frac{3{,}2.10^{-5} + 1{,}0.10^{-5}}{10^{-12}}\right) = \mathbf{7{,}6.10^1\ dB_A = 76\ dB_A}$.

Corrigé 4

1. Le signal (b) est capté avant le signal (a). Le signal (b) correspond donc à l'émetteur (voie 1) et le signal (a) au récepteur (voie 2). On remarque également que l'amplitude du signal (a) est plus faible que celle du signal (b) en raison de l'amortissement de l'onde ultrasonore lors de sa propagation dans l'air.

2. $\boxed{U_m = n_V \times k_V}$

A.N. : $U_m = 3{,}0 \times 20$

$U_m = \mathbf{60\ mV}$

3. $\boxed{T = n_H \times k_H}$

A.N. : $T = 2{,}5 \times 10$

$T = \mathbf{25\ \mu s}$

4. $\boxed{f = \frac{1}{T}}$

A.N. : $f = \frac{1}{25.10^{-6}}$

f **= 4.10⁴ Hz = 40 000 Hz**

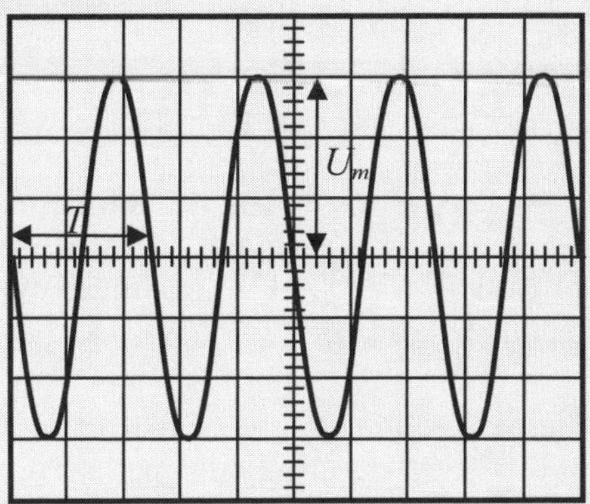

Sensibilité horizontale : k_H = 10 µs / DIV
Sensibilité verticale : k_V = 20 mV / DIV

f > 20 000 Hz : les ondes utilisées sont bien des ondes ultrasonores donc inaudibles.

5. Pendant la durée Δt, l'onde ultrasonore parcourt la distance 2 × d (aller-retour) à la vitesse v. En effet, un phénomène de réflexion a lieu sur l'écran métallique. On a donc :

$$v = \frac{2d}{\Delta t} \Rightarrow \boxed{d = \frac{v.\Delta t}{2}}$$

La durée Δt est l'intervalle de temps séparant le début de l'émission du signal (b) de celui de la réception du signal (a). Elle se mesure sur l'écran de l'oscilloscope (salves ultrasonores).

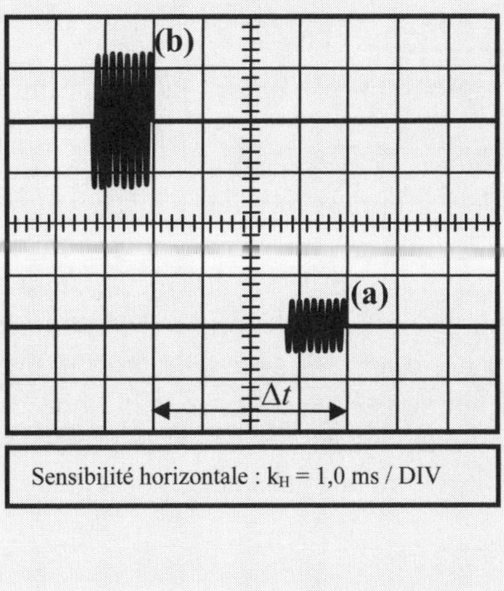

Sensibilité horizontale : k_H = 1,0 ms / DIV

$\Delta t = n_H \times k_H$ A.N. : $\Delta t = 4{,}0 \times 1{,}0 = 4{,}0$ ms = **$4{,}0.10^{-3}$ s.**

$d = \dfrac{v.\Delta t}{2} = \dfrac{340 \times 1.10^{-3}}{2}$ = **$6{,}8.10^{-1}$ m = 68 cm**.

La distance séparant le couple {émetteur-récepteur} de l'écran métallique mesure 68 cm.

Corrigé 5

1. $\boxed{T = n_H \times k_H}$ A.N. : $T = 5{,}0 \times 5{,}0$ = **25 µs = 25.10^{-6} s = $2{,}5.10^{-5}$ s.**
2. $\boxed{f = \dfrac{1}{T}}$ A.N. : $f = \dfrac{1}{25.10^{-6}}$ = **4.10^4 Hz = 40 000 Hz.**
3. La fréquence est telle que $f > 20\,000$ Hz : les ondes utilisées sont bien des ondes ultrasonores donc inaudibles.
4.

a) Les signaux de la figure 1 sont en phase.

b) La figure 3 met en évidence la périodicité spatiale de l'onde ultrasonore périodique. Les traits verticaux matérialisent les points de l'espace qui vibrent de la même manière (signaux en phase).

c) Deux points de l'espace qui vibrent en phase sont séparés par une distance $d = k \times \lambda$ avec $k \in \mathbb{N}^*$. Sur le document k = 10 et on mesure d = 8,5 cm. On a donc $10 \times \lambda = 8{,}5$ cm soit λ = **$8{,}5.10^{-1}$ cm = $8{,}5.10^{-3}$ m.**

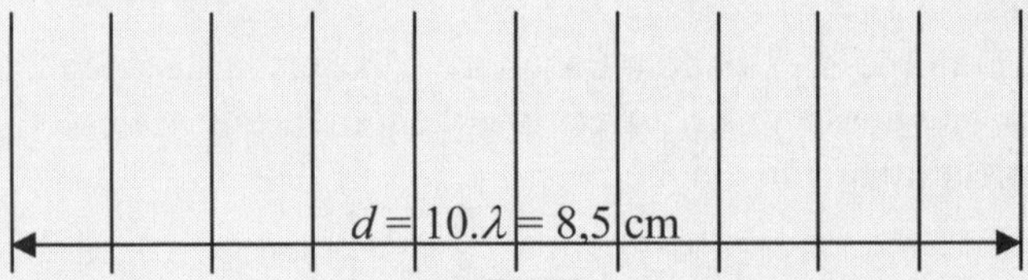

5. Par définition $\lambda = v \times T \Rightarrow \boxed{v = \dfrac{\lambda}{T}}$ A.N. : $v = \dfrac{8{,}5.10^{-3}}{2{,}5.10^{-5}}$ = **$3{,}4.10^2$ m.s^{-1}**.

La vitesse des ultrasons dans l'air est donc de 340 m.s^{-1}.

Corrigé 6

1. L'onde sonore produite est une onde mécanique progressive non périodique.
2. Une onde sonore est la propagation d'une perturbation (compression-dilatation) parallèle à la direction du déplacement de l'énergie : il s'agit donc d'une onde longitudinale.
3. Le signal (a) est capté avant le signal (b). Le signal (a) correspond donc au « clap » sonore capté par le micro M_1 et le signal (b), au même « clap », capté par le micro M_2 avec un retard Δt. On remarque également que l'amplitude du signal (a) est plus faible que celle du signal (b), en raison de l'amortissement de l'onde sonore lors de sa propagation dans l'air (les sensibilités verticales des deux voies étant identiques).

4. Pendant la durée Δt, l'onde ultrasonore parcourt la distance d à la vitesse v. On a donc :

$$\boxed{v = \frac{d}{\Delta t}}$$

A.N. : $\Delta t = n_H \times k_H = 4{,}4 \times 1{,}0 = 4{,}4$ ms = **$4{,}4.10^{-3}$ s.**

$v = \dfrac{1{,}5}{4{,}4.10^{-3}} = \mathbf{3{,}4.10^2\ m.s^{-1}}$.

5. D'après l'énoncé $v = \sqrt{\dfrac{\gamma RT}{M}} = \sqrt{\dfrac{1{,}41 \times 8{,}314 \times 293}{29.10^{-3}}} = \mathbf{3{,}44.10^2\ m.s^{-1}}$.

L'écart relatif entre la valeur expérimentale et la valeur théorique est :

$$\boxed{E(\%) = \frac{|v_{exp} - v_{théo}|}{v_{théo}} \times 100}$$

A.N. : $E(\%) = \dfrac{|3{,}4.10^2 - 3{,}44.10^2|}{3{,}44.10^2} \times 100 = \mathbf{1\ \%}$.

6.

a) Le micro M_2 capte le « clap » sonore avec un retard Δt plus grand que dans la situation précédente. La distance séparant les deux microphones est donc plus grande (on a éloigné le microphone M_2 de M_1).

b) D'après la question **4.** : $v = \dfrac{d}{\Delta t} \Rightarrow \boxed{d = v \times \Delta t}$

A.N. : $\Delta t = n_H \times k_H = 7{,}0 \times 1{,}0 =$ **7,0 ms = $7{,}0.10^{-3}$ s.**
$d = 3{,}4.10^2 \times 7{,}0.10^{-3} = \mathbf{2{,}4\ m}$.

Corrigé 7

1. Une onde est un phénomène de propagation d'une perturbation sans transport de matière mais avec transport d'énergie.
2. Les ondes, qui apparaissent sur la surface de l'eau, sont transversales car la direction de la perturbation est perpendiculaire à la direction de propagation de l'onde.
3. Entre l'image n° 1 et l'image n° 5, il y a 4 images donc :

10 images ↔ 1,0 s
4 images ↔ Δt ⇒ $\Delta t = (4 \times 1{,}0) / 10 = \mathbf{4{,}0.10^{-1}\ s}$.

Sur l'image n°5 :

30 cm ↔ 3,1 cm
d ↔ 1,6 cm ⇒ d = (1,6 × 30) / 3,1 = **15 cm.**

d = $1{,}5.10^{-1}$ m.

La célérité v des ondes à la surface de l'eau est alors :

$\boxed{v = \dfrac{d}{\Delta t}}$ A.N. : $v = \dfrac{1{,}5.10^{-1}}{4{,}0.10^{-1}} = \mathbf{3{,}8.10^{-1}\ m.s^{-1}}$.

résumés de cours | exercices | contrôles | corrigés

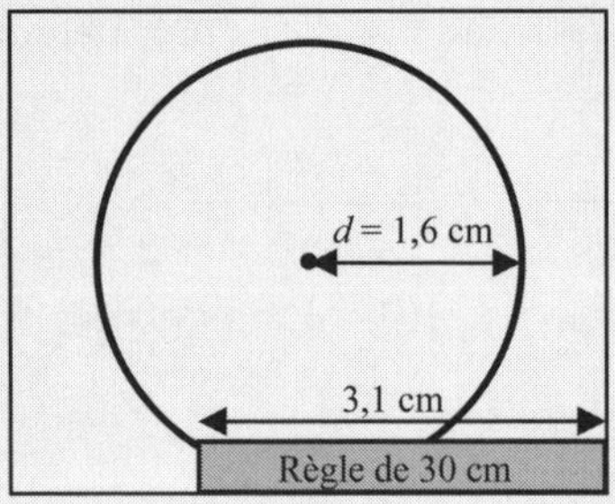

Image n° 5

4.

a) Les cercles concentriques représentent les endroits où les points de l'espace vibrent en phase. Deux cercles concentriques consécutifs sont donc séparés d'une longueur d'onde λ.

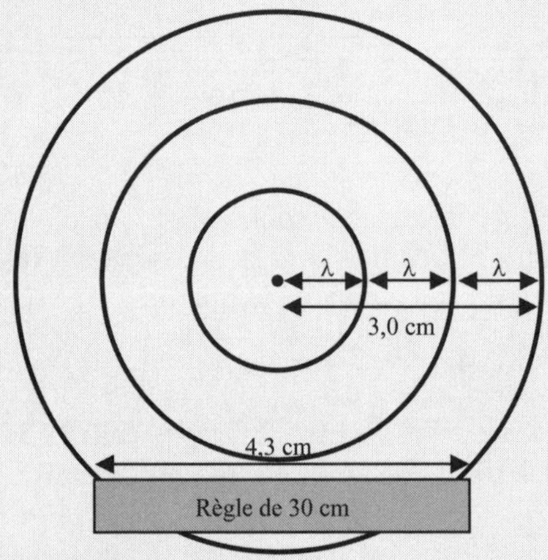

Sur le schéma : 30 cm $\leftrightarrow$ 4,3 cm

$3\,\lambda \quad \leftrightarrow$ 3,0 cm $\quad \Rightarrow \lambda = (3{,}0 \times 30) / (3{,}0 \times 4{,}3)$

$\lambda =$ **7,0 cm = 7,0.10^{-2} m**.

b) La célérité des ondes à la surface de l'eau est $v = 0{,}38\ \text{m.s}^{-1}$. On a :

$$v = \lambda \times f \Rightarrow \boxed{f = \frac{v}{\lambda}} \quad \text{A.N. : } f = \frac{0{,}38}{7{,}0.10^{-2}} = \mathbf{5{,}4\ Hz}.$$

5.

a) On observe le phénomène de diffraction des ondes mécaniques à la surface de l'eau car la taille de l'ouverture (3,0 cm) est de l'ordre de grandeur de la longueur d'onde (7,0 cm).

b) Forme des ondes obtenues derrière l'ouverture : le phénomène de diffraction ne modifie pas la longueur d'onde. L'ouverture se comporte comme une source vibratoire.

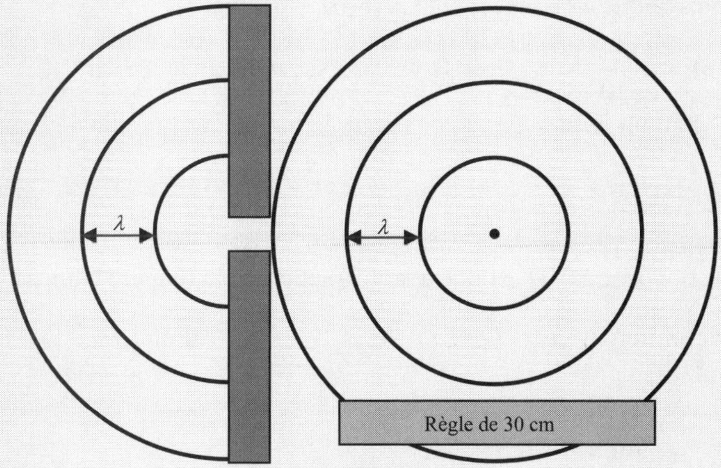

Corrigé 8

1.

a) Les signaux, des oscillogrammes de la figure 1, ont la même période mais pas la même forme. Ce sont des sons qui ont donc la même hauteur mais pas le même timbre.

b) $\boxed{T = n_H \times k_H}$ A.N. : $T = 4{,}6 \times 0{,}5 =$ **2,3 ms = 2,3.10⁻³ s**.

c) La fréquence f_1 est appelée fréquence fondamentale. C'est elle qui caractérise la hauteur du son. Par définition :

$\boxed{f_1 = \frac{1}{T}}$ A.N. : $f = \frac{1}{2{,}3.10^{-3}} = \mathbf{4{,}3.10^2\ Hz = 430\ Hz}$.

Cette valeur expérimentale est proche de 440 Hz correspondant au la_3.

d) Les fréquences f_2 et f_3 sont les deux premières harmoniques : elles caractérisent le timbre du son. Ce sont des multiples de la fréquence fondamentale : $\boxed{f_n = n \times f_0}$

A.N. : $f_2 = 2 \times 430 =$ **860 Hz** ; $f_3 = 3 \times 430 =$ **1290 Hz**.

2.

a) Si $I_1 = I_0$ alors $L_1 = 10 \log\left(\frac{I_1}{I_0}\right) = 10 \log\left(\frac{I_0}{I_0}\right) = 10 \log(1) = \mathbf{0\ dB_A}$.

b) Par définition le niveau sonore produit par n sources identiques est :

$L_n = 10 \log\left(\frac{n \times I_1}{I_0}\right) = 10 \log(n) + 10 \log\left(\frac{I_1}{I_0}\right)$

$\boxed{L_n = 10 \log(n) + L_1}$ A.N. : $L_{10} = 10 \log(10) + 70 = \mathbf{80\ dB_A}$.

c) Le niveau sonore associé à une intensité sonore $I = 1{,}0.10^{-1}\ W.m^{-2}$ pouvant endommager l'oreille de l'auditeur est :

$L_n = 10 \log\left(\frac{I}{I_0}\right)$ A.N. : $L_n = 10 \log\left(\frac{1{,}0.10^{-1}}{10^{-12}}\right) = \mathbf{130\ dB_A}$.

D'après la question précédente : $L_n - L_1 = 10 \log(n)$

$\log(n) = \dfrac{L_n - L_1}{10} \Rightarrow \boxed{n = 10^{\frac{L_n - L_1}{10}}}$ A.N. : $n = 10^{\frac{130-70}{10}} = \mathbf{10^6}$.

Il faudrait un million de violons pour endommager l'oreille de l'auditeur !

Corrigé 9

1.

a) L'irisation d'un DVD est due à la diffraction de la lumière blanche.

b) Par définition $\lambda = v \times T$ avec $v = c$ et $T = \dfrac{1}{f} = \dfrac{1}{\upsilon}$ d'où $\boxed{\upsilon = \dfrac{c}{\lambda}}$

A.N. : $\upsilon = \dfrac{3{,}00.10^8}{405.10^{-9}} = \mathbf{7{,}41.10^{14}\ Hz}$.

REMARQUE : pour les ondes électromagnétiques telles que la lumière, l'usage veut que l'on note la fréquence υ et non pas f.

c) Le texte indique que « les DVD conventionnels utilisent respectivement des lasers infrarouges et rouges », donc de longueur d'onde **supérieures** à celle du laser blu-ray.

d) La longueur d'onde du laser blu-ray étant plus petite que celle d'un DVD classique, la gravure des points sur le support sera plus fine. On pourra donc stocker plus d'informations par unité de surface.

2. On veut retrouver expérimentalement la longueur d'onde λ_D de la radiation monochromatique d'un lecteur DVD.
On utilise pour cela le montage de la figure 2, a étant le diamètre d'un fil de pêche calibré et θ le demi-écart angulaire.

a) Dans le triangle (ABC) rectangle en B on a : $\tan\theta = \dfrac{BC}{AB} = \dfrac{L/2}{D}$.

$\Rightarrow L = 2.D.\tan\theta$

Dans l'approximation des petits angles, $\tan\theta \approx \theta \Rightarrow \boxed{L \approx 2.D.\theta}$

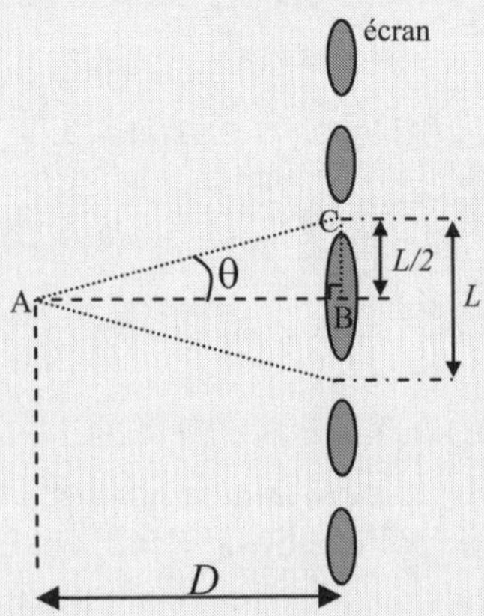

b) L'expression de l'écart angulaire est : $\boxed{\theta = \frac{\lambda_D}{a}}$ avec λ_D en mètres, θ en radians et a en mètres.

c) Les deux relations précédente permettent d'écrire :

$$\boxed{\lambda_D = \frac{L.a}{2D}}$$

d) $\lambda_D = \frac{L.a}{2D}$ et $\lambda_B = \frac{L'.a}{2D} \Rightarrow \frac{\lambda_D}{\lambda_B} = \frac{\frac{L.a}{2D}}{\frac{L'.a}{2D}} = \frac{L}{L'} \Rightarrow \boxed{\lambda_D = \frac{L}{L'}\lambda_B}$

A.N. : $\lambda_D = \frac{4,8}{3,0} \times 405 = 6,5.10^2$ nm = **$6,5.10^{-7}$ m**.

On vérifie que $\lambda_D > \lambda_B$ comme on l'avait indiqué à la question 1. c).

Corrigé 10

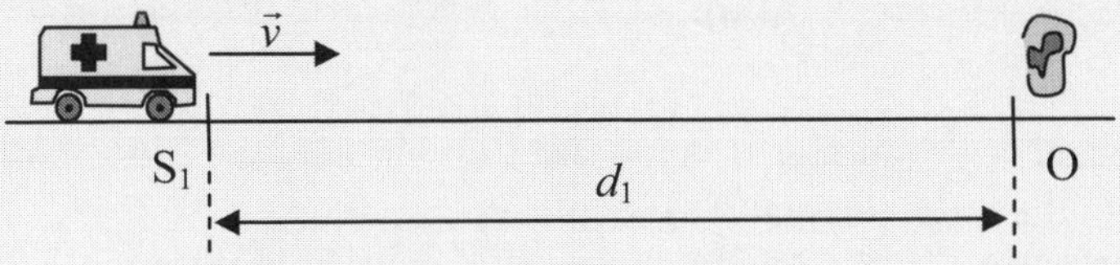

Emission du premier « bip » : t = 0

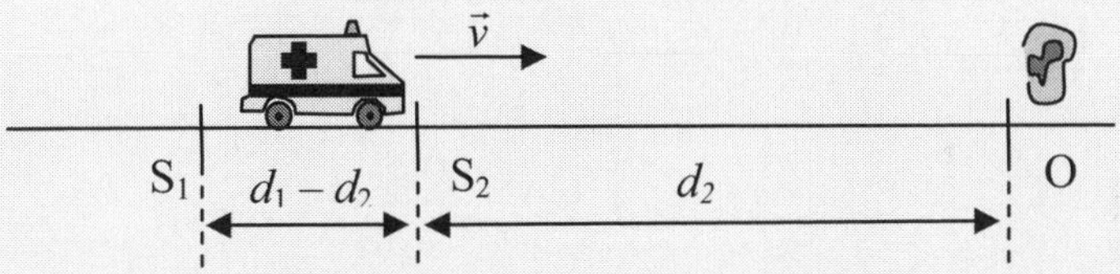

Emission du second « bip » : t = T

Pendant la durée T, séparant deux « bips » consécutifs, l'ambulance avance vers l'observateur O de $d_1 - d_2 = v \times T$.

1.

a) Le premier « bip » parcourt la distance d_1 qui le sépare de l'observateur O en une durée $\Delta t_1 = \frac{d_1}{c}$. La réception du premier « bip », par l'observateur O, se produit alors à l'instant t_1 tel que :

$$\boxed{t_1 = 0 + \Delta t_1 = \frac{d_1}{c}}$$

b) Le second « bip » parcourt, quant à lui, la distance d_2 qui le sépare de l'observateur O, en une durée $\Delta t_2 = \frac{d_2}{c}$. La réception du second « bip » par l'observateur O se produit à l'instant t_2 tel que :

$$\boxed{t_2 = T + \Delta t_2 = T + \frac{d_2}{c}}$$

c) Pour l'observateur placé en O, les deux signaux sont séparés d'une durée T' telle que :

$$T' = t_2 - t_1 = T + \frac{d_2}{c} - \frac{d_1}{c} = T + \frac{d_2 - d_1}{c}$$

Or $d_1 - d_2 = v \times T \Rightarrow T' = T + \frac{(-v \times T)}{c} \Rightarrow \boxed{T' = T\left(1 - \frac{v}{c}\right)}$

2.

a) Posons $f' = \frac{1}{T'}$ et $f = \frac{1}{T}$. D'après la question précédente on a :

$$\frac{1}{f'} = T' = \frac{1}{f}\left(1 - \frac{v}{c}\right) = \frac{1}{f}\left(\frac{c - v}{c}\right) \Rightarrow f' = f\left(\frac{c}{c - v}\right)$$

b) A.N. : $f' = 400 \times \left(\frac{340}{340 - \frac{50}{3{,}6}}\right) = 4{,}17.10^2 \text{ Hz} = \mathbf{417\ Hz}$.

c) La fréquence f' du signal perçu par l'observateur est plus grande que f. Le son lui paraîtra un peu plus aigu.

d) On démontre d'une manière analogue à celle de la question 2. c) que si l'ambulance s'éloigne de l'observateur alors :

$\boxed{f' = f\left(\frac{c}{c + v}\right)}$ A.N. : $f' = 400\left(\frac{340}{340 + \frac{50}{3{,}6}}\right) = 3{,}84.102 \text{ Hz} = \mathbf{384\ Hz}$.

La fréquence f' du signal perçu par l'observateur est plus petite que f. Le son lui paraîtra un peu plus grave.

e) Ce phénomène est appelé l'effet Doppler.

Corrigé du contrôle

Exercice 1

1. On observe sur l'écran un étalement du faisceau laser, perpendiculaire à la direction du fil, constitué d'une tache centrale bordée de taches latérales. La lumière ne se propage plus de façon rectiligne, le phénomène observé est la diffraction de la lumière. Or ce phénomène est caractéristique des ondes, donc la lumière est de nature ondulatoire.
2. L'angle θ est l'angle entre le centre de la tache centrale et le centre de la zone de première extinction. Voir schéma ci-dessous :

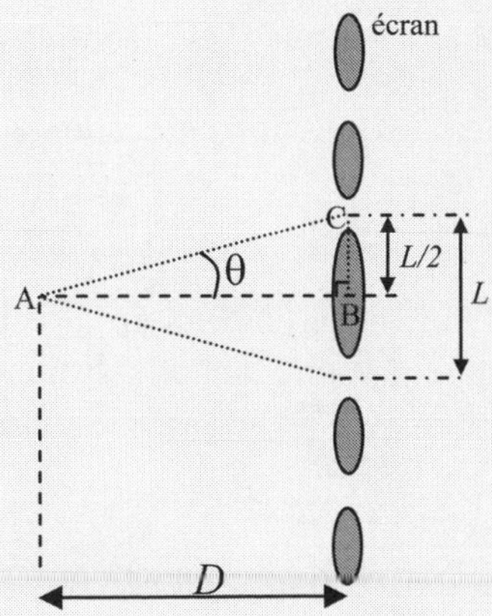

3. Dans le triangle (ABC) rectangle en B on a : $\tan\theta = \frac{BC}{AB} = \frac{L/2}{D}$.

   $\Rightarrow L = 2.D.\tan\theta$

   Dans l'approximation des petits angles, $\tan\theta \approx \theta \;\Rightarrow\; L \approx 2.D.\theta$
4. L'expression de l'écart angulaire est : $\boxed{\theta = \frac{\lambda}{a}}$ avec λ en mètres, θ en radians et a en mètres.
5. Les deux relations précédentes permettent d'écrire :

   $$\boxed{L = \frac{2.\lambda.D}{a}}$$
6. Pour λ et D fixés, la largeur L "de la tache centrale" est inversement proportionnelle au diamètre a du fil diffractant. On en déduit donc que la tache centrale la plus grande correspond au fil de diamètre le plus petit :

   Figure 2. A $\Leftrightarrow a_1 = 60$ µm

   Figure 2. B $\Leftrightarrow a_2 = 80$ µm

7.

a) La lumière émise par la source laser est monochromatique : cela signifie que la lumière laser est constituée d'une seule radiation de fréquence fixée. Le spectre de cette lumière laser est constitué d'une seule raie colorée sur un fond noir.

b) Le graphe L = f (1/a) montre une droite croissante passant par l'origine (fonction linéaire) **:** on en déduit donc que la largeur L de la tache centrale est proportionnelle à l'inverse du diamètre du fil, soit 1 /a.

L'équation modélisant la droite est de la forme : $\boxed{L = k \times \frac{1}{a}}$ où k désigne le coefficient directeur de cette droite. Ceci est en accord avec l'expression $L = 2\lambda D \times \frac{1}{a} L$ car D et λ sont des grandeurs constantes.

En identifiant les deux expressions précédente il vient : $\boxed{k = 2.\lambda.D}$

c) D'après la question précédente : $\boxed{\lambda = \frac{k}{2.D}}$

Pour déterminer la valeur du coefficient directeur k, prenons deux points $A(x_A\ ;\ y_A)$ et $B(x_B\ ;\ y_B)$ appartenant à la droite.

Par définition $\boxed{k = \frac{(y_B - y_A)}{(x_B - x_A)}}$

Soient les points A (0 m^{-1} ; 0 m) et B (25 000 m^{-1} ; 0,068 m) :

$$k = \frac{(0{,}068 - 0)}{(25\,000 - 0)} = \mathbf{2{,}7.10^{-6}\ m^2} \Rightarrow \lambda = \frac{2{,}7.10^{-6}}{(2 \times 2{,}50)} = \mathbf{5{,}4.10^{-7}\ m = 540\ nm}$$

8.

a) On observe une alternance de franges brillantes et sombres sur l'écran grâce au dispositif des fentes de Young : il s'agit d'un phénomène d'interférences. Ce phénomène révèle le caractère ondulatoire de la lumière.

b) L'onde lumineuse monochromatique est assimilée à une onde sinusoïdale progressive. Il y a interférences constructives (franges brillantes), lorsqu'au point considéré, les deux ondes sont en phase : l'amplitude de l'onde résultant de la superposition des deux ondes est maximale. Il y a interférences destructives (franges sombres), lorsqu'au point considéré, les deux ondes sont en opposition de phase : l'amplitude de l'onde résultant de la superposition des deux ondes est nulle.

c) L'interfrange i est la distance séparant deux franges brillantes consécutives (ou deux franges sombres consécutives). Par définition :

$$\boxed{i = \frac{\lambda.D}{a}}$$

d) Sur le schéma présentant la figure d'interférences, $6 \times i = 1,6$ cm. On en déduit que $i = 2,7.10^{-1}$ cm soit $i = 2,7.10^{-3}$ m.

D'après la question précédente : $\boxed{D = \dfrac{i.a}{\lambda}}$

A.N. : $D = \dfrac{2,7.10^{-3} \times 1.10^{-3}}{540.10^{-9}} = \mathbf{5\ m}$.

Exercice 2

1. L'onde sonore se propage d'abord dans l'air, puis dans le fond du 1er pot de yaourt, ensuite dans le fil, puis dans le fond du 2nd pot de yaourt et finalement dans l'air.
2. Figure 2 : onde transversale, la direction de la perturbation (verticale) est perpendiculaire à la direction de propagation de l'onde (horizontale).
Figure 3 : onde longitudinale, la direction de la perturbation est la même que la direction de propagation de l'onde.
3. Le retard du signal capté au point B par rapport au point A est :
$\boxed{\Delta t = n_H \times k_H} = 4 \times 5 = \mathbf{20\ ms}$.
4. Par définition : $\boxed{v = \dfrac{D}{\Delta t}}$ A.N. : $v = \dfrac{20}{20.10^{-3}} = \mathbf{1{,}0.10^3\ m.s^{-1}}$.

   La célérité de l'onde le long de la corde (1 000 $m.s^{-1}$) est supérieure à celle dans l'air (340 $m.s^{-1}$). Une onde se propage plus rapidement dans un milieu solide que dans un milieu gazeux. La vitesse de propagation d'une onde est une propriété du milieu.
5. $\mu = 1,0.10^{-3}$ $kg.m^{-1}$ donc $[\mu] = M.\ L^{-1}$
$k = 20$ $kg.s^{-2}$ donc $[k] = M.\ T^{-2}$
$[k.L] = M.\ T^{-2}.L$

   • Analyse dimensionnelle de l'expression (1) : $v = \sqrt{\dfrac{\mu}{k.L}}$

   $[v] = [\mu]^{1/2}\ .\ [kL]^{-1/2}$
   $[v] = M^{1/2}.L^{-1/2}.M^{-1/2}.T.L^{-1/2}$
   $[v] = T.L^{-1}$
   v serait exprimée en $s.m^{-1}$ L'expression (1) n'est pas retenue.

   • Analyse dimensionnelle de l'expression (2) : $v = \sqrt{\dfrac{k.L}{\mu}}$

   Il s'agit de l'inverse de l'expression (1), on aurait $[v] = L.T^{-1}$.
   La célérité serait exprimée en $m.s^{-1}$. L'expression (2) est homogène a une célérité.

   • Analyse dimensionnelle de l'expression (3) : $v = \dfrac{k.L}{\mu}$

   Il s'agit du carré de l'expression (2), on aurait $[v] = L^2.T^{-2}$. L'expression 3 n'est pas retenue.

résumés de cours

exercices

contrôles

corrigés

REMARQUE : l'analyse dimensionnelle d'une grandeur mécanique doit conduire à une combinaison linéaire des dimensions suivantes :
L : longueur ; M : masse : T : temps.

6. $\boxed{v=\sqrt{\dfrac{k.L}{\mu}}}$ A.N. : $v=\sqrt{\dfrac{20\times 50}{1{,}0.10^{-3}}}$ $\mathbf{= 1{,}0.10^3\ m.s^{-1}}$.

Ce résultat est conforme à celui obtenu par l'expérience.

7. Le point A est plus proche de l'émetteur (haut-parleur) que ne l'est le point B. L'onde est amortie au cours de sa propagation. L'amplitude de la perturbation diminue lorsque l'onde s'éloigne de la source vibratoire.

8. $\boxed{T = n_H \times k_H}$ A.N. : $T = 5 \times 1 = \mathbf{5\ ms = 5.10^{-3}\ s}$.

$\boxed{f=\dfrac{1}{T}}$ A.N. : $f=\dfrac{1}{5.10^{-3}} = \mathbf{2.10^2\ Hz}$.

9.

a) Les signaux se retrouvent dans la même configuration, c'est-à-dire en phase, lorsque $D = k \times \lambda$ avec k entier. La périodicité spatiale de l'onde est donc ici λ **= 5,00 m**.

$\lambda = v \times T \Rightarrow$ $\boxed{v=\dfrac{\lambda}{T}}$ A.N. : $v=\dfrac{5{,}00}{5.10^{-3}} = \mathbf{1.10^3\ m.s^{-1}}$.

b) Si D = 27,5 m, le point étudié se trouve exactement entre deux points qui vibrent en phase (D = 25,0 m et 30,0 m). Les signaux captés par la voie n° 1 (D = 25,0 m) et la voie n° 2 (D = 27,5 m) seront séparés par une distance $\lambda/2$: ils seront en opposition de phase.

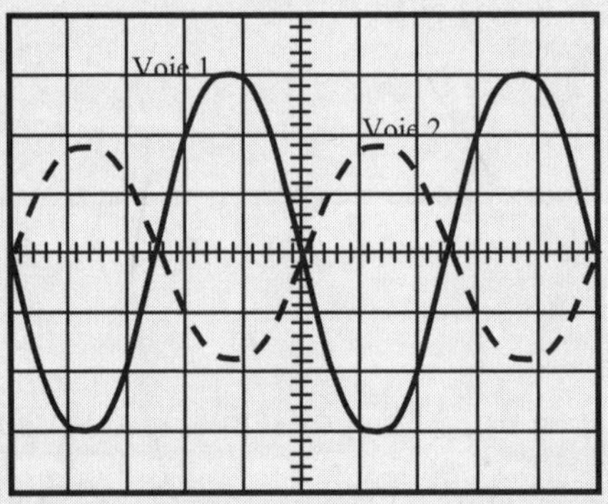

2 Temps, cinématique et dynamique newtoniennes

LA SECONDE : ÉTALON DE MESURE DU TEMPS

Définition

La **seconde** est la **durée** de 9 192 631 770 périodes de la radiation correspondant à la transition entre les deux niveaux hyperfins de l'état fondamental de l'atome de césium 133.

CINÉMATIQUE DU POINT MATÉRIEL

La **cinématique** consiste à décrire la manière dont un point d'un solide se déplace dans l'espace, en fonction du temps, sans s'attacher aux causes qui produisent ce mouvement.

Trajectoire et référentiel

Le **mouvement** d'un point, d'un objet mobile, doit être étudié par rapport à un **référentiel**, qui est un solide de référence, muni d'un **repère d'espace** et de **temps**.

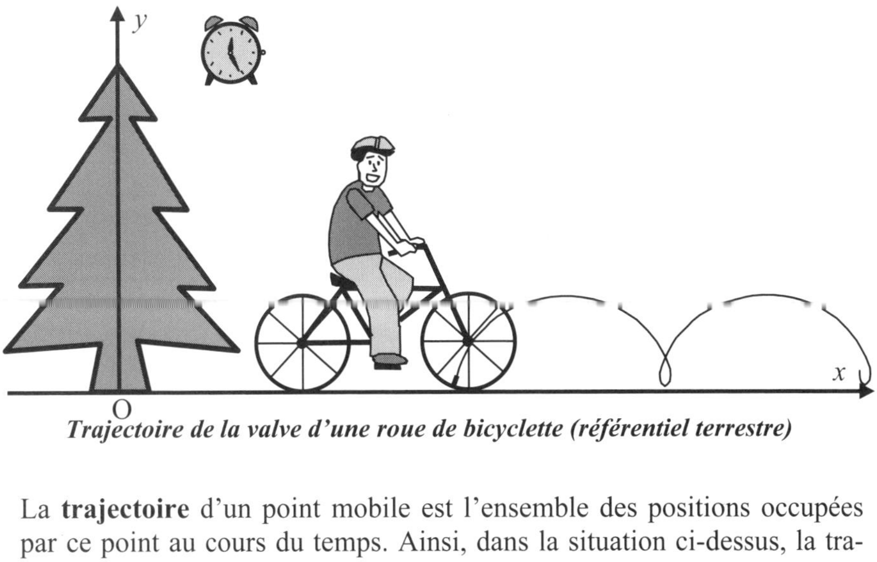

Trajectoire de la valve d'une roue de bicyclette (référentiel terrestre)

La **trajectoire** d'un point mobile est l'ensemble des positions occupées par ce point au cours du temps. Ainsi, dans la situation ci-dessus, la tra-

jectoire de la valve de la roue avant de la bicyclette décrit une trajectoire curviligne complexe, par rapport au sapin qui constitue un référentiel terrestre. Dans le référentiel du vélo, la trajectoire de la valve est par contre circulaire.
La trajectoire d'un point mobile dépend donc du référentiel d'étude choisi : on parle de **relativité du mouvement** par **changement de référentiel**.

Référentiels usuels

▶ Référentiel terrestre

Le **référentiel terrestre** est un référentiel dont l'origine du repère cartésien est liée à un point de la surface de la Terre. Il est bien adapté à l'étude du mouvement des objets au voisinage de la surface de la Terre.

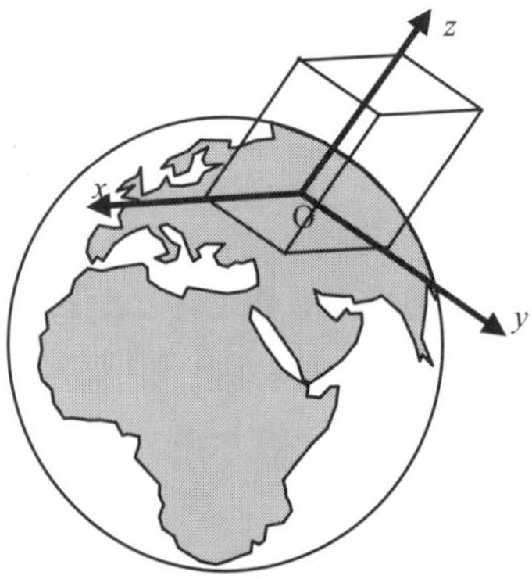

Référentiel terrestre

▶ Référentiel géocentrique

Le **référentiel géocentrique** est un référentiel ayant pour origine le centre de la Terre et dont les axes sont parallèles à ceux du référentiel héliocentrique. Il est bien adapté à l'étude du mouvement des satellites de la Terre.

▶ Référentiel héliocentrique

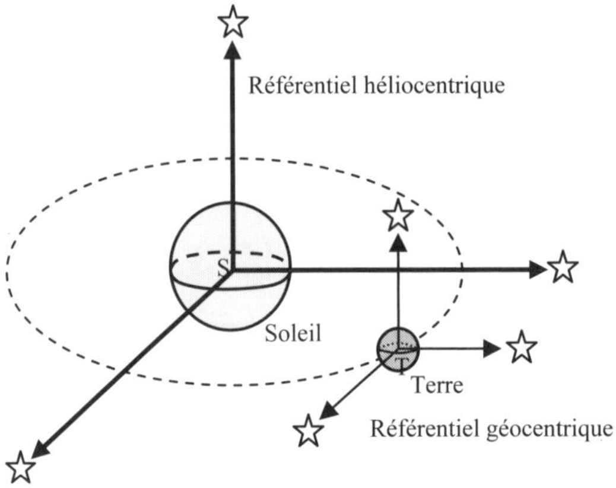

Le **référentiel héliocentrique** possède pour origine le centre du Soleil. Ses axes, orthogonaux deux à deux, pointent vers des étoiles éloignées fixes. Il est bien adapté à l'étude du mouvement des planètes du système solaire ou à celui des sondes spatiales.

○ Techniques d'étude d'un mouvement

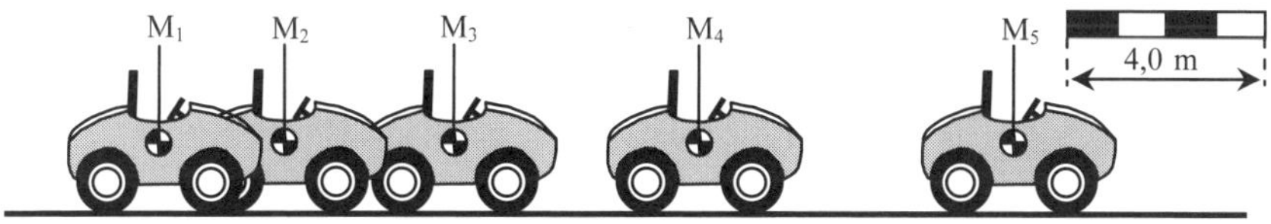

Chronophotographie du mouvement d'une voiture : Δt = 500 ms

On peut étudier le mouvement de l'un des points d'un solide sur une **chronophotographie** ou un **clip vidéo**. Pour chacune de ces techniques, deux positions consécutives occupées par le point mobile, noté M, sont séparées par le même intervalle de temps, noté Δt. La connaissance de l'échelle spatiale de ces documents permet de calculer la vitesse du point mobile étudié.

○ Vecteur position

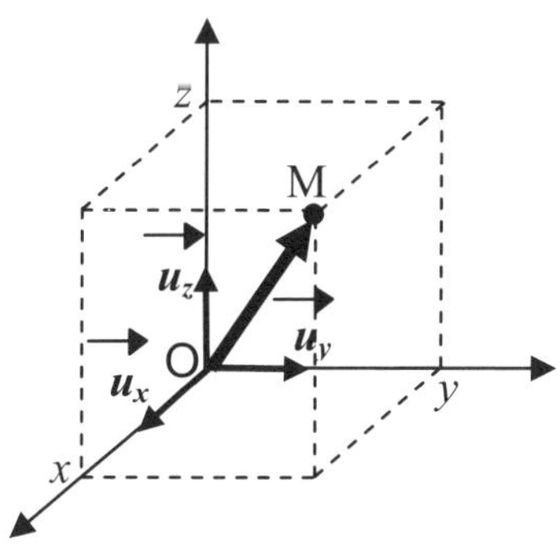

Vecteur position $\overrightarrow{OM}$

Dans un repère cartésien $(O\,;\vec{u}_x\,;\vec{u}_y\,;\vec{u}_z)$ tout point M(x, y, z) en mouvement dans l'espace peut être repéré par son vecteur position :

$$\boxed{\overrightarrow{OM} = x\,\vec{u}_x + y\,\vec{u}_y + z\,\vec{u}_z}$$

Les **coordonnées** x, y et z dépendent du temps.
La **distance** (OM) a alors pour expression :

$$\boxed{OM = \left\|\overrightarrow{OM}\right\| = \sqrt{x^2 + y^2 + z^2}}$$

○ Vecteur vitesse instantanée

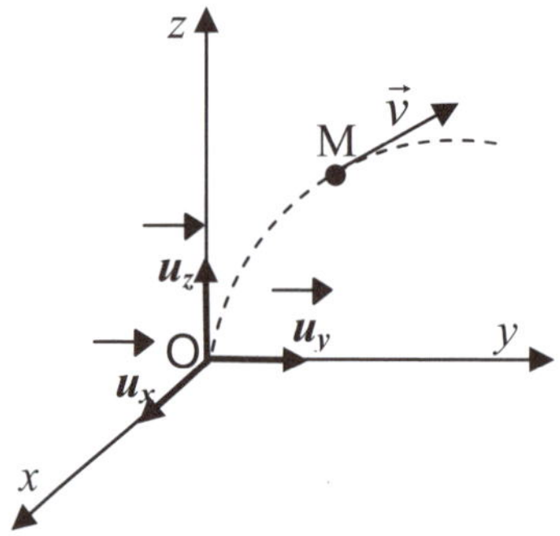

Vecteur vitesse $\vec{v}$

Le **vecteur vitesse instantanée**, $\vec{v}$ associé à un point mobile M(x,y,z) rend compte des variations au cours du temps de son vecteur position $\overrightarrow{OM}$. C'est donc la **dérivée première** de $\overrightarrow{OM}$ par rapport au **temps** :

$$\boxed{\vec{v} = \frac{d\overrightarrow{OM}}{dt}}$$

$$\Rightarrow \vec{v} = \frac{dx}{dt}\vec{u}_x + \frac{dy}{dt}\vec{u}_y + \frac{dz}{dt}\vec{u}_z$$

$$\Leftrightarrow \vec{v} = \dot{x}\vec{u}_x + \dot{y}\vec{u}_y + \dot{z}\vec{u}_z$$

$$\Leftrightarrow \vec{v} = v_x\,\vec{u}_x + v_y\,\vec{u}_y + v_z\,\vec{u}_z$$

Les **caractéristiques** du **vecteur vitesse** d'un point mobile M sont :

$\vec{v}$
- direction : tangente à la trajectoire ;
- sens : celui du mouvement ;
- valeur (en m.s^{-1}) : $\boxed{v = \|\vec{v}\| = \sqrt{v_x^{\ 2} + v_y^{\ 2} + v_z^{\ 2}}}$

REMARQUE : sur une chronophotographie, la valeur de la **vitesse instantanée** en un point M_i à la date t_i peut être considérée comme étant la valeur de la **vitesse moyenne** entre les deux dates encadrant t_i :

$v(t_i) = \dfrac{M_{i-1}M_{i+1}}{t_{i+1} - t_{i-1}}$	$M_{i-1}M_{i+1}$ distance parcourue, en m, entre M_{i-1} et M_{i+1} $t_{i+1} - t_{i-1}$ durée du parcours, en s $v(t_i)$ valeur de la vitesse instantanée, en m.s^{-1}

○ Vecteur accélération

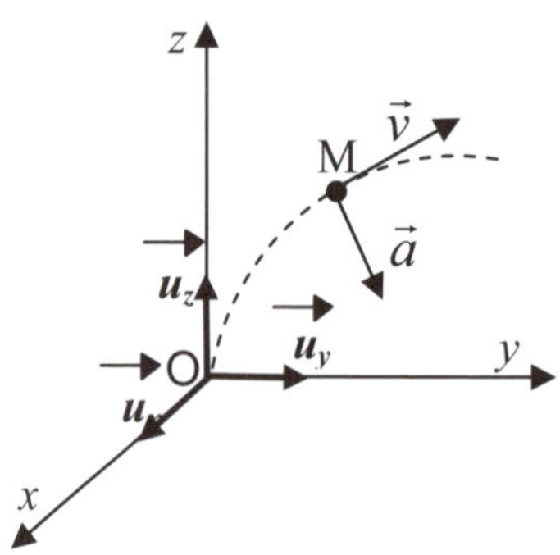

Vecteur accélération $\vec{a}$

Le **vecteur accélération** $\vec{a}$ associé à un point mobile M(x,y,z) rend compte des **variations** au cours du temps de son vecteur vitesse $\vec{v}$. C'est donc la **dérivée première** de $\vec{v}$ par rapport au **temps** :

$$\boxed{\vec{a} = \frac{d\vec{v}}{dt}}$$

$$\Rightarrow \vec{a} = \frac{dv_x}{dt}\vec{u}_x + \frac{dv_y}{dt}\vec{u}_y + \frac{dv_z}{dt}\vec{u}_z$$

$$\Leftrightarrow \vec{a} = \dot{v}_x\,\vec{u}_x + \dot{v}_y\,\vec{u}_y + \dot{v}_z\,\vec{u}_z$$

$$\Leftrightarrow \vec{a} = a_x\,\vec{u}_x + a_y\,\vec{u}_y + a_z\,\vec{u}_z$$

Les **caractéristiques** du **vecteur accélération** d'un point mobile M_i sont :

$\vec{a}$
- direction et sens : $\Delta\vec{v} = \vec{v}(M_{i+1}) - \vec{v}(M_{i-1})$
- valeur (en $m.s^{-2}$) : $a = \|\vec{a}\| = \sqrt{a_x^{\ 2} + a_y^{\ 2} + a_z^{\ 2}}$

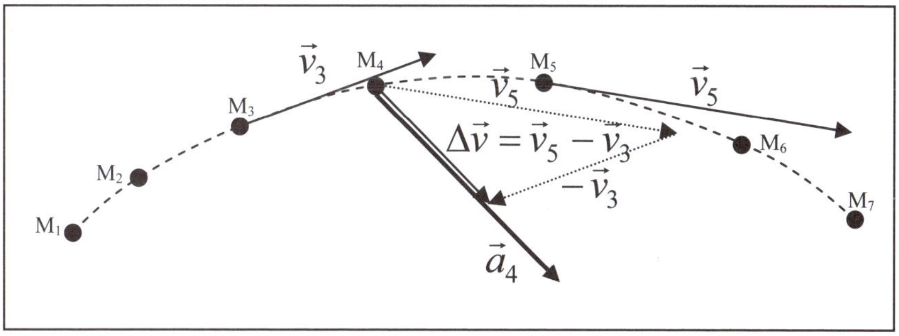

Principe de la construction graphique du vecteur accélération au point M_4

○ Les différents types de mouvement

Connaître les variations de $\|\vec{v}\|$ au cours du temps revient à étudier celles de $\|\vec{v}\|^2 = \vec{v}^{\,2} = \vec{v}.\vec{v}$. Or $\dfrac{d\vec{v}^{\,2}}{dt} = 2\,\vec{v}.\dfrac{d\vec{v}}{dt} = 2\,\vec{v}.\vec{a}$.

On en déduit que :

- si $\vec{v}.\vec{a} > 0$ alors $\|\vec{v}\|$ est une fonction croissante du temps : le **mouvement** est **accéléré ;**
- si $\vec{v}.\vec{a} < 0$ alors $\|\vec{v}\|$ est une fonction décroissante du temps : le **mouvement** est **retardé** ;
- si $\vec{v}.\vec{a} = 0$ alors $\|\vec{v}\|$ est une fonction constante du temps : le **mouvement** est **uniforme**.

Quelques exemples de mouvements sont représentés sur les chronophotographies suivantes :

- Mouvement rectiligne uniforme ($\|\vec{v}\|$ = cste et $\vec{a} = \vec{0}$) :

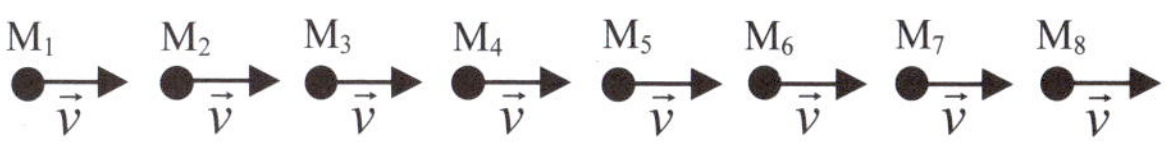

- Mouvement rectiligne uniformément accéléré ($\|\vec{v}\| \nearrow$ et $\vec{a} = \overrightarrow{cste}$) :

- Mouvement rectiligne uniformément retardé ($\|\vec{v}\| \searrow$ et $\vec{a} = \overrightarrow{cste}$) :

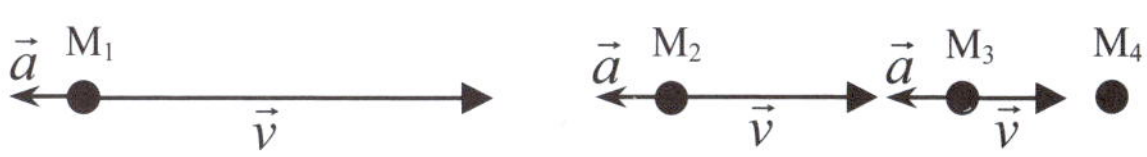

- Mouvement circulaire uniforme ($\|\vec{v}\|$ = cste et $\vec{v} \perp \vec{a}$) :

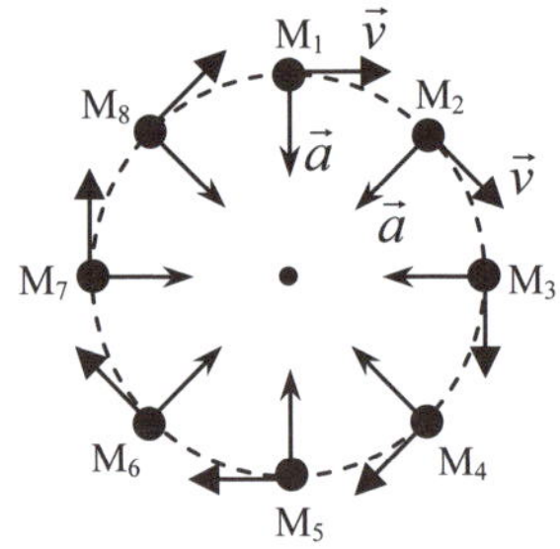

REMARQUE : lorsque le mouvement est circulaire uniforme, l'accélération est constamment dirigée vers le centre de la trajectoire ; on dit que l'accélération est centripète.

DYNAMIQUE DU POINT MATÉRIEL

La dynamique consiste à décrire la manière dont un point d'un solide se déplace dans l'espace en fonction du temps en s'intéressant aux causes, c'est-à-dire les forces, qui produisent ce mouvement.

Centre d'inertie G d'un solide

Un solide est un corps indéformable tel que la distance qui sépare deux quelconques de ses points demeure constante au cours du temps. Lorsqu'un solide est en mouvement, on remarque qu'un seul de ses points décrit une trajectoire simple : il s'agit de son centre d'inertie (ou centre de gravité) noté G.

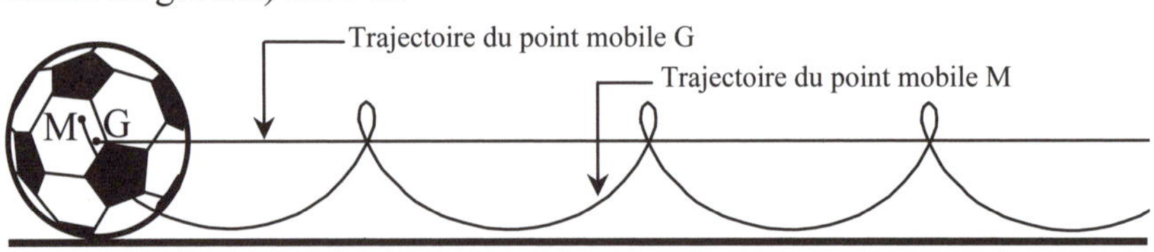

Seul le centre d'inertie G du ballon est animé d'une trajectoire simple.

En terminale S, l'étude du mouvement d'un solide se ramènera à celle de son centre d'inertie G.

Référentiel galiléen

Un **référentiel galiléen** (ou **inertiel**) est un référentiel dans lequel un **objet isolé** (sur lequel ne s'exerce **aucune force**) ou **pseudo-isolé** (sur lequel la **résultante** des **forces** est **nulle**) est au **repos**, ou animé d'un mouvement de **translation rectiligne uniforme**.

Un **référentiel galiléen** est donc un référentiel dans lequel le **principe de l'inertie** est applicable.

Quantité de mouvement

La **quantité de mouvement** $\vec{p}$ d'un point matériel de masse m animé d'une vitesse $\vec{v}$ est :

$\vec{p} = m\,\vec{v}$	$\vec{p}$: quantité de mouvement (en kg.m.s^{-1}) m : masse (en kg) $\vec{v}$: vitesse (en m.s^{-1})

REMARQUE : si un système est composé de plusieurs points matériels de masse m_i et de vitesse $\vec{v}_i$ alors la quantité de mouvement totale du système est : $\vec{p}_{système} = \sum_i \vec{p}_i = \sum_i m_i\,\vec{v}_i$.

Lois de Newton

▶ 1re loi de Newton : principe de l'inertie

Dans un référentiel galiléen, le centre d'inertie G, d'un **solide isolé** ou **pseudo-isolé,** est soit au **repos** ($\vec{v}_G = \vec{0}$) soit animé d'un **mouvement rectiligne uniforme** ($\vec{v}_G = \overrightarrow{cste}$).

▶ 2e loi de Newton : principe fondamental de la dynamique

Dans un référentiel galiléen, la **somme vectorielle** $\sum \vec{F}_{ext}$ des **forces extérieures** appliquées à un solide de masse m est égale à la **dérivée** par rapport au temps de la **quantité de mouvement** $\vec{p} = m\,\vec{v}_G$, de son centre d'inertie G :

$$\sum \vec{F}_{ext} = \frac{d\vec{p}}{dt} \Leftrightarrow \sum \vec{F}_{ext} = \frac{d(m\,\vec{v}_G)}{dt}$$

Dans le cas où la **masse** m du solide est **constante**, au cours du temps, le principe fondamental de la dynamique peut s'exprimer en fonction de l'**accélération** $\vec{a}_G$ de son centre d'inertie :

$$\sum \vec{F}_{ext} = m\frac{d(\vec{v}_G)}{dt} \Leftrightarrow \boxed{\sum \vec{F}_{ext} = m\,\vec{a}_G}$$

▶ 3e loi de Newton : principe des actions réciproques

Si un corps A exerce sur un corps B une force $\vec{F}_{A/B}$ (action), alors le corps B exerce sur A une force $\vec{F}_{B/A}$ (réaction) de **même direction**, mais de **sens contraire** :

$$\boxed{\vec{F}_{A/B} + \vec{F}_{B/A} = \vec{0}}$$

résumés de cours | exercices | contrôles | corrigés

Conservation de la quantité de mouvement d'un système isolé ou pseudo-isolé

Si un **système** composé de **plusieurs points** matériels, de masse m_i et de vitesse $\vec{v}_i$ est **isolé** ou **pseudo isolé** alors $\sum \vec{F}_{ext} = \vec{0}$.

La condition précédente et la deuxième loi de Newton conduisent à :

$$\sum \vec{F}_{ext} = \frac{d\vec{p}_{système}}{dt} = \vec{0}$$

$$\Rightarrow \vec{p}_{système} = \overrightarrow{cste}$$

Si un **système** est **isolé** ou **pseudo-isolé**, alors sa **quantité de mouvement** se **conserve** :

$$\boxed{\sum \vec{F}_{ext} = \vec{0} \Rightarrow \vec{p}_{système} = \overrightarrow{cste}}$$

MOUVEMENT D'UNE PARTICULE CHARGÉE DANS UN CHAMP ÉLECTROSTATIQUE UNIFORME

Force électrostatique

Dans un **champ électrostatique uniforme** $\vec{E}$, une **particule** de **charge** q est soumise à une **force électrostatique** $\vec{f}_e = q\,\vec{E}$

Énergie potentielle

L'**énergie potentielle** d'une **particule** ponctuelle, de **charge** q, placée dans un **champ électrostatique** $\vec{E}$ uniforme, dérivant du **potentiel électrique** V, a pour expression : $\boxed{E_p = q\,V}$

Énergie mécanique

L'énergie mécanique $E_M = E_c + E_p$ est une **constante du mouvement** de la particule chargée (q, m) car la **force électrostatique** est **conservative** :

$$\boxed{E_M = \frac{1}{2} m\, v^2 + q\, V = \text{cste}}$$

Remarque : la valeur du poids de la particule $P = mg$ est négligeable devant celle de la force électrostatique $f_e = |q|\,E$.

Accélérateur linéaire

Un **accélérateur linéaire** est composé de deux **électrodes** planes, aux **potentiels** V_0 et V_1, entre lesquelles règne un **champ électrique uniforme** $\vec{E}$.

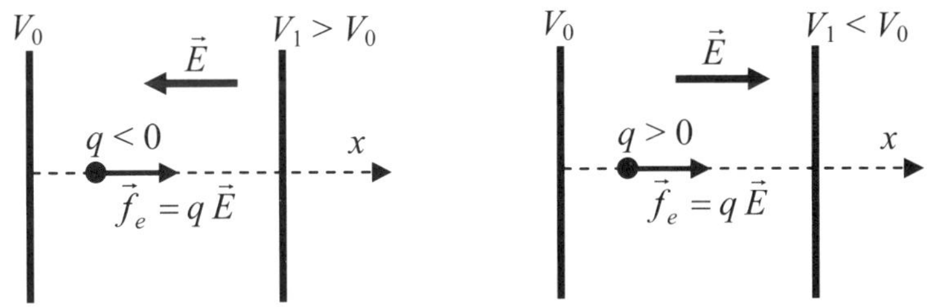

Soient v_0 et v_1 les vitesses de la particule de charge q au niveau des électrodes métalliques, de potentiels respectifs V_0 et V_1.
Appliquons la conservation de l'énergie mécanique à la particule chargée (q, m) entre les deux électrodes :

$$E_M = \text{cste} = \frac{1}{2} m\, v_0^2 + q\, V_0 = \frac{1}{2} m\, v_1^2 + q\, V_1$$

$$\boxed{\frac{1}{2} m\,(v_1^2 - v_0^2) = q\,(V_0 - V_1)}$$

- $q > 0$ (proton par exemple) : $v_1 > v_0$ si $V_0 - V_1 > 0 \Rightarrow V_1 < V_0$
- $q < 0$ (électron par exemple) : $v_1 > v_0$ si $V_0 - V_1 < 0 \Rightarrow V_1 > V_0$

Ce dispositif permet donc d'augmenter la vitesse d'une particule chargée positivement ou négativement selon un axe (Ox).

○ Déflexion électrostatique

Un **condensateur plan**, constitué de deux **armatures** métalliques planes A et B, parallèles et distantes de d, produit un **champ électrostatique uniforme** $\vec{E}$, entre elles.

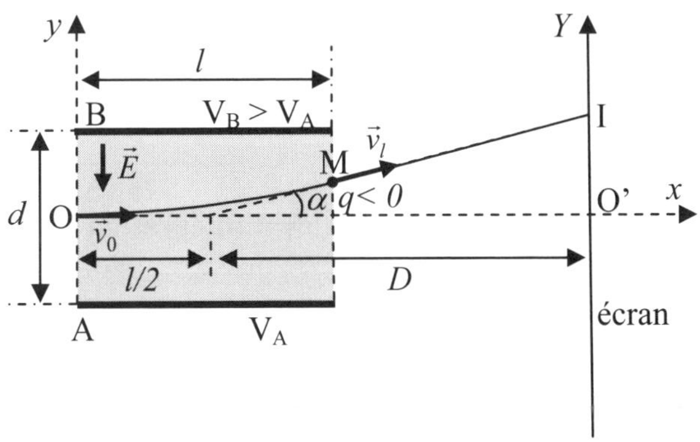

Déflexion électrostatique d'une particule chargée négativement (q < 0)

Si $U = V_B - V_A > 0$ est la **tension** appliquée entre les armatures du condensateur alors le **champ électrostatique** est $\boxed{\vec{E} = -\frac{U}{d}\vec{u}_y}$.

Étudions le mouvement d'une particule chargée (m, q), repéré par un point M, pénétrant dans le condensateur avec une vitesse initiale $\vec{v}_0 = v_0\,\vec{u}_x$, orthogonale à $\vec{E}$.

<u>Conditions initiales</u> (t = 0 s) : $\overrightarrow{OM}(t=0) \begin{vmatrix} 0 \\ 0 \end{vmatrix}$ $\quad \vec{v}(t=0) \begin{vmatrix} v_0 \\ 0 \end{vmatrix}$

- Système étudié : particule de masse m et de charge q ($q < 0$ ou $q > 0$) ;
- Référentiel : terrestre supposé galiléen ;
- Repère : cartésien (O ; $\vec{u}_x$; $\vec{u}_y$) ;
- Bilan des forces extérieures appliquées au système : $\sum \vec{F}_{ext} = \vec{f}_e$ car $\|\vec{f}_e\| >> \|\vec{P}\|$ (le poids est négligeable devant la force électrostatique).
- <u>2e loi de Newton</u> : $\sum \vec{F}_{ext} = m\,\vec{a} \Leftrightarrow \vec{f}_e = m\,\vec{a} \Leftrightarrow q\,\vec{E} = m\,\vec{a}$

$$\Rightarrow \boxed{\vec{a} = \frac{q}{m}\vec{E}}$$

$$\Leftrightarrow \quad \vec{a} \begin{vmatrix} a_x = 0 \\ a_y = -\dfrac{q}{m}\dfrac{U}{d} \end{vmatrix}$$

► **Vitesse de la particule dans le champ électrostatique**

$\vec{a} = \dfrac{d\vec{v}}{dt} \Rightarrow \vec{v}$ est une **primitive** de $\vec{a}$ par rapport au temps.

Intégrons les coordonnées du vecteur accélération $\vec{a}$ par rapport au temps en tenant compte des **conditions initiales**, afin d'obtenir celles du vecteur vitesse $\vec{v}$:

$$\vec{v} \begin{vmatrix} v_x = v_x(t=0) \\ v_y = -\left(\dfrac{q}{m}\dfrac{U}{d}\right)t + v_y(t=0) \end{vmatrix} \quad \Leftrightarrow \quad \vec{v} \begin{vmatrix} v_x = v_0 \\ v_y = -\left(\dfrac{q}{m}\dfrac{U}{d}\right)t \end{vmatrix}$$

$v_x(t=0)$ et $v_y(t=0)$ sont les **constantes d'intégration** définies par les **conditions initiales** portant sur le vecteur vitesse.

► **Équations horaires du mouvement dans le champ électrostatique**

Les **équations horaires** du mouvement sont les **coordonnées** du **vecteur position** $\overrightarrow{OM}$ au cours du temps.

$\vec{v} = \dfrac{d\overrightarrow{OM}}{dt} \Rightarrow \overrightarrow{OM}$ est une **primitive** de $\vec{v}$ par rapport au temps.

Intégrons les coordonnées du vecteur vitesse $\vec{v}$ par rapport au temps en tenant compte des **conditions initiales**, afin d'obtenir celles du vecteur position $\overrightarrow{OG}$:

$$\overrightarrow{OM} \left| \begin{array}{l} x = v_0\, t + x(t=0) \\ y = -\dfrac{1}{2}\left(\dfrac{q}{m}\dfrac{U}{d}\right) t^2 + y \quad (t=0) \end{array} \right.$$

x (t = 0) et y (t = 0) sont les **constantes d'intégration** définies par les **conditions initiales** portant sur le vecteur position.

$$\Leftrightarrow \quad \boxed{\overrightarrow{OM} \left| \begin{array}{l} x = v_0\, t \\ y = -\dfrac{1}{2}\left(\dfrac{q}{m}\dfrac{U}{d}\right) t^2 \end{array} \right.}$$

▸ **Équation de la trajectoire dans le champ électrostatique**

L'**équation** de la **trajectoire** y = f(x) s'obtient en **éliminant le temps** t entre les coordonnées du vecteur position $\overrightarrow{OM}$:

$$x = v_0\, t \Rightarrow t = \frac{x}{v_0} \Rightarrow y = -\frac{1}{2}\left(\frac{q}{m}\frac{U}{d}\right)\left(\frac{x}{v_0}\right)^2$$

$$\Leftrightarrow \boxed{y = -\left(\frac{qU}{2md\,v_0^2}\right) x^2}$$

L'équation de la trajectoire dans le champ électrostatique est de la forme :

$$y = A\, x^2$$

- A < 0 si q > 0 (proton par exemple) : **portion de parabole** dont la **concavité** est tournée **vers le bas** ;
- A > 0 si q < 0 (électron par exemple) : **portion de parabole** dont la **concavité** est tournée **vers le haut**.

▸ **Déflexion**

En dehors du champ électrostatique, la particule chargée est animée d'un **mouvement rectiligne uniforme** puisqu'elle n'est plus soumise à aucune force (on néglige l'action du poids).

La **déflexion électrostatique** correspond à l'**ordonnée** Y du **point d'impact** I sur l'écran. De plus, la tangente à la parabole en $x = l$ est colinéaire à la vitesse $\vec{v}_l$ de sortie et coupe l'axe (Ox) en $x = l\,/\,2$.

$$\tan\alpha = \frac{Y}{D} \Rightarrow Y = D\tan\alpha \text{ , avec } \tan\alpha = \left(\frac{dy}{dx}\right)_{x=l} \text{ d'où } Y = D\left(\frac{dy}{dx}\right)_{x=l}$$

Comme $\left(\dfrac{dy}{dx}\right)_{x=l} = -\left(\dfrac{qU}{mdv_0^2}\right) l$, on obtient :

$$\boxed{Y = -\left(\frac{q\,U\,l\,D}{m\,d\,v_0^2}\right)}$$

La **déflexion électrostatique** Y est proportionnelle à $\dfrac{q}{m}$ et à U.

résumés de cours · exercices · contrôles · corrigés

MOUVEMENT D'UN PROJECTILE DANS LE CHAMP UNIFORME DE PESANTEUR TERRESTRE

Application du principe fondamental de la dynamique

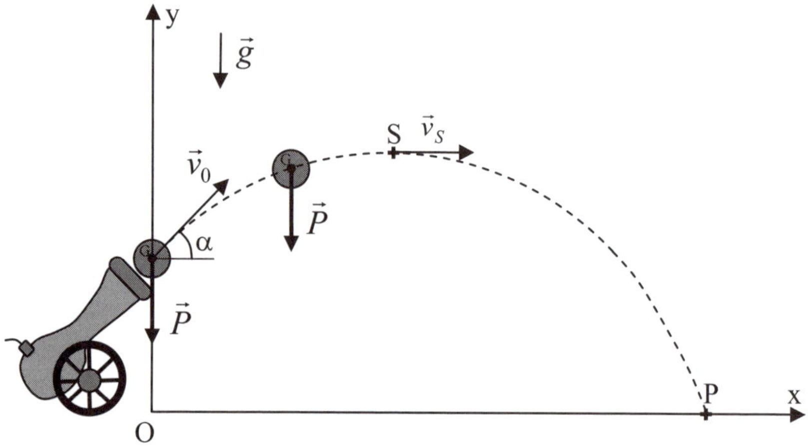

Étudions le mouvement d'un projectile lancé avec une vitesse initiale $\vec{v}_0$ faisant un angle α par rapport à l'horizontal. On négligera les forces de frottements de l'air sur le projectile.

Conditions initiales (t = 0 s) : $\overrightarrow{OG}(t=0) \begin{vmatrix} 0 \\ h \end{vmatrix}$ $\quad \vec{v}(t=0) \begin{vmatrix} v_0 \cos\alpha \\ v_0 \sin\alpha \end{vmatrix}$

- Système étudié : projectile de masse *m* et de centre d'inertie G ;
- Référentiel : terrestre supposé galiléen ;
- Repère : cartésien $(O\,;\,\vec{u}_x\,;\,\vec{u}_y)$;
- Bilan des forces extérieures appliquées au système : $\sum \vec{F}_{ext} = \vec{P}$
- 2e loi de Newton : $\sum \vec{F}_{ext} = m\vec{a}_G \Leftrightarrow \vec{P} = m\vec{a}_G \Leftrightarrow m\vec{g} = m\vec{a}_G$

$$\Rightarrow \boxed{\vec{a}_G = \vec{g}}$$

$$\Leftrightarrow \vec{a}_G \begin{vmatrix} a_x = 0 \\ a_y = -g \end{vmatrix}$$

L'**accélération** du centre d'inertie G du solide est égale au **champ de pesanteur terrestre**. Elle ne dépend pas de la masse du solide, ni de sa vitesse initiale, c'est-à-dire de la manière dont il a été lancé.

Vitesse du projectile

$\vec{a}_G = \frac{d\vec{v}}{dt} \Rightarrow \vec{v}$ est une **primitive** de $\vec{a}_G$ par rapport au temps.

Intégrons les coordonnées du vecteur accélération $\vec{a}_G$, par rapport au temps, afin d'obtenir celles du vecteur vitesse $\vec{v}$:

$$\vec{v} \left| \begin{array}{l} v_x = v_x(t=0) \\ v_y = -g\,t + v_y(t=0) \end{array} \right. \Leftrightarrow \boxed{\vec{v} \left| \begin{array}{l} v_x = v_0 \cos\alpha \\ v_y = -g\,t + v_0 \sin\alpha \end{array} \right.}$$

$v_x(t = 0)$ et $v_y(t = 0)$ sont les **constantes d'intégration** définies par les **conditions initiales** portant sur le vecteur vitesse.
La **vitesse** du centre d'inertie G du projectile est **indépendante** de sa **masse**, mais dépend de sa vitesse initiale.

Équations horaires du mouvement

Les **équations horaires** du mouvement sont les coordonnées du vecteur position $\overrightarrow{OG}$, au cours du temps.

$\vec{v} = \frac{d\overrightarrow{OG}}{dt} \Rightarrow \overrightarrow{OG}$ est une **primitive** de $\vec{v}$, par rapport au temps.

Intégrons les coordonnées du vecteur vitesse $\vec{v}$, par rapport au temps, afin d'obtenir celles du vecteur position $\overrightarrow{OG}$:

$$\overrightarrow{OG} \left| \begin{array}{l} x = (v_0 \cos\alpha)\,t + x\,(t=0) \\ y = -\frac{1}{2} g\,t^2 + (v_0 \sin\alpha)\,t + y\,(t=0) \end{array} \right.$$

$x(t=0)$ et $y(t=0)$ sont les **constantes d'intégration** définies par les **conditions initiales** portant sur le vecteur position.

$$\Leftrightarrow \boxed{\overrightarrow{OG} \left| \begin{array}{l} x = (v_0 \cos\alpha)\,t \\ y = -\frac{1}{2}\,g\,t^2 + (v_0 \sin\alpha)\,t + h \end{array} \right.}$$

Les **équations horaires** du mouvement du centre d'inertie G du projectile sont indépendantes de sa **masse** mais dépendent de sa **vitesse initiale** et de sa **position initiale**.

Équation de la trajectoire du mouvement

L'**équation de la trajectoire** $y = f(x)$ s'obtient en **éliminant le temps** t entre les coordonnées du vecteur position $\overrightarrow{OG}$.

$x = (v_0 \cos\alpha)\, t \Rightarrow t = \dfrac{x}{v_0 \cos\alpha}$

$$\Rightarrow y = -\frac{1}{2}\, g \left(\frac{x}{v_0 \cos\alpha}\right)^2 + (v_0 \sin\alpha)\left(\frac{x}{v_0 \cos\alpha}\right) + h$$

$$\Leftrightarrow \boxed{y = -\left(\frac{g}{2 v_0^2 \cos^2\alpha}\right) x^2 + (\tan\alpha)\, x + h}$$

L'équation de la trajectoire est du type $y = A\, x^2 + B\, x + C$ avec $A < 0$: c'est une **portion de parabole** dont la **concavité** est tournée **vers le bas**.

Sommet de la trajectoire

Au **sommet** S de la trajectoire, le **vecteur vitesse**, qui est tangent à la trajectoire, est aussi **colinéaire** à l'**axe (Ox)**. En ce point, à la date t_S, la coordonnée v_y du vecteur vitesse est donc nulle :

$$v_y = -\,g\, t_S + v_0 \sin\alpha = 0 \Rightarrow t_S = \frac{v_0 \sin\alpha}{g}$$

L'ordonnée du point S correspondant à la **hauteur maximale** atteinte par le projectile à la date t_S est :

$$y_S = -\frac{1}{2}\, g\, t_S^2 + (v_0 \sin\alpha)\, t_S + h$$

$$y_S = -\frac{1}{2}\, g \left(\frac{v_0 \sin\alpha}{g}\right)^2 + (v_0 \sin\alpha)\left(\frac{v_0 \sin\alpha}{g}\right) + h$$

$$y_S = -\left(\frac{v_0^2 \sin^2\alpha}{2g}\right) + \left(\frac{v_0^2 \sin^2\alpha}{g}\right) + h$$

$$\boxed{y_S = \left(\frac{v_0^2 \sin^2\alpha}{2g}\right) + h}$$

MOUVEMENT D'UN SATELLITE TERRESTRE

Force d'attraction gravitationnelle

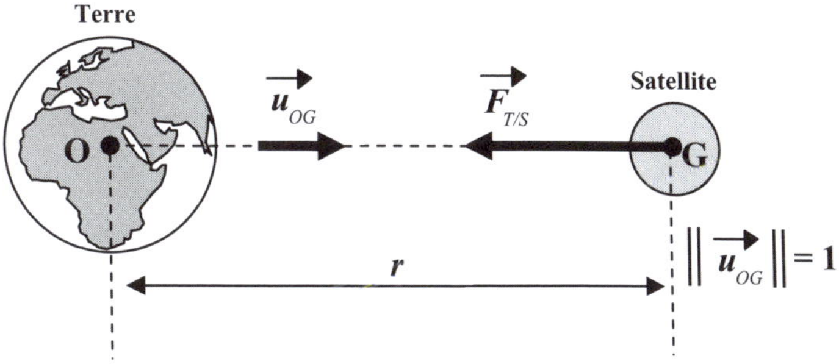

Soit un satellite terrestre dont le centre d'inertie G se trouve à une distance r de celui de la Terre. Dans un **référentiel géocentrique**, supposé **galiléen**, le satellite de masse m subit une force d'**attraction gravitationnelle** de la part de la Terre, de masse M, telle que :

$\vec{F}_{T/S} = -G\dfrac{m.M}{r^2}\vec{u}_{OG}$	$\vec{F}_{T/S}$: force de gravitation (en N) m : masse du satellite (en kg) M : masse de la Terre (en kg) r : distance centre à centre (en m)

$G = 6{,}67.10^{-11}$ N.m^2.kg^{-2} est la constante de gravitation universelle.

Repère de Frenet

On supposera, en première approximation, que le centre d'inertie G du satellite a une trajectoire circulaire de rayon OG = r.

Le **repère mobile** (G ; $\vec{N}$; $\vec{T}$) lié au satellite appelé **repère de Frenet**, permet une étude simplifiée du mouvement de son centre d'inertie G.

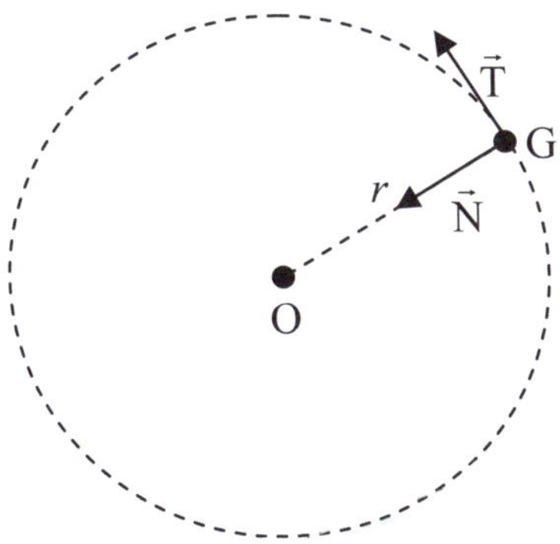

Dans le repère de Frenet l'**expression générale** du **vecteur accélération** du centre d'inertie G du satellite est :

$$\vec{a}_G = \vec{a}_N + \vec{a}_T = a_N\,\vec{\mathrm{N}} + a_T\,\vec{\mathrm{T}} = \frac{v^2}{r}\vec{\mathrm{N}} + \frac{dv}{dt}\vec{\mathrm{T}}$$

avec $\begin{cases} \vec{a}_N \text{ accélération normale ; } \vec{a}_T \text{ accélération tangentielle ;} \\ \|\vec{\mathrm{N}}\| = \|\vec{\mathrm{T}}\| = 1 \text{ (vecteurs unitaires).} \end{cases}$

Application du principe fondamental de la dynamique

- Système étudié : satellite de masse m ;
- Référentiel : géocentrique supposé galiléen ;
- Repère : Frenet ;
- Bilan des forces extérieures appliquées au système : $\sum \vec{F}_{ext} = \vec{F}_{T/S}$
- 2e loi de Newton : $\sum \vec{F}_{ext} = m\,\vec{a}_G \Leftrightarrow \vec{F}_{T/S} = m\,\vec{a}_G$

Or $\vec{F}_{T/S} = -G\,\dfrac{m.M}{r^2}\vec{u}_{OG} \Rightarrow \vec{F}_{T/S} = -G\,\dfrac{m.M}{r^2}\vec{u}_{OG} = m\,\vec{a}_G$

$\Rightarrow \vec{a}_G = -G\,\dfrac{M}{r^2}\vec{u}_{OG} \Leftrightarrow \boxed{\vec{a}_G = G\,\dfrac{M}{r^2}\vec{N}}$ car $\vec{u}_{OG} = -\vec{N}$

L'**accélération** du centre d'inertie du satellite est qualifiée de **centripète** : elle **pointe constamment** vers le **centre d'inertie** de la Terre. De plus, la vitesse du centre d'inertie étant par définition constamment tangentielle à la trajectoire : $\vec{v} = v\vec{T}$.

On a donc $\vec{v}.\vec{a}_G = v\vec{T}.a_G\,\vec{N} = 0$ car $\vec{T} \perp \vec{N}$: le **mouvement** du centre d'inertie du satellite est donc **circulaire uniforme**.

Vitesse orbitale du satellite

En identifiant $\vec{a}_G = G\,\dfrac{M}{r^2}\vec{N}$ et $\vec{a}_G = \dfrac{v^2}{r}\vec{\mathrm{N}} + \dfrac{dv}{dt}\vec{\mathrm{T}}$ on obtient :

$$\begin{cases} \dfrac{v^2}{r} = G\dfrac{M}{r^2} \\ \dfrac{dv}{dt} = 0 \end{cases} \quad \begin{cases} v^2 = G\dfrac{M}{r} \\ v = cste \end{cases} \quad \begin{cases} v = \sqrt{G\dfrac{M}{r}} \\ v = cste \end{cases}$$

$v = \sqrt{G\dfrac{M}{r}}$	v : vitesse orbitale (en $m.s^{-1}$) M : masse de la Terre (en kg) r : rayon de l'orbite circulaire (en m) G : constante de gravitation (en $N.m^2.kg^{-2}$)

La valeur de la vitesse du centre d'inertie d'un satellite est constante : le mouvement d'un satellite est bien circulaire uniforme. En outre, elle est indépendante de la masse m du satellite mais dépend en revanche de la masse M de l'astre attracteur (ici la Terre) et du rayon r de l'orbite.

Période de révolution orbitale du satellite

La **période de révolution orbitale** T d'un satellite est la **durée** mise par son centre d'inertie pour effectuer **un tour complet** autour de la Terre à la vitesse v. L'orbite décrite par le centre d'inertie du satellite étant un cercle de rayon r dont la circonférence est $2\pi r$, on a :

$$v = \frac{2\pi r}{T} \Rightarrow T = \frac{2\pi r}{v} \Leftrightarrow T = \frac{2\pi r}{\sqrt{G\frac{M}{r}}} \text{ d'où :}$$

$T = 2\pi\sqrt{\frac{r^3}{GM}}$	T : période de révolution orbitale (en s) M : masse de la Terre (en kg) r : rayon de l'orbite circulaire (en m) G : constante de gravitation (en $N.m^2.kg^{-2}$)

La période orbitale d'un satellite est indépendante de sa masse m. Elle dépend en revanche de la masse M de l'astre attracteur (ici la Terre) et du rayon orbitale r.

LES LOIS DE KEPLER

1re loi de Kepler : loi des trajectoires

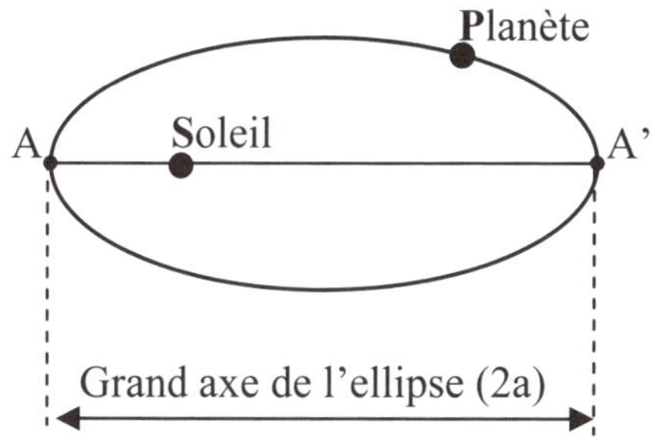

A : périhélie

A' : aphélie

SA : périgée

SA' : apogée

Dans le **référentiel héliocentrique**, les centres d'inertie des planètes décrivent des **ellipses** dont le **centre d'inertie du Soleil** occupe l'un des **foyers**.

2e loi de Kepler : loi des aires

Le segment de droite, reliant le centre d'inertie du Soleil à celui d'une planète, **balaie des aires égales** pendant des **durées égales**.
Conséquence : **la vitesse orbitale** d'une planète est **maximale au périhélie** et **minimale à l'aphélie**.

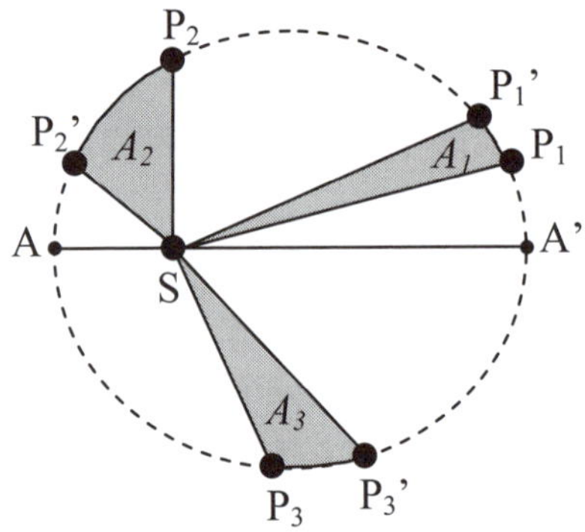

3e loi de Kepler : loi des périodes

Le **rapport** entre le **carré** de la **période de révolution orbitale** et le **cube** du **demi-grand axe** de la trajectoire elliptique a la même valeur pour toutes les planètes du système solaire :

$$\frac{T^2}{a^3} = cste$$

Dans le cas d'un mouvement circulaire de rayon r, cette loi devient :

$$\boxed{\frac{T^2}{r^3} = \frac{4\pi^2}{GM_S} = cste}$$

avec M_S masse de l'astre attracteur (le Soleil).

✷ Exercice 1

5 min

Pour chacune des questions, choisir la (ou les) bonne(s) proposition(s).

1. Un référentiel est un solide muni d'un :
☐ repère d'espace
☐ repère de temps
☐ repère d'espace et de temps

2. La mouvement d'un point d'un solide en mouvement :
☐ est indépendant du référentiel d'étude
☐ dépend du référentiel d'étude

3. Le référentiel le plus approprié pour étudier le mouvement d'une voiture est le référentiel :
☐ terrestre ☐ géocentrique ☐ héliocentrique

4. Le référentiel le plus approprié pour étudier le mouvement d'une planète du système solaire est le référentiel :
☐ terrestre ☐ géocentrique ☐ héliocentrique

5. Si la vitesse $\vec{v}$ d'un objet ponctuel est constante, alors on peut affirmer que l'accélération $\vec{a}$ est :
☐ nulle
☐ constante
☐ peut-être non nulle

6. Un solide ponctuel animé d'un mouvement :
☐ rectiligne uniforme
☐ rectiligne uniformément accéléré
☐ circulaire uniforme
a un vecteur accélération constant (non nul).

7. Si dans un référentiel galiléen, un solide est soumis à un ensemble de forces qui se compensent, alors :
☐ il est soit immobile, soit animé d'un mouvement rectiligne uniforme
☐ son centre d'inertie est toujours immobile
☐ son centre d'inertie est soit immobile, soit animé d'un mouvement rectiligne uniforme
☐ le vecteur vitesse $\vec{v}_G$ du centre d'inertie du mobile est constant
☐ la valeur v_G de la vitesse du centre d'inertie du solide est constante

8. Un solide en chute libre est soumis :
☐ aux frottements de l'air uniquement
☐ à son poids uniquement
☐ à son poids et aux frottements de l'air

9. L'accélération a_G du centre d'inertie d'un corps en chute libre vérifie :
☐ $a_G < g$
☐ $a_G = g$
☐ $a_G > g$

✱✱ Exercice 2 — 20 min

Dans le référentiel terrestre, un mobile autoporteur, placé sur une table parfaitement horizontale, est attaché par un fil à un point fixe noté O. On rappelle qu'un mobile autoporteur évolue sur un coussin d'air supprimant les frottements et est muni d'un dispositif qui produit des étincelles à intervalles de temps réguliers (ici Δt = 40 ms) ce qui permet de repérer les positions de son centre d'inertie sur une feuille de papier. Les points où la feuille de papier a été localement brûlée par l'étincelage sont repérés par des petites croix sur le document page suivante.

1. Quelle est la nature de la trajectoire du centre d'inertie du mobile autoporteur ?
2. Déterminer l'échelle spatiale du document.
3. Calculer la valeur de la vitesse instantanée aux points G_2, G_3, G_4 et G_5.
4. Représenter les vecteurs vitesse en ces points avec l'échelle 1,0 cm pour 0,25 m.s^{-1}.
5. Caractériser et représenter (échelle 1,0 cm pour 0,5 m.s^{-2}) le vecteur accélération $\vec{a}(t_3)$ au point G_3.
6. Quelle est la nature du mouvement ?

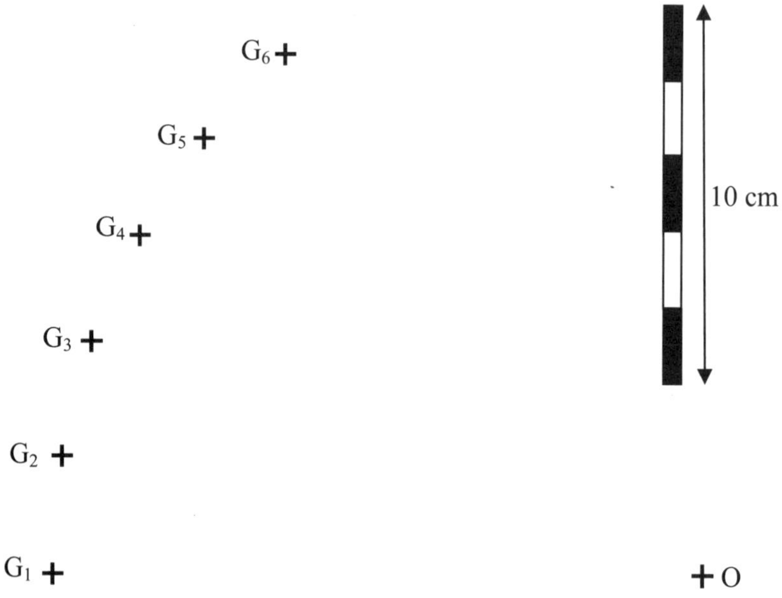

✷ Exercice 3 — 10 min

L'évolution temporelle de la vitesse du centre d'inertie d'une voiture roulant sur une route plane selon un axe (Ox) est donnée sur le graphique ci-dessous.

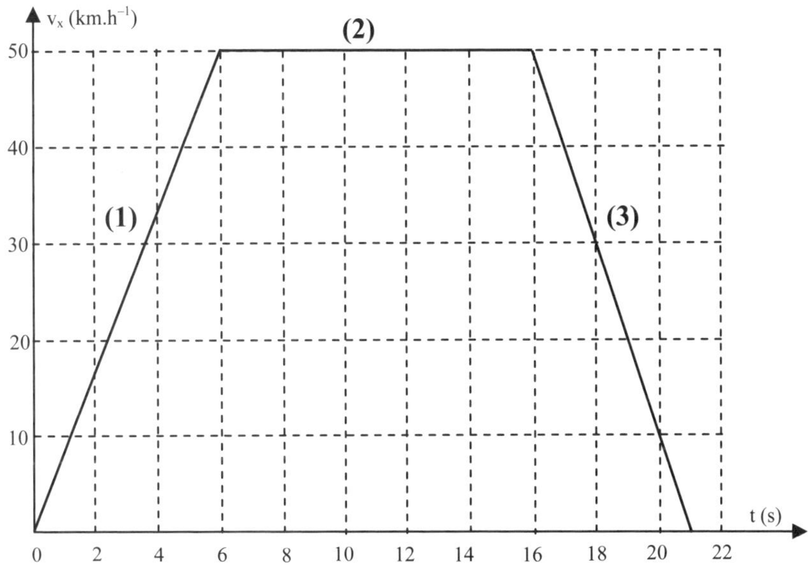

1. Pour chacune des phases, déterminer l'équation numérique de la vitesse (en m.s^{-1}) du centre d'inertie de la voiture, en fonction du temps.
2. En déduire, pour chacune des phases, la valeur de l'accélération du centre d'inertie de la voiture.
3. Pour chacune des phases, donner la nature du mouvement.

✷ Exercice 4 — 20 min

Un parachutiste et son équipement ont une masse totale m = 80 kg. Le parachutiste s'élance sans vitesse initiale d'un ballon immobile situé à 1 000 m d'altitude (point O). Lors de la première phase du saut, c'est-à-dire avant l'ouverture du parachute, on enregistre l'évolution de la vitesse du centre d'inertie du système {parachutiste + équipement} au cours du temps. L'action exercée par l'air peut être modélisée par une force de valeur exprimée par $f = k\,v^2$ avec $k = 0{,}28$ S.I.
On négligera la poussée d'Archimède due à l'air.

1. Dans quel référentiel est étudié le mouvement du centre d'inertie du système {parachutiste + équipement} ?
2. En négligeant la poussée d'Archimède due à l'air, dresser le diagramme des actions mécaniques (DAM) pour le système {parachutiste + équipement}. Représenter ces forces, sur un schéma, sans souci d'échelle.
3. Calculer la valeur de l'accélération du système à t = 0 s.
4. Comment évolue l'accélération du centre d'inertie du système {parachutiste + équipement} au cours du temps ? Justifier votre réponse.
5. Quelle est la valeur de cette accélération lorsque le régime permanent est atteint ? Comparer la valeur des forces qui agissent alors sur le système {parachutiste + équipement}.
6. Établir l'expression littérale de la vitesse limite atteinte par le système {parachutiste + équipement} puis la calculer. Comparer cette valeur avec celle du graphique.
7. Expliquer qualitativement l'évolution de la vitesse du centre d'inertie du système {parachutiste + équipement}.

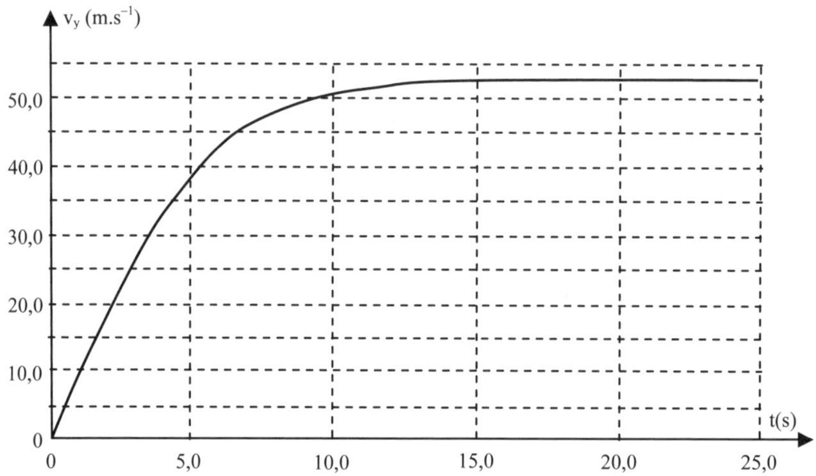

✸✸ Exercice 5 — 30 min

Le pendule balistique, mis au point en 1742 par le Britannique Benjamin Robins, est un dispositif de mesure de la vitesse d'un projectile, à partir de l'effet de son impact sur un pendule pesant, composé d'un bloc de bois et d'une tige métallique, en supposant le choc parfaitement inélastique (le projectile demeure figé dans la pièce de bois). L'étude du mouvement du pendule suite à l'impact permet, grâce à la loi de conservation de la quantité de mouvement et indépendamment des déformations, de déterminer la percussion mécanique du projectile et sa vitesse.

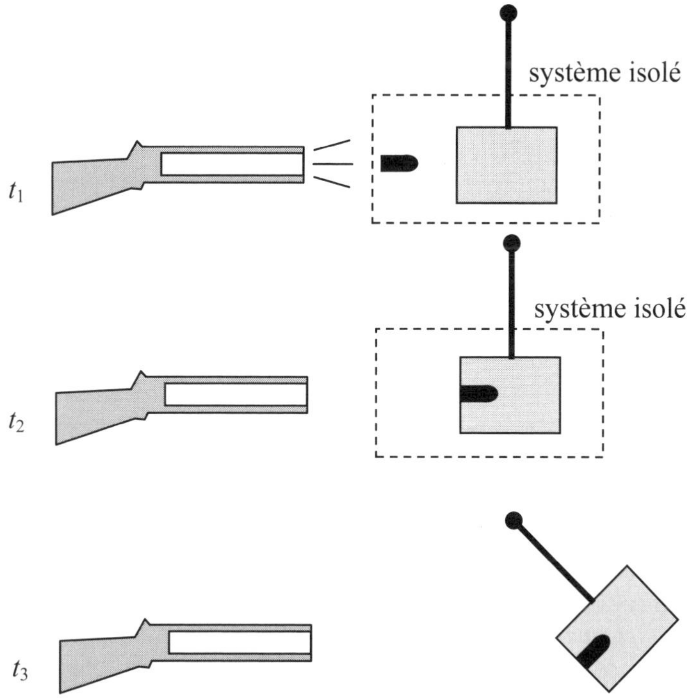

Pendule balistique : le projectile percute le pendule pesant puis se lie à lui ; l'ensemble remonte sous l'effet du choc.

Une équipe de la police scientifique désire effectuer des analyses balistiques préliminaires, sur un fusil retrouvé sur une scène de crime, en utilisant un pendule balistique.

DONNÉES :

- masse du bloc de bois du pendule balistique $m_{\text{bois}} = 3{,}00$ kg
- masse de la balle $m_{\text{balle}} = 3{,}56$ g
- masse du fusil chargé : $m_{\text{fusil}} = 3{,}46$ kg
- $g = 9{,}80\ \text{m.s}^{-2}$

1. Un technicien tire horizontalement une balle avec le fusil dans le bloc de bois d'un pendule balistique immobile. La balle s'y arrête et y reste captive. Après le choc le pendule balistique se met à osciller. Quand il atteint son amplitude maximum, sa vitesse s'annule et la variation de hauteur de son centre d'inertie est notée H.

a) En appliquant la conservation de l'énergie mécanique au système {balle + bloc de bois}, montrer que la vitesse du centre d'inertie du bloc de bois est $v_{bois} = \sqrt{2\,g\,H}$.

b) On mesure $H = 6{,}75.10^{-2}$ m. En déduire la vitesse du bloc de bois après le choc.

c) En appliquant la conservation de la quantité de mouvement au système {balle + bloc de bois} supposé isolé, montrer que la vitesse de la balle est d'environ 970 $m.s^{-1}$.

2. Le technicien de la police scientifique s'intéresse maintenant au recul de l'arme à feu.

a) Exprimer la quantité de mouvement du fusil lors de l'éjection de la balle du canon en fonction de la vitesse de cette dernière ? On admettra que le système {balle + fusil} est isolé.

b) En déduire la vitesse de recul du fusil.

c) Le recul du fusil est amorti par l'épaule du tireur en 0,10 s. En appliquant la deuxième loi de Newton, calculer la force moyenne subie par l'épaule du tireur.

*** Exercice 6 — 45 min

C'est le Russe Konstantin Tsiolkovski qui, à la fin du XIXe siècle a imaginé le moteur fusée, capable de créer sa propre force motrice aussi bien dans l'atmosphère que dans le vide spatial.

Dans l'espace, la fusée éjecte des gaz vers l'arrière et se propulse par réaction, sans point d'appui extérieur : au mouvement de la masse de gaz vers l'arrière correspond un mouvement opposé de la fusée vers l'avant. La fusée s'appuie sur les gaz éjectés et fonctionne parfaitement dans le vide.

La propulsion est d'autant plus forte que le débit massique D_m (masse de gaz éjectés chaque seconde) est important et que la vitesse d'éjection est élevée. Cette force délivrée par un moteur-fusée est appelée la ***poussée*** *:*

$$\vec{F} = -D_m \times \vec{v}_{gaz}$$

avec $D_m = -\dfrac{\Delta m}{\Delta t} = cste$ si Δm est la variation de masse de la fusée.

Pour produire les gaz qu'il faut éjecter en grande quantité et à vitesse élevée, la fusée emporte son ***combustible*** *(qui brûle) et son* ***comburant*** *(qui fournit l'oxygène ou son équivalent nécessaire à la combustion). Combustible et comburant, appelés aussi* ***ergols,*** *réagissent ensemble dans une* ***chambre de combustion****. Les gaz obtenus acquièrent ensuite leur vitesse finale d'éjection par détente et accélération dans une* ***tuyère****. Cette vitesse est d'autant plus grande que la pression et la température de combustion sont élevées.*

On étudie une fusée de masse totale $m(t)$ à l'instant t et de vitesse $\vec{v}(t)$ dans le référentiel terrestre supposé galiléen. La fusée, de masse totale au départ m_0, éjecte une masse de gaz D_m, par unité de temps à la vitesse $\vec{v}_{gaz}$ constante par rapport à la fusée. On supposera, pour simplifier, que la fusée (carcasse + ergols) qui évolue selon une trajectoire rectiligne dans l'espace, n'est soumise à aucune force extérieure.

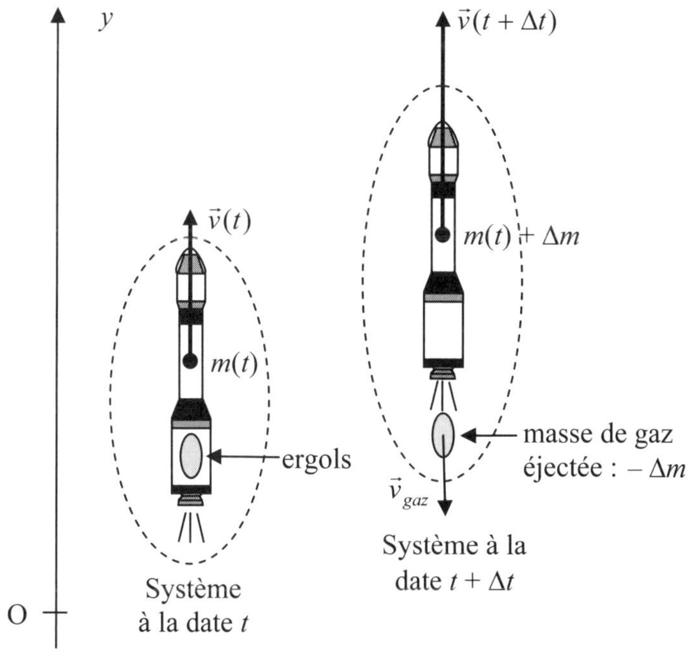

1. Quel est le signe du débit massique de gaz D_m ? En déduire le sens de $\vec{v}_{gaz}$. Qu'en pensez-vous ?

2. À l'aide d'une loi connue qu'on énoncera, expliquer pourquoi l'éjection des gaz propulse la fusée vers le haut.

3. Quelle est la particularité de la quantité de mouvement de la fusée évoluant dans l'espace ? Justifier.

4. Exprimer, dans le référentiel terrestre, la quantité de mouvement de la fusée à un instant de date t en fonction de $\vec{v}(t)$.

5. Exprimer, dans le référentiel terrestre, la quantité de mouvement du système {fusée + gaz} à un instant de date $t + \Delta t$ en fonction de D_m, $\vec{v}_{gaz}$ et $\vec{v}(t + \Delta t)$.

6. Établir la relation : $m(t)\dfrac{\Delta \vec{v}}{\Delta t} = -D_m\,\vec{v}_{gaz}$ avec $\Delta\vec{v} = \vec{v}(t+\Delta t) - \vec{v}(t)$

7. À partir de la relation précédente, et en considérant une durée Δt très petite, établir l'expression de la vitesse de la fusée en fonction du temps :

$$v(t) = v_{gaz}\ln\left(\frac{m_0}{m_0 - D_m\,t}\right)$$

On admettra que $\lim_{\Delta t \to 0}\dfrac{\Delta \vec{v}}{\Delta t} = \dfrac{d\vec{v}}{dt}$.

On rappelle qu'une primitive de $f(x) = \dfrac{u'}{u}$ est $F(x) = \ln(u) + \text{cste}$.

8. La fusée Saturne 5, ayant permis la conquête de la Lune lors des missions Apollo, avait une masse au décollage de $m_0 = 3\ 038$ t. Le premier étage propulsé par cinq moteurs F_1 consommait 2 000 tonnes d'ergols en 150 s. La vitesse d'éjection des gaz étaient de 2 500 $m.s^{-1}$.

a) Calculer le débit massique associé au fonctionnement simultané des cinq moteurs.

b) Calculer la poussée de cette fusée en newtons. Expliquer pourquoi elle décolle. On prendra $g = 9{,}8\ m.s^{-2}$.

c) Calculer la vitesse atteinte par la fusée au bout de 150 s.

d) La vitesse de libération de la surface de la Terre est de 11 $km.s^{-1}$. Cette vitesse est-elle atteinte par la fusée à la fin du fonctionnement de son premier étage ? Que peut-on en déduire ?

** Exercice 7 — 45 min

Un oscilloscope est composé d'un tube cathodique qui se divise en quatre parties :

- *un canon à électrons où le faisceau d'électrons est créé et les électrons accélérés ;*
- *un condensateur plan C_1, d'armatures (ou plaques) verticales, à l'intérieur duquel les électrons sont déviés horizontalement ;*
- *un condensateur plan C_2, d'armatures (ou plaques) horizontales, à l'intérieur duquel les électrons sont déviés verticalement ;*
- *un écran fluorescent, sur lequel l'impact du faisceau laisse une trace lumineuse : le spot.*

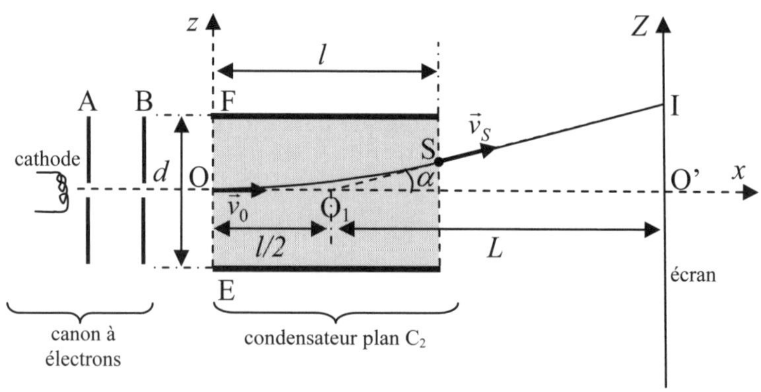

Vue en coupe du schéma de principe d'un oscilloscope

Dans cet exercice, on se propose d'analyser quelques éléments du fonctionnement d'un oscilloscope.

On étudie le système {électron}, dans le référentiel du laboratoire supposé galiléen, la charge de l'électron est notée $q = -e$, avec $e = +1{,}6\ 10^{-19}$ C.

La masse d'un électron est notée m (m = 9,1.10^{-31} kg). L'effet du poids de l'électron sera toujours négligé.

A) Étude du canon à électrons

Le canon à électrons est constitué d'un filament (cathode) qui, lorsqu'il est porté à haute température, émet des électrons de vitesse initiale négligeable. Ces électrons sont ensuite accélérés à l'intérieur d'un condensateur plan dont les armatures A et B sont verticales et séparées d'une distance d = 10 cm. La différence de potentiel entre les deux plaques est de U_{AB} = – 1,8 kV.

1. Rappeler les trois caractéristiques du vecteur champ électrique à l'intérieur d'un condensateur plan.

2. Montrer qualitativement que la tension U_{AB} aux bornes du condensateur doit être négative pour permettre à un électron de se déplacer de l'armature A vers l'armature B.

3. Montrer qu'il est légitime de négliger le poids de l'électron devant la force électrostatique. On prendra g = 9,8 m.s^{-2}.

4. Déterminer l'expression de la vitesse v_0 d'un électron lorsqu'il parvient à la plaque B du condensateur en fonction de e, m et U_{AB}. Un raisonnement rigoureux est attendu.

5. Calculer la valeur de cette vitesse.

B) Étude de la déflexion due au condensateur C_2

Pour simplifier l'étude, la tension aux bornes du condensateur C_1 est considérée comme nulle. On ne s'intéresse qu'à la déviation du faisceau dans le condensateur C_2, celui-ci est soumis à une tension $U_{FE} = U > 0$. On considère que le mouvement de l'électron est plan et s'effectue dans le plan (Oxz). Un électron arrive en O avec la vitesse v_0 de direction (Ox) à la date $t_0 = 0$. On appelle M la position de l'électron à la date t.

6. En utilisant le principe fondamental de la dynamique, exprimer, en fonction de e, U, d et m, les composantes du vecteur accélération de l'électron sur les deux axes (Ox) et (Oz).

7. En déduire :

a) les expressions des coordonnées du vecteur vitesse $\vec{v}$ de l'électron ;

b) les expressions des coordonnées du vecteur position $\overrightarrow{OM}$ à l'intérieur du condensateur C_2 ;

c) l'équation de la trajectoire.

8. L'électron sort du condensateur C_2 en un point S, avec une vitesse $\vec{v}_S$ faisant un angle α avec l'horizontale, puis vient frapper l'écran en un point I. La distance du point I au centre O' de l'écran est appelée déflexion, on la note D. On note l, la longueur d'une plaque, d la distance entre les plaques, et L la distance O_1O' (voir schéma au début de l'exercice).

a) Quelle est la nature de la trajectoire entre S et I ? Justifier.
b) Exprimer les composantes du vecteur vitesse au point S. En déduire une expression de tan α en fonction de e, U, l, m, d, v_0.
c) Exprimer tan α en fonction de h, L, l.
d) Montrer que la déflexion D a pour expression :

$$D = \left(\frac{e\,U\,l\,L}{m\,d\,v_0^2} \right)$$

Cet appareil peut être utilisé comme voltmètre. Justifier cet emploi à partir de l'expression précédente.

✱✱ Exercice 8 — 30 min

A. Trajectoire de la flèche :

Sur les cibles de tir à l'arc se trouve un disque central de 10 cm de diamètre. À 70 m, l'archer le voit sous un angle de moins d'un dixième de degré, et doit ajuster la position de la corde et de ses mains au millimètre près [...]. Dans quelle direction la flèche doit-elle partir pour parvenir au centre de la cible ? La résistance de l'air a ici relativement peu d'effet. La trajectoire de la flèche est à peu près balistique, c'est-à-dire de forme parabolique.

On étudie dans le référentiel terrestre, supposé galiléen, le mouvement d'une flèche assimilée à son centre d'inertie dont la masse est notée m. La situation est représentée sur la figure ci-dessous, sans souci d'échelle.

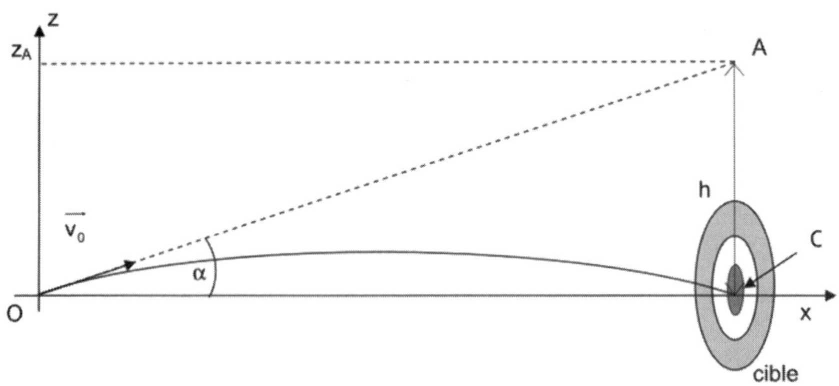

Le champ de pesanteur $\vec{g}$ est uniforme et parallèle à l'axe (Oz), On prendra $g = 9{,}8$ m.s^{-2}. On néglige l'influence du vent.

1. Quelle force peut-on négliger d'après le texte introductif ?
2. La poussée d'Archimède étant elle aussi négligeable ici, établir l'expression du vecteur accélération $\vec{a}$ de la flèche à partir du bilan des forces s'exerçant sur celle-ci.

3. On note α l'angle que fait le vecteur vitesse initiale $\vec{v}_0$ de la flèche avec l'axe horizontal (Ox).

a) Montrer que les équations horaires paramétriques du mouvement du centre d'inertie de la flèche sont :

$$x(t) = (v_0 \cos \alpha)\, t \qquad (1)$$

$$z(t) = -\frac{1}{2}\, g\, t^2 + (v_0 \sin \alpha)\, t \qquad (2)$$

b) Montrer que l'équation de la trajectoire du centre d'inertie de la flèche est la suivante :

$$z = -\left(\frac{g}{2v_0^2 \cos^2 \alpha}\right) x^2 + (\tan \alpha)\, x$$

c) Justifier la forme de la trajectoire indiquée à la fin du premier texte en italique.

B. « Chute » de la flèche :

Pour une vitesse initiale typique de 70 m/s (250 km/h), le vol dure environ une seconde. Au moment de toucher la cible, la flèche a chuté d'une certaine distance par rapport au point situé dans le prolongement de la direction de la vitesse initiale.

Cette distance de chute, notée h sur la figure, est égale à la moitié du produit de l'accélération de la pesanteur par le carré de la durée du vol ($gt^2/2$). Dans notre exemple, la « chute » est d'environ cinq mètres, d'où l'on déduit que la vitesse initiale de la flèche doit faire un angle de quatre degrés avec la droite joignant le tireur et le centre du blason.

On note A le point situé dans le prolongement de la direction de la vitesse initiale (voir figure).

4. Durée du trajet de la flèche.

Soit t_C la date à laquelle la flèche atteint la cible.

a) En utilisant l'équation horaire paramétrique (1), exprimer t_C en fonction de v_0, α et x_C, l'abscisse du point C, centre de la cible.

b) Vérifier, à l'aide d'un calcul, la cohérence des valeurs numériques données dans les deux textes en italiques précédents.

5. « Distance de chute ».

a) Quelle hypothèse peut-on faire pour considérer que la flèche atteint le point A en gardant les mêmes conditions initiales de tir ? Préciser alors, en justifiant, la nature du mouvement de la flèche.

b) On peut considérer que la durée du trajet hypothétique OA de la flèche et la durée t_C du parcours parabolique OC sont identiques.

Exprimer dans ces conditions la « distance de chute » h en fonction de v_0, t_C et α.

c) En utilisant l'équation horaire paramétrique (2), retrouver alors que la « *distance de chute* » h, pour un tir réalisé dans les conditions réelles, est égale à « $gt^2/2$ », comme indiqué dans le texte ci-dessus.

C. Influence de la valeur de la vitesse initiale sur le tir

On suppose que l'archer vise le centre de la cible : l'angle α est constant et égal à 4°. On envisage une augmentation de la vitesse initiale v_0, cette dernière restant cependant suffisamment faible pour permettre à la flèche de toucher la cible.

6. Comment évoluent la durée du vol de la flèche et la « *distance de chute* » h ?

7. Dans ces conditions, où la flèche va-t-elle frapper la cible ?

✱✱✱ Exercice 9 — 30 min

L'objectif de cet exercice est d'étudier le mouvement de quelques planètes du système solaire et de déterminer la masse de l'astéroïde Rhea Sylvia, récemment découvert par une équipe d'astronomes. Celui-ci a la forme d'une grosse pomme de terre mesurant quelques centaines de kilomètres.

Par souci de simplification, dans tout l'exercice, les astres étudiés sont considérés à répartition sphérique de masse.

DONNÉE : constante de gravitation universelle $G = 6{,}67 \times 10^{-11}$ S.I.

Les représentations vectorielles demandées sont à effectuer sans souci d'échelle.

« *Johannes Kepler, né le 27 décembre 1571, à Weil der Stadt, près de Stuttgart (Allemagne), mort le 15 novembre 1630, à Ratisbonne, est un astronome célèbre. Il a étudié et confirmé l'hypothèse héliocentrique (la Terre tourne autour du Soleil) de Nicolas Copernic. Il a également découvert que les trajectoires des planètes n'étaient pas des cercles parfaits centrés sur le Soleil mais des ellipses. En outre, il a énoncé les lois (dites lois de Kepler) qui régissent les mouvements des planètes sur leurs orbites.* »

1. Planètes en orbite elliptique.

La figure ci-dessous représente la trajectoire elliptique du centre d'inertie M d'une planète du système solaire de masse m dans le référentiel héliocentrique considéré galiléen. Les deux foyers F_1 et F_2 de l'ellipse et son centre O sont indiqués.

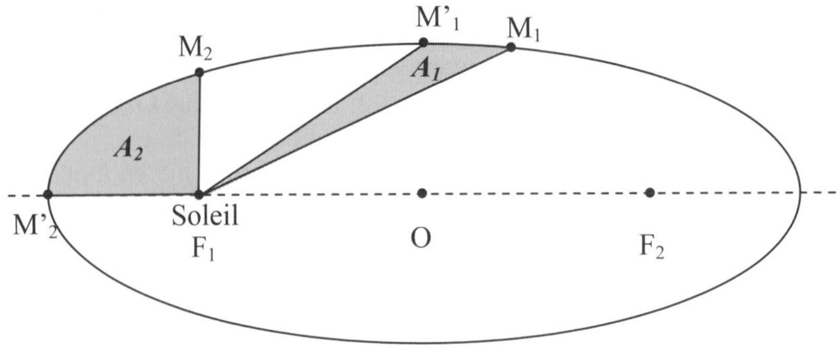

a) En utilisant une des lois de Kepler, justifier la position du Soleil, indiquée sur la figure précédente.
b) On suppose que les durées de parcours entre les points M_1 et M'_1 puis M_2 et M'_2 sont égales. En utilisant une des lois de Kepler, trouver la relation entre les aires grisées A_1 et A_2 sur la figure précédente.
c) La valeur de la vitesse moyenne entre les points M_1 et M'_1 est-elle inférieure, égale ou supérieure à celle entre les points M_2 et M'_2 ? Justifier.

2. Planètes en orbite circulaire.
Dans cette partie, pour simplifier, on modélise les trajectoires des planètes du système solaire, dans le référentiel héliocentrique, par des cercles de rayon r dont le centre O est le Soleil de masse M_S.
a) Représenter sur la figure ci-dessous, la force de gravitation $\vec{F}_3$, exercée par le Soleil sur une planète quelconque du système solaire, de masse m dont le centre d'inertie est situé au point M_3.

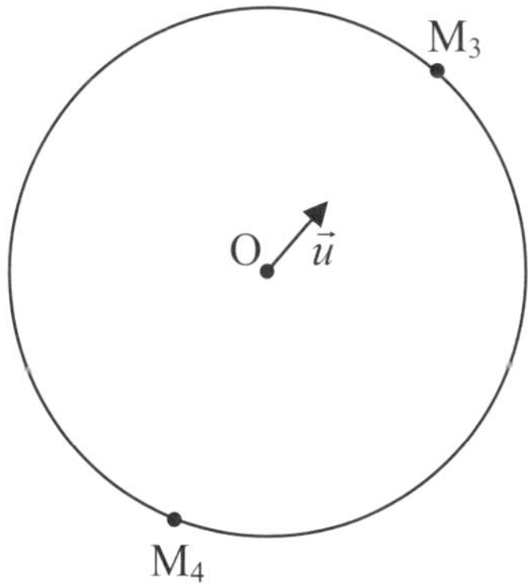

b) Donner l'expression vectorielle de cette force au point M_3, en utilisant le vecteur unitaire $\vec{u}$.
Pour la suite on considère que les valeurs des autres forces de gravitation, s'exerçant sur la planète, sont négligeables par rapport à la valeur de $\vec{F}_3$.
c) En citant la loi de Newton utilisée, déterminer l'expression du vecteur accélération $\vec{a}_3$ du centre d'inertie d'une planète quelconque de masse m du système solaire dont le centre d'inertie est situé au point M_3.
d) Représenter sur la figure de la question 2. a) les vecteurs accélérations $\vec{a}_3$ et $\vec{a}_4$ du centre d'inertie d'une planète quelconque du système solaire respectivement aux points M_3 et M_4.
e) En déduire la nature du mouvement du centre d'inertie d'une planète quelconque de masse m du système solaire.

f) Le graphe de la figure ci-dessous représente l'évolution du carré de la période de révolution des planètes Terre, Mars et Jupiter en fonction du cube du rayon de leur orbite. Ce graphe est-il en accord avec la troisième loi de Kepler ?

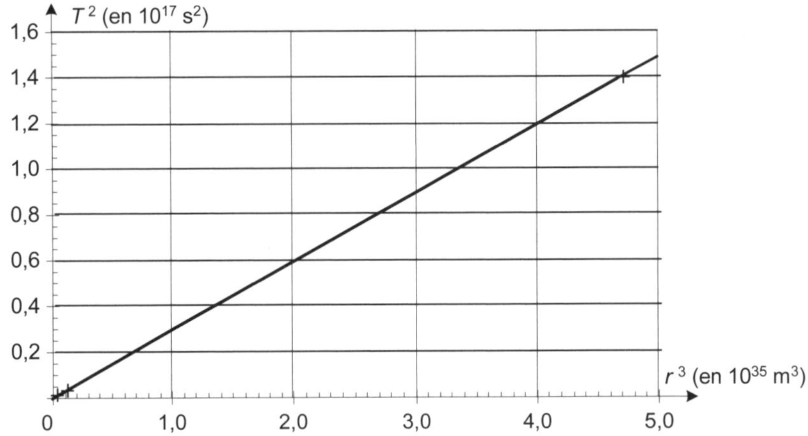

g) En utilisant le graphe précédent, montrer que :

$$\frac{T^2}{r^3} = 3{,}0.10^{-19} \text{ S.I.}$$

h) « *Une équipe composée de Franck Marchis (université de Californie à Berkeley) et de trois astronomes de l'Observatoire de Paris, Pascal Descamps, Daniel Hestroffer et Jérome Berthier, vient de découvrir un astéroïde, nommé Rhea Sylvia, qui gravite à une distance constante du Soleil avec une période de révolution de 6,521 ans.* »

À l'aide des données de l'article précédent et du résultat obtenu à la question 2. g), calculer la distance séparant les centres respectifs de Rhea Sylvia et du Soleil.

DONNÉE : 1 an = 365 jours

3. La troisième loi de Kepler comme balance cosmique.

« *Grâce au Very Large Telescope de l'European Southern Observatory (ESO) au Chili, les astronomes ont également découvert que Rhea Sylvia était accompagné de deux satellites baptisés Remus et Romulus. Leurs calculs ont montré que les deux satellites décrivent une orbite circulaire autour de Rhea Sylvia ; Romulus parcours son orbite en 87,6 heures. Les distances entre chaque satellite et Rhea Sylvia sont respectivement de 710 kilomètres pour Remus et 1360 kilomètres pour Romulus.* »

On s'intéresse désormais au mouvement circulaire uniforme du centre d'inertie d'un satellite de Rhéa Sylvia. L'étude est faite dans un référentiel « Rhéa Sylvia-centrique » muni d'un repère dont l'origine est le centre de Rhéa Sylvia et dont les trois axes sont dirigés vers des étoiles fixes.

a) On rappelle que la troisième loi de Kepler a pour expression littérale :

$$\frac{T^2}{r^3} = \frac{4\pi^2}{GM}$$

Dans le cadre de l'étude du mouvement de Remus et Romulus autour de Rhea Sylvia, donner la signification de chaque grandeur et son unité. En déduire l'unité de G dans le système international.

b) À l'aide des données de l'article précédent et de la troisième loi de Kepler, déterminer la masse de l'astéroïde Rhea Sylvia.

Contrôle

90 min / 20 pts

Exercice 1

45 min / 10 pts

Voyage autour de Saturne

En juillet 2004, la sonde européenne Cassini-Huygens nous a livré ses premiers clichés des anneaux de Saturne.

Elle a également photographié Titan, le plus gros satellite de Saturne, situé à une distance R_T de Saturne. L'excentricité orbitale des satellites étant très faible, on supposera leurs trajectoires circulaires.

Dans tout l'exercice, on se place dans le référentiel saturno-centrique, centré sur Saturne et dont les trois axes sont dirigés vers trois étoiles lointaines supposées fixes.

On considère que la planète Saturne et ses satellites sont des corps dont la répartition des masses est à symétrie sphérique. Les rayons des orbites des satellites sont supposés grands devant leur taille.

DONNÉES :

$G = 6{,}67\times10^{-11}$ S.I. :	constante de gravitation universelle.
Concernant Titan :	$R_T = 1{,}22 \times 10^6$ km (rayon de l'orbite de Titan).
Concernant Saturne :	$R_S = 6{,}0 \times 10^4$ km (rayon de la planète Saturne).
	$T_S = 10$ h 39 min (période de rotation de Saturne sur elle-même).
	$M_S = 5{,}69 \times 10^{26}$ kg (masse de Saturne).

A) Quelques caractéristiques de Titan :

1. Forces.

On considère que la seule force gravitationnelle exercée sur Titan provient de Saturne.

a) Nommer la (les) force(s) extérieure(s) appliquée(s) au satellite Titan, de masse M_T. **(0,5 pt)**

b) Représenter qualitativement sur un schéma, Saturne, Titan, et la (les) force(s) extérieure(s) appliquée(s) sur Titan. **(0,5 pt)**

c) Donner l'expression vectorielle de cette (ces) force(s).

2. Accélération et vitesse.

On étudie le mouvement du centre d'inertie T de Titan. S est le centre d'inertie de Saturne.

Soit $\vec{u}$ le vecteur unitaire, porté par la droite ST, dirigé de S vers T.

a) Exprimer son accélération vectorielle $\vec{a}$, en précisant la loi utilisée. **(1 pt)**

b) On se place dans la base orthonormée $(\vec{t}, \vec{n})$ centrée en T dans laquelle $\vec{t}$ est un vecteur unitaire porté par la tangente à la trajectoire et orienté dans le sens du mouvement et $\vec{n}$ un vecteur unitaire perpendiculaire à $\vec{t}$ et dirigé vers l'intérieur de la trajectoire ($\vec{n} = -\vec{u}$).

On donne l'expression de $\vec{a}$ dans la base orthonormée $(\vec{t}\ ,\vec{n}\ )$:

$$\vec{a} = a_t\ \vec{t} + a_n\ \vec{n}\ .$$

Donner les expressions littérales de a_t et de a_n en fonction de la vitesse v du satellite. **(1 pt)**

c) À quelle composante se réduit l'accélération vectorielle $\vec{a}$ de Titan dans la base orthonormée $(\vec{t}\ ,\vec{n}\ )$? Représenter sur un schéma la base orthonormé $(\vec{t}\ ,\vec{n}\ )$ et l'accélération $\vec{a}$ de Titan. **(1 pt)**

3. Type de mouvement.

a) Montrer que le mouvement de Titan est uniforme. **(1 pt)**

b) Retrouver l'expression de la vitesse de Titan sur son orbite autour de Saturne : $v = \sqrt{\dfrac{GM_S}{R_T}}$ **(1 pt)**

B) D'autres satellites de Saturne.

Après le survol de Titan, la sonde Cassini a survolé le satellite Encelade, en février 2005.

On peut considérer que dans le référentiel saturno-centrique, Encelade a un mouvement de révolution circulaire uniforme, dont la période (en jour terrestre), est $T_E = 1{,}37$ et le rayon est R_E.

4. 3e loi de Kepler

a) Écrire la relation qui lie la période T_E de révolution du satellite Encelade, sa vitesse v et le rayon R_E de son orbite. **(0,5 pt)**

b) Montrer, qu'Encelade, vérifie la troisième loi de Kepler : $\dfrac{T^2}{R_E^3} = \dfrac{4\pi^2}{GM_S}$. **(0,5 pt)**

c) En déduire la valeur du rayon R_E de l'orbite d'Encelade. **(0,5 pt)**

5. Sonde saturno-stationnaire.

On cherche dans cette partie à déterminer l'altitude h à laquelle devrait se trouver la sonde Cassini pour être saturno-stationnaire (immobile au-dessus d'un point de l'équateur de Saturne).

a) Quelle condition doit-on avoir sur les périodes Ts (rotation de Saturne sur elle-même) et Tc (révolution de Cassini autour de Saturne) pour que la sonde soit « saturno-stationnaire » ? **(0,5 pt)**

b) En utilisant la troisième loi de Kepler, montrer que l'altitude h de la sonde peut se calculer avec la relation : **(1 pt)**

$$h = \sqrt[3]{\frac{T_S^2 GM_S}{4\pi^2}} - R_S$$

c) Calculer la valeur de h. **(1 pt)**

Exercice 2 45 min / 10 pts

Record du monde de saut en longueur à moto

Le 31 mars 2008, l'Australien Robbie Maddison a battu son propre record de saut en longueur à moto à Melbourne. La Honda CR 500, après une phase d'accélération, a abordé le tremplin avec une vitesse de 160 km.h^{-1} et s'est envolée pour un saut d'une portée égale à 107 m.

Dans cet exercice, on étudie les trois phases du mouvement (voir figure 1), à savoir :

- la phase d'accélération du motard (de A à B),
- la montée du tremplin (de B à C)
- le saut (au-delà de C).

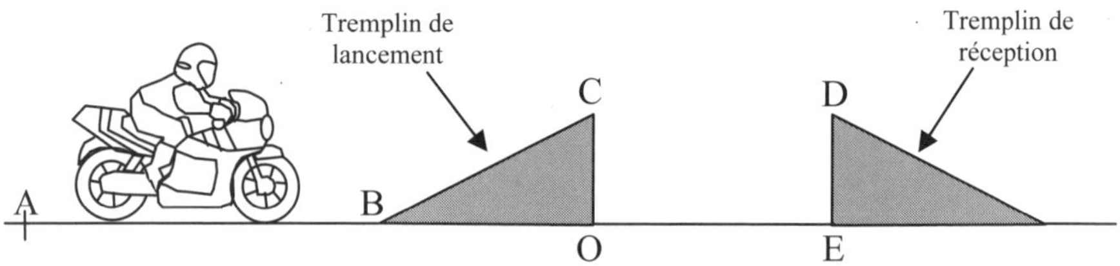

Figure 1

Dans tout l'exercice, le système {motard + moto} est assimilé à son centre d'inertie G.

L'étude est faite dans le référentiel terrestre considéré comme galiléen.

On pose h = OC = ED.

DONNÉES :

Intensité de la pesanteur : g = 9,81 m.s^{-2}

Masse du système : m = 180 kg

L = BC = 7,86 m

Les trois parties de l'exercice sont indépendantes.

1. **La phase d'accélération du motard.**

   On considère que le motard s'élance, avec une vitesse initiale nulle, sur une piste rectiligne en maintenant une accélération constante.

   Une chronophotographie (en vue de dessus), représentant les premières positions successives du centre d'inertie G du système, est donnée à la fin de l'exercice.

   La durée τ = 0,800 s sépare deux positions successives du centre d'inertie G.

   À t = 0, le centre d'inertie du système est au point A (G_0 sur la chronophotographie).

a) Exprimer les valeurs des vitesses $\vec{v}_2$ et $\vec{v}_4$, du centre d'inertie G, aux points G_2 et G_4, puis les calculer. **(1 pt)**

b) Représenter les vecteurs vitesses $\vec{v}_2$ et $\vec{v}_4$ sur l'annexe 1 en respectant l'échelle suivante : 1,0 cm pour 4 m.s^{-1}. **(0,5 pt)**

c) Représenter sur la chronophotographie, le vecteur $\Delta\vec{v}_3 = \vec{v}_4 - \vec{v}_2$. **(0,5 pt)**

d) Donner l'expression du vecteur accélération $\vec{a}_3$ au point G_3, puis calculer sa valeur. **(0,5 pt)**

Sont représentées ci-dessous les évolutions au cours du temps de la valeur *v* de la vitesse du motard (figure 2) et la distance *d* qu'il parcourt depuis la position G_0 (figure 3).

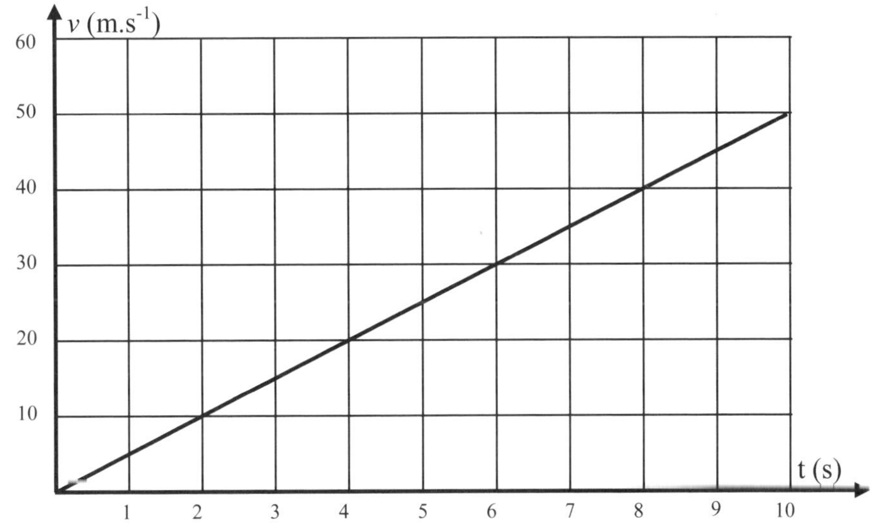

Figure 2 : valeur de la vitesse v du système en fonction du temps

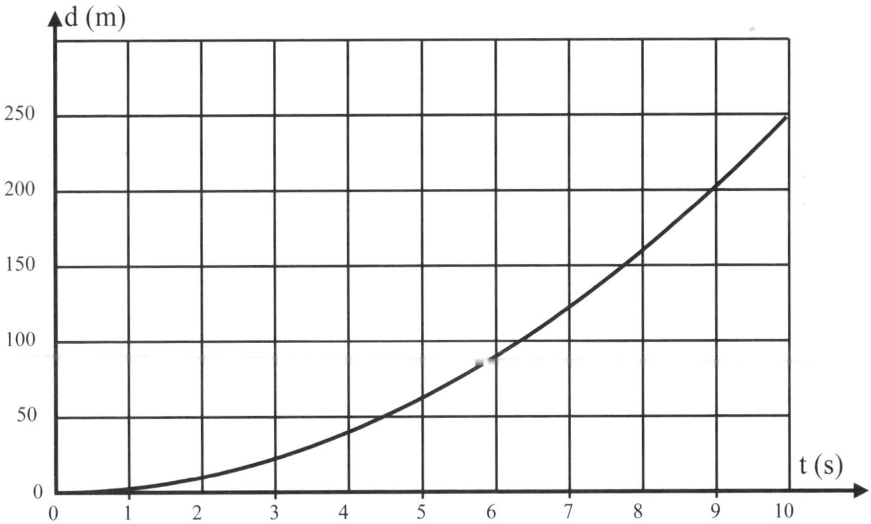

Figure 3 : distance parcourue par le système en fonction du temps

e) Montrer que la courbe donnée en figure 2 permet d'affirmer que la valeur de l'accélération est constante. **(0,5 pt)**

f) En utilisant la figure 2, estimer la valeur de l'accélération du motard. Vérifier que le résultat est compatible avec la valeur calculée à la question d). **(0,5 pt)**

g) En utilisant la figure 2 et la figure 3, déterminer la distance parcourue par le motard lorsque celui-ci a atteint une vitesse de 160 km.h^{-1}. **(0,5 pt)**

2. La montée du tremplin.

Le motard aborde le tremplin au point B, avec une vitesse de 160 km.h^{-1} et maintient cette vitesse jusqu'au point C. Le repère d'étude (O, $\vec{i}$,$\vec{k}$) est indiqué sur la **figure 4**.

Le tremplin est incliné d'un angle α = 27° par rapport à l'horizontale.

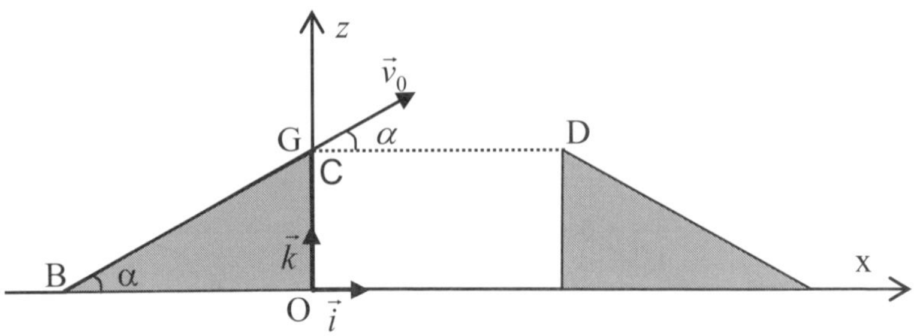

Figure 4

Dans cette partie du mouvement, on choisit l'altitude du point B comme référence pour l'énergie potentielle de pesanteur : $E_{PP} = 0$ pour $z_B = 0$.

a) Exprimer l'énergie mécanique du système, en fonction, entre autres, de la valeur de la vitesse instantanée v et de l'altitude z. **(0,5 pt)**

b) Exprimer la variation d'énergie potentielle de pesanteur du système, lorsqu'il passe du point B au point C, en fonction de m, g, BC et α. La calculer. **(0,5 pt)**

c) En déduire, en justifiant, comment évolue l'énergie mécanique du système lorsqu'il passe de B à C. **(0,5 pt)**

3. Le saut.

Le motard quitte le tremplin en C avec une vitesse initiale v_0 = 160 km.h^{-1}. Toutes les actions, autres que le poids du système, sont supposées négligeables. On souhaite étudier la trajectoire du centre G du système dans ces conditions.

Le repère (O, $\vec{i}$,$\vec{k}$) et l'origine des dates sont choisis à l'instant où le système quitte le point C (voir figure 4).

La vitesse initiale $\vec{v}_0$ du centre d'inertie G du système est incliné d'un angle α = 27° par rapport à l'horizontale.

a) En appliquant la deuxième loi de Newton, montrer que les équations horaires du mouvement du point G s'écrivent : **(1 pt)**

$$x(t) = (v_0 \cos \alpha)\, t$$

$$z(t) = -\frac{1}{2}\, g\, t^2 + (v_0 \sin \alpha)\, t + h$$

b) Montrer que l'équation de la trajectoire est : **(1 pt)**

$$z = -\left(\frac{g}{2 v_0^2 \cos^2 \alpha}\right) x^2 + (\tan \alpha)\, x + h$$

c) À quelle distance maximale de C doit se trouver le point D pour que « l'atterrissage » se fasse sur le tremplin ? **(1 pt)**

d) Comparer cette valeur avec celle donnée dans l'énoncé. Comment peut-on interpréter cet écart ? **(1 pt)**

résumés de cours
exercices
contrôles
corrigés

ANNEXE

Chronophotographie représentant les premières positions successives du centre d'inertie G du système :

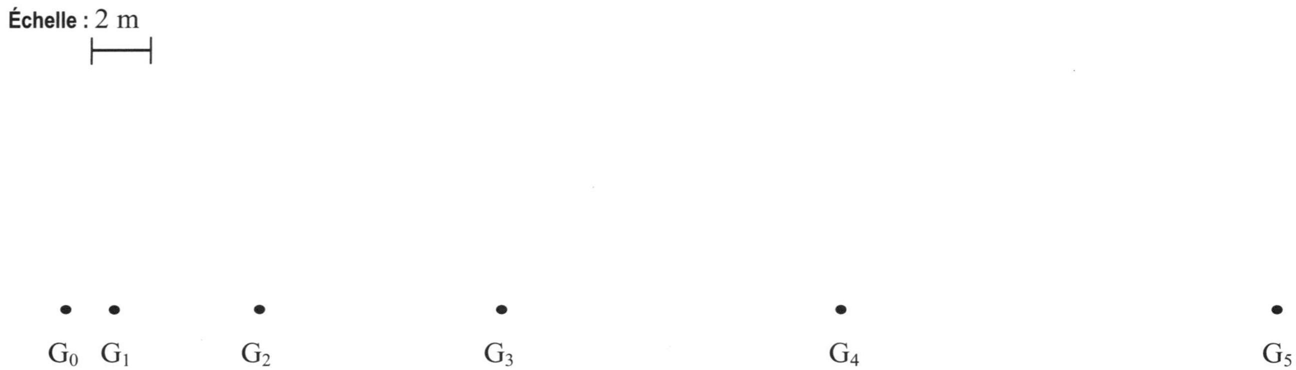

Corrigé des exercices

Corrigé 1

1. Un référentiel est un solide muni d'un :
☐ repère d'espace
☐ repère de temps
☑ repère d'espace et de temps

2. La mouvement d'un point d'un solide en mouvement :
☐ est indépendant du référentiel d'étude
☑ dépend du référentiel d'étude

3. Le référentiel le plus approprié pour étudier le mouvement d'une voiture est le référentiel :
☑ terrestre ☐ géocentrique ☐ héliocentrique

4. Le référentiel le plus approprié pour étudier le mouvement d'une planète du système solaire est le référentiel :
☐ terrestre ☐ géocentrique ☑ héliocentrique

5. Si la vitesse $\vec{v}$ d'un objet ponctuel est constante, alors on peut affirmer que l'accélération $\vec{a}$ est :
☑ nulle ☐ constante ☐ peut-être non nulle

6. Un solide ponctuel animé d'un mouvement :
☐ rectiligne uniforme
☑ rectiligne uniformément accéléré
☐ circulaire uniforme
a un vecteur accélération constant (non nul).

7. Si dans un référentiel galiléen, un solide est soumis à un ensemble de forces qui se compensent, alors :
☐ il est soit immobile, soit animé d'un mouvement rectiligne uniforme
☐ son centre d'inertie est toujours immobile
☑ son centre d'inertie est soit immobile, soit animé d'un mouvement rectiligne uniforme
☑ le vecteur vitesse $\vec{v}_G$ du centre d'inertie du mobile est constant
☐ la valeur v_G de la vitesse du centre d'inertie du solide est constante

REMARQUE : $\sum \vec{F}_{ext} = \vec{0} \Rightarrow \vec{a}_G = \vec{0} \Rightarrow \vec{v}_G = \overrightarrow{cste} \Rightarrow$ le centre d'inertie G (et non pas tout le solide) est soit immobile soit animé d'un mouvement rectiligne uniforme. Attention, $v_G = cste$ n'implique pas $\vec{v}_G = \overrightarrow{cste}$!

8. Un solide en chute libre dans l'air est soumis :
☐ aux frottements de l'air uniquement
☑ à son poids uniquement
☐ à son poids et aux frottements de l'air

9. L'accélération a_G du centre d'inertie d'un corps en chute libre vérifie :
☐ $a_G < g$ ☑ $a_G = g$ ☐ $a_G > g$

Corrigé 2

1. Sur le document on remarque que $OG_1 = OG_2 = \ldots = OG_5 = OG_6$.
La trajectoire du mobile autoporteur est donc une portion de cercle.
2. On détermine l'échelle spatiale du document en mesurant la longueur du segment noir à l'aide d'un double décimètre puis en dressant un tableau de proportionnalité.

Document (en cm)	Réalité (en cm)
5,0	10,0
1,0	x

La traduction mathématique de la relation de proportionnalité permet d'écrire :

$4{,}9 \times x = 1{,}0 \times 10{,}0$ soit $x = \dfrac{1{,}0 \times 10{,}0}{5{,}0}$ d'où $\boldsymbol{x = 2{,}0\ \text{cm} = 2{,}0.10^{-2}\ \text{m}}$.

On en déduit que 1 cm sur la chronophotographie représente 2 cm soit $2{,}0.10^{-2}$ m dans la réalité.
3. Par définition, la valeur de la vitesse instantanée du centre d'inertie du mobile autoporteur à une date t_i est :

$$\boxed{v(t_i) = \frac{G_{i-1}G_{i+1}}{t_{i+1} - t_{i-1}}}$$

Dans la mesure où deux positions successives issues du dispositif d'étincelage sont toujours séparées par le même intervalle de temps Δt on peut écrire : $t_{i+1} - t_{i-1} = 2 \times \Delta t$, d'où :

$$\boxed{v(t_i) = \frac{G_{i-1}G_{i+1}}{2 \times \Delta t}}$$

Dans la formule précédente $G_{i-1}G_{i+1}$ désigne la longueur réelle de la corde dont la valeur est proche de l'arc associé.
$G_{i-1}G_{i+1}$ (réelle) = $G_{i-1}G_{i+1}$ (mesurée) $\times$ échelle
En outre on remarque que $G_2G_4 = G_3G_5 = G_4G_6 = 3{,}1$ cm sur le document : les valeurs des vitesses instantanées aux points G_3, G_4 et G_5 seront donc identiques. Calculons l'une d'entre elles :

$\boxed{v(t_4) = \dfrac{G_3G_5}{2 \times \Delta t}}$ A.N. : $v(t_4) = \dfrac{3{,}1 \times 2{,}0.10^{-2}}{2 \times 40.10^{-3}}$ d'où $\mathbf{v(t_4) = 7{,}8.10^{-1}\ m.s^{-1}}$

4.

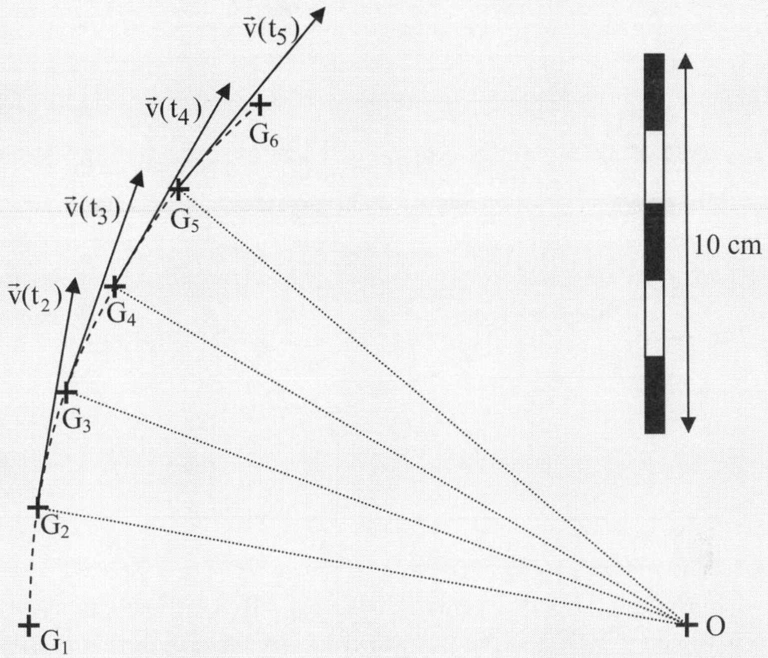

Avec l'échelle de représentation 1 cm pour 0,25 m.s^{-1}, les vecteurs vitesse sont représentés par des segments fléchés de 3,1 cm de longueur.

5. Le vecteur accélération $\vec{a}(t_3)$ rend compte de la variation du vecteur vitesse $\Delta\vec{v} = \vec{v}(t_4) - \vec{v}(t_2)$ pendant la durée $t_4 - t_2 = 2 \times \Delta t$:

$$\boxed{\vec{a}(t_3) = \frac{\Delta\vec{v}}{2\times\Delta t} = \frac{\vec{v}(t_4)-\vec{v}(t_2)}{2\times\Delta t}}$$

Pour déterminer le vecteur accélération $\vec{a}(t_3)$, il faut donc commencer par tracer au point G_3 le vecteur $\Delta\vec{v} = \vec{v}(t_4) - \vec{v}(t_2)$ (voir construction graphique).

On détermine ensuite $\Delta v = \|\Delta\vec{v}\|$ en utilisant l'échelle des vitesses (1,0 cm $\Leftrightarrow$ 0,25 m.s^{-1}). Sur la construction graphique $\Delta v =$ 1,0 cm soit $\Delta v =$ 0,25 m.s^{-1}.

D'où : $a(t_3) = \|\vec{a}(t_3)\| = \dfrac{\Delta v}{2\times\Delta t} = \dfrac{0{,}25}{2\times 40.10^{-3}} = \mathbf{3{,}1\ m.s^{-2}}$.

En utilisant l'échelle 0,5 cm $\Leftrightarrow$ 1,0 m.s^{-2}, le vecteur accélération $\vec{a}(t_3)$ est représenté par un segment fléché de 6,2 cm, porté par la droite (G_3O) et orienté de G_3 vers O.

Des constructions graphiques similaires conduiraient à des vecteurs accélérations centripètes, c'est-à-dire pointant constamment vers le point O, et ayant la valeur 3,1 m.s^{-2}.

résumés de cours
exercices
contrôles
corrigés

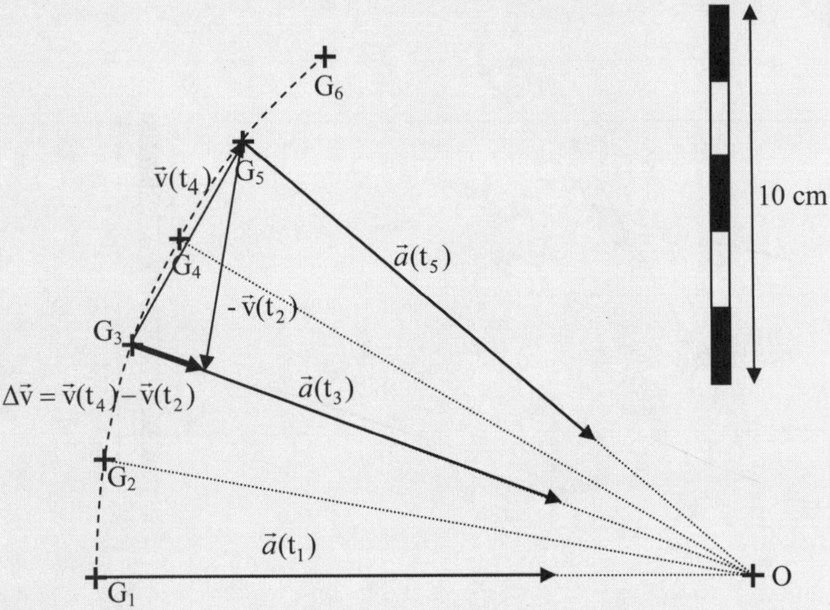

6. On constate qu'aux différents points, $\vec{v}.\vec{a} = 0$. Le mouvement du centre d'inertie du mobile autoporteur, est donc circulaire uniforme.

REMARQUE : on vérifie bien ici que dans le cadre d'un mouvement circulaire uniforme on a :

$$\|\vec{a}\| = \frac{v^2}{R} = \frac{\left(7{,}8.10^{-1}\right)^2}{8{,}9 \times 2{,}0.10^{-2}} = 3{,}1 \text{ m.s}^{-2}.$$

Corrigé 3

1. Phase 1 : $\boxed{v_x = k \times t}$ (fonction linéaire).

Pour calculer le coefficient directeur k, on prend deux points $A(x_A ; y_A)$ et $B(x_B ; y_B)$ appartenant à la droite.

Par définition : $\boxed{k = \frac{(y_B - y_A)}{(x_B - x_A)}}$

A.N. : A (0 s ; 0 m.s^{-1}) et B(6 s ; $\frac{50}{3{,}6}$ m.s^{-1})

$$\Rightarrow k = \frac{(50/3{,}6 - 0)}{(6 - 0)} = \mathbf{2{,}3\ m.s^{-2}} \Rightarrow v_x = \mathbf{2{,}3 \times t}$$

Phase 2 : v_x = cste = 50 km.h^{-1} = $\frac{50}{3{,}6}$ soit v_x = **1,4.10^1 m.s^{-1}**.

Phase 3 : $\boxed{v_x = k \times t + b}$ (fonction affine).

A.N. : C (16 s ; $\frac{50}{3,6}$ m.s^{-1}) et D(21 s ; 0 m.s^{-1})

$\Rightarrow k = \frac{(0 - 50/3,6)}{(21 - 16)} = -$ **2,8 m.s^{-2}** $\Rightarrow v_x = -2,8 \times t + b$

Comme $v_x(t_D) = 0 = -2,8 \times t_D + b = -2,8 \times 21 + b$

$\Rightarrow b = 2,8 \times 21 = 5,9.10^1$ m.s–1 d'où $v_x =$ **$-$ 2,8 × t + 5,9.10^1**.

2. Par définition : $\boxed{a_x = \frac{dv_x}{dt}}$.

Phase 1 : $a_x = \frac{d}{dt}(2,3 \times t) \Rightarrow a_x =$ **2,3 m.s^{-2} = cste.**

Phase 2 : $a_x = \frac{d}{dt}(1,4.10^1) \Rightarrow a_x =$ **0 m.s^{-2}**

Phase 3 : $a_x = \frac{d}{dt}(-2,8 \times t + 5,9.10^1) = \frac{d}{dt}(-2,8 \times t) + \frac{d}{dt}(5,9.10^1)$

$\Rightarrow a_x = -$ **2,8 m.s^{-2} = cste.**

3. **Phase 1 :** $v_x = f(t)$ est une fonction croissante du temps et a_x = cste ; le mouvement est rectiligne uniformément accéléré.

Phase 2 : $v_x = f(t)$ est une fonction constante du temps et $a_x = 0$; le mouvement est rectiligne uniforme.

Phase3 : $v_x = f(t)$ est une fonction décroissante du temps et a_x = cste ; le mouvement est rectiligne uniformément retardé.

Corrigé 4

1. Le mouvement du système {parachutiste + équipement} est étudié dans le référentiel terrestre supposé galiléen.
2. Le DAM (diagramme des actions mécaniques) pour le système {parachutiste + équipement} est le suivant :

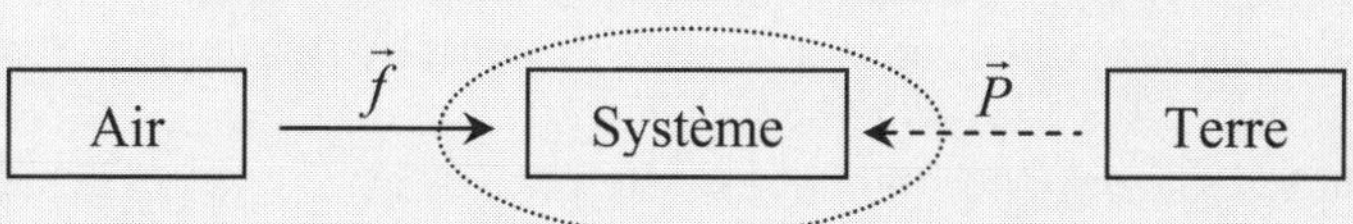

Les forces extérieures appliquées au système sont :

– son poids $\vec{P} = m\vec{g}$;

– la force $\vec{f}$ de frottement de l'air.

Ces forces sont représentées, sans souci d'échelle, sur le schéma ci-après.

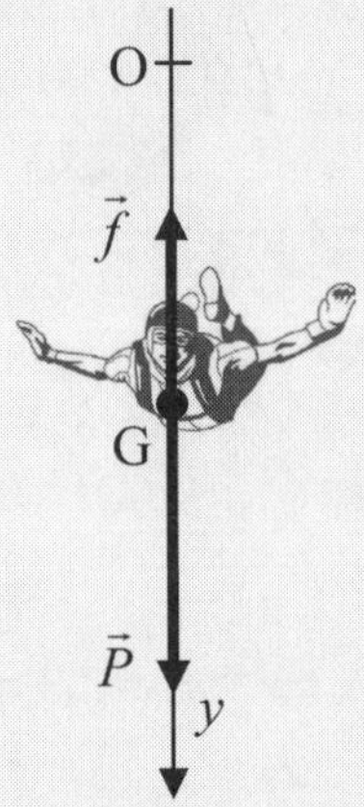

3. Le vecteur accélération rend compte des variations du vecteur vitesse.

Par définition : $\boxed{a_y = \dfrac{dv_y}{dt}}$.

D'un point de vue géométrique, a_y est le coefficient directeur de la tangente à la courbe $v_y = f(t)$ à la date t considérée.
A t = 0 s, le coefficient directeur de la tangente à la courbe $v_y = f(t)$ est :

$$\boxed{k = \frac{(y_B - y_A)}{(x_B - x_A)}}$$

où $A(x_A\ ;\ y_A)$ et $B(x_B\ ;\ y_B)$ désignent des points par lesquels passe la tangente à l'origine à la courbe $v_y = f(t)$.

A.N. : A(0 s ; 0 m.s^{-1}) ; B(5,0 s ; 50,0 m.s^{-1}) ; $k = \dfrac{(50{,}0 - 0)}{(5{,}0 - 0)} = \mathbf{10\ m.s^{-2}}$

$\Rightarrow a_y(t = 0\ \text{s}) = \mathbf{10\ m.s^{-2}}$.

On remarque que, aux imprécisions de lecture près, $a_y(t = 0\ \text{s}) \approx g$.

4. On remarque que le coefficient directeur des tangentes à la courbe $v_y = f(t)$ diminue au cours du temps : il en est de même de l'accélération. Ainsi : $a_y(t = 0\ \text{s}) > a_y(t_C) > a_y(t_D) > a_y(t_E)$.

5. Lorsque le régime permanent est atteint, $v_y = \text{cste} = v_{lim}$ (vitesse limite) ce qui correspond au palier sur la courbe : la tangente à la courbe $v_y = f(t)$ est alors parallèle à l'axe des temps ; son coefficient directeur est donc nul. Il en est de même de l'accélération du système : $a_y = 0$ m.s^{-2}.
Le centre d'inertie du système {parachutiste + équipement} est alors animé d'un mouvement rectiligne uniforme et $\sum \vec{F}_{ext} = \vec{P} + \vec{f} = \vec{0}$.

6. Projetons la relation vectorielle précédente sur l'axe (Oy) :

$P - f = 0 \Rightarrow \text{m g} = \text{k}\ v_{lim}^{\ 2} \Rightarrow \boxed{v_{lim} = \sqrt{\dfrac{m\,g}{k}}}$

A.N. : $v_{lim} = \sqrt{\dfrac{80 \times 9{,}8}{0{,}28}}$ = **5,3.10^1 m.s^{-1}** = v_{lim} (théo)

Graphiquement : v_{lim} (exp) = **5,2.10^1 m.s^{-1}**.

Écart relatif : $E(\%) = \dfrac{|v_{lim}(\text{exp}) - v_{lim}(\text{théo})|}{v_{lim}(\text{théo})} \times 100 =$ **2 %**.

7. La valeur de la force de frottement de l'air, $f = k\,v^2$, augmente avec la vitesse, pour atteindre celle du poids, lorsque la vitesse limite est atteinte (voir schéma ci-dessous).

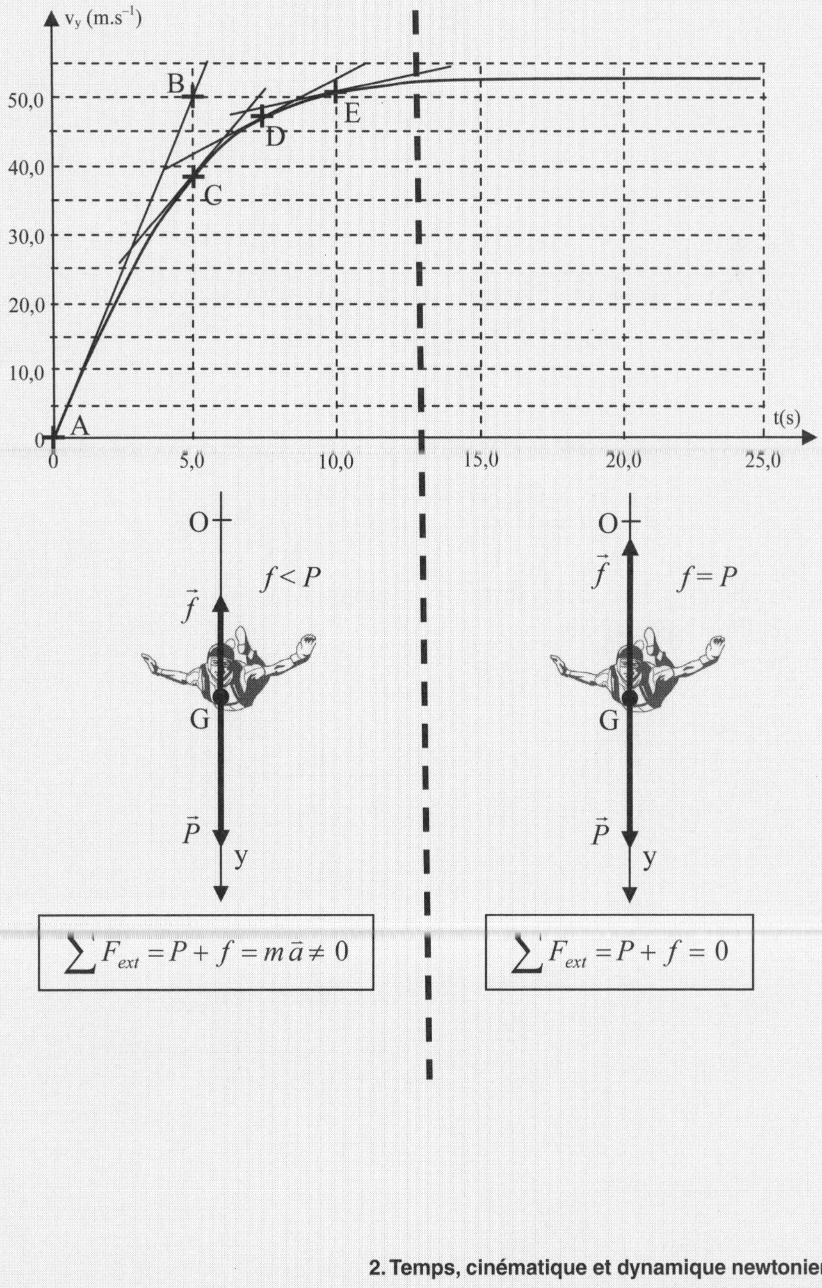

résumés de cours
exercices
contrôles
corrigés

Corrigé 5

1.

a) Appliquons la conservation de l'énergie mécanique au système {balle + bloc de bois} entre les positions (1) et (2). Prenons, comme origine de l'énergie potentielle de pesanteur, la position (1) de G.

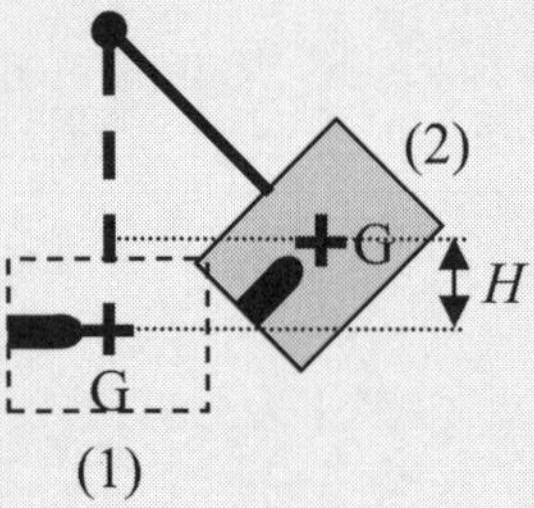

Dans la position (1), l'énergie mécanique du système existe uniquement sous forme d'énergie cinétique :

$E_{M1} = E_{c1} + E_{pp1} = \frac{1}{2}(m_{bille} + m_{bois})\, v_{bois}^2$ car $E_{pp1} = 0$

Dans la position (2) l'énergie mécanique du système existe uniquement sous forme d'énergie potentielle de pesanteur :

$E_{M2} = E_{c2} + E_{pp2} = (m_{bille} + m_{bois})\, g\, H$ car $E_{C2} = 0$

$E_{M1} = E_{M2} \Rightarrow \frac{1}{2}(m_{bille} + m_{bois})\, v_{bois}^2 = (m_{bille} + m_{bois})\, g\, H$

$\Rightarrow v_{bois}^2 = 2\, g\, H \Rightarrow \boxed{v_{bois} = \sqrt{2\, g\, H}}$

b) A.N. : $v_{bois} = \sqrt{2 \times 9{,}8 \times 6{,}75.10^{-2}} = \mathbf{1{,}15\ m.s^{-1}}$

c) Appliquons la conservation de la quantité de matière au système isolé {balle + bloc de bois} :

Avant le choc : $\vec{p}_{système}(avant) = \vec{p}_{balle} + \vec{p}_{bois} = \vec{p}_{balle} = m_{balle}\, \vec{v}_{balle}$

car $\vec{v}_{bois} = \vec{0}$.

Après le choc : $\vec{p}_{système}(après) = (m_{balle} + m_{bois})\, \vec{v}_{bois}$ (choc inélastique).

$\vec{p}_{système}(avant) = \vec{p}_{système}(après) \Rightarrow m_{balle}\, \vec{v}_{balle} = (m_{balle} + m_{bois})\vec{v}_{bois}$

$$\Rightarrow \boxed{\vec{v}_{balle} = \left(1 + \frac{m_{bois}}{m_{balle}}\right) \vec{v}_{bois}}$$

A.N. : $v_{balle} = \left(1 + \frac{3{,}00.10^3}{3{,}56}\right) \times 1{,}15 = \mathbf{9{,}70.10^2\ m.s^{-1}}$.

2.

a) Le système {fusil + balle} est isolé : sa quantité de matière se conserve.

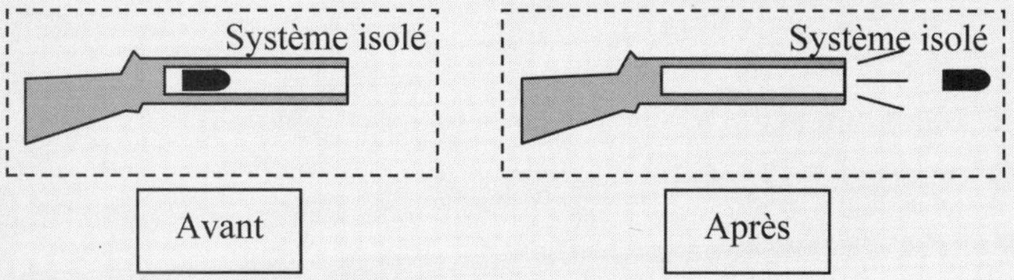

Avant l'éjection : $\vec{p}_{système}(avant) = \vec{p}_{balle} + \vec{p}_{fusil} = \vec{0}$

Après l'éjection : $\vec{p}_{système}(après) = \vec{p}_{balle} + \vec{p}_{fusil}$

Conservation de la quantité de mouvement du système :

$\vec{p}_{système}(avant) = \vec{p}_{système}(après)$

$\Rightarrow \vec{p}_{balle} + \vec{p}_{fusil} = \vec{0} \Rightarrow \boxed{\vec{p}_{fusil} = -\vec{p}_{balle} = -m_{balle}\vec{v}_{balle}}$

b) $\vec{p}_{fusil} = m_{fusil}\vec{v}_{fusil}$ donc d'après la réponse à la question précédente :

$$m_{fusil}\vec{v}_{fusil} = -m_{balle}\vec{v}_{balle} \Rightarrow \boxed{\vec{v}_{fusil} = -\frac{m_{balle}}{m_{fusil}}\vec{v}_{balle}}$$

Les vitesses du fusil et de la balle sont de sens opposés.

A.N. : $v_{fusil} = \frac{3{,}56.10^{-3}}{3{,}46} \times 9{,}70.10^{2} = \mathbf{9{,}98.10^{-1}\ m.s^{-1}}$.

c) Appliquons la 2e loi de Newton au fusil au moment où la balle est éjectée de son canon. Le fusil recule alors selon le sens opposé à celui de la balle.

- Système étudié : le fusil ;
- Référentiel d'étude : terrestre supposé galiléen ;
- Bilan des forces extérieures appliquées au système :
  - le poids $\vec{P}$ du fusil ;
  - la réaction $\vec{R}$ de la main du tireur qui maintient le fusil horizontalement ;
  - la force $\vec{F}_{recul}$, de recul du fusil, produite par l'éjection de la balle ;

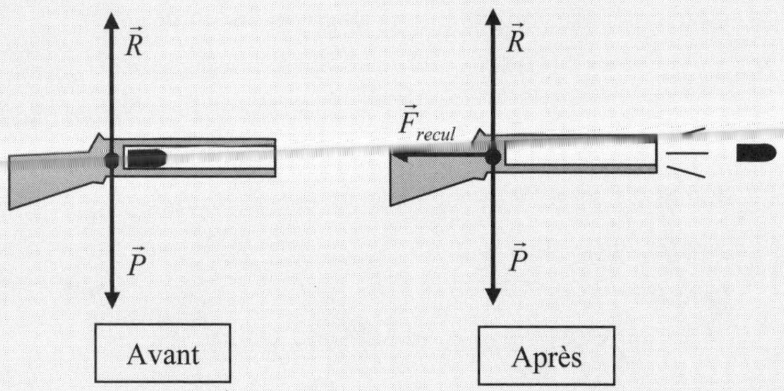

- 2e loi de Newton, ou principe fondamental de la dynamique appliquée au système juste après le tir :

$$\sum \vec{F}_{ext} = \vec{F}_{recul} + \vec{R} + \vec{P} = \frac{d\vec{p}_{fusil}}{dt}$$

Or, avant le tir, $\vec{R} + \vec{P} = \vec{0}$ car le fusil est immobile.

$$\Rightarrow \vec{F}_{recul} = \frac{d\vec{p}_{fusil}}{dt} \Leftrightarrow \boxed{\vec{F}_{recul} = \frac{\Delta\vec{p}_{fusil}}{\Delta t}}$$

avec $\Delta\vec{p}_{fusil} = \vec{p}_{fusil}(après) - \vec{p}_{fusil}(avant) = m_{fusil}\,\vec{v}_{fusil} - \vec{0}$

En valeur $\|\vec{F}\| = \dfrac{\|m_{fusil}\,\vec{v}_{fusil}\|}{\Delta t}$

A.N. : $F_{recul} = \dfrac{3{,}46 \times 9{,}98.10^{-1}}{0{,}1} = \mathbf{3{,}5.10^1\ N}$

En vertu de la 3ème loi de Newton, ou principe des actions réciproques, l'épaule du tireur exerce une force, $\vec{F}_{épaule}$, de même valeur mais opposée à la force de recul du fusil : $\vec{F}_{épaule} = -\vec{F}_{recul}$.

Corrigé 6

1. $\boxed{D_m = -\dfrac{\Delta m}{\Delta t} > 0}$ car $\Delta m < 0$ (perte de masse) et $\Delta t > 0$.

Comme $\vec{v}_{gaz} = -\dfrac{\vec{F}}{D_m}$, $\vec{v}_{gaz}$ (vers le bas) et $\vec{F}$ (vers le haut) sont de sens opposés. Ceci est logique car les molécules de gaz qui sont éjectées de la fusée, s'éloignent de celle-ci.

2. D'après la 3e loi de Newton, ou principe des actions réciproques, les moteurs exerçant sur les gaz une force verticale vers le bas, alors les gaz exercent sur la fusée une force verticale, vers le haut, de même valeur.

3. Le système constitué par la fusée et les ergols embarqués, n'étant soumis dans l'espace à aucune force extérieure, est isolé : sa quantité de mouvement se conserve donc au cours du temps.

4. $\boxed{\vec{p}_{système}(t) = m(t)\,\vec{v}(t)}$

5. A la date $t + \Delta t$, la vitesse de la fusée est $\vec{v}(t + \Delta t)$ et sa masse $m + \Delta m$ où $\Delta m < 0$ représente la variation de masse. Les gaz éjectés par la fusée durant l'intervalle Δt ont une masse $-\Delta m > 0$ et une vitesse $\vec{v}_{gaz}$ par rapport à la fusée donc $\vec{v}_{gaz} + \vec{v}(t + \Delta t)$ par rapport au référentiel terrestre.

$$\vec{p}_{système}(t + \Delta t) = \vec{p}_{fusée}(t + \Delta t) + \vec{p}_{gaz}(t + \Delta t)$$

$$\vec{p}_{système}(t+\Delta t)=[m(t)+\Delta m]\vec{v}(t+\Delta t)-\Delta m\left(\vec{v}_{gaz}+\vec{v}(t+\Delta t)\right)$$

De plus $D_m=-\dfrac{\Delta m}{\Delta t} \Rightarrow \Delta m=-D_m\,\Delta t$

$$\Rightarrow \vec{p}_{système}(t+\Delta t)=[m(t)-D_m\Delta t]\vec{v}(t+\Delta t)+D_m\Delta t\left(\vec{v}_{gaz}+\vec{v}(t+\Delta t)\right)$$

6. Appliquons la conservation de la quantité de mouvement du système entre les instants t et $t+\Delta t$:

$$m(t)\vec{v}(t)=[m(t)-D_m\,\Delta t]\,\vec{v}(t+\Delta t)+D_m\,\Delta t\left(\vec{v}_{gaz}+\vec{v}(t+\Delta t)\right)$$

$$m(t)[\vec{v}(t)-\vec{v}(t+\Delta t)]=D_m\,\Delta t\,\vec{v}_{gaz}$$

Comme $\Delta\vec{v}=\vec{v}(t+\Delta t)-\vec{v}(t)$ d'où $-m(t)\Delta\vec{v}=D_m\,\Delta t\,\vec{v}_{gaz}$

Finalement : $\boxed{m(t)\dfrac{\Delta\vec{v}}{\Delta t}=-D_m\,\vec{v}_{gaz}}$

7. D'après la question précédente : $\dfrac{\Delta\vec{v}}{\Delta t}=-\dfrac{D_m\,\vec{v}_{gaz}}{m(t)}$

Or $m(t)=m_0-D_m\,t \Rightarrow \dfrac{\Delta\vec{v}}{\Delta t}=-\dfrac{D_m\,\vec{v}_{gaz}}{m_0-D_m\,t}$

Lorsque $\Delta t\to 0$, l'expression précédente devient : $\dfrac{d\vec{v}}{dt}=-\dfrac{D_m\,\vec{v}_{gaz}}{m_0-D_m\,t}$

Projection sur (Oy) : $\dfrac{dv}{dt}=\dfrac{D_m\,v_{gaz}}{m_0-D_m\,t}$

En effet la projection de $\vec{v}_{gaz}$ sur l'axe (Oy) est $-v_{gaz}$.

$$\Leftrightarrow \frac{dv}{dt}=-v_{gaz}\,\frac{-D_m}{m_0-D_m\,t}$$

Intégrons par rapport au temps, afin d'obtenir l'expression de la vitesse de la fusée au cours du temps : $v(t)=-v_{gaz}\ln(m_0-D_mt)+cste$

D'après les conditions initiales : $v(t=0)=0=-v_{gaz}\ln(m_0)+cste$

$$\Rightarrow cste=v_{gaz}\ln(m_0)$$

$$\Rightarrow v(t)=-v_{gaz}\ln(m_0-D_mt)+v_{gaz}\ln(m_0)$$

D'où $\boxed{v(t)=v_{gaz}\ln\left(\dfrac{m_0}{m_0-D_mt}\right)}$

8.

a) Le débit massique dû au fonctionnement simultané des 5 moteurs F_1 vaut :

$D_m=\dfrac{2000.10^3}{150}=$ **$1{,}33.10^4$ kg.s^{-1}**.

b) La valeur de la poussée de la fusée Saturne 5 est : $\boxed{F = D_m \times v_{gaz}}$

A.N. : $F = 1{,}33.10^4 \times 2500 = \mathbf{3{,}33.10^7}$ **N.**

Pour que la fusée décolle, il faut que $F > P$ avec $P = m_0\, g$.

$P = 3038.103 \times 9{,}8 = \mathbf{2{,}9.10^7}$ **N**

L'inégalité précédente est bien vérifiée : la fusée peut décoller.

c) La vitesse atteinte par la fusée, lorsque tous les ergols du premier étage sont consommés est :

$$v(t = 150\,s) = 2500 \ln\left(\frac{3038.10^3}{3038.10^3 - 1{,}33.10^4 \times 150}\right) = \mathbf{2{,}67.10^3\ m.s^{-1}}.$$

Afin d'avoir un ordre d'idée de cette vitesse en $km.h^{-1}$, il suffit de multiplier le résultat précédent par 3,6 :

$v(t = 150\ s) = 2{,}67.10^3 \times\ 3{,}6 = 9{,}6.10^3\ km.h^{-1}$!

d) La vitesse atteinte par la fusée ($2{,}67\ km.s^{-1}$), à l'issue de cette première phase, bien que très importante, est inférieure à $11\ km.s^{-1}$. On devra procéder, après séparation, à l'allumage d'autres étages afin d'atteindre la vitesse de libération de la surface terrestre.

Corrigé 7

1. Le champ électrique $\vec{E}$ est uniforme à l'intérieur d'un condensateur plan :

- les lignes de champ sont perpendiculaires aux armatures et parallèles entre elles ;
- le champ est dirigé vers l'armature qui porte le plus petit potentiel ;
- la norme du champ électrique est constante.

2. À l'intérieur du condensateur, l'électron de charge $q = -e$ est soumis uniquement à la force électrostatique $\vec{f} = q\,\vec{E} \Leftrightarrow \vec{f} = -e\,\vec{E}$ car le poids est négligeable devant la force électrostatique. Pour que l'électron se déplace de l'armature A vers l'armature B, le sens de $\vec{f}$ doit être celui de $\overrightarrow{AB}$. Par conséquent, $\vec{E}$ étant opposé à $\vec{f}$, le sens de $\vec{E}$ est celui de $\overrightarrow{BA}$.

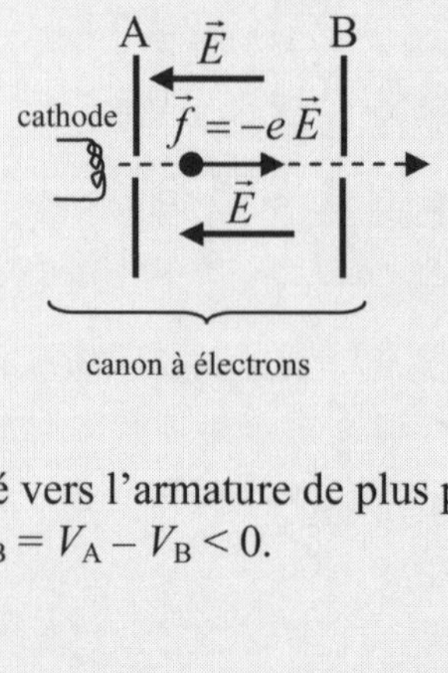

Comme $\vec{E}$ est dirigé vers l'armature de plus petit potentiel, cela implique que $V_A < V_B$ soit $U_{AB} = V_A - V_B < 0$.

3. $\vec{P} = m\vec{g} \Rightarrow \left\|\vec{P}\right\| = m\left\|\vec{g}\right\| = 9{,}1.10^{-31} \times 9{,}8 = \mathbf{8{,}9.10^{-30}}$ **N**.

$$\vec{f} = -e\vec{E} \Rightarrow \left\|\vec{f}\right\| = \left|-e\right|\left\|\vec{E}\right\| = e\frac{\left|U_{AB}\right|}{d} = 1{,}6.10^{-19}\frac{\left|-1{,}8.10^{3}\right|}{10.10^{-2}} = \mathbf{2{,}9.10^{-15}}\ \mathbf{N}.$$

$$\frac{\left\|\vec{f}\right\|}{\left\|\vec{P}\right\|} = \frac{2{,}9.10^{-15}}{8{,}9.10-30} = \mathbf{3{,}2.10^{14}}.$$

La valeur de la force électrostatique est $3{,}2.10^{14}$ fois plus grande que celle du poids. Il est donc légitime, pour toute la suite de l'exercice, de négliger le poids de l'électron devant la force électrostatique qui s'exerce sur lui.

4. Appliquons le principe de conservation de l'énergie mécanique à la particule chargée ($q = -e$, m) entre les deux armatures A et B :

$$E_M = \text{cste} = q\,V_A = \frac{1}{2}m\,v_0^2 + q\,V_B \Rightarrow \frac{1}{2}m\,v_0^2 = q\,(V_A - V_B)$$

$$\Leftrightarrow \frac{1}{2}m\,v_0^2 = -e\,(V_A - V_B) \Leftrightarrow v_0^2 = \frac{2e}{m}\,(V_B - V_A)$$

$$v_0 = \sqrt{\frac{2e}{m}\left(V_B - V_A\right)} \Leftrightarrow \boxed{v_0 = \sqrt{\frac{2e}{m}U_{BA}}} \text{ avec } U_{BA} = -U_{AB}$$

5. A.N. : $v_0 = \sqrt{\frac{2 \times 1{,}6.10^{-19}}{9{,}1.10^{-31}} \times 1{,}8.10^{3}} = \mathbf{2{,}5.10^{7}\ m.s^{-1}}$.

6. $U = U_{FE} = V_F - V_E > 0 \Rightarrow V_F > V_E$. Le champ électrique est perpendiculaire aux plaques et dirigé dans le sens des potentiels décroissants : $\vec{E} = -E\,\vec{u}_z$.

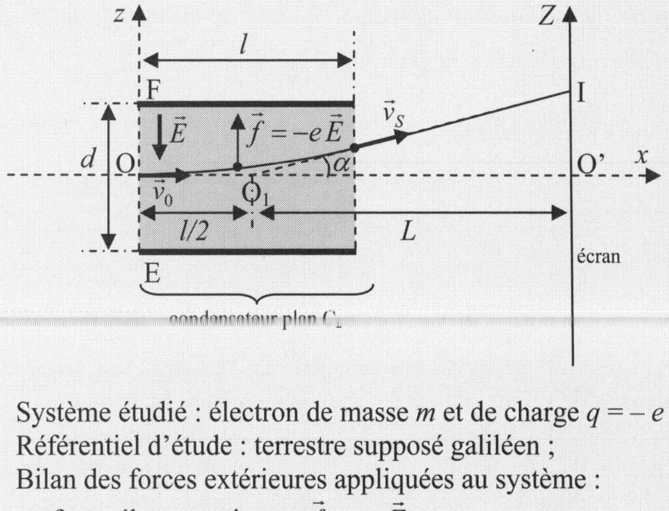

- Système étudié : électron de masse m et de charge $q = -e < 0$;
- Référentiel d'étude : terrestre supposé galiléen ;
- Bilan des forces extérieures appliquées au système :
  – force électrostatique : $\vec{f} = -e\vec{E}$

$\|\vec{f}\| >> \|\vec{P}\|$ (le poids est négligeable devant la force électrostatique).

- 2e loi de Newton : $\sum \vec{F}_{ext} = m\vec{a} \Leftrightarrow \vec{f} = m\vec{a} \Leftrightarrow -e\vec{E} = m\vec{a}$

$$\Rightarrow \boxed{\vec{a} = -\frac{e}{m}\vec{E}} \Leftrightarrow \boxed{\vec{a} = \frac{e}{m}E\vec{u}_z}$$

$$\boxed{\vec{a} \left| \begin{array}{l} a_x = 0 \\ a_z = \dfrac{e}{m}\dfrac{U}{d} \end{array} \right.}$$

7.

a) Le vecteur vitesse est une primitive, par rapport au temps, du vecteur accélération :

$$\vec{v} \left| \begin{array}{l} v_x = v_x(t=0) \\ v_z = \left(\dfrac{e}{m}\dfrac{U}{d}\right)t + v_z(t=0) \end{array} \right. \Leftrightarrow \boxed{\vec{v} \left| \begin{array}{l} v_x = v_0 \\ v_z = \left(\dfrac{e}{m}\dfrac{U}{d}\right)t \end{array} \right.}$$

b) Le vecteur position, est une primitive par rapport au temps, du vecteur vitesse :

$$\overrightarrow{OM} \left| \begin{array}{l} x = v_0\,t + x(t=0) \\ z = \dfrac{1}{2}\left(\dfrac{e}{m}\dfrac{U}{d}\right)t^2 + z\ \ (t=0) \end{array} \right.$$

$$\Leftrightarrow \boxed{\overrightarrow{OM} \left| \begin{array}{l} x = v_0\,t \\ z = \dfrac{1}{2}\left(\dfrac{e}{m}\dfrac{U}{d}\right)t^2 \end{array} \right.}$$

c) L'équation de la trajectoire $z = \mathrm{f}(x)$ s'obtient en éliminant le temps t entre les coordonnées du vecteur position $\overrightarrow{OM}$:

$$x = v_0\,t \Rightarrow \mathrm{t} = \frac{x}{v_0} \Rightarrow z = \frac{1}{2}\left(\frac{e}{m}\frac{U}{d}\right)\left(\frac{x}{v_0}\right)^2$$

$$\Leftrightarrow \boxed{z = \left(\frac{eU}{2mdv_0^2}\right)x^2}$$

L'équation de la trajectoire dans le champ électrostatique est de la forme : $z = \mathrm{A}\,x^2$ avec $\mathrm{A} > 0$. La trajectoire d'un électron est une portion de parabole dont la concavité est tournée vers le haut.

8.

a) Le poids des électrons étant négligeable, les électrons ne sont soumis à aucune force dans la région au-delà de S. D'après le principe d'inertie, le mouvement de ces derniers est rectiligne uniforme.

b) L'électron passe au point S à la date $t_S = \dfrac{x_S}{v_0}$. Or $x_S = l \Rightarrow t_S = \dfrac{l}{v_0}$.

Les cordonnées du vecteur vitesse au point S sont donc :

$\vec{v}_S$	$v_x = v_0$ $v_z = \left(\dfrac{e}{m}\dfrac{U}{d}\right)\left(\dfrac{l}{v_0}\right)$

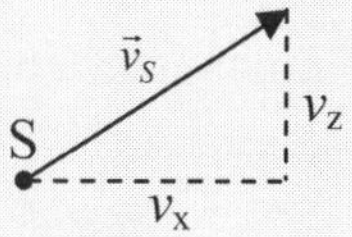

Or $\tan\alpha = \left(\dfrac{v_z}{v_x}\right)_{x=l}$

$$\Rightarrow \boxed{\tan\alpha = \frac{eUl}{mdv_0^2}}$$

c) $\tan\alpha = \dfrac{D}{L} \Rightarrow D = \tan\alpha \times L \Rightarrow \boxed{D = \dfrac{eUlL}{mdv_0^2}} \Leftrightarrow \boxed{D = \left(\dfrac{e}{m}\right)\left(\dfrac{lL}{dv_0^2}\right)U}$

d) Dans l'expression de la déflexion D on trouve des facteurs (L, l d et v_0) qui sont des constantes intrinsèques pour un appareil donné. En conséquence, pour des électrons $D = \text{k}\ U$ avec k = cste. La déflexion D est donc proportionnelle à la tension appliquée entre les plaques : cet appareil peut donc être utilisé comme un voltmètre.

Corrigé 8

1. La résistance de l'air ayant relativement peu d'effet, on peut négliger la force de frottement de l'air face aux autres forces subies par la flèche.

2.
- Système étudié : flèche de masse *m ;*
- Référentiel : terrestre supposé galiléen ;
- Repère : cartésien (O ; $\vec{u}_x$; $\vec{u}_z$) ;
- Bilan des forces extérieures appliquées au système : $\sum \vec{F}_{ext} = \vec{P}$
- <u>2e loi de Newton</u> : $\sum \vec{F}_{ext} = m\vec{a} \Leftrightarrow \vec{P} = m\vec{a} \Leftrightarrow m\vec{g} = m\vec{a}$

$$\Rightarrow \boxed{\vec{a} = \vec{g}}$$

$\Leftrightarrow$

$\vec{a}$	$a_x = 0$ $a_z = -g$

3.

a) Le vecteur vitesse est une primitive, par rapport au temps, du vecteur accélération :

$\vec{v}$ $\begin{cases} v_x = v_x(t=0) \\ v_z = -g\,t + v_z(t=0) \end{cases}$ $\Leftrightarrow$

$\vec{v}$	$v_x = v_0 \cos\alpha$ $v_z = -g\,t + v_0 \sin\alpha$

Le vecteur position est une primitive par rapport au temps du vecteur vitesse :

$$\overrightarrow{OG}\ \left| \begin{array}{l} x = (v_0 \cos\alpha)\, t + x\,(t=0) \\ z = -\dfrac{1}{2} g\, t^2 + (v_0 \sin\alpha)\, t + z\,(t=0) \end{array} \right.$$

$$\boxed{\Leftrightarrow \overrightarrow{OG}\ \left| \begin{array}{ll} x = (v_0 \cos\alpha)\, t & (1) \\ z = -\dfrac{1}{2} g\, t^2 + (v_0 \sin\alpha)\, t & (2) \end{array} \right.}$$

b) L'équation de la trajectoire $z = f(x)$ s'obtient en éliminant le temps t entre les coordonnées du vecteur position $\overrightarrow{OG}$.

$$x = (v_0 \cos\alpha)\, t \Rightarrow t = \frac{x}{v_0 \cos\alpha}$$

$$\Rightarrow z = -\frac{1}{2} g \left(\frac{x}{v_0 \cos\alpha}\right)^2 + (v_0 \sin\alpha)\left(\frac{x}{v_0 \cos\alpha}\right)$$

$$\Leftrightarrow \boxed{z = -\left(\frac{g}{2 v_0^2 \cos^2\alpha}\right) x^2 + (\tan\alpha)\, x}$$

c) L'équation de la trajectoire est du type $z = A\, x^2 + B\, x$ avec $A < 0$: c'est une portion de parabole dont la concavité est tournée vers le bas.

4.

a) $x(t = t_C) = x_C = (v_0 \cos\alpha)\, t_C \Rightarrow \boxed{t_C = \left(\dfrac{x_C}{v_0 \cos\alpha}\right)}$

b) Avec une vitesse initiale v_0 de 70 m.s^{-1}, le vol dure une seconde (t_C = 1 s) et l'angle α vaut 4°, enfin la chute h est d'environ 5 mètres. Le premier texte nous apprend que x_C = 70 m. Vérifions la cohérence de ces valeurs numériques, en calculant t_C :

$t_C = \left(\dfrac{70}{70 \times \cos 4}\right) \approx$ **1,0 s**, durée conforme à celle indiquée dans le texte.

5.

a) Garder les mêmes conditions initiales, signifie que l'on ne modifie pas la vitesse initiale v_0, ni l'angle α.
Pour que la flèche atteigne le point A, il faudrait qu'elle se déplace en ligne droite suivant la droite (OA). Pour cela, on doit faire l'hypothèse que l'attraction gravitationnelle n'est pas assez forte pour courber la trajectoire.
La flèche ne subirait aucune force, elle constituerait un système mécaniquement isolé. Le mouvement serait rectiligne et uniforme ($\sum \vec{F}_{ext} = \vec{0} = m\vec{a} \Rightarrow \vec{a} = \vec{0}$).

b) Dans le triangle OAC rectangle en C, $\tan\alpha = \frac{AC}{OC} = \frac{h}{x_C}$.

De plus on a établi en 4. a) que $x_C = (v_0.\cos\alpha)\, t_C$.

$\Rightarrow \tan\alpha = \frac{h}{(v_0 \cos\alpha) t_C} \Rightarrow h = \tan\alpha\, (v_0 \cos\alpha)\, t_C \Leftrightarrow \boxed{h = \sin\alpha\, v_0\, t_C}$

c) On a : $z\,(t = t_C) = 0 = -\frac{1}{2} g\, t_C^{\,2} + (v_0 \sin\alpha)\, t_C$ soit $0 = -\frac{1}{2} g\, t_C^{\,2} + h$.

$\Rightarrow \boxed{h = \frac{1}{2} g\, t_C^{\,2}}$: ainsi pour $t = t_C$ la « distance de chute » h vaut « gt²/2 ».

6. On garde α constant, donc si v_0 augmente alors, pour x_C fixé, la durée de chute $t_C = \left(\frac{x_C}{v_0 \cos\alpha}\right)$ diminue. La hauteur de chute diminue $h = \frac{1}{2} g\, t_C^{\,2}$ car t_C diminue.

7. Si la hauteur de chute h diminue, la flèche atteint la cible au-dessus du point C.

Corrigé 9

1.

a) D'après la première loi de Kepler (loi des orbites), dans le référentiel héliocentrique, la trajectoire du centre d'une planète est une ellipse dont le centre du Soleil est l'un des foyers. La figure de l'exercice montre bien le Soleil confondu avec le foyer F_1.

b) D'après la deuxième loi de Kepler (loi des aires), le rayon vecteur $\overrightarrow{SM}$ balaie des surfaces égales pendant des durées égales. L'aire A_1 est égale à l'aire A_2.

c) Vitesse moyenne entre M_1 et M'_1 : $v_1 = \frac{M_1M'_1}{\Delta t}$.

Vitesse moyenne entre M_2 et M'_2 : $v_2 = \frac{M_2M'_2}{\Delta t}$.

La distance $M_1M'_1$ est plus petite que la distance $M_2M'_2$, or ces distances sont parcourues pendant la même durée Δt. Donc $v_1 < v_2$, la vitesse moyenne entre les points M_1 et M'_1 est inférieure à celle entre les points M_2 et M'_2.

2.

a) Le Soleil exerce au point M_3 une force d'attraction gravitationnelle $\vec{F}_3$ portée par la droite (M_3O) et dirigée de M_3 vers O (voir schéma).

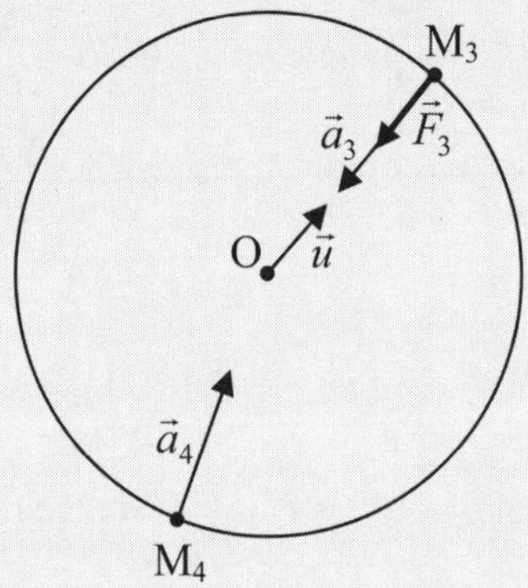

b) $\boxed{\vec{F}_3 = -G\dfrac{m M_S}{r^2}\vec{u}}$

c) • Système étudié : planète de masse m ;
• Référentiel : héliocentrique supposé galiléen ;
• Bilan des forces extérieures appliquées au système : $\sum \vec{F}_{ext} = \vec{F}_3$;
• 2e loi de Newton : $\sum \vec{F}_{ext} = m\vec{a}_3 \Leftrightarrow \vec{F}_3 = m\vec{a}_3$

Or $\vec{F}_3 = -G\,\dfrac{m M_S}{r^2}\vec{u} \Rightarrow \vec{F}_3 = -G\,\dfrac{m.M_S}{r^2}\vec{u}_{OG} = m\vec{a}_3$

$\Rightarrow \boxed{\vec{a}_3 = -G\,\dfrac{M_S}{r^2}\vec{u}}$

d) $\vec{a}_3$ et $\vec{a}_4$ sont des vecteurs de même valeur car G et M_S sont constantes, de plus $r = OM_3 = OM_4$. Voir schéma (question 2. a).

e) Le vecteur accélération est radial (porté par le rayon r), centripète (dont le sens va de la planète vers Soleil), de valeur constante donc le mouvement est circulaire uniforme.

f) La courbe représentative de T^2 en fonction de r^3 est une droite croissante passant par l'origine (fonction linéaire). Donc T^2 est proportionnelle à r^3.

En accord avec la troisième loi de Kepler qui indique $\dfrac{T^2}{r^3} = \text{k}$ avec k constante.

g) On prend le point, sur la droite, de coordonnées ($r^3 = 4{,}0\times10^{35}$ m^3 ; $T^2 = 1{,}2\times10^{17}$ s²).

$\Rightarrow \dfrac{T^2}{r^3} = \dfrac{1{,}2.10^{17}}{4{,}0.10^{35}} = \mathbf{3{,}0 \times 10^{-19}\ s^2.m^{-3}}$, résultat en accord avec la valeur donnée.

h) $T = 6{,}521$ ans à convertir en s.

$\dfrac{T^2}{r^3} = 3{,}0.10^{-19} \Rightarrow r = \sqrt[3]{\left(\dfrac{T^2}{3{,}0.10^{-19}}\right)}$

$$r = \sqrt[3]{\left(\frac{(6{,}521\times 365\times 24\times 3600)^2}{3{,}0.10^{-19}}\right)} = \mathbf{5{,}2 \times 10^{11}\ m}$$

3.

a) $\boxed{\dfrac{T^2}{r^3} = \dfrac{4\pi^2}{GM}}$ avec :

- T période de révolution du satellite autour de Rhea Sylvia, en s ;
- r distance entre le centre du satellite et le centre de Rhea Sylvia, en m ;
- G constante de gravitation universelle ($G = \dfrac{4\pi^2 r^3}{T^2 M}$) en $m^3.s^{-2}.kg^{-1}$.

b) Utilisons les données relatives à Romulus : T = 87,6 h à convertir en s et r = 1360 km à convertir en m.

$$\frac{T^2}{r^3} = \frac{4\pi^2}{GM} \Rightarrow \boxed{M = \frac{4\pi^2 r^3}{GT^2}}$$

A.N. : $M = \dfrac{4\pi^2\left(1360.10^3\right)^3}{6{,}67.10^{-11}\times(87{,}6\times 3600)^2} = \mathbf{1{,}50\ .\ 10^{19}\ kg}$

Corrigé du Contrôle

Exercice 1

1.

a) Titan subit principalement la force d'attraction gravitationnelle exercée par Saturne.

b)

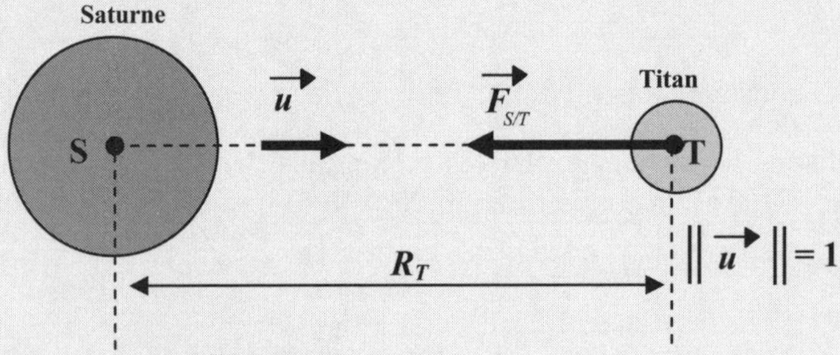

c) $\boxed{\vec{F}_{S/T} = -G\,\dfrac{M_S.M_T}{{R_T}^2}\,\vec{u}}$

2.

a)
- Système étudié : satellite Titan de masse M_T ;
- Référentiel : saturno-centrique supposé galiléen ;
- Bilan des forces extérieures appliquées au système : $\sum \vec{F}_{ext} = \vec{F}_{S/T}$
- 2e loi de Newton : $\sum \vec{F}_{ext} = M_T\,\vec{a} \;\Leftrightarrow\; \vec{F}_{S/T} = M_T\,\vec{a}$

  Or $\vec{F}_{S/T} = -G\,\dfrac{M_S.M_T}{{R_T}^2}\vec{u} \;\Rightarrow -G\,\dfrac{M_S.M_T}{{R_T}^2}\vec{u} = M_T\,\vec{a}$

$$\Rightarrow \boxed{\vec{a} = -G\,\frac{M_S}{R_T^2}\vec{u}}$$

b) Pour Titan, en orbite circulaire de rayon R_T autour de Titan, on a :

$$\boxed{\vec{a} = \vec{a}_n + \vec{a}_t = a_n\,\vec{n} + a_t\,\vec{t} = \frac{v^2}{R_T}\vec{n} + \frac{dv}{dt}\vec{t}}$$

c) La force $\vec{F}_{S/T}$ est centripète (colinéaire à $\vec{n}$), le vecteur accélération est lui aussi centripète. Il se réduit donc à la composante normale $a_n\,\vec{n}$.

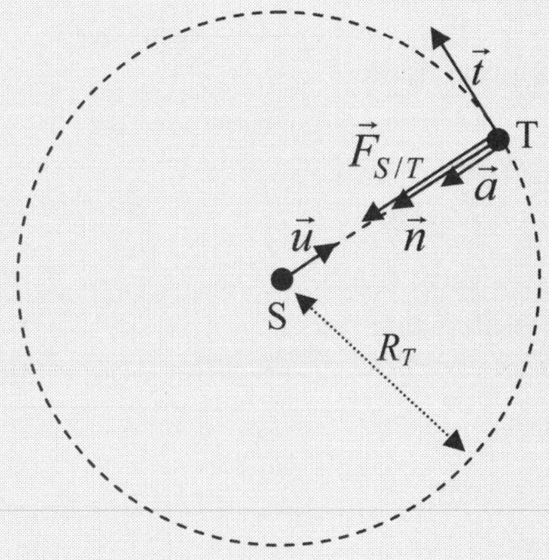

3.

a) $\vec{a} = -G\,\dfrac{M_S}{R_T^2}\vec{u} \Rightarrow \boxed{\vec{a} = G\,\dfrac{M_S}{R_T^2}\vec{n}}$ car $\vec{u} = -\vec{n}$

L'accélération du centre d'inertie du satellite Titan est qualifiée de centripète : elle pointe constamment vers le centre d'inertie de Saturne.

De plus, la vitesse du centre d'inertie étant par définition constamment tangente à la trajectoire : $\vec{v} = v\,\vec{t}$.

On a donc $\vec{v}.\vec{a} = v\,\vec{t}.a\,\vec{n} = 0$ car $\vec{t} \perp \vec{n}$: le mouvement du centre d'inertie de Titan est donc circulaire uniforme.

b) En identifiant $\vec{a} = G\,\dfrac{M_S}{R_T^2}\vec{n}$ et $\vec{a} = \dfrac{v^2}{R_T}\vec{n} + \dfrac{dv}{dt}\vec{t}$ on obtient :

$$\begin{cases} \dfrac{v^2}{R_T} = G\dfrac{M_S}{{R_T}^2} \\ \dfrac{dv}{dt} = 0 \end{cases} \quad \begin{cases} v^2 = G\dfrac{M_S}{R_T} \\ v = cste \end{cases} \quad \begin{cases} \boxed{v = \sqrt{G\dfrac{M_S}{R_T}}} \\ v = cste \end{cases}$$

4.

a) La période de révolution orbitale T_E d'Encelade est la durée mise par son centre d'inertie pour effectuer un tour complet autour de Saturne à la vitesse v. L'orbite décrite par le centre d'inertie d'Encelade étant un cercle de rayon R_E dont la circonférence est $2\pi r$, on a :

$$v = \frac{2\pi R_E}{T_E} \Rightarrow T_E = \frac{2\pi R_E}{v} \Leftrightarrow T_E = \frac{2\pi R_E}{\sqrt{G\dfrac{M_S}{R_E}}}\,\text{d} \Leftrightarrow \boxed{T_E = 2\pi\sqrt{\frac{{R_E}^3}{G M_S}}}$$

b) D'après la réponse précédente : $T_E^2 = 4\pi^2\left(\dfrac{{R_E}^3}{G M_S}\right) \Rightarrow \boxed{\dfrac{T_E^2}{{R_E}^3} = \dfrac{4\pi^2}{G M_S}}$

c) D'après la réponse précédente : $\dfrac{R_E{}^3}{T_E^2} = \dfrac{G M_S}{4\pi^2} \Rightarrow \boxed{R_E = \sqrt[3]{\dfrac{G M_S}{4\pi^2} T_E^2}}$

A.N. : $R_E = \sqrt[3]{\dfrac{6{,}67.10^{-11} \times 5{,}69.\ 10^{26}}{4\pi^2} \times \left(1{,}34 \times 24 \times 3600\right)^2} = \mathbf{2{,}35.10^8\ m}$

5.

a) Un satellite saturno-stationnaire reste à la verticale du même point de la surface de Saturne. Sa période de révolution est égale à la durée d'un jour sur Saturne : $T_C = T_S$.

b) D'après la question 4. c) : $R_C = \sqrt[3]{\dfrac{G M_S}{4\pi^2} T_C^2}$ où R_C est le rayon de l'orbite de la sonde Cassini. Si on désigne par h l'altitude à laquelle se trouve la sonde Cassini par rapport à la surface de Saturne : $R_C = R_S + h$.

$\Rightarrow \boxed{h = \sqrt[3]{\dfrac{G M_S}{4\pi^2} T_S^2} - R_C}$ avec $T_C = T_S$.

c) $h = \sqrt[3]{\dfrac{6{,}67.10^{-11} \times 5{,}69.10^{26}}{4\pi^2} \times \left(10 \times 3600 + 39 \times 60\right)^2} - 6{,}0.10^7$

$\boldsymbol{h = 5{,}2.10^7\ \mathbf{m}}$

Exercice 2

1.

a) Pour calculer les vitesses instantanées, il faut tenir compte du facteur d'échelle : 0,8 cm (document) $\Leftrightarrow$ 2,0 m (réel).

$\Rightarrow$ 1,0 cm (document) $\Leftrightarrow$ 2,0 / 0,8 = 2,5 m (réel).

$\boxed{v_2 = \dfrac{G_1G_3}{t_3 - t_1} = \dfrac{G_1G_3}{2\,\tau}}$ A.N. : $v_2 = \dfrac{5{,}1 \times 2{,}5}{2 \times 0{,}800} = \mathbf{8{,}0\ m.s^{-1}}$

$\boxed{v_4 = \dfrac{G_3G_5}{t_5 - t_3} = \dfrac{G_3G_5}{2\,\tau}}$ A.N. : $v_4 = \dfrac{10{,}3 \times 2{,}5}{2 \times 0{,}800} = \mathbf{1{,}6.10^1\ m.s^{-1}}$

b) Voir le schéma à la fin du corrigé.

Échelle des vitesses : 1,0 cm $\Leftrightarrow$ 4 m.s^{-1}.

$\vec{v}_2$ est représenté par un segment fléché de 8,0 × 1,0/4 = 2,0 cm.

$\vec{v}_4$ est représenté par un segment fléché de 16,0 × 1,0/4 = 4,0 cm.

Les vecteurs vitesses sont tangents à la trajectoire et orientés dans le sens du mouvement.

c) Voir sur le schéma, à la fin du corrigé la construction du vecteur $\Delta\vec{v}_3 = \vec{v}_4 - \vec{v}_2$ en G_3.

d) $\boxed{\vec{a}_3 = \dfrac{d\vec{v}_3}{dt} \approx \dfrac{\Delta\vec{v}_3}{\Delta t} = \dfrac{\vec{v}_4 - \vec{v}_2}{2\tau}}$ soit en valeur : $\boxed{a_3 \approx \dfrac{\Delta v_3}{2\tau}}$

Δv_3 mesure 2,0 cm sur le document donc, compte tenu de l'échelle des vitesses (1,0 cm $\Leftrightarrow$ 4 m.s^{-1}) : $\Delta v_3 = 8{,}0$ m.s^{-1}.

Finalement : $a_3 \approx \dfrac{\Delta v_3}{2\tau} = \dfrac{8{,}0}{2\times 0{,}800} = \mathbf{5{,}0\ m.s^{-2}}$.

e) Le graphe de la figure 2 est une droite croissante passant par l'origine, donc la vitesse est proportionnelle au temps : $v = \mathrm{k} \times t$ (fonction linéaire)

Par définition l'accélération est $\vec{a} = \dfrac{d\vec{v}}{dt}$ avec $\vec{v} = v\vec{i}$ donc $\vec{a} = \dfrac{dv}{dt}\vec{i}$.

$\Rightarrow \vec{a} = \dfrac{d(\mathrm{k}t)}{dt}\vec{i} = \mathrm{k}\vec{i} = \overrightarrow{cste}$: l'accélération de la moto est constante.

f) On détermine le coefficient directeur k de la droite à l'aide de deux points par lesquels elle passe.

A.N. : O (0 s ; 0 m.s^{-1}) et A (10 s ; 50 m.s^{-1}) : $a = k = \dfrac{(50-0)}{(10-0)} = \mathbf{5{,}0\ m.s^{-2}}$.

On retrouve bien la valeur obtenue graphiquement à la question 1. d).

g) On a 160 km.h^{-1} = (160/3,6) = 44,4 m.s^{-1}. On trace la droite horizontale d'équation v = 44,4 m.s^{-1} sur la figure 2. Le point d'intersection avec le graphe v(t) donne en abscisse, le temps de parcours. On reporte ce temps de parcours sur la figure 3 : le point d'intersection avec le graphe d(t) nous donne la distance parcourue.
On mesure ici : d = 195 m, soit en conservant que deux chiffres significatifs, d = **2,0 × 10² m**.

2.

a) Énergie mécanique du système : $E_M = E_C + E_{PP} = \dfrac{1}{2}\ m.v^2 + m.g.z$

(avec l'axe Oz vertical, orienté vers le haut, et l'origine des énergies potentielles prise nulle en z = 0).

b) Variation d'énergie potentielle de pesanteur entre B et C :
$\Delta E_{PP} = E_{PP}(C) - E_{PP}(B) = m.g.z_C - 0 = m.g.OC$
Or $\sin\alpha = OC / BC \Leftrightarrow OC = BC \,.\, \sin\alpha$
Donc $\Delta E_{PP} = m.g.BC.\sin\alpha$
A.N. : $\Delta E_{PP} = 180 \times 9{,}81 \times 7{,}86 \times \sin(27) = 6{,}3 \times 10^3$ J = **6,3 kJ**.

c) Entre B et C le motard maintient une vitesse constante donc :
$\Delta E_C = E_C(C) - E_C(B) = 0$.
Comme $E_M = E_C + E_{PP}$ alors $\Delta E_M = \Delta E_C + \Delta E_{PP} = \Delta E_{PP} > 0$
Donc $E_M(C) > E_M(B)$: ainsi l'énergie mécanique du système augmente lorsqu'il passe de B à C.

3.

a) • Système étudié : système {moto + motard} de masse m ;
• Référentiel : terrestre supposé galiléen ;
• Repère : cartésien (O ; $\vec{i}$; $\vec{k}$) ;

• Bilan des forces extérieures appliquées au système : $\sum \vec{F}_{ext} = \vec{P}$

• <u>2e loi de Newton</u> : $\sum \vec{F}_{ext} = m\vec{a} \Leftrightarrow \vec{P} = m\vec{a} \Leftrightarrow m\vec{g} = m\vec{a}$

$$\Rightarrow \boxed{\vec{a} = \vec{g}}$$

$$\Leftrightarrow \boxed{\vec{a} \left| \begin{array}{l} a_x = 0 \\ a_z = -g \end{array} \right.}$$

Le vecteur vitesse est une primitive par rapport au temps du vecteur accélération :

$$\vec{v} \left| \begin{array}{l} v_x = v_x \ (t = 0) \\ v_z = -g\,t + v_z \ \ (t = 0) \end{array} \right. \Leftrightarrow \boxed{\vec{v} \left| \begin{array}{l} v_x = v_0 \cos \alpha \\ v_z = -g\,t + v_0 \sin \alpha \end{array} \right.}$$

Le vecteur position est une primitive par rapport au temps du vecteur vitesse :

$$\overrightarrow{OG} \left| \begin{array}{l} x = (v_0 \cos \alpha)\, t + x\,(t = 0) \\ z = -\dfrac{1}{2} g\, t^2 + (v_0 \sin \alpha)\, t + z\,(t = 0) \end{array} \right.$$

$$\Leftrightarrow \boxed{\overrightarrow{OG} \left| \begin{array}{l} x = (v_0 \cos \alpha)\, t \\ z = -\dfrac{1}{2} g\, t^2 + (v_0 \sin \alpha)\, t + h \end{array} \right.}$$

b) L'équation de la trajectoire $z = f(x)$ s'obtient en éliminant le temps t entre les coordonnées du vecteur position $\overrightarrow{OG}$.

$$x = (v_0 \cos \alpha)\, t \Rightarrow t = \frac{x}{v_0 \cos \alpha}$$

$$\Rightarrow z = -\frac{1}{2}\, g \left(\frac{x}{v_0 \cos \alpha} \right)^2 + (v_0 \sin \alpha) \left(\frac{x}{v_0 \cos \alpha} \right) + h$$

$$\Leftrightarrow \boxed{z = -\left(\frac{g}{2 v_0^2 \cos^2 \alpha} \right) x^2 + (\tan \alpha)\, x + h}$$

c) « L'atterrissage » se fait sur le tremplin si $z(x_D) \geq h$. La distance maximale du point D correspond au cas de l'égalité : $z(x_D) = h$.

$$\Rightarrow z = -\left(\frac{g}{2 v_0^2 \cos^2 \alpha} \right) x_D{}^2 + (\tan \alpha)\, x_D + h = h$$

$$\Leftrightarrow x_D \left(\tan \alpha - \frac{g}{2 v_0^2 \cos^2 \alpha} x_D \right) = 0$$

En écartant la solution triviale $x_D = 0$, il vient :

$$\left(\tan\alpha - \frac{g}{2v_0^2\cos^2\alpha}x_D\right) = 0$$

Soit $x_D = \dfrac{2v_0^2\tan\alpha\cos^2\alpha}{g} \Leftrightarrow x_D = \dfrac{2v_0^2\sin\alpha\cos\alpha}{g}$

Finalement : $\boxed{x_D = \dfrac{v_0^2\sin(2\alpha)}{g}}$

RAPPEL : $\sin(a + b) = \sin a.\cos b + \cos a.\sin b \Rightarrow 2\sin\alpha.\cos\alpha = \sin 2\alpha$

d) $x_D = \dfrac{\left(\dfrac{160}{3{,}6}\right)^2 \times \sin(2\times 27)}{9{,}81} = \mathbf{1{,}63.10^2\ m}$.

Cette valeur est supérieure à 107 m. La différence est due aux forces de frottements qui n'ont pas été prises en compte lors de l'étude du système ; elles diminuent la portée du saut.

ANNEXE

Chronophotographie représentant les premières positions successives du centre d'inertie G du système :

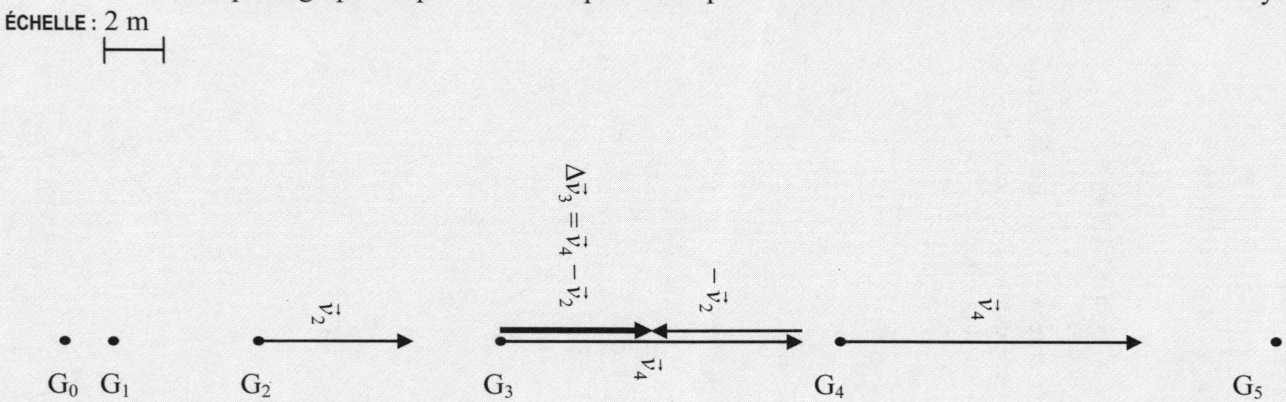

3 Transferts d'énergie et oscillateur mécanique

TRAVAIL D'UNE FORCE CONSTANTE

Définition

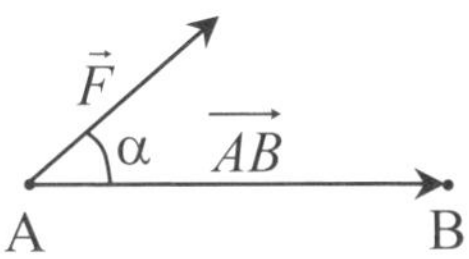

Dans un référentiel donné, le **travail** d'une **force constante** $\vec{F}$ lors du **déplacement** de son **point d'application** d'un point A vers un point B a pour expression :

$W_{AB}(\vec{F}) = \vec{F}.\overrightarrow{AB} = F.AB.\cos\alpha$	$W_{AB}(\vec{F})$: travail en joules (J) F : valeur de la force en newtons (N) AB : longueur du déplacement en mètres (m)

Propriété fondamentale

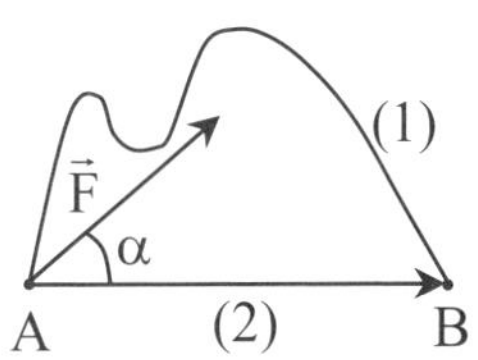

Le **travail** d'une **force constante** est **indépendant** du **chemin suivi** :

$$W_{AB}^{(1)}(\vec{F}) = W_{AB}^{(2)}(\vec{F}) = \vec{F}.\overrightarrow{AB}$$

Travail moteur, résistant ou nul

Travail moteur $W_{AB}(\vec{F}) > 0$	Travail nul $W_{AB}(\vec{F}) = 0$	Travail résistant $W_{AB}(\vec{F}) < 0$
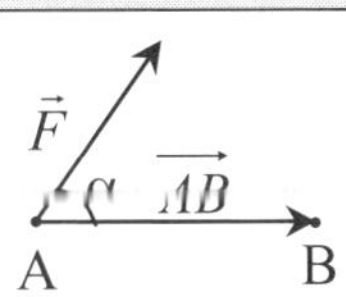	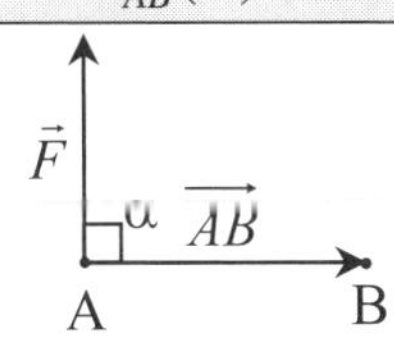	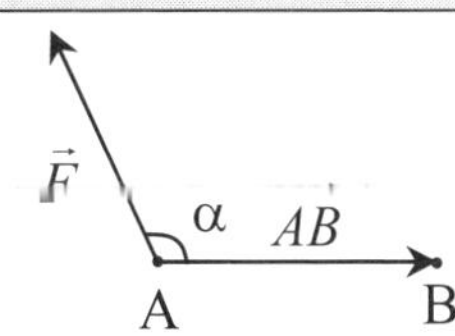
$0 \leq \alpha < 90°$	$\alpha = 90°$	$90° < \alpha \leq 180°$
La force favorise le déplacement.	La force n'a pas d'effet sur le déplacement.	La force défavorise le déplacement.

○ Travail du poids

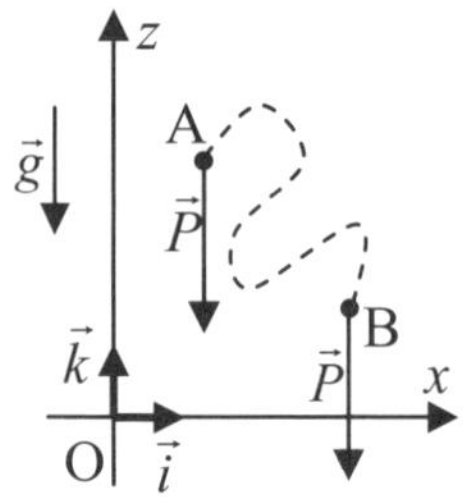

Le champ de pesanteur terrestre $\vec{g}$ étant supposé uniforme, le poids $\vec{P}$ est une force constante.
Pour un déplacement quelconque d'un solide de A vers B le travail du poids est :

$$W_{AB}(\vec{P}) = \vec{P}.\overrightarrow{AB}$$

Dans le repère cartésien (O ; $\vec{i}$; $\vec{k}$) orthonormé : $\overrightarrow{AB}(x_B - x_A ; z_B - z_A)$

$\vec{P}(0 ; -P)$

$\Rightarrow W_{AB}(\vec{P}) = 0.(x_B - x_A) - P.(z_B - z_A) = P.(z_A - z_B)$ avec $P = m.g$

$W_{AB}(\vec{P}) = m.g.(z_A - z_B)$	$P = m.g$: poids en newtons (N) z_A, z_B : altitudes en mètres (m)

Le travail du poids d'un solide ne dépend que des altitudes des points de départ et d'arrivée. Il est indépendant du chemin suivi pour aller de A vers B.

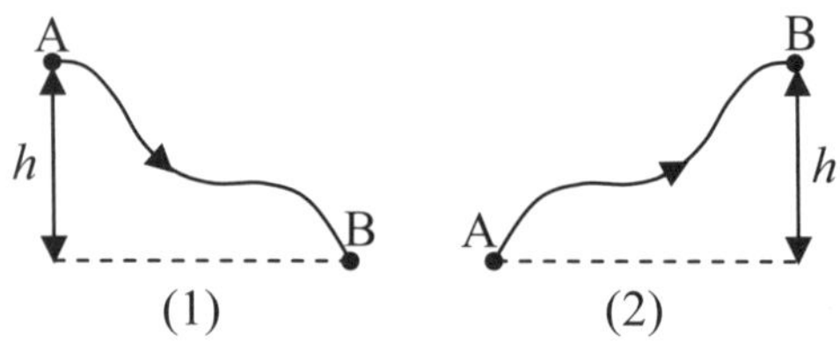

En posant $h = |z_A - z_B|$:

- $W_{AB}(\vec{P}) = +\, m.g.h > 0$ lorsque le solide se rapproche de la Terre (1).
- $W_{AB}(\vec{P}) = -\, m.g.h < 0$ lorsque le solide s'éloigne de la Terre (2).

FORCES CONSERVATIVES

○ Définition

Une **force** est dite **conservative** lorsque le **travail** produit par cette force est **indépendant** du **chemin suivi** par son point d'action. C'est généralement le cas de toutes les forces qui ne dépendent pas de la vitesse.
EXEMPLE : le poids est une force conservative.

○ Forces non conservatives

Un exemple typique de **force non conservative** est donné par les **forces de frottements**. Ces dernières tendent toujours à ralentir le mouvement et sont donc toujours de sens opposé à celui de la vitesse :

$$\boxed{\vec{f} = -\,\alpha\,\vec{v}}$$

ÉNERGIE

○ Notion d'énergie

L'**énergie** caractérise l'état d'un système et exprime la **potentialité** à modifier l'état d'un autre système avec lequel il est en interaction. L'énergie peut se présenter sous différentes formes parmi lesquelles l'**énergie cinétique** et l'**énergie potentielle de pesanteur**.

○ Énergie cinétique

L'**énergie cinétique** est une **énergie de mouvement** par rapport à un référentiel. Dans un référentiel donné, l'énergie cinétique E_C d'un solide de masse m dont le centre d'inertie G est animé d'un mouvement de translation à la vitesse $\vec{v}_G$ a pour expression :

$E_C = \frac{1}{2} m v_G^2$	E_C : énergie cinétique en joules (J) m : masse en kilogrammes (kg) v_G : vitesse en mètres par seconde ($m.s^{-1}$)

○ Énergie potentielle de pesanteur

L'**énergie potentielle de pesanteur** est une **énergie de position** par rapport à la surface terrestre. L'énergie potentielle de pesanteur d'un solide de masse m en interaction avec la Terre dont le centre d'inertie G est situé à une altitude z_G a pour expression au voisinage de la Terre :

$E_{PP} = m\, g\, z_G + \text{cste}$	E_{PP} : énergie potentielle de pesanteur en joules (J) m : masse en kilogrammes (kg) z_G : altitude en mètres (m) cste : constante arbitraire

Si on choisit de prendre l'origine de l'énergie potentielle de pesanteur au niveau du sol ($z = 0$) alors $E_{PP}(z = 0) = \text{cste} = 0$ d'où $E_{PP} = mgz$.

○ Énergie mécanique

L'**énergie mécanique** d'un système, dans un référentiel donné, est l'**énergie emmagasinée** par celui-ci sous forme d'**énergie cinétique** et d'**énergie potentielle** de **pesanteur** et / ou **élastique**.

$E_M = E_C + E_P$	E_M : énergie mécanique en joules (J) E_C : énergie cinétique en joules (J) E_P : énergie potentielle en joules (J)

REMARQUE : $E_P = E_{PP}$ (énergie potentielle de pesanteur) en l'absence d'énergie potentielle élastique.

Le travail : un mode de transfert de l'énergie

Le **travail** est un **mode de transfert de l'énergie** permettant à un système d'échanger de l'énergie avec le milieu extérieur.
On **algébrise** les transferts d'énergie liés au travail en suivant la convention du « porte-monnaie » : si le **transfert** d'énergie se fait du **système** vers le **milieu extérieur**, le **travail** sera **négatif**, si le **transfert** se fait du **milieu extérieur** vers le **système**, le **travail** sera **positif**.

Transfert d'énergie et variation d'énergie cinétique

Étude d'une situation

Un enfant pousse un chariot sur un sol horizontal entre les points A et B pour lui faire prendre de la vitesse (situation 1) puis le retient entre les points B et C afin de le freiner (situation 2). En l'absence de forces de frottements, la seule force qui travaille est la force $\vec{F}$ qu'exerce l'enfant sur le chariot. En effet les travaux du poids $\vec{P}$ du chariot et de la réaction $\vec{R}$ du sol sont nuls car ces deux forces sont orthogonales au sol : $W(\vec{P}) = W(\vec{R}) = 0$.

Situation 1	Situation 2
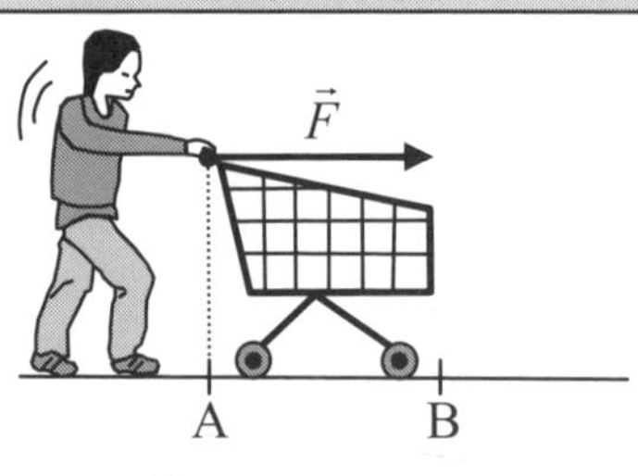	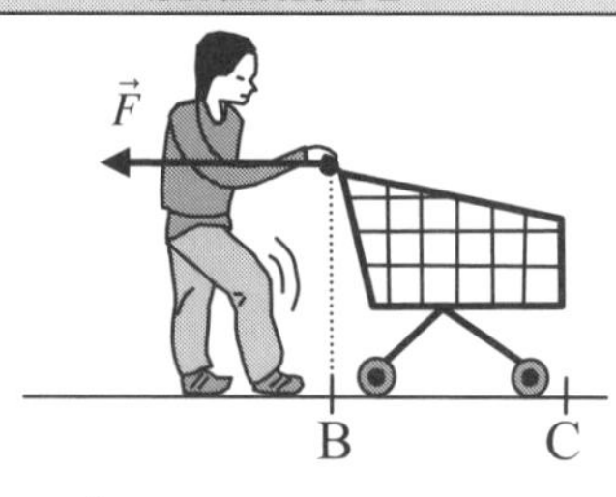
$W_{AB}(\vec{F}) > 0$: travail moteur	$W_{BC}(\vec{F}) < 0$: travail résistant
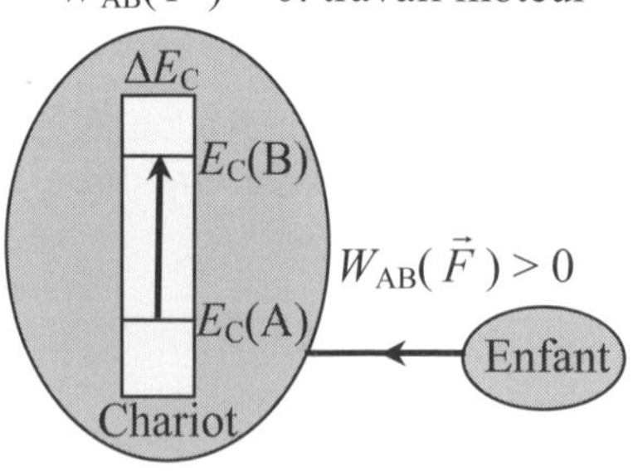	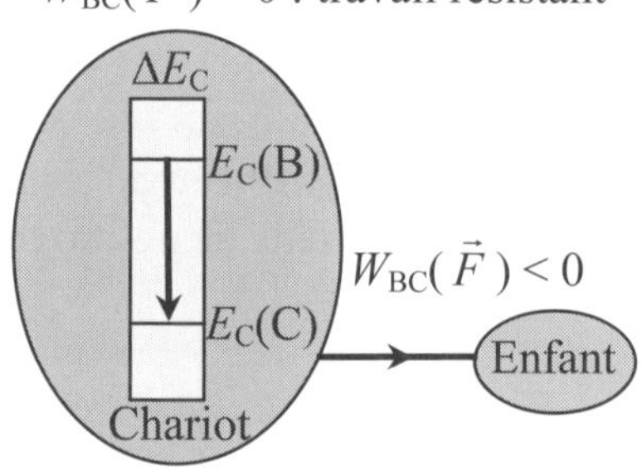
$\Delta E_C = E_C(B) - E_C(A) > 0$	$\Delta E_C = E_C(C) - E_C(B) < 0$

Diagrammes énergétiques

Le **travail** d'une **force extérieure** modifie donc l'**énergie cinétique** d'un système.

▶ **Théorème de l'énergie cinétique**

Dans un référentiel galiléen, lorsqu'un solide de masse m et de centre d'inertie G se translate d'une position A à une position B, la **variation** de l'**énergie cinétique** $\Delta E_C = E_C(B) - E_C(A)$ dont il est le siège, est égale à la somme des travaux des forces extérieures s'exerçant sur lui lors de son déplacement.

$$\Delta E_C = E_C(B) - E_C(A) = \sum W_{AB}(\vec{F}_{ext})$$

○ Transfert d'énergie et variation d'énergie potentielle de pesanteur

▶ **Étude d'une situation**

Un voyageur hisse une valise d'un point A à un point B. En négligeant les interactions liées à l'air, les seules forces qui travaillent lors du déplacement sont le poids $\vec{P}$ de la valise et la force $\vec{F}$ qu'exerce le voyageur pour la mouvoir.

On suppose que la vitesse du centre d'inertie de la valise est nulle en A et B. On a donc :

$\Delta E_C = E_C(B) - E_C(A) = 0$

$\Delta E_{PP} = E_{PP}(B) - E_{PP}(A) = m.g.z_B - m.g.z_A = m.g.(z_B - z_A) = -W_{AB}(\vec{P})$

Or $W_{AB}(\vec{P}) = m.g.(z_A - z_B) \Rightarrow \Delta E_{PP} = -W_{AB}(\vec{P})$.

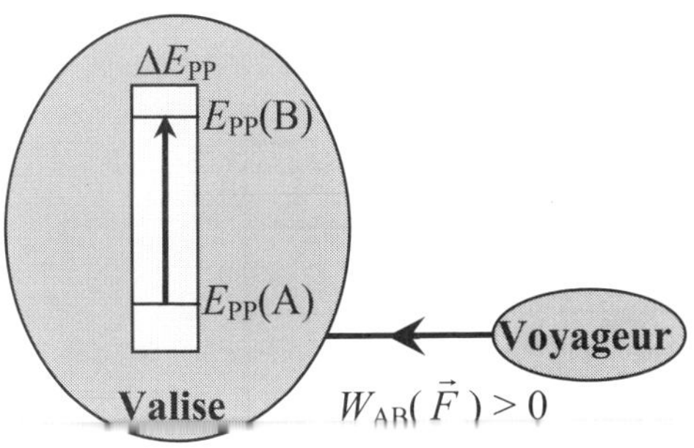

REMARQUE : dans le diagramme énergétique ci-contre, on ne doit pas faire figurer le travail du poids qui est déjà pris en compte dans la variation d'énergie potentielle de pesanteur E_{PP}.

▶ **Lien entre variation d'énergie potentielle de pesanteur et travail du poids**

Le **travail du poids** modifie donc l'**énergie potentielle de pesanteur** d'un système. La variation de l'énergie potentielle de pesanteur est l'opposée du travail du poids :

$$\Delta E_{PP} = E_P(B) - E_P(A) = -W_{AB}(\vec{P})$$

○ Conservation de l'énergie mécanique

Si toutes les **forces extérieures** appliquées à un système, à l'exception du poids, effectuent un **travail nul**, l'**énergie mécanique** est constante au cours du temps. Le **système** est **conservatif** : son énergie mécanique se conserve.

$$\boxed{\textit{Système conservatif} \Leftrightarrow E_M = E_C + E_P = \text{cste}}$$

○ Exemple de transferts énergétiques pour un système conservatif

Dans le référentiel terrestre, supposé galiléen, une petite bille métallique de masse m est lâchée dans l'air, verticalement, sans vitesse initiale depuis une hauteur h_0 par rapport au sol.

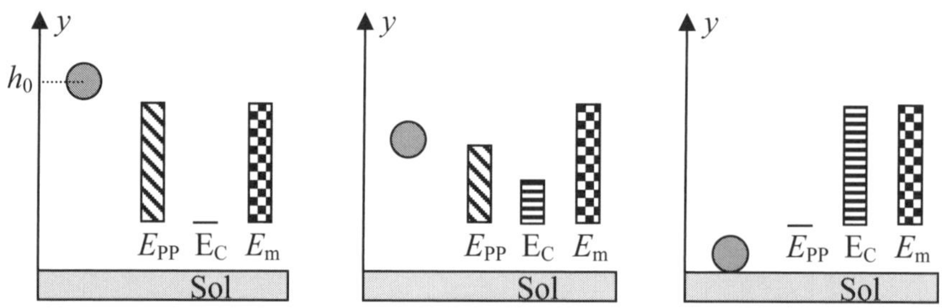

Date t_0	Date t_1	Date t_2
E_{PP} est maximum	E_{PP}	$E_{PP} = 0$
$E_C = 0$	E_C	E_C est maximum
$E_M = E_C + E_{PP} = \text{cste}$	$E_M = E_C + E_{PP} = \text{cste}$	$E_M = E_C + E_{PP} = \text{cste}$

Jauges illustrant les transferts d'énergie lors d'une chute libre

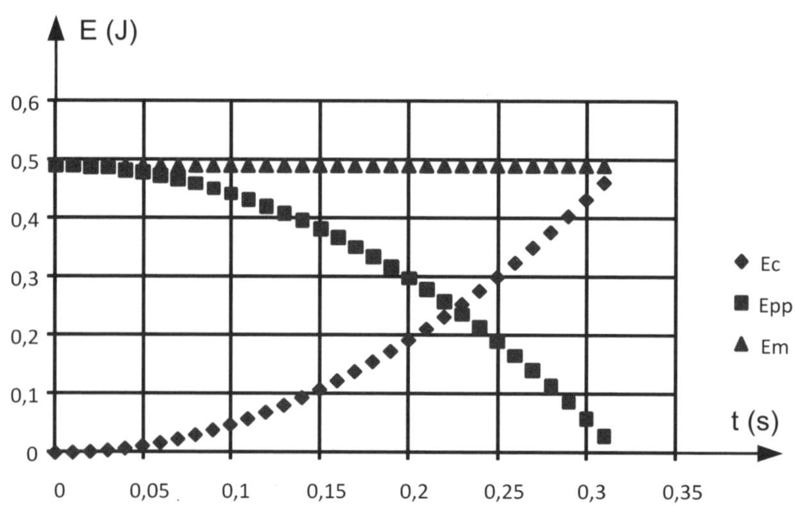

Évolution temporelle des énergies lors d'une chute libre

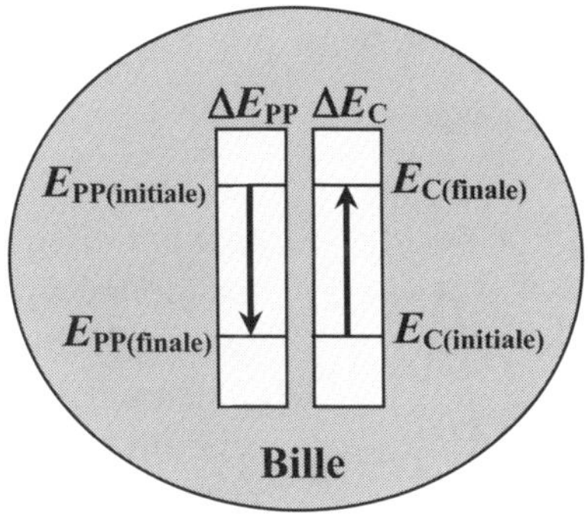

Diagramme énergétique lors d'une chute libre (système conservatif)

Dans le cas d'une chute libre, c'est-à-dire en l'absence de forces dissipatives (frottements), la bille est un système conservatif : son énergie mécanique se conserve ($E_M = E_C + E_{PP} = \text{cste}$). Il n'y a pas de transfert d'énergie sous forme de travail avec le milieu extérieur.
L'énergie potentielle de pesanteur se transforme intégralement en énergie cinétique sans pertes : $-\Delta E_{PP} = \Delta E_C$.

ÉTUDE ÉNERGÉTIQUE DES OSCILLATIONS LIBRES D'UN SYSTÈME MÉCANIQUE

Le pendule simple

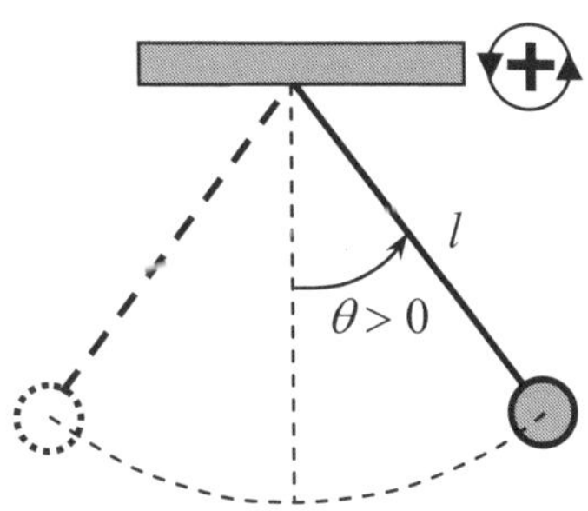

Schématisation d'un pendule simple

Le **pendule simple** est une **masse ponctuelle** fixée à l'extrémité d'un **fil** sans masse, inextensible de longueur l, et oscillant sous l'effet de la pesanteur autour de sa **position d'équilibre verticale** lorsqu'il en est écarté.
L'**élongation angulaire** θ est la grandeur physique algébrique permettant de repérer la position du pendule à un instant donné par rapport à sa position verticale d'équilibre.

L'**amplitude** des oscillations, notée θ_M, est la valeur maximale de l'élongation.

REMARQUE : les angles sont orientés positivement dans le sens trigonométrique (sens inverse de celui des aiguilles d'une montre).

Oscillation libres non amorties

Période propre des oscillations

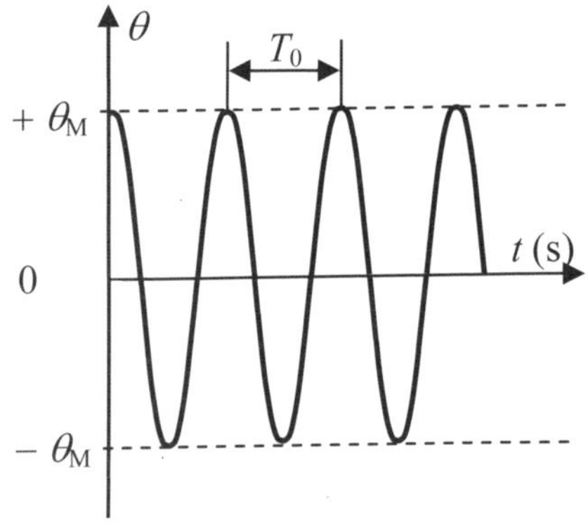

Le pendule simple, écarté de sa position d'équilibre ($\theta = 0$) et abandonné à lui-même, effectue des **oscillations libres**.

On enregistre le mouvement du pendule avec une webcam reliée à un ordinateur.

Un logiciel de pointage d'images vidéo permet de tracer l'évolution temporelle de l'élongation angulaire θ.

Une **oscillation** est le trajet du pendule simple, entre deux passages consécutifs, par un point dans le même sens. Les **oscillations** sont **libres** s'il n'y aucune intervention extérieure.

Sur une **courte durée**, les oscillations mécaniques libres, de faible amplitude, sont **sinusoïdales non amorties** de période propre T_0.

La **période propre** T_0 des oscillations dépend de la **longueur** l du fil et de la valeur g du **champ de pesanteur terrestre**. Elle est en revanche indépendante de la masse m suspendue au fil :

$T_0 = 2\pi\sqrt{\dfrac{l}{g}}$	T_0 : période propre (s) l : longueur du fil (m) g : valeur du champ de pesanteur ($m.s^{-2}$)

Isochronisme des petites oscillations

Si la **période propre** T_0 est **indépendante** de l'**amplitude** θ_M, alors il y a **isochronisme** des oscillations. C'est le cas si l'amplitude θ_M est inférieure à quelques degrés.

Transferts énergétiques

Lorsque les **oscillations libres** du pendule simple sont **non amorties**, son **énergie mécanique** se **conserve** : il y a **transfert intégral** de l'**énergie potentielle de pesanteur** en **énergie cinétique** et réciproquement. À chaque instant on a : $\Delta E_{PP} = -\Delta E_C$.

Le pendule simple est alors un **système conservatif**.

Les courbes de la page suivante donnent l'évolution temporelle des différentes énergies qui interviennent lors des oscillations du pendule simple en l'absence de forces de frottements.

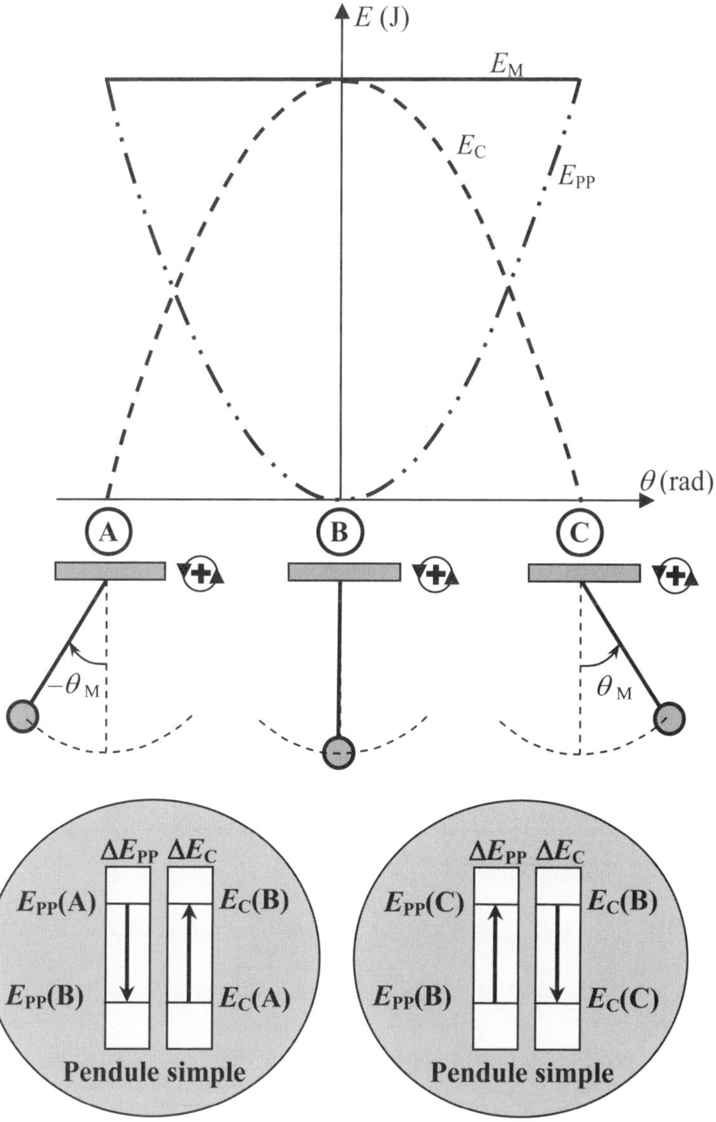

Transferts énergétiques lors des oscillations libres non amorties d'un pendule simple (système conservatif)

● Oscillation libres amorties

▸ Régime pseudo-périodique (amortissement faible)

En réalité, les forces de frottements liées à l'air s'exercent toujours sur le pendule simple. Cela explique que l'amplitude de ses oscillations diminue pour finalement s'annuler au bout d'un certain laps de temps (retour à la position d'équilibre) : le **régime** est qualifié de **pseudo-périodique**.

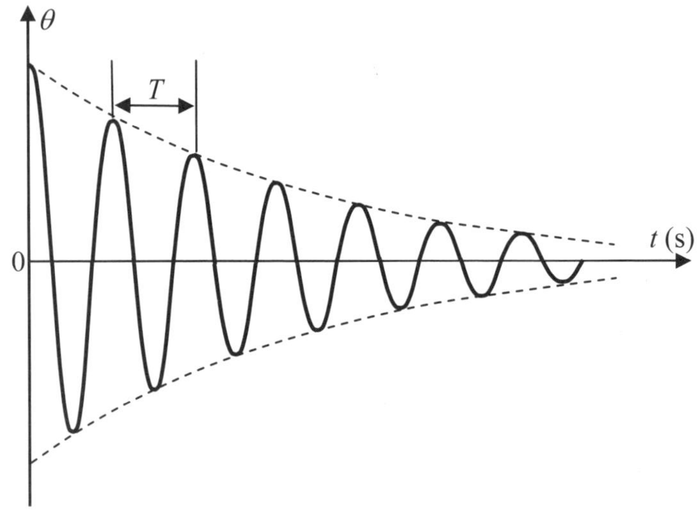

Oscillations libres faiblement amorties d'un pendule simple

La **pseudo-période** T des oscillations libres amorties du pendule simple est la durée séparant deux passages successifs de l'oscillateur par deux positions ou l'élongation angulaire θ est maximale. Si l'**amortissement** est **faible**, la **pseudo-période** T est **proche** de la **période propre** T_0.

▶ **Régime apériodique (amortissement fort)**

Si l'**amortissement est important**, le pendule simple, écarté de sa position d'équilibre puis lâché, revient vers elle sans la dépasser. On dit que le **régime** est **apériodique**.

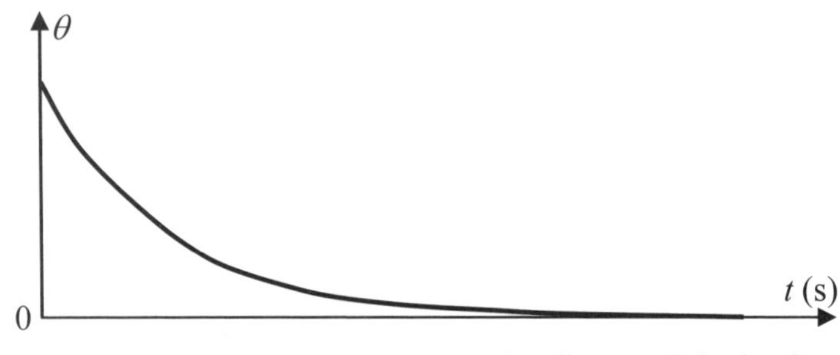

Oscillations libres fortement amorties d'un pendule simple (régime apériodique)

C'est le cas, par exemple, si le pendule simple oscille dans un fluide visqueux tel que l'huile.

▶ **Transferts énergétiques**

Le travail des forces de frottements $\vec{f}$ dues au déplacement du pendule simple dans un fluide (air, liquide…) engendre une diminution de l'énergie mécanique du système au cours du temps. Le pendule simple n'est plus un système conservatif. La perte d'énergie se fait sous forme de transfert thermique vers le milieu extérieur : l'énergie mécanique du système est progressivement dégradée en chaleur. L'énergie potentielle de pesanteur ne se transforme plus intégralement en énergie cinétique et réciproquement : $\Delta E_{PP} \neq -\Delta E_C$.

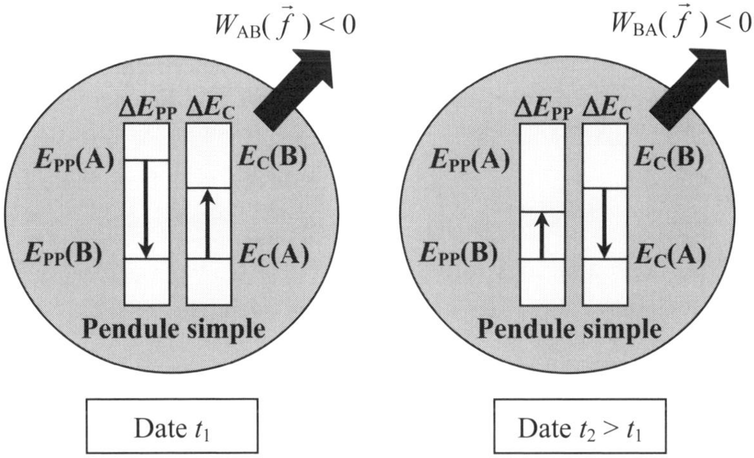

Transferts énergétiques lors des oscillations libres amorties d'un pendule simple (système non conservatif)

Entretien des oscillations

Pour entretenir des oscillations d'amplitude constante malgré les forces de frottements il faut restituer à l'oscillateur l'énergie qu'il perd.

Dans le cas d'une horloge à balancier, une roue dentée relance le pendule à chaque demi-oscillation. La roue dentée tourne grâce à la descente d'une masse qu'il faut périodiquement remonter. La réserve d'énergie dans laquelle puise le pendule est donc constituée par l'énergie potentielle de cette masse dans le champ de pesanteur terrestre. Les frottements dissipent l'énergie du pendule sous forme de chaleur mais cette perte est compensée par l'apport d'énergie fournie par la réserve. L'amplitude des oscillations reste alors constante.

✱ Exercice 1 ⏱ 30 min

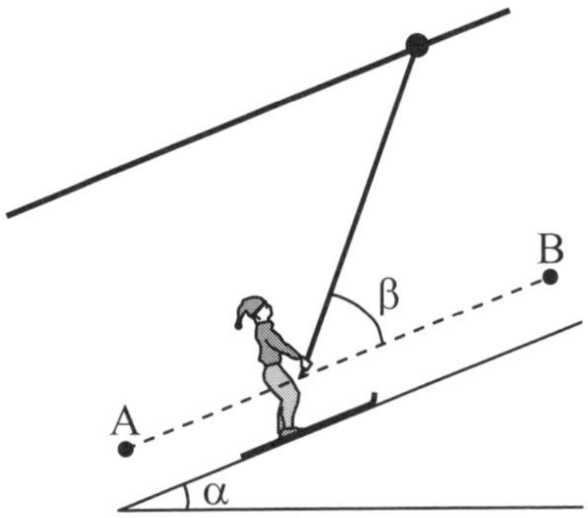

Un skieur et son équipement, de masse totale m = 75 kg, gravissent en téléski, à la vitesse constante v = 5,0 $m.s^{-1}$, une piste plane inclinée d'un angle $\alpha = 20°$ par rapport à l'horizontale. Au cours d'un déplacement AB = 100 m, la perche du téléski exerce une force constante $\vec{F}$, de valeur F = 450 N, dont la direction fait un angle $\beta = 45°$ par rapport à la piste.

On modélise l'ensemble des forces de frottements dues au sol et à l'air par une force constante $\vec{f}$ opposée au déplacement du skieur.
On prendra $g = 9{,}8\ N.kg^{-1}$.

1. Représenter sur le schéma les forces agissant sur le système {skieur + équipement}.
2. Quelle relation vectorielle existe-t-il entre ces forces ? Justifier.
3. Déterminer la valeur de la force de frottements $\vec{f}$.
4. Exprimer le travail de chacune des forces appliquées au système lors du déplacement AB en précisant s'il s'agit d'un travail moteur, résistant ou nul.
5. En déduire la valeur de la somme des travaux des forces extérieures appliquées au système. Le résultat était-il prévisible ?

✱ Exercice 2 ⏱ 30 min

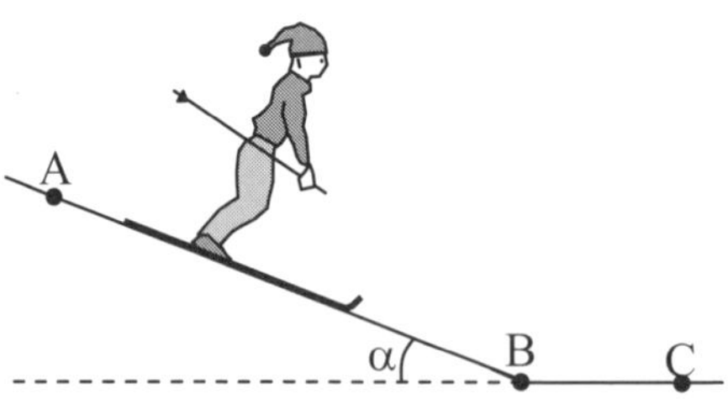

Un skieur et son équipement, de masse totale m = 80 kg, partent d'un point A sans vitesse initiale et descendent une piste enneigée faisant un angle $\alpha = 20°$ par rapport à l'horizontale. A partir du point B, la piste devient horizontale. La distance parcourue par le skieur entre les points A et B est AB = 200 m.

On modélise l'ensemble des forces de frottements dues au sol et à l'air par une force constante $\vec{f}$, opposée au déplacement du skieur, ayant pour valeur 175 N.
On prendra $g = 9{,}8\ N.kg^{-1}$.

1. Étude du parcours AB

a) Représenter les forces qui agissent sur le skieur lors de ce parcours.

b) Calculer la vitesse du skieur au point B.

c) Dresser le diagramme d'énergie pour le système {skieur + équipement}.

2. Étude du parcours BC

a) Représenter les forces qui agissent sur le skieur lors de ce parcours.

b) Calculer la distance BC au bout de laquelle le skieur s'arrête sans intervention de sa part.

c) Dresser le diagramme d'énergie pour le système {skieur + équipement}.

✱✱ Exercice 3 — 30 min

Dans une attraction de fête foraine appelée « montagne russe », un chariot démarre avec ses passagers sans vitesse initiale au sommet A, puis roule sur des rails dont le profil est donné ci-dessous :

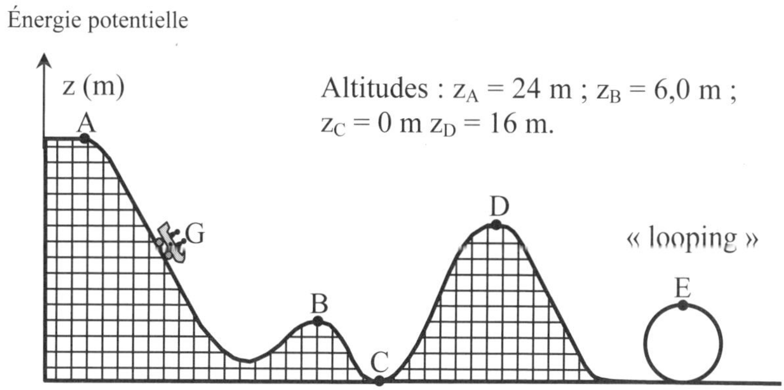

Un dispositif de sécurité assure le contact permanent entre les roues du chariot et les rails, en tout point de l'attraction.

Le système constitué par le chariot et ses passagers a pour masse m = 600 kg et pour centre d'inertie le point G. On se place dans le cas idéal où les forces de frottements dues à l'air et aux rails sont considérées comme négligeables.

1. Quelle est la particularité de l'énergie mécanique du chariot lors de son mouvement sur la « montagne russe » ?
2. L'un des sommets B, D ou E peut-il être plus haut que le point de départ A de l'attraction foraine ?
3. Représenter sur un diagramme d'énergie les transferts d'énergie du système entre les positions A et B. Commenter.
4. Calculer les vitesses du chariot lorsqu'il atteint les positions B, C et D.
5. Quelle est l'altitude du point E sachant que la vitesse du système en ce point est $v(E) = 17{,}7\ m.s^{-1}$.
6. Dans la réalité, faut-il s'attendre à mesurer des vitesses égales, inférieures ou supérieures à celles calculées ? Dresser le diagramme d'énergie modélisant les transferts d'énergie réels.

✱✱ Exercice 4 30 min

On filme, à l'aide d'une webcam, les rebonds d'une balle de masse m = 90,0g lancée selon une direction quelconque. Un logiciel informatique de pointage vidéo permet d'obtenir les représentations graphiques de l'altitude y et l'abscisse x du centre d'inertie de la balle.

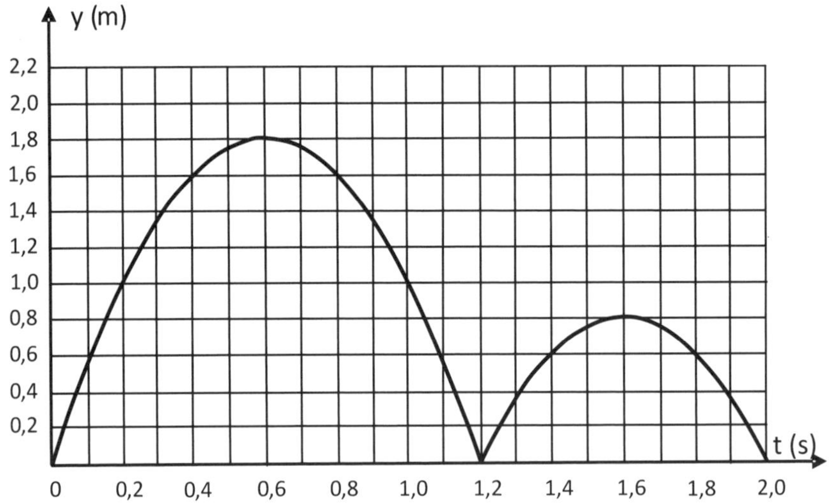

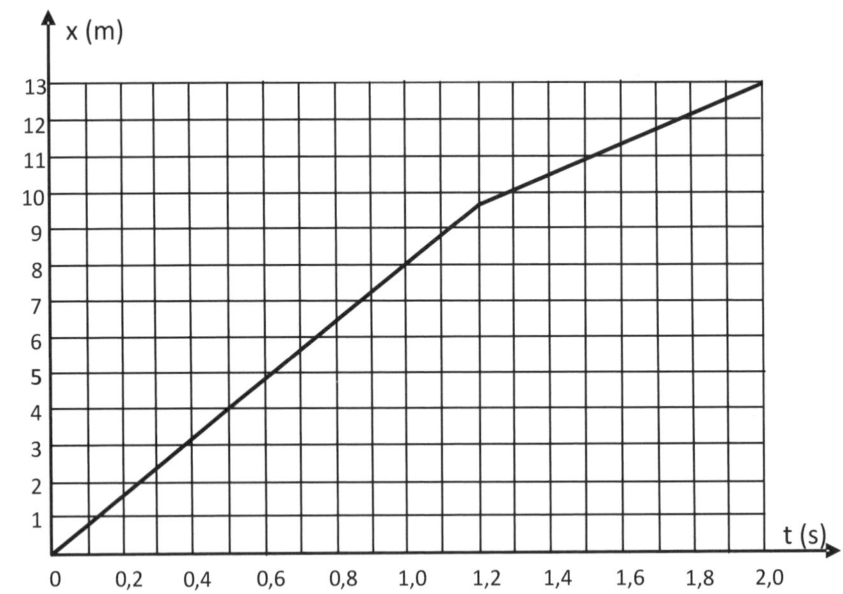

1. Déterminer graphiquement les coordonnées des vecteurs vitesses instantanées $\vec{v}_1$ et $\vec{v}_2$ aux dates $t_1 = 0{,}2$ s et $t_2 = 1{,}0$ s.
2. En déduire la valeur de l'énergie cinétique de la balle aux instants t_1 et t_2.
3. Calculer l'énergie potentielle de la balle aux instants t_1 et t_2.

4. L'énergie mécanique de la balle est-elle conservée entre deux rebonds ?

5. La vitesse de la balle juste après son deuxième rebond est $v_3 = 6{,}67\ m.s^{-1}$.

a) Indiquer l'allure des courbes représentant l'évolution des énergies cinétique, potentielle de pesanteur et mécanique de la balle entre les instants de dates t = 0 s et t = 2 s.

b) L'énergie mécanique est-elle conservée entre ces deux dates ? Proposer une interprétation.

6. On refait l'expérience précédente en faisant en sorte, cette fois-ci, que la trajectoire de la balle soit verticale. L'évolution temporelle de l'énergie potentielle de pesanteur E_{PP} de la balle est représentée ci-dessous :

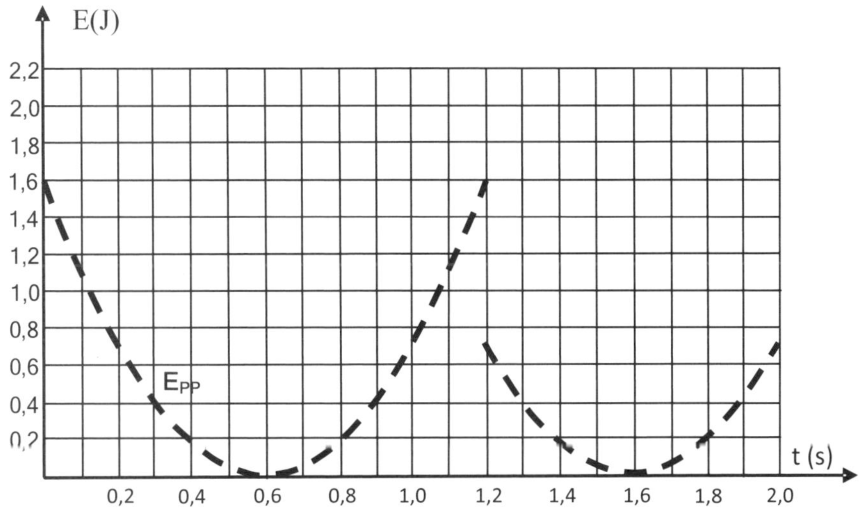

Compléter le graphique avec les courbes représentatives de l'évolution temporelle de l'énergie cinétique et de l'énergie mécanique. On supposera que la balle est lâchée sans vitesse initiale depuis une certaine hauteur.

✱✱ Exercice 5 — 15 min

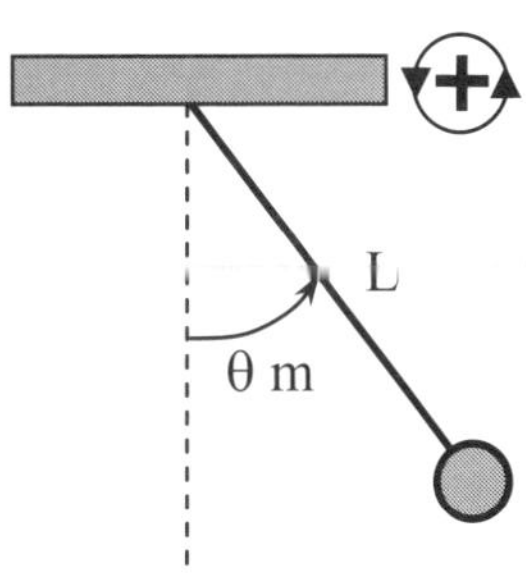

Écarté d'un angle θ_m de sa position d'équilibre, un pendule est abandonné sans vitesse initiale à la date t = 0 s. Le solide de masse m, accroché à l'extrémité du fil de longueur L, est assimilé à un point matériel. On supposera les frottements nuls.

1. Soit θ l'angle que fait le fil avec la verticale à l'instant t. Exprimer l'énergie potentielle de pesanteur E_{PP} du solide accroché à l'extrémité du fil en fonction de t et d'autres grandeurs. On prendra comme origine de l'énergie potentielle de pesanteur la position d'équilibre du solide.
2. Exprimer l'énergie mécanique E_M du solide en fonction de θ_m.
3. Exprimer l'énergie cinétique E_C du solide en fonction de θ.
4. Calculer la vitesse du solide lorsque le pendule passe par sa position d'équilibre.

   DONNÉES : m = 100 g ; g = 9,8 $N.kg^{-1}$; L = 50 cm ; $\theta_m = 15°$
5. On donne, à la fin de l'exercice, les courbes énergétiques associées au mouvement d'oscillation du pendule simple. Identifier chacune d'entre elles.
6. Représenter, sur un diagramme, les transferts d'énergie, sur une demi-période du mouvement du pendule simple.

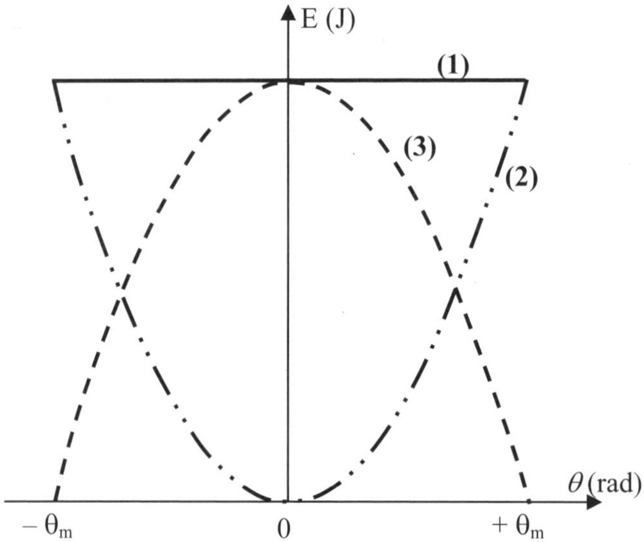

✱ Exercice 6

15 min

Un pendule simple est constitué d'une sphère métallique de petite dimension, de masse m = 100 g, reliée à un support fixe par un fil inextensible de longueur L = 100 cm et de masse négligeable. On écarte ce pendule de sa position d'équilibre d'un angle $\theta_0 = 15°$ et on le lâche sans vitesse initiale. On négligera les forces de frottements.

DONNÉE : g = 9,8 $m.s^{-2}$.

1. Faire l'inventaire des forces qui s'exercent sur la sphère métallique du pendule au repos (dans sa position d'équilibre) et en mouvement.

2. L'une des forces ne travaille pas au cours du mouvement du pendule simple. Laquelle ? Pourquoi ?
3. Au cours des oscillations le mouvement de la boule est-il uniforme ?
4. Déterminer l'expression littérale du travail du poids de la sphère métallique du pendule entre sa position initiale (θ_0) et une position quelconque repérée par l'angle θ entre le fil et la verticale.
5. En déduire la vitesse de la sphère métallique lorsque le pendule passe par sa position d'équilibre ($\theta = 0$).
6. Calculer le travail du poids sur une demi-oscillation, c'est-à-dire entre $\theta = \theta_0$ et $\theta = -\theta_0$. En déduire la vitesse de la sphère lorsque $\theta = -\theta_0$.

*** Exercice 7 — 15 min

On filme avec une webcam les mouvements d'une petite sphère métallique, de masse m = 50,0 g, reliée à un support fixe par un fil inextensible de longueur L et de masse négligeable. Un logiciel de pointage d'images vidéo permet de repérer les positions successives occupées par le centre d'inertie de la petite sphère métallique au cours du temps. Après une modélisation mathématique des points expérimentaux, on obtient la courbe ci-dessous :

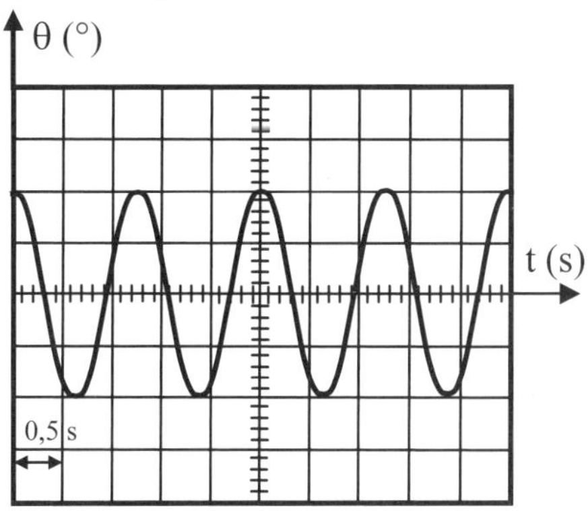

1. Quelle est la nature des oscillations observées ?
2. Quelle conséquence énergétique pour le système {sphère métallique} en découle ?
3. Représenter, sur un diagramme, les transferts d'énergie, sur une demi-période du mouvement du pendule simple.
4. Mesurer la période propre des oscillations du pendule simple.
5. A priori, la période propre To peut dépendre de la longueur L du fil, de la masse m de la bille et de l'intensité de la pesanteur g : $T_0 = k\, L^a\, m^b\, g^c$ où k est une constante de proportionnalité. Déterminer l'expression de la période propre T_0 à la constante de proportionnalité k près.
6. La constante de proportionnalité précédente est $k = 2\pi$. En déduire la longueur L du fil du pendule simple.

7. Quelle longueur de fil faudrait-il utiliser afin de réaliser un pendule simple qui « batte » la seconde ?

8. Dans la réalité, sur une plus longue durée, on observe une diminution progressive de l'amplitude des oscillations du pendule simple.

a) Représenter dans ce cas l'allure de la courbe observée.

b) Quelle est la cause du phénomène d'amortissement ?

Contrôle

120 min / 20 pts

Exercice 1

60 min / 10 pts

Du haut de la tour de Pise…

Le document ci-dessous présente la chronophotographie de la chute d'un boulet en hommage à l'expérience historique de Galilée (1564-1642). Ce boulet de masse m = 1,0 kg est lâché sans vitesse initiale à la date t = 0 du dernier étage de la tour de Pise. L'intervalle de temps noté Δt séparant deux positions consécutives du boulet vaut $\Delta t = 0,50$ s.

Lorsque le boulet chute dans l'air, il est soumis à une force de frottements $f = kv$ proportionnelle à sa vitesse.

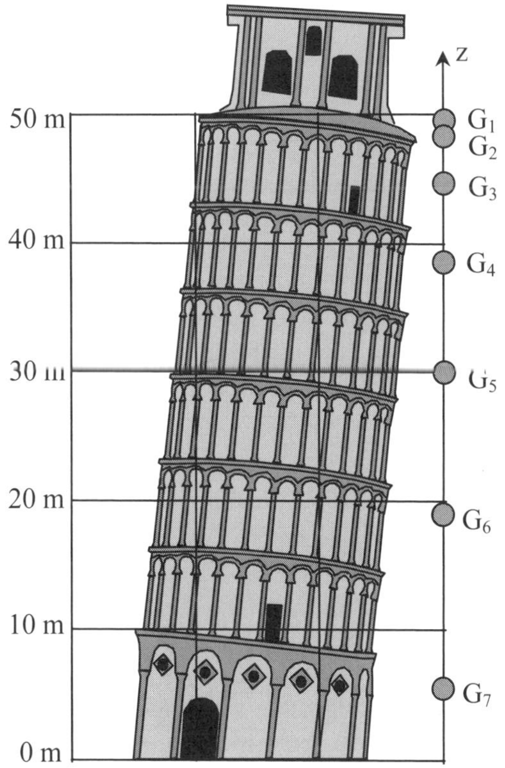

1. Dans quel référentiel est étudié le mouvement du boulet ? **(0,5 pt)**
2. Dresser le diagramme objet-interaction (D.O.I.) appliqué à l'étude du mouvement du système {boulet}. **(0,5 pt)**
3. En négligeant la poussée d'Archimède due à l'air, dresser le diagramme des actions mécaniques (D.A.M.) pour le système {boulet}.
   Représenter ces forces sur un schéma, sans souci d'échelle. **(0,5 pt)**
4. Déterminer l'échelle spatiale du document. **(0,5 pt)**
5. Calculer les valeurs $v(t_i)$ de la vitesse instantanée du boulet aux instants de date t_2, t_3, t_4, t_5 et t_6. Quelle conclusion peut-on en tirer concernant la somme vectorielle des forces agissant sur le boulet ? **(1,5 pt)**

6.

a) Tracer la représentation graphique $v(t_i) = f(t_i)$. **(1 pt)**
Échelle : 1 cm ⇔ 0,1 s 1 cm ⇔ 2 $m.s^{-1}$. **(1 pt)**

b) Déterminer l'équation de la courbe obtenue en expliquant votre méthode.

c) En déduire la vitesse du boulet à l'instant de date t_7. **(0,5 pt)**

7. Calculer l'énergie potentielle de pesanteur, l'énergie cinétique et l'énergie mécanique du boulet pour les instants compris entre t_1 et t_7. Compléter le tableau suivant : **(1 pt)**

t (s)	0	0,5	1,0	1,5	2,0	2,5	3,0
z (m)	50	48,2	44,7	38,2	30	18,7	5,2
E_{PP} (J)							
E_C (J)							
E_m (J)							

DONNÉE : $g = 10\ N.kg^{-1}$

8.

a) D'un point de vue énergétique, comment peut-on qualifier le système constitué du boulet ? Quelle conclusion peut-on en tirer ? **(0,5 pt)**

b) En vous servant de la question précédente, dresser le nouveau diagramme des actions mécaniques (D.A.M.) pour le système {boulet} lors de sa chute libre. Caractériser la ou les forces s'appliquant sur le boulet. **(0,5 pt)**

9. Lorsque la hauteur de chute est beaucoup plus importante, l'allure de la courbe donnant l'évolution de la vitesse instantanée du boulet en fonction du temps est donnée ci-dessous :

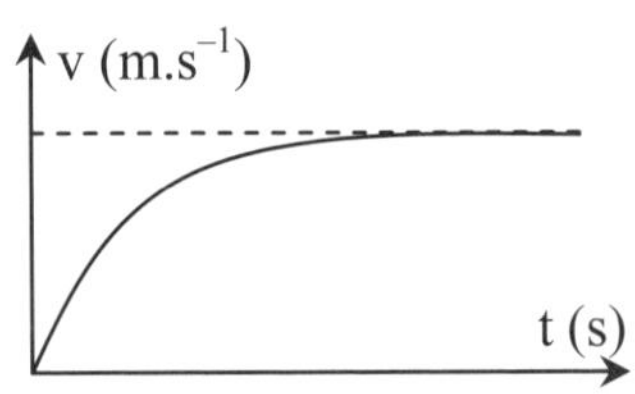

a) La vitesse du boulet augmente-t-elle indéfiniment comme le laissait penser la courbe obtenue à la question 6. ? **(0,5 pt)**

b) Quelle est la force responsable de ce phénomène ? **(0,5 pt)**

c) Quelle est la particularité de la somme vectorielle des forces appliquées au boulet lorsque la vitesse atteint un palier ? **(0,5 pt)**

d) Le système {boulet} est-il encore isolé énergétiquement dans ce cas ? **(0,5 pt)**

Exercice 2 60 min / 10 pts

Pendule simple et énergie

Le mouvement d'un pendule a été enregistré à l'aide d'une table à digitaliser reliée à un ordinateur et disposée verticalement.

Ce pendule est constitué du mobile à coussin d'air de masse m, adapté à la table, suspendu à l'extrémité d'un fil inextensible et de masse négligeable devant celle du mobile. L'autre extrémité du fil est accrochée en un point fixe O.

On pourra assimiler ce pendule à un pendule simple de longueur L.

Le plan vertical du mouvement du pendule est rapporté à un axe horizontal xx' et à un axe vertical zz', d'origine G_0, orientés comme l'indique la figure ci-dessous.

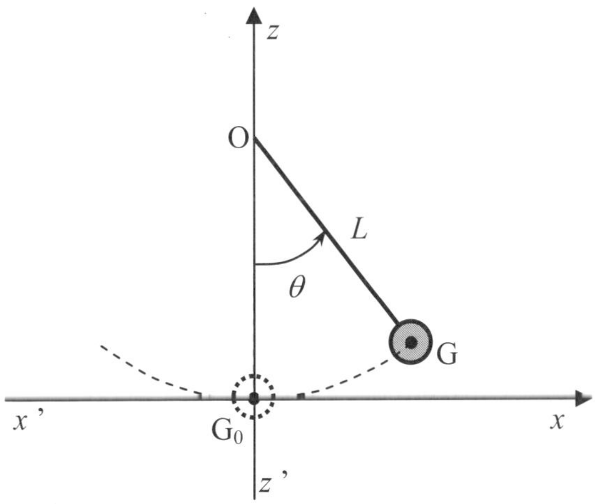

DONNÉES : $L = 41$ cm ; $m = 236$ g ; g = 9,8 m.s^{-2}

À l'aide d'un logiciel adapté, on enregistre les différentes positions du centre d'inertie G du mobile. On obtient la succession de points représentée sur le sur la page suivante.

résumés de cours exercices contrôles corrigés

Sens du mouvement
G_1
G_2
G_3
G_4
G_5

A) Étude du mouvement

L'intervalle de temps entre deux points consécutifs est $\tau = 30$ ms.

1. Déterminer, dans le système d'axes, les valeurs v_3 et v_5 de la vitesse instantanée du centre d'inertie du mobile aux points G_3 et G_5.
Représenter les vecteurs vitesse, sur le document n° 1, en annexe, à l'échelle : 1 cm → 0,1 m.s^{-1}. **(1 pt)**

2. Construire, avec l'origine au point G_4, le vecteur $\overrightarrow{\Delta v_4} = \overrightarrow{v_5} - \overrightarrow{v_3}$ et déterminer, à l'aide de l'échelle précédente, la valeur Δv_4 du vecteur $\overrightarrow{\Delta v_4}$. **(1 pt)**

3. Calculer la valeur a_4 du vecteur accélération $\overrightarrow{a_4}$ du centre d'inertie au point G_4. **(0,5 pt)**

B) Étude énergétique

4. Étude théorique

Rappeler l'expression en explicitant chaque terme :

a) de l'énergie cinétique du pendule simple ainsi constitué ; **(0,5 pt)**

b) de l'énergie potentielle du pendule en fonction de z. Le niveau de référence des énergies potentielles est choisi à la position d'équilibre. **(0,5 pt)**

c) Donner l'expression de l'énergie mécanique totale du pendule. **(0,5 pt)**

5. Exploitation des courbes d'énergie

a) En justifiant votre choix, attribuer l'énergie correspondant à chaque type de courbe ci-après : **(1 pt)**

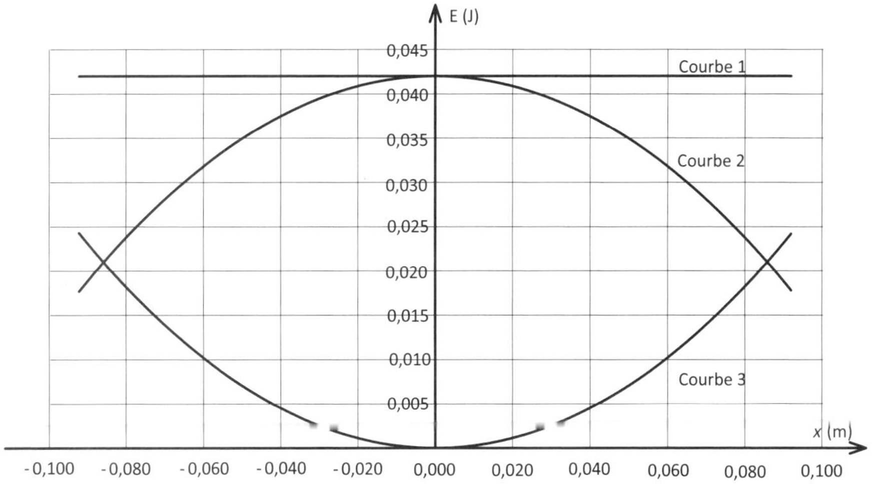

b) Expliquer brièvement ce qui se passe du point de vue énergétique lors des oscillations. **(1 pt)**

c) Calculer les valeurs de la vitesse maximale du pendule, de la hauteur maximale atteinte par le pendule et de l'abscisse angulaire maximale du pendule. **(1 pt)**

6. Étude des oscillations

Faire l'analyse dimensionnelle des quatre formules suivantes. En déduire l'expression de la période propre des petites oscillations d'un pendule simple. **(2 pts)**

$$T_0 = 2\pi\frac{m\,g}{L} \qquad T_0 = 2\pi\sqrt{\frac{g}{L}} \qquad T_0 = 2\pi\frac{L}{g} \qquad T_0 = 2\pi\sqrt{\frac{L}{g}}$$

7. Dans la réalité, au cours du temps, on constate que les oscillations sont légèrement amorties.

a) Quelle est l'origine de cet amortissement ? **(0,5 pt)**

b) Que devient l'énergie perdue ? **(0,5 pt)**

résumés de cours

exercices

contrôles

corrigés

Corrigé des exercices

Corrigé 1

1.

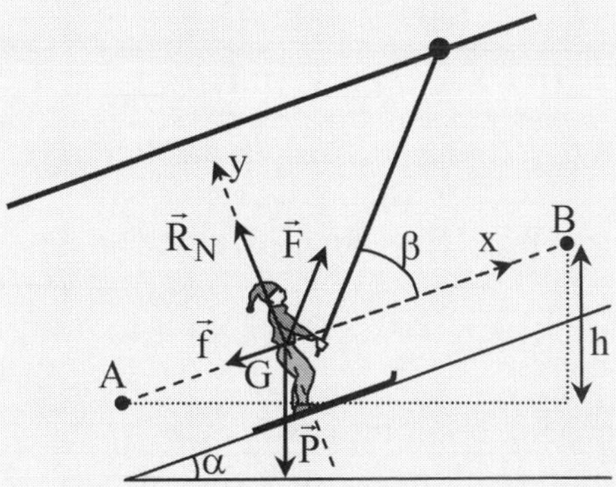

Dans le référentiel terrestre, le système {skieur + équipement} est soumis à :

- l'action mécanique de la Terre : le poids $\vec{P}$;
- l'action mécanique de la tige : $\vec{F}$;
- l'action mécanique de la piste : la réaction normale $\vec{R}_N$;
- l'action mécanique des frottements : $\vec{f}$.

Pour simplifier les projections, toutes les forces seront représentées à partir du centre d'inertie G du système.

2. Le système {skieur + équipement} est animé d'un mouvement rectiligne uniforme. En vertu du principe de l'inertie (1re loi de Newton), la somme vectorielle des forces extérieures appliquées au système doit donc être nulle :

$$\boxed{\sum \vec{F}_{ext} = \vec{P} + \vec{R}_N + \vec{f} + \vec{F} = \vec{0}}$$

3. Afin de pouvoir exploiter l'égalité vectorielle précédente, il convient de la projeter sur un système d'axes adapté. Pour ce faire, on choisit un repère cartésien orthonormé dont les demi-axes Gx et Gy coïncident avec le maximum de forces mises en jeu (voir schéma).

$$\vec{R}_N \begin{vmatrix} 0 \\ R_N \end{vmatrix} \qquad \vec{f} \begin{vmatrix} -f \\ 0 \end{vmatrix} \qquad \vec{P} \begin{vmatrix} -P\sin\alpha \\ -P\cos\alpha \end{vmatrix} \qquad \vec{F} \begin{vmatrix} F\cos\beta \\ F\sin\beta \end{vmatrix}$$

La condition d'équilibre, de la question 2, s'exprime donc sur les demi-axes Gx et Gy de la manière suivante :

$$0 - f - P\sin\alpha + F\cos\beta = 0$$
$$R_N + 0 - P\cos\alpha + F\sin\beta = 0$$

La première des égalités ci-dessus permet d'obtenir la valeur de la force $\vec{f}$:

$$\boxed{f = -mg\sin\alpha + F\cos\beta}$$

A.N. : $f = -75 \times 9{,}80 \times \sin(20) + 450 \times \cos(45) \Rightarrow$ $\mathbf{f = 67\ N}$

4. Travail de $\vec{R}_N$: $\boxed{W_{AB}(\vec{R}_N) = \vec{R}_N.\overrightarrow{AB}}$

$W_{AB}(\vec{R}_N) =$ **0 J** car $\vec{R}_N \perp \overrightarrow{AB}$ (travail nul).

Travail de $\vec{f}$: $\boxed{W_{AB}(\vec{f}) = \vec{f}.\overrightarrow{AB} = f \times AB \times \cos(180°)}$

$W_{AB}(\vec{f}) = 677 \times 100 \times \cos(180) =$ **–6,7 kJ** (travail résistant).

Travail de $\vec{F}$: $\boxed{W_{AB}(\vec{F}) = \vec{F}.\overrightarrow{AB} = F \times AB \cos\beta}$

$W_{AB}(\vec{F}) = 450 \times 100 \times \cos(45) = 31\,819{,}8$ J ≈ **32 kJ** (travail moteur).

Travail de $\vec{P}$: $\boxed{W_{AB}(\vec{P}) = P\,(z_A - z_B)}$ avec $P = mg$ et $z_A - z_B = -h$

Or $\sin\alpha = \dfrac{h}{AB} \Rightarrow \boxed{W_{AB}(\vec{P}) = -m\,g\,AB\sin\alpha}$

$W_{AB}(\vec{P}) = -75 \times 9{,}80 \times 100 \times \sin(20) = -25\,138{,}5$ J ≈ **–25 kJ** (travail résistant).

5. La somme des travaux des forces extérieures vaut :

$$\boxed{\sum W_{AB}(\vec{F}_{ext}) = W_{AB}(\vec{R}_N) + W_{AB}(\vec{f}) + W_{AB}(\vec{F}) + W_{AB}(\vec{P})}$$

A.N. : $\sum \vec{F}_{ext} \cong$ **0 J**.

Ce résultat était prévisible car le skieur se déplaçant à vitesse constante entre les points A et B, sa variation d'énergie cinétique ΔE_C est nulle. L'identité $\Delta E_C = \sum W_{AB}(\vec{F}_{ext})$ confirme que $\sum W_{AB}(\vec{F}_{ext}) = 0$.

Corrigé 2

1. a)

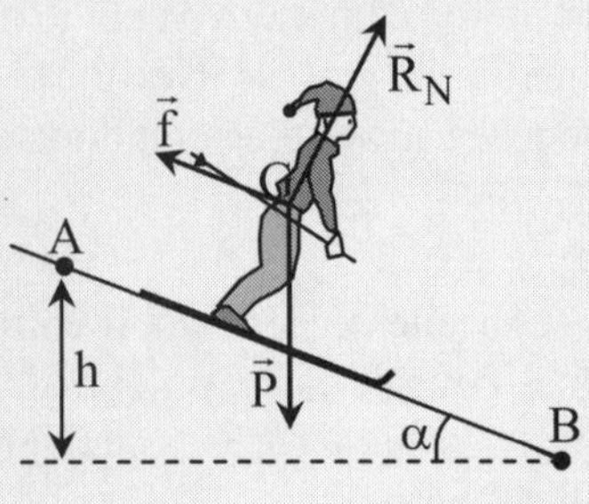

Dans le référentiel terrestre, le système {skieur + équipement} est soumis à :

– son poids : $\vec{P}$

– la réaction de la piste : $\vec{R}_N$

– la force de frottements : $\vec{f}$.

Pour simplifier les projections, toutes les forces seront représentées à partir du centre d'inertie G du système.

b) La variation ΔE_C de l'énergie cinétique du système entre les points A et B doit vérifier l'égalité :

$$\boxed{\Delta E_C = \sum W_{AB}(\vec{F}_{ext})} \Leftrightarrow \boxed{E_C(B) - E_C(A) = \sum W_{AB}(\vec{F}_{ext})}$$

Travail nul de $\vec{R}_N$: $\boxed{W_{AB}(\vec{R}_N) = \vec{R}_N.\overrightarrow{AB} = 0}$ car $\vec{R}_N \perp \overrightarrow{AB}$.

Travail résistant de $\vec{f}$: $\boxed{W_{AB}(\vec{f}) = \vec{f}.\overrightarrow{AB} = f \times AB \times \cos(180) = -f \times AB}$

Travail moteur de $\vec{P}$: $\boxed{W_{AB}(\vec{P}) = P\,(z_A - z_B)}$ avec $P = mg$ et $z_A - z_B = h$.

Or $\sin\alpha = \dfrac{h}{AB} \Rightarrow \boxed{W_{AB}(\vec{P}) = m\,g\,AB\sin\alpha}$

Or $\sum W_{AB}(\vec{F}_{ext}) = W_{AB}(\vec{R}_N) + W_{AB}(\vec{f}) + W_{AB}(\vec{P})$

$\Rightarrow \sum W_{AB}(\vec{F}_{ext}) = -f\times AB + m\,g\,AB\sin\alpha.$

D'où $\dfrac{1}{2}mv^2(B) - \dfrac{1}{2}mv^2(A) = (m\,g\sin\alpha - f)\times AB$ avec $v(A) = 0\ m.s^{-1}$

$\Rightarrow v^2(B) = 2\left(g\sin\alpha - \dfrac{f}{m}\right)\times AB \Rightarrow \boxed{v(B) = \sqrt{2\times AB\left(g\sin\alpha - \dfrac{f}{m}\right)}}$

A.N. : $v(B) = \sqrt{2\times 200\times\left(9{,}8\times\sin 20 - \dfrac{175}{80}\right)}$ soit $v(B) \approx$ **22 m.s⁻¹**

c) Le diagramme d'énergie pour le système {skieur + équipement} est :

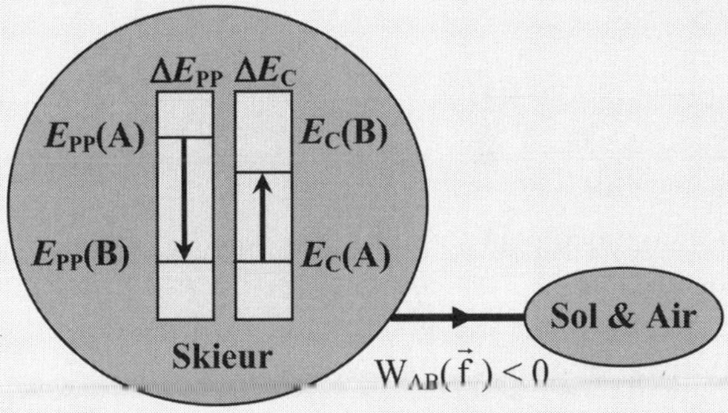

Lors de la descente du skieur, l'énergie potentielle de pesanteur du système est convertie partiellement en énergie cinétique : $\Delta E_{PP} \neq -\Delta E_C$. Le travail des forces de frottements, induit une dissipation de l'énergie mécanique du système, vers le milieu extérieur, sous forme thermique (pertes d'énergie sous forme de chaleur).

2.

a)

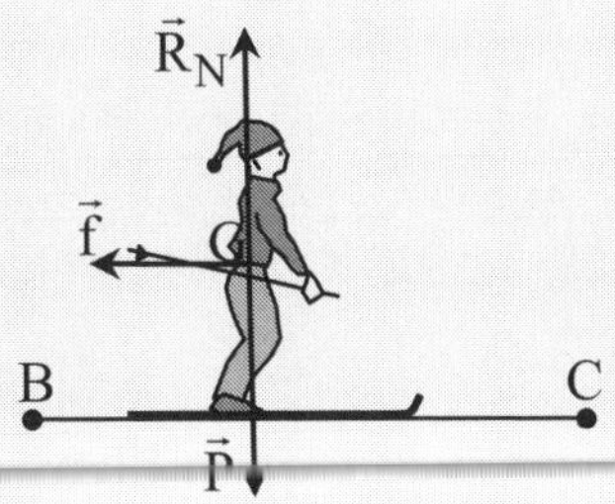

Dans le référentiel terrestre, le système {skieur + équipement} est soumis à :

– son poids : $\vec{P}$
– la réaction de la piste : $\vec{R}_N$
– la forces frottements : $\vec{f}$.

Pour simplifier les projections, toutes les forces seront représentées à partir du centre d'inertie G du système.

b) La variation ΔE_C de l'énergie cinétique du système entre les points B et C doit vérifier l'égalité :

$$\boxed{\Delta E_C = \sum W_{BC}(\vec{F}_{ext})} \Leftrightarrow \boxed{E_C(C) - E_C(B) = \sum W_{BC}(\vec{F}_{ext})}$$

Travail nul de $\vec{R}_N$: $\boxed{W_{BC}(\vec{R}_N) = \vec{R}_N.\overrightarrow{BC} = 0}$ car $\vec{R}_N \perp \overrightarrow{BC}$.

Travail nul de $\vec{P}$: $\boxed{W_{BC}(\vec{P}) = P\,(z_B - z_C) = 0}$ car $z_B = z_C$.

Travail résistant de $\vec{f}$: $\boxed{W_{BC}(\vec{f}) = \vec{f}.\overrightarrow{BC} = f \times BC \times \cos(180) = -f \times BC}$

D'où $\frac{1}{2}mv^2(C) - \frac{1}{2}mv^2(B) = -f \times BC$ avec $v(C) = 0\ m.s^{-1}$.

$\Rightarrow \boxed{BC = \frac{m\,v^2(B)}{2f}}$ A.N. : $BC = \frac{80 \times 22^2}{2 \times 175}$ soit **$BC \approx 1{,}1.10^2$ m**.

c) Le diagramme d'énergie pour le système {skieur + équipement} est :

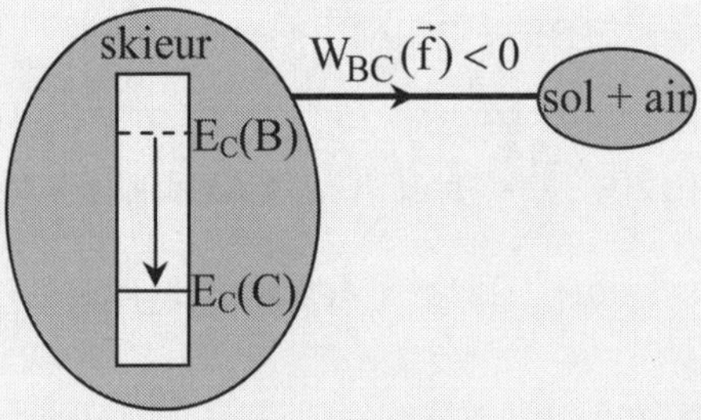

Le skieur cède de l'énergie au sol et à l'air sous forme de frottements :
($W_{BC}(\vec{f}) < 0$).
L'énergie cinétique du skieur diminue.

Corrigé 3

1. Le wagon est uniquement soumis à son poids $\vec{P}$ car on néglige les forces de frottements liées à l'air et aux rails. Le wagon est donc un système isolé d'un point de vue énergétique : il n'échange pas d'énergie avec le milieu extérieur. Son énergie mécanique est constante :

$$\boxed{E_m = E_{PP} + E_C = cste}$$

2. Au point de départ A : $E_m(A) = E_{PP}(A) + E_C(A) = E_{PP}(A) = mgz_A$ car $E_C(A) = 0$ (vitesse nulle en A). En ce point, l'énergie mécanique est donc uniquement constituée d'énergie potentielle de pesanteur : la hauteur z_A est donc maximale. Si en B, D ou E la hauteur est maximale, l'énergie mécanique en ces points existe donc uniquement sous forme d'énergie potentielle de pesanteur :
$E_m(B) = mgz_B$; $E_m(D) = mgz_D$; $E_m(E) = mgz_E$.
En vertu du principe de conservation de l'énergie mécanique on doit avoir :
$E_m(A) = E_m(B) = E_m(D) = E_m(E) \Leftrightarrow mgz_A = mgz_B = mgz_D = mgz_E$
$\Rightarrow \boxed{z_A = z_B = z_D = z_E}$
Les points B, D ou E ne peuvent donc pas être situés au-dessus du point de départ A.

3. Dressons le diagramme d'énergie traduisant les échanges d'énergie entre les positions A et B :

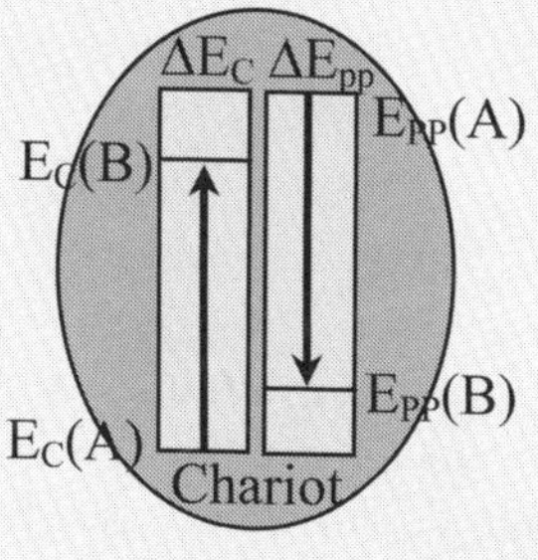

En l'absence de forces de frottements, on assiste à un transfert total d'énergie potentielle de pesanteur en énergie cinétique. En effet :

$E_m(A) = E_m(B)$

$\Leftrightarrow \quad E_{PP}(A) + E_C(A) = E_{PP}(B) + E_C(B)$

$\Leftrightarrow \quad E_C(B) - E_C(A) = E_{PP}(A) - E_{PP}(B)$

$\Leftrightarrow \quad E_C(B) - E_C(A) = -(E_{PP}(B) - E_{PP}(A))$

$\Leftrightarrow \quad \Delta E_C = -\Delta E_{pp}$

La variation d'énergie cinétique $\Delta E_C = E_C(\text{finale}) - E_C(\text{initiale})$, entre les points A et B, est égale à l'opposé de la variation d'énergie potentielle de pesanteur $\Delta E_{PP} = E_{PP}(\text{finale}) - E_{PP}(\text{initiale})$ entre ces mêmes points.

4. Appliquons la conservation de l'énergie mécanique entre A et B :

$E_C(A) + Epp(A) = E_C(B) + Epp(B) \Leftrightarrow$

$$\Leftrightarrow \frac{1}{2}mv^2(A) + mgz_A = \frac{1}{2}mv^2(B) + mgz_B$$

$$\Rightarrow v^2(B) = v^2(A) + 2g(z_A - z_B) \Rightarrow v^2(B) = 2g(z_A - z_B)$$

car $v(A) = 0 \text{ m.s}^{-1}$

$$\Rightarrow \boxed{v(B) = \sqrt{2g(z_A - z_B)}}$$

A.N. : $v(B) = \sqrt{2 \times 9{,}8(24 - 6{,}0)}$ soit $\mathbf{v(B) = 19\ m.s^{-1}}$.

Appliquons la conservation de l'énergie mécanique entre A et C :

D'une manière identique on démontre que $v^2(C) = v^2(A) + 2g(z_A - z_C)$

$$\Rightarrow \boxed{v(C) = \sqrt{2g(z_A - z_C)}}$$

A.N. : $v(C) = \sqrt{2 \times 9{,}8(24 - 0)}$ soit $\mathbf{v(C) = 22\ m.s^{-1}}$.

Appliquons la conservation de l'énergie mécanique entre A et D :

De même $v^2(D) = v^2(A) + 2g(z_A - z_D)$

$$\Rightarrow \boxed{v(D) = \sqrt{2g(z_A - z_D)}}$$

A.N. : $v(D) = \sqrt{2 \times 9{,}8(24 - 16)}$ soit $\mathbf{v(D) = 13\ m.s^{-1}}$.

On remarque que toutes les vitesses sont indépendantes de la masse du système. Elles dépendent uniquement de la dénivellation entre les deux positions étudiées.

5. Appliquons la conservation de l'énergie mécanique entre A et E :

$E_C(A) + Epp(A) = E_C(E) + Epp(E)$

$$\Leftrightarrow \frac{1}{2}mv^2(A) + mgz_A = \frac{1}{2}mv^2(E) + mgz_E$$

$$\Rightarrow z_E = z_A + \frac{1}{2g}\left(v^2(A) - v^2(E)\right)$$

$$\Rightarrow \boxed{z_E = z_A - \frac{v^2(E)}{2g}} \text{ car } v(A) = 0 \text{ m.s}^{-1}.$$

A.N. : $z_E = 24 - \dfrac{(17,7)^2}{2 \times 9,8}$ soit $\mathbf{z_E = 8,0}$ **m**.

6.

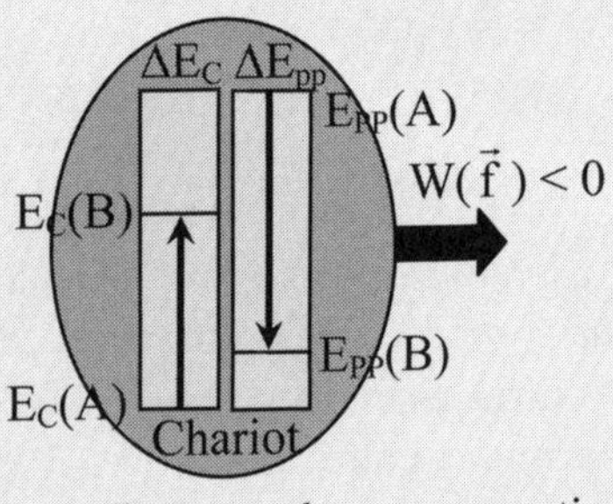

Dans la réalité il faut s'attendre à obtenir des vitesses moins élevées que celles calculées en raison de l'existence des forces de frottements $\vec{f}$ dont le travail fait diminuer l'énergie mécanique du système.

Il n'y a plus conservation de l'énergie mécanique du système qui n'est plus conservatif :
$E_m = E_C + E_{PP} \neq$ cste et $\Delta E_C \neq -\Delta E_{pp}$.
Une partie de l'énergie mécanique est dégradée sous forme de chaleur.

Corrigé 4

1. $\vec{v}_1 (v_{1x} ; v_{1y})$ avec $v_{1x} = \left(\dfrac{dx}{dt}\right)_{t=0,2s}$ et $v_{1y} = \left(\dfrac{dy}{dt}\right)_{t=0,2s}$

v_{1x} et v_{1y} sont donc respectivement les coefficients directeurs aux courbes x = f(t) et y = f(t) à t = 0,2 s.

$$v_{1x} = \left(\frac{dx}{dt}\right)_{t=0,2s} = \frac{x_A - x_O}{t_A - t_O} = \frac{8,0-0}{1,0-0} = \mathbf{8,0\ m.s^{-1}}.$$

$$v_{1y} = \left(\frac{dy}{dt}\right)_{t=0,2s} = \frac{y_F - y_E}{t_F - t_E} = \frac{1,8-0,2}{0,4-0} = \mathbf{4,0\ m.s^{-1}}.$$

$\vec{v}_2 (v_{2x} ; v_{2y})$ avec $v_{2x} = \left(\dfrac{dx}{dt}\right)_{t=1,0s}$ et $v_{2y} = \left(\dfrac{dy}{dt}\right)_{t=1,0s}$

v_{2x} et v_{2y} sont donc respectivement le coefficient directeur à la courbe x = f(t) et y = f(t) à t = 1,0 s.

$$v_{2x} = \left(\frac{dx}{dt}\right)_{t=1,0s} = \frac{x_A - x_O}{t_A - t_O} = \frac{8,0-0}{1,0-0} = \mathbf{8,0\ m.s^{-1}}.$$

$$v_{2y} = \left(\frac{dy}{dt}\right)_{t=1,0s} = \frac{y_H - y_G}{t_H - t_G} = \frac{0-1,8}{1,25-0,8} = \mathbf{-\ 4,0\ m.s^{-1}}.$$

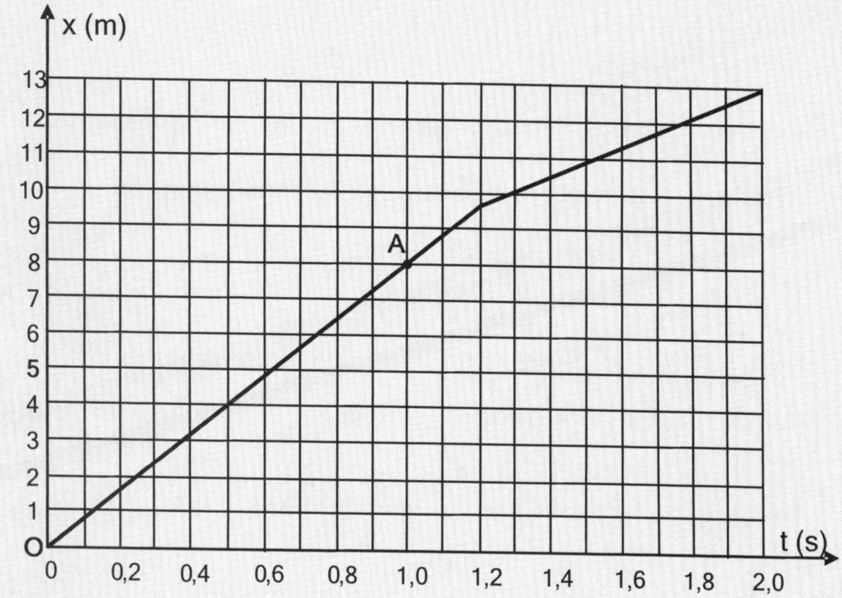

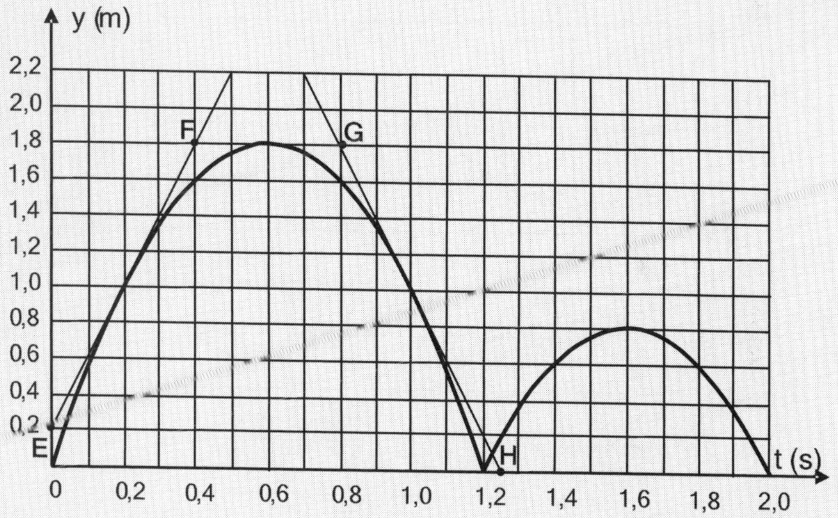

2. $E_C(t_1) = \frac{1}{2} m\, v(t_1)^2$ avec $v(t_1)^2 = v_{1x}^2 + v_{1y}^2 \Rightarrow \boxed{E_C(t_1) = \frac{1}{2} m\left(v_{1x}^2 + v_{1y}^2\right)}$

A.N. : $\Rightarrow E_C(t_1) = \frac{1}{2}\, 90.10^{-3}\left(8{,}0^2 + 4{,}0^2\right) = \mathbf{3{,}6\ J}$.

$E_C(t_2) = \frac{1}{2} m\, v(t_2)^2$ avec $v(t_2)^2 = v_{2x}^2 + v_{2y}^2 \Rightarrow \boxed{E_C(t_2) = \frac{1}{2} m\left(v_{2x}^2 + v_{2y}^2\right)}$

A.N. : $\Rightarrow E_C(t_2) = \frac{1}{2}\, 90.10^{-3}\left(8{,}0^2 + (-4{,}0)^2\right) = \mathbf{3{,}6\ J}$.

3. $\boxed{E_{PP}(t_1) = m\, g\, y(t_1)}$ A.N. : $E_{PP}(t_1) = 90 \times 10^{-3} \times 9{,}8 \times 1{,}0 = \mathbf{8{,}8.10^{-1}\ J}$

$\boxed{E_{PP}(t_2) = m\, g\, y(t_2)}$ A.N. : $E_{PP}(t_1) = 90 \times 10^{-3} \times 9{,}8 \times 1{,}0 = \mathbf{8{,}8.10^{-1}\ J}$

4. $E_M(t_1) = E_C(t_1) + E_{PP}(t_1) = 3{,}6 + 8{,}8.10^{-1} = \mathbf{4{,}5\ J}$

$E_M(t_2) = E_C(t_2) + E_{PP}(t_2) = 3{,}6 + 8{,}8.10^{-1} = \mathbf{4{,}5\ J}$

$\Rightarrow \boxed{E_M(t_1) = E_M(t_2)}$

Entre deux rebonds, l'énergie mécanique de la balle est conservée.

5.

a) Entre le 1er et le 2e rebond l'énergie mécanique est conservée :

$E_M = \mathbf{4{,}5\ J} = \text{cste}.$

$0\ \text{m} \leq y(t) \leq 1{,}8\ \text{m} \Rightarrow \mathbf{0\ J} \leq E_{PP}(t) = m\,g\,y(t) \leq \mathbf{1{,}6\ J}.$

La courbe E_C (t) est déduite des représentations graphiques E_M et E_{PP} (t) car : $E_C(t) = E_M - E_{PP}(t)$.

Entre le 2e et le 3e rebond l'énergie mécanique est conservée :

$$E_M(t_3) = E_{PP}(t_3) + E_C(t_3) = 0 + \frac{1}{2} m\, v(t_3)^2 = \frac{1}{2} \times 90.10^{-3} \times (6{,}67)^2 = \mathbf{2{,}0\ J}.$$

$0\ \text{m} \leq y(t) \leq 0{,}8\ \text{m} \Rightarrow \mathbf{0\ J} \leq E_{PP}(t) = m\,g\,y(t) \leq \mathbf{0{,}7\ J}.$

La courbe E_C (t) est déduite des représentations graphiques E_M et E_{PP} (t) car : $E_C(t) = E_M - E_{PP}(t)$.

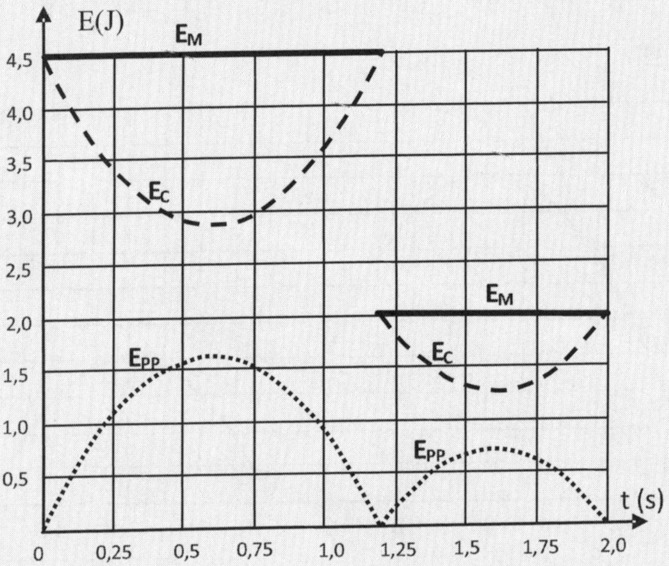

b) L'énergie mécanique de la balle n'est pas conservée entre t = 0 s (1errebond) et t = 2,0 s (3e rebond) : la balle cède au milieu extérieur une partie de son énergie mécanique sous forme de chaleur. La présence d'une force de frottements à l'interface balle-sol explique la diminution de l'énergie mécanique du système au cours du temps.

6. Considérons le mouvement de la balle entre t = 0 s et t = 1,2 s. L'énergie mécanique de la balle est constante entre ces deux dates. Soit E_{M1} sa valeur.

Lorsque la balle est au sommet de sa trajectoire verticale, sa vitesse est nulle (E_{C1} = 0) et son énergie mécanique se réduit uniquement à une forme d'énergie potentielle de pesanteur : $E_{M1} = E_{PPmax}$ = 1,6 J (graphiquement) pour $0 \leq t \leq 1{,}2$ s. La courbe $E_C(t)$ est déduite des représentations graphiques E_M et $E_{PP}(t)$ car : $E_C(t) = E_M - E_{PP}(t)$.

De même $E_{M2} = E_{PPmax} = 0{,}7$ J (graphiquement) pour $1{,}2 \leq t \leq 2{,}0$ s. La courbe $E_C(t)$ est déduite des représentations graphiques E_M et $E_{PP}(t)$ car : $E_C(t) = E_M - E_{PP}(t)$.

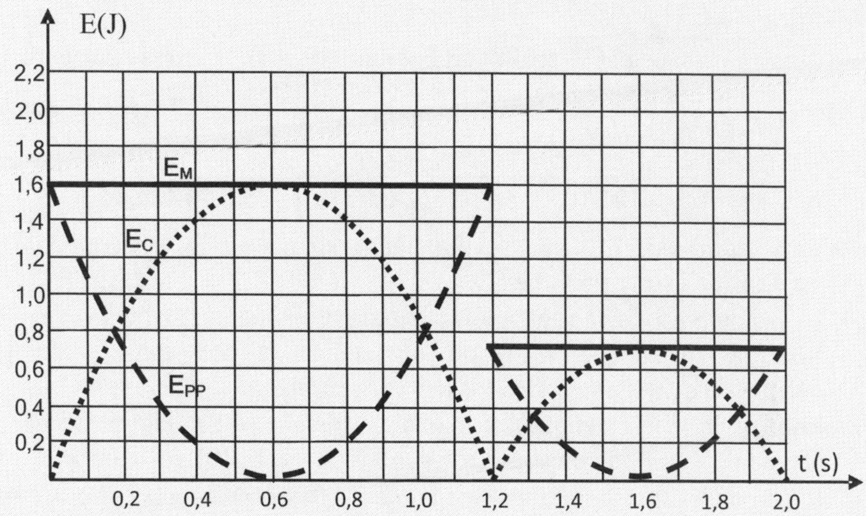

Corrigé 5

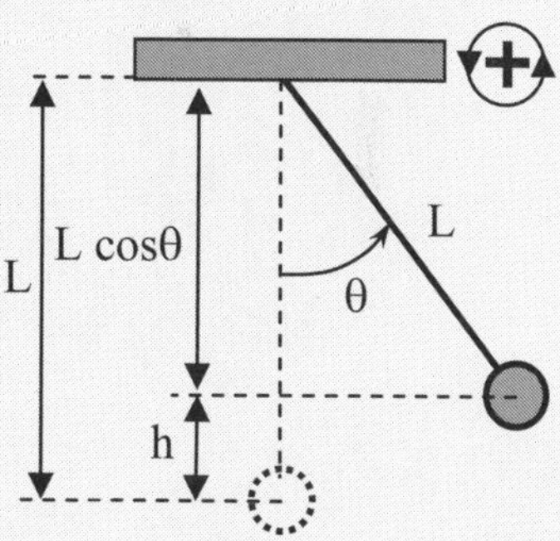

1. $E_{PP} = m\,g\,h$

   $h = L - L\cos\theta$

   $E_{PP} = m\,g\,L\,(1 - \cos\theta)$
2. En l'absence de frottements (forces dissipatives) le pendule est un système conservatif : son énergie mécanique est constante.

   $\Rightarrow E_M(\theta_m) = E_M(\theta)$

   $E_M(\theta_m) = E_C(\theta_m) + E_{PP}(\theta_m)$

   Or $E_C(\theta_m) = 0$ (le pendule est lâché sans vitesse initiale).

   $\Rightarrow E_M(\theta_m) = E_{PP}(\theta_m) \Leftrightarrow \boxed{E_M(\theta_m) = m\,g\,L\,(1 - \cos\theta_m)}$
3. $E_M(\theta_m) = E_M(\theta) \Rightarrow m\,g\,L\,(1 - \cos\theta_m) = E_{PP}(\theta) + E_C(\theta)$

   Or $E_{PP}(\theta) = m\,g\,L\,(1 - \cos\theta)$

   $\Rightarrow m\,g\,L\,(1 - \cos\theta_m) = m\,g\,L\,(1 - \cos\theta) + E_C(\theta)$

   $\boxed{E_C(\theta) = m\,g\,L\,(\cos\theta - \cos\theta_m)}$

résumés de cours
exercices
contrôles
corrigés

4. $E_C = \frac{1}{2} m v^2$ et $E_C(\theta) = m\, g\, L\, (\cos\theta - \cos\theta_m)$

$\Rightarrow \frac{1}{2} m v^2 = m\, g\, L\, (\cos\theta - \cos\theta_m)$

$\Rightarrow \boxed{v = \sqrt{2\, g\, L\left(\cos\theta - \cos\theta_m\right)}}$

Lors du passage par la position d'équilibre ($\theta = 0$), la vitesse du solide est maximale et a pour expression :

$\boxed{v = \sqrt{2\, g\, L\left(1 - \cos\theta_m\right)}}$

A.N. : $v = \sqrt{2 \times 100.10^{-3} \times 50.10^{-2}\left(1\text{-}\cos(15)\right)} = \mathbf{5{,}8.10^{-2}\ m.s^{-1}}$.

5. En l'absence de frottements, le pendule simple est un système conservatif : $E_M = \text{cste} \Leftrightarrow$ courbe (1).
Le pendule est lâché sans vitesse initiale d'un angle θ_m ; pour cet angle, l'énergie mécanique se réduit uniquement à une forme d'énergie potentielle de pesanteur : $\Rightarrow E_{PP}(\theta) \Leftrightarrow$ courbe 2.
Enfin, l'énergie cinétique est maximale lorsque le pendule passe par sa position d'équilibre, c'est-à-dire pour $\theta = 0$: $\Rightarrow E_C(\theta) \Leftrightarrow$ courbe 3.

6. Illustrons les transferts d'énergie entre $\theta = \theta_m$ et $\theta = 0$ puis entre $\theta = 0$ et $\theta = -\theta_m$ soit sur une demi-période :

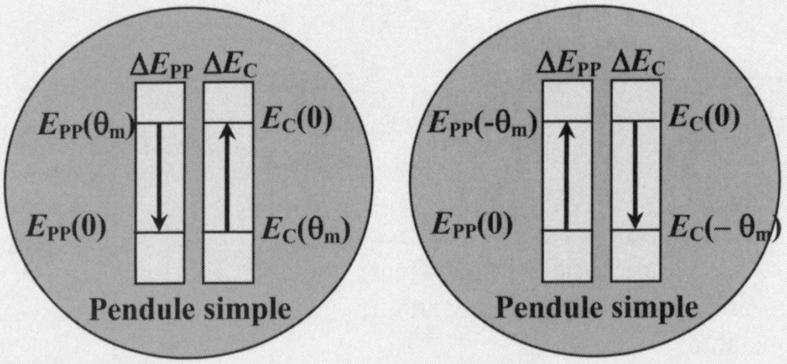

Corrigé 6

1. Référentiel d'étude : terrestre supposé galiléen.
Système étudié : sphère métallique de masse m.
Bilan des forces extérieures appliquées au système :
– poids $\vec{P} = m\vec{g}$;
– tension $\vec{T}$ du fil.

Ces deux forces extérieures appliquées à la sphère sont représentées sur les schémas suivants :

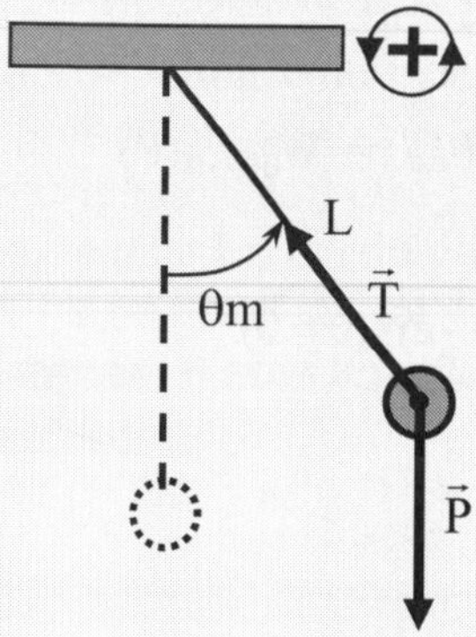

Hors équilibre

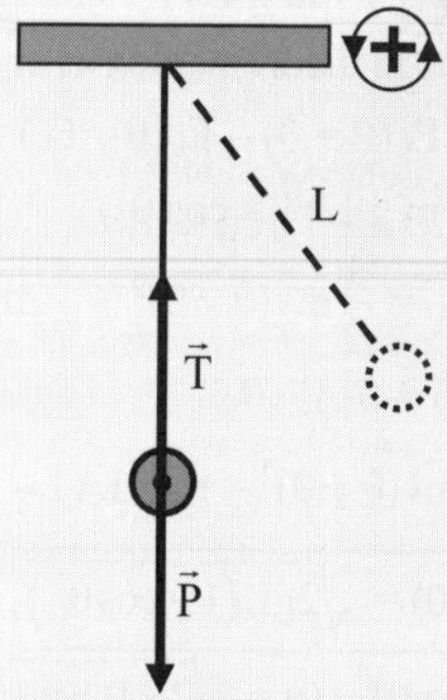

À l'équilibre

2. La tension $\vec{T}$ du fil est constamment orthogonale au déplacement de la sphère métallique. En effet, La tension du fil est de même direction que le fil qui est un rayon de la trajectoire. Et le rayon d'un cercle est orthogonal à la tangente au cercle, c'est-à-dire au mouvement.

$\Rightarrow W(\vec{T}) = 0$. Seul le poids $\vec{P}$ travaille.

3. La variation d'énergie cinétique de la sphère métallique entre $\theta = \theta_m$ et $\theta = 0$ est, d'après le théorème de l'énergie cinétique :

$\Delta E_C = E_C(\theta = 0) - E_C(\theta = \theta_m) = \sum W_{\theta m \to 0}(\vec{F}_{ext}) = W_{\theta m \to 0}(\vec{P}) > 0$

Le mouvement de la sphère métallique n'est pas uniforme puisque la valeur de sa vitesse augmente entre $\theta = \theta_m$ et $\theta = 0$. Le travail du poids modifie l'énergie cinétique du système.

4.

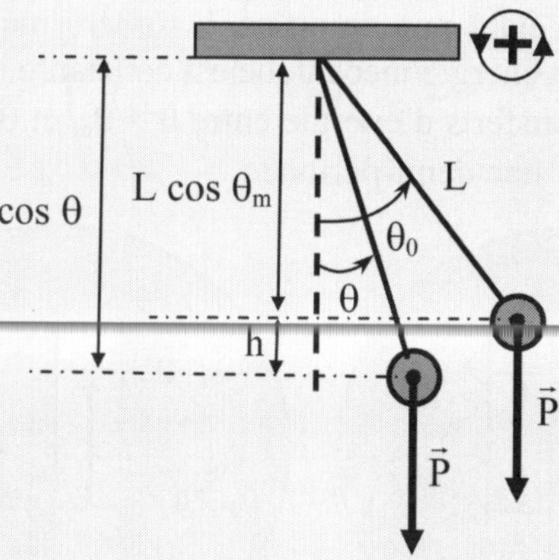

$W_{\theta 0 \to \theta}(\vec{P}) = m\,g\,h$ avec $h = L\cos\theta - L\cos\theta_0 = L(\cos\theta - \cos\theta_0)$

$\Rightarrow W_{\theta_0 \to \theta}(\vec{P}) \boxed{= m\,g\,L\,(\cos\theta - \cos\theta_0)}$

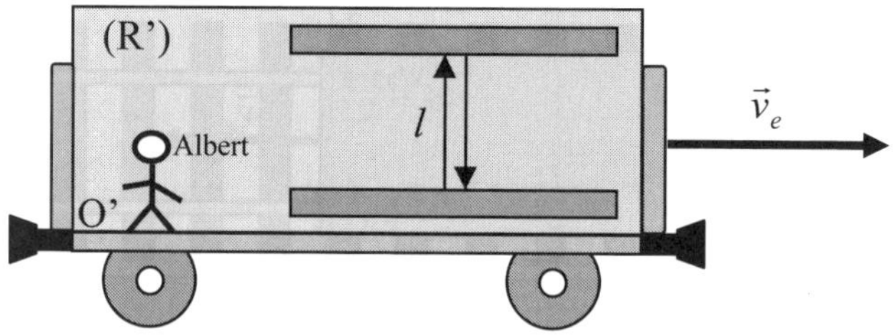

Albert et Isaac disposent chacun d'un exemplaire identique de cette horloge. Pour Albert, l'intervalle de temps entre deux tics d'horloge est :

$$\Delta t' = \frac{2l}{c}$$

D'après le premier postulat d'Einstein (principe de relativité), il en est de même pour Isaac et son horloge.

Maintenant intéressons-nous au temps Δt entre deux tics de l'horloge d'Albert, mais vue depuis le référentiel d'Isaac. D'après Isaac, le trajet d'un rayon lumineux de l'horloge d'Albert est plus long que $2l$, il vaut $2h$.

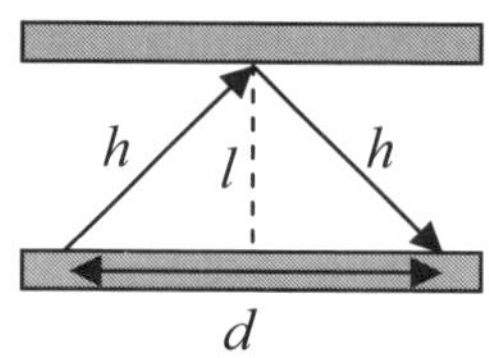

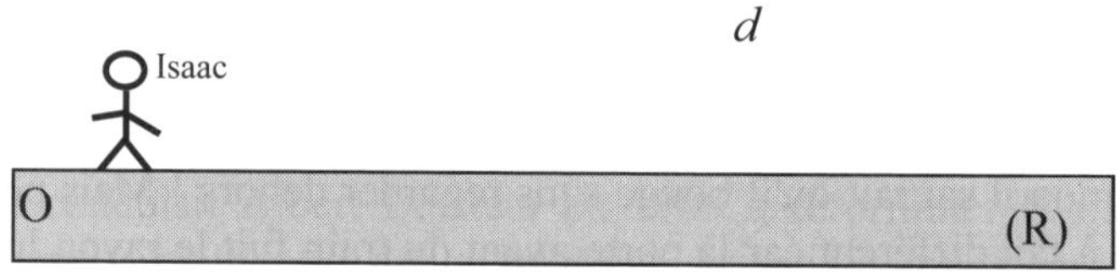

On a donc : $$\Delta t = \frac{2h}{c}$$

En effet, la vitesse de la lumière est invariante d'après le second postulat d'Einstein. Or pendant le temps Δt, le train avance d'une distance :

$$d = v_e \times \Delta t.$$

En appliquant le théorème de Pythagore on obtient :

$$\left(\frac{d}{2}\right)^2 + l^2 = h^2 \quad \Leftrightarrow \quad \left(\frac{v_e \times \Delta t}{2}\right)^2 + \left(\frac{c \times \Delta t'}{2}\right)^2 = \left(\frac{c \times \Delta t}{2}\right)^2$$

$$\Leftrightarrow \; c^2 \, \Delta t'^2 = \left(c^2 - v_e^2\right) \Delta t^2$$

$$\boxed{\Delta t = \frac{\Delta t'}{\sqrt{1 - \frac{v_e^2}{c^2}}}}$$

Si $v_e \neq 0$, $\Delta t > \Delta t'$: pour Isaac, l'horloge d'Albert bat plus lentement que la sienne !

Une **horloge en mouvement** bat **plus lentement** qu'une **horloge au repos** !

✷ Exercice 1 ⏱ 10 min

Un pion ou méson pi (π^+, π^- ou π^0) est une particule jouant un rôle important dans l'explication des propriétés à basse énergie de la force nucléaire forte. En particulier, la cohésion du noyau atomique est assurée par l'échange de pions entre les nucléons (protons et neutrons).

Le méson π^+ se désintègre selon l'équation : $\pi^+ \rightarrow \mu^+ + \nu$.

Dans un référentiel galiléen (R') où il est immobile, la durée de vie moyenne d'un méson π^+ est $\Delta t' = 2{,}5.10^{-8}$ s. Le méson et son référentiel propre sont animés d'une vitesse $v_e = 0{,}8$ c par rapport au référentiel du laboratoire (R) supposé galiléen.

1. Calculer la durée de vie moyenne Δt du méson π^+ dans le référentiel (R).

2. Quelle est la distance parcourue dans (R) par un méson π^+ dont la durée de vie est égale à la durée moyenne Δt ?

3. Quelle serait la distance parcourue dans (R) par un méson π^+ en l'absence d'effet relativiste ?

✷ Exercice 2 ⏱ 10 min

Le jour où deux frères jumeaux A et B ont 26 ans, l'un d'eux B quitte la Terre à bord d'une fusée pour un voyage interplanétaire rectiligne uniforme à grande vitesse ($v_e = 0{,}6\ c$), et revient sur Terre où l'attend son frère A. On négligera les durées des phases accélérées ou décélérées (départ, demi-tour, et retour sur Terre). Le jour où B revient sur Terre, son frère A à 36 ans. Les référentiels (R) et (R') respectivement liés à A et B sont supposés galiléens.

1. En déduire l'âge de B à son retour sur Terre.

2. Ce paradoxe est appelé paradoxe des jumeaux de Langevin. Qu'illustre-t-il ?

✷ Exercice 3 ⏱ 10 min

Lorsqu'un rayon cosmique heurte un atome d'oxygène ou d'azote de l'atmosphère terrestre, à une altitude de l'ordre de 20 à 50 kilomètres au-dessus du sol, une gerbe de particules élémentaires se déclenche contenant en particulier des muons. Une partie d'entre eux se dirige vers le sol avec une vitesse pratiquement égale à celle de la lumière ($v_e = 0{,}997\ c$) dans le référentiel terrestre. Les muons ont une durée de vie moyenne de $2{,}2.10^{-6}$ s dans leur référentiel propre, lié à chacun d'entre eux, et dans lequel ils sont immobiles.

1. Calculer la distance que peuvent parcourir les muons en l'absence de prise en compte de tout effet relativiste.

2. Des muons sont pourtant détectés dans l'atmosphère par des dispositifs embarqués dans des avions évoluant à une altitude de 12 km. Comment expliquer ce phénomène ? Justifier quantitativement votre réponse.

résumés de cours

exercices

contrôles

corrigés

CONTRÔLE

90 min / 20 pts

Exercice 1

45 min / 10 pts

Système GPS et relativité du temps

Le GPS est un système américain de positionnement très précis qui a pu voir le jour seulement grâce aux avancées technologiques telles les satellites ou les horloges atomiques mais aussi grâce aux découvertes scientifiques sur les ondes électromagnétiques (Maxwell dans les années 1880) et sur la relativité du temps (Einstein en 1905).

Le principe du positionnement par GPS (Global Positioning System) repose sur la mesure du temps de transit d'un signal entre des satellites et un récepteur. Le système comprend 24 satellites placés sur des orbites pratiquement circulaires de rayons voisins de 20 200 km. Par exemple pour NAVSTAR 62, le périgée est 20 146 km et l'apogée est 20 219 km. La période des satellites est 480 min : compte tenu de la rotation de la Terre, chaque satellite se retrouve ainsi au-dessus du même point après 2 rotations complètes. La vitesse des satellites est voisine de 16 000 km/h. La durée de vie des satellites est de l'ordre de 8 ans. Tous les satellites actuellement en service sont de la seconde ou de la troisième génération.

Dans quelques années le projet GALILEO, initiative lancée par l'Union européenne et l'Agence spatiale européenne (ESA) permettra à l'Europe de disposer de sa propre constellation de satellites de radionavigation.

DONNÉES :

Célérité de la lumière dans le vide : $c = 3{,}00.10^{8}$ m.s^{-1}.

Constante de gravitation : $G = 6{,}67\times10^{-11}$ m^{3}.kg^{-1}.s^{-2}

La Terre est supposée sphérique et homogène. On appelle O son centre ; sa masse $M_{\mathrm{T}} = 5{,}98\times10^{24}$ kg.

Le satellite NAVSTAR 62 est assimilé à un point matériel G de masse $m_{\mathrm{sat}} = 2\ 032$ kg. Il est supposé soumis à la seule interaction gravitationnelle due à la Terre, et il décrit de façon uniforme un cercle de centre O de rayon $r = 20\ 200$ km.

Les trois parties de l'exercice sont indépendantes.

A) Mouvement du satellite NAVSTAR 62 autour de la Terre

1.

a) Sans souci d'échelle, faire un schéma représentant la Terre, le satellite sur sa trajectoire et la force exercée par la Terre sur le satellite. **(0,5 pt)**

b) En utilisant les notations du texte, donner l'expression vectorielle de cette force. On notera $\vec{u}$ le vecteur unitaire dirigé de O vers G. **(0,5 pt)**

2.

a) Dans quel référentiel le mouvement du satellite est-il décrit ? **(0,5 pt)**

b) Quelle hypothèse concernant ce référentiel faut-il faire pour appliquer la seconde loi de Newton ? **(0,5 pt)**

c) En appliquant la seconde loi de Newton au satellite, déterminer l'expression du vecteur-accélération $\vec{a}$ du point G. **(0,5 pt)**

3.

a) Donner les caractéristiques du vecteur-accélération $\vec{a}$ d'un point matériel ayant un mouvement circulaire uniforme. **(0,5 pt)**

b) Montrer alors que la vitesse v du satellite est telle que : **(1 pt)**

$$v = \sqrt{G\frac{M_T}{r}}$$

c) Calculer la vitesse v et comparer la valeur obtenue avec celle du texte. **(0,5 pt)**

4.

a) Définir la période de révolution T du satellite. **(0,5 pt)**

b) Donner son expression en fonction de G, M_T et r. **(1 pt)**

c) Calculer la période T et comparer la valeur obtenue à celle du texte. **(0,5 pt)**

B) Horloge atomique

Les satellites GPS embarquent une horloge atomique au césium extrêmement précise. Cet appareil utilise les principes de la mécanique quantique : dans un atome, les niveaux d'énergie sont quantifiés.

Cette horloge comprend un oscillateur à quartz. Le signal électrique oscillant est utilisé pour générer une onde électromagnétique de fréquence ν = 9 192 631 770 Hz dans la cavité où on fait passer des atomes de césium 133.

Si le quartz oscille à la bonne fréquence, les atomes absorbent le rayonnement et passent d'un niveau d'énergie E_A au niveau d'énergie E_B.

Si le quartz se dérègle, ce n'est plus le cas et un système électronique agit sur la fréquence d'oscillation du quartz jusqu'à ce que les atomes absorbent à nouveau le rayonnement.

DONNÉE :

Constante de Planck : $h = 6{,}63 \times 10^{-34}$ J.s.

5. Expliquer la phrase : « dans un atome les niveaux d'énergie sont quantifiés ». **(0,5 pt)**

6. Calculer la longueur d'onde de l'onde électromagnétique émise. **(1 pt)**

7.

a) Calculer la différence d'énergie entre les niveaux A et B de l'atome de césium 133. **(0,5 pt)**

b) Sur un diagramme, placer les niveaux d'énergie E_A et E_B puis représenter la transition effectuée par les atomes de césium qui absorbent l'onde. **(0,5 pt)**

C) Être à l'heure pour se situer

À l'image d'une horloge parlante, chaque satellite de la constellation GPS émet régulièrement un signal électromagnétique indiquant l'heure d'émission, tandis que le récepteur détecte l'heure d'arrivée du signal. De ces deux informations, heure d'émission et heure de réception, l'utilisateur déduit la durée d'un aller simple du signal, donc la distance qui le sépare du satellite. En y ajoutant les positions des satellites, également spécifiées dans les

signaux émis, le calculateur électronique du récepteur GPS détermine la position de l'utilisateur.
Pour minimiser l'erreur sur les distances, toutes les horloges du système GPS doivent donc être parfaitement à l'heure c'est-à-dire synchronisées.
L'effet relativiste de dilatation des temps est-il notable pour les satellites GPS ? Ces satellites ne sont pas sur orbite géostationnaire et se déplacent, à 16 000 km/h. Leurs horloges retardent alors, par rapport aux horloges terrestres, d'environ 10 microsecondes par jour, ce qui correspondrait à une erreur de position de deux kilomètres par jour si elle n'était pas corrigée !

8. Pourquoi l'horloge d'un satellite GPS retarde-t-elle par rapport à une horloge identique restée sur Terre ? **(0,5 pt)**

9. Calculer l'écart $\Delta t - \Delta t'$ entre une durée Δt de 365 jours mesurée par une horloge atomique terrestre et celle $\Delta t'$ mesurée par l'horloge atomique d'un satellite GPS. Retrouver par le calcul la valeur du retard indiquée dans le texte. **(0,5 pt)**

Exercice 2 45 min / 10 pts

L'expérience historique de Michelson-Morley (1887)

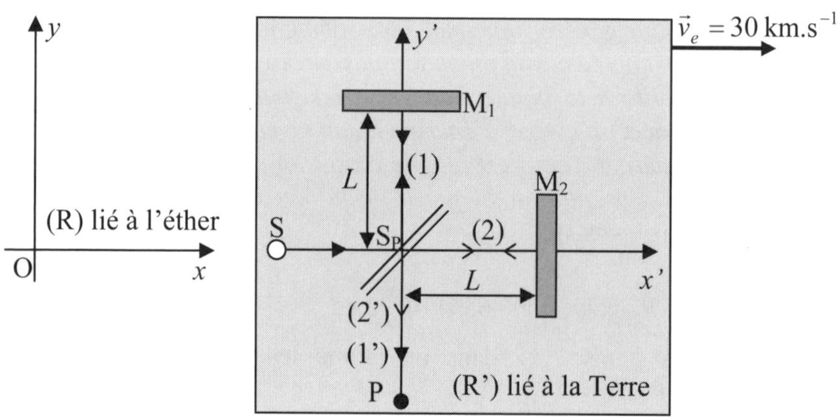

Avant le travail d'Einstein en 1905, on croyait communément que l'espace était rempli d'éther : une substance hypothétique élastique, invisible et immobile dans laquelle les planètes peuvent errer sans effort et qui sert de support à la propagation de la lumière. L'éther jouerait alors un rôle analogue à l'air pour les ondes sonores. Si tel était bien le cas, cet éther constituait un repère de choix pour mesurer les vitesses et on monta une expérience très précise pour mettre en évidence l'existence de ce milieu. Le schéma de principe simplifié du dispositif employé en 1881 par Michelson et repris en 1887 avec la collaboration de Morley, pour essayer de mettre en évidence la vitesse de translation $\vec{v}_e$ de la Terre dans l'éther est donné au début de l'exercice.

Un rayon lumineux, issu d'une source monochromatique très pure S, atteint une lame semi-transparente S_P qui divise le faisceau incident en deux parties d'égales intensités : un faisceau (1) réfléchi et un faisceau (2) transmis. Les deux faisceaux se réfléchissent ensuite sur deux miroirs M_1 et M_2 et retournent vers S_P où ils sont partiellement transmis ou réfléchis, respectivement, en 2 faisceaux (1') et (2') qui interfèrent au point P.

Pour l'expérimentateur, la variation de l'éclairement au point P, où se trouve une lunette d'observation, dépend de la différence Δt des durées mises par les ondes issues de la source S pour arriver en P.

1. Les référentiels (R) et (R') sont supposés galiléens pendant la durée de l'expérience. Qu'est-ce qu'un référentiel galiléen ? **(1 pt)**
2. En notant $\vec{v} = \vec{c}$ la vitesse de la lumière dans le référentiel (R) lié à l'éther et $\vec{v}_e$ la vitesse de la Terre par rapport à l'éther, exprimer la vitesse $\vec{v}\,'$ de la lumière par rapport à la Terre en fonction de $\vec{c}$ et $\vec{v}_e$ en utilisant la loi de composition des vitesses.
3. Les trajets SS_P et S_PP des faisceaux lumineux sont communs et la longueur des bras de l'interféromètre est $L = S_P M_1 = S_P M_2$.

a) Si t_2 désigne la durée que met la lumière pour aller de S_P à M_2, et revenir en S_P, montrer que : $t_2 = \dfrac{2Lc}{c^2 - v_e^2}$. **(1 pt)**

b) Si t_1 désigne la durée mise par la lumière pour aller de S_P à M_1, puis revenir en S_P, montrer que : $t_1 = \dfrac{2L}{\sqrt{c^2 - v_e^2}}$. **(1 pt)**

c) Montrer que $\Delta t = t_2 - t_1 > 0$. On supposera que les approximations suivantes sont vérifiées car $v_e << c$: **(2 pts)**

$$\left(1 - \frac{v_e^2}{c^2}\right)^{-\frac{1}{2}} \approx \left(1 + \frac{v_e^2}{2c^2}\right) \quad \text{et} \quad \left(1 - \frac{v_e^2}{c^2}\right)^{-1} \approx \left(1 + \frac{v_e^2}{c^2}\right)$$

Le résultat précédent indique que le faisceau (2), longitudinal, est en retard de Δt par rapport au faisceau (1) transversal. L'une des ondes se propage un peu plus vite que l'autre, elles arrivent donc au point P un peu déphasées l'une par rapport à l'autre. Les franges s'écartent alors légèrement des positions qu'elles auraient si la Terre était immobile. Comme on ne peut pas arrêter le mouvement de la Terre, Michelson et Morley ont surmonté cette difficulté en plaçant l'interféromètre sur une plateforme et en la faisant tourner de 90°, tout en observant les franges. Cela a pour effet d'échanger les bras : celui qui était dans la direction du « vent d'éther », c'est-à-dire du mouvement de la Terre par rapport à l'éther, devient transversal et vice-versa ce qui a pour conséquence de doubler le retard Δt.

4.

a) Quel type de phénomène lumineux observe-t-on au point P ? **(1 pt)**

b) Les ondes lumineuses issues des trajets (1) et (2) devraient être légèrement déphasées. Que cela signifie-t-il ? **(1 pt)**

5. En fait, Michelson et Morley n'ont jamais pu mettre en évidence expérimentalement le moindre déphasage malgré l'extraordinaire sensibilité du dispositif.

a) Quelle conclusion peut-on en tirer concernant la vitesse de la lumière ? **(1 pt)**

b) Les résultats de l'expérience de Michelson-Morley ont permis à Einstein, en 1905, de remettre en cause le cadre de la mécanique newtonienne classique, au profit de la relativité restreinte. Associer à chaque chiffre la bonne lettre. **(1 pt)**

Mécanique classique (Newton)	(1)	(a)	Vitesse de la lumière absolue et temps relatif
Mécanique relativiste (Einstein)	(2)	(b)	Vitesse de la lumière relative et temps absolu

Corrigé des exercices

Corrigé 1

1. Utilisons la formule de dilatation du temps entre le référentiel (R') du méson π^+ et le référentiel (R) du laboratoire, tous deux supposés galiléens :

$$\boxed{\Delta t = \frac{\Delta t'}{\sqrt{1-\frac{v_e^2}{c^2}}}} \quad \text{A.N. : } \Delta t = \frac{2{,}5.10^{-8}}{\sqrt{1-\frac{(0{,}8\,c)^2}{c^2}}} = 4{,}2.10^{-8}\ \text{s}.$$

On constate qu'en raison de l'effet relativiste, $\Delta t > \Delta t'$: il y a dilatation du temps.

2. $v_e = \dfrac{d}{\Delta t} \Rightarrow \boxed{d = v_e \Delta t}$

A.N. : $d = 0{,}8 \times 3{,}00.10^8 \times 4{,}2.10^{-8} = 1{,}0.10^1$ m.

3. En l'absence de prise en compte de l'effet relativiste lié au phénomène de dilatation du temps, la distance parcourue dans le référentiel (R) par le méson π^+ serait : $\boxed{d = v_e \Delta t'}$

A.N. : $d = 0{,}8 \times 3{,}00.10^8 \times 2{,}5.10^{-8} = 6{,}0$ m.

Corrigé 2

1. Dans le référentiel (R) lié au jumeau A, il s'est écoulé une durée $\Delta t = 10$ ans avant le retour de B sur Terre. Pour B, la durée correspondante est :

$$\boxed{\Delta t' = \sqrt{1-\frac{v_e^2}{c^2}}\,\Delta t} \quad \text{A.N. : } \Delta t' = \sqrt{1-\frac{(0{,}6\,c)^2}{c^2}} \times 10$$

$\Rightarrow \Delta t' = 8$ ans. A son retour sur Terre, le jumeau B aura 26 + 8 = 34 ans. Il sera plus jeune que son frère (pourtant jumeau) !

2. Le paradoxe des jumeaux de Langevin illustre que le temps est relatif à un observateur : le temps relativiste n'est plus absolu contrairement à celui de la mécanique classique de Newton.

Corrigé 3

1. Dans le référentiel (R') lié au muon, la durée de vie propre de la particule élémentaire est $\Delta t' = 2{,}2.10^{-6}$ s. En l'absence de prise en compte de l'effet relativiste lié au phénomène de dilatation du temps, la distance parcourue dans le référentiel terrestre (R) par le muon serait : $\boxed{d = v_e \Delta t'}$

A.N. : d = $0{,}997 \times 3{,}00.10^8 \times 2{,}2.10^{-6}$ = **$6{,}5.10^2$ m**.

2. La distance précédemment calculée est insuffisante pour que, par exemple, des muons formés à une altitude de 20 km atteignent celle de 10 km : ils se seraient désintégrés bien avant ! Compte tenu de la très grande vitesse de ces particules élémentaires, on doit faire intervenir la correction relativiste liée à la dilatation du temps dans le référentiel terrestre (R) afin de déterminer, dans celui-ci, la durée de vie moyenne d'un muon :

$$\boxed{\Delta t = \frac{\Delta t'}{\sqrt{1-\frac{v_e^2}{c^2}}}} \quad \text{A.N. : } \Delta t = \frac{2{,}2.10^{-6}}{\sqrt{1-\frac{(0{,}997c)^2}{c^2}}} = \mathbf{2{,}8.10^{-5}\ s} > \Delta t'.$$

Dans le référentiel terrestre (R), la distance parcourue par un muon est en réalité : $\boxed{d = v_e \Delta t}$. A.N. : d = 0,997 × 3,00.10^8 × 2,8.10^{-5} = **8,4.10^3 m**.

Des muons peuvent donc être détectés par des dispositifs embarqués dans des avions jusqu'à une altitude de 20 – 8,4 = 11, 6 km en raison de cet effet relativiste.

Corrigé du Contrôle

Exercice 1

1.

a) Voir schéma ci-contre.

b) L'expression vectorielle de la force gravitationnelle exercée par la Terre sur le satellite NAVSTAR 62 est :

$$\boxed{\vec{F}_{O/G} = -G\frac{M_T.m_{sat}}{r^2}\vec{u}}$$

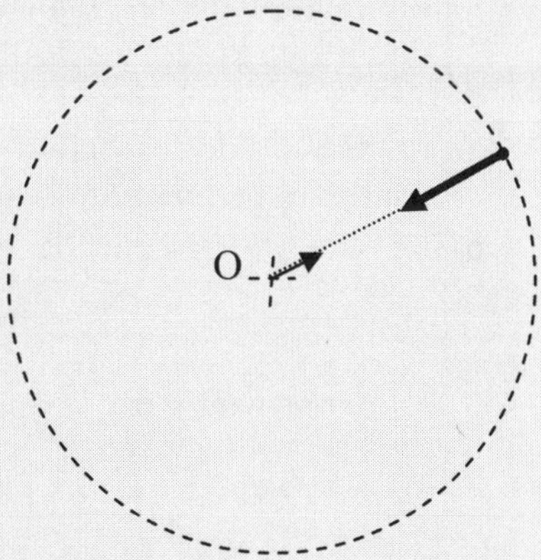

2.

a) Le mouvement du satellite est décrit par rapport au référentiel géocentrique dont l'origine coïncide avec le centre de la Terre.

b) La seconde loi de Newton s'applique dans un référentiel galiléen. Le référentiel géocentrique doit être galiléen (le principe d'inertie s'y vérifie expérimentalement).

c) La seconde loi de Newton appliquée au système satellite, dans le référentiel géocentrique s'écrit : $\boxed{\vec{F}_{O/G} = m_{sat}\,\vec{a}}$

Soit $m_{sat}\,\vec{a} = -G\frac{M_T.m_{sat}}{r^2}\vec{u}$

$$\boxed{\vec{a} = -G\frac{M_T}{r^2}\vec{u}}$$

3.

a) Pour un mouvement circulaire uniforme, le vecteur accélération $\vec{a}$ est centripète :

- point d'application : G
- direction : rayon OG
- sens : de G vers O
- valeur : $a = \frac{v^2}{r}$ où r est le rayon de la trajectoire.

b) D'après la réponse 3.a. l'accélération a pour valeur $a = \frac{v^2}{r}$ et d'après 2.c.

$\left\|\vec{a}\right\| = a = G\frac{M_T}{r^2}$

Soit : $\frac{v^2}{r} = G\frac{M_T}{r^2} \Rightarrow v^2 = G\frac{M_T}{r} \Rightarrow \boxed{v = \sqrt{G\frac{M_T}{r}}}$

c) A.N. : $v = \sqrt{6{,}67.10^{-11} \times \frac{5{,}98.10^{24}}{20\,200.10^3}} = \mathbf{4{,}44.10^3\ m.s^{-1}}$.

En multipliant le résultat précédent par 3,6 on obtient la vitesse du satellite en km/h : $v = 1{,}60.10^4$ km.h^{-1}, valeur identique à celle du texte.

4.

a) La période de révolution T du satellite est la durée que met le satellite pour faire un tour autour de la Terre.

b) Le satellite parcourt la distance d = 2πr pendant une durée T, donc $T = \frac{2\pi r}{v}$.

En remplaçant v par l'expression obtenue en 3.b et en élevant au carré, il vient : $T^2 = \frac{4\pi^2 r^2}{G\frac{M_T}{r}} \Leftrightarrow T^2 = \frac{4\pi^2 r^3}{G M_T} \Rightarrow \boxed{T = \sqrt{\frac{4\pi^2 r^3}{G M_T}}}$

c) Attention, il faut penser à convertir les distances en mètres.

$$T = \sqrt{\frac{4\pi^2 \left(20\,200.10^3\right)^3}{6{,}67.10^{-11} \times 5{,}98.10^{24}}} = 2{,}86.10^4 \text{ s soit environ 477 min.}$$

Cette valeur est proche de celle du texte.

L'écart relatif est : $E(\%) = \frac{|T_{calculée} - T_{texte}|}{T_{texte}} \times 100$

A.N. : $E(\%) = \frac{|477 - 480|}{480} \times 100 = \mathbf{0{,}6\ \%}$

5. Les niveaux d'énergie d'un atome ne peuvent pas prendre n'importe quelle valeur, ils possèdent des valeurs bien précises : on dit qu'ils sont quantifiés.

6. D'après le cours de 1re S : $\boxed{\lambda = \frac{c}{\upsilon}}$

A.N. : $\lambda = \frac{3{,}00.10^8}{9\,192\,631\,770} = \mathbf{3{,}26.10^{-2}\ m}$.

7.

a) D'après le cours de 1ère S : $\boxed{\Delta E = E_B - E_A = h.\nu}$

A.N. : $\Delta E = 6{,}62.10^{-34} \times 9\,192\,631\,770 = \mathbf{6{,}09.10^{-24}\ J}$.

b) L'atome de césium 133 reçoit un photon qui lui permet d'atteindre un niveau d'énergie supérieure.

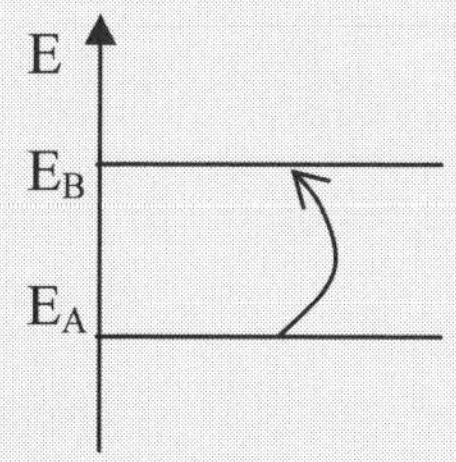

8. D'après Albert Einstein le temps n'est pas absolu, il est relatif à chaque référentiel, qui possède donc un temps qui lui est propre. D'après la théorie de la relativité restreinte, une horloge en mouvement bat plus lentement qu'une horloge au repos !
9. Pour une horloge atomique appartenant au référentiel terrestre (R), lorsqu'un an s'est écoulé, c'est-à-dire $\Delta t = 365 \times 24 \times 3600$ s, celle embarquée dans un satellite GPS mesure une durée Δt ' telle que :

$$\Delta t' = \sqrt{1-\frac{v_e^2}{c^2}}\Delta t \Rightarrow \boxed{\Delta t - \Delta t' = \left(1-\sqrt{1-\frac{v_e^2}{c^2}}\right)\Delta t}$$

$$\text{A.N. : } \Delta t - \Delta t' = \left(1-\sqrt{1-\frac{(16000/3{,}6)^2}{\left(3{,}00.10^8\right)^2}}\right)(365\times 24\times 3600)$$

$\Delta t - \Delta t' =$ **$3{,}46.10^{-3}$ s.**

Chaque jour, l'horloge atomique au césium 133 du satellite GPS retarde de $(3{,}46.10^{-3}/\ 365) = 9{,}5.10^{-6}$ s = 9,5 µs, valeur très proche de celle indiquée dans le texte.

Exercice 2

1. Un référentiel galiléen (ou inertiel) est un référentiel dans lequel le principe de l'inertie (2e loi de Newton) est vérifié.
2. La vitesse $\vec{v}\,'$ de la lumière par rapport à la Terre est donnée par la loi de composition des vitesse (transformation de Galilée) :

$$\vec{v} = \vec{v}\,' + \vec{v}_e \Leftrightarrow \vec{v}\,' = \vec{v} - \vec{v}_e = \vec{c} - \vec{v}_e$$

3.
a) Pour le faisceau (2), on a la composition des vitesses suivante :

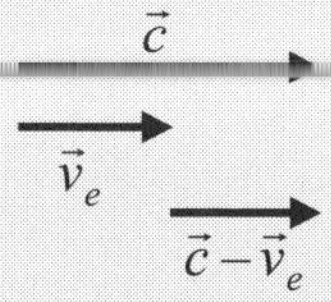

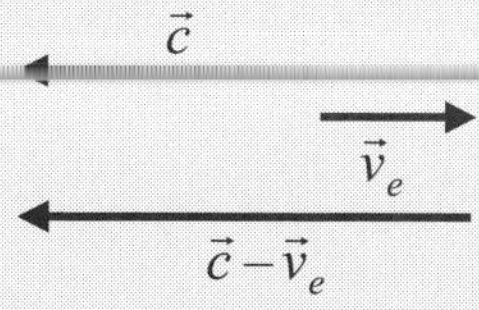

Avant réflexion sur M$_2$	Après réflexion sur M$_2$
$\|\vec{v}\,'\| = v' = c - v_e$	$\|\vec{v}\,'\| = v' = c + v_e$

D'où $t_2 = \dfrac{L}{c - v_e} + \dfrac{L}{c + v_e} \Rightarrow \boxed{t_2 = \dfrac{2Lc}{c^2 - v_e^2}}$

b) Pour le faisceau (1), on a la composition des vitesses suivante :

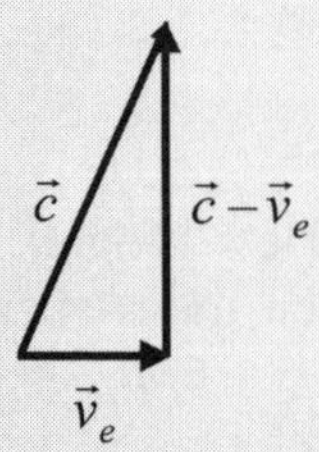

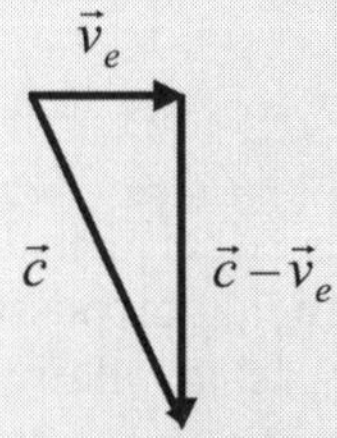

Avant réflexion sur M_1

$\|\vec{v}\,'\| = \|\vec{c} - \vec{v}_e\| = \sqrt{c^2 - v_e^2}$

Après réflexion sur M_1

$\|\vec{v}\,'\| = \|\vec{c} - \vec{v}_e\| = \sqrt{c^2 - v_e^2}$

D'où $\boxed{t_1 = \dfrac{2L}{\sqrt{c^2 - v_e^2}}}$

c) $\Delta t = t_2 - t_1 = \dfrac{2Lc}{c^2 - v_e^2} - \dfrac{2L}{\sqrt{c^2 - v_e^2}} = \dfrac{2L}{c\left(1 - \dfrac{v_e^2}{c^2}\right)} - \dfrac{2L}{c\sqrt{1 - \dfrac{v_e^2}{c^2}}}$

$\Delta t \approx \dfrac{2L}{c}\left(1 + \dfrac{v_e^2}{c^2}\right) - \dfrac{2L}{c}\left(1 + \dfrac{v_e^2}{2c^2}\right)$ car $v_e << c$.

$\boxed{\Delta t \approx \dfrac{L}{c}\left(\dfrac{v_e^2}{c^2}\right) > 0} \Rightarrow t_2 > t_1 \Rightarrow$ déphasage Δl entre les deux faisceaux lumineux (voir schéma ci-après).

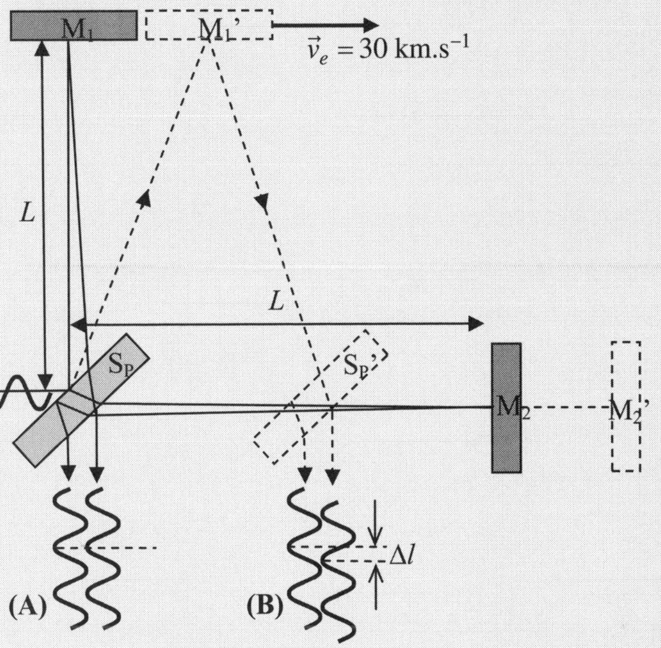

4.

a) On observe au point P un phénomène d'interférences lumineuses.

b) Au point P, les ondes lumineuses sont déphasées, c'est-à-dire que les maximas (ou les minimas) de l'une ne coïncident pas avec ceux de l'autre (voir schéma ci-dessus).

5.

a) Le fait de ne pas observer de déplacement des franges d'interférences, implique que la vitesse de la lumière n'est pas influencée par le mouvement de la Terre : elle n'obéit pas à la loi de composition des vitesses entre deux référentiels galiléens. L'éther n'existe pas !

b) (1) (b) : En mécanique classique (Newton), la vitesse de la lumière est relative et le temps est absolu.

(2) (a) : En mécanique relativiste (Einstein), la vitesse de la lumière est absolue et le temps est relatif.

5 Transferts thermiques et énergie

NOTIONS DE SYSTÈME ET D'ÉNERGIE INTERNE

Système et milieu extérieur

Un **système thermodynamique** est une portion de l'espace, délimitée par une surface réelle ou imaginaire, que l'on isole du reste de l'Univers que l'on appelle alors **milieu extérieur**.

Un **système** thermodynamique est :

- **ouvert** s'il peut échanger de la matière et de l'énergie avec le milieu extérieur ;
- **fermé** s'il n'échange pas de matière avec le milieu extérieur (en revanche il peut y avoir un échange d'énergie) ;
- **isolé** s'il n'échange rien avec le milieu extérieur.

Energie d'un système thermodynamique

Un **système thermodynamique**, est constitué d'un **très grand nombre** de **particules** ($6{,}02.10^{23}$ dans une mole) en **interaction** les unes avec les autres.

Dans un **référentiel galiléen**, l'**énergie totale** E d'un tel système est la **somme** des **énergies cinétiques** et des **énergies potentielles** (intérieures et extérieures) de toutes les particules considérées individuellement à l'échelle microscopique.

$$E = (E_{\text{C,micro}} + E_{\text{P,micro}}) + (E_{\text{C,macro}} + E_{\text{P,macro}})$$

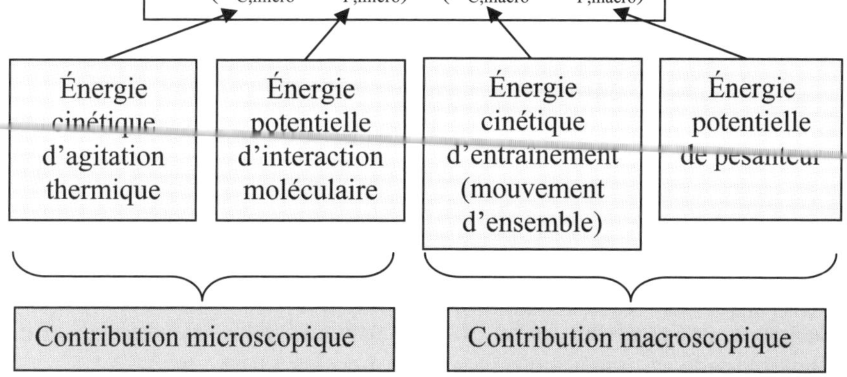

○ Energie interne d'un système thermodynamique

L'**énergie interne** U (en Joules ; J) d'un système thermodynamique est la **somme** des **énergies microscopiques** :

$$\boxed{U = E_{\text{C,micro}} + E_{\text{P,micro}}}$$

○ Variation d'énergie interne d'un système à l'état condensé

Pour un **système** à l'**état condensé**, c'est-à-dire à l'**état liquide** ou **solide**, la variation d'énergie interne ΔU (en Joules ; J) s'identifie au **transfert thermique** Q (ou **chaleur**) à travers la surface délimitant le système :

$$\boxed{\Delta U = U_{\text{finale}} - U_{\text{initiale}} = Q}$$

REMARQUE : Il ne faut pas confondre **chaleur** et **température**. La première est une forme d'énergie (exprimée en joules) et la deuxième un paramètre d'état (exprimé en degrés Celsius ou en Kelvins).

○ Convention d'algébrisation

L'**énergie interne** d'un système à l'état condensé **augmente** s'il **reçoit** de la **chaleur** de l'extérieur : $\Delta U > 0$ si $Q > 0$.
L'**énergie interne** d'un système à l'état condensé **diminue** s'il **fournit** de la **chaleur** à l'extérieur : $\Delta U < 0$ si $Q < 0$.

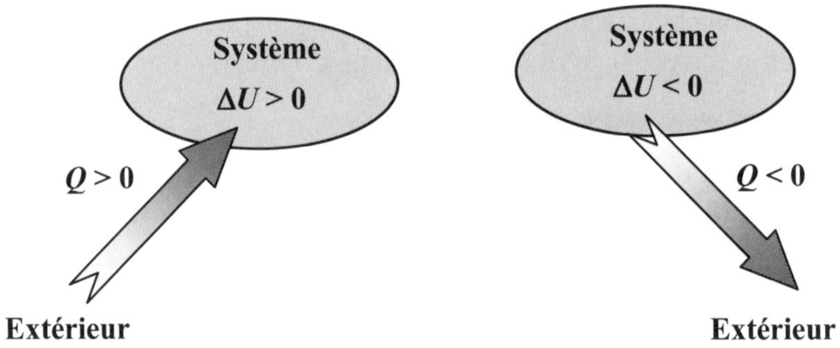

○ Chaleur échangée, capacité thermique

En l'absence de changement d'état, lorsqu'un corps échange de la **chaleur** Q (en joules ; J) avec le milieu extérieur, sa **température** peut varier de T_i à T_f (respectivement en °C ou en kelvins) selon la loi :

$$\boxed{Q = C\,(T_f - T_i)}$$

où $C > 0$ désigne la **capacité thermique** du corps (en $J.°C^{-1}$ ou $J.K^{-1}$)
On a donc :

$$\boxed{\Delta U = Q = C\,(T_f - T_i)}$$

REMARQUE : la **capacité thermique** d'un corps quantifie son aptitude à **absorber** ou **restituer** de la **chaleur** au cours d'une transformation pendant laquelle sa température varie.

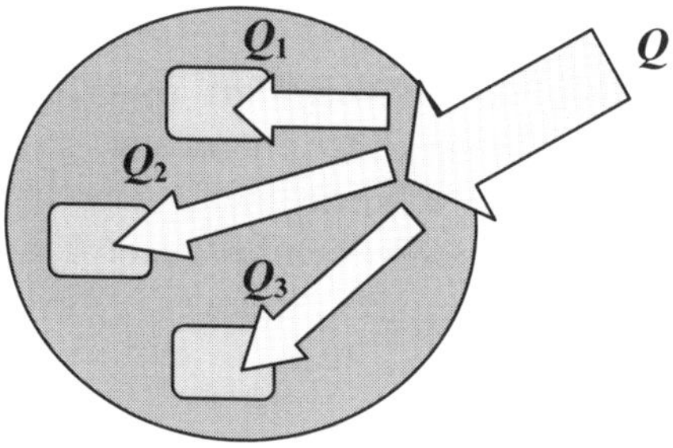

Lorsqu'un système est composé de n corps, qui reçoivent des chaleurs Q_1, Q_2, …, Q_n, la chaleur totale reçue par le système est :

$$\boxed{Q = Q_1 + Q_2 + \ldots + Q_n}$$

▶ Calorimètre

Un **calorimètre** est une enceinte adiabatique : ses **parois calorifugées** interdisent tout transfert thermique entre l'intérieur et l'extérieur de l'enceinte. Un **calorimètre** est donc un **système isolé**.
Lorsque n corps sont disposés à l'intérieur d'un calorimètre et reçoivent les énergies thermiques Q_1, Q_2, …, Q_n :

- si le calorimètre est parfait (sa capacité thermique est alors négligeable), la quantité de chaleur Q qui traverse ses parois est nulle et on pourra écrire :

$$\boxed{Q = Q_1 + Q_2 + \ldots + Q_n = 0}$$

- en revanche, si le calorimètre n'est pas parfait (sa capacité thermique C_{calo} n'est pas négligeable), il faudra tenir compte de l'énergie thermique qu'il reçoit lorsque sa température varie de T_i à T_f :

$$\boxed{Q = Q_1 + Q_2 + \ldots + Q_n + Q_{calo} = 0 \text{ avec } Q_{calo} = C_{calo}\,(T_f - T_i)}$$

DIFFÉRENTS MODES DE TRANSFERT THERMIQUE

Sens d'un transfert thermique

Lorsque deux corps sont à des températures différentes, il y a **transfert thermique** d'énergie du **plus chaud** vers le **plus froid**. On distingue trois types de transferts thermiques : la **conduction**, la **convection** et le **rayonnement**.

La conduction

Elle existe dans tous les corps, **solides** ou **fluides**. La partie la plus froide s'échauffe progressivement au contact de la partie la plus chaude du corps. Cette élévation de température correspond à un **accroissement** de :

- l'**énergie microscopique de vibration** du réseau cristallin pour les solides ;
- l'**énergie cinétique microscopique** d'agitation désordonnée des molécules d'un fluide, dû aux chocs incessants entre elles.

Ce transfert thermique ne s'accompagne pas, à l'échelle macroscopique, de mouvement de matière.

La convection

Ce mode de transfert thermique implique un **déplacement macroscopique** de **matière** et concerne donc les **fluides**, **liquides** ou **gazeux**.
Dans les fluides, une variation de température modifie localement la **masse volumique** du fluide, ce qui entraîne un **mouvement d'ensemble** du fluide (les parties chaudes, plus légères, ont tendance à s'élever) : c'est le phénomène de convection naturelle.

Le rayonnement

Un **corps chaud** (le Soleil, par exemple) émet un **rayonnement électromagnétique** qui transporte de l'énergie susceptible d'échauffer le corps qui la reçoit.
Contrairement aux transferts thermiques par **conduction** ou **convection** qui nécessitent la présence d'un **milieu matériel**, un transfert thermique par **rayonnement** peut se produire dans le **vide**.

CONDUCTION THERMIQUE

Flux thermique

Le **flux thermique** Φ_x (ou **flux de chaleur**) selon une direction (Ox) orthogonale à une paroi plane est la **quantité de chaleur** Q qui traverse une **surface isotherme** S par **unité de temps** :

$$\Phi_x = \frac{Q}{\Delta t}$$

Paroi plane (surface latérale S)

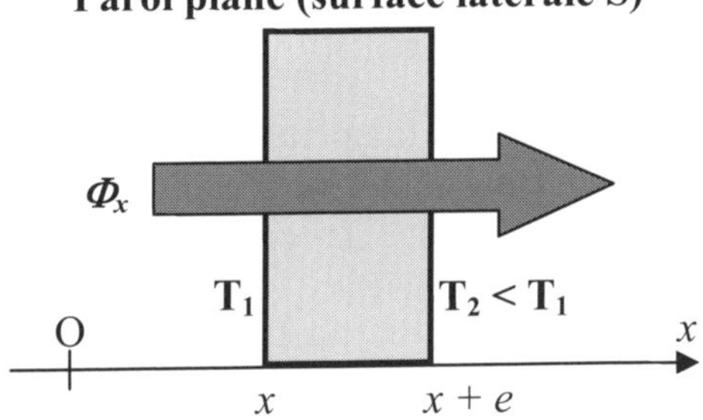

Ce transfert d'énergie interne sous forme thermique s'effectue **spontanément** et **irréversiblement,** de la face la **plus chaude** vers la face la **plus froide** de la paroi. Le flux thermique Φ s'exprime en $J.s^{-1}$ ou W.

Loi de Fourier unidimensionnelle

La **loi de Fourier unidimensionnelle** rend compte d'une manière empirique du phénomène de conduction thermique en reliant le **flux thermique** selon l'axe (Ox) à la **variation** de la **température** selon cette direction :

$$\Phi_x = -\lambda S \frac{dT}{dx}$$

Le coefficient $\lambda > 0$, est la **conductivité thermique** du corps étudié. Elle s'exprime en $W.m^{-1}.K^{-1}$.

Matériau	λ ($W.m^{-1}.K^{-1}$)	Remarques
polystyrène expansé	0,004	Mauvais conducteurs thermiques
air	0,026	
laine de verre	0,04	
bois	0,25	Conducteurs thermiques moyens
eau	0,6	
béton	0,92	
verre	1,2	
acier	16	Excellents conducteurs thermiques
cuivre	390	

Quelques valeurs de conductivités thermiques

REMARQUES :

- Le signe «–» indique que le **flux thermique** est dirigé dans le **sens** des **températures décroissantes** ;
- Le terme $\frac{dT}{dx}$ est appelé « **gradient de température** ».
- A priori, la température T dans le matériau dépend à la fois du temps t et de l'abscisse x : $T(x, t)$. Néanmoins dans l'hypothèse du régime permanent dans laquelle nous nous placerons cette année, T est indépendante de t : $T(x)$.

Température à l'intérieur d'une paroi plane en régime permanent

Soit une paroi plane, d'épaisseur e et de surface latérale S, constituée d'un matériau homogène de conductivité thermique λ. On suppose que les deux faces de la paroi sont portées aux températures constantes T_1 et T_2 telles que $T_1 > T_2$.

En **régime permanent**, le **flux thermique** traversant la paroi est **constant** :

$$\Phi_x = -\lambda S \frac{dT}{dx} = \text{cste} \Rightarrow \frac{dT}{dx} = \text{cste}$$

La **température** T, **indépendante** du **temps** t, est donc une **fonction affine** de x :

$$\boxed{T = a\,x + b}$$

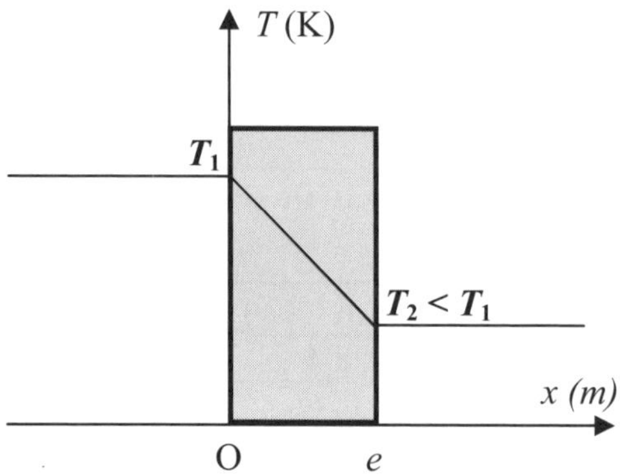

Température dans une paroi plane en régime permanent

Les conditions aux limites spatiales imposent :
$T(x = 0) = T_1 = b$

$$T(x = e) = T_2 = a\,e + T_1 \quad \Rightarrow a = \frac{T_2 - T_1}{e} < 0$$

$$\Rightarrow \boxed{T = \left(\frac{T_2 - T_1}{e}\right) x + T_1}$$

○ Résistance thermique d'une paroi plane

En régime permanent, le flux traversant une paroi d'épaisseur e et de surface S est, compte tenu de l'expression précédente de la température :

$$\Phi_x = -\lambda\, S\, \frac{dT}{dx} = -\lambda\, S \left(\frac{T_2 - T_1}{e}\right)$$

$$\Phi_x = -\left(\frac{\lambda S}{e}\right)(T_2 - T_1) = \frac{(T_1 - T_2)}{\left(\dfrac{e}{\lambda S}\right)}$$

Par analogie avec l'électricité, on peut introduire une résistance thermique R_{th} liant le flux thermique traversant la paroi plane à la différence de température entre ses faces :

$$\boxed{\Phi_x = \frac{T_1 - T_2}{R_{th}}}$$

avec : $$\boxed{R_{th} = \left(\frac{e}{\lambda\, S}\right)}$$

La résistance thermique R_{th} s'oppose à la propagation de la chaleur entre les deux faces de la paroi : elle s'exprime en $K.W^{-1}$.

Analogie électrique

En régime permanent, par analogie avec l'électricité (loi d'Ohm) nous pouvons mettre en parallèle les deux expressions suivantes :

$V_1 - V_2 = R\,I$

$$T_1 - T_2 = \left(\frac{e}{\lambda\, S}\right) \Phi_x$$

Conduction électrique	Conduction thermique
I (intensité du courant)	Φ_x (flux thermique)
$V_1 - V_2$ (différence de potentiel)	$T_1 - T_2$ (différence de température)
R (résistance électrique)	$R_{th} = \left(\frac{e}{\lambda\, S}\right)$ (résistance thermique)
	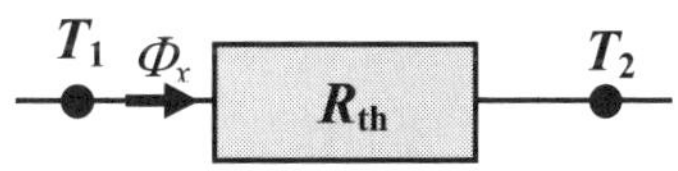
$V_1 - V_2 = R\,I$	$T_1 - T_2 = \left(\frac{e}{\lambda\, S}\right) \Phi_x$

Association de résistances thermiques

▸ Parois planes en série

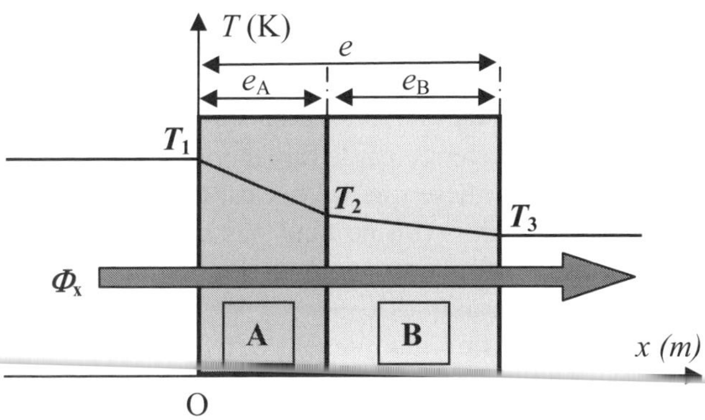

Soient A et B deux parois planes dont la surface latérale est S, d'épaisseurs respectives e_A et e_B. Chaque paroi est composée d'un matériau homogène de conductivité thermique respective λ_A et λ_B.

On considère que le contact entre chaque couche est parfait ce qui signifie que la température à l'interfaces entre deux parois est identique dans chaque matériaux (pas de saut de température au passage d'une interface).

En régime permanent, le flux thermique est constant :

$$\Phi_x = \frac{(T_1 - T_3)}{\left(\dfrac{e}{\lambda S}\right)} = \frac{(T_1 - T_2)}{\left(\dfrac{e_A}{\lambda S}\right)} = \frac{(T_2 - T_3)}{\left(\dfrac{e_B}{\lambda S}\right)} = \text{cste}$$

Or $(T_1 - T_3) = (T_1 - T_2) + (T_2 - T_3) \Rightarrow (T_1 - T_3) = \left(\dfrac{e_A}{\lambda S}\right)\Phi_x + \left(\dfrac{e_B}{\lambda S}\right)\Phi_x$

De plus, comme : $(T_1 - T_3) = \left(\dfrac{e}{\lambda S}\right)\Phi_x \Rightarrow \left(\dfrac{e}{\lambda S}\right) = \left(\dfrac{e_A}{\lambda S}\right) + \left(\dfrac{e_B}{\lambda S}\right)$

$$\boxed{R_{th} = R_{th}(A) + R_{th}(B)}$$

▶ **Parois planes en parallèle**

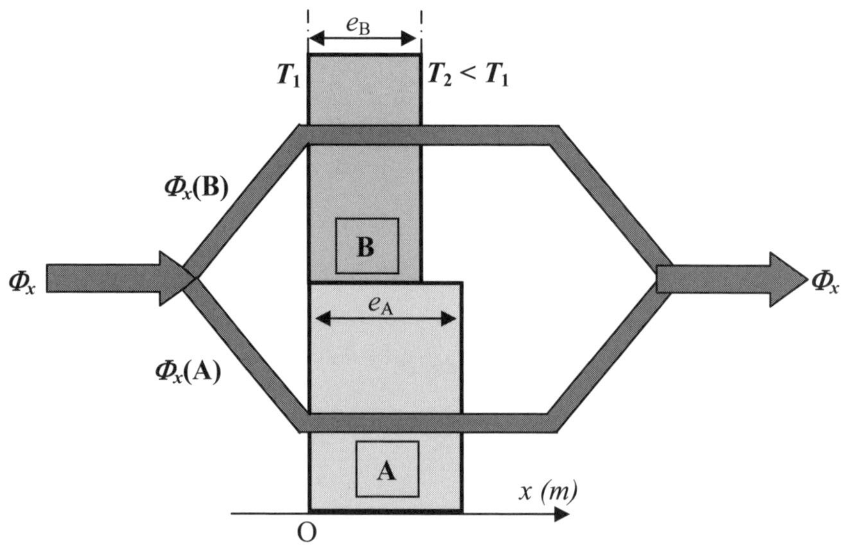

Appelons S_A et S_B les surfaces latérales respectives des parois A et B.
La surface latérale totale traversée par le flux thermique Φ_x est $S = S_A + S_B$.
Par la suite, on fait l'hypothèse que le flux est toujours perpendiculaire à l'association des deux parois (on ne tient pas compte du flux thermique existant entre A et B, nécessairement à des températures différentes, responsable d'un pont thermique).
En régime permanent, le flux total devant être constant est la somme des flux dans chaque paroi :

$$\Phi_x = \Phi_x(A) + \Phi_x(B) = \text{cste}$$

$$\Phi_x(\mathrm{A}) = \frac{(T_1 - T_2)}{\left(\dfrac{e_\mathrm{A}}{\lambda_\mathrm{A}\, S_\mathrm{A}}\right)} \quad \Leftrightarrow \quad \Phi_x(\mathrm{A}) = \frac{(T_1 - T_2)}{R_{th}(\mathrm{A})}$$

$$\Phi_x(\mathrm{B}) = \frac{(T_1 - T_2)}{\left(\dfrac{e_\mathrm{B}}{\lambda_\mathrm{B}\, S_\mathrm{B}}\right)} \quad \Leftrightarrow \quad \Phi_x(\mathrm{B}) = \frac{(T_1 - T_2)}{R_{th}(\mathrm{B})}$$

$$\Phi_x = \frac{(T_1 - T_2)}{R_{th}}$$

$$\Rightarrow \frac{(T_1 - T_2)}{R_{th}} = \frac{(T_1 - T_2)}{R_{th}(\mathrm{A})} + \frac{(T_1 - T_2)}{R_{th}(\mathrm{B})}$$

$$\Leftrightarrow \quad \boxed{\frac{1}{R_{th}} = \frac{1}{R_{th}(\mathrm{A})} + \frac{1}{R_{th}(\mathrm{B})}}$$

BILANS D'ÉNERGIE

○ Premier principe de la thermodynamique

Pour un système macroscopiquement au repos et tel que son énergie potentielle extérieure soit négligeable ou constante, le bilan d'énergie se réduit à :

$$\boxed{\Delta U = U_{\text{finale}} - U_{\text{initiale}} = W + Q}$$

Le terme W est le travail des forces extérieures, définies à l'échelle macroscopique, autre que celui du poids du système. Le travail des forces de pression fait partie de ce type de transfert d'énergie.
Le transfert thermique Q (ou chaleur), correspond à l'énergie échangée non comptabilisée dans le travail W.

REMARQUES :

- ΔU, W et Q s'expriment en joules (J).
- Pour une transformation cyclique : $\Delta U = 0$.

○ Travail des forces de pression

Pour une transformation lente, le travail total des forces de pression s'exerçant sur un système gazeux macroscopique à la pression P, passant d'un volume V_1 à un volume V_2 est :

$$\boxed{W = -\int_{V1}^{V2} P\, dV}$$

REMARQUES :

- Pour une transformation isochore (le volume est constant) : $W = 0$.
- Pour une transformation isobare (la pression est constante) : $W = -P\,(V_2 - V_1)$

o Équation d'état des gaz parfaits

Pour un système gazeux macroscopique, assimilé à un gaz parfait (monoatomique ou polyatomique), l'équation d'état est :

$$\boxed{P\,V = n\,R\,T}$$

avec P en Pa, V en m^3, n en mol et T en K.

REMARQUE : l'échelle de température utilisée est l'échelle Kelvin (K) ou échelle des températures absolues ; la relation entre température T en K et température θ en °C est $T = \theta + 273$.

✱ Exercice 1 ⏱ 15 min

Pour chaque affirmation, choisir la (ou les) bonne(s) proposition(s) :

1. Un système thermodynamique fermé peut :
☐ échanger de la matière ☐ ne pas échanger de la matière
☐ échanger de l'énergie ☐ ne pas échanger de l'énergie
avec le milieu extérieur.

2. Un système thermodynamique isolé peut :
☐ échanger de la matière ☐ ne pas échanger de la matière
☐ échanger de l'énergie ☐ ne pas échanger de l'énergie
avec le milieu extérieur.

3. L'énergie interne d'un système macroscopique est d'origine :
☐ microscopique
☐ macroscopique

4. Un système thermodynamique qui reçoit de la chaleur du milieu extérieur est tel que la variation de son énergie interne vérifie :
☐ $\Delta U < 0$
☐ $\Delta U > 0$

5. Lorsqu'un corps échange de la chaleur Q avec le milieu extérieur, sa température peut varier de T_i à T_f selon la loi :
☐ $Q = \dfrac{C}{(T_f - T_i)}$ ☐ $Q = \dfrac{(T_f - T_i)}{C}$
☐ $Q - C\,(T_f - T_i)$ ☐ $Q - C\,(T_i \quad T_f)$

6. Le mode de transfert thermique impliquant un déplacement macroscopique de matière est :
☐ la conduction
☐ la convection
☐ le rayonnement

7. En régime permanent, le flux thermique traversant une paroi de surface S, d'épaisseur e et de conductivité thermique λ est :
☐ variable
☐ constant
La température à l'intérieur du matériau constituant la paroi :
☐ est indépendante du temps
☐ dépend du temps
La résistance thermique de la paroi est :
☐ $R_{th} = \left(\dfrac{e}{\lambda S}\right)$ ☐ $R_{th} = \left(\dfrac{\lambda S}{e}\right)$

8. Pour des parois planes A et B en parallèle la résistance thermique totale vérifie :
☐ $R_{th} = R_{th}(A) + R_{th}(B)$ ☐ $\dfrac{1}{R_{th}} = \dfrac{1}{R_{th}(A)} + \dfrac{1}{R_{th}(B)}$

✱ Exercice 2 — 5 min

1. Calculer la quantité de chaleur nécessaire pour élever de 20 °C à 30 °C une masse égale à 1,0 tonne d'eau.
2. Si cette énergie thermique pouvait être transformée intégralement en énergie potentielle de pesanteur, à quelle altitude z pourrait-on soulever cette tonne d'eau ?

DONNÉES :

- champ de pesanteur terrestre, $g = 9,8\ N.kg^{-1}$;
- capacité thermique massique, $C_{m,eau} = 4185\ J.kg^{-1}.K^{-1}$.

✱ Exercice 3 — 10 min

Le foyer radiant d'une plaque vitrocéramique possède une puissance $P = 1\ 000\ W$. Il sert à chauffer, dans une casserole, un volume $V = 1,0\ L$ d'eau, de masse $m = 1,0\ kg$, de 14 °C à l'ébullition.

1. Sachant que 60% de la chaleur dégagée par le foyer radiant de la plaque vitrocéramique est emmagasinée par l'eau, calculer la durée du chauffage pour porter l'eau à ébullition.
2. Construire un diagramme énergétique représentant les échanges d'énergie correspondant à la situation étudiée. Commenter.

DONNÉE (capacité thermique massique) : $C_{m,eau} = 4,2.\ 10^3\ J.kg^{-1}.K^{-1}$

✱ Exercice 4 — 10 min

Un bloc de plomb de masse $m_1 = 280$ g préalablement porté à la température $\theta_1 = 98$ °C dans une étuve est plongé dans un calorimètre de capacité thermique $C = 209\ J.K^{-1}$ contenant une masse $m_2 = 350$ g d'eau. L'ensemble est initialement à la température $\theta_2 = 16$ °C. On mesure la température d'équilibre thermique $\theta_f = 17,7$ °C.

1. Donner l'expression littérale de chaleur cédée par le plomb.
2. Donner l'expression littérale de la chaleur reçue par l'eau et le calorimètre.
3. En déduire la capacité thermique massique $C_{m,plomb}$ du plomb.

DONNÉE (capacité thermique massique) : $C_{m,eau} = 4,2.\ 10^3\ J.kg^{-1}.K^{-1}$.

✱ Exercice 5

10 min

Dans un calorimètre de capacité thermique C = 40 J.K^{-1}, contenant une masse m_2 = 200 g d'eau, l'ensemble étant initialement à la température θ_2 = 18 °C, on introduit un morceau de fer de masse m_1 = 50 g à la température θ_1 = 100 °C.

1. Donner l'expression littérale de chaleur cédée par le fer.
2. Donner l'expression littérale de la chaleur reçue par l'eau et le calorimètre.
3. En déduire la température d'équilibre θ_f du calorimètre.

DONNÉES (capacités thermiques massiques) :

$C_{m,eau}$ = 4,2 kJ.kg^{-1}.K^{-1}
$C_{m,fer}$ = 420 J.kg^{-1}.K^{-1}

✱✱ Exercice 6

10 min

Pour déterminer la capacité thermique C d'un calorimètre, on place dans celui-ci une masse m_1 = 500 g d'eau. La température initiale de l'ensemble est θ_1 = 15 °C. On ajoute alors dans la calorimètre une masse m_2 = 400 g d'eau prise à la température θ_2 = 80 °C. La température d'équilibre s'établit à θ_f = 42 °C.

1. Donner l'expression littérale de chaleur cédée par l'eau chaude.
2. Donner l'expression littérale de la chaleur reçue par l'eau froide et le calorimètre.
3. En déduire la capacité thermique du calorimètre.

DONNÉE (capacité thermique massique) : $C_{m,eau}$ = 4,2. 10^3 J.kg^{-1}.°K^{-1}.

✱✱ Exercice 7

10 min

Dans un calorimètre contenant initialement une masse d'eau m_{eau} = 200 g à la température T_i = 20 °C, on ajoute un glaçon de masse m = 20,0 g dont la température est T_0 = 0 °C. On suppose que la capacité thermique du calorimètre est négligeable et on fait l'hypothèse que toute la glace fond.

1. Décrire le phénomène observé en termes d'échanges de chaleur.
2. Calculer la valeur T_f de la température finale atteinte par l'eau emprisonnée dans le calorimètre.

DONNÉES :

Chaleur latente massique de fusion de la glace : L_{fusion} = 332 kJ.kg^{-1}
Capacité thermique massique de l'eau liquide : C_m = 4,18 kJ.kg^{-1}.°C^{-1}.

✱✱ Exercice 8 — 15 min

Un ballon d'eau chaude électrique a une capacité de 240 L. Le réchauffage de l'eau s'effectue en tarif de nuit de 22 H 30 à 6 H 30. L'eau est portée de 10 °C à 85 °C.

1. Calculer la chaleur reçue par l'eau du ballon.
2. Quelle doit-être la puissance électrique minimum du chauffe-eau électrique ?
3. Calculer le coût de la consommation électrique si le kWh est facturé 0,0895 euros TTC en heure creuse.
4. À 6 H 30 on effectue un premier puisage de 80 L d'eau. Le remplissage du ballon se fait avec de l'eau à 10 °C. Calculer la température finale de l'eau du ballon.
5. Un second puisage à 12 h 30 donne de l'eau à 57 °C. En déduire la puissance moyenne perdue sous forme thermique par le ballon.

DONNÉES : $C_{m,eau} = 4186$ J kg^{-1} K^{-1} ; $\rho_{eau} = 1000$ kg.m^{-3}.

✱✱ Exercice 9 — 15 min

Dans tout l'exercice on se place en régime permanent.

1. Calculer la résistance thermique d'une vitre de 3,5 mm d'épaisseur et de surface 1,0 m^2.
2. Calculer le flux thermique traversant cette vitre sachant que la température de la face interne de la vitre est égale à 20 °C, celle de la face externe est égale à 5°C.
3. Calculer la résistance thermique d'un mur de brique de 26 cm d'épaisseur de 3,5 et de surface 1,0 m^2.
4. Calculer le flux thermique traversant ce mur de brique sachant que la température de la face interne de la brique est égale à 20 °C, celle de la face externe étant égale à 5 °C.
5. Quelle conclusion peut-on en tirer concernant les pertes thermiques dans une habitation ?

   Données : conductivité thermique du verre, $\lambda_{verre} = 0,7$ W.m^{-1}.K^{-1} ; conductivité thermique de la brique, $\lambda_{brique} = 0,52$ W.m^{-1}.K^{-1}.

✱✱ Exercice 10 — 20 min

Un double vitrage est constitué de deux plaques de verre séparées par une couche d'air sec immobile. L'épaisseur de chaque vitre est $e_1 = 3,5$ mm et celle de la couche d'air est $e_2 = 12$ mm. La conductivité thermique du verre est $\lambda_{verre} = 0,7$ W.m^{-1}.°C^{-1} et celle de l'air est $\lambda_{air} = 0,024$ W.m^{-1}.°C^{-1} sur le domaine de température étudié. Dans tout l'exercice on se place en régime permanent.

1. Calculer la résistance thermique associée au double vitrage.
2. Calculer le flux thermique traversant le double vitrage de surface $S = 1{,}0\ m^2$ sachant que la température de sa face interne est égale à 20 °C, celle de sa face externe étant égale à 5 °C. Comparer ce flux avec celui d'un simple vitrage.
3. Calculer la chaleur traversant le double-vitrage en 24 heures.
4. Quelle est l'allure du profil de température dans chaque matériau constituant le double vitrage ? Justifier.

✱✱ Exercice 11 — 15 min

Deux plaques, de même surface S, de conductivité thermique λ_1 et λ_2, de capacités thermiques massiques $C_{m,1}$ et $C_{m,2}$, d'épaisseurs respectives L_1 et L_2, sont mises bout à bout, le contact s'établissant en $x = 0$. On maintient les extrémités $x = -L_1$ et $x = L_2$ aux températures respectives T_1 et T_2. On étudie un régime permanent pour lequel la température est indépendante du temps t.
1. Établir l'expression de $T(x)$ dans les deux plaques en fonction de T_1, T_2, x, L_1, L_2 et de la température T_i en $x = 0$.
2. Exprimer T_i en fonction de T_1 et T_2.
3. La température T_1 correspond à 37 °C (main) et T_2 à 20 °C (acier ou bois). On suppose $L_1 = L_2$. Calculer T_i pour un contact main-bois puis pour un contact main-acier. Commenter.

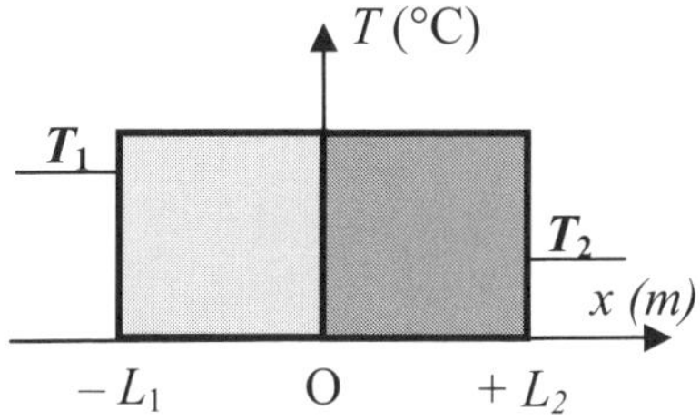

DONNÉES :

$\lambda_1 = 10\ W.m^{-1}.K^{-1}$ (main)
$\lambda_2 = 1\ W.m^{-1}.K^{-1}$ (bois)
$\lambda_2 = 100\ W.m^{-1}.K^{-1}$ (bois)

✱✱ Exercice 12 — 15 min

Un gaz parfait initialement dans l'état A(P_0, V_0, T_0) décrit un cycle de transformations supposées infiniment lentes et mécaniquement réversibles :
- compression isobare jusqu'à l'état B ($V_1 = V_0 / 2$) ;
- échauffement isochore jusqu'à l'état C ($T_2 = T_0$) ;
- détente isotherme de C à A.

Le cycle est représenté dans un diagramme de Clapeyron (P, V) :

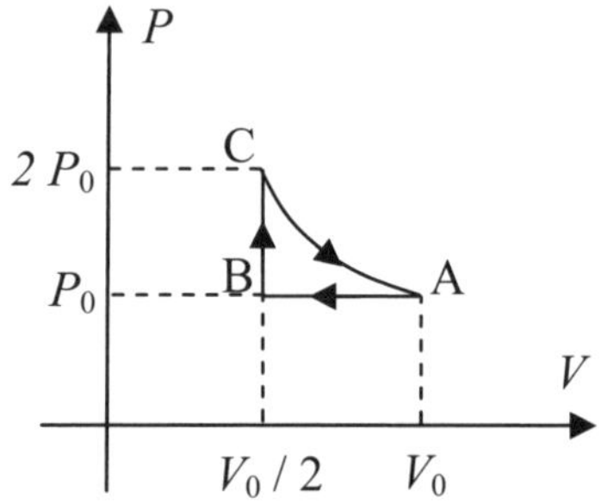

1. Rappeler l'équation d'état d'un gaz parfait.
2. Calculer pour chaque étape le travail des forces de pression reçue par le système gaz.
3. Quel est le travail total au cours du cycle ? Ce cycle est-il moteur ou récepteur ?
4. Quelle est la chaleur échangée par le gaz avec le milieu extérieur pendant le cycle ?

DONNÉES :

$V_0 = 1{,}0$ L ; $P_0 = 1013$ hPa

Une primitive de $\left(\frac{u'}{u}\right)$ est ln (u) + cste.

Contrôle

90 min / 20 pts

Exercice 1

60 min / 10 pts

Double vitrage

On se propose d'étudier les problèmes d'isolation thermique en comparant un simple vitrage et un double vitrage. Le simple vitrage est constitué d'un carreau de verre d'épaisseur e_1 = 4 mm. Le double-vitrage est constitué de deux carreaux de verre, chacun d'épaisseur e_1 = 4 mm et séparés par une lame d'air d'épaisseur e_2 = 12 mm. La surface des carreaux est $S = 2{,}0\ \text{m}^2$. Dans tout l'exercice on suppose que le régime permanent est atteint.

DONNÉES :

- conductivité thermique du verre $\lambda_{\text{verre}} = 1{,}15\ \text{W.m}^{-1}.\text{K}^{-1}$
- conductivité thermique de l'air sec et immobile $\lambda_{\text{air}} = 0{,}025\ \text{W.m}^{-1}.\text{K}^{-1}$
- température ambiante intérieure $\theta_i = 20\ °\text{C}$
- température ambiante extérieure $\theta_e = 2\ °\text{C}$

A) Simple vitrage

1. Étude du simple vitrage en conduction pure

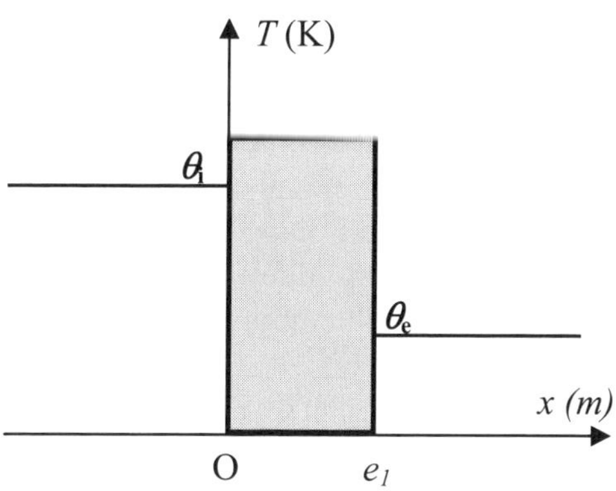

a) Préciser les caractéristiques du mode de transfert thermique appelé conduction. **(0,5 pt)**

b) Calculer la résistance thermique R_{th}(verre) du simple vitrage. **(0,5 pt)**

c) Calculer le flux thermique Φ_x traversant le simple vitrage. **(0,5 pt)**

d) Déterminer numériquement le profil de température dans le simple vitrage. **(2 pts)**

2. Prise en compte des échanges thermiques superficiels

Dans la pratique, en plus de la conduction étudiée ci-dessus, on doit tenir compte des échanges thermiques superficiels entre le verre l'air. Une surface de verre à la température θ_S échange avec l'air en mouvement à la température θ_f, le flux thermique :

$$\Phi_x' = hS\,(\theta_f - \theta_S) \text{ (Loi de Newton)}$$

Le coefficient d'échange h air-verre dépend, entre autre, de la vitesse du courant d'air.

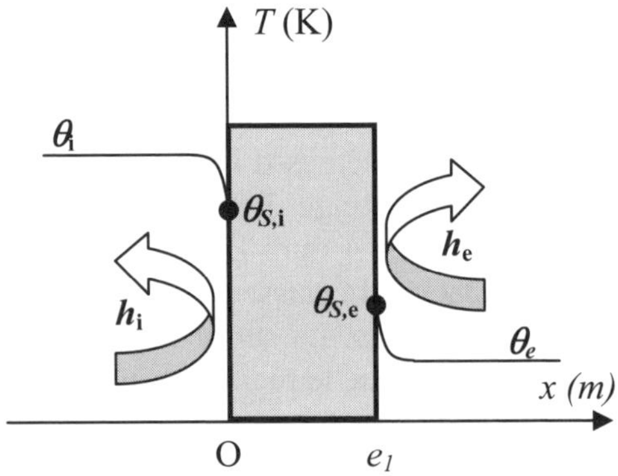

DONNÉES :

– coefficient d'échange verre-air à l'intérieur : $h_i = 8$ W.m^{-2}.K^{-1}
– coefficient d'échange verre-air à l'extérieur : $h_e - 23$ W.m^{-2}.K^{-1}

a) Quel type de transfert thermique est associé au phénomène évoqué ci-dessus ? **(0,5 pt)**

b) Montrer que ces échanges superficiels introduisent deux nouvelles résistances thermiques dont on donnera les expressions. **(1,5 pt)**

c) Calculer la résistance thermique R_{th} équivalente à l'association en série des deux résistances de la question précédente et de la résistance liée à la conduction de la chaleur dans le verre. **(0,5 pt)**

d) Calculer le flux thermique Φ_x' traversant le simple vitrage dans ces conditions. Quelle conclusion peut-on en tirer ? **(0,5 pt)**

e) Afin de de modéliser encore plus fidèlement la réalité, il faudrait tenir compte d'un troisième transfert thermique : duquel s'agit-il ? **(0,5 pt)**

B) Double vitrage

On ne tient compte dans cette partie que du phénomène de conduction.

3. Calculer la résistance thermique R_{th} (double) du double vitrage. **(1 pt)**

4. Calculer le flux thermique Φ_x (double) traversant le double vitrage. **(1 pt)**

5. Comparer le résultat obtenu avec celui de la question 1. c). **(1 pt)**

Exercice 2 — 15 min / 5 pts

Chaleur et travaux échangés avec l'extérieur

On effectue de 3 manières différentes une compression qui amène un mélange air-essence, assimilé à un gaz parfait, de l'état 1 à l'état 2 avec :

$$\text{état 1} : \begin{cases} P_1 = 1{,}0 \text{ bar} \\ V_1 = 3{,}0 \text{ litres} \end{cases} \qquad \text{état 2} : \begin{cases} P_2 = 3{,}0 \text{ bar} \\ V_2 = 1{,}0 \text{ litre} \end{cases}$$

La première évolution est isochore puis isobare, la deuxième est isobare puis isochore, la troisième est isotherme ($P.V$ = Cte). Le diagramme de Clapeyron (P, V) de la troisième transformation est donné ci-après :

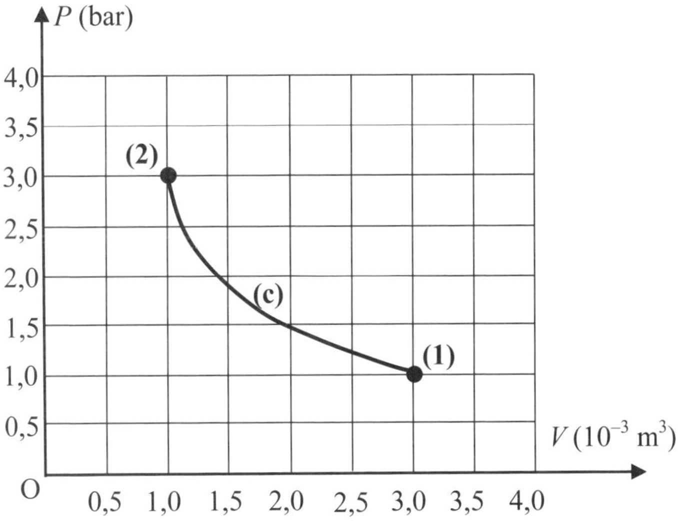

1. Représentez les deux premières transformations sur le diagramme de Clapeyron (P, V). **(1 pt)**
2. Pour le mélange gazeux air-essence on a $\Delta U = C_V.\Delta T$. En outre on rappelle que U est une fonction d'état : sa variation dépend de l'état initial et de l'état final mais pas du chemin suivi entre ceux-ci.

a) Donner la signification de la fonction thermodynamique U. **(1 pt)**

b) Calculer ΔU entre les états (1) et (2). **(1 pt)**

3. Calculez les travaux des forces de pression dans les 3 cas. **(1 pt)**
4. En déduire les chaleurs échangées : sont-elles reçues ou évacuées par le système {air-essence] ? **(1 pt)**

DONNÉES : 1 bar = 10^5 Pa ; une primitive de $\left(\frac{u'}{u}\right)$ est ln (u) + cste

Exercice 3 — 15 min / 5 pts

Calorimétrie

1. Un calorimètre contient une masse m_1= 500 g d'eau à température θ_1 = 19,0 °C. On y introduit une masse m_2= 150 g d'eau à la température θ_2 = 25,7 °C. La température finale est θ_f = 20,5 °C. Calculer la capacité thermique C du calorimètre. **(1 pt)**
2. Dans le même calorimètre contenant maintenant 750 g d'eau à 19 °C, on immerge un bloc de cuivre de 550 g porté à 92 °C. La température finale est 23,5 °C. Quelle est la capacité thermique massique $C_{m,cuivre}$ du cuivre ? **(2 pts)**
3. Quelle quantité de soda peut-on refroidir de 30 °C à 10 °C avec un cube de glace de 25 g qui sort du réfrigérateur à 0 °C ? **(2 pts)**

DONNÉES :

– capacité thermique massique $C_{m,eau} = C_{m,soda} = 4,2.10^3$ J.K^{-1}.kg^{-1} ;

– chaleur latente de fusion de la glace : L_{fusion} = 335 kJ.kg^{-1}.

Corrigé des exercices

Corrigé 1

Pour chaque affirmation, choisir la (ou les) bonne(s) proposition(s) :

1. Un système thermodynamique fermé peut :
☐ échanger de la matière ☑ ne pas échanger de la matière
☑ échanger de l'énergie ☐ ne pas échanger de l'énergie
avec le milieu extérieur.

2. Un système thermodynamique isolé peut :
☐ échanger de la matière ☑ ne pas échanger de la matière
☐ échanger de l'énergie ☑ ne pas échanger de l'énergie
avec le milieu extérieur.

3. L'énergie interne d'un système macroscopique est d'origine :
☑ microscopique
☐ macroscopique

4. Un système thermodynamique qui reçoit de la chaleur du milieu extérieur est tel que la variation de son énergie interne vérifie :
☐ $\Delta U < 0$
☑ $\Delta U > 0$

5. Lorsqu'un corps échange de la chaleur Q avec le milieu extérieur, sa température peut varier de T_i à T_f selon la loi :

☐ $Q = \dfrac{C}{(T_f - T_i)}$ ☐ $Q = \dfrac{(T_f - T_i)}{C}$

☑ $Q = C\,(T_f - T_i)$ ☐ $Q = C\,(T_i - T_f)$

6. Le mode de transfert thermique impliquant un déplacement macroscopique de matière est :
☐ la conduction
☑ la convection
☐ le rayonnement

7. En régime permanent, le flux thermique traversant une paroi de surface S, d'épaisseur e et de conductivité thermique λ est :
☐ variable
☑ constant
La température à l'intérieur du matériau constituant la paroi :
☑ est indépendante du temps
☐ dépend du temps
La résistance thermique de la paroi est :

☑ $R_{th} = \left(\dfrac{e}{\lambda S}\right)$ ☐ $R_{th} = \left(\dfrac{\lambda S}{e}\right)$

8. Pour des parois planes A et B en parallèle la résistance thermique totale vérifie :

☐ $R_{th} = R_{th}(A) + R_{th}(B)$ ☑ $\dfrac{1}{R_{th}} = \dfrac{1}{R_{th}(A)} + \dfrac{1}{R_{th}(B)}$

Corrigé 2

1. $\boxed{Q = m\,C_{m,eau}\,(\theta_f - \theta_i)}$

   A.N. : $Q = 1{,}0.10^3 \times 4185 \times (30 - 20) = \mathbf{4{,}2.10^8\ J}$.

   REMARQUE : il n'est pas nécessaire d'exprimer les températures en K puisque dans la formule permettant de calculer Q c'est une différence de température qui intervient.

2. $E_{PP} = m\,g\,z \Rightarrow z = \dfrac{E_{PP}}{m\,g} \Rightarrow \boxed{z = \dfrac{Q}{m\,g}}$ si $E_{PP} = Q$.

   A.N. : $z = \dfrac{4{,}2.10^7}{1{,}0.10^3 \times 9{,}8} = \mathbf{4{,}3.10^3\ m = 4{,}3\ km}$ **!**

Corrigé 3

1. Si P désigne la puissance fournie par la plaque vitrocéramique, la puissance utile permettant l'élévation de la température du système {eau} est :

   $$P_{utile} = 0{,}6 \times P$$

   La chaleur reçue par l'eau pour élever sa température de θ_i à θ_f est :
   $Q = m\,C_{m,eau}\,(\theta_f - \theta_i)$

   Si Δt désigne la durée du chauffage pour porter l'eau de la température θ_i à la température θ_f on a :

   $$Q = P_{utile} \times \Delta t \Rightarrow \boxed{\Delta t = \frac{Q}{P_{utile}}} \text{ soit } \boxed{\Delta t = \frac{m\,C_{m,eau}\,(\theta_f - \theta_i)}{0{,}6 \times P}}$$

   A.N. : $\Delta t = \dfrac{1{,}0 \times 4{,}2.10^3\,(100 - 14)}{0{,}6 \times 1000} = \mathbf{6{,}0.10^2\ s = 10\ mn}$.

   REMARQUE : une puissance s'exprime en W et est homogène à des $J.s^{-1}$.

2. Pour un état condensé (liquide ou solide) $\Delta U = Q$.

   $\Rightarrow$ si $Q > 0$ alors $\boxed{\Delta U > 0}$

   Lors du chauffage, la température de l'eau augmente, donc son énergie interne U croît. L'élévation de la température de l'eau se traduit au niveau microscopique par une augmentation de l'agitation moléculaire dans tout le volume occupé par l'eau de la casserole.

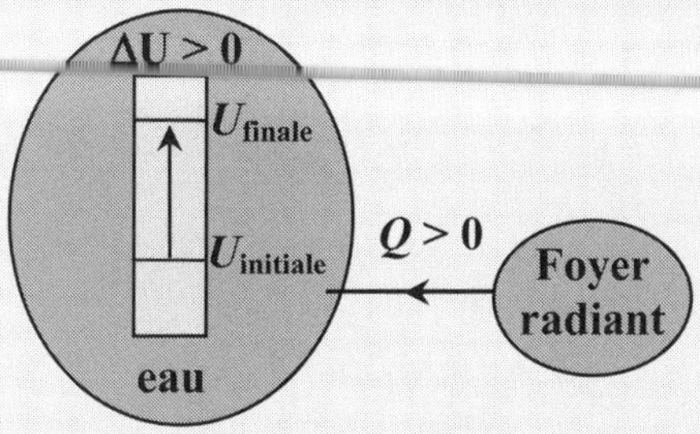

Corrigé 4

1. La quantité de chaleur Q_1 cédée par le bloc de plomb est :
$\boxed{Q_1 = m_1\,C_{m,\,plomb}\,(\theta_f - \theta_1)}$
2. La quantité de chaleur reçue par l'eau et le calorimètre est :
$\boxed{Q_2 = m_2\,C_{m,\,eau}\,(\theta_f - \theta_2) + C\,(\theta_f - \theta_2)}$
3. Le système {eau + calorimètre + plomb} étant isolé : $Q = Q_1 + Q_2 = 0$
$\Rightarrow m_1\,C_{m,\,plomb}\,(\theta_f - \theta_1) + m_2\,C_{m,\,eau}\,(\theta_f - \theta_2) + C\,(\theta_f - \theta_2) = 0$
$m_1\,C_{m,\,plomb}\,(\theta_f - \theta_1) = -\,(m_2\,C_{m,\,eau} + C)\,(\theta_f - \theta_2)$
$$C_{m,\,plomb} = \frac{-\left(m_2\,C_{m,eau} + C\right)\left(\theta_f - \theta_2\right)}{m_1\left(\theta_f - \theta_1\right)}$$
$$\boxed{C_{m,\,plomb} = \frac{\left(m_2\,C_{m,eau} + C\right)\left(\theta_2 - \theta_f\right)}{m_1\left(\theta_f - \theta_1\right)}}$$
A.N. : $C_{m,\,plomb} = \dfrac{\left(350.10^{-3}\times 4{,}18.10^{3} + 209\right)\,\left(17{,}7 - 16\right)}{280.10^{-3}\left(98 - 17{,}7\right)}$
$C_{m,\,plomb} = \mathbf{1{,}26.10^{2}\ J.kg^{-1}.K^{-1}}$

Corrigé 5

1. La quantité de chaleur Q_1 cédée par le bloc de fer est :
$\boxed{Q_1 = m_1\,C_{m,\,plomb}\,(\theta_f - \theta_1)}$
2. La quantité de chaleur reçue par l'eau et le calorimètre est :
$\boxed{Q_2 = m_2\,C_{m,\,eau}\,(\theta_f - \theta_2) + C\,(\theta_f - \theta_2)}$
3. Le système {eau + calorimètre + fer} étant isolé : $Q = Q_1 + Q_2 = 0$
$\Rightarrow m_1\,C_{m,\,fer}\,(\theta_f - \theta_1) + m_2\,C_{m,\,eau}\,(\theta_f - \theta_2) + C\,(\theta_f - \theta_2) = 0$
$m_1\,C_{m,\,fer}\,(\theta_f - \theta_1) = -\,(m_2\,C_{m,\,eau} + C)\,(\theta_f - \theta_2)$
$m_1\,C_{m,\,fer}\,\theta_f - m_1\,C_{m,\,fer}\,\theta_1 = -\,(m_2\,C_{m,\,eau} + C)\,\theta_f + (m_2\,C_{m,\,eau} + C)\,\theta_2$
$(m_1\,C_{m,\,fer} + m_2\,C_{m,\,eau} + C)\,\theta_f = m_1\,C_{m,\,fer}\,\theta_1 + (m_2\,C_{m,\,eau} + C)\,\theta_2$
$$\boxed{\theta_f = \frac{m_1\,C_{m,\,fer}\,\theta_1 + \left(m_2\,C_{m,\,eau} + C\right)\theta_2}{\left(m_1\,C_{m,\,fer} + m_2\,C_{m,\,eau} + C\right)}}$$
A.N. :
$$\theta_f = \frac{50.10^{-3}\times 420\times\left(100+273\right) + \left(200.10^{-3}\times 4{,}2.10^{3} + 40\right)\left(18+273\right)}{\left(50.10^{-3}\times 420 + 200.10^{-3}\times 4{,}2.10^{3} + 40\right)}$$
$\theta_f \approx$ **293 K = 20 °C**.

Corrigé 6

1. La quantité de chaleur Q_2 fournit par l'eau chaude est :

$$\boxed{Q_2 = m_2\, C_{m,\,eau}\,(\theta_f - \theta_2)}$$

2. La quantité de chaleur reçue par l'ensemble {eau froide + calorimètre} est :

$$\boxed{Q_1 = m_1\, C_{m,\,eau}\,(\theta_f - \theta_1) + C\,(\theta_f - \theta_1)}$$

3. Le système {eau froide + calorimètre + eau chaude} étant isolé :

$Q = Q_1 + Q_2 = 0$

$\Rightarrow m_1\, C_{m,\,eau}\,(\theta_f - \theta_1) + C\,(\theta_f - \theta_1) + m_2\, C_{m,\,eau}\,(\theta_f - \theta_2) = 0$

$C\,(\theta_f - \theta_1) = -\, m_1\, C_{m,\,eau}\,(\theta_f - \theta_1) - m_2\, C_{m,\,eau}\,(\theta_f - \theta_2)$

$$\boxed{C = \frac{m_1 C_{m,\,eau}\left(\theta_f - \theta_1\right) + m_2 C_{m,\,eau}\left(\theta_f - \theta_2\right)}{\left(\theta_1 - \theta_f\right)}}$$

$$\text{A.N. : } C = \frac{500.10^{-3} \times 4{,}2.10^3\ \left(42-15\right) + 400.10^{-3} \times 4{,}2.10^3\left(42-80\right)}{\left(15-42\right)}$$

$C =$ **2,6.10² J.°C⁻¹**.

Corrigé 7

1. Lors de l'expérience, l'eau liquide initialement à la température T_i = 20 °C va se refroidir jusqu'à la température T_f en transférant de l'énergie thermique au glaçon pour, dans un premier temps, le faire fondre, puis élever la température de l'eau de fonte de T_0 = 0 °C à T_f.

2. La quantité de chaleur cédée par l'eau liquide qui se refroidit en passant de la température T_i à la température $T_f < T_i$ est :

$Q_1 = m_{eau}\, C_m\,(T_f - T_i) < 0$

La quantité de chaleur reçue par le glaçon pour le faire fondre est :

$Q_2 = \text{m}\, L_{fusion} > 0$

La quantité de chaleur reçue par l'eau de fonte du glaçon pour passer de la température T_0 à la température $T_f > T_0$ est :

$Q_3 = m\, C_m\,(T_f - T_0) > 0$

Le calorimètre étant parfait on a : $Q = Q_1 + Q_2 + Q_3 = 0$.

$m_{eau}\, C_m\,(T_f - T_i) + m\, L_{fusion} + m\, C_m\,(T_f - T_0) = 0$

$$\text{D'où : } \boxed{T_f = \frac{\left(m_{eau} C_{m,} T - m L_{fusion} - m C_m T_0\right)}{C_m\left(m_{eau} + m\right)}}$$

$$\text{A.N. : } T_f = \frac{\left(200.10^{-3} \times 4{,}18.10^3 \times 20 - 20{,}0.10^{-3} \times 322.10^3\right)}{4{,}18.10^3\left(200.10^{-3} + 20{,}0.10^{-3}\right)} = \mathbf{11\ °C}.$$

Corrigé 8

1. La chaleur reçue par le système {eau} est :
$Q = m\,C_{\text{m, eau}}\,(\theta_f - \theta_i)$ avec $m = \rho_{\text{eau}}\,V \Rightarrow \boxed{Q = \rho_{\text{eau}}\,V\,C_{\text{m, eau}}\,(\theta_f - \theta_i)}$
A.N. : $Q = 1\,000 \times 240.10^{-3} \times 4186 \times (85 - 10) = \mathbf{7{,}5.10^7\ J}$
Remarque : $1{,}0\ \text{L} = 1{,}0.10^{-3}\ \text{m}^3$

2. La puissance électrique minimum P nécessaire au chauffage de l'eau du ballon pendant une durée Δt est :
$\boxed{P = \dfrac{Q}{\Delta t}}$ A.N. : $P = \dfrac{7{,}5.10^7}{8 \times 3600} = \mathbf{2{,}6.10^3\ W = 2{,}6\ kW.}$
REMARQUE : $1\ \text{W} = 1\ \text{J.s}^{-1}$.

3. Le coût de la consommation électrique est : $2{,}6 \times 8 \times 0{,}0895 = \mathbf{1{,}9}$ **euro**.

4. Il reste dans le ballon $V_1 = 160$ L d'eau à $\theta_1 = 85$ °C. Cette eau chaude cède de l'énergie à $V_2 = 80$ L d'eau froide initialement à $\theta_2 = 10$°C. Désignons par θ_f la température d'équilibre de l'eau du ballon.
La chaleur cédée par l'eau chaude est : $Q_1 = m_1\,C_{\text{m, eau}}\,(\theta_f - \theta_1)$
$Q_1 = \rho_{\text{eau}}\,V_1\,C_{\text{m, eau}}\,(\theta_f - \theta_1)$
La chaleur reçue par l'eau froide est : $Q_2 = m_2\,C_{\text{m, eau}}\,(\theta_f - \theta_2)$
$Q_2 = \rho_{\text{eau}}\,V_2\,C_{\text{m, eau}}\,(\theta_f - \theta_2)$
Le système {eau froide + eau chaude} étant isolé : $Q = Q_1 + Q_2 = 0$
$\rho_{\text{eau}}\,V_1\,C_{\text{m, eau}}\,(\theta_f - \theta_1) + \rho_{\text{eau}}\,V_2\,C_{\text{m, eau}}\,(\theta_f - \theta_2) = 0$
$\rho_{\text{eau}}\,(V_1 + V_2)\,C_{\text{m, eau}}\,\theta_f - \rho_{\text{eau}}\,(V_1\,\theta_1 + V_2\,\theta_2)\,C_{\text{m, eau}} = 0$

$$\boxed{\theta_f = \frac{(V_1\,\theta_1 + V_2\,\theta_2)}{(V_1 + V_2)}}$$

A.N. : $\theta_f = \dfrac{(160 \times 85 + 80 \times 10)}{(160 + 80)} = \mathbf{60\ °C}$.

5. La chaleur perdue par l'eau du ballon est :
$Q = m\,C_{\text{m, eau}}\,(\theta_f - \theta_i)$ avec $m = \rho_{\text{eau}}\,V \Rightarrow \boxed{Q = \rho_{\text{eau}}\,V\,C_{\text{m, eau}}\,(\theta_f - \theta_i)}$
A.N. : $Q = 1\,000 \times 240.10^{-3} \times 4186 \times (57 - 60) = \mathbf{-\,3{,}0.10^6\ J}$
La puissance moyenne perdue par l'eau du ballon sous forme thermique pendant une durée de 6 H 00 est :
$\boxed{P = \dfrac{|Q|}{\Delta t}}$ A.N. : $P = \dfrac{3{,}0.10^6}{6 \times 3600} = \mathbf{1{,}4.10^2\ W}$.

Corrigé 9

1. $\boxed{R_{\text{th}}(\text{verre}) = \left(\dfrac{e_1}{\lambda_{verre}\,S}\right)}$ A.N. : $R_{\text{th}}(\text{verre}) = \left(\dfrac{3{,}5.10^{-3}}{0{,}7 \times 1{,}0}\right) = \mathbf{5.10^{-3}\ K.W^{-1}}$.

2. $\boxed{\Phi_x(\text{verre}) = \dfrac{T_1 - T_2}{R_{th}(\text{verre})}}$ A.N. : $\Phi_x(\text{verre}) = \dfrac{(20 - 5)}{5.10^{-3}} = \mathbf{3.10^3\ W}$.

3. $\boxed{R_{th}(\text{brique}) = \left(\dfrac{e_2}{\lambda_{brique}\,S}\right)}$ A.N. : $R_{th}(\text{brique}) = \left(\dfrac{26.10^{-2}}{0,52 \times 1,0}\right)$

$R_{th}(\text{brique})=$ **5.10^{-1} K.W^{-1}**.

4. $\boxed{\Phi_x(\text{brique}) = \dfrac{T_1 - T_2}{R_{th}(\text{brique})}}$ A.N. : $\Phi_x(\text{brique}) = \dfrac{(20-5)}{5.10^{-1}} =$ **$3{,}0.10^1$ W**.

5. Pour une même surface et un même écart de température, le flux thermique perdu par la vitre est 100 fois plus élevé que celui perdu par le mur de brique dont la conductivité est plus faible et dont l'épaisseur est beaucoup plus élevée que celle de la vitre. Dans une habitation, les pertes de chaleur se font donc essentiellement au niveau des vitres.

Corrigé 10

1. Le double vitrage est constitué de trois résistances thermiques en série qui s'additionnent :

$R_{th} = R_{th}(\text{verre}) + R_{th}(\text{air}) + R_{th}(\text{verre}) = 2\,R_{th}(\text{verre}) + R_{th}(\text{air})$

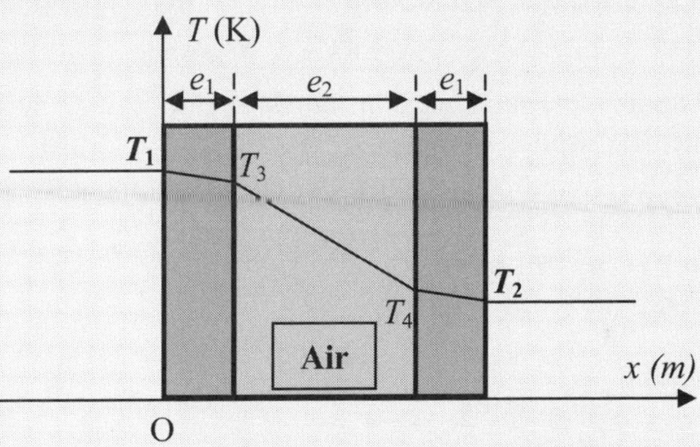

$R_{th}(\text{verre}) = \left(\dfrac{e_1}{\lambda_{verre}\,S}\right)$ $R_{th}(\text{air}) = \left(\dfrac{e_2}{\lambda_{air}\,S}\right)$

$$\boxed{R_{th} = 2\left(\dfrac{e_1}{\lambda_{verre}\,S}\right) + \left(\dfrac{e_2}{\lambda_{air}\,S}\right)}$$

A.N. : $R_{th} = 2\left(\dfrac{3{,}5.10^{-3}}{0{,}7 \times 1}\right) + \left(\dfrac{12.10^{-3}}{0{,}024 \times 1}\right) =$ **5.10^{-1} K.W^{-1}**.

2. Le flux thermique traversant le double vitrage est :

$\boxed{\Phi_x(\text{double}) = \dfrac{T_1 - T_2}{R_{th}}}$ A.N. : $\Phi_x(\text{double}) = \dfrac{(20-5)}{5.10^{-1}} =$ **3.10^1 W**.

Pour un simple vitrage :

$$\boxed{\Phi_x(\text{simple}) = \frac{T_1 - T_2}{\left(\dfrac{e_1}{\lambda_{verre}\, S}\right)}} \qquad \text{A.N. : } \Phi_x(\text{simple}) = \frac{(20-5)}{\left(\dfrac{3{,}5.10^{-3}}{0{,}7\times 1}\right)} = \mathbf{3.10^3\ W}.$$

Si on considère uniquement les échanges par conduction, le double vitrage permet de réduire 100 fois les pertes thermiques par rapport à un simple vitrage. Ceci est surtout dû à la résistance thermique très élevée de la couche d'air car l'airune faible conductivité thermique.

3. Pendant une durée Δt, la chaleur traversant le double vitrage est :

$\boxed{Q = \Phi_x(\text{double})\,\Delta t}$ A.N. : $Q = 3.10^1 \times 24 \times 3600 = \mathbf{2{,}6.10^6\ J}$.

4. D'après la loi de Fourier unidimensionnelle : $\Phi_x = -\lambda S \dfrac{dT}{dx}$

En régime permanent, le flux thermique traversant chaque matériau constituant le double vitrage est constant :

$$\Phi_x = -\lambda S \frac{dT}{dx} = \text{cste} \Rightarrow \frac{dT}{dx} = \text{cste}$$

La température T qui ne dépend que de x est donc une fonction affine **:**

$$\boxed{T = \mathrm{a}\,x + \mathrm{b}}$$

Dans chaque matériau, les constantes a et b sont déterminées par les conditions aux limites spatiales.

Si T_3 désigne la température en $x = e_1$ et T_4 la température en $x = e_1 + e_2$.

$T_1 - T_3 = \mathrm{R_{th}}(\text{verre})\ \Phi_x\ (\text{double})$

$T_3 - T_4 = \mathrm{R_{th}}(\text{air})\ \Phi_x\ (\text{double})$

$T_4 - T_2 = \mathrm{R_{th}}(\text{verre})\ \Phi_x\ (\text{double})$

$$\Phi_x\,(\text{double}) = \frac{T_1 - T_3}{R_{\text{th}}(\text{verre})} = \frac{T_3 - T_4}{R_{\text{th}}(\text{air})} = \frac{T_4 - T_2}{R_{\text{th}}(\text{verre})} = \text{cste}$$

Or $R_{\text{th}}(\text{verre}) < R_{\text{th}}(\text{air})$ $\dfrac{1}{R_{\text{th}}(\text{verre})} > \dfrac{1}{R_{\text{th}}(\text{air})}$

D'où : $T_1 - T_3 < T_3 - T_4$ et $T_4 - T_2 < T_3 - T_4$.

La « chute » de température est plus importante dans la couche d'air emprisonnée dans le double-vitrage que dans le verre.

Corrigé 11

1. En régime permanent, le flux thermique traversant les différents matériaux est constant :

$$\Phi_x = -\lambda S \frac{dT}{dx} = \text{cste} \Rightarrow \frac{dT}{dx} = \text{cste}$$

La température T, indépendante du temps t, est donc une fonction affine de x :

$$\boxed{T = \mathrm{a}\,x + \mathrm{b}}$$

Dans le matériau 1, les conditions aux limites spatiales imposent :
$T(x = 0) = T_i = b$

$T(x = -L_1) = T_1 = -a L_1 + b \Rightarrow a = \dfrac{T_i - T_1}{L_1}$

$$\Rightarrow \boxed{T(x) = \left(\frac{T_i - T_1}{L_1}\right)x + T_i}$$

Dans le matériau 2, les conditions aux limites spatiales imposent :
$T(x = 0) = T_i = b$

$T(x = +L_2) = T_2 = a L_2 + b \Rightarrow a = \dfrac{T_2 - T_i}{L_2}$

$$\Rightarrow \boxed{T(x) = \left(\frac{T_2 - T_i}{L_2}\right)x + T_i}$$

2. En $x = 0$, le flux thermique est continu :
$\Phi_x = \text{cste} = -\lambda_1 S \dfrac{dT}{dx} = -\lambda_2 S \dfrac{dT}{dx}$

$$-\lambda_1 S\left(\frac{T_i - T_1}{L_1}\right) = -\lambda_2 S\left(\frac{T_2 - T_i}{L_2}\right) \Rightarrow T_i = \left(\frac{\dfrac{\lambda_1}{L_1}T_1 + \dfrac{\lambda_2}{L_2}T_2}{\dfrac{\lambda_1}{L_1} + \dfrac{\lambda_2}{L_2}}\right)$$

3. AN. : contact main-bois : $T_i = 35{,}5$ °C
contact main-acier : $T_i = 21{,}5$ °C.
CONCLUSION : le bois semble plus chaud au toucher que l'acier.

Corrigé 12

1. L'équation d'état d'un gaz parfait est : $\boxed{P V = n R T}$
2. Pour une transformation lente, le travail de forces pressantes s'exerçantsur le système gazeux est :

$$\boxed{W = -\int_{Vi}^{Vf} P\,dV} \text{ avec } P = \frac{nRT}{V} \Rightarrow \boxed{W = -\int_{Vi}^{Vf} nRT\frac{dV}{V}}$$

RAPPEL DE MATHÉMATIQUES : une primitive de $\left(\dfrac{u'}{u}\right)$ est ln (u) + cste

Isobare (AB) : $P = P_0 = \text{cste} \Rightarrow W_{AB} = -\int_{V0}^{V0/2} P_0\,dV = -P_0\int_{V0}^{V0/2} dV$

$$W_{AB} = -P_0\left[V\right]_{V0}^{V0/2} = -P_0\left(\frac{V_0}{2} - V_0\right) \Rightarrow \boxed{W_{AB} = P_0\left(\frac{V_0}{2}\right)}$$

Isochore (BC) : $V = \text{cste} \Rightarrow \boxed{W_{BC} = 0}$

Isotherme (CA) : $T = T_0 = \text{cste} \Rightarrow W_{CA} = -\int_{V0/2}^{V0} nRT_0\dfrac{dV}{V}$

$$W_{CA} = -n\,R\,T_0 \int_{V0/2}^{V0} \frac{dV}{V} = -n\,R\,T_0 \left[\ln(u)\right]_{V0/2}^{V0}$$

$$W_{CA} = -n\,R\,T_0\,(\ln(V_0) - \ln(V_0/2)) = -n\,R\,T_0\,\ln\left(\frac{V_0}{\frac{V_0}{2}}\right) = -n\,R\,T_0\,\ln(2)$$

Comme $P_0\,V_0 = n\,R\,T_0 \Rightarrow \boxed{W_{CA} = -P_0\,V_0\,\ln(2)}$

3. Le travail total sur le cycle est donc : $W = W_{AB} + W_{BC} + W_{CA}$

$$W = P_0\left(\frac{V_0}{2}\right) - P_0\,V_0\,\ln(2) \Rightarrow \boxed{W = P_0\,V_0\left(\frac{1}{2} - \ln(2)\right)}$$

A.N. : $W = 1013.10^2 \times 1{,}0.10^{-3} \times \left(\frac{1}{2} - \ln(2)\right) = \mathbf{-2{,}0.10^1\ J}$.

$W < 0$: le système cède donc de l'énergie au milieu extérieur sous forme de travail. Le travail sur le cycle est donc moteur.

4. D'après le premier principe de la thermodynamique : $\Delta U = W + Q$.
Or sur un cycle $\Delta U = U_{\text{finale}} - U_{\text{initiale}} = 0 \Rightarrow Q = -W = \mathbf{+2{,}0.10^1\ J}$.
Le gaz doit recevoir de l'énergie sous forme de chaleur afin qu'il puisse fournir un travail moteur.

Corrigé du Contrôle

Exercice 1

1.

a) La conduction est un transfert thermique ne s'accompagnant pas, à l'échelle macroscopique, de mouvement de matière. La chaleur diffuse dans les matériaux d'une manière irréversible de la zone la plus froide vers la zone la plus chaude.

b) $\boxed{R_{\text{th}}(\text{verre}) = \left(\dfrac{e_1}{\lambda_{verre}\ S}\right)}$ A.N. : $R_{\text{th}}(\text{verre}) = \left(\dfrac{4.10^{-3}}{1{,}15 \times 2{,}0}\right) = \mathbf{2.10^{-3}\ K.W^{-1}}$.

c) $\boxed{\Phi_x(\text{verre}) = \dfrac{\theta_i - \theta_e}{R_{th}(\text{verre})}}$ A.N. : $\Phi_x(\text{verre}) = \dfrac{(20-2)}{2.10^{-3}} = \mathbf{9.10^3\ W}$.

d) D'après la loi de Fourier unidimensionnelle : $\Phi_x = -\lambda S \dfrac{d\theta}{dx}$

En régime permanent, le flux thermique traversant le carreau de verre est constant :

$$\Phi_x = -\lambda S \frac{d\theta}{dx} = \text{cste} \Rightarrow \frac{d\theta}{dx} = \text{cste}$$

La température θ qui ne dépend que de x est donc une fonction affine :

$$\boxed{\theta = \mathrm{a}\,x + \mathrm{b}}$$

Dans le verre, les constantes a et b sont déterminées par les conditions aux limites spatiales.

$\theta(x = 0) = \theta_i = \mathrm{b}$

$\theta(x = e_1) = \theta_e = \mathrm{a}\,e_1 + \theta_1 \Rightarrow \mathrm{a} = \dfrac{\theta_e - \theta_i}{e_1} < 0$

$$\Rightarrow \boxed{\theta = \left(\frac{\theta_e - \theta_i}{e_1}\right) x + \theta_i}$$

A.N. : $\mathrm{a} = \dfrac{\theta_e - \theta_i}{e_1} = \mathbf{-4{,}5.10^{-3}\ K.m^{-1}} < 0 \Rightarrow \theta = -4{,}5.10^{-3}\,x + 20$.

avec θ en ° C et x en m.

L'allure du profil de température est donnée ci-après.

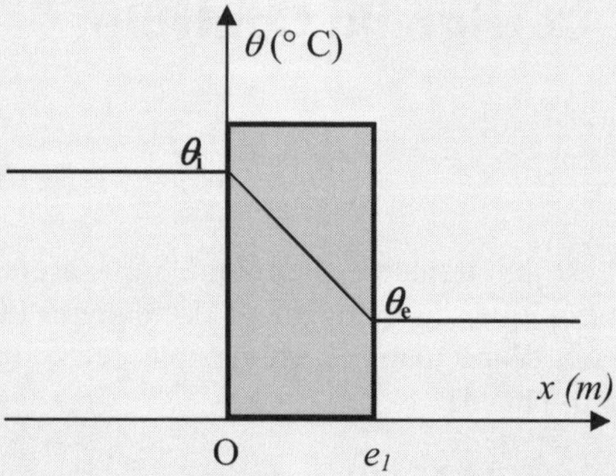

2.

a) La prise en compte des courants d'air sur les faces du carreau en verre est nécessaire afin de prendre en compte le phénomène de convection. Ce mode de transfert thermique implique un déplacement macroscopique de matière.

b) Flux convectif à l'intérieur : $\Phi_x' = h_i\, S\,(\theta_i - \theta_{S,i})$

$$\Leftrightarrow (\theta_i - \theta_{S,i}) = \frac{1}{h_i\, S}\, \Phi_x' \Leftrightarrow (\theta_i - \theta_{S,i}) = R_{th,1}(\text{air})\, \Phi_x'$$

$$\Rightarrow \boxed{R_{th,1}(\text{air}) = \frac{1}{h_i\, S}}$$

Flux convectif à l'extérieur : $\Phi_x' = h_e\, S\,(\theta_e - \theta_{S,e})$

$$\Leftrightarrow (\theta_e - \theta_{S,e}) = \frac{1}{h_e\, S}\, \Phi_x' \Leftrightarrow (\theta_e - \theta_{S,e}) = R_{th,2}(\text{air})\, \Phi_x'$$

$$\Rightarrow \boxed{R_{th,2}(\text{air}) = \frac{1}{h_e\, S}}$$

c) En tenant compte des phénomènes de convection, le simple vitrage est constitué de trois résistances thermiques en série qui s'additionnent :

$$\boxed{R_{th} = R_{th,1}(\text{air}) + R_{th}(\text{verre}) + R_{th,2}(\text{air})}$$

A.N. : $R_{th} = \dfrac{1}{8\times 2} + 2.10^{-3} + \dfrac{1}{23\times 2} = \mathbf{9.10^{-2}\ K.W^{-1}}$ (ou °C.W^{-1})

d) $\boxed{\Phi_x' = \dfrac{\theta_i - \theta_e}{R_{th}}}$ A.N. : $\Phi_x' = \dfrac{(20-2)}{9.10^{-2}} = \mathbf{2.10^2\ W}$.

$\Phi_x' < \Phi_x$ (verre) : les phénomènes de convection sont loin d'être négligeables.

e) Afin de modéliser d'une manière encore plus précise la réalité, il faudrait tenir compte des transferts thermiques par rayonnement à travers la vitre.

3. Le double vitrage est constitué de trois résistances thermiques en série qui s'additionnent :

$R_{th}(\text{double}) = R_{th}(\text{verre}) + R_{th}(\text{air}) + R_{th}(\text{verre}) = 2\, R_{th}(\text{verre}) + R_{th}(\text{air})$

$$R_{th}(\text{verre}) = \left(\frac{e_1}{\lambda_{verre}\, S}\right) \quad R_{th}(\text{air}) = \left(\frac{e_2}{\lambda_{air}\, S}\right)$$

$$\boxed{R_{th}(\text{double}) = 2\left(\frac{e_1}{\lambda_{verre}\, S}\right) + \left(\frac{e_2}{\lambda_{air}\, S}\right)}$$

A.N. : $R_{th}(\text{double}) = 2 \times 2.10^{-3} + \left(\frac{12.10^{-3}}{0{,}025 \times 2}\right) = \mathbf{2.10^{-1}\ K.W^{-1}}$.

4. Le flux thermique traversant le double-vitrage est :

$$\boxed{\Phi_x(\text{double}) = \frac{\theta_e - \theta_i}{R_{th}(\text{double})}} \quad \text{A.N. : } \Phi_x(\text{double}) = \frac{(20-2)}{2.10^{-1}} = \mathbf{9.10^1\ W}.$$

5. Pour un simple vitrage : $\Phi_x(\text{verre}) = \mathbf{9.10^3\ W}$.
   Si on considère uniquement les échanges par conduction, le double vitrage permet de réduire 100 fois les pertes thermiques par rapport à un simple vitrage. Ceci est surtout dû à la résistance thermique très élevée de la couche d'air emprisonnée entre les deux vitres car l'air a une faible conductivité thermique.

Exercice 2

1. (a) : transformation isochore (V = cste) puis isobare (P = cste)
   (b) : transformation isobare (P =cste) puis isochore (V = cste)

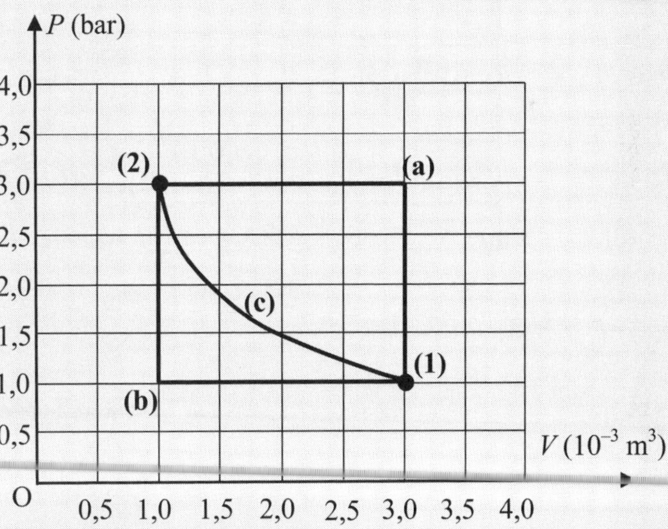

2.
a) L'énergie interne U (en Joules ; J) d'un système thermodynamique est la somme des énergies microscopiques :

$$\boxed{U = E_{C,micro} + E_{P,micro}}$$

$E_{C,micro}$: Energie cinétique d'agitation thermique.
$E_{P,\ micro}$: énergie potentielle d'interaction moléculaire.

b) ΔU ne dépend pas du chemin suivi, donc ΔU peut être calculée sur l'isotherme (c) pour lequel $T = \text{cste} \Rightarrow \Delta U = C_V \, \Delta T = 0$.

3. Pour une transformation lente, le travail de forces pressantes s'exerçant sur le système gazeux est :

$$\boxed{W = -\int_{Vi}^{Vf} P\,dV} \text{ avec } P = \frac{nRT}{V} \Rightarrow \boxed{W = -\int_{Vi}^{Vf} nRT\frac{dV}{V}}$$

Transformation (a) : $W_a = -P_2 \int_{V1}^{V2} dV = -P_2 \left[V\right]_{V1}^{V2} = -P_2 (V_2 - V_1)$

$$\boxed{W_a = P_2 (V_1 - V_2)}$$

A.N. : $W_a = 3{,}0.10^5 (3{,}0.10^{-3} - 1{,}0.10^{-3}) = \mathbf{6{,}0.10^2\ J}$.

Transformation (b) : $W_a = -P_1 \int_{V1}^{V2} dV = -P_1 \left[V\right]_{V1}^{V2} = -P_1 (V_2 - V_1)$

$$\boxed{W_a = P_1 (V_1 - V_2)}$$

A.N. : $W_a = 1{,}0.10^5 (3{,}0.10^{-3} - 1{,}0.10^{-3}) = \mathbf{2{,}0.10^2\ J}$.

Transformation (c) : $T = T_0 = \text{cste}$ (isotherme) $\Rightarrow W_c = -\int_{V1}^{V2} nRT_0 \frac{dV}{V}$

$$W_c = -n\,R\,T_0 \int_{V1}^{V2} \frac{dV}{V} = -n\,R\,T_0 \left[\ln(u)\right]_{V1}^{V2}$$

$$W_c = -n\,R\,T_0 \left(\ln(V_2) - \ln(V_1)\right) = -n\,R\,T_0 \ln\left(\frac{V_2}{V_1}\right)$$

Comme $P_1\,V_1 = P_2\,V_2 = n\,R\,T_0 \Rightarrow \boxed{W_c = -P_1\,V_1 \ln\left(\frac{V_2}{V_1}\right)}$

A.N. : $W_c = -1{,}0.10^5 \times 3{,}0.10^{-3} \times \ln\left(\frac{1{,}0.10^{-3}}{3{,}0.10^{-3}}\right) = \mathbf{3{,}3.10^2\ J}$.

4. On peut en déduire les chaleurs échangées car pour les trois transformations $\Delta U = W + Q = 0$.
$Q_a = -W_a = \mathbf{-\,6{,}0.10^2\ J}$
$Q_b = -W_b = \mathbf{-\,2{,}0.10^2\ J}$
$Q_c = -W_c = \mathbf{-\,3{,}3.10^2\ J}$
Ces chaleurs étant négatives sont perdues par le système gazeux

Exercice 3

1. La chaleur Q_2 fournit par l'eau chaude est :
$\boxed{Q_2 = m_2\,C_{m,\ eau}(\theta_f - \theta_2)}$
La chaleur reçue par l'ensemble {eau froide + calorimètre} est :
$\boxed{Q_1 = m_1\,C_{m,\ eau}(\theta_f - \theta_1) + C\,(\theta_f - \theta_1)}$
Le système {eau froide + calorimètre + eau chaude} étant isolé :
$Q = Q_1 + Q_2 = 0$

$\Rightarrow m_1\, C_{m,\,eau}\,(\theta_f - \theta_1) + C\,(\theta_f - \theta_1) + m_2\, C_{m,\,eau}\,(\theta_f - \theta_2) = 0$

$C\,(\theta_f - \theta_1) = -\, m_1\, C_{m,\,eau}\,(\theta_f - \theta_1) - m_2\, C_{m,\,eau}\,(\theta_f - \theta_2)$

$$\boxed{C = \frac{m_1\, C_{m,\,eau}\left(\theta_f - \theta_1\right) + m_2\, C_{m,\,eau}\left(\theta_f - \theta_2\right)}{\left(\theta_1 - \theta_f\right)}}$$

A.N. :

$$C = \frac{500.10^{-3} \times 4{,}2.10^{3}\left(20{,}5 - 19{,}0\right) + 150.10^{-3} \times 4{,}2.10^{3}\left(20{,}5 - 25{,}7\right)}{\left(19{,}0 - 20{,}5\right)}$$

$C =$ **$8{,}4.10^{1}$ J.K^{-1}** (ou J.°C^{-1})

2. La chaleur Q_1 cédée par le bloc de cuivre est : $\boxed{Q_1 = m_1\, C_{m,\,cuivre}\,(\theta_f - \theta_1)}$

La chaleur reçue par l'eau et le calorimètre est :

$$\boxed{Q_2 = m_2\, C_{m,\,eau}\,(\theta_f - \theta_2) + C\,(\theta_f - \theta_2)}$$

Le système {eau + calorimètre + cuivre} étant isolé : $Q = Q_1 + Q_2 = 0$

$\Rightarrow m_1\, C_{m,\,cuivre}\,(\theta_f - \theta_1) + m_2\, C_{m,\,eau}\,(\theta_f - \theta_2) + C\,(\theta_f - \theta_2) = 0$

$m_1\, C_{m,\,cuivre}\,(\theta_f - \theta_1) = -\,(m_2\, C_{m,\,eau} + C)\,(\theta_f - \theta_2)$

$$C_{m,\,cuivre} = \frac{-\left(m_2\, C_{m,eau} + C\right)\left(\theta_f - \theta_2\right)}{m_1\left(\theta_f - \theta_1\right)}$$

$$\boxed{C_{m,\,cuivre} = \frac{\left(m_2\, C_{m,eau} + C\right)\left(\theta_2 - \theta_f\right)}{m_1\left(\theta_f - \theta_1\right)}}$$

A.N. : $C_{m,\,cuivre} = \dfrac{\left(750.10^{-3} \times 4{,}2.10^{3} + 8{,}4.10^{1}\right)\left(19 - 23{,}5\right)}{550.10^{-3}(23{,}5 - 92)}$

$C_{m,\,cuivre} =$ **$3{,}86.10^{2}$ J.kg^{-1}.K^{-1}**

3. Le soda de masse m_1 transfert de la chaleur à la glace qui fond à 0 °C puis l'eau de fusion se réchauffe.

La chaleur Q_1 cédée par le soda lorsque sa température passe de $\theta_1 = 30$ °C à $\theta_f = 10$ °C : $\boxed{Q_1 = m_1\, C_{m,\,soda}\,(\theta_f - \theta_1)}$

La chaleur Q_2 nécessaire à la fonte du glaçon de masse m_2 est : $\boxed{Q_2 = m_2\, L_{fusion}}$

La chaleur Q_3 nécessaire pour échauffer une masse m_2 d'eau de $\theta_2 = 0$ °C à $\theta_f = 10$ °C est : $\boxed{Q_3 = m_2\, C_{m,\,eau}\,(\theta_f - \theta_2)}$

Le système {soda + glaçon} étant isolé : $Q_1 + Q_2 + Q_3 = 0$

$m_1\, C_{m,\,soda}\,(\theta_f - \theta_1) = -\, m_2\, L_{fusion} - m_2\, C_{m,\,eau}\,(\theta_f - \theta_2)$

$$\boxed{m_1 = \frac{m_2\left(L_{fusion} + C_{m,eau}(\theta_f - \theta_2)\right)}{C_{m,soda}\left(\theta_1 - \theta_f\right)}}$$

A.N. : $m_1 = \dfrac{25.10^{-3}\left(335.10^{3} + 4{,}2.10^{3}(10 - 0)\right)}{4{,}2.10^{3}\,(30 - 10)} =$ **$1{,}12.10^{-3}$ kg = 112 g**

6 Physique quantique. Transmission et stockage de l'information

TRANSFERTS QUANTIQUES D'ÉNERGIE

Quantum d'énergie et photon

En 1900, le physicien allemand Max Planck (1858-1947) postule que la **lumière** et la **matière** ne peuvent échanger de l'énergie que par « **paquets** » appelés **quanta**. L'**énergie échangée** entre la **lumière** et la **matière** est obligatoirement un **multiple entier** du **quantum d'énergie** :

$\varepsilon = h\nu = h\dfrac{c}{\lambda}$	ε : quantum d'énergie (en J) h : constante de Planck (h = $6{,}62.10^{-34}$ J.s) ν : fréquence du rayonnement électromagnétique (en Hz) λ : longueur d'onde dans le vide du rayonnement électromagnétique (en m)

En 1905, Albert Einstein (1879-1955) énonce que ce **quantum d'énergie** est transporté par un **photon**, **particule** dont la **masse** est **nulle** et se déplaçant à la **célérité de la lumière** c = $3{,}0.10^{8}$ $m.s^{-1}$ dans la vide.

REMARQUES : Une lumière de fréquence ν ne peut transporter que des énergies qui sont des **multiples** du **quantum d'énergie** $\varepsilon = h\nu$ car les photons sont des particules indivisibles.

Dualité onde-particule de la lumière

La **lumière** peut être à la fois décrite comme une **onde électromagnétique** caractérisée par sa longueur d'onde $\lambda = (c / \nu)$ responsable de sa couleur ou comme une **particule** (petit grain de lumière de masse nulle appelé photon) véhiculant l'énergie $\varepsilon = h\nu$: c'est la **dualité onde-particule**.

La **dualité onde-particule** (ou **onde-corpuscule**) est une formulation qui s'applique aux manifestations du photon, qui se comporte soit comme une onde, soit comme une particule, selon le contexte expérimental considéré.

Lumière : dualité onde-particule	
Description ondulatoire	**Description particulaire**
Diffraction Interférences	Rayonnement du corps noir Effet photoélectrique Effet Compton

O Émission et absorption quantique

En 1913, le Danois Niels Bohr (1885-1962) fait l'hypothèse que l'**énergie** d'un **atome** est **quantifiée** : elle ne peut prendre que certaines valeurs auxquelles on associe des **niveaux** d'**énergie** encore appelés états, notés E_n.

Les échanges d'énergie entre la **lumière** (**photon**) et la **matière** (**atome**) s'interprètent par des **transitions électroniques** entre les **niveaux d'énergie** des atomes conduisant à l'**absorption** ou à l'**émission** de photons.

La **variation d'énergie** ΔE de l'atome est telle que : $\boxed{\Delta E = E_{\text{finale}} - E_{\text{initiale}}}$

Les conventions d'algébrisation sont telles que si :

- $\Delta E > 0$, l'atome gagne de l'énergie (**absorption quantique**).
- $\Delta E < 0$, l'atome perd de l'énergie (**émission quantique**).

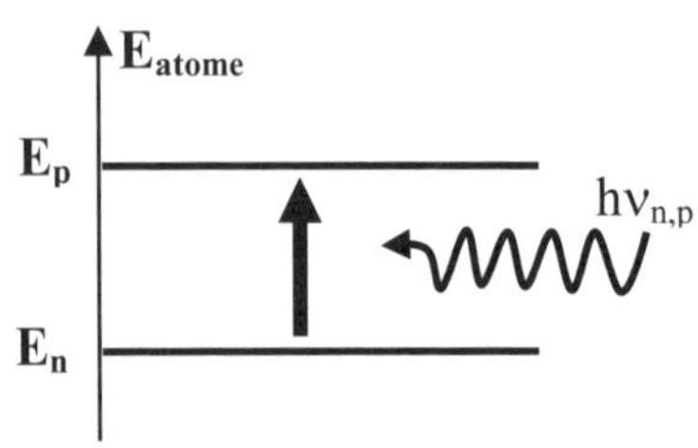

Absorption d'un photon d'énergie
$\Delta E = E_p - E_n = h\nu_{n,p}$

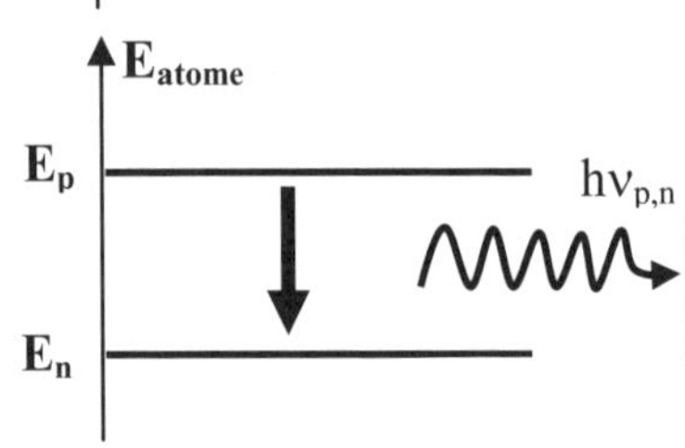

Émission d'un photon d'énergie
$|\Delta E| = |E_n - E_p| = h\nu_{p,n}$

Transitions électroniques entre deux niveaux d'énergie au sein d'un atome

Un **électron** au sein d'un atome peut passer d'un niveau d'énergie E_n à un niveau d'énergie supérieur $E_p > E_n$ en **absorbant** un **photon**, dont l'énergie $\varepsilon = h\nu$ correspond exactement à l'écart énergétique $\Delta E = E_p - E_n$.

Un **électron**, au sein d'un atome, peut passer d'un niveau d'énergie E_p à un niveau d'énergie inférieur $E_n < E_p$ en **émettant** un **photon**, dont l'énergie $\varepsilon = h\nu$ correspond exactement à l'écart énergétique $|\Delta E| = |E_p - E_n|$.

L'**émission** ou l'**absorption** de **lumière** par la **matière** se fait donc de manière **discontinue**.

REMARQUES :

À l'instar des livres d'une bibliothèque qui ne peuvent être rangés que sur les étagères de celle-ci, les électrons d'un atome ne peuvent accéder qu'à des niveaux d'énergie bien particuliers : l'énergie d'un atome est quantifiée.

À basse température, les électrons des atomes sont en majorité dans leur niveau d'énergie minimale. Sous l'action d'un stimulus extérieur (élévation de température, décharges électriques, onde électromagnétique…), les électrons des atomes peuplent les niveaux d'énergie supérieure : l'atome est excité. Or, un atome excité tend à se désexciter spontanément, c'est-à-dire à revenir un niveau d'énergie minimale.

Ordre de grandeur de quelques transitions d'énergie

Les **transitions électroniques** d'énergie, au sein d'un atome, sont de l'ordre que **quelques électronvolts** (eV).

Les **transitions d'énergie**, au sein d'une **molécule**, sont de trois types :

- **rotationnelle** (les atomes peuvent tourner les uns par rapport aux autres s'ils sont liés entre eux par une liaison simple), de l'ordre du **millième d'électronvolt** (domaine des **micro-ondes**) ;
- **vibrationnelle** (les liaisons peuvent être modélisées comme des « ressorts » pouvant vibrer), de l'ordre du **dixième d'électronvolt** (domaine des **infra-rouges**) ;
- **électronique** (les électrons des atomes peuvent passer d'un niveau d'énergie à un autre), de l'ordre de l'**électronvolt** (domaine des **infra-rouges proches**, du visible et des **ultraviolets**).

LE LASER

Phénomènes physiques mis en jeu

Le principe physique du laser (acronyme de « *Light Amplification by Stimulated Emission of Radiation* ») repose sur trois phénomènes physiques décrivant l'interaction d'un atome avec la lumière :

- **l'absorption :** un atome qui reçoit un photon de longueur d'onde (ou de fréquence) adéquate, peut l'absorber. Il est alors dans un **état excité**.

résumés de cours

exercices

contrôles

corrigés

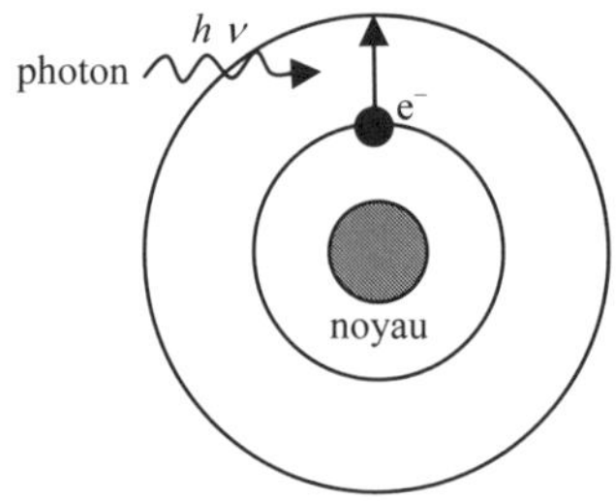

Excitation d'un atome par absorption d'un photon

- **l'émission spontanée :** l'atome excité peut revenir dans son état initial, appelé **état fondamental**, en émettant un photon de même longueur d'onde que celui qu'il avait absorbé pour passer dans l'état excité. Dans **l'émission spontanée**, le **photon** peut être émis selon une **direction aléatoire**.

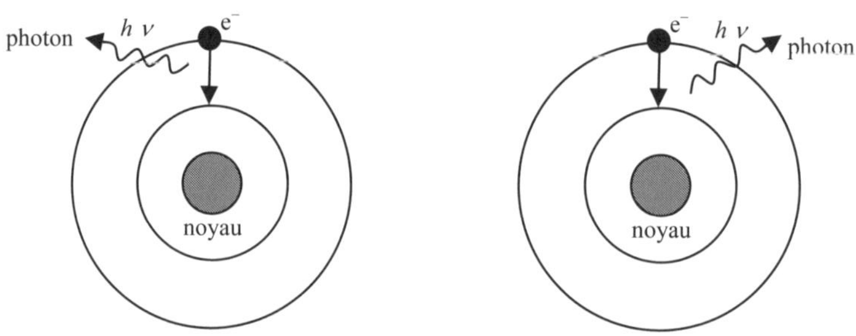

Désexcitation d'un atome par émission spontanée d'un photon selon une direction quelconque

- **l'émission stimulée :** lorsqu'un atome excité reçoit un photon dont la longueur d'onde aurait permis de l'exciter s'il avait été dans son état fondamental, ce photon peut « déclencher » (on dit « stimuler ») la **désexcitation** de l'atome. L'atome excité va alors émettre un **deuxième photon**, de **même longueur d'onde** que celui qu'il a reçu, mais aussi dans la **même direction** et avec la même phase que le premier (**cohérence lumineuse**).

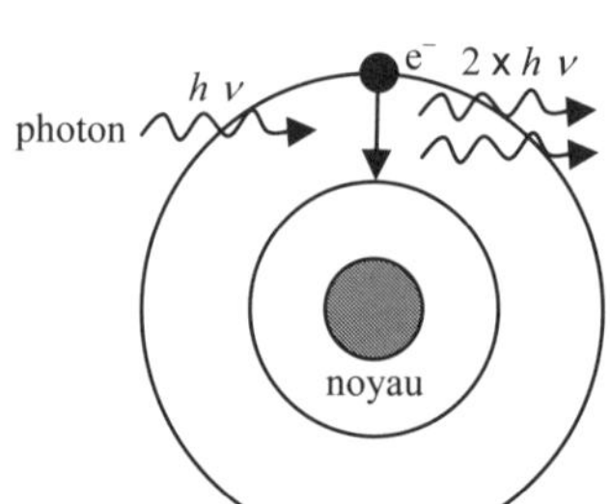

Désexcitation d'un atome par émission stimulée d'un photon

L'inversion de population

L'inversion de population consiste à ce que, dans un matériau optiquement actif, le nombre d'atomes excités soit supérieur à celui des atomes dans leur état fondamental. Pour obtenir une telle situation, on peut utiliser le **pompage optique** qui permet de transférer de l'énergie aux atomes sous forme d'ondes lumineuses.

L'inversion de population favorise le processus d'**émission stimulée**. De cette manière, un photon se propageant dans le milieu actif a plus de chance de provoquer la désexcitation d'un atome excité que de se faire absorber par un atome au niveau inférieur. Il y a alors plus de photons produits par émission stimulée que de photons perdus dans différents processus d'absorption.

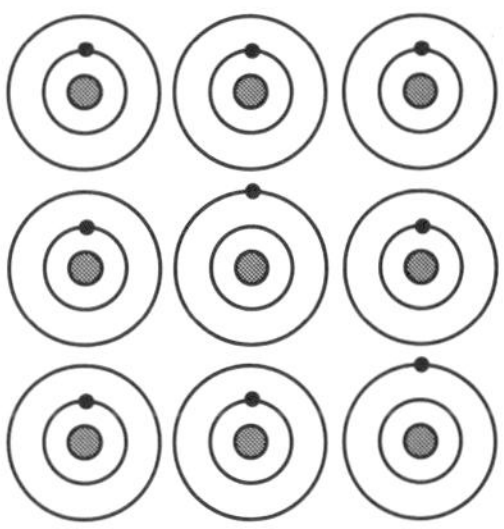

Population « normale » : il y a plus d'atomes à l'état fondamental qu'à l'état excité.

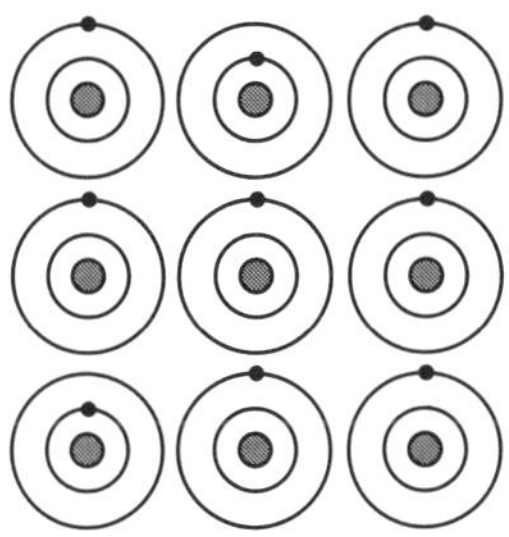

Inversion de population : il y a plus d'atomes à l'état excité qu'à l'état fondamental.

Oscillateur optique : principe du laser

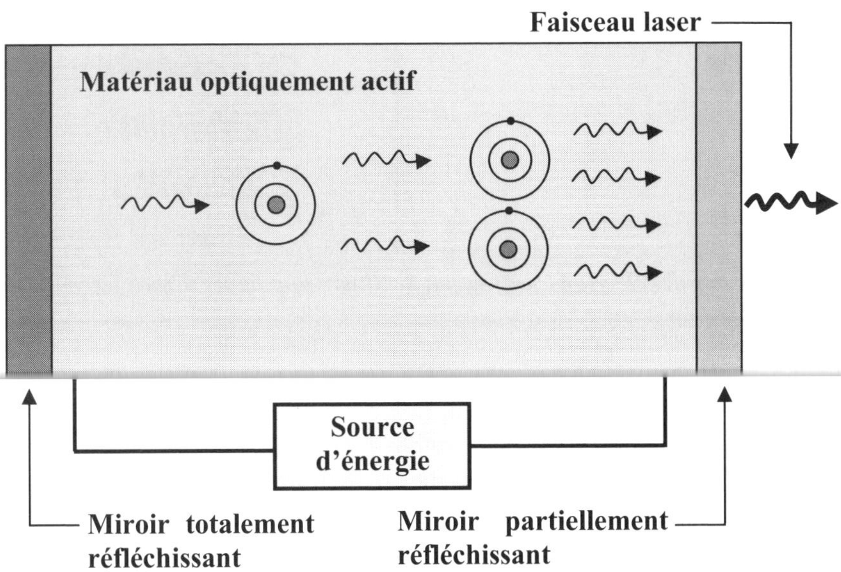

Cavité laser : oscillateur optique

résumés de cours exercices contrôles corrigés

Le **laser** est un **amplificateur** de **lumière** fonctionnant grâce à l'**émission stimulée** obtenue après l'**inversion de population** des atomes du matériau optiquement actif. Une **réaction en chaîne** peut alors se produire, entraînant une **multiplication** des photons dans le milieu actif. Afin d'assurer une **émission** dans la **direction souhaitée**, et augmenter l'effet de l'**émission stimulée**, on place le **milieu amplificateur** entre **deux miroirs** de manière à ce que la **lumière** fasse plusieurs **allers-retours** (**oscillations**) avant d'être émise sous la forme d'un **faisceau laser monochromatique**, **cohérent** et **directif** : grâce à cette **cavité optique**, l'amplification gagne en efficacité. La **lumière laser** produite est **très énergétique** car **spatialement très concentrée.**

DUALITÉ ONDE-PARTICULE

o Particule matérielle et onde de matière

La première expérience des fentes d'Young (double fente), avec une seule particule dans le dispositif, à un instant donné, fut effectuée dans les années 1970 : une succession d'électrons envoyés un par un en direction des deux fentes, construit peu à peu une **figure d'interférences** sur un écran situé derrière elles. Plus étonnant encore, lorsqu'un instrument était utilisé pour déterminer quelle fente empruntait l'électron, la figure d'interférence disparaissait !

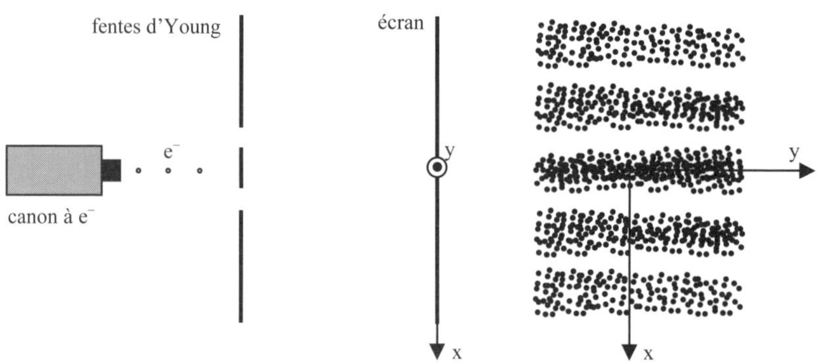

Les impacts des électrons sur l'écran dessinent une figure d'interférences

Lors de l'expérience quantique de la double fente :

- chaque électron arrive en un point déterminé de l'écran ; c'est donc bien une **particule** qui arrive sur l'écran et non une onde ;
- les électrons n'arrivent pas n'importe comment sur l'écran mais ils sont distribués selon une **loi de probabilité** correspondant à une **figure d'interférences** ;
- si l'on ferme l'une des fentes, les électrons n'arrivent plus selon la même loi de probabilité ; on n'observe plus de figure d'interférences.

Les résultats de cette expérience montrent **que l'électron n'est ni une onde ni une particule mais qu'il peut adopter l'un ou l'autre de ces deux comportements**. Les mêmes résultats ont été observés, en modifiant la taille des fentes et leur écartement, en remplaçant les électrons par des atomes et même des molécules de fullerène de 60 atomes !

Relation de De Broglie

En 1924, le physicien français Louis de Broglie, affirma qu'à toute **particule** est associée une **onde** dont la **longueur d'onde** λ est reliée à la valeur p de la **quantité de mouvement** par la relation :

$\lambda = \dfrac{h}{p}$	λ : longueur d'onde (en m) de la particule ; p : valeur de la quantité de mouvement de la particule (en $kg.m.s^{-1}$) $h = 6{,}63.10^{-34}$ J.s (constante de Planck)

Application au microscope électronique

Le **pouvoir de résolution**, ou **pouvoir de séparation**, d'un microscope est la **dimension** du **plus petit détail** pouvant être **discerné** : il est **proportionnel**, entre autres, à la **longueur d'onde** λ des particules, ou du rayonnement envoyé sur l'objet à observer. La **diffraction** limite le pouvoir de résolution des instruments d'optique : lorsqu'elle se manifeste, un **objet ponctuel** donne une **image floue** appelée **tâche de diffraction**.

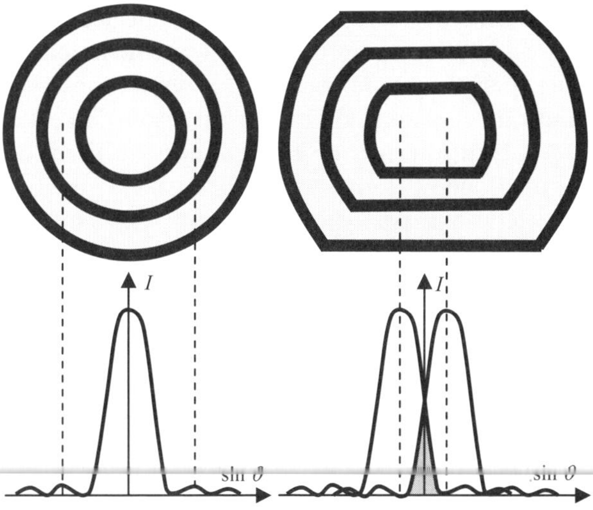

Tâche de diffraction | Détails non séparés

Le phénomène de diffraction limite le pouvoir de résolution d'un instrument d'optique

Si deux détails d'un objet sont trop proches, les taches de diffraction se chevauchent et il est impossible d'obtenir des images séparées de ces détails.

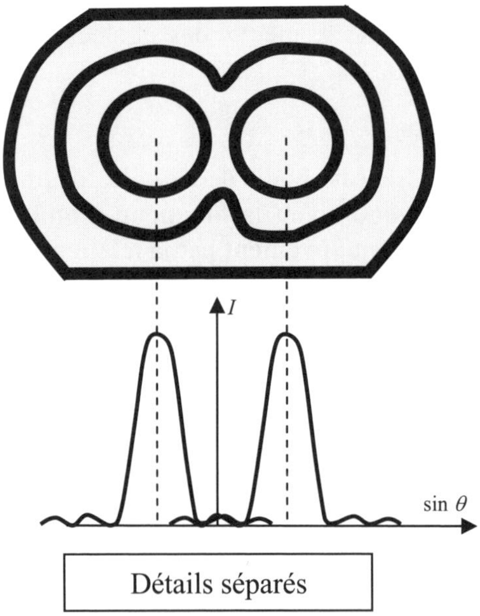

Lorsque les taches de diffraction ne se chevauchent plus, il devient possible de distinguer deux détails

Afin d'obtenir une meilleure résolution, il apparaît nécessaire d'explorer la matière par des **particules** ou du **rayonnement** de **longueur d'onde** nettement **plus petite** que **la taille des objets** observés. Pour un **microscope optique** classique, le **pouvoir de résolution** est de l'ordre du **micromètre**. Avec un **microscope électronique**, utilisant des **électrons** dont la longueur d'onde ($2{,}2.10^{-12}$ m classiquement) est beaucoup plus petite que celle de la lumière visible (400 nm – 800 nm), il est possible d'observer des **détails** à l'**échelle** du **noyau atomique**.

CHAÎNE DE TRANSMISSION D'INFORMATIONS

o Schéma de principe

Un système de communication est chargé de transmettre une information d'une source vers un récepteur. La source et le récepteur peuvent être très proches, ces éléments pouvant se rencontrer au sein d'une même machine (exemple : microprocesseur, mémoire vive RAM…) ou éloignés (exemple : satellite, station terrestre…).
Cependant, tous les systèmes de communication sont calqués sur le même schéma de principe.

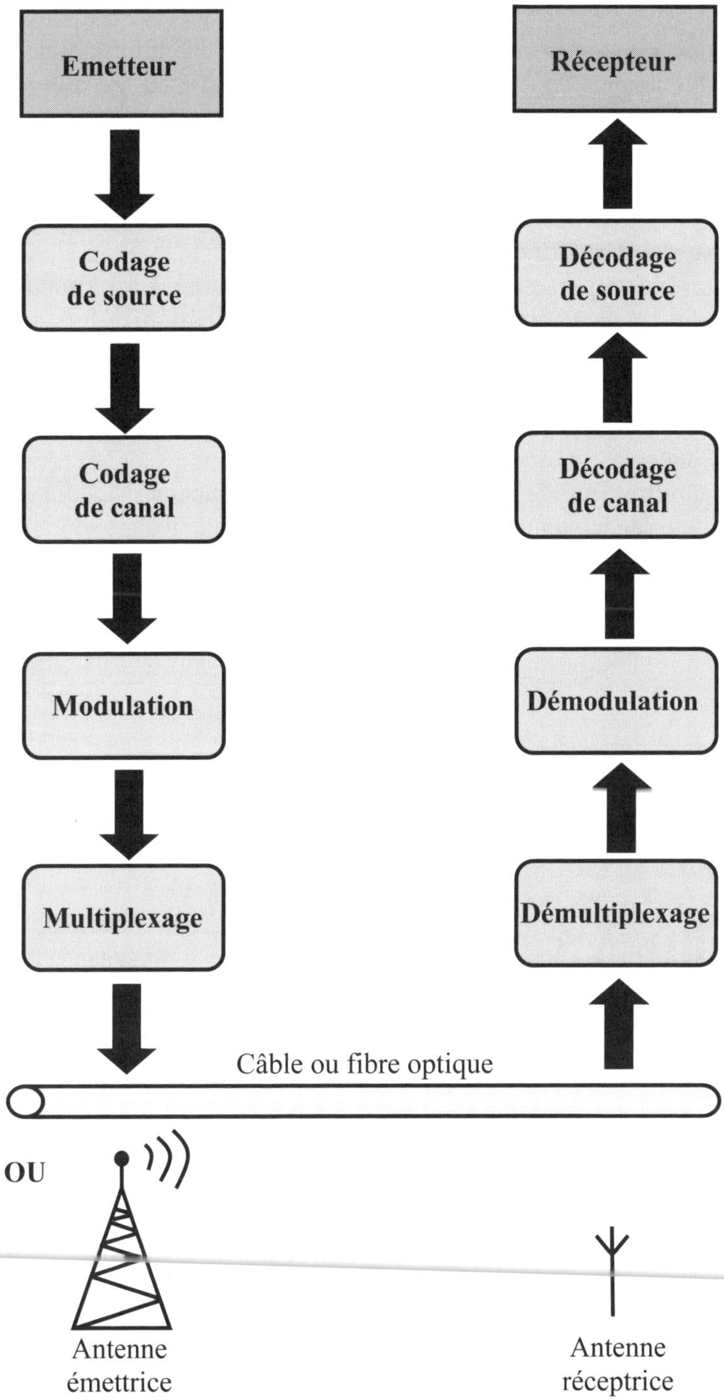

Schéma de principe d'une chaîne de transmission de l'information moderne

○ Rôle des différentes étapes

Le but du **codage de source** est de **compresser** les informations redondantes contenues dans le message à transmettre. Ceci permet la transmission d'un maximum d'informations en un minimum de temps.
Le **codage de canal** structure le message compressé en ajoutant, généralement au début et à la fin de celui-ci, un code. Cette opération permet au récepteur de connaître l'**état d'intégrité** du message transmis, en vérifiant s'il y eut des erreurs ou des pertes lors de la transmission.
La **modulation** permet d'**adapter** le signal physique à transmettre (onde modulante) à la nature du **canal de communication** utilisé (hertzien, filaire ou optique). Il existe principalement deux types de modulation :

- la **modulation d'amplitude** (A.M. : Amplitude Modulation) qui module l'amplitude de l'onde porteuse en gardant sa fréquence constante ;
- la **modulation de fréquence** (F.M. : Frequency Modulation) qui module la fréquence de l'onde porteuse en maintenant son amplitude constante.

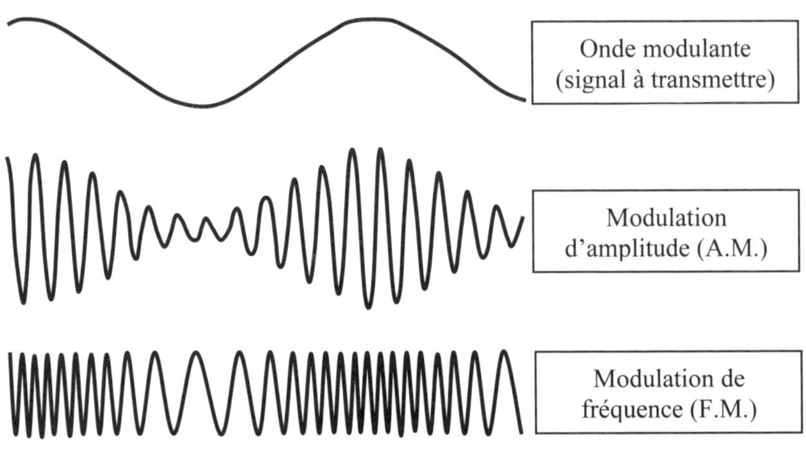

Modulation d'amplitude et modulation de fréquence

Le **multiplexage** (temporel ou fréquentiel) est une opération consistant à assembler plusieurs signaux en un seul signal composite destiné à être transmis sur un même support de transmission.

IMAGES NUMÉRIQUES

○ La notion de pixel

Une image est constituée d'un ensemble de points appelés **pixels** (pixel est une abréviation de *PICture ELement*). Le **pixel** est le **plus petit élément** constitutif d'une image. Un repère cartésien permet de repérer la position d'un pixel sur l'écran.

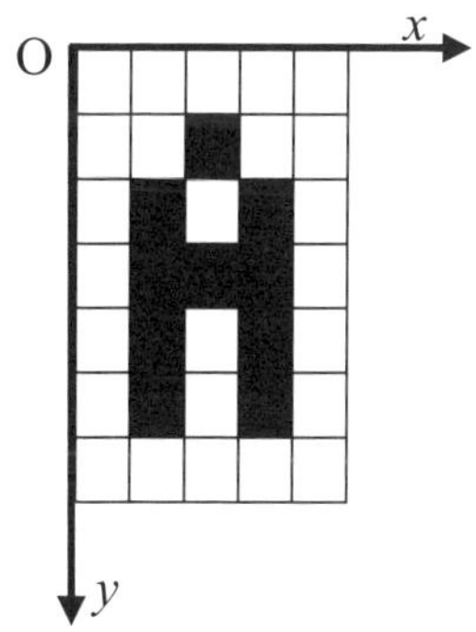

On désigne généralement par les coordonnées [0,0] le pixel situé en haut à gauche de l'image.

○ Définition d’une image

La définition d’une image est liée au nombre de pixels qui la compose. Ainsi une image possédant 640 pixels en largeur et 480 pixels en hauteur aura une définition de « 640 × 480 ». Plus la définition d’une image est grande, plus son niveau de détail est important et plus elle sera de qualité. En revanche, cela se fera au détriment de la taille du fichier qui la stockera.

○ Codage RVB des couleurs et niveaux de gris

Une image peut être représentée par un tableau à deux dimensions dans lequel chaque case est assimilée à un pixel. Pour représenter informatiquement une image, il suffit de créer un tableau de pixels dont chaque case contient un nombre codant le niveau de gris, ou la couleur sous forme binaire (combinaison d’un bit 0 et d’un bit 1). La nature de l’image dépendra du nombre de bits affectés à chaque case. Il existe ainsi plusieurs standards pour le stockage des images :

- **bitmap noir et blanc** : en stockant 1 bit dans chaque case il est possible de définir $2^1 = 2$ couleurs différentes (noir et blanc) ;
- **bitmap 16 niveaux de gris** ou **16 couleurs** : en stockant 4 bits dans chaque case il est possible de définir $2^4 = 16$ dégradés de gris allant du noir au blanc ou bien 16 couleurs différentes ;
- **bitmap 256 niveaux de gris** ou **256 couleurs :** en stockant 8 bits (soit 1 octet) dans chaque case il est possible de définir $2^8 = 256$ dégradés de gris allant du noir au blanc ou bien 256 couleurs différentes ;
- **« couleurs vraies » (true color)** : le codage de la couleur est réalisé en stockant 3 octets, c’est-à-dire $3 \times 8 = 24$ bits dans chaque case. Chaque octet représente la valeur allant de 0 à 255 de l’une des composantes RVB (Rouge, Vert, Bleu). Le nombre de couleurs différentes pouvant ainsi être représentées est de $2^8 \times 2^8 \times 2^8$, soit près de 16 millions de nuances possibles.

R	V	B	Couleur
0	0	0	Noir
255	0	0	Rouge
0	255	0	Vert
0	0	255	Bleu
255	255	255	Blanc

Codage RVB des couleurs sur 3 octets (synthèse additive)

o Poids d'une image

Le « **poids** » d'une image en octets s'obtient en multipliant sa **taille** en **pixels** par le **nombre** d'**octets** affectés à chacun d'entre eux.
Ainsi pour une image « true color » 24 bits dont la taille est « 640 × 480 » :

- nombre de pixels : 640 × 480 = 307 200 ;
- nombre d'octets : 24 / 8 = 3
- poids de l'image : 307 200 × 3 = 921 600 octets.

Or 1 Ko = 1 024 octets, le poids de l'image est 921 600 / 1024 = 900 Ko.
Le tableau ci-dessous donne quelques exemples en considérant que l'image n'est pas compressée :

Définition de l'image	**256 couleurs (8 bits)**	**65 000 couleurs (16 bits)**	**True color (24 bits)**
320 × 200	62,5 Ko	125 Ko	187,5 Ko
640 × 480	300 Ko	600 Ko	900 Ko
800 × 600	468,7 Ko	937,5 Ko	1,4 Mo
1 024 × 768	768 Ko	1,5 Mo	2,3 Mo

SIGNAL ANALOGIQUE ET SIGNAL NUMERIQUE

o Stockage de l'information sous forme analogique ou numérique

Le monde qui nous entoure est décrit par des **grandeurs physiques** (température, pression, masse, tension, intensité...) qui varient de façon **continue** avec le temps. Des **capteurs** transforment ces grandeurs physiques en leurs analogues électriques appelées **grandeurs analogiques**.
La **nature** du **support** d'**enregistrement** influence la manière dont les valeurs associées au phénomène physique seront stockées :

- lorsque le **support physique** peut prendre des **valeurs continues**, on parle d'**enregistrement analogique** : une cassette vidéo, une cassette audio ou un disque vinyle sont des supports analogiques.
- lorsque le **support physique** ne peut prendre que des **valeurs discrètes** (c'est-à-dire bien définies), en nombre limité, on parle alors **d'enregistrement numérique** : un CD audio, un DVD, un disque Blu-ray, un disque dur, sont des exemples de supports numériques.

La représentation d'un **signal analogique** est donc une **courbe**, tandis qu'un **signal numérique** pourra être visualisé par un **histogramme**.

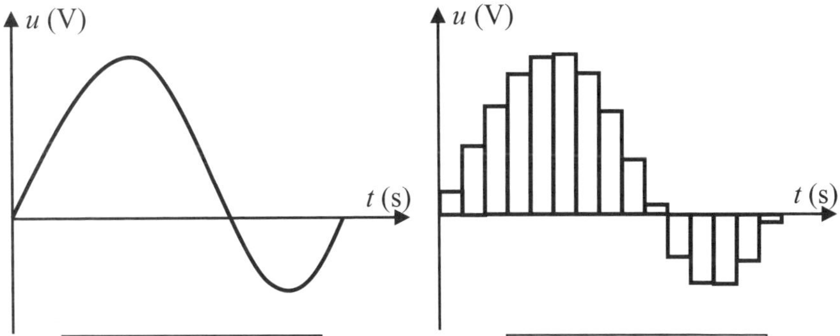

Signal analogique

Signal numérique

○ De l'analogique au numérique

Les supports de stockage analogique tendent à disparaître au profit des supports de stockage numérique de l'information. Un dispositif électronique appelé **C.A.N.** (Convertisseur Analogique→Numérique) permet d'enregistrer l'information sous forme **numérique** sur un support (disque dur, CD, DVD…). Réciproquement, l'information stockée sous une forme numérique sur le support est restituée sous forme **analogique** grâce à un **C.N.A.** (Convertisseur Numérique → Analogique). Un **transducteur** (microphone, haut-parleur…) assure la conversion d'un signal acoustique, par exemple, en un signal électrique (et réciproquement).

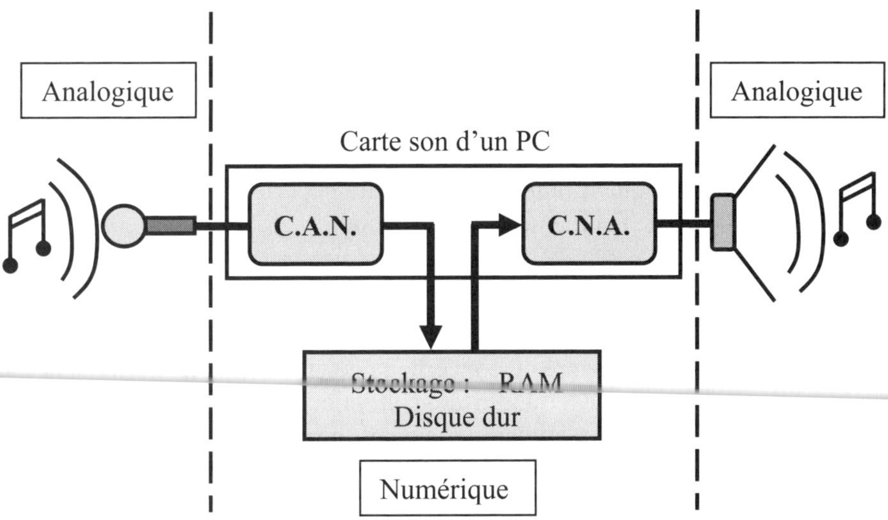

Exemple de chaîne de conversion analogique-numérique au sein de la carte son d'un PC

La **transformation** d'un signal **analogique** en un signal **numérique** est appelée **numérisation**. La **numérisation** fait intervenir deux processus se déroulant en parallèle : l'**échantillonnage** et la **quantification**.

L'échantillonnage

L'**échantillonnage** consiste à prélever **périodiquement** un nombre fini d'**échantillons** d'un signal analogique. La qualité du signal numérique dépendra de la **fréquence d'échantillonnage** (ou taux d'échantillonnage) : plus celle-ci est grande, plus le signal numérisé sera fidèle à l'original, car plus les échantillons du signal analogique seront prélevés à de petits intervalles de temps.

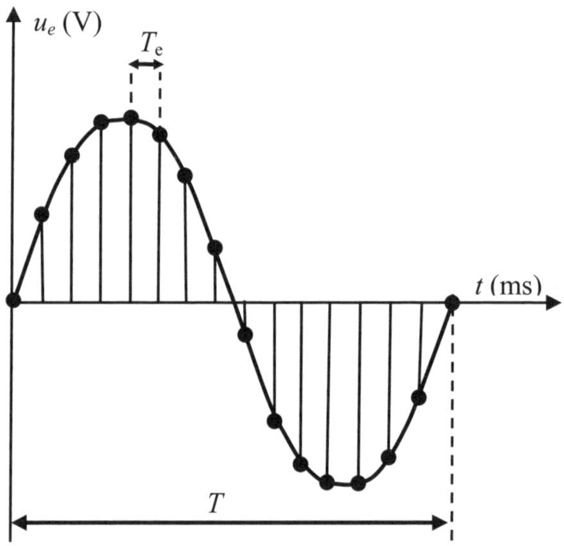

Échantillonnage d'un signal analogique

Le **théorème de Shannon**, énonce que la fréquence f_e d'échantillonnage, d'un signal analogique à numériser, doit être supérieure au **double** de la fréquence maximale f contenue dans ce dernier :

$$\boxed{f_e > 2f} \Leftrightarrow \frac{1}{T_e} > 2 \times \frac{1}{T} \Leftrightarrow \boxed{T_e < \frac{T}{2}}$$

Une illustration de ce théorème concerne la détermination de la fréquence d'échantillonnage d'un CD audio dont la valeur industrielle normalisée est 44,1 kHz. L'oreille humaine pouvant percevoir les sons jusqu'à 20 kHz, on a bien $f_e = 44{,}1$ kHz $> 2 \times 20 = 40$ kHz.

Voici quelques exemples de taux d'échantillonnage et de qualités de sons associées :

Taux d'échantillonnage	**Qualité du son**
44 100 Hz	qualité CD
20 000 Hz	qualité radio
8 000 Hz	qualité téléphone

o La quantification

La *quantification* consiste à **affecter** une **valeur numérique** à chaque échantillon prélevé. La **qualité** du signal numérique sera d'autant plus importante que le **nombre** de **bits** sur lesquels on code les valeurs issues de l'échantillonnage est **grand**.
La quantification est réalisée par un C.A.N. qui compare la valeur de la tension issue de l'échantillonnage aux valeurs d'une **échelle de tension**.
Un C.A.N. peut numériser des tensions d'entrée U_e vérifiant l'encadrement $0 \leq U_e \leq U_{ref}$, où U_{ref} désigne une tension de référence définissant la plage de conversion (ou tension de pleine échelle).
Un C.A.N. n bits, peut coder 2^n états de sortie : il existe donc « $2^n - 1$ » intervalles (ou nombre de pas) entre le 2^n états.
La **résolution** (ou **pas**) d'un C.A.N. est l'intervalle de la tension d'entrée correspondant à un même nombre binaire. Pour un C.A.N. n bits, la résolution se calcule avec :

$$p = \frac{U_{ref}}{\left(2^n - 1\right)}$$

Par exemple, un C.A.N. 3 bits, dont la plage de conversion est U_{ref} = 5,0 V, peut coder $2^3 = 8$ valeurs binaires avec un pas de résolution p = 0,625 V.

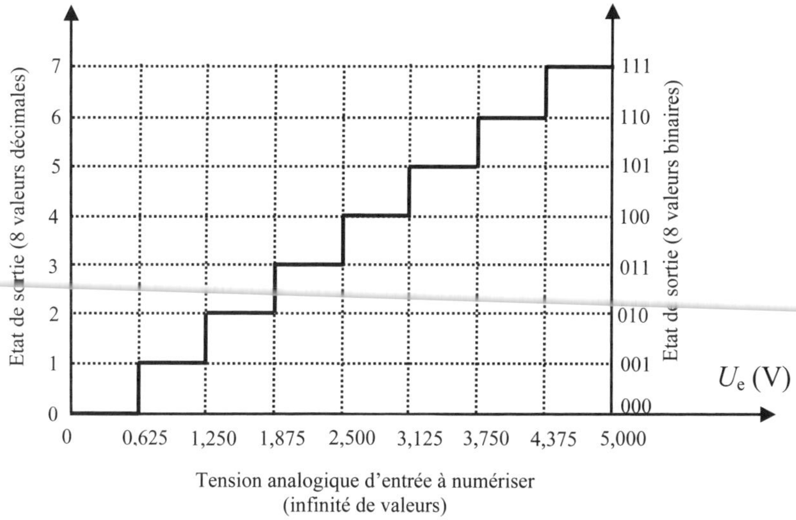

Fonction de transfert d'un C.A.N. 3 bits

résumés de cours
exercices
contrôles
corrigés

Ainsi, dans le C.A.N. précédent, si la tension issue de l'échantillonnage est telle que 2,500 V $\leq u_e <$ 3,125 V, elle sera codée par le nombre binaire 011.

TRANSMISSION DES DONNÉES

Propagation libre et propagation guidée

Les ondes électromagnétiques peuvent se propager de deux façons :

- dans l'espace libre (propagation rayonnée d'ondes hertziennes par exemple) ;
- dans des lignes (propagation guidée dans un câble coaxial, une fibre optique…).

Transmission des signaux

La transmission des signaux s'effectue par émission d'ondes électromagnétiques. Une onde électromagnétique est la combinaison d'un champ électrique $\vec{E}$ et d'un champ magnétique $\vec{B}$ perpendiculaires entre eux ainsi qu'à la direction de propagation. Ces deux champs sont alternatifs sinusoïdaux de même période, en phase l'un par rapport avec l'autre.

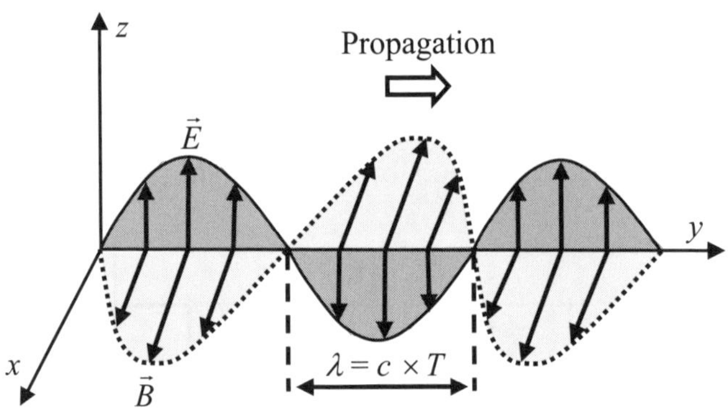

Propagation d'une onde électromagnétique

Comme toutes les ondes, une onde électromagnétique transporte de l'énergie sans transporter de matière. Dans le vide, une telle onde se propage à la célérité de la lumière ($c = 3{,}0.10^8$ m.s^{-1}).

Transmission par fibre optique

▸ Constitution d'une fibre optique

La **fibre optique** est un **guide d'onde** qui exploite le phénomène de **réflexion totale**, qui est un cas particulier de la **réfraction**. Une fibre

optique à **saut d'indice** est constituée de deux matériaux transparents : le cœur d'indice optique n_1 et la gaine d'indice optique n_2 tel que $n_2 < n_1$.
Le signal lumineux codé par une variation d'intensité (impulsion laser) est réfléchi de multiples fois à l'interface cœur-gaine.

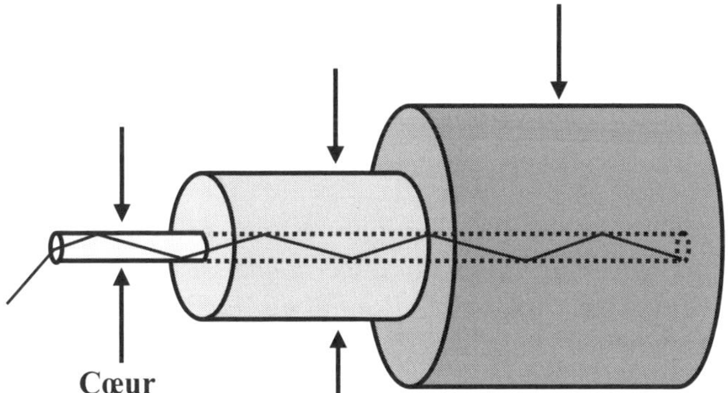

Constitution d'une fibre optique

► **Fibres optiques monomodes et multimodes**

Les fibres optiques peuvent être classées en deux catégories selon le **diamètre** de leur **cœur** : les fibres **monomodes** et **multimodes**. Les **fibres multimodes** sont les plus courantes : elles transportent **plusieurs modes** c'est-à-dire **plusieurs trajets lumineux**. Leur cœur a un diamètre plus grand que leurs homologues monomodes.
Du fait de la **dispersion modale**, on constate un **étalement temporel** du signal, proportionnellement à la longueur de la fibre. Pour cette raison, elles sont utilisées uniquement pour des bas débits ou de courtes distances.

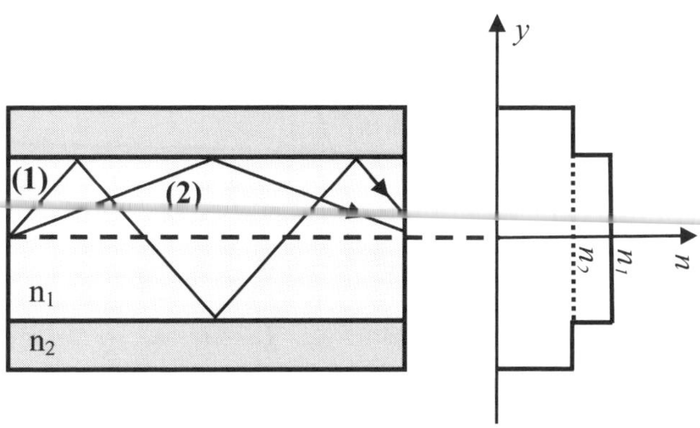

Propagation de deux modes dans une fibre optique à saut d'indice

▶ Atténuation du signal lumineux

L'**atténuation**, caractérise l'**affaiblissement** du **signal** au cours de la propagation pour une longueur d'onde donnée. Si P_0 et P_L désignent respectivement la puissance lumineuse à l'entrée et à la sortie d'une fibre optique de longueur *L,* l'atténuation en décibels pour une longueur d'onde λ donnée est :

$$A(\lambda) = 10 \log \left(\frac{P_L}{P_0}\right)$$

Le principal atout des fibres optiques est une **atténuation extrêmement faible**. Les **fibres optiques en silice** connaissent un **minimum d'atténuation** pour une **longueur d'onde de 1 550 nm**. Cette **longueur d'onde**, appartenant au **proche infrarouge**, sera donc privilégiée pour les communications optiques.

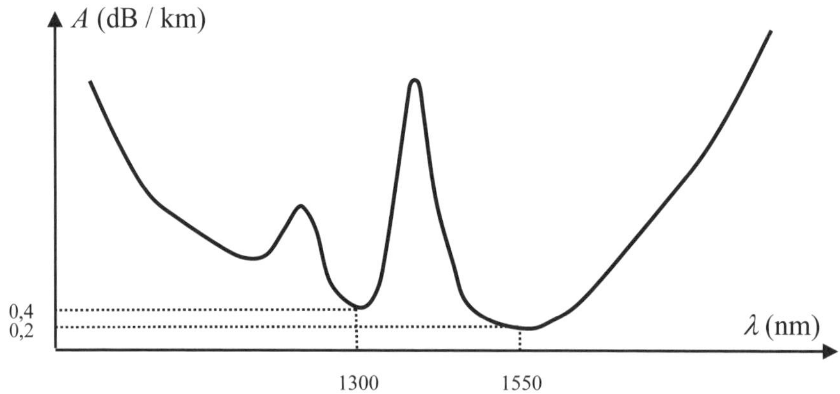

Atténuation d'une fibre optique à cœur de silice

De nos jours, on peut fabriquer des fibres optiques ayant une atténuation aussi faible que 0,2 dB / km : après 100 km de propagation, il restera donc encore 1 % de la puissance initialement injectée dans la fibre, ce qui peut être suffisant pour une détection.

▶ Débit binaire (ou bande passante)

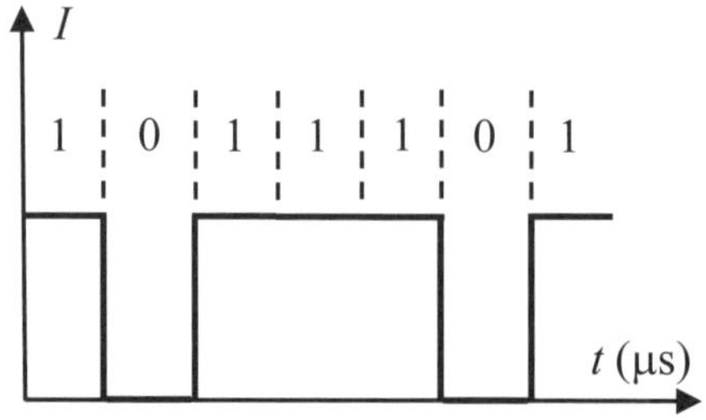

Chaque impulsion lumineuse dans une fibre optique correspond au bit 1

Le **débit binaire** est une mesure de la quantité de données numériques transmises par unité de temps : il se mesure en bits par seconde (bit / s). Il dépend du nombre de bits quantifiant l'information à transmettre et de la fréquence d'échantillonnage f_e :

$$\text{Débit binaire} = (\text{nombre de bits codant l'information}) \times f_e$$

EXEMPLES :

- un signal quantifié sur 8 bits et échantillonné à 8 kHz a un débit binaire égal à : $8 \times 8 = 64$ kbits / s ;
- un signal quantifié sur 16 bits et échantillonné à 16 kHz a un débit binaire égal à : $16 \times 16 = 256$ kbits / s.

Les fibres optiques à saut d'indice ont un débit binaire dont l'ordre de grandeur est 50 Mbits / s et celles à gradient d'indice, 1 Gbits / s.

Transmission hertzienne

Ondes hertziennes

Les ondes hertziennes sont des ondes électromagnétiques dont la longueur d'onde est supérieure à 1 mm. Elles sont produites par une antenne, qui constitue un système oscillant ouvert, rayonnant de l'énergie (propagation libre).

Ondes	Fréquences	λ (m)
Grandes ondes	160 – 285 kHz	2 000 – 1 052
Ondes moyennes	525 – 1 605 kHz	571 – 186
Ondes courtes	3 200 – 26 100 kHz	93,75 – 11,5
Ondes métriques	41 – 68 MHz (télé) 87,5 – 100 MHz (radio)	7,32 – 4,40 3,43 – 3,00
Ondes décimétriques	470 – 900 MHz (télé)	0,64 – 0,31
Ondes centimétriques	11 700 – 12 500 MHz	2,56 – 2,4 cm

Les ondes hertziennes

Propagation

Les ondes hertziennes se propagent en ligne droite. Elles sont réfléchies par les couches ionisées de l'atmosphère, si leur fréquence est inférieure à 30 MHz, et diffractées par les obstacles. On distingue plusieurs types d'ondes hertziennes :

- **grandes ondes** (ondes kilométriques) : elles ont une portée moyenne de 500 à 1 000 km. Une petite partie des antennes réceptrices reçoit directement l'onde émise, le reste reçoit l'onde diffractée par les obstacles. L'émetteur doit avoir une puissance d'au moins 100 kW et une antenne de plus de 100 m de haut ;
- **ondes moyennes et courtes** (ondes hectométriques) : leur portée est de l'ordre de 100 à 200 km le jour et 500 km la nuit (la réflexion étant meilleure la nuit).

- **ondes métriques** : utilisées pour la télévision analogique et la FM, elles ont une portée limitée à 100 km.

▶ Longueur de l'antenne

Une **antenne** ne peut pas avoir n'importe quelle longueur. Elle est **accordée** sur une fréquence si sa **longueur** est égale à **la moitié** de la **longueur d'onde** du signal à émettre.

▶ Nécessité d'une modulation

L'**oreille humaine** est sensible aux **sons** dont la **fréquence** est comprise entre **20 Hz** et **20 000 Hz**. Pour que le haut-parleur d'un poste radio émette des ondes sonores audibles, il faut que l'antenne de celui-ci reçoive des ondes électromagnétiques ayant les mêmes fréquences que les ondes sonores, appelées **audiofréquences**. L'**émission directe** d'**ondes audiofréquences** par une station émettrice n'est pas possible pour plusieurs raisons :

- il faut une antenne trop grande : près de 19 km pour une onde de 4 000 Hz ! De plus, une antenne adaptée pour émettre une onde de 4 000 Hz ne l'est plus pour une onde de 20 Hz ou 20 000 Hz ;
- une onde électromagnétique s'amortit d'autant plus vite dans l'air que sa fréquence est basse : c'est le cas des ondes audiofréquences ;
- pour se faire entendre, deux stations émettrices doivent envoyer les mêmes audiofréquences : on reçoit donc nécessairement les deux stations en même temps sans avoir la possibilité d'écouter l'une ou l'autre !

Pour résoudre ces problèmes techniques, on réalise une **modulation** : chaque station émet une onde de **grande fréquence** (150 – 250 kHz), appelée « **porteuse** », **modulée** par les **audiofréquences**. Grâce à cette technique, la longueur des antennes devient « raisonnable », l'onde électromagnétique qui se propage est moins amortie dans l'air et on peut choisir la station que l'on veut écouter en accordant le poste radio sur la fréquence de la porteuse, chaque station ayant une porteuse différente.

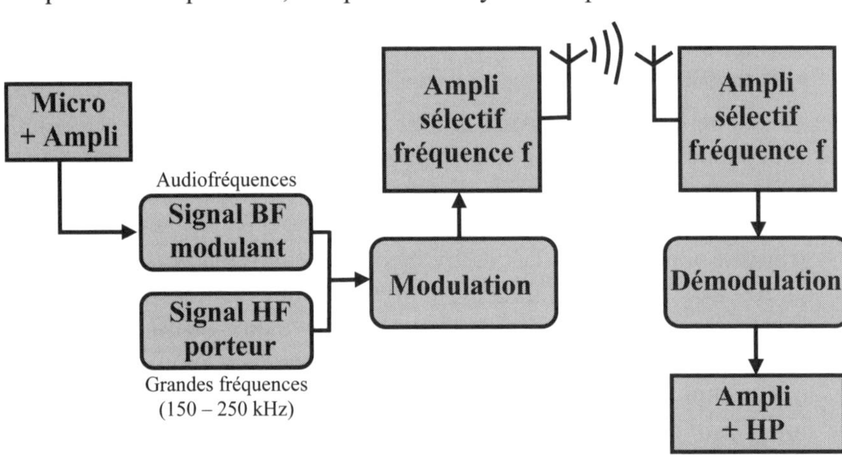

Principe de la transmission d'un signal audio par modulation

STOCKAGE OPTIQUE

○ Principe de la lecture d'un CD-ROM

La lecture des informations sur un CD-ROM se fait à l'aide d'un faisceau de lumière laser.
Lorsque le faisceau laser frappe une zone *non gravée*, un détecteur peut capter la lumière réfléchie sur la couche métallique du CD-ROM.
Lorsque la lumière laser frappe une zone *gravée*, la lumière réfléchie n'atteint pas le détecteur (par suite d'un phénomène physique appelé « interférences de phases »). Tout se passe comme si elle n'était pas réfléchie.

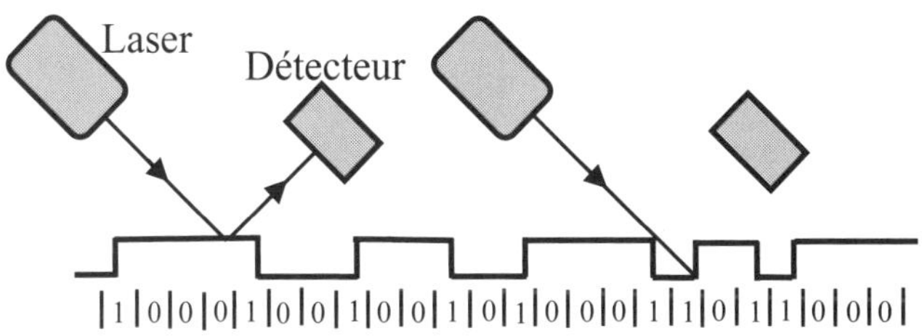

Principe du codage de l'information sur un CD-ROM

La **valeur binaire « 1 »** correspond au passage du rayon laser d'une zone ***réfléchissante*** vers une zone ***non-réfléchissante***.
Inversement, le passage d'une zone ***non-réfléchissante*** vers une zone ***réfléchissante*** correspond également à la **valeur binaire « 1 »**.
Lorsque le rayon laser reste, pendant une certaine durée, dans une zone de même type (réfléchissante ou non-réfléchissante), cela correspond la valeur binaire « 0 ».
La capacité de stockage d'un CD-ROM est généralement de 640 Mo ou 700 Mo.

○ Principe de la lecture d'un DVD-ROM

Le principe de fonctionnement d'un DVD-ROM est en tout point similaire à celui du CD-ROM. Cependant, dans le cas d'un DVD, les alvéoles gravées dans le disque sont plus petites que dans le cas du CD-ROM : on peut donc en mettre plus par unité de surface. La capacité de stockage du DVD est donc plus grande (4,7 Go pour un DVD simple face monocouche).

○ Le disque Blu-ray

Un lecteur-enregistreur de disque Blu-ray utilise un laser bleu-violet dont la longueur d'onde (λ = 405 nm) est inférieure à celle du laser rouge (λ = 635 nm) des DVD ainsi qu'à celle du laser infrarouge (λ = 780 nm) des CD. Le Blu-ray permet de stocker plus d'informations sur la même surface grâce à un faisceau laser plus fin, induisant des sillons de gravure plus petits et plus rapprochés et des alvéoles plus courtes. La taille minimale du point sur lequel le laser grave l'information est en effet limitée par le phénomène de diffraction.

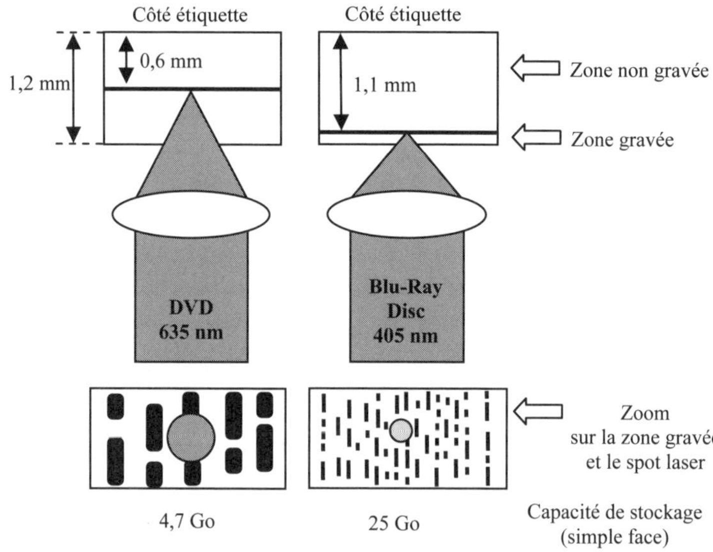

La capacité de stockage sur un support donné dépend de la longueur d'onde du laser utilisé (phénomène de diffraction)

Typiquement, un disque Blu-ray simple face, monocouche, est capable de stocker 25 Go d'informations.

✷ Exercice 1 ⏱ 5 min

Parmi les propositions ci-dessous, choisir celles qui vous semblent correctes.

1. Un photon est une particule :
   - ☐ a) de masse nulle ;
   - ☐ b) se déplaçant plus vite que la lumière ;
   - ☐ c) transportant une énergie quelconque.
2. L'énergie d'un atome :
   - ☐ a) peut prendre n'importe quelle valeur ;
   - ☐ b) est positive ;
   - ☐ c) est quantifiée.
3. À partir de son état fondamental :
   - ☐ a) un atome peut absorber un photon ;
   - ☐ b) un atome peut émettre un photon.
4. Dans un atome d'hydrogène, le niveau d'énergie $E = 0$:
   - ☐ a) représente son état fondamental ;
   - ☐ b) est l'énergie minimale d'un électron ;
   - ☐ c) est l'énergie maximale d'un électron.
5. Un atome d'hydrogène, dans son état fondamental :
   - ☐ a) peut absorber un photon d'énergie quelconque ;
   - ☐ b) peut absorber certains photons seulement ;
   - ☐ c) peut émettre certains photons seulement ;
6. Lorsqu'un atome se désexcite :
   - ☐ a) les photons émis ont des énergies quantifiées ;
   - ☐ b) les photons émis peuvent avoir n'importe quelle énergie.

✷ Exercice 2 ⏱ 10 min

On dispose d'une diode laser S émettant un faisceau lumineux monochromatique de longueur d'onde $\lambda = 0,790\ \mu m$.

1. Quelle est la couleur de la lumière émise par la diode laser ?
2. Quelle est la fréquence de la lumière émise par cette diode laser.
3. La lumière émise résulte d'une transition entre deux niveaux d'énergie E_1 et E_2 tels que $E_2 < E_1$

   a) Commenter le signe de la variation d'énergie $\Delta E = E_2 - E_1$ entre ces deux niveaux.

   b) Calculer en électronvolts $|\Delta E| = |E_2 - E_1|$.
4. Dans un lecteur CD on lit des informations gravées sur le disque sous forme de petites cuvettes réfléchissantes dont le diamètre limite le nombre d'informations. Actuellement, on éclaire le disque avec une diode laser de longueur d'onde $\lambda = 0,790\ \mu m$. Depuis quelques années, on commercialise des lecteurs utilisant une diode laser émettant une longueur d'onde dans le bleu-violet (lecteurs « blu-ray disc »).

a) Quel phénomène optique limite le diamètre des cuvettes gravées sur un CD ?
b) Quel intérêt présente ce changement de longueur d'onde ?

DONNÉES :

célérité de la lumière dans le vide $c = 3{,}00 \times 10^{8}$ m.s^{-1} ;
constante de Planck $h = 6{,}63 \times 10^{-34}$ J.s ;
1 eV = $1{,}60 \times 10^{-19}$ J.

✱ Exercice 3 — 20 min

Le document fourni à la fin de l'exercice, reproduit le diagramme énergétique de l'atome d'hydrogène.

1. Le diagramme énergétique de l'atome d'hydrogène montre que l'énergie ne peut prendre que certaines valeurs. Comment qualifie-t-on alors l'énergie ?
2. Quelle est l'énergie du niveau fondamental ?
3. Quelle est l'énergie nécessaire pour ioniser l'atome d'hydrogène ?
4. On s'intéresse à la série de Balmer qui correspond à des transitions électroniques d'un niveau supérieur vers le niveau $n = 2$.
   a) Représenter, sur le diagramme énergétique, les quatre premières transitions de la série de Balmer.
   b) Calculer en nm la longueur d'onde associée à ces transitions électroniques.
   c) La lumière émise lors de ces transitions électroniques, appartient-elle au domaine du visible ?
5. Quelle est la nature du spectre de la lumière produite par une lampe à vapeur d'hydrogène ?

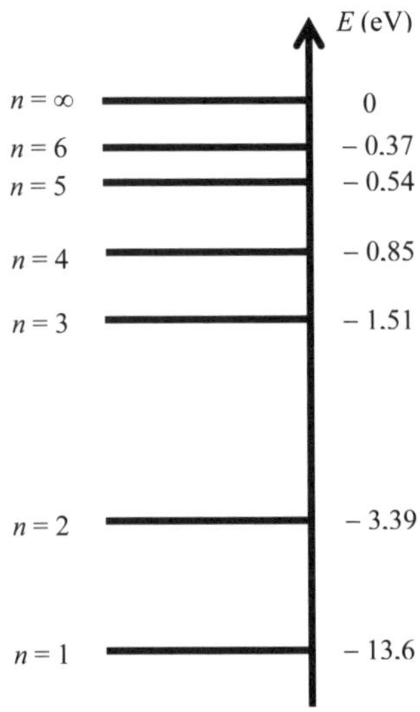

DONNÉES :

constante de Planck : $h = 6{,}63.10^{-34}$ J.s ; $1\text{eV} = 1{,}60.10^{-19}$ J ;
célérité de la lumière dans le vide : $c = 3{,}00.10^{8}$ m.s^{-1}.

✱✱ Exercice 4 — 20 min

Le laser Nd-YAG, couramment utilisé en ophtalmologie, est un laser à solide. Le milieu actif présent dans la cavité laser est un grenat d'yttrium-aluminium (d'où YAG) dopé avec des ions néodyme Nd^{3+}. Dans ce type de laser, on excite les ions Nd^{3+} jusqu'à une bande d'énergie supérieure par le biais de flashs lumineux très intenses (pompage optique). Il s'ensuit une désexcitation électronique rapide non radiative, c'est-à-dire sans émission lumineuse, vers un niveau métastable. Les désexcitations électroniques spontanées depuis un tel niveau sont très peu probables. En revanche des désexcitations électroniques par émissions stimulées sont possibles.

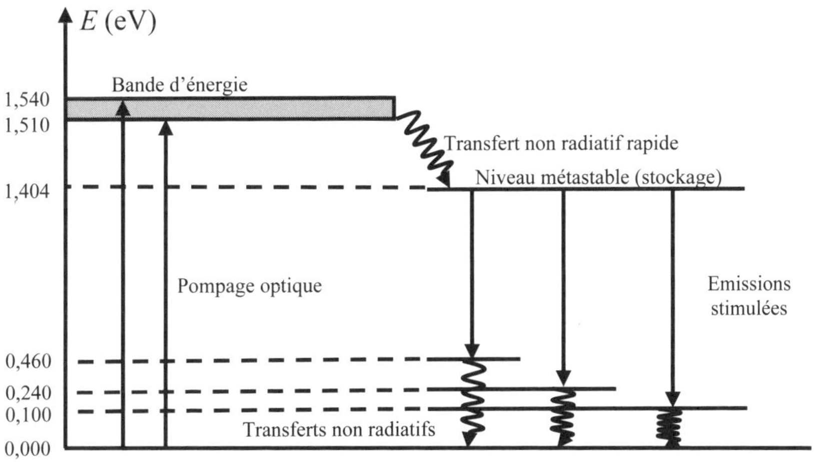

Diagramme d'énergie simplifié de l'ion néodyme Nd^{3+}

1. Quel est l'intérêt du pompage optique ?
2. Déterminer les deux longueurs d'onde extrêmes λ_{min} et λ_{max} de la bande d'énergie atteinte lors du pompage optique.
3. Qu'est-ce que l'émission stimulée ? Qu'est-ce qui la différencie de l'émission spontanée ?
4. Déterminer les trois longueurs d'onde susceptibles d'être émises par émission stimulée.
5. La lumière émise par ce type de laser est-elle visible ? Justifier.

DONNÉES :

constante de Planck : $h = 6{,}63.10^{-34}$ J.s ;
célérité de la lumière dans le vide : $c = 3{,}00.10^{8}$ m.s^{-1} ;
$1\text{eV} = 1{,}60.10^{-19}$ J.

✱ Exercice 5 — 10 min

Un laser solide à rubis (cristal de Al_2O_3 dopé par des ions Cr^{3+}) émet des impulsions lumineuses de longueur d'onde 694,3 nm. Une impulsion lumineuse a une puissance moyenne de 10 MW et une durée de 1,5 ns.

1. La lumière produite par ce laser est-elle visible ? Si oui, quelle est sa couleur ?

2. Combien de photons sont émis pendant une impulsion ?

3. Déterminez la valeur de la quantité de mouvement de l'ensemble de tousles photons.

4. Quelle est la vitesse de recul du laser à rubis sachant qu'il a une masse de 140 kg ?

DONNÉES :

constante de Planck : $h = 6{,}63.10^{-34}$ J.s ;

célérité de la lumière dans le vide : $c = 3{,}00.10^{8}$ m.s^{-1}.

✱✱ Exercice 6 — 15 min

Lorsque la lumière passe d'un milieu transparent à un autre, différent, elle change de direction de propagation : c'est le phénomène de réfraction.

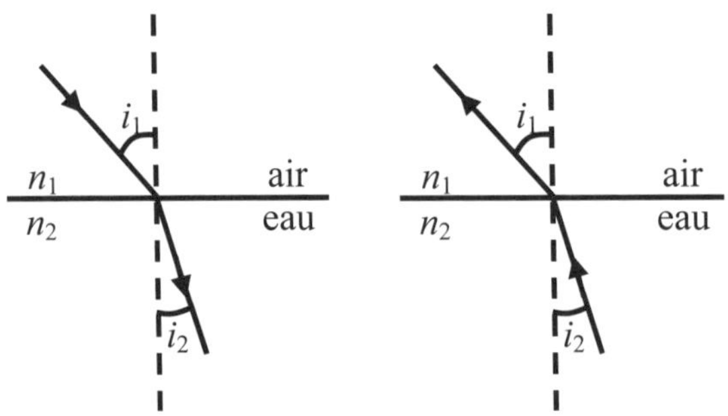

L'angle d'incidence i_1 est lié à l'angle de réfraction i_2 selon la deuxième loi de Snell-Descartes : $n_1 \sin i_1 = n_2 \sin i_2$, où n_1 et n_2 désignent les indices optiques des milieux transparents.

1. Dans le cas de la propagation de la lumière de l'air vers l'eau :

a) Quelle est la valeur maximale que peut prendre i_2 ?

b) Existe-t-il toujours un rayon réfracté ?

2. Dans le cas de la propagation de la lumière de l'eau vers l'air :

a) Quelle est la valeur maximale que peut prendre i_1 ?

b) Existe-t-il toujours un rayon réfracté ? Comment se nomme ce phénomène ?

3. Une fibre optique est constituée de deux milieux transparents homogènes, cylindriques et coaxiaux : le « cœur », d'indice n_3 et la « gaine » d'indice n_4. On emploie, pour fabriquer la fibre, deux substances transparentes dont les indices sont 1,45 et 1,43.

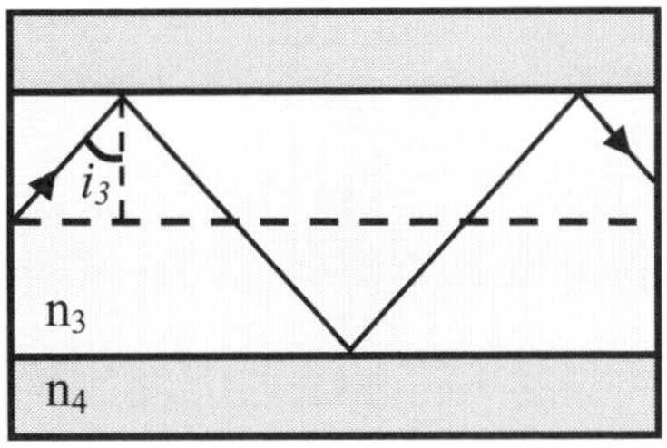

a) Laquelle de ces substances constitue le cœur ? Justifiez votre réponse.
b) Quelle inégalité doit vérifier l'angle i_3 pour que la lumière puisse se propager dans la fibre optique comme indiqué sur le schéma ?
c) Calculer la vitesse de propagation de la lumière dans le cœur de la fibre.
d) Pourquoi ce type de fibre optique est-il qualifié de multimodes ?

DONNÉES :

$n_1 = 1,0$ (air) et $n_2 = 1,5$ (eau) ;
célérité de la lumière dans le vide : $c = 3,00.10^8$ m.s^{-1} ;
On admettra que la célérité de la lumière dans un milieu d'indice optique n est : $v = \frac{c}{n}$

✱✱✱ Exercice 7 — 20 min

Le téléphone portable fonctionne comme une radio. Lors d'une communication, la voix est convertie en un signal électrique par un microphone, grâce à un système de conversion numérique et de modulation, ce signal électrique est couplé à une onde porteuse qui, après amplification, est émise vers l'antenne la plus proche. Celle-ci transmet le signal à une station de base qui l'envoie alors à une centrale, par ligne téléphonique conventionnelle ou par faisceaux hertziens. De là sont acheminées les conversations vers le téléphone du destinataire, selon le même processus, mais en sens inverse (non représenté sur le schéma). Après démodulation et conversion analogique, le signal électrique est transformé en signal sonore par le haut-parleur de l'appareil récepteur.

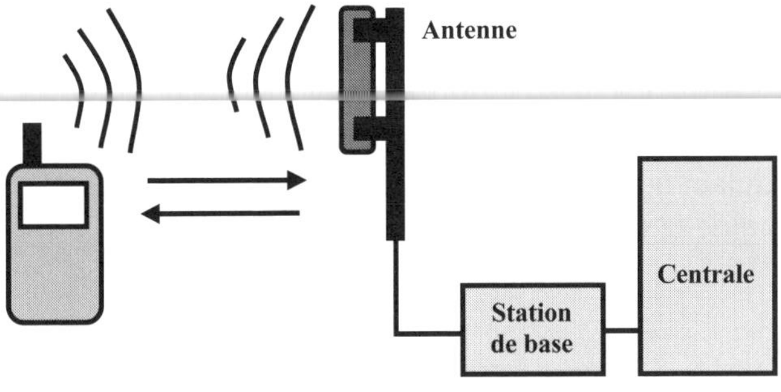

Les ondes électromagnétiques sont déjà très largement utilisées pour la télévision, la radio, la C.B. et les radars, si bien que les gammes de fréquences restantes pour les portables sont de plus en plus restreintes. L'une d'entre elles s'étend de 890 à 915 MHz. Or, un appel nécessite une bande passante de 200 kHz. Autrement dit, dans cette bande de fréquence de largeurs 25 MHz, on ne devrait pourvoir passer que 125 appels simultanément. La solution a été le fractionnement du réseau en cellules (d'où le terme parfois utilisé de téléphone « cellulaire »). Le territoire français a donc été divisé en 40 000 parcelles, chacune comportant des antennes assurant la liaison avec les téléphones mobiles situés dans leur zone d'influence. Chaque parcelle possède ses propres fréquences, différentes de celles des parcelles voisines. Pas de risque d'interférence, donc.

1. Quel est l'ordre de grandeur de la fréquence des ondes porteuses utilisées pour le téléphone portable ?
2. En déduire l'ordre de grandeur de sa longueur d'onde dans le vide.
3. On peut représenter symboliquement la chaîne d'émission par le schéma de la figure suivante :

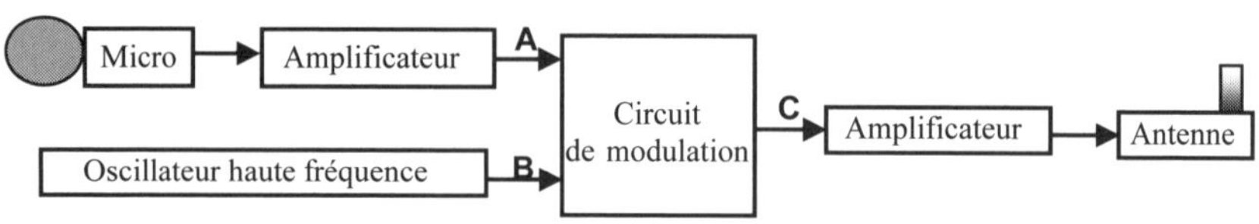

   En quel point, **A**, **B**, ou **C** de la figure 1 trouve-t-on :
   – L'onde porteuse ?
   – Le signal modulant ?
4. L'onde porteuse est sinusoïdale et a pour expression :
   $v(t) = V_m \cos(2\pi f_p t)$.
   Le signal modulant est en général complexe mais, comme tout signal périodique, il peut se mettre sous la forme d'une somme de fonctions sinusoïdales.
   Pour simplifier, nous prendrons, pour le signal modulant, l'expression :
   $u(t) = U_m \cos(2\pi f_m t)$.
   On envisage une modulation d'amplitude, c'est-à-dire que le signal modulant va modifier l'amplitude de la porteuse.
   Pour obtenir une modulation de bonne qualité, faut-il choisir f_p très supérieure ou très inférieure à f_m ?
5. Le circuit de modulation est constitué d'un composant nommé « multiplieur ». On branche respectivement, sur l'entrée E_1 de ce circuit, le signal modulant u(t) additionné d'une tension de décalage U_0, sur l'entrée E_2, le signal de la porteuse v(t), et on recueille en sortie le signal modulé, nommé s(t).

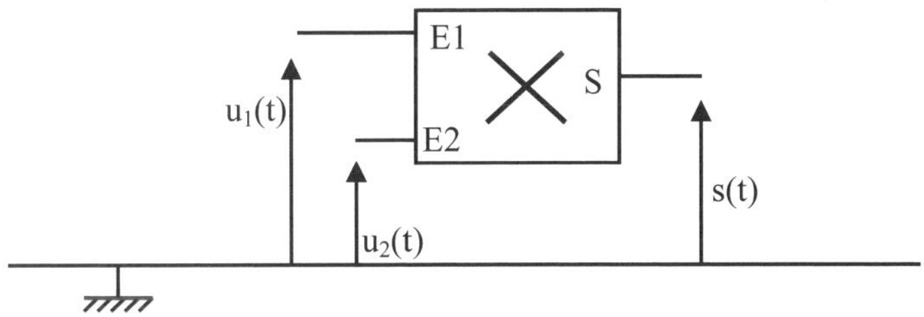

Avec $u_1(t) = u(t) + U_0$ et $u_2(t) = v(t)$.

a) Sachant que s(t) a pour expression générale $s(t) = k.u_1(t).u_2(t)$, où k est une constante dépendant uniquement du circuit électronique, écrire s(t) sous la forme $s(t) = S_m \cos(2\pi f_p t)$ et identifier S_m, l'amplitude du signal modulé.

b) En posant $A = k.V_m.U_0$ et $m = U_m/U_0$, montrer que S_m peut se mettre sous la forme $S_m = A\,(m.\cos(2\pi f_m t) + 1)$.

c) Quelle condition doit remplir m, le taux de modulation, pour que celle-ci soit de bonne qualité ?

6. Afin d'étudier le phénomène de modulation d'amplitude, on utilise un logiciel de simulation qui permet d'obtenir l'allure de la tension modulée s(t) en fonction du temps. Les valeurs numériques ont été choisies pour une lecture facile mais ne représentent pas l'onde réelle émise par un portable.

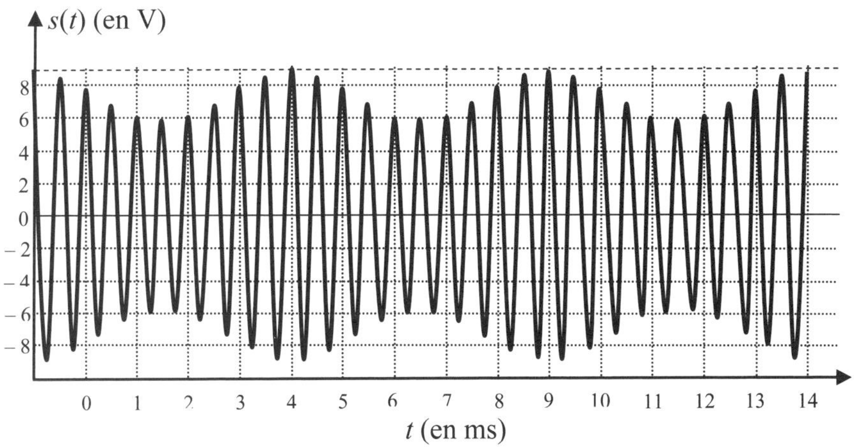

a) Déterminer la fréquence f_p de la porteuse, utilisée pour la simulation.

b) Déterminer la fréquence f_m du signal modulant, utilisé pour la simulation.

c) Déterminer $S_{m\ max}$ et $S_{m\ min}$, les valeurs maximale et minimale de l'amplitude du signal modulé et en déduire le taux de modulation défini par : $m = \dfrac{S_{m\ max} - S_{m\ min}}{S_{m\ max} + S_{m\ min}}$.

✱✱ Exercice 8

10 min

1. Une image TV numérisée doit être transmise à partir d'une source qui utilise une matrice d'affichage de 450 × 500 pixels, chacun des pixels pouvant prendre 32 valeurs d'intensité différentes. On suppose que 30 images sont envoyées par seconde. Quel est le débit binaire D de la source ?

2. On désire transporter du son numérique sur une voie de transmission. La largeur de bande de la voix humaine est supposée bornée supérieurement à 4 000 Hz.

a) En appliquant le théorème de Shannon, quelle doit être la fréquence minimale d'échantillonnage du son ?

b) Le son est numérisé avec la fréquence d'échantillonnage précédente et est codé sur 8 bits. Quel doit être le débit binaire de la ligne utilisée ?

3. Dans le cadre de l'échantillonnage de données analogiques, on peut utiliser le codage ordinaire PCM (Pulse Code Modulation) qui consiste à coder sur n bits chaque valeur mesurée du signal (avec approximation de quantification). Soit la donnée analogique suivante que l'on désire coder sur 4 bits (les lignes verticales indiquent les instants d'échantillonnage).

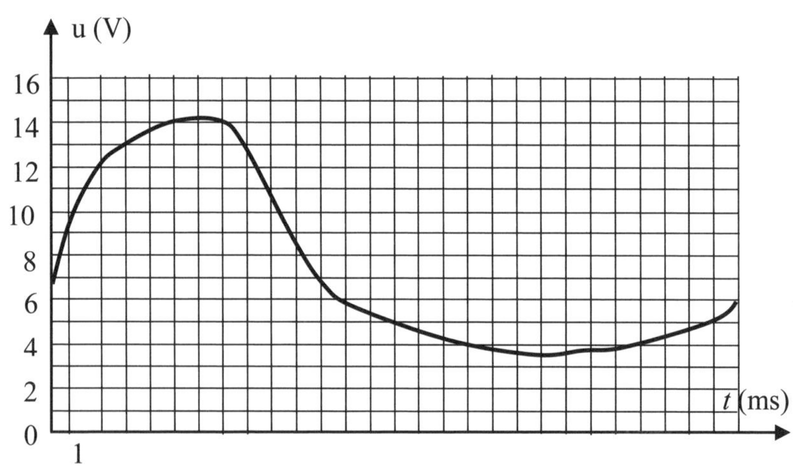

a) Quelle est la fréquence d'échantillonnage ?

b) Quel est le fichier binaire correspondant ?

4. Quel est le poids d'une image 16 bits, 1024 × 768 pixels ?

Contrôle

90 min / 20 pts

Exercice 1

60 min / 10 pts

Laser

Le schéma suivant donne le principe du fonctionnement du laser à rubis : le rubis est un cristal d'alumine dans lequel sont inclus des ions chrome Cr^{3+}.

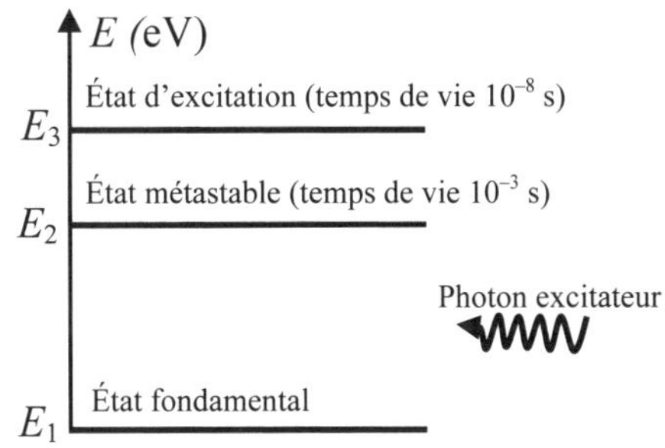

1. Représenter sur le schéma les transitions correspondant :

a) au pompage optique ; **(0,5 pt)**

b) à l'émission laser. **(0,5 pt)**

2. On donne $E_3 - E_1 = 2{,}26$ eV et $E_3 - E_2 = 0{,}55$ eV

a) Un photon incident, d'énergie 0,55 eV, peut-il induire un rayonnement laser ? **(0,5 pt)**

b) Un photon incident, d'énergie 1,71 eV, peut-il induire un rayonnement laser ? **(0,5 pt)**

c) Quelle est la longueur d'onde émise par ce laser ? La lumière produite est-elle visible ? **(0,5 pt)**

d) Quelle est la quantité de mouvement d'un photon produit ? **(0,5 pt)**

3. Le laser émet des impulsions d'une durée de 1 ns avec une puissance moyenne de 2,0 W. Combien de photons sont émis pendant une impulsion ? **(1 pt)**

Fibre optique

Un rayon lumineux arrive de l'air (indice 1,00) sous une incidence i_e et pénètre dans le cœur d'une fibre optique d'indice n_1.

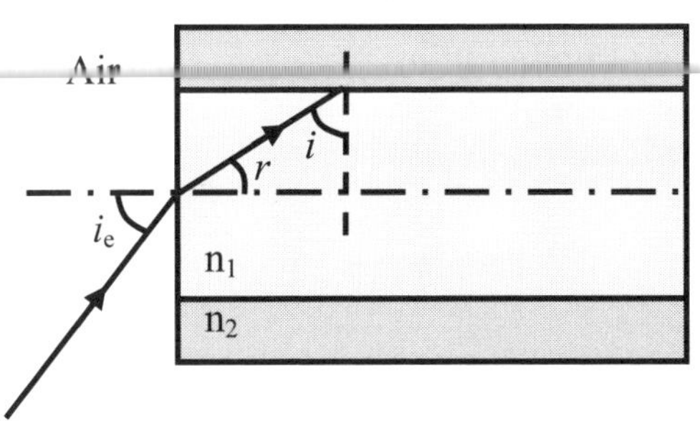

4. Exprimez le sinus de l'angle de réfraction r en fonction de n_1 et i_e. **(0,5 pt)**
5. L'angle d'incidence sur la surface de séparation coeur-gaine est i. Donner la relation entre i et r et l'expression de cos i. **(0,5 pt)**
6. L'indice de la gaine a pour valeur n_2 ($n_2 < n_1$). Exprimez le sinus de l'angle limite de réfraction i_{lim} entre les milieux d'indice n_2 et n_1. **(0,5 pt)**
7. Pour qu'un rayon lumineux puisse se propager dans la fibre, l'inégalité suivante doit être vérifiée : sin $i_e < \sqrt{n_1^2 - n_2^2}$. **(0,5 pt)**

   Démontrer cette relation. **(0,5 pt)**
8. Calculer la valeur limite i_{lim} pour qu'un rayon lumineux pénétrant dans la fibre puisse s'y propager. **(0,5 pt)**
9. On suppose que la longueur de la fibre optique est $L = 1$ km.

a) Exprimer en fonction de L et r, la distance D parcourue par un rayon lumineux entre l'entrée et la sortie de la fibre ? Quelles sont les expressions des valeurs extrêmes D_{min} et D_{max} ? **(1 pt)**

b) Un signal très bref, véhiculé par une impulsion lumineuse, entre dans la fibre optique dans toutes les directions. Montrer qu'il en ressort étalé sur une durée Δt que l'on calculera. **(1 pt)**

c) Une transmission de données binaires se fait en envoyant des signaux très brefs espacés dans le temps d'une durée T.
Calculer le débit binaire f = 1 / T maximal supporté par la fibre. Faire l'application numérique. **(0,5 pt)**

d) La fibre optique convient-elle pour une transmission musicale échantillonnée à 40 kHz et codée sur 256 valeurs (1 octet) ? **(0,5 pt)**

e) Expliquer pourquoi une fibre optique monomode est plus intéressante techniquement qu'une fibre multimodes pour acheminer de l'information. **(1 pt)**

DONNÉES :

$n_1 = 1{,}48$ et $n_2 = 1{,}46$;
célérité de la lumière dans le vide : $c = 3{,}00.10^8$ m.s^{-1} ;
1 eV = $1{,}60.10^{-19}$ J
On admettra que la célérité de la lumière dans un milieu d'indice optique n est : $\text{v} = \dfrac{c}{n}$

Exercice 2 — 30 min / 10 pts

Transmission d'ondes hertziennes
L'objet de cet exercice est d'étudier l'émission d'une onde radio.

1. Étude préliminaire : l'onde radio

a) Les ondes hertziennes font partie des ondes électromagnétiques dont une partie du spectre est donné ci-dessous :

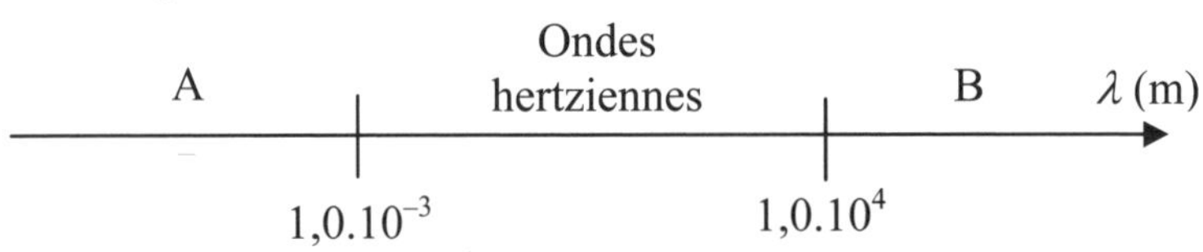

La lumière visible fait partie des ondes électromagnétiques.

Dans quel domaine (A ou B) peut-on la situer ? Justifier la réponse. **(0,5 pt)**

b) En 1888, Hertz réalisa un oscillateur qui permettait de générer des ondes électromagnétiques à travers son laboratoire. La célérité de la lumière valant $c = 3{,}0.10^8$ m.s^{-1}, il mesura une longueur d'onde $\lambda = 9{,}0$ m. Calculer la fréquence des ondes qu'il réussit à émettre. **(0,5 pt)**

2. L'émission de l'onde radio

Deux physiciens veulent reconstituer une expérience similaire à l'expérience historique, réalisée en 1898, qui permit à Ernest Roger et Eugène Ducretet de transmettre des ondes, de la tour Eiffel au Panthéon, distant de 4 km.

Au laboratoire, une partie du montage appelée "modulateur", permettant de générer un signal qui sera à l'origine de l'onde radio, peut être schématisé sur la figure ci-dessous :

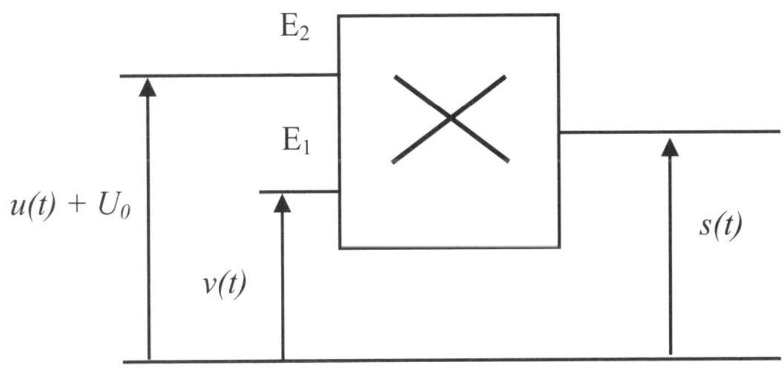

a) On applique aux entrées E_1 et E_2 les tensions $v(t)=V_m \cos(2\pi F t)$ et $u(t)=U_m \cos(2\pi f t)$ telles que $F >> f$.
Nommer les tensions v(t) et u(t).
Que représente la grandeur V_m ? **(1 pt)**

b) À la tension u(t) on ajoute une tension continue U_0. Nommer cette tension. **(0,5 pt)**

c) Le multiplieur donne en sortie une tension s(t), proportionnelle au produit des tensions appliquées sur les entrées :
$s(t) = k.u(t).v(t)$.
Le coefficient k est une constante qui ne dépend que du multiplieur.
Montrer que s(t) peut se mettre sous la forme :
$s(t) = A[1 + m \cos(2\pi f t)] \cos(2\pi F t)$
dans laquelle A est une constante. Donner l'expression de A en fonction de k, V_m et U_0. **(2 pts)**

3. Le graphique, à la fin de l'exercice, représente la tension modulée s(t) obtenue par acquisition et traitement informatisés.

a) Tracer sur ce graphique le signal modulant. **(0,5 pt)**

b) À l'aide du graphique, calculer la période du signal modulé et en déduire sa fréquence. **(1 pt)**

c) La modulation est caractérisée par son taux m donné par la relation :

$$m = \frac{U_{\max} - U_{\min}}{U_{\max} + U_{\min}}$$

Calculer sa valeur en utilisant le graphique à la fin de l'exercice. **(1 pt)**

d) La modulation est-elle satisfaisante ? Justifier la réponse. **(1 pt)**

4. L'antenne émettrice doit respecter certains critères de longueur. En effet, une antenne est accordée sur une fréquence si sa longueur est égale à la moitié de la longueur d'onde correspondante (au quart de la longueur d'onde si l'antenne est verticale et reliée au sol car, dans ce cas, le sol joue le rôle de réflecteur) ; c'est pour respecter ces contraintes que l'on installe, en 1898, une antenne émettrice au sommet de la tour Eiffel. Cette antenne est reliée au sol.

a) Sachant que la hauteur de cette antenne est de 324 m, quelle est la longueur d'onde maximale de l'onde radio que l'on peut émettre ? **(1 pt)**

b) Les ondes hertziennes kilométriques, appelées « grandes ondes » ont pour domainc 1 052 m $\leq \lambda \leq$ 2 000 m ; était-il possible d'émettre toute la gamme de ces ondes hertziennes depuis la tour Eiffel ? Justifier. **(1 pt)**

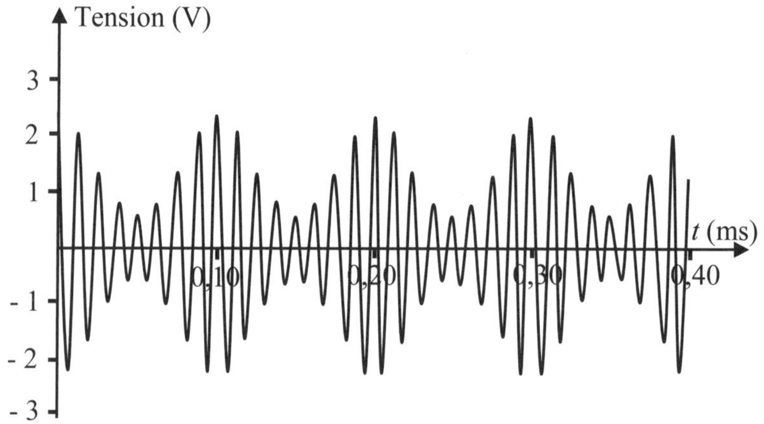

Corrigé des exercices

Corrigé 1

1. Le photon est une particule de masse nulle se déplaçant dans le vide à la vitesse de la lumière $c = 3{,}0.10^8$ m.s^{-1} et emportant avec lui un quantum d'énergie $\varepsilon = h\nu$: **réponse a)**.
2. Dans un atome, les niveaux d'énergie accessibles aux électrons sont quantifiés et négatifs : **réponse c)**.
3. Dans son état fondamental, l'énergie d'un atome est minimale. Depuis son état fondamental, son énergie ne peut donc que croître par absorption de photons : **réponse a)**.
4. L'énergie d'un atome d'hydrogène est quantifiée par $E_n = -\dfrac{13{,}6}{n^2}$. Cette énergie peut donc varier de 0 eV (lorsque $n \to +\infty$) à – 13,6 eV ($n = 1$; état fondamental). La valeur $E = 0$ est donc l'énergie maximale d'un électron : **réponse c)**.
5. Depuis son état fondamental, un atome d'hydrogène peut absorber un photon à condition que l'énergie embarquée par celui-ci corresponde exactement à l'écart énergétique séparant un état excité de l'état fondamental : **réponse b)**.
6. La désexcitation d'un atome consiste en une transition électronique d'un niveau d'énergie supérieure vers un niveau d'énergie inférieure. Puisque ces niveaux d'énergie sont quantifiés, il en est de même de l'énergie embarquée par le photon émis : **réponse a)**.

Corrigé 2

1. La longueur d'onde de la lumière émise est supérieure à 700 nm : elle appartient au domaine du proche infrarouge.
2. $\boxed{\nu = \dfrac{c}{\lambda}}$ A.N. : $\nu = \dfrac{3{,}00.10^8}{0{,}790.10^{-6}} = \mathbf{3{,}80.10^{14}\ Hz}$.
3.

a) $\Delta E = E_2 - E_1 < 0$ car $E_2 < E_1$: la diode laser perd de l'énergie en émettant de la lumière.

b) $|\Delta E| = |E_2 - E_1| = h \times \nu$ et $\nu = \dfrac{c}{\lambda} \Rightarrow \boxed{|\Delta E| = h \times \dfrac{c}{\lambda}}$

A.N. : $|\Delta E| = 6{,}63 \times 10^{-34} \times \dfrac{3{,}00 \times 10^8}{0{,}790 \times 10^{-6}} = \mathbf{2{,}52.10^{-19}\ J = 1{,}57\ eV}$

résumés de cours | exercices | contrôles | corrigés

4.

a) Le phénomène de diffraction limite le diamètre des cuvettes gravées sur un CD. En effet, pour limiter le phénomène de diffraction, conduisant à un éparpillement de la lumière réfléchie, le diamètre d'une cuvette doit être plus grand que la longueur d'onde du laser utilisé.

b) La lumière bleue possède une longueur d'onde plus courte que la lumière rouge. Le phénomène de diffraction sera moins marqué, le faisceau LASER bleu sera plus étroit. On pourra lire des cuvettes réfléchissantes, plus étroites. Cette technique permet de stocker plus d'informations sur un disque « Blu-ray ».

Corrigé 3

1. L'énergie de l'atome d'hydrogène est quantifiée : elle ne peut prendre que des valeurs bien déterminées.
2. L'énergie du niveau fondamental correspond au niveau de plus basse énergie, soit n = 1 : E_1 = **– 13,6 eV**.
3. Il faut fournir une énergie de **+ 13,6 eV** pour ioniser l'atome d'hydrogène, c'est-à-dire l'amener au niveau n_∞.

4.

a) Les quatre premières transitions de la série de Balmer correspondent à :

$n = 6 \rightarrow n = 2$
$n = 5 \rightarrow n = 2$
$n = 4 \rightarrow n = 2$
$n = 3 \rightarrow n = 2$

A chaque transition électronique est associée l'émission d'un photon (désexcitation spontanée).

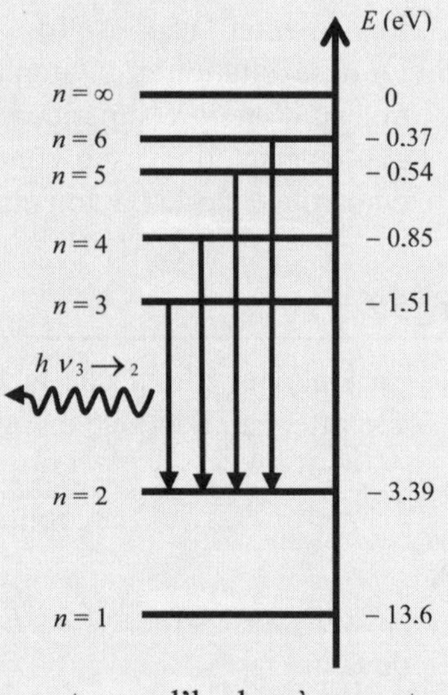

b) La transition électronique au sein d'un atome d'hydrogène, entre les niveaux d'énergie E_p et E_n ($E_p > E_n$), s'accompagne de l'émission d'un photon d'énergie $\varepsilon = h\ \nu_{p \rightarrow n}$: $|\Delta E| = |E_n - E_P| = E_p - E_n = h\ \nu_{p \rightarrow n}$

Or $\lambda_{p \rightarrow n} = c / \nu_{p \rightarrow n}$ d'où $\nu_{p \rightarrow n} = c / \lambda_{p \rightarrow n}$.

On en déduit donc que $E_p - E_n = h\ c / \lambda_{p \rightarrow n}$ et $\boxed{\lambda_{p \rightarrow n} = \dfrac{h\,c}{E_p - E_n}}$

A.N. : $\lambda_{3\to2} = \dfrac{6{,}63.10^{-34}\times3{,}00.10^{8}}{\left(-2{,}42.10^{-19}+5{,}44.10^{-19}\right)} = 6{,}58.10^{-7}\text{ m} = \mathbf{658\ nm}$

$$\lambda_{4\to2} = \frac{6{,}63.10^{-34}\times3{,}00.10^{8}}{\left(-1{,}36.10^{-19}+5{,}44.10^{-19}\right)} = 4{,}85.10^{-7}\text{ m} = \mathbf{485\ nm}$$

$$\lambda_{5\to2} = \frac{6{,}63.10^{-34}\times3{,}00.10^{8}}{\left(-8{,}70.10^{-20}+5{,}44.10^{-19}\right)} = 4{,}33.10^{-7}\text{ m} = \mathbf{433\ nm}$$

$$\lambda_{6\to2} = \frac{6{,}63.10^{-34}\times3{,}00.10^{8}}{\left(-6{,}05.10^{-20}+5{,}44.10^{-19}\right)} = 4{,}09.10^{-7}\text{ m} = \mathbf{409\ nm}$$

REMARQUE : il ne faut pas oublier de convertir les énergies en joules.

c) Toutes ces radiations sont comprises entre 400 nm et 700 nm : elles appartiennent au domaine des ondes lumineuses visibles.

5. La lumière produite par une lampe à vapeur d'hydrogène donne, après décomposition par un prisme ou un réseau, un spectre de raies d'émission discontinu dû à la quantification des niveaux d'énergie.

Corrigé 4

1. Le pompage optique permet de réaliser une inversion de population dans le matériau optiquement actif : dans le cas du laser Nd-YAG, le nombre d'ions Nd^{3+} excités devient supérieur à celui des ions dans leur état fondamental. L'inversion de population favorise le processus d'émission stimulée.

2. La transition électronique entre deux niveaux d'énergie E_p et E_n ($E_p < E_n$) s'accompagne de l'absorption d'un photon d'énergie $\varepsilon = h\ \nu_{p\to n}$. La variation d'énergie de l'ion Nd^{3+} est : $\Delta E = E_n - E_P = h\ \nu_{p\to n}$.

Or $\lambda_{p\to n} = c / \nu_{p\to n}$ d'où $\nu_{p\to n} = c / \lambda_{p\to n}$.

On en déduit donc que $E_n - E_p = h\,c / \lambda_{p\to n}$ et $\boxed{\lambda_{p\to n} = \dfrac{h\,c}{E_n - E_p}}$

A.N. : $\lambda_{min} = \dfrac{6{,}63.10^{-34}\times3{,}00.10^{8}}{1{,}540\times1{,}60.10^{-19}} = 8{,}07.10^{-7}\text{ m} = \mathbf{807\ nm.}$

$$\lambda_{max} = \frac{6{,}63.10^{-34}\times3{,}00.10^{8}}{1{,}510\times1{,}60.10^{-19}} = 8{,}23.10^{-7}\text{ m} = \mathbf{823\ nm.}$$

3. Lorsqu'un ion Nd^{3+} se trouve dans un niveau d'énergie métastable et qu'il reçoit un photon véhiculant un quantum d'énergie correspondant à l'énergie de transition, entre deux de ses niveaux électroniques, ce photon peut « déclencher » (on dit « stimuler ») la désexcitation de l'ion. Le photon produit a la même longueur d'onde, la même phase et la même direction que le photon incident. Dans l'émission spontanée, le photon peut être émis selon une direction aléatoire.

4. La transition électronique au sein d'un ion Nd^{3+}, entre les niveaux E_p et E_n tels que $E_p > E_n$ s'accompagne de l'émission d'un photon dont la longueur d'onde est :

$$\boxed{\lambda_{p\to n} = \frac{h\,c}{E_p - E_n}}$$

A.N. : $\lambda_1 = \dfrac{6{,}63.10^{-34} \times 3{,}00.10^{8}}{(1{,}404 - 0{,}460) \times 1{,}60.10^{-19}} = 1{,}32.10^{-6}$ m = **1320 nm**.

$\lambda_2 = \dfrac{6{,}63.10^{-34} \times 3{,}00.10^{8}}{(1{,}404 - 0{,}240) \times 1{,}60.10^{-19}} = 1{,}07.10^{-6}$ m = **1070 nm**.

$\lambda_3 = \dfrac{6{,}63.10^{-34} \times 3{,}00.10^{8}}{(1{,}404 - 0{,}100) \times 1{,}60.10^{-19}} = 8{,}23.10^{-7}$ m = **823 nm**.

5. Le domaine de la lumière visible est compris entre 400 nm et 700 nm : le laser Nd-YAG produit de la lumière infrarouge.

Corrigé 5

1. Le domaine de la lumière visible est compris entre 400 nm et 700 nm : la lumière produite par ce laser est rouge.
2. La puissance d'une impulsion laser est l'énergie qu'elle transporte par unité de temps : $P = \dfrac{E}{\Delta t} \Rightarrow E = P \times \Delta t$

   Chaque photon transporte un quantum d'énergie $\varepsilon = h\,\nu$.

   Si N désigne le nombre de photons contenus dans l'impulsion laser on a donc : $E = N \times \varepsilon \Rightarrow N = \dfrac{P \times \Delta t}{h\,\nu} \Leftrightarrow \boxed{N = \dfrac{P \times \Delta t}{h\dfrac{c}{\lambda}}}$

   A.N. : $N = \dfrac{10.10^{6} \times 1{,}5.10^{-9}}{6{,}63.10^{-34}\,\dfrac{3{,}00.10^{8}}{694.3.10^{-9}}} = \mathbf{5{,}2.10^{16}}$ photons.

3. D'après la relation de De Broglie, la valeur de la quantité de mouvement associée à un photon de longueur d'onde λ est : $p = \dfrac{h}{\lambda}$.

   La valeur de la quantité de mouvement associée à tous les photons présents dans l'impulsion laser est : $\boxed{p_{tot} = N \times \dfrac{h}{\lambda}}$

   A.N. : $p_{tot} = 5{,}2.10^{16} \times \dfrac{6{,}63.10^{-34}}{694{,}3.10^{-9}} = \mathbf{5{,}0.10^{-11}\ kg.m.s^{-1}}$

4. $p_{tot} = m\,v_{recul} \Rightarrow \boxed{v_{recul} = \dfrac{p_{tot}}{m}}$ A.N. : $v_{recul} = \dfrac{5{,}0.10^{-11}}{140} = \mathbf{3{,}6.10^{-13}\ m.s^{-1}}$.

Corrigé 6

1.

a) La plus grande valeur de l'angle i_2 s'obtient lorsque $i_1 = 90$ ° (incidence rasante). D'après la deuxième loi de Snell-Descartes :

$$\sin i_2 = \frac{n_1 \times \sin i_1}{n_2} \Rightarrow \boxed{i_2 = \arcsin\left(\frac{n_1 \times \sin i_1}{n_2}\right)}$$

A.N. : $i_2 = \arcsin\left(\frac{1{,}0 \times \sin(90)}{1{,}5}\right) = 42$ °.

b) Pour $0 \leq i_1 \leq 90$ °, il existe toujours un rayon réfracté.

2.

a) D'après le principe du retour inverse de la lumière, si $i_2 = 42$ ° alors $i_1 = 90°$.

b) Si $i_2 > i_{2\,lim} = 42$ ° alors il n'existe plus de rayon réfracté dans le milieu n° 1 : il s'agit du phénomène de réflexion totale.

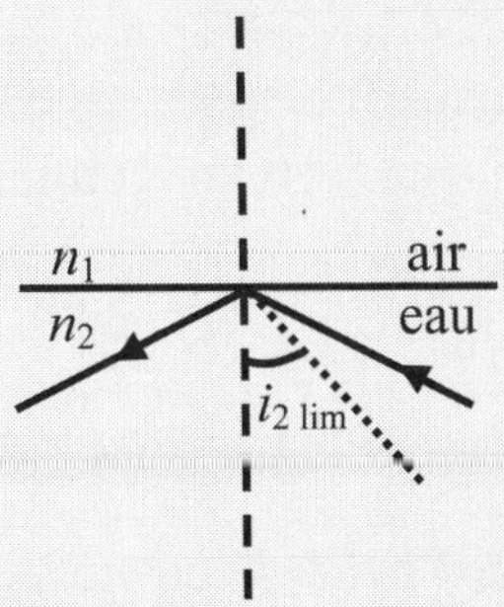

Ce phénomène peut se rencontrer à condition que la lumière se propage du milieu de plus grand indice vers le milieu de plus petit indice.

3.

a) D'après la question précédente, pour que la lumière subisse le phénomène de réflexion totale et reste piégée dans le cœur de la fibre, il faut que : $n_3 > n_4$

D'où : $n_3 = 1{,}47$ et $n_4 = 1{,}45$.

b) $i_3 = i_{3\,lim}$ si $i_4 = 90$ ° et d'après la deuxième loi de Snell-Descartes :

$$\boxed{i_{3\,lim} = \arcsin\left(\frac{n_4 \times \sin i_4}{n_3}\right)}$$

A.N. : $i_{3\,lim} = \arcsin\left(\frac{1{,}45 \times \sin(90)}{1{,}47}\right) = 80{,}5$ °

Si $i_3 > i_{3\,lim} = 80{,}5$ °, la lumière est guidée dans le cœur de la fibre optique (phénomène de réflexion totale).

c) $\boxed{v = \frac{c}{n_3}}$ A.N. : $v = \frac{3{,}00.10^8}{1{,}47} = 2{,}04.10^8$ m.s^{-1}.

d) Ce type de fibre est qualifié de multimodes, car la lumière peut se propager dans le cœur selon plusieurs trajets possibles.

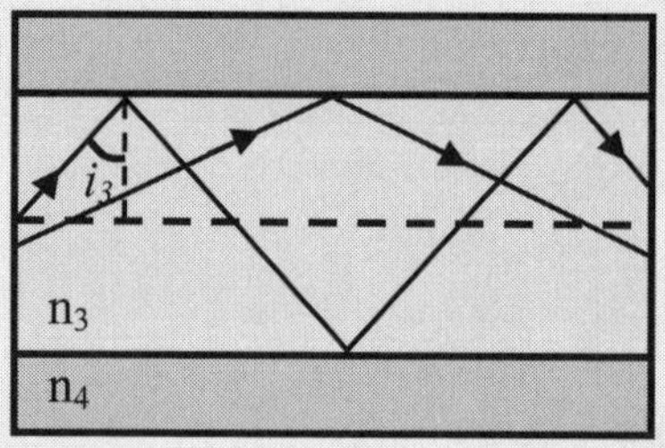

Corrigé 7

1. D'après le texte, l'une des gammes de fréquences utilisées pour le téléphone portable s'étend de 890 à 915 MHz.
Soit autour de 900 MHz = 900×10^6 Hz = $9{,}00 \times 10^8$ Hz, donc un ordre de grandeur de $\mathbf{10^9}$ **Hz**.

2. $\boxed{\lambda = \dfrac{c}{\upsilon}} \Rightarrow \lambda = \dfrac{3{,}0.10^8}{10^9} = 3{,}0.10^{-1}$ m : ordre de grandeur de $\mathbf{10^{-1}}$ **m**.

3. L'onde porteuse est un signal de haute fréquence, on la trouve **au point B**.
Le signal modulant est le signal électrique créé par le microphone, on le trouve **au point A**.

4. La porteuse est un signal haute fréquence, tandis que le signal modulant correspond à la gamme de fréquences des sons audibles, donc entre 20 Hz et 20 kHz. Pour obtenir une modulation de bonne qualité, il faut :
$f_P >> f_m$.

5.

a) $s(t) = k.u_1(t).u_2(t)$
$s(t) = k.[\ u(t) + U_0]\ .\ v(t)$
$s(t) = k.[U_m \cos(\ 2\pi\ f_m\ t) + U_0]\ .\ V_m \cos(2\pi\ f_p\ t)$
or $s(t) = S_m \cos(2\pi f_p t)$
par identification on a $\boxed{S_m = k.[U_m \cos(\ 2\pi\ f_m\ t) + U_0]\ .\ V_m}$

b) On a obtenu $S_m = k.[U_m \cos(\ 2\pi\ f_m\ t) + U_0]\ .\ V_m$,
$S_m = [k.\ U_m \cos(\ 2\pi\ f_m\ t) + k.U_0].V_m$
$S_m = k.\ V_m\ .\ U_m \cos(\ 2\pi\ f_m\ t) + k.U_0.V_m$
Avec $A = k.V_m.U_0$

$$S_m = \frac{A}{U_0}.U_m.\cos(\ 2\pi\ f_m\ t) + A$$

Avec $m = U_m/U_0$
$S_m = A.m.\cos(\ 2\pi\ f_m\ t) + A$
$\boxed{S_m = A\ (m.\cos(2\pi\ f_m\ t) + 1)}$

c) Pour que la modulation soit de bonne qualité, il faut que **m < 1**.

6.

a) Par définition : $\boxed{f_P = \frac{1}{T_P}}$

Graphiquement, on mesure 20 T_P = 10 ms, soit T_P = 0,50 ms = $5{,}0.10^{-4}$ s.

A.N. : $f_P = \frac{1}{5{,}0.10^{-4}}$ = $\mathbf{2{,}0.10^3}$ **Hz**

b) Par définition : $\boxed{f_m = \frac{1}{T_m}}$

Graphiquement, on mesure 2 T_m = 10 ms, soit T_m = 5,0 ms = $5{,}0.10^{-3}$ s.

A.N. : $f_m = \frac{1}{5{,}0.10^{-3}}$ = $\mathbf{2{,}0.10^2}$ **Hz**

c) Graphiquement, on mesure $S_{m\,max}$ = 9,0 V et $S_{m\,min}$ = 6,0 V.

$$\boxed{m = \frac{S_{m\,max} - S_{m\,min}}{S_{m\,max} + S_{m\,min}}}$$

A.N. : $m = \frac{9{,}0 - 6{,}0}{9{,}0 + 6{,}0}$ = **0,20**. On vérifie bien que $m < 1$.

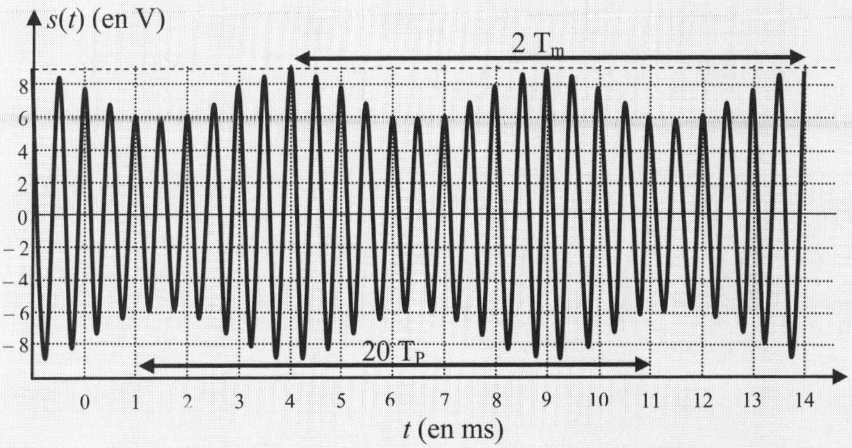

Corrigé 8

1. $\boxed{D = \text{(nombre de bits codant l'information)} \times f_e}$

$32 = 2^5 \Rightarrow$ Les 32 intensités différentes peuvent être codées sur 5 bits.

(450 × 500 × 5) × 30 = $\mathbf{3{,}375.10^7}$ **bits.s**$^{-1}$ = **33,75 Mbits.s**$^{-1}$.

2.

a) Le théorème de Shannon énonce que la fréquence f_e d'échantillonnage d'un signal analogique à numériser doit être supérieur au double de la fréquence maximale f contenue dans ce dernier :

$f_{e\,min}$ = 2 × 4 000 = 8 000 Hz = **8 kHz**.

b) $\boxed{D = (\text{nombre de bits codant l'information}) \times f_e}$

$D = 8 \times 8\,000 = 64\,000 \text{ bits.s}^{-1} = 64 \text{ kbits.s}^{-1}$.

3.

a) La période d'échantillonnage est $T_e = 1$ ms.

La fréquence d'échantillonnage est donc : $\boxed{f_e = \dfrac{1}{T_e}}$

A.N. : $f_e = \dfrac{1}{1.10^{-3}} = \mathbf{1.10^3\ Hz = 1\ kHz}$.

b) Après échantillonnage et quantification, on obtient une série de mesures :

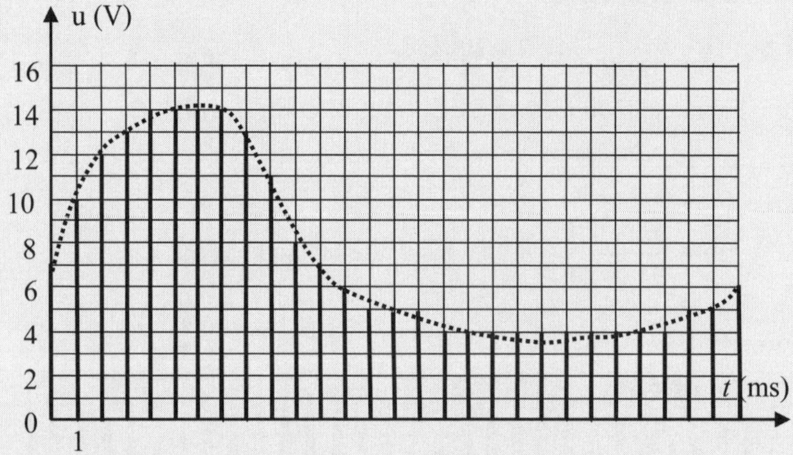

t (ms)	0	1	2	3	4	5	6	7
Dec	7	10	12	13	14	14	14	14
Bin	0111	1010	1100	1101	1110	1110	1110	1110

t (ms)	8	9	10	11	12	13	14	15
Dec	13	11	8	7	6	5	5	5
Bin	1101	1011	1000	0111	0110	0101	0101	0101

t (ms)	16	17	18	19	20	21	22	23
Dec	4	4	4	4	4	4	4	4
Bin	0100	0100	0100	0100	0100	0100	0100	0100

t (ms)	24	25	26	27	28
Dec	4	4	5	5	6
Bin	0100	0100	0101	0101	0110

4. Le « poids » d'une image en octets s'obtient en multipliant sa taille en pixels par le nombre d'octets affecté à chacun d'entre eux :
$(1024 \times 768) \times (16 / 8) =$ **1 572 864 bits** = 1 572 864 / 1024 = $\mathbf{1{,}5.10^3}$ **ko**.
Le poids de cette image est donc de **1,5 Mo**.

Corrigé du contrôle

Exercice 1

1. Les transitions électroniques en jeu sont les suivantes :

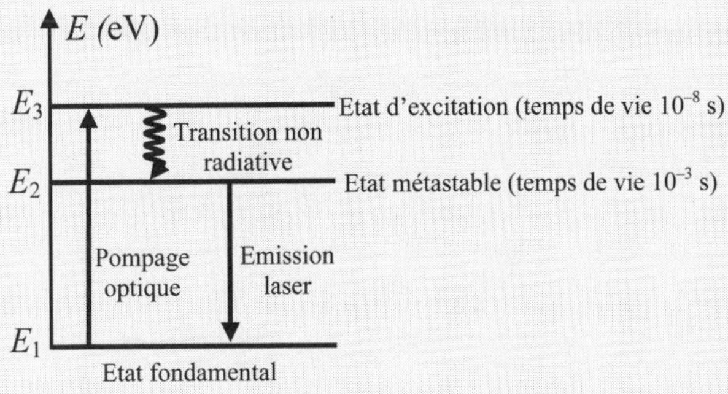

2. Pour qu'un photon puisse induire une émission stimulée, il faut que le quantum d'énergie ε qu'il véhicule corresponde à l'écart énergétique séparant l'état fondamental de l'état métastable.

a) Si $\varepsilon = h\,\nu = E_3 - E_2 = 0,55$ eV, il n'y a pas d'émission laser.

b) Si $\varepsilon = h\,\nu = E_2 - E_1 = (E_2 - E_3) + (E_3 - E_1) = -0,55 + 2,26 = 1,71$ eV, il y a émission laser.

c) $\varepsilon = h\,\nu = E_2 - E_1 \Leftrightarrow \varepsilon = h\,\dfrac{c}{\lambda_{2\to1}} = E_2 - E_1 \Rightarrow \boxed{\lambda_{2\to1} = \dfrac{h\,c}{E_2 - E_1}}$

A.N. : $\lambda_{2\to1} = \dfrac{6,63.10^{-34} \times 3,00.10^{8}}{1,71 \times 1,60.10^{-19}} = 7,27.10^{-7}$ m = **727 nm**.

Le domaine de la lumière visible est compris entre 400 nm et 700 nm : la lumière produite par ce laser appartient au proche infrarouge.

d) D'après la relation de De Broglie : $\lambda_{2\to1} = \dfrac{h}{p} \Rightarrow \boxed{p = \dfrac{h}{\lambda_{2\to1}}}$

$p = \dfrac{6,63.10^{-34}}{727.10^{-9}} = \mathbf{9,12.10^{-28}\ kg.m.s^{-1}}$.

3. La puissance d'une impulsion laser est l'énergie qu'elle transporte par unité de temps : $P = \dfrac{E}{\Delta t} \Rightarrow E = P \times \Delta t$

Chaque photon transporte un quantum d'énergie $\varepsilon = h\,\nu$.

Si N désigne le nombre de photons contenu dans l'impulsion laser on a donc : $E = N \times \varepsilon \Rightarrow N = \dfrac{P \times \Delta t}{h\,\nu} \Leftrightarrow \boxed{N = \dfrac{P \times \Delta t}{h\,\dfrac{c}{\lambda_{2\to1}}}}$

A.N. : $N = \dfrac{2{,}0 \times 1{,}0.10^{-9}}{6{,}63.10^{-34}\,\dfrac{3{,}00.10^{8}}{727.10^{-9}}} = \mathbf{7{,}3.10^{9}}$ photons.

4. D'après la deuxième loi de Snell-Descartes, à l'interface air-cœur on a :

$$1{,}00 \times \sin i_e = n_1 \times \sin r \Rightarrow \sin r = \frac{\sin i_e}{n_1} \Rightarrow \boxed{r = \arcsin\left(\frac{\sin i_e}{n_1}\right)}$$

5. Dans le triangle (ABC) rectangle en C : $\pi = i + r + \dfrac{\pi}{2} \Rightarrow i = \dfrac{\pi}{2} - r$

$\Rightarrow \boxed{\cos i = \sin r}$

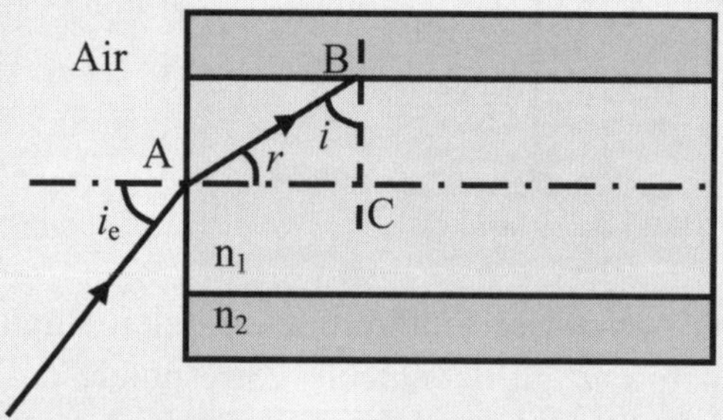

6. Lorsque $i = i_{lim}$, $i_2 = \dfrac{\pi}{2} \Rightarrow n_1 \times \sin i_{lim} = n_2 \times \sin\dfrac{\pi}{2} \Rightarrow \boxed{\sin i_{lim} = \dfrac{n_2}{n_1}}$

7. Pour que le phénomène de réflexion totale (absence de réfraction dans la gaine) ait lieu au point B, il faut que l'inégalité suivante soit vérifiée :

$$i > i_{lim} \Rightarrow \sin i > \frac{n_2}{n_1} \Leftrightarrow (\sin i)^2 > \left(\frac{n_2}{n_1}\right)^2 \Leftrightarrow 1 - (\cos i)^2 > \left(\frac{n_2}{n_1}\right)^2$$

$$\Leftrightarrow 1 - (\sin r)^2 > \left(\frac{n_2}{n_1}\right)^2 \Leftrightarrow 1 - \left(\frac{\sin i_e}{n_1}\right)^2 > \left(\frac{n_2}{n_1}\right)^2$$

$$\Leftrightarrow \left(\frac{\sin i_e}{n_1}\right)^2 < 1 - \left(\frac{n_2}{n_1}\right)^2 \Leftrightarrow (\sin i_e)^2 < n_1^{\,2} - n_2^{\,2} \Leftrightarrow \boxed{\sin i_e < \sqrt{n_1^2 - n_2^2}}$$

8. $\boxed{i_e < \arcsin\left(\sqrt{n_1^2 - n_2^2}\right)}$

A.N. : $i_e < 14\ ° = i_{lim}$: cet angle est appelé angle d'acceptance de la fibre optique.
Si la lumière pénètre dans le cœur de la fibre optique sous un angle inférieur à 14 °, la lumière y est guidée (phénomène de réflexion totale).

9.

a) Entre deux réflexions successives, par exemple entre M et M', la distance parcourue est : $d = \text{MM'} = \dfrac{\text{HM'}}{\cos r}$.

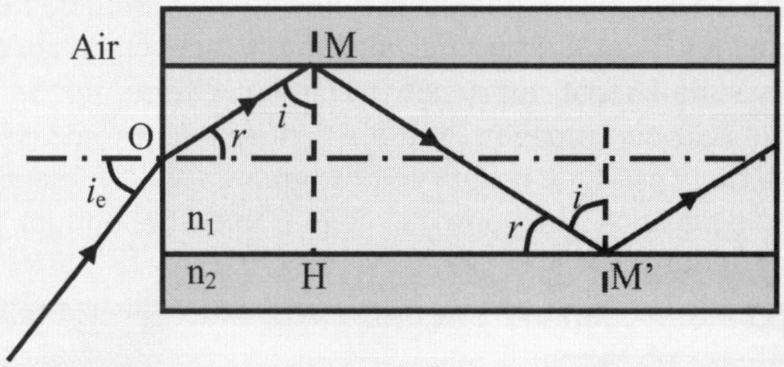

Le nombre de réflexions ou de segments successifs pour une fibre optique de longueur L est donc :

$$N = \frac{L}{HM'}$$

Il en découle que la distance totale parcourue par un rayon lumineux est :

$$D = N \times MM' \Leftrightarrow \boxed{D = \frac{L}{\cos r}}$$

Les valeurs extrêmes sont obtenues pour $r = 0$ et $r = \frac{\pi}{2} - i_{lim}$ angle au-delà duquel il n'y a plus de propagation dans le cœur de la fibre.

$$\boxed{D_{min} = L} \text{ et } D_{max} = \frac{L}{\sin i_{lim}} \Leftrightarrow D_{max} = \frac{L}{\frac{n_2}{n_1}} \Leftrightarrow \boxed{D_{max} = \frac{n_1 L}{n_2}}$$

b) $v = \frac{D_{min}}{t_{min}}$ et $v = \frac{D_{max}}{t_{max}} \Rightarrow \Delta t = t_{max} - t_{min} = \frac{D_{max} - D_{min}}{v}$

$$\Leftrightarrow \Delta t = t_{max} - t_{min} = \frac{n_1 (D_{max} - D_{min})}{c}$$

$$\Delta t = \frac{n_1 L (\frac{n_1}{n_2} - 1)}{c} \Leftrightarrow \boxed{\Delta t = \frac{n_1 L (n_1 - n_2)}{n_2 c}}$$

A.N. : $\Delta t = \frac{1,48 \times 1,0.10^3 (1,48 - 1,46)}{1,46 \times 3,00.10^8} = 6,8.10^{-8}$ s = **68 ns**.

c) Si au départ les impulsions lumineuses sont séparées de T et que chacune s'élargit de Δt, elles déborderont les unes sur les autres dès que $\Delta t > T$. Il faut donc que $T > \Delta t$ afin d'éviter ce phénomène :

$\Rightarrow \frac{1}{T} < \frac{1}{\Delta t} \Leftrightarrow f < f_{max} = \frac{1}{\Delta t}$ A.N. : $f < f_{max} = 1,5.10^7$ Hz = **15 MHz**.

d) 40 000 fois par seconde on envoie une valeur traduite par un nombre compris entre 0 (00000000) et 255 (11111111) soit les 8 bits ce nombre. La fréquence ou débit binaire est donc : 8 × 40 000 = 320 kHz, valeur largement inférieure à f_{max}.

e) La fibre étudiée précédemment est une fibre multimode : elle conduit à un étalement temporel des impulsions lumineuses en raison des réflexions multiples à l'interface cœur-gaine. Dans une fibre monomode, l'impulsion lumineuse se propage rectilignement sans phénomène de réflexion : le débit binaire est donc beaucoup plus grand. Cela nécessite en revanche, un cœur de plus petit diamètre que celui d'une fibre optique multimodes.

Exercice 2

1.

a) Pour la lumière visible 400 nm < λ_{visible} < 700 nm, soit :
$4{,}00\times10^{-7}$ m < λ_{visible} < $7{,}00\times10^{-7}$ m
D'où $\lambda_{\text{visible}} < 1{,}0\times10^{-3}$ m, donc la lumière visible se situe donc dans le domaine A.

b) $\boxed{\nu = \dfrac{c}{\lambda}} \Rightarrow \nu = \dfrac{3{,}0.10^{8}}{9{,}0} = 3{,}3.10^{7}$ Hz = **33 MHz.**

2.

a) $v(t)$ correspond à la porteuse de haute fréquence F.
$u(t)$ correspond au signal modulant de basse fréquence f.
V_m correspond à l'amplitude de la tension sinusoïdale $v(t)$.

b) U_0 est la tension de décalage (ou offset).

c) $s(t) = k.u(t).v(t) = k.[U_0 + U_m\cos(2\pi f t)].[V_m\cos(2\pi F t)]$ = $k.V_m.[U_0 + U_m\cos(2\pi f t)].\cos(2\pi F t)$

$= k.V_m.\dfrac{U_0}{U_0}[U_0 + U_m\cos(2\pi f t)].\cos(2\pi F t)$

$= k.V_m.U_0.[\dfrac{U_0}{U_0} + \dfrac{U_m}{U_0}\cos(2\pi f t)].\cos(2\pi F t)$

$= k.V_m.U_0.[1 + m.\cos(2\pi f t)].\cos(2\pi F t)$

$\boxed{s(t) = A.[1 + m.\cos(2\pi f t)].\cos(2\pi F t)}$ avec $\boxed{A = k.V_m.U_0}$

3.

a) Le signal modulant, c'est-à-dire l'information à transmettre, est l'enveloppe du signal modulé.

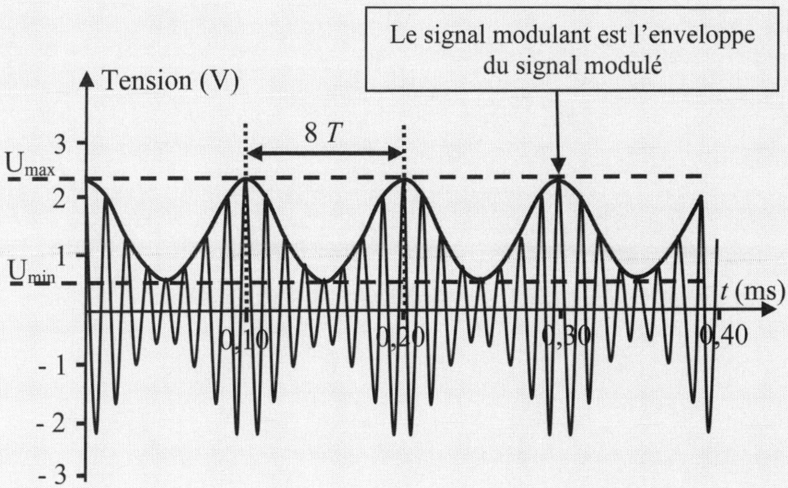

b) $8T = 0{,}20 - 0{,}10 = 0{,}10$ ms donc $T = \dfrac{0{,}10.10^{-3}}{8}$ $= \mathbf{1{,}3 \times 10^{-5}}$ **s**

$\boxed{f = \dfrac{1}{T}}$ = $\mathbf{8{,}0.10^4}$ **Hz = 80 kHz**, le signal modulé est un signal haute fréquence.

c) $\boxed{m = \dfrac{U_{max} - U_{min}}{U_{max} + U_{min}}}$ A.N. : $m = \dfrac{2{,}4 - 0{,}6}{2{,}4 + 0{,}6} = \mathbf{0{,}6}$.

d) La modulation est satisfaisante car m < 1.

4.

a) La longueur de l'antenne est $L = 324$ m.
D'après le texte, il faut que $L = \lambda / 4$, donc $\boxed{\lambda = 4\ L}$
$\lambda = 4 \times 324 = 1296$ m = $\mathbf{1{,}30.10^3}$ **m = 1,3 km**, longueur d'onde maximale de l'onde radio émise par la tour Eiffel.

b) La tour Eiffel ne pouvait donc émettre qu'une partie du domaine des ondes hertziennes kilométriques : 1052 m < λ < 1296 m.

CHIMIE

1 Cinétique chimique

Les transformations chimiques ne sont pas instantanées.
La cinétique chimique est l'étude de l'évolution temporelle des transformations chimiques.

RÉACTIONS LENTES ET RAPIDES

○ Réactions lentes

Une réaction est considérée **lente** si le moyen utilisé pour l'étudier permet d'en distinguer différents états d'avancement en fonction du temps.

EXEMPLE :
Le milieu réactionnel initial est incolore et un produit P de la réaction est coloré.
Au fur et à mesure de son apparition, le produit formé colore de plus en plus le milieu réactionnel et permet ainsi, de mettre en évidence l'évolution temporelle de l'avancement de la réaction.

t_0	t_1	t_2	t_3	t_4

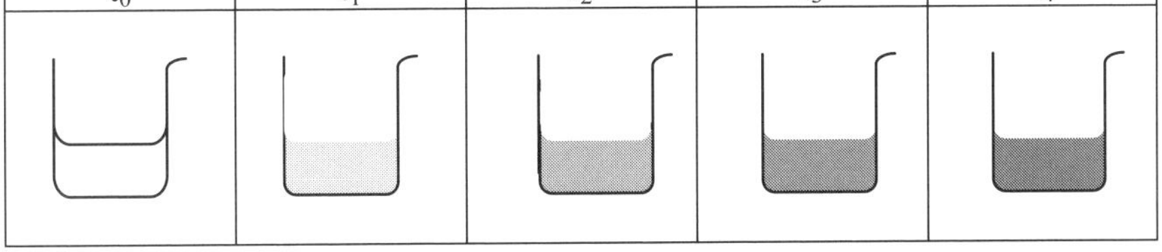

Une mesure spectrophotométrique de la concentration effective [P] du produit P de la réaction permet d'établir le graphe de l'évolution de cette concentration en fonction du temps :

t_0	t_1	t_2	t_3	t_4
$[P]_0$	$[P]_1$	$[P]_2$	$[P]_3$	$[P]_4$

On peut tracer la représentation graphique de l'évolution temporelle de la concentration effective [P] en fonction du temps :

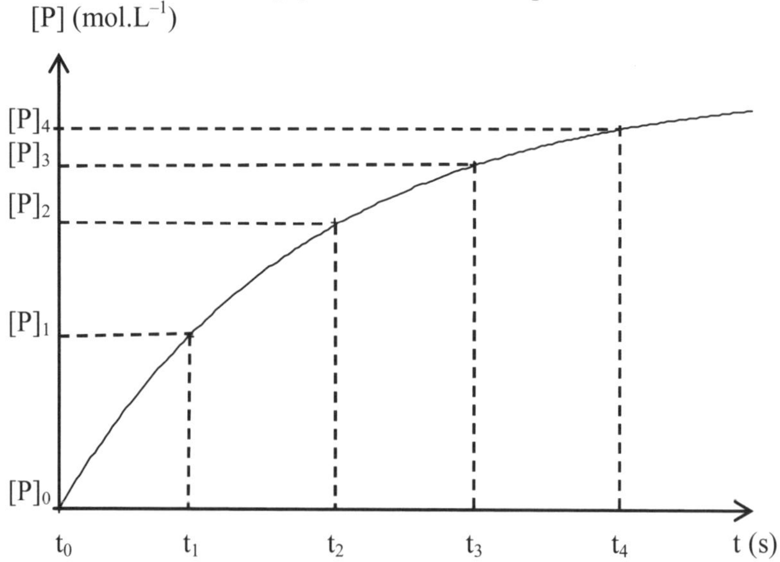

Le graphe, ainsi obtenu, permet d'étudier l'évolution temporelle de l'avancement de la réaction.

O Réactions rapides

Une réaction est considérée **rapide** si le moyen utilisé pour l'étudier ne permet pas de distinguer d'autre état d'avancement que l'avancement maximal en fonction du temps.

EXEMPLE :
Le milieu réactionnel initial est incolore et un produit P de la réaction est coloré.
L'apparition du produit formé colore le milieu réactionnel de manière unique.

t_0	t_1	t_2	t_3	t_4

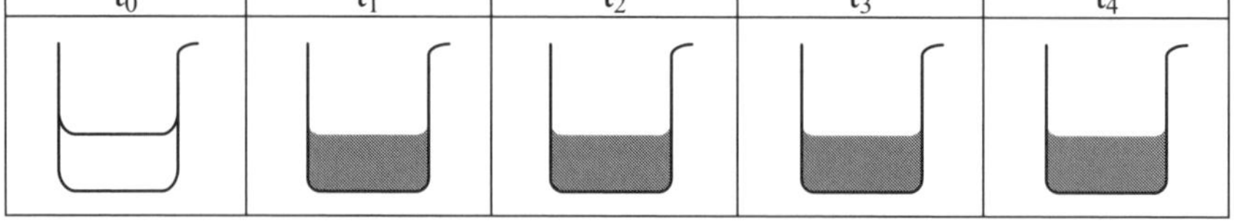

Une mesure spectrophotométrique de la concentration effective [P] du produit P de la réaction permet d'établir le graphe de l'évolution de cette concentration en fonction du temps :

t_0	t_1	t_2	t_3	t_4
$[P]_0$	$[P]_{max}$	$[P]_{max}$	$[P]_{max}$	$[P]_{max}$

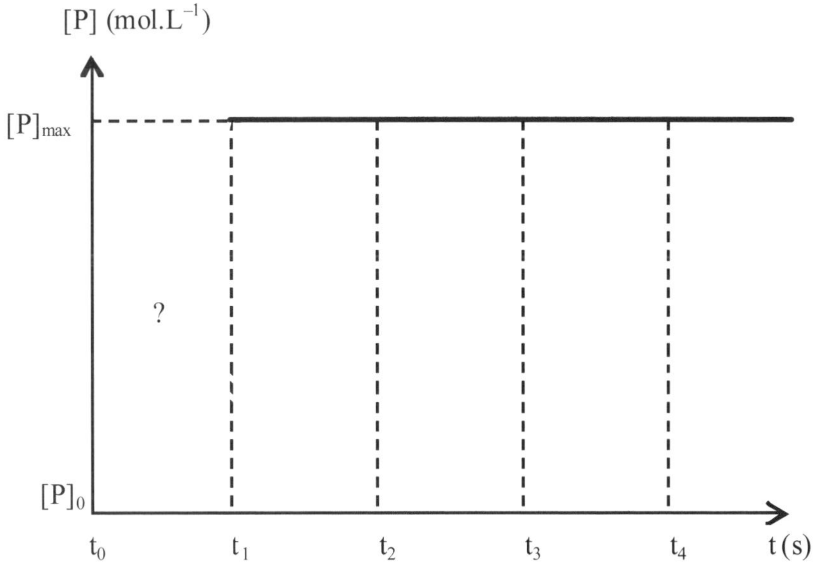

Le graphe, ainsi obtenu, ne permet pas d'étudier l'évolution temporelle de l'avancement de la réaction (absence d'information entre t_0 et t_1 ; seuls les concentrations effectives $[P]_0$ et $[P]_{max}$ sont mesurables).

DURÉE D'UNE RÉACTION CHIMIQUE

On peut estimer la durée t_∞ d'une transformation chimique à la durée nécessaire pour aboutir à la mesure d'un avancement x_∞ non distinguable de l'avancement maximal x_{max}.

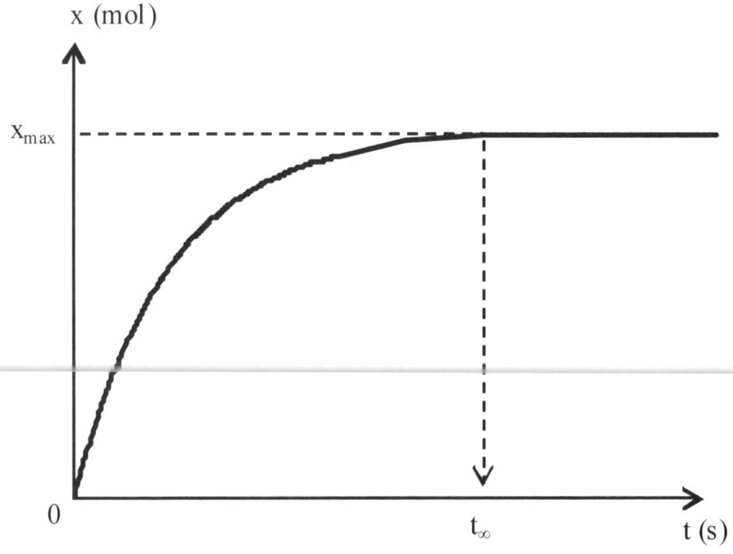

FACTEURS CINÉTIQUES

O Le facteur cinétique température

L'augmentation de la température du milieu réactionnel est un facteur cinétique. L'avancement final est d'autant plus rapidement atteint que la température est élevée.

EXEMPLE :

On étudie une réaction lente.

On réalise deux expériences à partir d'un **même mélange initial** de réactifs mais à des **températures différentes**.

Pour chaque expérience, on mesure les évolutions de la concentration d'un produit P à différentes dates : $[P]_1$ pour l'expérience 1 menée à une température T_1 et $[P]_2$ pour l'expérience 2 menée à une température $T_2 > T_1$.

On trace ensuite les évolutions de $[P]_1$ et de $[P]_2$ en fonction du temps et on obtient le graphe d'allure suivante :

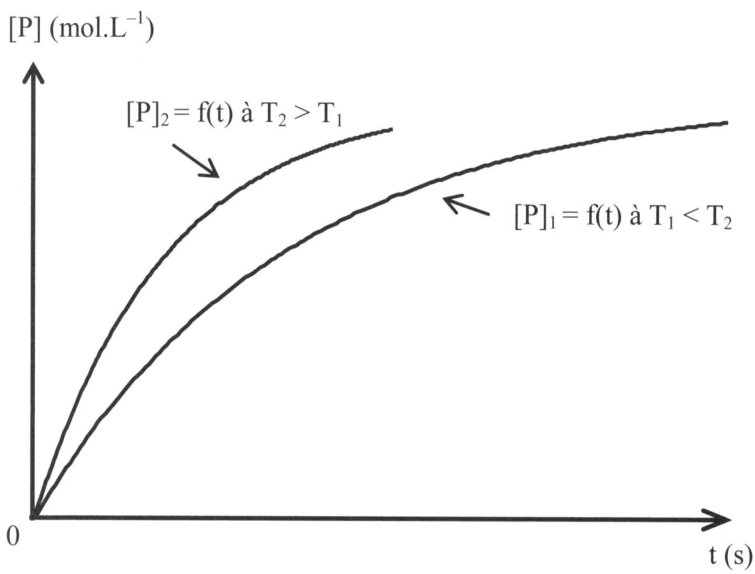

Généralement, la transformation 2, menée à une température T_2 supérieure, est plus rapide que la transformation 1 menée à la température $T_1 < T_2$.

O Le facteur cinétique concentration des réactifs

L'augmentation de la concentration en réactif est un facteur cinétique. L'avancement final est d'autant plus rapidement atteint que la concentration d'au moins un réactif est élevée.

EXEMPLE :

On étudie une réaction lente.

On réalise deux expériences à **même température** mais à partir d'un mélange initial de réactifs de **concentrations différentes** (la concentration en réactif limitant restant inchangée).
Pour chaque expérience, on mesure les évolutions de la concentration d'un produit P à différentes dates : $[P]_1$ pour l'expérience 1 menée avec une concentration molaire volumique initiale d'un réactif $[R]_1$ et $[P]_2$ pour l'expérience 2 menée avec une concentration molaire volumique initiale d'un réactif $[R]_2 > [R]_1$.
On trace ensuite les évolutions de $[P]_1$ et de $[P]_2$ en fonction du temps et on obtient le graphe d'allure suivante :

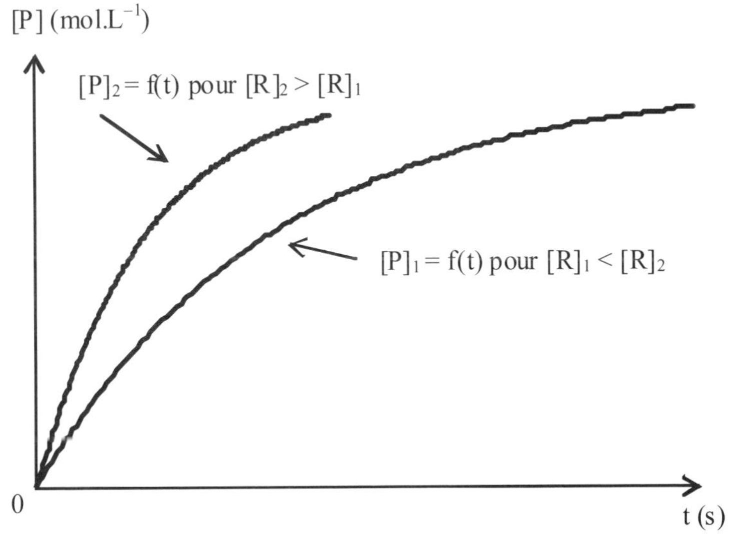

Généralement, la transformation 2, menée avec une concentration molaire volumique initiale d'un réactif $[R]_2$ supérieure, est plus rapide que la transformation 1 menée avec une concentration molaire volumique initiale d'un réactif $[R]_1 < [R]_2$.
REMARQUE : la mesure de la concentration du réactif R' limitant donne le graphe d'allure suivante :

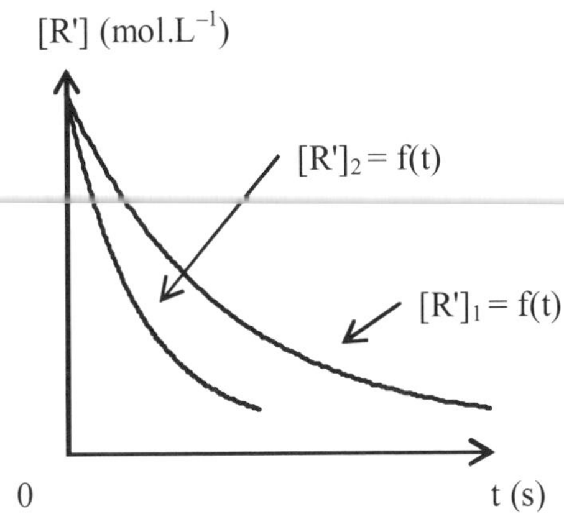

AVANCEMENT TEMPOREL D'UNE RÉACTION CHIMIQUE

○ Bilan de matière

Soit la réaction chimique d'équation bilan :

$$\alpha A + \beta B \rightarrow \gamma C + \delta D$$

1re hypothèse de départ : les réactifs sont introduits selon les quantités n_0A et n_0B. Les produits C et D sont initialement absents du milieu réactionnel. À un instant t, l'avancement temporel de la réaction est noté x_t.

Tableau descriptif de l'avancement de la transformation :

	α A	+	β B	$\longrightarrow$	γ C	+	δ D
Avant réaction	n_0A		n_0B		0		0
Pendant la réaction	$n_0A - \alpha x_t$		$n_0B - \beta x_t$		γx_t		δx_t

A et B disparaissent proportionnellement à x : α et β sont les nombres traduisant cette proportionnalité. C et D apparaissent proportionnellement à x : γ et δ sont les nombres traduisant cette proportionnalité.
La réaction, supposée totale, ne s'arrêtera qu'en l'absence d'au moins un réactif : le réactif ayant totalement disparu en fin de réaction est nommé **réactif limitant**.

2de hypothèse de départ : A est le réactif limitant : l'avancement maximal est alors $n_0A - \alpha x_{max} = 0$ et $x_{max} = \dfrac{n_0A}{\alpha}$
(dans l'état maximal d'avancement $n_A = 0$).

Finalement

	α A	+	β B	$\longrightarrow$	γ C	+	δ D
Avant réaction	n_0A		n_0B		0		0
Pendant la réaction	$n_0A - \alpha x_t$		$n_0B - \beta x_t$		γx_t		δx_t
Après réaction	0		$n_0B - \beta x_{max}$		γx_{max}		δx_{max}

TEMPS DE DEMI-RÉACTION

Définition

Le temps de demi-réaction est la durée nécessaire pour que l'avancement de la réaction parvienne à la moitié de l'avancement final.

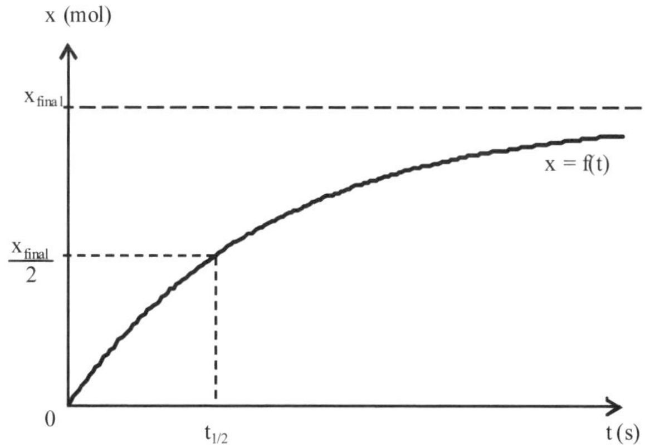

REMARQUE : dans le cas d'une transformation totale, c'est la durée nécessaire à la disparition de la moitié de la quantité de réactif limitant initialement introduite.

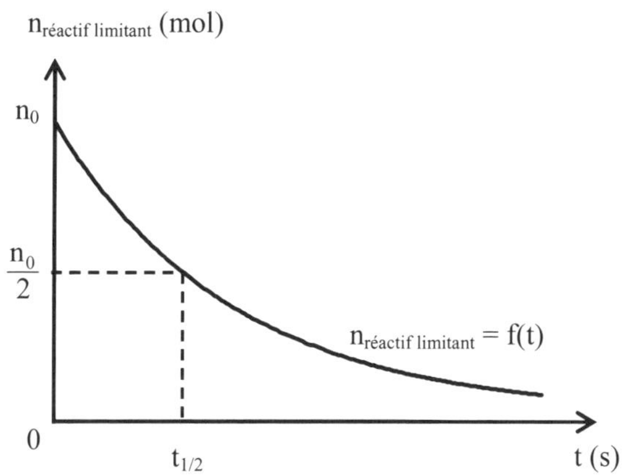

CATALYSE

Catalyseur

Un catalyseur est une substance qui permet d'accélérer une transformation chimique sans en modifier le bilan.

Un catalyseur est **spécifique**. Il ne catalyse que certaines réactions et pas d'autres.

Un catalyseur est **sélectif**. Il oriente la formation d'un produit lorsque plusieurs produits sont susceptibles d'être formés.

Catalyse homogène

Le catalyseur et le milieu réactionnel ne forment qu'une seule phase.

EXEMPLE : décomposition de l'eau oxygénée (solution aqueuse de peroxyde d'hydrogène) en présence d'ions Fe^{3+}.
La décomposition de l'eau oxygénée s'effectue selon l'équation-bilan :

$$2\ H_2O_{2(aq)} = 2\ H_2O_{(\ell)} + O_{2(g)}$$

C'est une transformation lente. De fines bulles de dioxygène gazeux apparaissent dans la solution lorsque celle-ci est laissée à l'air libre. L'introduction de quelques gouttes d'une solution contenant des ions Fe^{3+} augmente considérablement l'effervescence.

Catalyse hétérogène

Le catalyseur et le milieu réactionnel forment des phases distinctes.

EXEMPLE : décomposition de l'eau oxygénée en présence de platine $Pt_{(s)}$
L'introduction d'un fil de platine propre dans l'eau oxygénée fait apparaître de fines bulles de dioxygène gazeux à sa surface (beaucoup plus qu'en son absence).

Catalyse enzymatique

Le catalyseur est une enzyme (protéine). Les enzymes sont hautement spécifiques et sélectives (une enzyme peut ne catalyser qu'une seule réaction : il ne se forme alors qu'un seul produit).

EXEMPLE : décomposition de l'eau oxygénée en présence de catalase
L'introduction de catalase dans l'eau oxygénée provoque une forte effervescence de dioxygène gazeux.

✱ Exercice 1 — 15 min

On suit l'avancement volumique temporel de la réaction de l'acide chlorhydrique ($H^+ + C\ell^-$) sur le magnésium ($Mg_{(s)}$).
A la date t = 0, on laisse tomber 1,0 g de magnésium solide dans 30 mL d'une solution d'acide chlorhydrique de concentration c = 0,10 mol.L^{-1}.
L'équation-bilan de la réaction est :

$$Mg_{(s)} + 2H^+_{(aq)} \rightarrow Mg^{2+}_{(aq)} + H_{2(g)}$$

On mesure l'avancement volumique de la transformation et on obtient la courbe suivante :

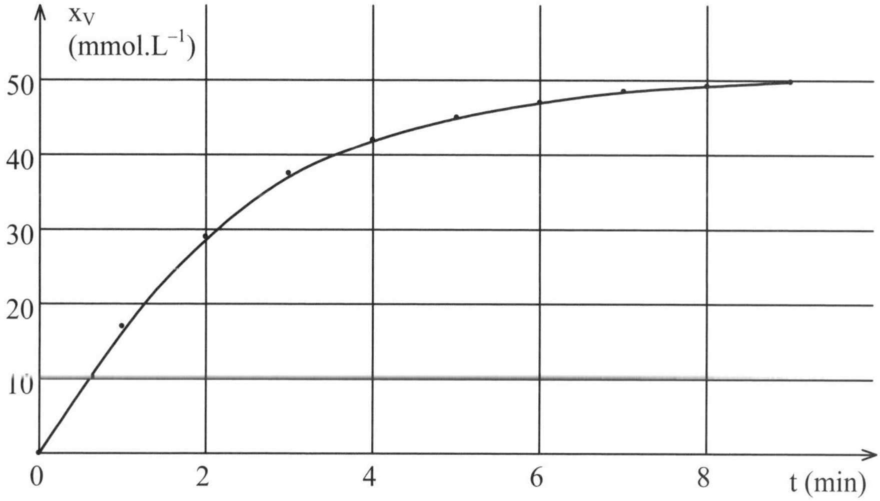

1. Retrouver l'équation-bilan de la réaction étudiée en utilisant les couples oxydo-réducteurs suivants : $H^+_{(aq)}/H_{2(g)}$ et $Mg^{2+}_{(aq)}/Mg_{(s)}$.
2. Cette transformation est elle lente ou rapide. Justifier la réponse.
3. Vers quelle valeur d'avancement volumique maximal tend cette transformation (un calcul détaillé est attendu) ?
4. En déduire la valeur du temps de demi-réaction. Expliquer la méthode utilisée.

DONNÉE : $M_{Mg} = 24$ g.mol^{-1}.

✱✱ Exercice 2 — 25 min

Dismutation de l'ion thiosulfate en milieu acide

On se propose d'étudier la cinétique de la réaction de dismutation de l'ion thiosulfate $S_2O_3^{2-}$ en milieu acide à deux températures différentes.

L'équation-bilan de cette réaction est :

$$S_2O_{3(aq)}^{2-} \rightarrow S_{(s)} + SO_{3(aq)}^{2-}$$

La mesure de la concentration molaire volumique en ions thiosulfate à deux températures différentes $\theta_1 = 20$ °C et $\theta_2 = 60$ °C et à différentes dates donne le tableau suivant :

t (min)	0	2	4	6	10	16	20	25
$[S_2O_3^{2-}]$(mmol.L^{-1}) à θ_1	58	52	47	42	35	26	22	18
$[S_2O_3^{2-}]$(mmol.L^{-1}) à θ_2	58	50	41	35	27	17	12	8

1. Retrouver l'équation-bilan de la réaction étudiée en utilisant les couples oxydo-réducteurs suivants : $S_2O_{3(aq)}^{2-}/S_{(s)}$ et $SO_{3(aq)}^{2-}/S_2O_{3(aq)}^{2-}$.

2. Pourquoi est-ce une réaction de dismutation ? Comment nomme t-on la transformation inverse ?

3. Sur le même graphique, tracer les courbes représentant les évolutions de la concentration molaire volumique en ions thiosulfate $S_2O_3^{2-}$ en fonction du temps et pour chaque température d'étude.

4.

a) La réaction de dismutation des ions thiosulfate est-elle une transformation lente ou rapide ? Justifier.

b) Que déduire de l'étude menée à deux températures différentes ?

✱✱ Exercice 3 — 30 min

Stabilité d'une eau de Javel

Connue depuis plus de deux siècles, l'eau de javel reste un produit chimique d'utilisation courante, présent dans près de 95 % des foyers français. C'est un désinfectant très efficace contre les contaminations bactériennes et virales.

L'eau de javel est une solution aqueuse contenant du chlorure de sodium, ($Na^+ + C\ell^-$), de l'hypochlorite de sodium, ($Na^+ + C\ell O^-$), et de la soude, ($Na^+ + HO^-$). Elle est fabriquée en dissolvant du dichlore gazeux dans une solution de soude selon la transformation associée à la réaction :

$$C\ell_{2(g)} + 2\ HO^-_{(aq)} = C\ell^-_{(aq)} + C\ell O^-_{(aq)} + H_2O_{(\ell)}$$

Le principe actif de l'eau de Javel qui lui confère son caractère oxydant est l'ion hypochlorite $C\ell O^-$.

Énoncé

L'ion hypochlorite est capable d'oxyder l'eau en dioxygène. Il est alors réduit en ion chlorure. Les couples mis en jeu sont $O_{2(g)}/H_2O_{(\ell)}$ et $C\ell O^-_{(aq)}/C\ell^-_{(aq)}$

1. Écrire les demi-équations d'oxydoréduction correspondantes. Montrer que l'équation chimique de la réaction est :

$$2\ C\ell O^-_{(aq)} = 2\ C\ell^-_{(aq)} + O_{2(g)}.$$

Cette réaction montre que la concentration d'une eau de Javel est susceptible de varier au cours du temps. Afin d'étudier les conditions de stockage et de conservation des extraits et des eaux de Javel, on étudie la cinétique de la réaction de décomposition. Deux séries d'expériences ont permis de tracer les courbes en fin d'énoncé.

2. On s'intéresse d'abord à la courbe notée (1) pour l'eau de Javel concentrée et à la température $\theta = 40°C$.

Construire littéralement le tableau d'avancement de cette réaction en notant n_0 la quantité de matière initiale de $C\ell O^-$.

3. Quels facteurs cinétiques les courbes de fin d'énoncé mettent-elles en évidence ?

4. Temps de demi-réaction :

a) Définir le temps de demi-réaction.

b) Comparer à 40 °C les temps de demi-réaction d'un extrait concentré et d'une eau de Javel diluée.

Extrait de Javel concentrée

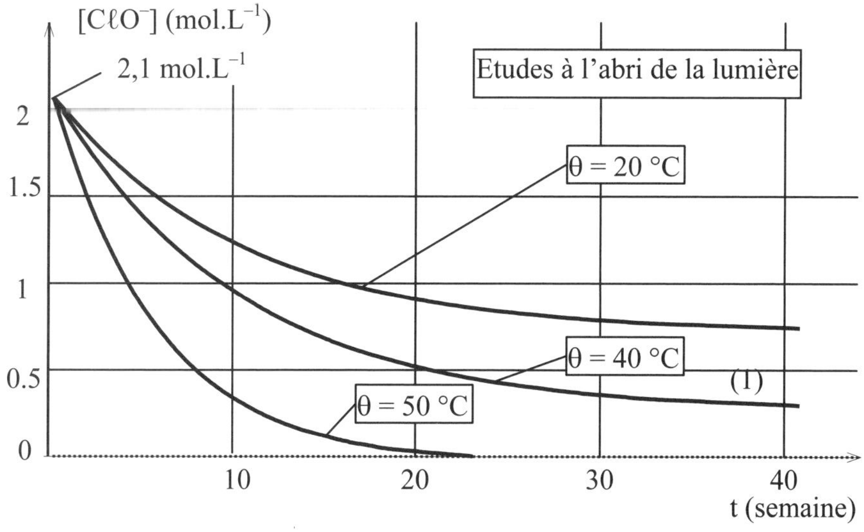

Extrait de Javel diluée

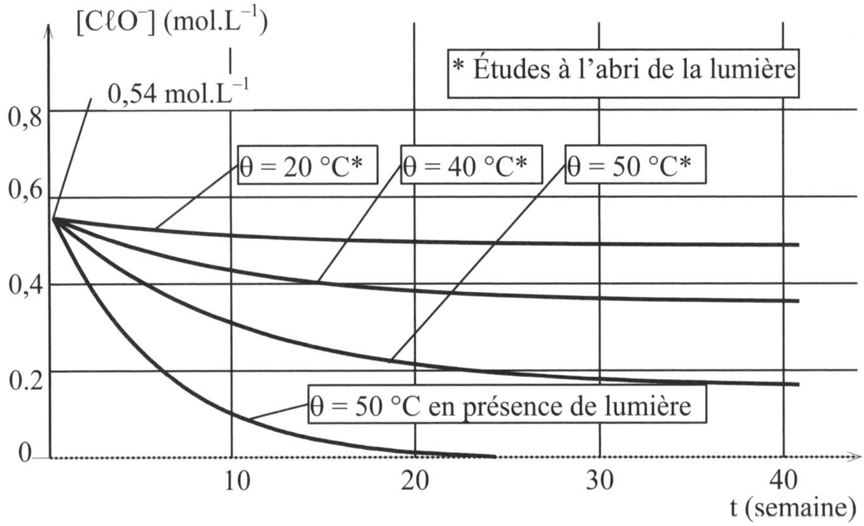

✱✱✱ Exercice 4 — 40 min

Réaction d'oxydation des ions iodure par les ions peroxodisulfate

On considère les couples oxydo-réducteurs suivants :

$$S_2O_{8(aq)}^{2-}/SO_{4(aq)}^{2-} \text{ et } I_{3(aq)}^{-}/I_{(aq)}^{-}.$$

1.

a) Écrire les demi-équations électroniques fictives relatives aux deux couples en milieu acide.

b) En déduire que l'équation-bilan de la réaction chimique d'oxydation des ions iodure par les ions peroxodisulfate est :

$$S_2O_{8(aq)}^{2-} + 3\,I_{(aq)}^{-} \rightarrow 2\,SO_{4(aq)}^{2-} + I_{3(aq)}^{-}$$

2. On part du mélange réactionnel suivant :

– 250,0 mL de solution aqueuse d'iodure de potassium $(K^+ + I^-)$ de concentration molaire volumique initiale $[I^-]_i = 2{,}0.10^{-1}$ mol.L^{-1} ;

– 250,0 mL de solution aqueuse de peroxodisulfate de potassium $(2\,K^+ + S_2O_8^{2-})$ de concentration molaire volumique initiale $[S_2O_8^{2-}]_i = 5{,}0.10^{-2}$ mol.L^{-1}.

a) Calculer les quantités de matière de réactifs initialement introduites. Y a-t-il un réactif limitant ? Justifier la réponse par un calcul précis.

b) En déduire la concentration en ions triodure I_3^- lorsque la réaction est terminée.

3. Pour le mélange réactionnel initial donné, on mesure la concentration molaire volumique en ions triodure I_3^- en fonction du temps. On obtient le tableau de mesures suivant :

t (min)	0,0	1,0	3,0	6,0	9,0	12,0	15,0	18,0	21,0
$[I_3^-]$ ($mmol.L^{-1}$)	0,0	5,0	12,0	20,0	27,0	33,0	37,0	41,0	44,0

a) Tracer la courbe représentant l'évolution de la concentration molaire volumique en ions triodure I_3^- en fonction du temps.

b) Que déduire de l'évolution temporelle de cette transformation ?

c) La réaction est-elle terminée à t = 21 min ?

d) Tracer qualitativement l'allure de la courbe représentant l'évolution de la concentration molaire volumique en ions triodure I_3^- en fonction du temps si on augmente la concentration molaire volumique initiale en ions iodure I^- sans changer la concentration molaire volumique initiale en ions peroxodisulfate $S_2O_8^{2-}$.

e) Quel facteur cinétique permet de tracer l'allure de cette seconde courbe ?

Contrôle

45 min / 20 pts

Oxydation des ions iodure par l'eau oxygénée

On se propose d'étudier la cinétique de la transformation lente de décomposition de l'eau oxygénée par les ions iodure en présence d'acide sulfurique, transformation considérée comme totale.

L'équation de la réaction qui modélise la transformation d'oxydoréduction s'écrit :

$$H_2O_{2(aq)} + 2\ I^-_{(aq)} + 2\ H^+_{(aq)} = I_{2(aq)} + 2\ H_2O_{(\ell)}$$

1. Étude théorique de la réaction

Donner la définition d'un oxydant, et celle d'un réducteur. **(2 pts)**

Identifier, dans l'équation de la réaction étudiée, les deux couples d'oxydoréduction mis en jeu et écrire leurs demi-équations électroniques correspondantes. **(4 pts)**

2. Suivi de la réaction

À la date t = 0 s, on mélange 20,0 mL d'une solution d'iodure de potassium de concentration 0,10 $mol.L^{-1}$ acidifiée avec de l'acide sulfurique en excès, 8,0 mL d'eau et 2,0 mL d'eau oxygénée à 0,10 $mol.L^{-1}$.

Le tableau suivant donne l'évolution de la concentration molaire volumique en diiode formé I_2 en fonction du temps :

t (s)	0	126	434	682	930	1178	1420	∞
$[I_2]$ (mmol.L–1)	0,00	1,74	4,06	5,16	5,84	6,26	6,53	$[I_2]_\infty$

a) Calculer les quantités de matière de réactifs initialement introduites. **(2 pts)**

b) Établir le tableau descriptif de l'évolution du système (tableau d'avancement de la transformation). **(2 pts)**

c) Le mélange initial est-il stœchiométrique ? **(1 pt)**

d) Établir la relation entre la concentration molaire volumique effective en diiode $[I_2]$ et l'avancement x de la transformation. **(1 pt)**

e) Déterminer l'avancement maximal x_{max} de la réaction. En déduire la valeur théorique de la concentration en diiode formé lorsque la transformation est terminée $[I_2]_\infty$. **(3 pts)**

3. Exploitation des résultats

La courbe tracée ci-dessous représente les variations de l'avancement x de la transformation en fonction du temps.

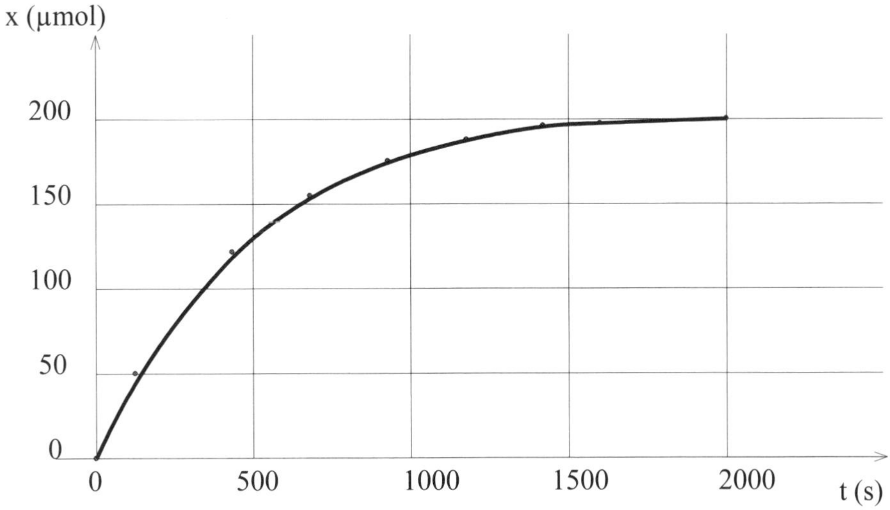

a) Donner la composition du mélange réactionnel pour t = 300 s. **(3 pts)**

b) Comment varie la vitesse de réaction ? Justifier. Quel facteur cinétique peut être responsable de cette variation ? **(2 pts)**

Corrigés des exercices

Corrigé 1

1. Équation-bilan de la réaction étudiée :

$H^+_{(aq)}/H_{2(g)}$: $(2\,H^+_{(aq)} + 2\,e^- = H_{2(g)})$

$Mg^{2+}_{(aq)}/Mg_{(s)}$: $\oplus\,(Mg^{2+}_{(aq)} + 2\,e^- = Mg_{(s)}) \times (-1)$

$$\boxed{Mg_{(s)} + 2\,H^+_{(aq)} \rightarrow Mg^{2+}_{(aq)} + H_{2(g)}}$$

2. Cette transformation est lente car on peut en distinguer différents états d'avancement en fonction du temps.
3. Calcul des quantités de matière de réactifs initialement introduites :

$(n_{H^+})_0 = C\,.\,V_{H^+} = 1{,}0.10^{-1} \times 30.10^{-3} = \mathbf{3{,}0.10^{-3}\ mol}$;

$(n_{Mg})_0 = \dfrac{(m_{Mg})_0}{M_{Mg}} = \dfrac{1{,}0}{24} = \mathbf{4{,}2.10^{-2}\ mol}$.

Tableau descriptif de l'avancement x de la réaction (mol) :

t	x	$Mg_{(s)}$	+	$2H^+_{(aq)}$	→	$Mg^{2+}_{(aq)}$	+	$H_{2(g)}$
0	0	$4{,}2.10^{-2}$		$3{,}0.10^{-3}$		0		0
t	x	$4{,}2.10^{-2} - x$		$3{,}0.10^{-3} - 2x$		x		x
∞	x_{max}	$4{,}2.10^{-2} - x_{max}$		$3{,}0.10^{-3} - 2x_{max}$		x_{max}		x_{max}

Il y a disparition d'au moins un des deux réactifs (réactif limitant) dans l'état d'avancement maximal :

$4{,}2.10^{-2} - x_{max,1} = 0 \Leftrightarrow x_{max,1} = 4{,}2.10^{-2}$ mol pour $Mg_{(s)}$;

$3{,}0.10^{-3} - 2x_{max,2} = 0 \Leftrightarrow \mathbf{x_{max,2}} = \dfrac{\mathbf{3{,}0.10^{-3}}}{\mathbf{2}} = \mathbf{1{,}5.10^{-3}\ mol}$ pour les ions $H^+_{(aq)}$.

$4{,}2.10^{-2}$ mol > $1{,}5.10^{-3}$ mol donc $H^+_{(aq)}$ est le réactif limitant et $\mathbf{x_{max} = 1{,}5.10^{-3}\ mol}$

Calcul de la concentration finale théorique en ions $Mg^{2+}_{(aq)}$:

$$[Mg^{2+}_{(aq)}]_\infty = \frac{x_{max}}{V_{total}}$$

A.N. : $[Mg^{2+}_{(aq)}]_\infty = \dfrac{1{,}5.10^{-3}}{30.10^{-3}} = \mathbf{5{,}0.10^{-2}\ mol.L^{-1}} = x_{Vmax}$ avancement volumique maximal.

REMARQUE : attention à ne pas confondre l'avancement et l'avancement volumique d'une réaction ; il suffit de faire attention aux unités.

4. Le temps de demi-réaction $t_{\frac{1}{2}}$ est la durée nécessaire à un avancement volumique égal à la moitié de l'avancement volumique maximal $x_{V\frac{1}{2}} = \frac{x_{V\max}}{2}$.

Par détermination graphique on obtient pour $\frac{x_{V\max}}{2}$ **= 2,5.10⁻² mol.L⁻¹ :**

$$\mathbf{t_{\frac{1}{2}} = 1{,}5\ min}\ \text{(entre 1 min et 2 min)}$$

Corrigé 2

1. Équation-bilan de la réaction de dismutation de l'ion thiosulfate :

$S_2O^{2-}_{3(aq)}/S_{(s)}$: $(S_2O^{2-}_{3(aq)} + 6\ H^+_{(aq)} + 4\ e^- = 2\ S_{(s)} + 3\ H_2O_{(\ell)})$

$SO^{2-}_{3(aq)}/S_2O^{2-}_{3(aq)}$: $(2\ SO^{2-}_{3(aq)} + 6\ H^+_{(aq)} + 4\ e^- = S_2O^{2-}_{3(aq)} + 3\ H_2O_{(\ell)}) \times (-1)$

$$\boxed{2 \times (S_2O^{2-}_{3(aq)} \rightarrow S_{(s)} + SO^{2-}_{3(aq)})}$$

2. C'est une réaction de dismutation car l'ion thiosulfate $S_2O^{2-}_{3(aq)}$ se transforme en son réducteur conjugué : le soufre solide $S_{(s)}$ dans le couple $S_2O^{2-}_{3(aq)}/S_{(s)}$ et en son oxydant conjugué : l'ion sulfite $SO^{2-}_{3(aq)}$ dans le couple $SO^{2-}_{3(aq)}/S_2O^{2-}_{3(aq)}$.

La transformation inverse de la dismutation se nomme : **médiamutation**.

3. Courbes représentant les évolutions de la concentration molaire volumique en ions thiosulfate $S_2O_3^{2-}$ en fonction du temps et pour chaque température d'étude :

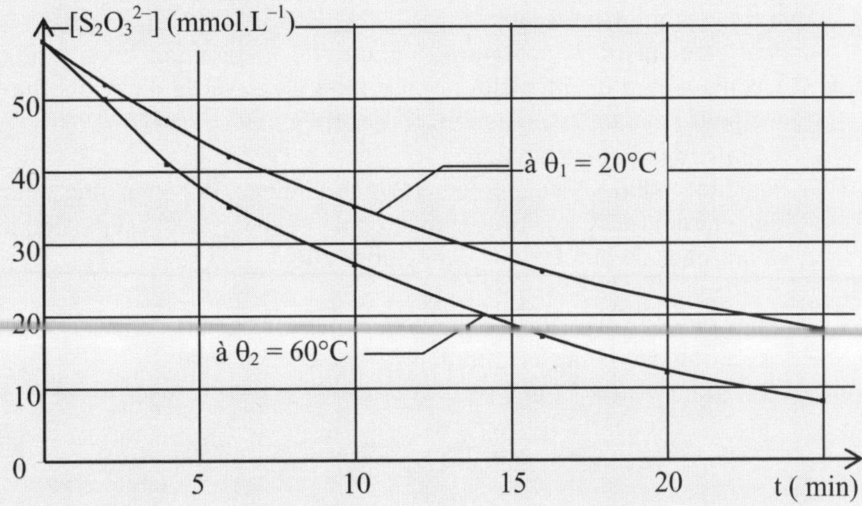

4.

a) Aux températures d'étude, la dismutation de l'ion thiosulfate est une transformation lente car on peut aisément en déterminer différents états d'avancement en fonction du temps.

b) L'ion thiosulfate se dismute plus rapidement à 60 °C qu'à 20 °C. C'est le facteur cinétique température : l'augmentation de la température augmente la vitesse de réaction.

Corrigé 3

1.

$C\ell O^-_{(aq)} / C\ell^-_{(aq)}$ $\quad (C\ell O^-_{(aq)} + 2\ H^+_{(aq)} + 2\ e^- = C\ell^-_{(aq)} + H_2O_{(\ell)}) \times 2$

$O_{2(g)} / H_2O_{(\ell)}$: $\quad \oplus\ (O_{2(g)} + 4\ H^+_{(aq)} + 4\ e^- = 2\ H_2O_{(\ell)}) \times (-1)$

$$\boxed{2\ C\ell O^-_{(aq)} = 2\ C\ell^-_{(aq)} + O_{2(g)}}$$

2. Tableau descriptif de l'avancement x de la réaction (mol) :

État	t	x	$2\,C\ell O^-_{(aq)}$	=	$2\,C\ell^-_{(aq)}$	+	$O_{2(g)}$
initial	0	0	n_0		0		0
intermédiaire	t	x	$n_0 - 2x$		2x		x
maximal	∞	x_{max}	$n_0 - 2x_{max}$		$2x_{max}$		x_{max}

3. Facteurs cinétiques mis en évidence :

– la température
Pour une même concentration, la vitesse de décomposition augmente quand la température augmente.

– la concentration en réactif
Pour une même température, à l'abri de la lumière, la vitesse de décomposition est plus élevée pour l'eau de Javel la plus concentrée que pour l'eau de Javel la moins concentrée.

– la lumière (aspect catalytique)
Pour une même concentration (la moins élevée) et pour une même température (40°C), la décomposition de l'eau de Javel est plus rapide en présence de lumière que dans l'obscurité.

4.

a) Le temps de demi-réaction est la durée nécessaire pour que l'avancement de la réaction parvienne à la moitié de l'avancement final.

b) À 40°C et en l'absence de lumière :

Échantillon	$[C\ell O^-]_{\frac{1}{2}} = \frac{[C\ell O^-]_0}{2}$	$t_{\frac{1}{2}}$ *
Extrait concentré	$\frac{2,1}{2} = 1,1$ mol.L^{-1}	8 semaines
Extrait dilué	$\frac{0,54}{2} = 0,27$ mol.L^{-1}	> 40 semaines

* par appréciation graphique

REMARQUE : Ces deux résultats confirment le rôle du facteur cinétique concentration en réactifs.

Corrigé 4

1.

a) Les demi-équations électroniques fictives relatives aux deux couples oxydant/réducteur sont :

$$S_2O_{8(aq)}^{2-}/SO_{4(aq)}^{2-} : S_2O_{8(aq)}^{2-} + 2\,e^- = 2\ SO_{4(aq)}^{2-}$$

$$I_{3(aq)}^-/I_{(aq)}^- : I_{3(aq)}^- + 2\,e^- = 3\,I_{(aq)}^-$$

b) Équation-bilan de la réaction d'oxydation des ions iodure par les ions peroxodisulfate :

$S_2O_{8(aq)}^{2-}/SO_{4(aq)}^{2-}$: $\quad S_2O_{8(aq)}^{2-} + 2\,e^- = 2\ SO_{4(aq)}^{2-}$

$I_{3(aq)}^-/I_{(aq)}^-$: $\quad (I_{3(aq)}^- + 2\,e^- = 3\,I_{(aq)}^-) \times (-1)$

$$\boxed{S_2O_{8(aq)}^{2-} + 3\,I_{(aq)}^- \rightarrow 2\,SO_{4(aq)}^{2-} + I_{3(aq)}^-}$$

2.

a) Calcul des quantités de matière de réactifs initialement introduites :

$$(n_{I^-})_0 = [I^-]_i \, . \, V_{I^-} = 2,0.10^{-1} \times 250,0.10^{-3} = \mathbf{5,0.10^{-2}\ mol}\ ;$$

$$(n_{S_2O_8^{2-}})_0 = [S_2O_8^{2-}]_i \, . \, V_{S_2O_8^{2-}} = 5,0.10^{-2} \times 250,0.10^{-3} = \mathbf{1,3.10^{-2}\ mol}.$$

Tableau descriptif de l'avancement x de la réaction (mol) :

t	x	$S_2O_{8(aq)}^{2-}$	+	$3\ I_{(aq)}^-$	→	$2\,SO_{4(aq)}^{2-}$	+	$I_{3(aq)}^-$
0	0	$1,3.10^{-2}$		$5,0.10^{-2}$		0		0
t	x	$1,3.10^{-2} - x$		$5,0.10^{-2} - 3x$		2x		x
∞	x_{max}	$1,3.10^{-2} - x_{max}$		$5,0.10^{-2} - 3x_{max}$		$2x_{max}$		x_{max}

résumés de cours
exercices
contrôles
corrigés

Dans le cas d'une réaction totale, il y a disparition d'au moins un des deux réactifs dans l'état d'avancement maximal :

$1{,}3.10^{-2} - x_{max} = 0 \Leftrightarrow \mathbf{x_{max} = 1{,}3.10^{-2}\ mol}$ pour les ions $S_2O_{8(aq)}^{2-}$;

$5{,}0.10^{-2} - 3x_{max} = 0 \Leftrightarrow x_{max} = \dfrac{5{,}0.10^{-3}}{3} > 1{,}3.10^{-2}$ mol pour les ions $I_{(aq)}^-$;

c'est l'ion peroxodisulfate qui disparaît totalement.

L'ion peroxodisulfate $S_2O_{8(aq)}^{2-}$ est le réactif limitant.

b) Calcul de la concentration finale théorique en ions triiodure $I_{3(aq)}^-$:

$$[I_3^-]_\infty = \frac{(n_{I_3^-})_\infty}{V_{total}} = \frac{3x_{max}}{V_{total}} = \frac{3\times 1{,}3.10^{-2}}{0{,}5000} = \mathbf{7{,}8.10^{-2}\ mol.L^{-1}}$$

3.

a)

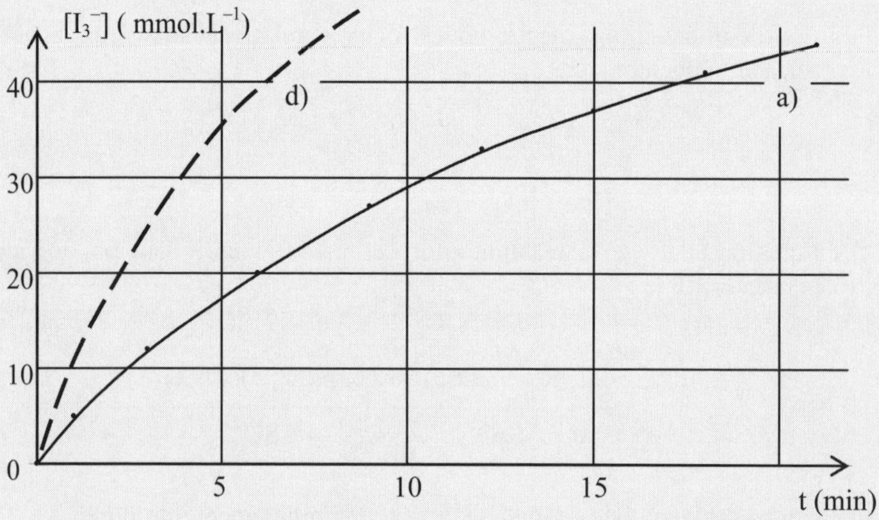

b) L'allure de la courbe montre que l'évolution temporelle de cette transformation est lente car on peut aisément en déterminer différents états d'avancement en fonction du temps.

c) D'après le tableau de valeurs : $[I_3^-]_{21min} = 44.10^{-3}$ mol.L^{-1}.

Or $[I_3^-]_\infty = 7{,}8.10^{-2}$ mol.L^{-1} > = 44.10^{-3} mol.L^{-1} donc $[I_3^-]_{21min} < [I_3^-]_\infty$: la réaction n'est pas terminée à t = 21 min.

d) Voir graphique (en pointillés).

e) Une augmentation de la concentration d'un réactif augmente la vitesse de réaction. La concentration en ions triiodure I_3^- atteint plus rapidement sa valeur limite théorique : c'est le facteur cinétique concentration en réactifs.

Corrigé du contrôle

1. Un oxydant est une espèce chimique capable de capter un ou plusieurs électrons et, se faisant se transforme en son réducteur conjugué.
Un réducteur est une espèce chimique capable de céder un ou plusieurs élcctrons et, se faisant se transforme en son oxydant conjugué.

couple oxydant/réducteur	demi-équation électronique correspondante
$H_2O_{2(aq)}/ H_2O_{(\ell)}$	$H_2O_{2(aq)} + 2H^+_{(aq)} + 2e^- = 2\ H_2O_{(\ell)}$
$I_{2(aq)} / I^-_{(aq)}$	$I_{2(aq)} + 2e^- = 2\ I^-_{(aq)}$

2.

a) $(n_{I^-})_0 = [I^-]_i \,.\, V_{I^-} = 0{,}10 \times 20{,}0.10^{-3} = 2{,}0.10^{-3}$ mol

$(n_{H_2O_2})_0 = [H_2O_2]_i \,.\, V_{H_2O_2} = 0{,}10 \times 2{,}0.10^{-3} = 2{,}0.10^{-4}$ mol

b)

t	x	$H_2O_{2(aq)}$	+	$2I^-_{(aq)}$	+	$2H^+_{(aq)}$	→	$I_{2(aq)}$	+	$2H_2O_{(\ell)}$
0	0	$2{,}0.10^{-4}$		$2{,}0.10^{-3}$		excès		0		excès
t	x	$2{,}0.10^{-4} - x$		$2{,}0.10^{-3} - 2x$		excès		x		excès
∞	x_{max}	$2{,}0.10^{-4} - x_{max}$		$2{,}0.10^{-3} - 2x_{max}$		excès		x_{max}		excès

c) D'après l'équation de la réaction, les réactifs sont en proportions stœchiométriques si $\dfrac{(n_{I^-})_0}{2} = (n_{H_2O_2})_0$, or ici $(n_{H_2O_2})_0 = \dfrac{(n_{I^-})_0}{10}$: les réactifs ne sont pas dans les conditions stœchiométriques.

d) $[I_2] = \dfrac{x}{V_T}$ avec $V_T = 20{,}0 + 8{,}0 + 2{,}0 = 30$ mL $= 3{,}0.10^{-3}$ L

e) Si l'ion iodure est le réactif limitant alors $2{,}0.10^{-4} - 2x_{max} = 0$ d'où $x_{max} = \dfrac{2{,}0.10^{-3}}{2} = 1{,}0.10^{-3}$ mol ;

Si l'eau oxygénée est le réactif limitant alors $2{,}0.10^{-4} - x_{max} = 0$ d'où $x_{max} = 2{,}0.10^{-4}$ mol.

Le réactif limitant est l'eau oxygénée car elle conduit à la valeur de x_{max} la plus faible : $\mathbf{x_{max} = 2{,}0.10^{-4}}$ **mol**.

$[I_2]_\infty = \dfrac{x_{max}}{V_T} = \dfrac{2{,}0.10^{-4}}{30.10^{-3}} = \mathbf{6{,}7.10^{-3}\ mol.L^{-1}}$ lorsque la transformation est terminée.

3.

a)

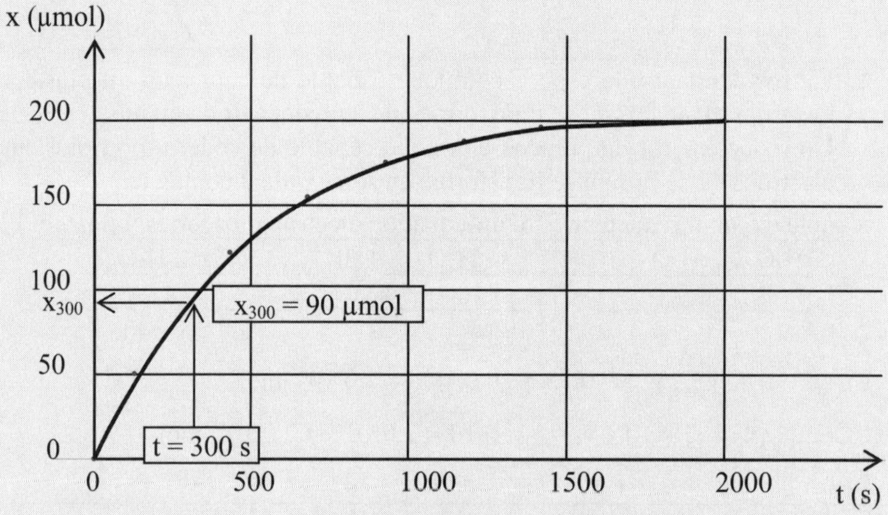

Par lecture graphique, on trouve : $\mathbf{x_{300} = 9.10^{-5}}$ **mol** (1 seul chiffre significatif vu la précision du graphique).

$(n_{I^-})_{300} = 2{,}0.10^{-3} - 2x_{300} = 2{,}0.10^{-3} - 2 \times 9.10^{-5} = \mathbf{2.10^{-3}}$ **mol**

$(n_{H_2O_2})_{300} = 2{,}0.10^{-4} - x_{300} = 2{,}0.10^{-4} - 9.10^{-5} = \mathbf{1.10^{-4}}$ **mol**

$(n_{I_2})_{300} = x_{300} = \mathbf{9.10^{-5}}$ **mol**

b) On voit sur la courbe que la variation temporelle de x diminue au cours du temps : la vitesse de réaction diminue au cours du temps. Le facteur cinétique responsable de cette diminution est la concentration des réactifs. En effet, la raréfaction des réactifs diminue leur fréquence de chocs efficaces.

2 Acides et bases dans l'eau

ACIDE ET BASE SELON BRØNSTED

○ Définitions (selon Brønsted, chimiste danois, 1879-1947)

Un **acide** AH est une espèce susceptible de céder un proton H^+ et, ce faisant, se transforme en sa base conjuguée A^- :

$$\boxed{AH = A^- + H^+}$$

EXEMPLE : $CH_3CO_2H = CH_3CO_2^- + H^+$

acide éthanoïque — ion éthanoate — ion hydrogène (proton)

CH_3CO_2H est un acide selon Brønsted.

Une **base** B est une espèce susceptible de capter un proton H^+ et, ce faisant, se transforme en son acide conjugué BH^+ :

$$\boxed{B + H^+ = BH^+}$$

EXEMPLE : $NH_3 + H^+ = NH_4^+$

Ammoniac — ion hydrogène (proton) — ion ammonium

NH_3 est une base selon Brønsted.

L'écriture $A^- + H^+ = AH$ montre le caractère basique de l'espèce A^- : les espèces AH (acide) et A^- (base) forment le couple acide/base AH/A^-.
A^- est la base conjuguée de l'acide AH. AH est l'acide conjugué de la base A^-.

L'écriture $BH^+ = B + H^+$ montre le caractère acide de l'espèce BH^+ : les espèces BH^+ (acide) et B (base) forment le couple acide/base BH^+/B.
B est la base conjuguée de l'acide BH^+ ; BH^+ est l'acide conjugué de la base B.

Les écritures $AH = A^- + H^+$ et $BH^+ = B + H^+$ sont des demi-équations acido-basique : (acide = base + H^+).
EXEMPLES de couples acide/base : $CH_3CO_2H/CH_3CO_2^-$; NH_4^+/NH_3 .

RÉACTION CHIMIQUE PAR ÉCHANGE DE PROTON

L'équation-bilan de la transformation chimique entre un acide AH et une base B peut se résumer par :

$$AH + B = A^- + BH^+$$

La réaction acido-basique est le résultat d'un échange de proton H^+ de l'acide AH (qui se transforme en sa base conjuguée A^-) à la base B (qui se transforme en son acide conjugué BH^+). Elle met en jeu les deux couples acide/base AH/A^- et BH^+/B :

AH/A^- : $AH = A^- + H^+$

BH^+/B : $BH^+ = B + H^+$

$$\begin{array}{rl} & AH \rightarrow A^- + \mathbf{H^+} \\ \oplus & B + \mathbf{H^+} \rightarrow BH^+ \\ \hline & AH + B \rightleftharpoons A^- + BH^+ \end{array}$$

La somme, membre à membre, des deux demi-équations acido-basique (écrites dans le sens d'observation de la réaction) montre **l'échange de proton H⁺** au cours de la réaction acido-basique.

$$A{-}H + B| \rightarrow A|^{\ominus} + {}^{\oplus}B{-}H$$

REMARQUE : la notion de demi-équation acido-basique liée à un couple acide/base est représentée par l'écriture : acide = base + proton écrite dans ce sens.

L'écriture globale $AH + B = A^- + BH^+$ est l'association de deux transformations antagonistes :

$$AH + B \overset{(1)}{\rightarrow} A^- + BH^+$$

$$A^- + BH^+ \overset{(2)}{\rightarrow} AH + B$$

(1) est appelé **sens direct** de la transformation (si celle-ci est observée dans ce sens).

(2) est appelé **sens inverse** de la transformation.

EXEMPLE : équation-bilan de la réaction entre $CH_3CO_2H(aq)$ et $NH_3(aq)$ dans l'eau :

$$CH_3CO_2H(aq)/CH_3CO_2^-(aq) : \quad CH_3CO_2H(aq) = CH_3CO_2^-(aq) + H^+(aq)$$

$$NH_4^+(aq)/NH_3(aq) : \quad NH_4^+(aq) = NH_3(aq) + H^+(aq)$$

$$\begin{array}{rl} & CH_3CO_2H(aq) \rightarrow CH_3CO_2^-(aq) + \mathbf{H^+}(aq) \\ \oplus & NH_3(aq) + \mathbf{H^+}(aq) \rightarrow NH_4^+(aq) \\ \hline & CH_3CO_2H(aq) + NH_3(aq) \rightleftharpoons CH_3CO_2^-(aq) + NH_4^+(aq) \end{array}$$

LE PH ET SA MESURE

Définition

Le pH est défini par la relation : **pH = – log [H_3O^+]** où lg représente la fonction logarithme décimal.

REMARQUES : cette relation n'est valable que pour [H_3O^+] < 0,10 mol.L^{-1}.
Cette relation peut également s'écrire : [H_3O^+] = 10^{-pH}.
Le pH est une grandeur sans dimension.
Sur les calculettes, la touche [log] ou [LOG] permet de calculer un pH à partir d'une concentration molaire volumique en ions oxonium connue.

La mesure du pH

Le pH se mesure à l'aide d'un pH-mètre convenablement étalonné muni de sa sonde de pH (ou électrode combinée de mesure de pH).

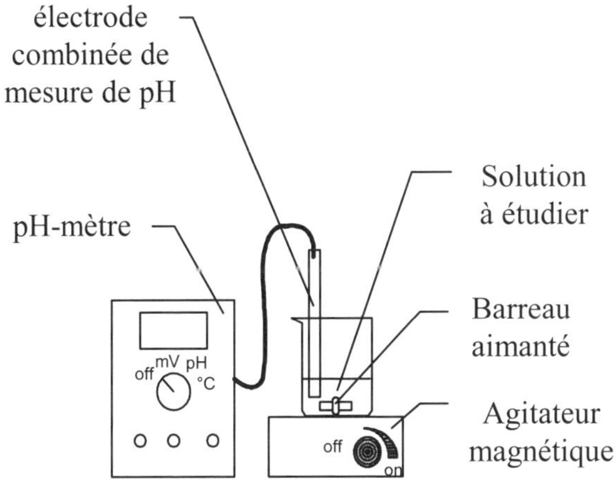

REMARQUES : le pH-mètre doit être préalablement et convenablement étalonné à partir de solutions de pH connus (solutions tampons de pH).

Une mesure de pH ne permet pas de connaître avec précision la concentration molaire volumique en ions oxonium correspondante (le pH est mesuré à 0,1 unité près ce qui entraîne une erreur supérieure à 20 % sur la concentration molaire volumique en ions oxonium correspondante).

TAUX D'AVANCEMENT FINAL D'UNE RÉACTION

Réaction d'un acide sur l'eau

La réaction d'un acide AH sur l'eau est traduite par l'équation-bilan :

$$AH_{(aq)} + H_2O_{(\ell)} = A^-_{(aq)} + H_3O^+$$

résumés de cours
exercices
contrôles
corrigés

Soit x_f, l'avancement final de la réaction à l'équilibre (lorsque le système n'évolue plus).
AH est le réactif limitant et l'eau est en très large excès.

Tableau d'avancement de la réaction (mol) :

	$AH_{(aq)}$	+	$H_2O_{(\ell)}$	=	$A^-_{(aq)}$	+	H_3O^+
état initial	n_0		Excès		0		0
état final	$n_0 - x_f$		Excès		x_f		x_f

Si la réaction est totale, alors $x_f = x_{max} = n_0$ (tout l'acide AH réagit).
Si la réaction n'est pas totale, alors $x_f < n_0$ (tout l'acide AH ne réagit pas).

○ Taux d'avancement final de la réaction

On définit le taux d'avancement final d'une réaction par le rapport :

$$\tau_{final} = \frac{x_f}{x_{max}} \; ; \; \tau_{final} = \frac{x_f}{n_0}$$

où x_f représente l'avancement final de la réaction et n_0 la quantité de matière initialement introduite en réactif limitant.
Une transformation totale se traduit par un taux d'avancement final de 100 % ($\tau_{final} = 1$).
Une transformation partielle se traduit par un taux d'avancement final inférieur à 100 % ($\tau_{final} < 1$).

○ Taux d'avancement final et pH

La mesure du pH de la solution d'un acide dans l'eau permet de conclure sur la totalité de la réaction de cet acide sur l'eau.
Dans le cas d'une solution diluée, la relation $pH = -\log [H_3O^+]$ s'écrit :

$$pH = -\log\left(\frac{x_f}{V_{solution}}\right)$$

avec $[H_3O^+]_{finale} = \dfrac{x_f}{V_{solution}}$.

Dans le cas d'une transformation totale, on a $x_{éq} = n_0$ d'où :

$$pH = -\log\left(\frac{n_0}{V_{solution}}\right) = -\log c_{AH,0}$$

avec $c_{AH,0} = \dfrac{n_0}{V_{solution}}$: concentration molaire volumique initiale en acide AH.

CONCLUSION : si $pH > -\log c_{AH,0}$, alors la réaction de l'acide AH sur l'eau n'est pas totale.
Le taux d'avancement final peut alors s'écrire :

$$\tau_{final} = \frac{[H_3O^+]_{finale}}{c_{AH,0}} = \frac{10^{-pH}}{c_{AH,0}}$$

EXEMPLES :
Le pH d'une solution aqueuse d'acide sulfamique H_2NSO_3H de concentration molaire volumique $c_0 = 1{,}00.10^{-2}$ mol.L^{-1} est égal à 2,0.
On peut affirmer que la réaction de l'acide sulfamique sur l'eau est totale car $2{,}0 = -\log(1{,}00.10^{-2})$: $\tau_{final} = 1$.
Le pH d'une solution aqueuse d'acide éthanoïque CH_3CO_2H de concentration molaire volumique $c_0 = 1{,}00.10^{-2}$ mol.L^{-1} est égal à 3,4.
On peut affirmer que la réaction de l'acide éthanoïque sur l'eau n'est pas totale car $3{,}4 > -\log(1{,}00.10^{-2})$: $\tau_{final} = \dfrac{10^{-3{,}4}}{1{,}00\cdot10^{-2}} = 4.10^{-2}$ (4 %).

ACIDE FORT ET BASE FORTE

Acides forts et bases fortes dans l'eau

Un acide ou une base est considéré(e) comme fort(e) si sa réaction sur l'eau est quasi-totale.
Le taux final d'avancement de la réaction de cet acide ou de cette base sur l'eau est alors proche de 1.
Exemple d'acide fort : le chlorure d'hydrogène HCl(g)

$$HC\ell_{(g)} + H_2O_{(\ell)} = H_3O^+ + C\ell^-_{(aq)}$$

Tableau d'avancement de la réaction (mol) :

	$HC\ell_{(g)}$	+	$H_2O_{(\ell)}$	=	H_3O^+	+	$C\ell^-_{(aq)}$
état initial	n_0		Excès		0		0
état final	0		Excès		$x_{max} = n_0$		$x_{max} = n_0$

REMARQUE : la solution finale est l'acide chlorhydrique ($H_3O^+ + C\ell^-$) ; $HC\ell(aq)$ n'existe pas en solution aqueuse diluée.
Exemple de base forte : l'hydroxyde de sodium NaOH(s)

$$NaOH_{(s)} \overset{H_2O_{(\ell)}}{=} Na^+_{(aq)} + HO^-_{(aq)}$$

Tableau d'avancement de la réaction (mol) :

	$NaOH_{(s)}$	=	$Na^+_{(aq)}$	+	$HO^-_{(aq)}$
état initial	n_0		0		0
état final	0		$x_{max} = n_0$		$x_{max} = n_0$

REMARQUE : la solution finale est la soude ou solution aqueuse d'hydroxyde de sodium ($Na^+ + HO^-$).

pH de solutions aqueuses diluées d'acides forts et bases fortes

Le pH d'une solution aqueuse diluée d'un acide fort de concentration molaire en soluté apporté c est donné par la relation :

$$\boxed{pH = -\log(c)}$$

Le pH d'une solution aqueuse diluée d'une base forte de concentration molaire en soluté apporté c est donné par la relation :

$$\boxed{pH = 14 + \log(c)}$$

REMARQUE : log représente la fonction logarithme de base 10.

Réaction entre un acide fort et une base forte

La réaction entre un acide fort et une base forte est quasi-totale en faveur des produits.

EXEMPLE :

$$H_3O^+ + HO^-_{(aq)} = 2\,H_2O_{(\ell)}$$

Cette transformation est exothermique. Son énergie molaire de réaction est $E_R = -60\ kJ.mol^{-1}$.

ACIDE FAIBLE ET BASE FAIBLE DANS L'EAU

Un acide ou une base est considéré(e) comme faible si sa réaction sur l'eau est limitée.
Le taux final d'avancement de la réaction de cet acide ou de cette base sur l'eau est alors inférieur à 1.

✱ Exercice 1

10 min

L'acide sulfamique $NH_2SO_3H(s)$ est un acide fort. Il est utilisé pour détartrer, entre-autres, les cafetières.
On en dissout 1,0 g dans de l'eau afin d'obtenir exactement (aux erreurs de mesures près) un volume V = 250,0 mL de solution.

1. Écrire l'équation de la réaction de l'acide sulfamique avec l'eau.
2. Calculer la concentration molaire volumique en soluté apporté de la solution obtenue.
3. Calculer son pH.

DONNÉE : $M_{NH_2SO_3H} = 97\ g.mol^{-1}$.

✱ Exercice 2

10 min

La potasse ou hydroxyde de potassium KOH(s) est une base forte. Elle est utilisée, entre-autres, dans la fabrication des savons.
On en dissout 1,0 g dans de l'eau afin d'obtenir exactement (aux erreurs de mesures près) un volume V = 750 mL de solution.

1. Écrire l'équation de la réaction de la potasse avec l'eau.
2. Calculer la concentration molaire volumique en soluté apporté de la solution obtenue.
3. Calculer son pH.

DONNÉE : $M_{KOH} = 56\ g.mol^{-1}$.

✱✱ Exercice 3

20 min

On mélange les solutions aqueuses des exercices 1 et 2 précédents.

1. Écrire l'équation de la réaction chimique obtenue.
2. Dresser un tableau descriptif de l'avancement de la transformation afin d'en obtenir un bilan de matière.
3. Calculer le pH final.

✱ Exercice 4

15 min

Parmi les espèces acido-basiques suivantes :

$HCOO^-_{(aq)}$	$HC\ell O_{(aq)}$	$HPO^{2-}_{4(aq)}$	$C\ell O^-_{(aq)}$
$CH_3NH^+_{3(aq)}$	$PO^{3-}_{4(aq)}$	$HCOOH_{(aq)}$	$CH_3NH_{2(aq)}$

1. Quelles sont les espèces acido-basiques conjuguées ?
2. Identifier l'acide et la base de chacun de ces couples.
3. Écrire les couples acide/base correspondants ainsi que leur demi-équation acido-basique respective.
4. On fait réagir les espèces $PO_{4(aq)}^{3-}$ et $HCOOH_{(aq)}$.

a) Écrire l'équation-bilan de cette transformation chimique.
b) Pourquoi est-ce une réaction acido-basique ?

✱✱ Exercice 5 — 20 min

On verse un volume $V_b = 20$ mL d'ammoniaque ($NH_{3(aq)}$) de concentration molaire volumique en soluté apporté $c_b = 1{,}0.10^{-1}$ mol.L^{-1} dans un bécher contenant un volume $V_a = 30$ mL d'une solution aqueuse d'acide éthanoïque $CH_3COOH_{(aq)}$ de concentration molaire volumique en soluté apporté $c_a = 5{,}0.10^{-2}$ mol.L^{-1}.

1. Écrire l'équation-bilan de la réaction acido-basique entre l'acide éthanoïque et l'ammoniaque.
2. Établir un tableau d'avancement de cette transformation supposée totale.
3.

a) Calculer les quantités de matière de réactifs initialement introduites.
b) En déduire la valeur de l'avancement maximal de cette réaction et le réactif limitant.

4. Déterminer la composition molaire volumique du milieu dans l'état d'avancement maximal.

DONNÉES :

Couples acide/base :

- acide éthanoïque/ion éthanoate ($CH_3COOH_{(aq)}$/ $CH_3COO^-_{(aq)}$) ;
- ion ammonium/ammoniaque ($NH_{4(aq)}^+$ /$NH_{3(aq)}$).

✱✱ Exercice 6 — 20 min

L'acide benzoïque C_6H_5COOH pourra être noté AH dans la suite du problème.
La dissolution d'une masse m = 0,25 g dans 200 mL d'eau donne une solution dont le pH est égal à 3,1.

1. Donner la définition d'un acide AH selon Brønsted.
2. Que dire de l'espèce $C_6H_5COO^-$?
3. Écrire l'équation-bilan de la réaction de l'acide benzoïque avec l'eau.
4. Calculer la valeur du taux d'avancement final de cette réaction.
5. Conclure.

DONNÉES :

Couple acide benzoïque /ion benzoate ($C_6H_5COOH_{(aq)}$ / $C_6H5COO^-_{(aq)}$).

$M_H = 1,0$ g.mol^{-1} ; $M_O = 16$ g.mol^{-1} ; $M_C = 12$ g.mol^{-1}.

✱✱✱ Exercice 7

30 min

On dispose d'une solution aqueuse S_1 d'ammoniaque $NH_{3(aq)}$ de concentration molaire volumique en soluté apporté $c_1 = 0,20$ mol.L^{-1}. Son pH est égal à 11,3.

1. Écrire l'équation-bilan de la réaction de l'ammoniaque avec l'eau.
2. Montrer que l'ammoniaque ne réagit pas totalement avec l'eau.
3. Comment réaliser une solution S_2 de volume $V_2 = 100$ mL et de concentration $c_2 = 4,0.10^{-3}$ mol.L^{-1} à partir d'un volume V_1 de S_1 ? Détailler le protocole. On fabrique la solution S_2. Le pH de S_2 est alors égal à 10,4.
4. Déterminer le taux d'avancement final de la réaction de l'ammoniaque avec l'eau dans le cas de la solution S_2.
5. Conclure quant à l'effet de la dilution sur la réaction de l'ammoniaque avec l'eau.

DONNÉES :

Couple ion ammonium/ammoniaque ($NH^+_{4(aq)}$ /$NH_{3(aq)}$).

On définit pOH = – log [HO$^-$] = 14 – pH à 25°C.

Contrôle

50 min / 20 pts

Exercice A

L'acide perchlorique $HC\ell O_{4(\ell)}$ est un acide fort dans l'eau. On en prépare une solution aqueuse diluée d'un volume V = 500,0 mL par dissolution d'une masse m = 2,00 g.

1. Écrire l'équation de sa réaction avec l'eau. **(1 pt)**

2. Calculer la concentration molaire volumique en soluté apporté c de la solution préparée. **(2 pts)**

3. Calculer son pH. **(1 pt)**

On mélange cette solution avec 800 mL d'une solution aqueuse d'hydroxyde de sodium ($Na^+ + HO^-$) de concentration molaire en soluté apporté c' = $2{,}00.10^{-2}$ $mol.L^{-1}$ et de pH = 12,3.

4. Montrer que l'hydroxyde de sodium est une base forte dans l'eau. **(2 pts)**

5. Quel type de réaction chimique se produit au cours du mélange ? Écrire son équation. **(2 pts)**

6. Calculer le pH du mélange (un tableau d'avancement peut être utile). **(3 pts)**

DONNÉE : $M_{HClO_4} = 100{,}5$ $g.mol^{-1}$.

Exercice B

Le pH d'une solution aqueuse d'acide lactique $C_3H_6O_3$ de concentration molaire en soluté apporté c = $1{,}5.10^{-1}$ $mol.L^{-1}$ est égal à 2,3.

1. Donner la définition d'un acide selon Brønsted. **(1 pt)**

2. Que dire de l'espèce $C_3H_5O_3^-$? **(1 pt)**

3. Écrire l'équation-bilan de la réaction de l'acide lactique avec l'eau. **(1 pt)**

4. Établir un tableau descriptif de l'avancement de la réaction. **(1 pt)**

5. Montrer que l'acide lactique ne réagit pas totalement avec l'eau. **(2 pts)**

6. Déterminer la composition molaire volumique de la solution aqueuse étudiée. **(3 pts)**

DONNÉES : Couple acide lactique/ion lactate ($C_3H_6O_{3(aq)}$/ $C_3H_5O^-_{3(aq)}$).

Corrigés des exercices

Corrigé 1

1. Équation de la réaction de l'acide sulfamique avec l'eau :

$$NH_2SO_3H_{(s)} + H_2O_{(\ell)} = NH_2SO_{3\,(aq)}^{-} + H_3O^+$$

2. Concentration molaire volumique en soluté apporté de la solution obtenue :

$$c_{NH_2SO_3H,\text{apporté}} = \frac{n_{NH_2SO_3H,\text{apporté}}}{V_{\text{solution}}} = \frac{m_{NH_2SO_3H,\text{apporté}}}{M_{NH_2SO_3H,\text{apporté}} \cdot V_{\text{solution}}} \text{ car } n = \frac{m}{M}.$$

A.N. : $c_{NH_2SO_3H,\text{apporté}} = \dfrac{1,0}{97 \times 250,0.10^{-3}} = \mathbf{4,1.10^{-2}\ mol.L^{-1}}$.

3. Calcul du pH de la solution :
L'acide sulfamique est un acide fort : son pH est obtenu par la relation $pH = -\log(c)$ car il est suffisamment dilué.
A.N. : $pH = -\log(4,1.10^{-2}) = \mathbf{1,4}$.

Corrigé 2

1. Équation de la réaction de l'hydroxyde de potassium avec l'eau :

$$KOH_{(s)} = K^+{}_{(aq)} + HO^-{}_{(aq)}$$

2. Concentration molaire volumique en soluté apporté de la solution obtenue : $c_{KOH,\text{apporté}} = \dfrac{n_{KOH,\text{apporté}}}{V_{\text{solution}}} = \dfrac{m_{KOH,\text{apporté}}}{M_{KOH,\text{apporté}} \cdot V_{\text{solution}}}$ car $n = \dfrac{m}{M}$.

A.N. : $c_{KOH,\text{apporté}} = \dfrac{1,0}{56 \times 0,750} = \mathbf{2,4.10^{-2}\ mol.L^{-1}}$.

3. Calcul du pH de la solution :
La potasse est une base forte : son pH est obtenu par la relation $pH = 14 + \log(c)$ car elle est suffisamment diluée.
A.N. : $pH = 14 + \log(2,4.10^{-2}) = \mathbf{12,4}$.

Corrigé 3

1. En mélangeant les deux solutions précédentes, on fait réagir les ions oxonium H_3O^+, obtenus par la réaction de l'acide sulfamique avec l'eau, et les ions hydroxydes HO^- de la potasse.
H_3O^+ est un acide fort dans l'eau et HO^- est une base forte dans l'eau :
$H_3O^+ + HO^-_{(aq)} = 2\ H_2O_{(\ell)}$

2. Cette réaction est quasi-totale en faveur des produits.
Tableau d'avancement de la réaction (mol) :

	H3O$^+$	+	$HO^-_{(aq)}$	=	$2\ H_2O_{(\ell)}$
état initial	n_1		n_2		Excès
état final	$n_1 - x_{max}$		$n_2 - x_{max}$		Excès

Recherche du réactif limitant
D'après l'exercice 1 : $n_1 = c_{NH_2SO_3H,apporté} \times V_1$
Si H_3O^+ est le réactif limitant alors $n_1 - x_{max,1} = 0$ et $x_{max,1} = n_1$
A.N. : $x_{max,1} = 4{,}1.10^{-2} \times 0{,}2500 = 1{,}0.10^{-2}$ mol.
D'après l'exercice 2 : $n_2 = c_{KOH,apporté} \times V_2$
Si HO^- est le réactif limitant alors $n_2 - x_{max,2} = 0$ et $x_{max,2} = n_2$
A.N. : $x_{max,2} = 2{,}4.10^{-2} \times 0{,}750 = 1{,}8.10^{-2}$ mol.
$x_{max,1} < x_{max,2}$ alors le **réactif limitant est H_3O^+** et x_{max} = **$1{,}0.10^{-2}$ mol**.

	H_3O^+	+	$HO^-_{(aq)}$	=	$2\ H_2O_{(\ell)}$
état initial (mol)	$1{,}0.10^{-2}$		$1{,}8.10^{-2}$		Excès
état final (mol)	0		$8{,}0.10^{-3}$		Excès

3. Calcul du pH du mélange
L'ion hydroxyde HO^- est une base forte dans l'eau : son pH est obtenu par la relation $pH = 14 + \log[HO^-]$ car elle est suffisamment diluée.

$$pH = 14 + \log\left(\frac{n_{HO^-,finale}}{V_{mélange}}\right)$$

A.N. : $pH = 14 + \log\left(\frac{8{,}0.10^{-3}}{0{,}2500 + 0{,}750}\right) = \mathbf{11{,}9}$.

Corrigé 4

1. Des espèces acido-basiques conjuguées ne diffèrent que d'un proton H^+ dans l'écriture de leur formule brute.

Espèces acido-basiques conjuguées	Espèces acido-basiques conjuguées
$HCOOH_{(aq)}$ et $HCOO^-_{(aq)}$	$HPO^{2-}_{4(aq)}$ et $PO^{3-}_{4(aq)}$
$HC\ell O_{(aq)}$ et $C\ell O^-_{(aq)}$	$CH_3NH^+_{3(aq)}$ et $CH_3NH_{2(aq)}$

2. Selon Brønsted, un acide est un donneur de proton H^+ et, ce faisant, se transforme en sa base conjuguée.

Acide conjugué	Base conjuguée
(acide méthanoïque) $HCOOH_{(aq)}$	$HCOO^-_{(aq)}$ (ion méthanoate)
(ion hydrogénophosphate) $HPO^{2-}_{4(aq)}$	$PO^{3-}_{4(aq)}$ (ion phosphate)
(acide hypochloreux) $HC\ell O_{(aq)}$	$C\ell O^-_{(aq)}$ (ion hypochlorite)
(ion méthylammonium) $CH_3NH^+_{3(aq)}$	$CH_3NH_{2(aq)}$ (méthanamine)

3. Une demi-équation acido-basique relative à un couple acide/base s'écrit dans le sens : acide = base + H^+.

Couple acide/base	demi-équation acido-basique
$HCOOH_{(aq)} / HCOO^-_{(aq)}$	$HCOOH_{(aq)} = HCOO^-_{(aq)} + H^+_{(aq)}$
$HPO^{2-}_{4(aq)} / PO^{3-}_{4(aq)}$	$HPO^{2-}_{4(aq)} = PO^{3-}_{4(aq)} + H^+_{(aq)}$
$HC\ell O_{(aq)} / C\ell O^-_{(aq)}$	$HC\ell O_{(aq)} = C\ell O^-_{(aq)} + H^+_{(aq)}$
$CH_3NH^+_{3(aq)} / CH_3NH_{2(aq)}$	$CH_3NH^+_{3(aq)} = CH_3NH_{2(aq)} + H^+_{(aq)}$

4.

a) Équation-bilan de la réaction entre $HCOOH_{(aq)}$ et $PO^{3-}_{4(aq)}$ dans l'eau :

$$HCOOH_{(aq)} + PO^{3-}_{4(aq)} = HCOO^-_{(aq)} + HPO^{2-}_{4(aq)}$$

b) Cette transformation chimique est une réaction acido-basique car il y a échange de proton H^+ entre l'acide $HCOOH_{(aq)}$ et la base $PO^{3-}_{4(aq)}$.

Corrigé 5

1. Équation-bilan de la réaction entre $CH_3COOH_{(aq)}$ et $NH_{3(aq)}$ dans l'eau :

$$CH_3COOH_{(aq)} + NH_{3(aq)} = CH_3COO^-_{(aq)} + NH^+_{4(aq)}$$

2. Tableau descriptif de l'avancement de la transformation supposée totale (mol) :

	$CH_3COOH_{(aq)}$	+	$NH_{3(aq)}$	=	$CH_3COO^-_{(aq)}$	+	$NH^+_{4(aq)}$
état initial	$n_{a,0}$		$n_{b,0}$		0		0
état final	$n_{a,0} - x_{max}$		$n_{b,0} - x_{max}$		x_{max}		x_{max}

3.

a) Calcul des quantités de matière de réactifs initialement introduits :

$n_{a,0} = c_a.V_a = 5{,}0.10^{-1} \times 30.10^{-3} = \mathbf{1{,}5.10^{-3}\ mol}$;

$n_{b,0} = c_b.V_b = 1{,}0.10^{-1} \times 20.10^{-3} = \mathbf{2{,}0.10^{-3}\ mol}$.

b) Il y a disparition d'au moins un des deux réactifs (réactif limitant) dans l'état d'avancement maximal :

$1{,}5.10^{-3} - x_{max} = 0 \Leftrightarrow \mathbf{x_{max} = 1{,}5.10^{-3}\ mol}$ pour $CH_3COOH_{(aq)}$;

$2{,}0.10^{-3} - x_{max} = 0 \Leftrightarrow x_{max} = 2{,}0.10^{-3}$ mol > $1{,}5.10^{-3}$ mol pour $NH_{3(aq)}$.

Le réactif limitant est l'**acide éthanoïque $\mathbf{CH_3COOH_{(aq)}}$** et l'avancement maximal $\mathbf{x_{max} = 1{,}5.10^{-3}\ mol}$.

4. Composition molaire volumique du milieu dans l'état d'avancement maximal :

$[CH_3COOH] \approx \mathbf{0}$ (réactif limitant et transformation totale).

$$[NH_3] = \frac{n_b}{V_{total}} = \frac{n_{b,0} - x_{max}}{V_{total}} = \frac{2{,}0.10^{-3} - 1{,}5.10^{-3}}{(20+30).10^{-3}} = \mathbf{1{,}0.10^{-2}\ mol.L^{-1}}\ ;$$

$$[CH_3COO^-] = [NH_4^+] = \frac{x_{max}}{V_{total}} = \frac{1{,}5.10^{-3}}{(20+30).10^{-3}} = \mathbf{3{,}0.10^{-2}\ mol.L^{-1}}\ ;$$

REMARQUE :

L'électroneutralité du milieu est respectée : $[CH_3COO^-] = [NH_4^+]$.

Corrigé 6

1. Selon Brønsted, un acide AH est un donneur de proton H^+ et, ce faisant, se transforme en sa base conjuguée A^- selon la demi-équation acido-basique relative au couple acide/base AH/A^- ainsi défini :

$$AH = A^- + H^+$$

2. L'espèce $C_6H_5COO^-_{(aq)}$ est la base conjuguée de l'acide benzoïque $C_6H_5COOH_{(aq)}$ car $C_6H_5COOH_{(aq)} = C_6H_5COO^-_{(aq)} + H^+_{(aq)}$.

$C_6H_5COO^-_{(aq)}$ est l'ion benzoate.

3. Équation-bilan de la réaction de l'acide benzoïque avec l'eau :

$$C_6H_5COOH_{(aq)} + H_2O_{(\ell)} = C_6H_5COO^-_{(aq)} + H_3O^+$$

4. Tableau d'avancement de la réaction :

	$C_6H_5COOH_{(aq)}$	+	$H_2O_{(\ell)}$	=	$C_6H_5COO^-_{(aq)}$	+	H_3O^+
état initial	n_0		Excès		0		0
état final	$n_0 - x_{final}$		Excès'		x_{final}		x_{final}

On définit le taux d'avancement final d'une réaction par le rapport :

$$\tau_{final} = \frac{x_{final}}{x_{max}} \Rightarrow \tau_{final} = \frac{n_{H_3O^+}}{n_0}$$

où $x_{final} = n_{H_3O^+}$ représente l'avancement final de la réaction et n_0 la quantité de matière initialement introduite en réactif limitant : l'acide benzoïque (le solvant eau étant introduit en large excès).

$n_{H_3O^+} = [H_3O^+].V_{solution}$; $pH = -\log [H_3O^+] \Rightarrow [H_3O^+] = 10^{-pH}$; finalement $n_{H_3O^+} = 10^{-pH}.V_{solution}$.

$$n_0 = \frac{m_{C_6H_5COOH}}{M_{C_6H_5COOH}} = \frac{m_{C_6H_5COOH}}{7M_C + 6M_H + 2M_O}.$$

$$\tau_{final} = \frac{n_{H_3O^+}}{n_0} = \frac{10^{-pH}.V_{solution}}{\dfrac{m_{C_6H_5COOH}}{7M_C + 6M_H + 2M_O}}.$$

$$\text{A.N. : } \tau_{final} = \frac{10^{-3,1} \times 200.10^{-3}}{\dfrac{0,25}{7 \times 12 + 6 \times 1,0 + 2 \times 16}} = \mathbf{5,2.10^{-2}} ;$$

$\boldsymbol{\tau_{final} = 5,2\ \%}$.

5. La réaction de l'acide benzoïque sur l'eau n'est pas totale : elle n'est avancée que de 5,2 % dans les conditions expérimentales étudiées. L'acide benzoïque est un acide faible dans l'eau.

Corrigé 7

1. Équation-bilan de la réaction de l'ammoniaque avec l'eau :

$$NH_{3(aq)} + H_2O_{(\ell)} = NH^+_{4(aq)} + HO^-_{(aq)}$$

2. Tableau d'avancement de la réaction :

	$NH_{3(aq)}$	+	$H_2O_{(\ell)}$	=	$NH^+_{4(aq)}$	+	$HO^-_{(aq)}$
état initial	n_0		Excès		0		0
état final	$n_0 - x_{final}$		Excès'		x_{final}		x_{final}

On définit le taux d'avancement final d'une réaction par le rapport :

$$\boxed{\tau_{final} = \frac{x_{final}}{x_{max}}} ; \tau_{final} = \frac{n_{HO^-}}{n_0}$$

où $x_{final} = n_{HO^-}$ représente l'avancement final de la réaction et n_0 la quantité de matière initialement introduite en réactif limitant : l'ammoniaque (le solvant eau étant introduit en large excès)

$n_{HO^-} = [HO^-].V_{solution}$; $pOH = -\log [HO^-] \Rightarrow [HO^-] = 10^{pH-14}$; finalement $n_{HO^-} = 10^{pH-14}.V_{solution}$.

$n_0 = c_1.V_{solution}$.

$$\tau_{final} = \frac{n_{HO^-}}{n_0} = \frac{10^{pH-14} \cdot V_{solution}}{c_1 \cdot V_{solution}} = \frac{10^{pH-14}}{c_1}.$$

résumés de cours

exercices

contrôles

corrigés

$$\text{A.N. : } \tau_{final,1} = \frac{10^{11,3-14}}{0,20} = \mathbf{1,0.10^{-2}} ;$$

$$\boldsymbol{\tau_{final,1} = 1,0\ \%}.$$

Dans la solution S_1, la réaction de l'ammoniaque sur l'eau n'est pas totale elle n'est avancée que de 1,0 %. L'ammoniaque est une base faible dans l'eau.

3. Au cours d'une dilution, il y a conservation de la quantité de soluté : $n_{NH_3,S_1} = n_{NH_3,S_2}$

Calcul de volume de solution S_1 à prélever pour préparer 100 mL de solution S_2 :

$$n_{NH_3} = c_1.\,V_{S_1} = c_2.\,V_{S_2} \Rightarrow V_{S_1} = \frac{c_2.V_{S_2}}{c_1} = \frac{4,0.10^{-3}.100}{0,20} = \mathbf{2,0\ mL}.$$

Mode opératoire de la dilution :

On verse un volume approximativement supérieur à 2 mL de solution S_1 dans un bécher de 25 mL propre et sec. A l'aide d'un pipette jaugée de 2,0 mL munie de sa poire d'aspiration, on prélève 2,0 mL de solution S_1 que l'on introduit dans une fiole jaugée de 100,0 mL. On complète ensuite jusqu'au trait de jauge avec de l'eau déminéralisée. On bouche. On homogénéise par 2 ou 3 retournements. La solution S_2 est prête.

4. Le calcul du taux d'avancement final de la réaction de l'ammoniaque sur l'eau est identique à celui effectué dans le cas de la solution S_1 :

$$\tau_{final,2} = \frac{10^{10,4-14}}{4,0.10^{-3}} = \mathbf{2,5.10^{-2}} ;$$

$\boldsymbol{\tau_{final,2} = 6,3\ \%}$.

Dans la solution S_2, la réaction de l'ammoniaque sur l'eau n'est pas totale elle n'est avancée que de 6,3 %.

5. On constate que la valeur du taux d'avancement final de la réaction de l'ammoniaque sur l'eau augmente avec la dilution.

La dilution a pour effet d'augmenter l'avancement de la réaction de l'ammoniaque sur l'eau.

Corrigé du Contrôle

Exercice A

1. Équation de la réaction de l'acide perchlorique avec l'eau :
$$HC\ell O_{4(\ell)} + H_2O_{(\ell)} = C\ell O^-_{4(aq)} + H_3O^+$$
2. Concentration molaire volumique en soluté apporté de la solution d'acide perchlorique obtenue :
$$c_{HClO_4,apporté} = \frac{n_{HClO_4,apporté}}{V_{solution}} = \frac{m_{HClO_4,apporté}}{M_{HClO_4,apporté}.V_{solution}} \text{ car } n = \frac{m}{M}.$$
A.N. : $c_{HClO_4,apporté} = \frac{2,0}{100,5 \times 500,0.10^{-3}} = 4,0.10^{-2}$ mol.L^{-1}.
3. Calcul du pH de la solution d'acide perchlorique :
L'acide perchlorique est un acide fort : son pH est obtenu par la relation pH = – log(c) car il est suffisamment dilué.
A.N. : pH = – log(4,0.10^{-2}) = 1,4.
4. Si l'hydroxyde de sodium est une base forte, alors la relation pH = 14 + log(c') doit être vérifiée :
Vérification : pH = 14 + log(2,00.10^{-2}) = 12,3 qui correspond au pH donné. L'hydroxyde de sodium est bien une base forte dans l'eau.
5. Au cours du mélange, il y a réaction acide/base c'est-à-dire réaction par échange de proton.
En mélangeant les deux solutions précédentes, on fait réagir les ions oxonium H_3O^+, obtenus par la réaction de l'acide perchlorique avec l'eau, et les ions hydroxydes HO^- de la soude.
H_3O^+ est un acide fort dans l'eau et HO^- est une base forte dans l'eau :
$$H_3O^+ + HO^-_{(aq)} = 2\ H_2O_{(\ell)}$$
Cette réaction est quasi-totale en faveur des produits.
6. Tableau d'avancement de la réaction (mol) :

	H_3O^+	+	$HO^-_{(aq)}$	=	$2\ H_2O_{(\ell)}$
état initial	n_1		n_2		Excès
état final	$n_1 - x_{max}$		$n_2 - x_{max}$		Excès

Recherche du réactif limitant
D'après le 2. : $n_1 = c_{HC\ell O_4,apporté} \times V_1$
Si H_3O^+ est le réactif limitant alors $n_1 - x_{max,1} = 0$ et $x_{max,1} = n_1$
A.N. : $x_{max,1} = 4,0.10^{-2} \times 0,5000 = 2,0.10^{-2}$ mol.
D'après le 4. : $n_2 = c_{NaOH,apporté} \times V_2$
Si HO^- est le réactif limitant alors $n_2 - x_{max,2} = 0$ et $x_{max,2} = n_2$
A.N. : $x_{max,2} = 2,0.10^{-2} \times 0,8000 = 1,6.10^{-2}$ mol.
$x_{max,2} < x_{max,1}$ alors le réactif limitant est HO^- et $x_{max} = 1,6.10^{-2}$ mol.

	H_3O^+	+	$HO^-_{(aq)}$	=	$2\ H_2O_{(\ell)}$
état initial (mol)	$2{,}0.10^{-2}$		$1{,}6.10^{-2}$		Excès
état final (mol)	$4{,}0.10^{-3}$		0		Excès

Calcul du pH du mélange

L'ion oxonium H_3O^+ est un acide fort dans l'eau : son pH est obtenu par la relation $pH = -\log[H_3O^+]$ car elle est suffisamment diluée.

$$pH = -\log\left(\frac{n_{H_3O^+,finale}}{V_{mélange}}\right)$$

$$\text{A.N. : } pH = 14 + \log\left(\frac{4{,}0.10^{-3}}{0{,}5000 + 0{,}8000}\right) = 2{,}5.$$

Exercice B

1. Selon Brønsted, un acide AH est un donneur de proton H^+ et, ce faisant, se transforme en sa base conjuguée A^- selon la demi-équation acido-basique relative au couple acide/base $AH/\ A^-$ ainsi défini :

$$AH = A^- + H^+$$

2. L'espèce $C_3H_5O_3^-$ est la base conjuguée de l'acide ascorbique $C_3H_6O_3$ car $C_3H_6O_3 = C_3H_5O_3^- + H^+$. $C_3H_5O_3^-$ est l'ion lactate.
3. Équation-bilan de la réaction de l'acide lactique avec l'eau :

$$C_3H_6O_{3(aq)} + H_2O_{(\ell)} = C_3H_5O^-_{3(aq)} + H_3O^+$$

4. Tableau d'avancement de la réaction :

	$C_3H_6O_{3(aq)}$	+	$H_2O_{(\ell)}$	=	$C_3H_5O^-_{3(aq)}$	+	H_3O^+
état initial	n_0		Excès		0		0
état final	$n_0 - x_{final}$		Excès'		x_{final}		x_{final}
état maximal	$n_0 - x_{max} = 0$		Excès''		x_{max}		x_{max}

5. On définit le taux d'avancement final d'une réaction par le rapport :

$$\tau_{final} = \frac{x_{final}}{x_{max}} \Rightarrow \tau_{final} = \frac{n_{H_3O^+}}{n_0} \text{ (d'après le tableau d'avancement)}$$

où $x_{final} = n_{H_3O^+}$ représente l'avancement final de la réaction et n_0 la quantité de matière initialement introduite en réactif limitant : l'acide lactique (le solvant eau étant introduit en large excès).

$n_{H_3O^+} = [H_3O^+].V_{solution}$; $pH = -\log[H_3O^+] \Rightarrow [H_3O^+] = 10^{-pH}$; finalement $n_{H_3O^+} = 10^{-pH}.V_{solution}$.

$n_0 = c.V_{solution}$.

$$\tau_{final} = \frac{n_{H_3O^+}}{n_0} = \frac{10^{-pH} \cdot V_{solution}}{c \cdot V_{solution}} = \frac{10^{-pH}}{c}$$

A.N. : $\tau_{final} = \frac{10^{-2,3}}{1,5.10^{-1}} = \mathbf{3,3.10^{-2}}$;

$$\boldsymbol{\tau_{final} = 3,3\ \%.}$$

La réaction de l'acide lactique sur l'eau n'est pas totale elle n'est avancée que de 3,3 % dans les conditions expérimentales étudiées. L'acide lactique est un acide faible dans l'eau.

6. Composition molaire volumique du milieu dans l'état d'avancement final :

$[C_3H_6O_3] = \frac{n_{C_3H_6O_3}}{V_{solution}} = \frac{n_0 - x_{final}}{V_{solutionl}}$ or $c = \frac{n_0}{V_{solutionl}}$ et $x_{final} = n_0.\tau_{final}$ d'où

il vient : $[C_3H_6O_3] = c.(1- \tau_{final})$.

A.N. : $[C_3H_6O_3] = 1,5.10^{-1} \times (1 - 3,3.10^{-2}) = \mathbf{1,45.10^{-1}\ mol.L^{-1}}$;

$[C_3H_5O^-_{3(aq)}] = [H_3O^+] = \frac{x_{final}}{V_{total}} = \frac{n_0.\tau_{final}}{V_{total}} = c.\tau_{final}$.

A.N. : $[C_3H_5O^-_{3(aq)}] = [H_3O^+] = 1,5.10^{-1} \times 3,3.10^{-2} = \mathbf{5,0.10^{-3}\ mol.L^{-1}}$.

REMARQUE : la concentration en ions oxonium H_3O^+ pouvait être déduite de la valeur du pH : $[H_3O^+] = 10^{-pH}$. Ce qui permet de valider la résolution de cet exercice.

3 Couple acide/base

Les équilibres acido-basiques seront toujours étudiés en solution aqueuse.

COUPLES ACIDE/BASE DE L'EAU

L'eau intervient dans deux couples acide/base :

- le couple $H_3O^+/H_2O_{(\ell)}$ dans lequel l'eau est la base conjuguée de l'ion oxonium H_3O^+ ;
- le couple $H_2O_{(\ell)}/HO^-_{(aq)}$ dans lequel l'eau est l'acide conjugué de l'ion hydroxyde HO^-.

L'eau est une espèce amphotère ou ampholyte c'est-à-dire qu'elle intervient comme acide ou base dans deux couples acide/base différents.

AUTOPROTOLYSE DE L'EAU

Une mesure fine de la conductivité électrique de l'eau pure montre que celle-ci contient des ions en faible quantité.
En effet, il s'établit dans l'eau pure la réaction d'équation-bilan :
$2\ H_2O_{(\ell)} = H_3O^+ + HO^-_{(aq)}$
Cette transformation chimique est appelée **autoprotolyse de l'eau**.

○ Définition

À l'équation-bilan : $2\ H_2O_{(\ell)} = H_3O^+ + HO^-_{(aq)}$ de la réaction d'autoprotolyse de l'eau, on associe la constante d'équilibre :

$$\boxed{K_e = [H_3O^+]_{éq}\ .\ [HO^-]_{éq}}$$

K_e est appelée **produit ionique de l'eau** ou **constante d'autoprotolyse de l'eau**.
À 298 K (25°C), K_e prend une valeur à retenir : $K_e = 1{,}0.10^{-14}$.
À K_e, on associe $\mathbf{pK_e = -\log K_e}$ (nombre souvent utilisé).
À 298 K (25°C), pK_e prend une valeur à retenir : $pK_e = 14$.

REMARQUES : comme toutes les constantes d'équilibre, K_e est sans dimension et dépend de la température.
En solution aqueuse diluée, K_e ne dépend pas des espèces présentes en solution.
$[H_2O]$ n'est pas prise en compte dans les calculs de constante d'équilibre car l'eau est le solvant du milieu étudié.

Échelle de pH

L'eau pure doit vérifier le principe d'électroneutralité :

$$[H_3O^+]_{éq,\ eau\ pure} = [HO^-]_{éq,\ eau\ pure}$$

ce qui entraîne $K_e = [H_3O^+]^2_{éq,\ eau\ pure} \Rightarrow [H_3O^+]_{éq,\ eau\ pure} = \sqrt{K_e}$

Or $pH = -\log [H_3O^+] \Rightarrow pH_{eau\ pure} = -\log(\sqrt{K_e}) = \frac{1}{2} pK_e$

À 298 K (25°C), $pH_{eau\ pure} = 7{,}0$.
Une solution acide est une solution qui contient plus d'ions H_3O^+ que d'ions $HO^-_{(aq)}$. Or le produit ionique de l'eau est constant.

Si $[H_3O^+]_{éq} > [HO^-]_{éq}$ alors $[H_3O^+]_{éq} > \dfrac{K_e}{[H_3O^+]_{éq}}$.

(car $K_e = [H_3O^+]_{éq} . [HO^-]_{éq}$)
Donc $[H_3O^+]^2_{éq} > K_e$ et $[H_3O^+]_{éq} > \sqrt{K_e}$.

Finalement pour une solution acide : $pH_{solution\ acide} < \frac{1}{2} pK_e$.

À 298 K (25°C), $pH_{solution\ acide} < 7{,}0$.
Une solution basique est une solution qui contient plus d'ions $HO^-_{(aq)}$ que d'ions H_3O^+. Le même raisonnement entraîne : $pH_{solution\ basique} > \frac{1}{2} pK_e$.

À 298 K (25°C), $pH_{solution\ basique} > 7{,}0$.
À 298 K (25°C) :

Solutions acides	7,0	Solutions basiques	pH
$[H_3O^+]_{éq} > 10^{-7}$ mol.L^{-1}		$[H_3O^+]_{éq} < 10^{-7}$ mol.L^{-1}	
$[HO^-]_{éq} < 10^{-7}$ mol.L^{-1}		$[HO^-]_{éq} > 10^{-7}$ mol.L^{-1}	

REMARQUE : à 298 K (25°C), le pH d'une solution neutre est égal à 7,0.

pH d'une solution aqueuse diluée

Connaissant la concentration molaire volumique en ions oxonium $[H_3O^+]$ de la solution, il suffit d'appliquer la définition : $\mathbf{pH = -\log [H_3O^+]}$ pour en calculer le pH.
Connaissant la concentration molaire volumique en ions hydroxyde $[HO^-]$ de la solution, il suffit d'appliquer la définition :

$pH = -\log [H_3O^+]$ et remplacer $[H_3O^+]$ par $\dfrac{K_e}{[HO^-]}$; ce qui amène à

$pH = -\log\left(\dfrac{K_e}{[HO^-]}\right) = pK_e + \log [HO^-]$ pour en calculer le pH. A 298 K (25°C), $\mathbf{pH = pK_e + \log [HO^-]}$.

CONSTANTE D'ACIDITÉ

○ Définitions

À l'équation-bilan $AH_{(aq)} + H_2O_{(\ell)} = H_3O^+ + A^-_{(aq)}$ de la réaction d'un acide faible AH avec l'eau, on associe la constante d'équilibre :

$$\boxed{K_a = \frac{[H_3O^+]_{éq} \cdot [A^-]_{éq}}{[AH]_{éq}}}$$

K_a est appelée **constante d'acidité du couple AH/A^-**.
A K_a, on associe **$pK_a = -\log K_a$** (nombre souvent utilisé).

REMARQUES : comme toutes les constantes d'équilibre, K_a est sans dimension (sans unité) et dépend de la température.
$[H_2O]$ n'est pas prise en compte dans les calculs de constante d'équilibre car l'eau est le solvant du milieu étudié.

Dans le cas de la réaction d'une base faible avec l'eau, on associe, à l'équation-bilan $B_{(aq)} + H_2O_{(\ell)} = BH^+_{(aq)} + HO^-_{(aq)}$, la constante d'équilibre :

$$K = \frac{[BH^+]_{éq} \cdot [HO^-]_{éq}}{[B]_{éq}}$$

Or $[HO^-]_{éq} = \dfrac{K_e}{[H_3O^+]_{éq}}$ donc $K = \dfrac{[BH^+]_{éq}}{[B]_{éq}} \cdot \dfrac{K_e}{[H_3O_+]_{éq}} = \dfrac{K_e}{K_a}$

où K_a est la constante d'acidité du couple BH^+/B (constante d'équilibre associée à l'équation-bilan $BH^+_{(aq)} + H_2O_{(\ell)} = H_3O^+ + B_{(aq)}$ de la réaction de l'acide BH^+ avec l'eau).

○ Comparaison des pH de solutions d'acides ou de bases de même concentration en soluté apporté mais de pK_a différents

Un acide est d'autant plus dissocié que sa constante d'acidité K_a est élevée (pK_a faible). Le pH le plus faible (solution plus acide) de deux solutions d'acides de même concentration en soluté apporté mais de pK_a différents est celui correspondant à la solution de l'acide de pK_a le plus faible (K_a la plus élevée).
Une base est d'autant plus dissociée que sa constante d'acidité K_a est faible (pK_a élevé). Le pH le plus élevé (solution plus basique) de deux solutions de bases de même concentration en soluté apporté mais de pK_a différents est celui correspondant à la solution de la base de pK_a le plus élevé (K_a la plus faible).

Diagramme de prédominance

La relation $pK_a = -\log K_a$ amène à $pK_a = -\log\left(\dfrac{[H_3O^+]_{éq}\cdot[A^-]_{éq}}{[AH]_{éq}}\right)$

d'où $pK_a = -\log[H_3O^+]_{éq} - \log\left(\dfrac{[A^-]_{éq}}{[AH]_{éq}}\right) = pH - \log\left(\dfrac{[A^-]_{éq}}{[AH]_{éq}}\right)$

qui entraîne :

$$\boxed{pH = pK_a + \log\left(\dfrac{[A^-]_{éq}}{[AH]_{éq}}\right)}$$

Si $pH > pK_a$ alors $\log\left(\dfrac{[A^-]_{éq}}{[AH]_{éq}}\right) > 0$ et $\dfrac{[A^-]_{éq}}{[AH]_{éq}} > 1$: $[A^-]_{éq} > [AH]_{éq}$.

Si $pH < pK_a$ alors $\log\left(\dfrac{[A^-]_{éq}}{[AH]_{éq}}\right) < 0$ et $\dfrac{[A^-]_{éq}}{[AH]_{éq}} < 1$: $[A^-]_{éq} < [AH]_{éq}$.

Diagramme de prédominance du couple AH/A^- :

La forme acide prédomine $[AH]_{éq} > [A^-]_{éq}$.	pK_a	La forme basique prédomine $[A^-]_{éq} > [AH]_{éq}$.	pH →

CONTRÔLE DU PH

Solution tampon de pH

La réaction acide/base d'équation-bilan $AH_{(aq)} + A^-_{(aq)} = A^-_{(aq)} + AH_{(aq)}$ issue de l'échange de proton H^+ entre l'acide AH et sa base conjuguée A^- est le support d'une solution tampon de pH.

EXEMPLE : À 25°C, le pH d'une solution aqueuse dont les concentrations molaires volumiques en soluté apporté en acide méthanoïque HCOOH et méthanoate de sodium ($Na^+ + HCOO^-$) est égal à 3,9.
En effet : la réaction $HCOOH_{(aq)} + HCOO^-_{(aq)} = HCOO^-_{(aq)} + HCOOH_{(aq)}$ est équilibrée. Il s'en suit $[HCOOH]_f = [HCOO^-]_f$

La relation $pH = pK_a + \log\left(\dfrac{[HCOO^-]_{éq}}{[HCOOH]_{éq}}\right) = pK_a + \log(1) = pK_a + 0 = pK_a$

Or le pK_a du couple $HCOOH/HCOO^-$ est égal à 3,9 à 25°C.

DÉFINITION : une solution tampon de pH est une solution dont le pH varie peu à la dilution ou à un faible ajout d'acide ou de base.

INDICATEURS COLORÉS DE PH

○ Définition

Un indicateur coloré de pH est une espèce chimique dont les formes acide Hind et basique ind^- sont de couleurs différentes en solution aqueuse.
A l'équation-bilan $Hind_{(aq)} + H_2O_{(\ell)} = H_3O^+ + ind^-_{(aq)}$ de la réaction de l'acide Hind avec l'eau, on associe la constante d'équilibre :

$$K_a = \frac{[H_3O^+]_{éq} \cdot [ind^-]_{éq}}{[Hind]_{éq}}$$ et le pK_a du couple Hind/ ind^- correspondant.

Diagramme de prédominance du couple Hind/ind^- :

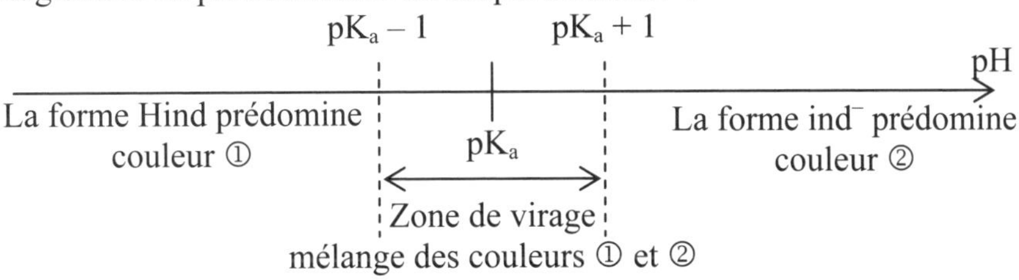

REMARQUE : la zone de virage $pK_a -1$; $pK_a +1$ n'est qu'indicative : chaque indicateur coloré de pH possède sa propre zone de virage.

✷ Exercice 1 : l'eau

⏱ 10 min

À 60°C, le produit ionique de l'eau est $pK_e = 13,02$.

1. Calculer le pH de l'eau à 60°C.
2. À 60°C, le pH d'une solution aqueuse est égal à 6,7. Cette solution est-elle acide ou basique ? Justifier la réponse.

✷ Exercice 2 : une amine

⏱ 20 min

L'éthanamine $C_2H_5NH_{2(\ell)}$ est une base faible en solution aqueuse. C'est une molécule très utilisée en synthèse organique.

Son acide conjugué est l'ion éthanammonium $C_2H_5NH_3^+$.

On mélange une solution aqueuse diluée d'éthanamine et une solution aqueuse diluée d'acide chlorhydrique ($H_3O^+ + C\ell^-$) jusqu'à obtenir un pH = 8,0.

1. Écrire l'équation de la réaction de l'éthanamine avec l'eau.
2. Donner l'expression de sa constante K.
3. Donner l'expression de la constante d'acidité K_a relative au couple $C_2H_5NH_3^+/C_2H_5NH_2$.
4. Montrer que la constante K peut s'écrire en fonction de la constante d'acidité K_a et d'une autre constante que l'on nommera.
5. Quelle espèce acido-basique $C_2H_5NH_3^+$ ou $C_2H_5NH_2$ prédomine dans la solution aqueuse proposée dans l'énoncé ?

DONNÉE : $pK_a(C_2H_5NH_3^+/C_2H_5NH_2) = 10,7$ à 25 °C.

✷✷ Exercice 3 : un acide alpha-aminé

⏱ 10 min

L'alanine est un acide α-aminé nécessaire à la synthèse des protéines.
Sa formule semi-développée est $H_3C\text{-}CH(NH_2)\text{-}COOH$.
Elle intervient dans deux couples acide/base :

le couple $H_3C\text{-}CH(NH_3^+)\text{-}COOH/H_3C\text{-}CH(NH_2)\text{-}COOH$ de $pK_{a1} = 2,3$;

le couple $H_3C\text{-}CH(NH_2)\text{-}COOH/H_3C\text{-}CH(NH_2)\text{-}COO^-$ de $pK_{a2} = 9,9$.

1. Comment se comporte l'alanine dans chacun des deux couples ?
2. À quel type d'espèce chimique appartient l'alanine ?
3. Placer les trois espèces acido-basiques sur un diagramme de prédominance.
4. Quelle espèce acido-basique prédomine à pH = 7,2 (pH intracellulaire) ?

✱✱ Exercice 4 : le chou rouge — 15 min

Le jus de chou rouge a une couleur qui dépend de la valeur du pH.

Zone de pH	0 – 3	4 – 6	7 – 8	9 – 12	13 – 14
Couleur	rouge	violet	bleu	vert	jaune

On se propose de l'utiliser comme indicateur coloré acido-basique naturel.

1. Trois solutions de concentrations molaires volumiques voisines de 0,10 mol.L^{-1} sont testées par cet indicateur coloré. On obtient les résultats suivants :

Solution	A	B	C
Couleur	rouge	rouge	jaune

Donner le caractère acido-basique de chaque solution.

2. Une détermination plus précise de la valeur du pH des solutions A et B donne les résultats suivants :

Solution	A	B
pH	2,9	1,0

a) L'une de ces solutions est une solution d'acide éthanoïque, un acide faible. Laquelle ? Justifier la réponse.

b) Donner l'expression de la constante K_a du couple acide/base mis en jeu.

✱✱✱ Exercice 5 : l'eau — 30 min

Une solution d'acide méthanoïque $HCOOH_{(aq)}$, de concentration molaire volumique initiale c = 1,2.10^{-3} mol.L^{-1} et de volume V= 200 mL a un pH de 3,4 à 25 °C.

1. Écrire l'équation de la réaction de l'acide méthanoïque avec l'eau et la constante d'acidité K_a relative à cet équilibre.

2. Déterminer la quantité de matière n initiale d'acide méthanoïque.

3. Dresser le tableau d'avancement de la transformation en fonction de n, x_{max} ou x_f.

4. Exprimer puis calculer l'avancement maximal théorique noté x_{max}. Justifier la réponse.

5. Déduire, de la mesure du pH, la concentration molaire finale en ions oxonium de la solution d'acide méthanoïque.

6. Exprimer puis calculer la concentration molaire finale en ions méthanoate $[HCO_2^-]_f$.

7. Exprimer la concentration molaire finale effective de l'acide méthanoïque $[HCO_2H]_f$. Calculer sa valeur.

8. Vérifier, en posant l'opération, que la valeur de la constante d'acidité K_a du couple $HCO_2H/\ HCO_2^-$ est égale à 1,3.10^{-4}.

9. Calculer la valeur du pK_a du couple $HCO_2H/\ HCO_2^-$ à 25°C.

✱✱✱ Exercice 6

⏱ 40 min

Huit béchers contiennent un même volume V = 100 mL de solutions incolores différentes de même concentration molaire volumique en soluté apporté : $c = 1{,}0.10^{-2}$ mol.L^{-1}.
On numérote chaque bécher et on mesure le pH de chaque solution. Toutes les mesures sont effectuées à 25°C.

Numéro du bécher	1	2	3	4	5	6	7	8
pH	2,9	2,0	7,0	5,6	11,3	10,6	3,1	12

Chaque solution a été préparée par dissolution dans l'eau distillée de l'un des 8 solutés suivants :

Soluté A	Chlorure de sodium ($NaC\ell_{(s)}$)
Soluté B	Hydroxyde de sodium ($NaOH_{(s)}$)
Soluté C	Chlorure d'ammonium ($NH_4C\ell_{(s)}$)
Soluté D	Ammoniac ($NH_{3(g)}$)
Soluté E	Acide benzoïque ($C_6H_5COOH_{(s)}$)
Soluté F	Acide méthanoïque ($HCOOH_{(\ell)}$)
Soluté G	Méthanamine ($CH_3NH_{2(\ell)}$)
Soluté H	Chlorure d'hydrogène ($HC\ell_{(g)}$)

1. Écrire les équations-bilan des réactions de dissolution des solutés dans l'eau.

2. Écrire les équations-bilans des réactions des espèces acido-basiques initialement présentes dans les solutions avec l'eau.

3. Identifier chaque solution en justifiant clairement votre choix.

DONNÉES :

Les solutés ioniques $NaC\ell_{(s)}$, $NaOH_{(s)}$, $NH_4C\ell_{(s)}$ et $HC\ell_{(g)}$ sont totalement dissociés en solution aqueuse diluée.

Les ions $Na^+_{(aq)}$ et $C\ell^-_{(aq)}$ n'ont pas de propriétés acido-basique dans l'eau.

Couple acide/base	pK_a (25°C)
ion oxonium/eau ($H_3O^+/H_2O_{(\ell)}$)	0,0
acide méthanoïque/ion méthanoate ($HCOOH_{(aq)}/\ HCOO^-_{(aq)}$)	3,7
acide benzoïque/ion benzoate ($C_6H_5COOH_{(aq)}/\ C_6H_5COO^-_{(aq)}$)	4,2
ion ammonium/ammoniaque ($NH^+_{4(aq)}/NH_{3(aq)}$)	9,2
ion méthanammonium/méthanamine ($CH_3NH^+_{3(aq)}/CH_3NH_{2(aq)}$)	10,6
eau/ion hydroxyde ($H_2O_{(\ell)}/HO^-_{(aq)}$)	14

Pour le produit ionique de l'eau à 25°C : $pK_e = 14$.

✱✱✱ Exercice 7 — 45 min

Étude du couple acide benzoïque/ ion benzoate

1. On mesure le pH d'une solution S_1 d'acide benzoïque $C_6H_5COOH_{(aq)}$ de concentration $c_1 = 1{,}0.10^{-2}$ mol.L^{-1}. Le pH-mètre indique 3,1.

a) Écrire l'équation-bilan de la réaction de l'acide benzoïque avec l'eau. Donner l'expression de la constante d'acidité du couple considéré.

b) Pourquoi la mesure de pH effectuée permet-elle d'affirmer que l'acide benzoïque ne réagit pas totalement avec l'eau ? Justifier la réponse.

2. On mesure ensuite le pH d'une solution S_2 de benzoate de sodium ($Na^+ + C_6H_5COO^-$) de concentration $c_2 = 1{,}0.10^{-2}$ mol.L^{-1}. Le pH-mètre indique 8,1.

a) Écrire l'équation-bilan de la réaction de l'ion benzoate avec l'eau. Donner l'expression de la constante d'équilibre de cette réaction.

b) Pourquoi la mesure de pH réalisée permet-elle d'affirmer que l'ion benzoate ne réagit pas totalement avec l'eau ? Justifier la réponse.

3. On ajoute à la solution S_1 quelques gouttes d'une solution aqueuse d'hydroxyde de sodium. Le pH prend alors la valeur 5,3.

Indiquer, sans calcul, en utilisant un diagramme de prédominance, quelle est l'espèce du couple qui prédomine dans la solution obtenue ?

Écrire l'équation-bilan de la réaction acide/base qui se produit lors du mélange de la solution S_1 et de la solution aqueuse d'hydroxyde de sodium.

Exprimer la constante d'équilibre de cette réaction. Calculer sa valeur.

4. On réalise une solution S en mélangeant 20,0 cm^3 de solution S_1 et 20,0 cm^3 de solution S_2.

a) Écrire l'équation-bilan de la réaction acide/base qui se produit lors du mélange de la solution S_1 et de la solution S_2.

b) Exprimer la constante d'équilibre de cette réaction. Quelle est sa valeur ?

c) Établir la relation entre le pH de la solution S et le pK_a du couple acide benzoïque/ ion benzoate.

d) En déduire la valeur du pH de la solution S.

e) Quelle est la propriété de la solution S ?

5.

a) Dessiner le diagramme de prédominance du couple acide benzoïque/ion benzoate.

b) Y indiquer les quatre valeurs de pH précédentes.

DONNÉES :

Couple acide benzoïque/ion benzoate :

$pK_a(C_6H_5COOH_{(aq)}/\ C_6H_5COO^-_{(aq)}) = 4{,}2$

Pour le produit ionique de l'eau à 25°C : $pK_e = 14$.

Contrôle

50 min / 20 pts

1. L'acide éthanoïque CH_3CO_2H, également appelé acide acétique, réagit de façon limitée avec l'eau selon l'équation chimique :

$$CH_3CO_2H_{(aq)} + H_2O_{(\ell)} = CH_3CO_2^-{}_{(aq)} + H_3O^+$$

a) Donner la définition d'un acide selon Brønsted. **(1 pt)**

b) Dans l'équation ci-dessus, identifier puis écrire les deux couples acide/base mis en jeu. **(2 pts)**

c) Exprimer la constante d'équilibre K associée à l'équation de cet équilibre chimique. A quoi correspond cette constante ? **(2 pts)**

2. Une solution d'acide éthanoïque, de concentration molaire volumique initiale $c_1 = 2{,}7.10^{-3}$ mol.L^{-1} et de volume $V_1 = 100$ mL a un pH de 3,7 à 25°C.

a) Déterminer la quantité de matière initiale d'acide éthanoïque n_1. **(1 pt)**

b) Dresser le tableau d'avancement de la transformation en fonction de n_1, x_{max} ou x_f. **(2 pts)**

c) Exprimer puis calculer l'avancement maximal théorique noté x_{max}. Justifier la réponse. **(1 pt)**

d) Déduire, de la mesure du pH, la concentration molaire finale en ions oxonium de la solution d'acide éthanoïque. **(1 pt)**

e) Exprimer puis calculer l'avancement final expérimental de la réaction noté x_f. **(1 pt)**

f) Donner l'expression littérale du taux d'avancement final τ_1 de la réaction. Vérifier, en posant l'opération, que τ_1 est égal à $7{,}4.10^{-2}$. **(1 pt)**

g) La transformation étudiée est-elle totale ? Justifier la réponse. **(1 pt)**

h) Exprimer puis calculer la concentration molaire finale en ions éthanoate $[CH_3CO_2^-]_f$. **(1 pt)**

i) Exprimer la concentration molaire finale effective de l'acide éthanoïque $[CH_3CO_2H]_f$. Calculer sa valeur. **(1 pt)**

j) Vérifier, en posant l'opération, que la valeur de la constante d'équilibre K associée à l'équation de cet équilibre chimique est égale à $1{,}6.10^{-5}$. **(1 pt)**

3. On dispose de trois indicateurs colorés de pH dont les zones de virage sont données ci-dessous :

Hélianthine	rouge	3,1 – 4,4	Jaune
Bleu de bromothymol	jaune	6,0 – 7,6	bleu
Phénolphtaléine	incolore	8,2 – 10,0	rose

a) Quelle est la forme acido-basique prédominante à pH = 3,7 ? Un diagramme est souhaité. **(2 pts)**

b) Quelle couleur prendra chacun des indicateurs colorés de pH proposés à ce même pH ? **(2 pts)**

Corrigés des exercices

Corrigé 1

1. À l'équation-bilan 2 $H_2O_{(\ell)} = H_3O^+ + HO^-_{(aq)}$ de la réaction d'autoprotolyse de l'eau, on associe la constante d'équilibre :

$$\boxed{K_e = [H_3O^+]_{éq} \,.\, [HO^-]_{éq}}$$

K_e est appelée produit ionique de l'eau.
L'eau pure doit vérifier le principe d'électroneutralité :
$[H_3O^+]_{éq,\ eau\ pure} = [HO^-]_{éq,\ eau\ pure}$
ce qui entraîne $K_e = [H_3O^+]^2_{éq,\ eau\ pure} \Leftrightarrow [H_3O^+]_{éq,\ eau\ pure} = \sqrt{K_e}$

Or $pH = -\log [H_3O^+] \Rightarrow pH_{eau\ pure} = -\log(\sqrt{K_e}) = \frac{1}{2} pK_e$

À 333 K (60°C), $pH_{eau\ pure} = \dfrac{13{,}02}{2} = 6{,}5$.
Le pH de l'eau à 60°C est à peu près égal à 6,5.

2. Échelle de pH à 333 K (60°C) :

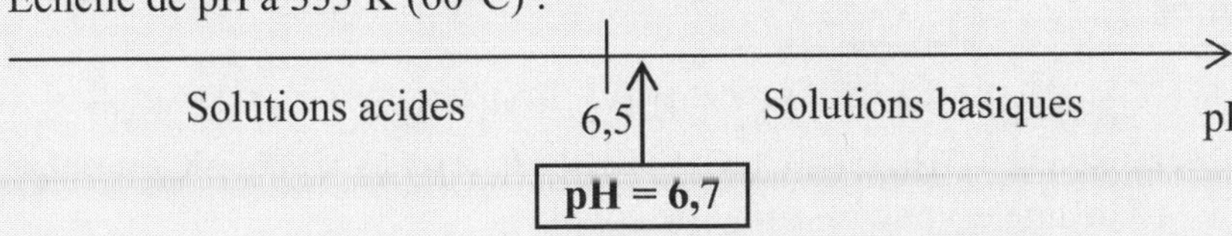

Le pH de la solution est supérieur au pH de l'eau pure à 60°C : cette solution est donc basique.

Corrigé 2

1. Équation de la réaction de l'éthanamine avec l'eau :
$C_2H_5NH_{2(\ell)} + H_2O_{(\ell)} = C_2H_5NH^+_{3(aq)} + HO^-_{(aq)}$

2. Expression de la constante K associée à l'équation chimique précédente :

$$\boxed{K = \frac{[C_2H_5NH_3^+]_{éq} \cdot [HO^-]_{éq}}{[C_2H_5NH_2]_{éq}}}$$

3. Expression de la constante d'acidité K_a relative au couple $C_2H_5NH_3^+/C_2H_5NH_2$:

$$K_a(C_2H_5NH_3^+ / C_2H_5NH_2) = \frac{[C_2H_5NH_2]_{éq} \cdot [H_3O^+]_{éq}}{[C_2H_5NH_3^+]_{éq}}$$

4. $K = \dfrac{[C_2H_5NH_3^+]_{éq} \cdot [HO^-]_{éq}}{[C_2H_5NH_2]_{éq}} = \dfrac{[C_2H_5NH_3^+]_{éq}}{[C_2H_5NH_2]_{éq}} \cdot [HO^-]_{éq}$

or $\dfrac{[C_2H_5NH_3^+]_{éq}}{[C_2H_5NH_2]_{éq}} = \dfrac{[H_3O^+]_{éq}}{K_a(C_2H_5NH_3^+ / C_2H_5NH_2)}$ d'après l'expression du **3.**

$$\Rightarrow K = \frac{[H_3O^+]_{éq}}{K_a(C_2H_5NH_3^+ / C_2H_5NH_2)} \cdot [HO^-]_{éq} = \frac{K_e}{K_a(C_2H_5NH_3^+ / C_2H_5NH_2)}$$

avec $K_e = [H_3O^+]_{éq} \cdot [HO^-]_{éq}$: constante d'autoprotolyse de l'eau ou produit ionique de l'eau.

5. Diagramme de prédominance des espèces $C_2H_5NH_3^+$ et $C_2H_5NH_2$ en fonction du pH :

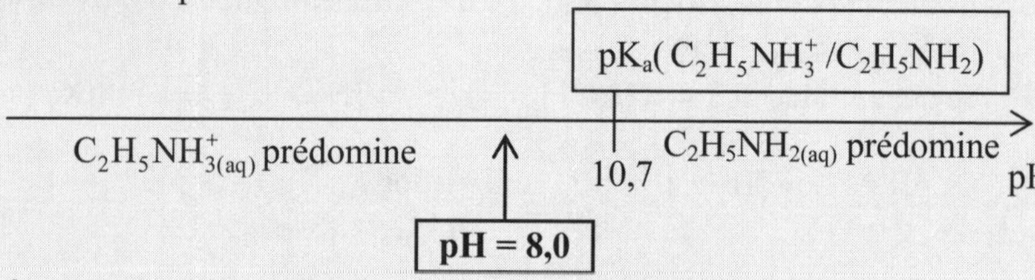

À pH = 8,0 c'est l'ion éthanammonium $C_2H_5NH_3^+$ qui prédomine.

Corrigé 3

le couple $H_3C\text{-}CH(NH_3^+)\text{-}COOH/H_3C\text{-}CH(NH_2)\text{-}COOH$ de $pK_{a1} = 2{,}3$;

le couple $H_3C\text{-}CH(NH_2)\text{-}COOH/H_3C\text{-}CH(NH_2)\text{-}COO^-$ de $pK_{a2} = 9{,}9$.

1. L'alanine est une base pour le couple :
$H_3C\text{-}CH(NH_3^+)\text{-}COOH/H_3C\text{-}CH(NH_2)\text{-}COOH$

L'alanine est un acide pour le couple :
$H_3C\text{-}CH(NH_2)\text{-}COOH/H_3C\text{-}CH(NH_2)\text{-}COO^-$

2. L'alanine est un ampholyte ou une espèce amphotère car elle est une base ou un acide selon le couple acide/base envisagé.

3. Diagramme de prédominance des espèces acido-basiques concernant l'alanine :

En posant αH_4^+ pour $H_3C\text{-}CH(NH_3^+)\text{-}COOH$;

αH_3 pour $H_3C\text{-}CH(NH_2)\text{-}COOH$ et αH_2^- pour $H_3C\text{-}CH(NH_2)\text{-}COO^-$

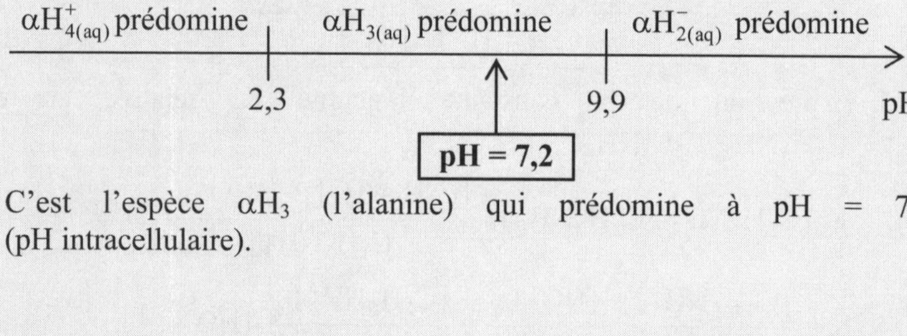

4. C'est l'espèce αH_3 (l'alanine) qui prédomine à pH = 7,2 (pH intracellulaire).

Corrigé 4

1. En conjuguant les deux premiers tableaux, on obtient :

Solution	A	B	C
Couleur	rouge	rouge	jaune
Zone de pH	0 – 3	0 – 3	13 – 14

La solution A est acide car $0 < pH_A < 3$ et $pH_A < 7$.
La solution B est acide car $0 < pH_B < 3$ et $pH_B < 7$.
La solution C est basique car $13 < pH_C < 14$ et $pH_C > 7$.

2.

a) Équation-bilan de la réaction d'un acide AH sur l'eau :

$$AH_{(aq)} + H_2O_{(\ell)} = A^-_{(aq)} + H_3O^+$$

Tableau descriptif d'avancement volumique de la réaction ($mol.L^{-1}$) :

État d'avancement	$AH_{(aq)}$	+	$H_2O_{(\ell)}$	=	$A^-_{(aq)}$	+	H_3O^+
État d'avancement initial : x = 0	0,10		Excès		0		0
État d'avancement final : $x = x_{final}$	$0{,}10 - x_{final}$		Excès'		x_{final}		x_{final}

D'après le tableau d'avancement, on a : $[H_3O^+]_{final} = x_{final}$ et par définition, on a : $[H_3O^+]_{final} = 10^{-pH}$.
Le taux final d'avancement de la réaction est donné par la relation :

$$\boxed{\tau_{final} = \frac{x_{final}}{x_{max}}}.$$

Finalement, on obtient : $\tau_{final} = \dfrac{10^{-pH}}{0{,}10}$.

A.N. : pour la solution A ; $\tau_{final,A} = \dfrac{10^{-2,9}}{0{,}10} = 1{,}3\%$ et pour la solution B ;

$\tau_{final,B} = \dfrac{10^{-1,0}}{0{,}10} = 100\ \%$.

La solution A est une solution aqueuse d'acide éthanoïque car dans la solution B l'acide est totalement dissocié.

b)

$$\boxed{K_a(CH_3COOH / CH_3COO^-) = \frac{[CH_3COO^-]_{éq} \cdot [H_3O^+]_{éq}}{[CH_3COOH]_{éq}}}$$

Corrigé 5

1. Équation de la réaction de l'acide méthanoïque avec l'eau :

$$HCO_2H_{(aq)} + H_2O_{(\ell)} = HCO_2^-{}_{(aq)} + H_3O^+$$

$K = \dfrac{[HCO_2^-]_f.[H_3O^+]_f}{[HCO_2H]_f}$ constante d'acidité K_a du couple $HCO_2H/\ HCO_2^-$

2. Quantité de matière initiale d'acide méthanoïque : $n = c \times V$

A.N. : $n = 1,2.10^{-3} \times 0,200 = \mathbf{2,4 \times 10^{-4}\ mol}$

3.

	Avancement	$HCO_2H_{(aq)}$	$+H_2O_{(\ell)}=$	$HCO_2^-{}_{(aq)}$	$+H_3O^+$
État initial	$x = 0$	n	en excès	0	0
État final théorique	$x = x_{max}$	$n - x_{max} = 0$	en excès	x_{max}	x_{max}
État final expérimental ou état d'équilibre	$x = x_f$	$n - x_f$	en excès	x_f	x_f

4. Si la transformation est totale, l'acide méthanoïque est totalement consommé, soit $n - x_{max} = 0 \Leftrightarrow \mathbf{x_{max} = n}$

soit $\mathbf{x_{max} = 2,4 \times 10^{-4}\ mol}$

5. $pH = -\log[H_3O^+] \Leftrightarrow [H_3O^+]_f = 10^{-pH}$

A.N. : $[H_3O^+]_f = 10^{-3,4} = \mathbf{4,0.10^{-4}\ mol.L^{-1}}$

6. D'après le tableau d'avancement $[H_3O^+]_f = [HCO_2^-]_f = \dfrac{x_f}{V}$

A.N. : $[HCO_2^-]_f = \mathbf{4,0.10^{-4}\ mol.L^{-1}}$

7. $c = [HCO_2H]_0 = [HCO_2H]_f + [HCO_2^-]_f$

$\Rightarrow [HCO_2H]_f = c - [HCO_2^-]_f$

A.N. : $[HCO_2H]_f = 1,2.10^{-3} - 4,0.10^{-4} = \mathbf{8,0.10^{-4}\ mol.L^{-1}}$

8. $K_a = \dfrac{[HCO_2^-]_f.[H_3O^+]_f}{[HCO_2H]_f}$ A.N. : $K = \dfrac{4,0.10^{-4} \times 4,0.10^{-4}}{8,0.10^{-3}} = \mathbf{2,0.10^{-4}}$

9. Calcul du pK_a du couple $CH_3CO_2H/CH_3CO_2^-$:

$pK_a = -\log(K_a) = -\log(2,010^{-4}) = \mathbf{3,7}$

Corrigé 6

1. Équations-bilan des réactions de dissolution des solutés dans l'eau :

Solution A : $NaC\ell_{(s)} \overset{H_2O}{=} Na^+_{(aq)} + C\ell^-_{(aq)}$;

Solution B : $NaOH_{(s)} \overset{H_2O}{=} Na^+_{(aq)} + HO^-_{(aq)}$;

Solution C : $NH_4C\ell_{(s)} \overset{H_2O}{=} NH^+_{4(aq)} + C\ell^-_{(aq)}$;

Solution D : $NH_{3(g)} \overset{H_2O}{=} NH_{3(aq)}$;

Solution E : $C_6H_5COOH_{(s)} \overset{H_2O}{=} C_6H_5COOH_{(aq)}$;

Solution F : $HCOOH_{(\ell)} \overset{H_2O}{=} HCOOH_{(aq)}$;

Solution G : $CH_3NH_{2(\ell)} \overset{H_2O}{=} CH_3NH_{2(aq)}$;

Solution H : $HC\ell_{(g)} \overset{H_2O}{=} H^+_{(aq)} + C\ell^-_{(aq)}$.

2. Équations-bilan des réactions des espèces acido-basiques initialement présentes dans les solutions avec l'eau :

Solution A : pas d'espèce acido-basique introduite par le soluté.

Solution B : $HO^-_{(aq)}$ est la base du couple ($H_2O/HO^-_{(aq)}$) :

$HO^-_{(aq)} + H_2O_{(\ell)} = H_2O_{(\ell)} + HO^-_{(aq)}$

Solution C : $NH^+_{4(aq)}$ est l'acide du couple ($NH^+_{4(aq)}/NH_{3(aq)}$) :

$NH^+_{4(aq)} + H_2O_{(\ell)} = NH_{3(aq)} + H_3O^+$

Solution D : $NH_{3(aq)}$ est la base du couple ($NH^+_{4(aq)}/NH_{3(aq)}$) :

$NH_{3(aq)} + H_2O_{(\ell)} = NH^+_{4(aq)} + HO^-_{(aq)}$

Solution E :

$C_6H_5COOH_{(aq)}$ est l'acide du couple ($C_6H_5COOH_{(aq)}/C_6H_5COO^-_{(aq)}$) :

$C_6H_5COOH_{(aq)} + H_2O_{(\ell)} = C_6H_5COO^-_{(aq)} + H_3O^+$

Solution F : $HCOOH_{(aq)}$ est l'acide du couple ($HCOOH_{(aq)}/HCOO^-_{(aq)}$) :

$HCOOH_{(aq)} + H_2O_{(\ell)} = HCOO^-_{(aq)} + H_3O^+$

Solution G : $CH_3NH_{2(aq)}$ est la base du couple ($CH_3NH^+_{3(aq)}/CH_3NH_{2(aq)}$) :

$CH_3NH_{2(aq)} + H_2O_{(\ell)} = CH_3NH^+_{3(aq)} + HO^-_{(aq)}$

Solution H : $H^+_{(aq)} = H_3O^+$ est l'acide du couple (H_3O^+/H_2O) :

$H_3O^+ + H_2O_{(\ell)} = H_2O_{(\ell)} + H_3O^+$

3. La solution A ne contient pas d'autre espèce acido-basique que celles contenues par l'eau pure : son pH est celui de l'eau pure à 25°C : $pH_A = 7,0$. Le bécher 3 contient la solution A.

Classement des espèces acido-basiques introduites par les solutés par les valeurs de leurs pK_a respectifs :

résumés de cours

exercices

contrôles

corrigés

	Base	pK_a	Acide	
Solution B	$HO^-_{(aq)}$	14	$H_2O_{(\ell)}$	
Solution G	$CH_3NH_{2(aq)}$	10,6	$CH_3NH^+_{3(aq)}$	
Solution D	$NH_{3(aq)}$	9,2	$NH^+_{4(aq)}$	Solution C
	$C_6H_5COO^-_{(aq)}$	4,2	$C_6H_5COOH_{(aq)}$	Solution E
	$HCOO^-_{(aq)}$	3,7	$HCOOH_{(aq)}$	Solution F
	$H_2O_{(\ell)}$	0,0	H_3O^+	Solution H

Les solutions B, G et D sont basiques d'après les équations-bilan des réactions acido-basiques établies au 2. : $pH_{B,G,D} > 7,0$ à 25°C.
Toutes les solutions étant de même concentration molaire volumique en soluté apporté, le classement des pK_a des couples acide/base concernés étant $pK_{aB} > pK_{aG} > pK_{aD}$, on obtient finalement :

$$pH_B > pII_G > pH_D > 7,0.$$

– le bécher 8 contient la solution B ;
– le bécher 5 contient la solution G ;
– le bécher 6 contient la solution D.

Les solutions C, E, F et H sont acides d'après les équations-bilan des réactions acido-basiques établies au 2. : $pH_{C,E,F,H} < 7,0$ à 25°C.
Toutes les solutions étant de même concentration molaire volumique en soluté apporté, le classement des pK_a des couples acide/base concernés étant $pK_{aC} > pK_{aE} > pK_{aF} > pK_{aH}$, on obtient finalement :

$$pH_H < pH_F < pH_E < pH_C < 7,0$$

– le bécher 4 contient la solution C ;
– le bécher 7 contient la solution E ;
– le bécher 1 contient la solution F ;
– le bécher 2 contient la solution H.

Tableau récapitulatif :

Numéro du bécher	1	2	3	4	5	6	7	8
pH	2,9	2,0	7,0	5,6	11,3	10,6	3,1	12
Solution	F	H	A	C	G	D	E	B

Corrigé 7

1.

a) Équation-bilan de la réaction de l'acide benzoïque avec l'eau :

$$C_6H_5COOH_{(aq)} + H_2O_{(\ell)} = C_6H_5COO^-_{(aq)} + H_3O^+$$

Expression de la constante d'acidité du couple acide/base :

$$K_a(C_6H_5COOH_{(aq)}/\ C_6H_5COO^-_{(aq)}) = \frac{[H_3O^+]_{éq} \cdot [C_6H_5COO^-]_{éq}}{[C_6H_5COOH]_{éq}}$$

b) Tableau d'avancement volumique de la réaction (en mol.L^{-1}) :

	$C_6H_5COOH_{(aq)}$	+	$H_2O_{(\ell)}$	=	$C_6H_5COO^-_{(aq)}$	+	H_3O^+
état initial	0,010		Excès		0		0
état final	$0{,}010 - x_{éq}$		Excès'		$x_{éq}$		$x_{éq}$

Calcul du taux d'avancement final de la réaction : $\tau_{final} = \dfrac{x_{éq}}{x_{max}}$

$x_{éq} = [H_3O^+]_{éq} = 10^{-pH}$; $x_{max} = c_1$: l'acide benzoïque étant le réactif limitant.

$\Rightarrow \tau_{final} = \dfrac{x_{éq}}{x_{max}} = \dfrac{10^{-pH}}{c_1}$. A.N. : $\tau_{final} = \dfrac{10^{-3,1}}{1{,}0.10^{-2}} = \mathbf{0{,}079}$.

La réaction de l'acide benzoïque avec l'eau n'est avancée que de 7,9 % : la réaction n'est pas totale.

2.

a) Équation-bilan de la réaction de l'ion benzoate avec l'eau :

$$C_6H_5COO^-_{(aq)} + H_2O_{(\ell)} = C_6H_5COOH_{(aq)} + HO^-_{(aq)}$$

Expression de la constante d'équilibre associée à l'équation de la réaction :

$$K = \frac{[C_6H_5COOH]_{éq} . [HO^-]_{éq}}{[C_6H_5COO^-]_{éq}}$$

b) Tableau d'avancement volumique de la réaction (en mol.L^{-1}) :

	$C_6H_5COO^-_{(aq)}$	+	$H_2O_{(\ell)}$	=	$C_6H_5COOH_{(aq)}$	+	$HO^-_{(aq)}$
état initial	0,010		Excès		0		0
état final	$0{,}010 - x_{éq}$		Excès'		$x_{éq}$		$x_{éq}$

Calcul du taux d'avancement final de la réaction : $\tau_{final} = \dfrac{x_{éq}}{x_{max}}$

$x_{éq} = [HO^-]_{éq} = \dfrac{K_e}{[H_3O^+]_{éq}} = \dfrac{10^{-14}}{10^{-pH}} = 10^{pH-14}$; $x_{max} = c_2$: l'ion benzoate étant le réactif limitant.

$\Rightarrow \tau_{final} = \dfrac{x_{éq}}{x_{max}} = \dfrac{10^{pH-14}}{c_2}$. A.N. : $\tau_{final} = \dfrac{10^{8,1-14}}{1{,}0.10^{-2}} = \mathbf{1{,}3.10^{-4}}$.

La réaction de l'ion benzoate avec l'eau n'est avancée que de 0,013 % : la réaction n'est pas totale (elle est très limitée).

3. Diagramme de prédominance du couple $C_6H_5COOH_{(aq)}/C_6H_5COO^-_{(aq)}$:

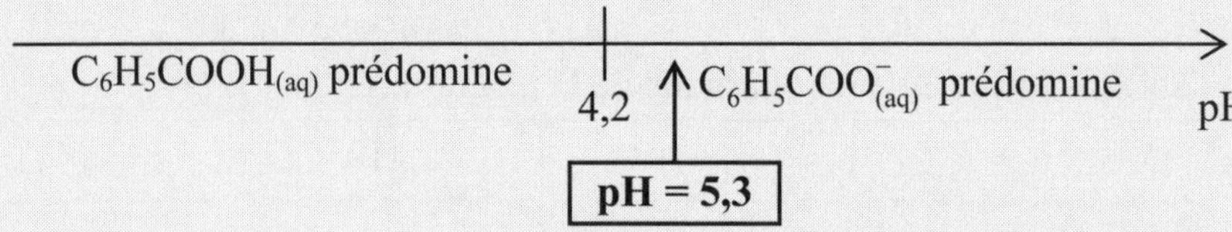

À pH = 5,3, c'est la forme basique $C_6H_5COO^-_{(aq)}$ qui prédomine sur la forme acide $C_6H_5COOH_{(aq)}$ du couple.

Équation-bilan de la réaction de l'acide benzoïque avec l'ion hydroxyde :

$C_6H_5COOH_{(aq)} + HO^-_{(aq)} = C_6H_5COO^-_{(aq)} + H_2O_{(\ell)}$

Expression de la constante d'équilibre associée à l'équation de la réaction :

$$K = \frac{[C_6H_5COO^-]_{éq}}{[C_6H_5COOH]_{éq}.[HO^-]_{éq}}$$

Calcul de la valeur de constante d'équilibre K :

$$K = \frac{[C_6H_5COO^-]_{éq}.[H_3O^+]_{éq}}{[C_6H_5COOH]_{éq}} \cdot \frac{1}{[H_3O^+]_{éq}.[HO^-]_{éq}} = \frac{K_a}{K_e}.$$

A.N. : $K = \dfrac{10^{-4,2}}{10^{-14}} = \mathbf{6{,}3.10^9}$.

4.

a) Équation-bilan de la réaction de l'acide benzoïque avec l'ion benzoate :

$C_6H_5COOH_{(aq)} + C_6H_5COO^-_{(aq)} = C_6H_5COO^-_{(aq)} + C_6H_5COOH_{(aq)}$

b) Expression de la constante d'équilibre associée à l'équation de la réaction :

$$K = \frac{[C_6H_5COO^-]_{éq}.[C_6H_5COOH]_{éq}}{[C_6H_5COOH]_{éq}.[C_6H_5COO^-]_{éq}}$$

Calcul de la valeur de constante d'équilibre K : K = **1** (le numérateur et le dénominateur sont égaux).

c) Relation entre pH et pK_a du couple $C_6H_5COOH_{(aq)}/ C_6H_5COO^-_{(aq)}$:

$$pK_a = -\log K_a = -\log\left(\frac{[H_3O^+]_{éq} \cdot [C_6H_5COO^-]_{éq}}{[C_6H_5COOH]_{éq}}\right)$$

$$\Rightarrow pK_a = -\log[H_3O^+]_{éq} - \log\left(\frac{[C_6H_5COO^-]_{éq}}{[C_6H_5COOH]_{éq}}\right) = pH - \log\left(\frac{[C_6H_5COO^-]_{éq}}{[C_6H_5COOH]_{éq}}\right)$$

$$\boxed{pH = pK_a + \log\left(\frac{[C_6H_5COO^-]_{éq}}{[C_6H_5COOH]_{éq}}\right)}$$

d) Calcul des concentrations molaires volumiques initiales des réactifs :

$$[C_6H_5COOH]_0 = \frac{c_1 \times 20,0}{20,0 + 20,0} = 5,0.10^{-3}\ mol.L^{-1}\ ;$$

$$[C_6H_5COO^-]_0 = \frac{c_2 \times 20,0}{20,0 + 20,0} = 5,0.10^{-3}\ mol.L^{-1}\ ;$$

Tableau d'avancement volumique de la réaction (en $mol.L^{-1}$) :

	$C_6H_5COOH_{(aq)}$	+	$C_6H_5COO^-_{(aq)}$	=	$C_6H_5COO^-_{(aq)}$	+	$C_6H_5COOH_{(aq)}$
EI	$5,0.10^{-3}$		$5,0.10^{-3}$		0		0
EF	$5,0.10^{-3} - x_{éq}$		$5,0.10^{-3} - x_{éq}$		$x_{éq}$		$x_{éq}$

Détermination de l'avancement dans l'état d'équilibre $x_{éq}$:

$$K = \frac{[C_6H_5COO^-]_{éq}.[C_6H_5COOH]_{éq}}{[C_6H_5COOH]_{éq}.[C_6H_5COO^-]_{éq}} = \frac{x_{éq}^2}{(5,0.10^{-3} - x_{éq})^2} = 1$$

Solution : $x_{éq} = \mathbf{2,5.10^{-3}\ mol.L^{-1}}$.

Calcul du pH de la solution S :

$$pH = pK_a + \log\left(\frac{[C_6H_5COO^-]_{éq}}{[C_6H_5COOH]_{éq}}\right) = 4,2 + \log\left(\frac{2,5.10^{-3}}{2,5.10^{-3}}\right) = \mathbf{4,2}.$$

le pH d'une solution aqueuse dans laquelle un acide et sa base conjuguée sont d'égale concentration et ne contenant pas d'autre espèce acido-basique est égal au pK_a du couple acide/base correspondant.

e) Cette solution est appelée **solution tampon de pH** : on l'utilise pour fixer le pH d'une solution car son pH ne varie pas à la dilution et varie peu lors d'un faible ajout d'acide ou de base.

5.

a) Diagramme de prédominance du couple $C_6H_5COOH/C_6H_5COO^-$:

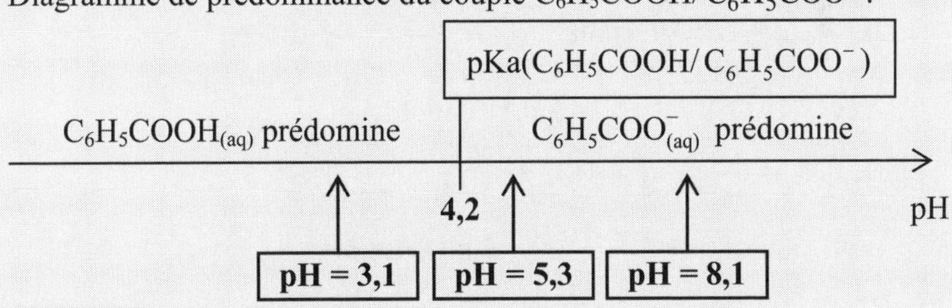

b) Exploitation :

À pH = 3,1, l'acide benzoïque est prédominant.

À pH = 4,2, la solution est équimolaire en acide benzoïque et ion benzoate.

À pH = 5,3 et pH = 8,1, l'ion benzoate est prédominant.

Corrigé du contrôle

1.

a) Selon Brönsted, un acide est une espèce chimique capable de céder un proton H^+.

b) Couple acide éthanoïque / ion éthanoate : $CH_3CO_2H_{(aq)}$ / $CH_3CO_2^-{}_{(aq)}$
Couple ion oxonium / eau : H_3O^+ / $H_2O_{(\ell)}$

c) $K = \dfrac{[CH_3CO_2^-]_f.[H_3O^+]_f}{[CH_3CO_2H]_f}$

K est la constante d'acidité K_a du couple $CH_3CO_2H_{(aq)}$ / $CH_3CO_2^-{}_{(aq)}$

2.

a) Quantité de matière initiale d'acide éthanoïque : $n_1 = c_1 \times V_1$
A.N. : $n_1 = 2{,}7.10^{-3} \times 0{,}100 = \mathbf{2{,}7 \times 10^{-4}}$ **mol**

b)

	Avancement	$CH_3CO_2H_{(aq)}$	$+H_2O_{(\ell)}=$	$CH_3CO_2^-{}_{(aq)}$	$+H_3O^+$
État initial	$x = 0$	n_1	en excès	0	0
État final théorique	$x = x_{max}$	$n_1 - x_{max} = 0$	en excès	x_{max}	x_{max}
État final expérimental ou état d'équilibre	$x = x_f$	$n_1 - x_f$	en excès	x_f	x_f

c) Si la transformation est totale, l'acide éthanoïque est totalement consommé, soit $n_1 - x_{max} = 0 \Leftrightarrow \mathbf{x_{max} = n_1}$
soit $\mathbf{x_{max} = 2{,}7 \times 10^{-4}}$ **mol**

d) $pH = -\log[H_3O^+] \Leftrightarrow [H_3O^+]_f = 10^{-pH}$
A.N. : $[H_3O^+]_f = 10^{-3{,}7} = \mathbf{2{,}0.10^{-4}\ mol.L^{-1}}$

e) $[H_3O^+]_f = \dfrac{x_f}{V_1} \Leftrightarrow x_f = [H_3O^+]_f \times V_1$

A.N. : $x_f = 2{,}0.10^{-4} \times 0{,}100 = \mathbf{2{,}0.10^{-5}}$ **mol**

f) $\tau_1 = \dfrac{x_f}{x_{max}}$

A.N. : $\tau_1 = \dfrac{2{,}0.10^{-5}}{2{,}7.10^{-4}} = \mathbf{7{,}4.10^{-2}}$

g) La transformation est **limitée** car $\tau_1 < 1$.

h) D'après le tableau d'avancement $[H_3O^+]_f = [CH_3CO_2^-]_f = \dfrac{x_f}{V_1}$

A.N. : $[CH_3CO_2^-]_f = \mathbf{2{,}0.10^{-4}\ mol.L^{-1}}$

i) $c_1 = [CH_3CO_2H]_0 = [CH_3CO_2H]_f + [CH_3CO_2^-]_f$
$\Rightarrow [CH_3CO_2H]_f = c_1 - [CH_3CO_2^-]_f$
A.N. : $[CH_3CO_2H]_f = 2{,}7.10^{-3} - 2{,}0.10^{-4} = \mathbf{2{,}5.10^{-3}\ mol.L^{-1}}$

j) $K = \dfrac{[CH_3CO_2^-]_f.[H_3O^+]_f}{[CH_3CO_2H]_f}$ A.N. : $K = \dfrac{2{,}0.10^{-4} \times 2{,}0.10^{-4}}{2{,}5.10^{-3}} = \mathbf{1{,}6.10^{-5}}$

3.

a) Calcul du pK_a du couple $CH_3CO_2H/CH_3CO_2^-$:
$pK_a = -\log(K_a) = -\log(1{,}6.10^{-5}) = \mathbf{4{,}8}$
Diagramme de prédominance des espèces CH_3CO_2H et $CH_3CO_2^-$ en fonction du pH

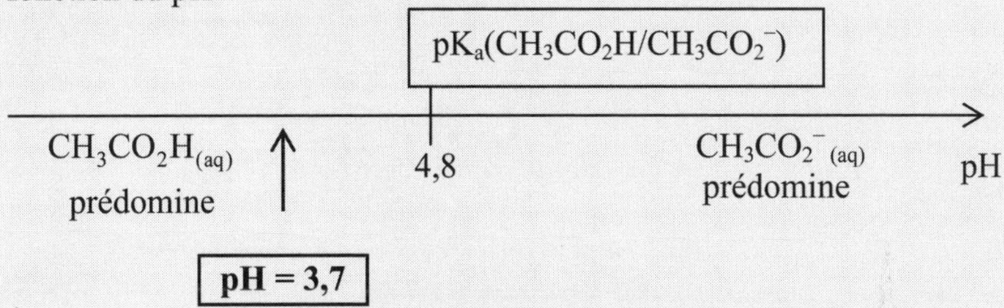

À pH = 3,7 c'est l'acide CH_3CO_2H qui prédomine.

b) À pH = 3,7 :
l'hélianthine prendra une teinte orange car en pleine zone de virage (3,1 – 4,4), les formes acide (rouge) et basique (jaune) coexistent ;
le bleu de bromothymol prendra une teinte jaune car la forme acide (jaune) prédomine à pH < 6,0 ;
la phénolphtaléine restera incolore car la forme acide (incolore) prédomine à pH < 8,2.

4 Dosages par étalonnage

MÉTHODE SPECTROPHOTOMÉTRIQUE

Action de la lumière visible sur une espèce chimique colorée

Une espèce colorée a la capacité d'absorber la lumière dans une partie du spectre visible. Les autres longueurs d'ondes sont transmises et la sensation colorée s'obtient en additionnant toutes les couleurs non absorbées.
Une espèce absorbant principalement dans une couleur transmet la couleur complémentaire.

Longueur d'onde (nm)	domaine	
>780	infrarouge	
625-740	rouge	V
590-625	orange	I
565-590	jaune	S
520-565	vert	I
445-520	bleu	B
380-445	violet	L
< 380	ultraviolet	E

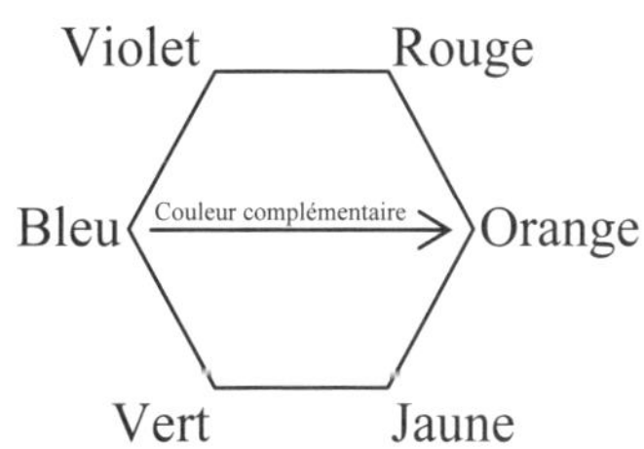

Principe

On réalise une solution diluée d'une espèce chimique colorée que l'on place dans une cuve transparente. On éclaire cette cuve et on compare l'intensité lumineuse avant puis après traversée de la cuve.

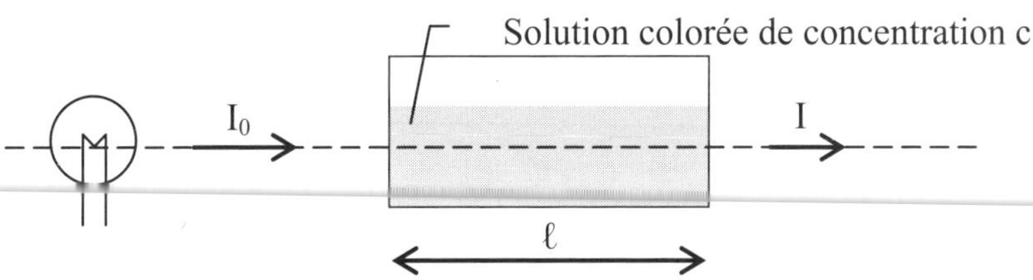

Un spectrophotomètre est un appareil qui mesure l'**absorbance A** : grandeur relative (sans dimension) permettant d'évaluer la diminution d'intensité lumineuse au cours de la traversée de la cuve contenant la solution colorée.
On peut fixer la longueur d'onde de la lumière incidente. La géométrie de mesure étant fixe, les mesures sont répétitives.

Les influences respectives de la cuve et du solvant seront évaluées en commençant toute série de mesures par un « blanc » ou « zéro ».

Loi de Beer-Lambert

Pour les solutions diluées, l'absorbance vérifie la loi de Beer-Lambert :

$$\boxed{A = \log(\frac{I_0}{I}) = \varepsilon.\ell.c}$$

A : absorbance
I_0 : intensité lumineuse de la lumière incidente ($W.m^{-2}$)
I : intensité lumineuse de la lumière transmise ($W.m^{-2}$)
ε : coefficient linéique d'absorption molaire ($L.mol^{-1}.cm^{-1}$)
ℓ : épaisseur de la cuve (cm)
c : concentration molaire en composé coloré de la solution ($mol.L^{-1}$)

REMARQUE : on peut également travailler en concentration massique.

Afin de simplifier cette expression il est nécessaire de prendre deux précautions :

- Travailler avec des cuves d'épaisseur fixe (en général ℓ = 1,0 cm).
- Fixer ε qui dépend du soluté, de la longueur d'onde de la lumière incidente et de la température.

Ces deux précautions prises et dans le cas de solutions diluées, l'absorbance n'est plus qu'une fonction linéaire de la concentration en composé coloré :

$$\boxed{A = k.c}$$

La méthode la plus rigoureuse consiste à mesurer l'absorbance de solutions diluées de concentrations croissantes connues (gamme colorimétrique), à tracer ensuite la courbe représentant l'évolution de l'absorbance A en fonction de la concentration c puis d'en obtenir son équation ou de procéder par comparaison afin de déterminer une concentration inconnue.

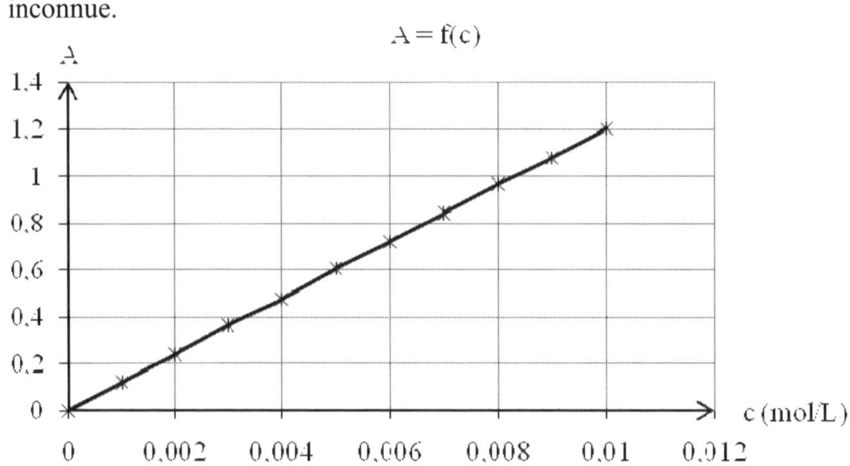

La mesure de l'absorbance d'une solution de concentration inconnue permet, par une relation image/antécédent d'évaluer cette concentration inconnue.

Longueur d'onde au maximum d'absorption

Un maximum de précision est obtenu en choisissant la longueur d'onde de la lumière incidente pour laquelle la solution absorbe le plus.

EXEMPLE : Spectre d'absorption d'une solution aqueuse diluée de diiode

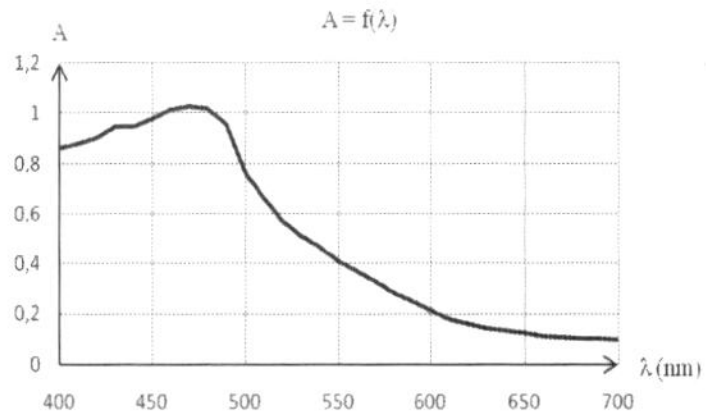

La solution absorbe principalement dans le bleu et dans le violet : sa couleur est jaune. La longueur d'onde au maximum d'absorption est λ_{max} = 470 nm. On règle le spectrophotomètre à cette valeur pour être plus précis.

MÉTHODE CONDUCTIMÉTRIQUE

Une solution ionique (électrolytique) conduit le courant électrique.

Conductance d'une solution ionique

Schéma du montage électrique :

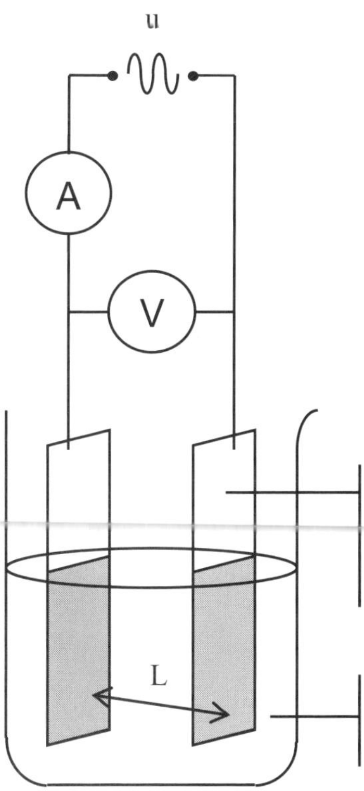

Le GBF (générateur basses fréquences) fournit une tension alternative de fréquence et d'amplitude maximale constantes.

L'ampèremètre mesure l'intensité efficace I_{eff} du courant électrique parcourant le circuit.

Le voltmètre mesure la tension efficace U_{eff}, entre les plaques.

Plaques métalliques de surfaces immergées identiques s (partie grise), parallèles et distantes d'une longueur L.

Solution aqueuse diluée contenant des ions.

Le rapport $G = \frac{I_{eff}}{U_{eff}}$ est nommé **conductance** du volume de solution contenu entre les parties immergées des plaques. G s'exprime en **Siemens** (S) dans le système international (S.I.).
Le volume V = s.L contenu entre les zones d'immersion des plaques est appelé **cellule de conductimétrie**.

REMARQUE : la conductance G est l'inverse de la résistance R de la cellule de conductimétrie ($G = \frac{1}{R} \Leftrightarrow 1\ S = 1\ \Omega^{-1}$).

Conductivité d'une solution ionique

Pour une même solution ionique (mêmes ions, même concentration) et dans les mêmes conditions d'expérience (température constante, même circuit, mêmes électrodes, même état de surface des électrodes), la conductance G est proportionnelle au rapport $\frac{s}{L}$ appelé **facteur géométrique** de la cellule.
Le coefficient de proportionnalité σ entre la conductance G et le facteur géométrique $\frac{s}{L}$ selon l'écriture $\boxed{G = \sigma \cdot \frac{s}{L}}$ est appelé **conductivité** de la solution ionique : σ s'exprime en $S.m^{-1}$ (S.I.).

$$\boxed{G = \sigma \cdot \frac{s}{L}}$$

s s'exprime en m^2
L s'exprime en m
σ s'exprime en $S.m^{-1}$
G s'exprime en S (Siemens)
(S.I.)

Conductivité molaire ionique (loi de Kohlrausch simplifiée)

Les conductivités de différentes solutions électrolytiques, ($Na^+ + C\ell^-$), ($Na^+ + HO^-$), ($H_3O^+ + C\ell^-$)... de même concentration molaire et mesurées dans les mêmes conditions expérimentales, sont différentes : la conductivité d'une solution ionique dépend de la nature des ions qu'elle contient (Na^+, H_3O^+, $C\ell^-$, HO^-...).
Chaque ion différent apporte une contribution différente à la conductivité de la solution ionique. La conductivité étant proportionnelle à la concentration molaire en soluté apporté, on introduit la grandeur λ_i : **conductivité molaire ionique** de l'ion X_i. La conductivité d'une solution ionique contenant plusieurs ions (au moins un cation et un anion) est alors la somme des contributions de chaque ion :

$$\boxed{\sigma = \sum_i \lambda_1 \cdot [X_i]}$$

λ_i s'exprime en $S.m^2.mol^{-1}$
$[X_i]$ s'exprime en $mol.m^{-3}$
σ s'exprime en $S.m^{-1}$
(S.I.)

EXEMPLE : conductivité d'une solution aqueuse d'un soluté constitué d'ions monochargés (cas de NaCℓ (s)).

Équation-bilan de la dissolution totale de NaCℓ (s) dans l'eau :

$$NaC\ell_{(s)} \xrightarrow{H_2O} Na^+_{(aq)} + C\ell^-_{(aq)}$$

On trouve aisément : $[Na^+] = [C\ell^-] = c_{NaC\ell} = c$ (pour simplifier les notations).

$\sigma = \sum_i \lambda_1.[X_i]$ s'écrit $\lambda_{Na^+}.[Na^+] + \lambda_{C\ell^-}.[C\ell^-] = (\lambda_{Na^+} + \lambda_{C\ell^-}).c$.

$$\boxed{\sigma = K.c} \text{ (loi de Kohlrausch très simplifiée)}$$

Dans ce cas, la conductivité de la solution est proportionnelle à sa concentration molaire en soluté apporté.

REMARQUE : il n'est tenu compte que des espèces ioniques majoritaires.

La méthode de dosage est identique à celle utilisée en spectrophotométrie : on mesure la conductance ou la conductivité de solutions diluées de concentrations croissantes c connues (gamme conductimétrique). On trace ensuite la courbe représentant l'évolution de la conductance G ou de la conductivité σ en fonction de la concentration c, pour en obtenir son équation ou de procéder par comparaison, afin de déterminer une concentration inconnue.

○ Quelques valeurs remarquables de conductivités molaires ioniques

Ion	H_3O^+	HO^-	$C\ell^-$	K^+	NO_3^-	Na^+
Nom	oxonium	hydroxyde	chlorure	potassium	nitrate	sodium
λ en 10^{-3} $S \cdot m^2 \cdot mol^{-1}$	35	20	7,6	7,4	7,1	5,0

REMARQUE : les conductivités molaires ioniques des ions oxonium (H_3O^+) et hydroxyde (HO^-) sont nettement plus élevées que celles des autres ions monochargés.

✱ Exercice 1 — 20 min

Dosage de l'élément fer dans un vin blanc

Afin de doser l'élément fer dans un vin blanc, on réalise la gamme colorimétrique suivante à partir d'une solution S de concentration massique $c_m = 8{,}0\ mg.L^{-1}$ d'ions fer(II) ; d'un réactif réducteur (hydroquinone à 0,2% dans l'eau) noté H ; d'un réactif colorimétrique (o-phénantroline) noté C.

mélange numéro :	1	2	3	4	5	6	7	8
solution S : V_S (mL)	0,0	5,0	7,5	10,0	12,5	15,0	17,5	20,0
eau distillée : V_{eau} (mL)	37,0	32,0	29,5	27,0	24,5	22,0	19,5	17,0
H : V_H (mL)	1,0	1,0	1,0	1,0	1,0	1,0	1,0	1,0
C : V_C (mL)	2,0	2,0	2,0	2,0	2,0	2,0	2,0	2,0

La gamme, passée au spectrophotomètre correctement réglé, donne les absorbances suivantes :

absorbance	0,00	0,22	0,29	0,42	0,48	0,59	0,68	0,82

1. Calculer la concentration massique en ions fer (II) de chacun des mélanges de la gamme. Présenter les résultats dans un tableau et expliciter le calcul pour le mélange n°3.
2. Tracer la courbe représentant l'évolution de l'absorbance en fonction de la concentration massique en ions fer (II) des mélanges de la gamme.
3. Pour effectuer le dosage du vin blanc étudié, on réalise le mélange M suivant :
   20,0 mL de vin blanc ;
   17,0 mL d'eau distillée ;
   1,0 mL d'hydroquinone à 0,2% dans l'eau ;
   2,0 mL d'o-phénantroline.
   L'absorbance A_{vin} de la solution M, ainsi préparée, est égale à 0,45.
   Déterminer la concentration massique en élément fer dans le vin étudié.

✱✱✱ Exercice 2 — 30 min

Dosage des ions nitrate dans un engrais par spectrophotométrie

D'après un sujet d'Olympiades de la chimie

On se propose de réaliser l'analyse de l'azote « nitrique » d'un engrais liquide dont l'étiquette porte les indications suivantes :

N, P, K : 16.21.27

16% d'azote total (8% d'azote nitrique et 8% d'azote ammoniacal) ; 21% d'anhydride phosphorique P_2O_5 ; 27% d'oxyde de potassium K_2O.

L'ion nitrate NO_3^- est l'aliment azoté de base de la plante et la clé de rendements élevés.

Principe du dosage :

On effectue un dosage spectrophotométrique des ions contenus dans l'engrais liquide dilué dans de l'eau. En présence d'acide 2,4-phénoldisulfonique, les ions NO_3^- réagissent avec apparition d'une coloration jaune. La concentration des ions NO_3^- de cette solution peut alors être déterminée par la mesure de son absorbance à une certaine longueur d'onde.

Il faut préalablement réaliser une échelle de teintes.

1. Préparation des solutions étalons

a) On prépare la solution notée $S_{mère}$ en dissolvant une masse m de nitrate d'ammonium (de formule brute NH_4NO_3) dans 1,0 L d'eau distillée. On obtient alors une solution mère de concentration massique en ion nitrate (ou teneur) égale à 100 $mg.L^{-1}$.

Calculer la masse m de nitrate d'ammonium que l'on doit peser pour réaliser la solution mère.

On ajoute dix gouttes d'acide 2,4-phénoldisulfonique à cette solution mère. La solution prend une coloration jaune. Puis on dilue ensuite cette solution mère afin d'obtenir quatre solutions filles notées S_1 à S_4. Les données utiles à ces préparations sont regroupées dans le tableau ci-dessous :

solutions	S_1	S_2	S_3	S_4
teneur ($mg.L^{-1}$)	10	25		80
facteur de dilution K	10			
volume prélevé de solution $S_{mère}$: $V_{mère}$ (mL)	5		25,0	20,0
volume de la solution fille : V_{fille} (mL)	50,0	50,0	50,0	

b) Compléter les cases vides en justifiant les réponses.

2. Tracé de la courbe d'étalonnage

On dispose d'un spectrophotomètre comportant plusieurs calibres caractérisés par les longueurs d'onde suivantes 410 nm, 520 nm, 560 nm, 630 nm et 750 nm.

a) Quel calibre faut-il utiliser lors de ce dosage ? Justifier la réponse.

On mesure l'absorbance A de chaque solution ($S_{mère}$, S_1 à S_4)

solution	$S_{mère}$	S_1	S_2	S_3	S_4
absorbance	1,52	0,13	0,38	0,75	1,21

b) Tracer la courbe A = f(t) où t représente la teneur ou concentration massique en ion nitrate.

c) Quelle est la loi qui est ainsi vérifiée ?

3. Préparation de l'échantillon d'engrais

On pèse un échantillon de m = 422 mg d'engrais liquide. On introduit la masse m d'engrais dans une fiole jaugée de 1,00 L, on ajoute alors un peu d'eau distillée, on agite puis on complète jusqu'au trait de jauge. On ajoute dix gouttes d'acide 2,4-phénoldisulfonique à cette solution (S_6). La solution prend une coloration jaune.

On mesure l'absorbance de S_6 et on trouve une absorbance A = 0,49.

a) Déterminer, par une construction graphique soignée, la teneur en ions nitrate de l'échantillon.
b) En déduire le % massique en ion nitrate de l'engrais liquide.
c) Déterminer, à l'aide des indications données par le fabricant, la teneur attendue en ion nitrate de l'engrais liquide.
d) Calculer le pourcentage d'écart relatif entre le résultat expérimental et l'indication du fabricant.

DONNÉES :

Masses molaires atomiques :

atome	H	N	O
M ($g.mol^{-1}$)	1,00	14,0	16,0

* Exercice 3 — 15 min

Variation de la conductance G en fonction de la concentration en soluté apporté c

On étudie la variation de la conductance d'une solution aqueuse diluée de chlorure de sodium ($Na^+ + C\ell^-$) en fonction de la concentration molaire en soluté apporté.

Pour ce faire, on dispose parallèlement deux plaques de cuivre à une distance fixe L et on plonge les plaques dans un bécher de 500 mL contenant 400 mL d'eau distillée : la surface immergée s restant constante. L'ensemble est sous agitation magnétique lente et constante.

On relie ces deux plaques à un circuit électrique permettant de donner directement la valeur de la conductance G entre les plaques.

On se prépare ensuite à verser, mL par mL, une solution mère de chlorure de sodium de concentration molaire en soluté apporté $c_1 = 0{,}10\ mol.L^{-1}$.

Enfin, on mesure la conductance G en fonction du volume V de solution mère introduit ; on obtient le tableau de mesures suivant :

V (mL)	1,0	2,0	3,0	4,0	5,0	6,0
G (µS)	34	68	102	136	170	204

1. Calculer la concentration molaire c_2 en soluté apporté de la solution électrolytique contenue dans le bécher.
2. Tracer la courbe représentant l'évolution de la conductance G en fonction de la concentration molaire c_2 en soluté apporté de la solution électrolytique.
3. Que déduire de l'allure du graphe $G = f(c_2)$?

✱✱ Exercice 4 25 min

Détermination expérimentale de la concentration molaire en soluté apporté du sérum physiologique

Un flacon de sérum physiologique (solution thérapeutique utilisée comme support pour les perfusions sanguines) indique une teneur massique de 9 ‰ (9 pour mille).

On se propose de vérifier cette indication à l'aide d'une courbe d'étalonnage obtenue par conductimétrie.

Mode opératoire : on mesure, dans des conditions opératoires identiques, la conductance de solutions aqueuses de chlorure de sodium de concentration molaire en soluté apporté c connues (gamme conductimétrique) : le tableau suivant résume ces mesures :

c ($mmol.L^{-1}$)	1,0	2,0	3,0	4,0	5,0	6,0	7,0	8,0	9,0	10
G (µS)	105	210	315	420	525	630	735	840	945	1050

On mesure, dans les mêmes conditions, la conductance du sérum physiologique dilué 20 fois : on obtient $G_i = 825$ µS.

1. Tracer la courbe représentant l'évolution de la conductance G en fonction de la concentration molaire en soluté apporté c des solutions de chlorure de sodium de la gamme conductimétrique : G = f(c).
2. Déduire, du graphique précédent, la concentration molaire en soluté apporté du sérum physiologique dilué 20 fois.
3. Calculer la concentration molaire et la concentration massique en soluté apporté du sérum physiologique étudié.
4. Comparer, par un calcul d'erreur relative, le résultat obtenu à l'indication de teneur massique portée sur le flacon de sérum physiologique.

DONNÉES :

$M_{NaC\ell} = 58{,}5\ g.mol^{-1}$; la masse volumique du sérum physiologique est voisine de celle de l'eau.

✱✱✱ Exercice 5 30 min

Conductivité d'une solution ionique

On mesure la conductance d'une solution de chlorure de sodium de concentration molaire en soluté apporté $c = 1{,}00.10^{-2}\ mol.L^{-1}$ en utilisant une cellule conductimétrique constituée de plaques métalliques rectangulaires, de largeur a = 2,90 cm immergées dans la solution d'une profondeur h = 5,00 cm, disposées parallèlement à une distance L = 5,00 cm.

On obtient G = 3,50 mS.

1. Calculer la conductivité de la solution étudiée dans ces conditions.
2. Écrire l'équation-bilan de la dissolution du chlorure de sodium NaCl(s) dans l'eau. En déduire les concentrations molaires des espèces réellement présentes dans la solution.

3. Calculer la conductivité théorique d'une telle solution.

4. Comparer, par un calcul d'erreur relative, les conductivités expérimentale et théorique de la solution électrolytique étudiée.

DONNÉES :

conductivités molaires ioniques :

$\lambda_{Na^+} = 5{,}00.10^{-3}\ S.m^2.mol^{-1}$; $\lambda_{C\ell^-} = 7{,}60.10^{-3}\ S.m^2.mol^{-1}$.

Contrôle

50 min / 20 pts

1. **Conductimétrie**

On souhaite déterminer la concentration molaire volumique c_1 d'une solution aqueuse de chlorure de potassium $KC\ell(s)$ par conductimétrie.

Pour ce faire, on procède à un étalonnage en mesurant les conductances de solutions aqueuses diluées de chlorure de potassium de concentrations c connues et dont les valeurs sont reportées dans le tableau suivant :

c($mmol.L^{-1}$)	1,0	2,0	3,0	4,0	5,0	6,0	8,0
G (µS)	124	250	378	498	625	746	1005

a) Tracer la courbe représentant l'évolution de la conductance G en fonction de la concentration c des solutions de la gamme d'étalonnage. **(3 pts)**

b) Quelle est la nature de cette évolution ? Justifier la réponse. **(2 pts)**

On dilue ensuite V_1 = 50 mL de la solution de concentration c_1 dans 400 mL d'eau déminéralisée : on obtient alors une solution de concentration c_2. On mesure la conductance G_2 de cette solution dans des conditions expérimentales identiques à celles de l'étalonnage et on obtient G_2 = 420 µS.

c) Déterminer la concentration c_2 de la solution étudiée. Expliquer la méthode utilisée. **(1 pt)**

d) En déduire la concentration c_1 recherchée. Justifier la réponse. **(2 pts)**

2. **L'eau de Dakin (d'après baccalauréat)**

L'eau de Dakin est un antiseptique utilisé pour le lavage des plaies et des muqueuses. Elle a une couleur rose et une odeur chlorée.

L'étiquette du flacon mentionne les principes actifs pour un volume V = 100 mL :

- solution concentrée d'hypochlorite de sodium, quantité correspondant à 0,500 g de chlore actif ;
- permanganate de potassium 0,0010 g ;
- dihydrogénophosphate de sodium dihydraté
- eau purifiée.
- En outre, l'eau de Dakin contient des ions chlorure.

On se propose de vérifier la concentration en permanganate de potassium par spectrophotométrie.

DONNÉES :

Masses molaires atomiques

$M(O) = 16,0\ g.mol^{-1}$; $M(K) = 39,0\ g.mol^{-1}$; $M(Mn) = 55,0\ g.mol^{-1}$

Afin de réaliser une échelle de teintes, on prépare un volume V_0 = 500 mL d'une solution mère S_0 de permanganate de potassium à la concentration molaire en soluté apporté $c_0 = 1,0.10^{-2}\ mol.L^{-1}$.

a) Calculer la masse de permanganate de potassium solide (de formule $KMnO_4$) à peser pour préparer cette solution par dissolution. **(2 pts)**

La solution S_0 permet de préparer une échelle de teintes constituée par cinq solutions dont on mesure l'absorbance A à la longueur d'onde 530 nm.

Solution	S_1	S_2	S_3	S_4	S_5
Concentration c ($mol.L^{-1}$)	$1,0.10^{-4}$	$8,0.10^{-5}$	$6,0.10^{-5}$	$4,0.10^{-5}$	$2,0.10^{-5}$
Absorbance : A	0,221	0,179	0,131	0,088	0,044

b) Tracer la courbe représentant A = f(c). **(3 pts)**

c) Déterminer la relation numérique entre A et c. **(3 pts)**

L'absorbance de l'eau de Dakin à la longueur d'onde λ= 530 nm est 0,14. À cette longueur d'onde, et pour les concentrations des espèces chimiques de l'eau de Dakin, on admettra que seul le permanganate de potassium intervient dans la mesure de l'absorbance.

d) En déduire la concentration molaire c_{exp} en permanganate de potassium apporté de l'eau de Dakin. **(1,5 pt)**

e) À partir des données de l'étiquette, calculer la concentration molaire c en permanganate de potassium apporté de l'eau de Dakin. **(1,5 pt)**

f) Comparer au résultat expérimental. Pour cela, on calculera l'écart relatif $\left|\frac{c - c_{exp}}{c}\right|$ et on l'exprimera en pourcentage. **(1 pt)**

Corrigé des exercices

Corrigé 1

1. Calculs des concentrations massiques en ions fer (II) de chacun des mélanges de la gamme :
   Au cours d'une dilution, il y a conservation de la quantité de soluté :
   $m_{Fe} = c_m.V_S = c_{fille}.V_{fille}$
   Le volume de chaque solution de la gamme est égal à :
   $V_{fille} = V_S + V_{eau} + V_H + V_C = 40{,}0$ mL.
   Exemple de calcul pour le mélange n°3 :
   $$c_{fille,3} = \frac{c_m . V_{S,3}}{V_{fille}} = \frac{8{,}0 \times 7{,}5}{40{,}0} = 1{,}5 \text{ mg.L}^{-1}.$$
   Tableau récapitulatif :

Mélange numéro :	1	2	3	4	5	6	7	8
c_{fille} (mg.L^{-1})	0,0	1,0	1,5	2,0	2,5	3,0	3,5	4,0
Absorbance	0,00	0,22	0,29	0,42	0,48	0,59	0,68	0,82

2. Tracé de la courbe $A = f(c_{fille})$ représentant l'évolution de l'absorbance en fonction de la concentration massique en ions fer (II) des mélanges de la gamme.
   Graphique représenté en fin du corrigé 1
3. Concentration massique en élément fer dans le vin étudié :
   On applique l'absorbance $A_{vin} = 0{,}45$ au graphique $A = f(c_{fille})$ et on obtient $c_M = 2{,}2$ mg.L^{-1}.
   Pour effectuer cette mesure, le vin blanc a été dilué 2 fois dans le mélange M (20,0 mL de vin pour 40,0 mL de volume total)
   La concentration massique en élément fer dans le vin blanc étudié est égale à :
   $$c_{m,vin\ blanc} = 2 \times 2{,}2 = \mathbf{4{,}4\ mg.L^{-1}}.$$

$A = f(c_{fille})$

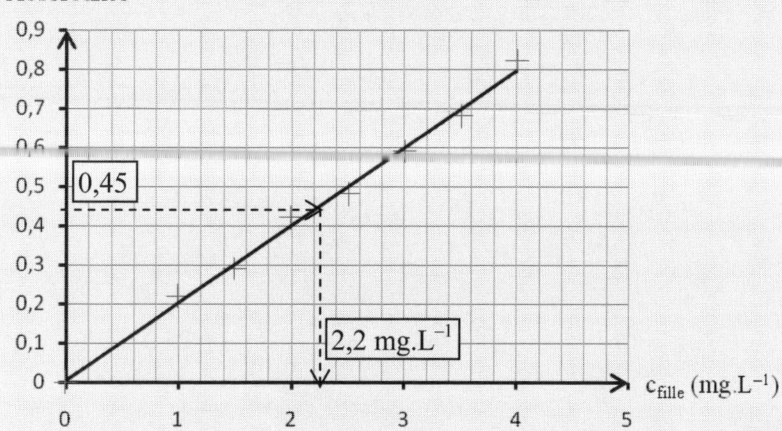

Corrigé 2

1. Préparation des solutions étalons

a) Calcul de la masse m de nitrate d'ammonium que l'on doit peser pour réaliser la solution mère :

Masse molaire du nitrate d'ammonium :

$M_{NH_4NO_3} = 2M_N + 3M_O + 4M_H = 2 \times 14 + 3 \times 16 + 4 \times 1{,}0 = 80\ g.mol^{-1}$.

Masse molaire de l'ion nitrate :

$M_{NO_3} = M_N + 3M_O = 14 + 3 \times 16 = 62\ g.mol^{-1}$.

Équation de dissolution du nitrate d'ammonium dans l'eau :

$NH_4NO_{3(s)} \xrightarrow{H_2O} NH^+_{4(aq)} + NO^-_{3(aq)}$.

Tableau de proportionnalité :

Espèce	NH_4NO_3	NO_3^-
Masse molaire ($g.mol^{-1}$)	80	62
Masse (mg)	m	100

$$m = \frac{80 \times 100}{62} = \mathbf{130\ mg}$$

Il faut peser 130 mg de nitrate d'ammonium pour obtenir une solution mère de concentration massique en ion nitrate (ou teneur) égale à 100 $mg.L^{-1}$.

b) Tableau complété :

solutions	S_1	S_2	S_3	S_4
teneur ($mg.L^{-1}$)	10	25	**① 50**	80
facteur de dilution K	10	**② 4**	**③ 2**	**④ 1,25**
volume prélevé de solution $S_{mère}$: $V_{mère}$ (mL)	5	**⑤ 12,5**	25,0	20,0
Volume de la solution fille : V_{fille} (mL)	50,0	50,0	50,0	**⑥ 25,0**

Explications :

Au cours d'une dilution, il y a conservation de la quantité de soluté :

$m_{soluté} = c_{mère}.V_{mère} = c_{fille}.V_{fille}$

$$\Leftrightarrow\ c_{fille} = \frac{c_{mère}.V_{mère}}{V_{fille}}\ ;\ ①\ c_{S_3} = \frac{100 \times 25{,}0}{50{,}0} = 50\ mg.L^{-1}$$

$$\Leftrightarrow\ K = \frac{c_{mère}}{c_{fille}} = \frac{V_{fille}}{V_{mère}}\ ;\ ②\ K_{S_2} = \frac{c_{mère}}{c_{fille}} = \frac{100}{25} = 4\ ;\ ③\ K_{S_3} = \frac{V_{fille}}{V_{mère}} = \frac{50{,}0}{25{,}0} = 2\ ;$$

$$④\ K_{S_4} = \frac{c_{mère}}{c_{fille}} = \frac{100}{80} = 1{,}25$$

$$\Leftrightarrow\ V_{mère} = \frac{c_{fille}.V_{fille}}{c_{mère}}\ ;\ ⑤\ V_{mère,S_2} = \frac{25 \times 50{,}0}{100} = 12{,}5\ mL$$

$$\Leftrightarrow\ V_{fille} = \frac{c_{mère}.V_{mère}}{c_{fille}}\ ;\ ⑥\ V_{fille,S_4} = \frac{100 \times 20{,}0}{80} = 25{,}0\ mL$$

2. Tracé de la courbe d'étalonnage

a) Les solutions sont jaunes et absorbent donc préférentiellement dans le violet. Il faut choisir le calibre 410 nm dont la longueur d'onde correspond à cette gamme de couleur.

b) Tracé de la courbe A = f(t) où t représente la teneur ou concentration massique en ion nitrate :

solution	$S_{mère}$	S_1	S_2	S_3	S_4
teneur ($mg.L^{-1}$)	100	10	25	① **50**	80
Absorbance	1,52	0,13	0,38	0,75	1,21

Graphique représenté en fin de corrigé 2

c) La représentation graphique de la relation A = f(t) est une droite passant par l'origine. On vérifie ainsi la loi de Beer-Lambert (l'absorbance est proportionnelle à la concentration en soluté absorbant)

3. Préparation de l'échantillon d'engrais

a) Teneur en ions nitrate de l'échantillon : on applique l'absorbance A = 0,49 au graphique A = f(t) et on obtient $\mathbf{c_{S6} = 32\ mg.L^{-1}}$.

b) % massique en ion nitrate de l'engrais liquide :

$$t_{\%S_6} = \frac{c_{S_6}}{c_{échantillon}} = \frac{32}{422} = \mathbf{7,6\ \%}$$

c) Teneur attendue en ion nitrate de l'engrais liquide :

$$c_{nitrate\ attendue} = t_{\%azote\ nitrique} . c_{échantillon} = 8,0 \times 422 = \mathbf{34\ mg.L^{-1}}$$

d) Calcul du pourcentage d'écart relatif entre le résultat expérimental et l'indication du fabricant.

$$\Delta\% = \left|\frac{c_{attendue} - c_{exp}}{c_{attendue}}\right| = \left|\frac{34-32}{34}\right| = \mathbf{5,9\ \%}.$$

REMARQUE : une recherche de l'équation de la droite moyenne représentant A = f(t) donne un meilleur résultat en appliquant numériquement.

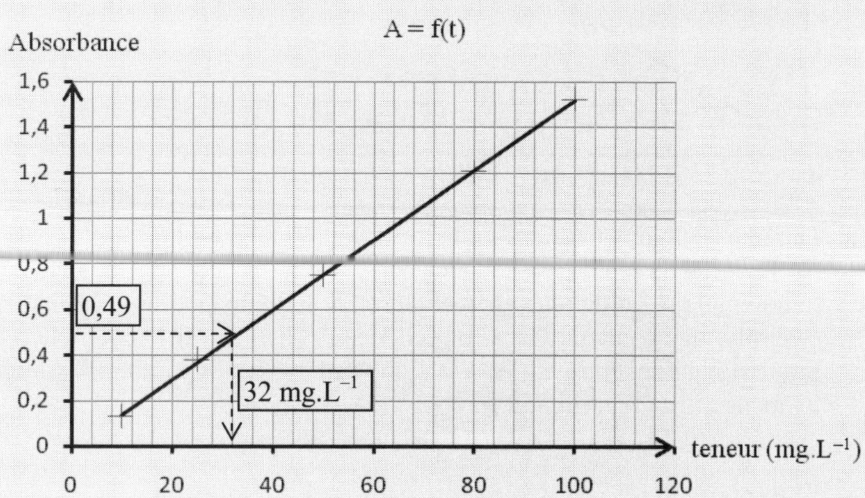

Corrigé 3

1. Calcul de la concentration molaire volumique c_2 en chlorure de sodium apporté de la solution contenue dans le bécher en versant un volume V de solution mère de concentration molaire volumique c_1 en chlorure de sodium apporté dans les 400 mL d'eau déminéralisée initialement introduite : au cours de la dilution, la quantité de matière en chlorure de sodium noté n_{NaCl} se conserve ; $n_{NaC\ell} = c_1.V = c_2.V_{total}$. Or $V_{total} = (V + 400)$ (mL) ce qui amène au calcul suivant :

$$\boxed{c_2 = c_1 \cdot \frac{V}{400 + V}}$$

Dans ce calcul, V doit être exprimé en mL, et c_1, c_2 exprimés dans la même unité : $mol.L^{-1}$ par exemple.

On reporte les valeurs de c_2 dans le tableau suivant :

V (mL)	1,0	2,0	3,0	4,0	5,0	6,0
G (µS)	34	68	102	136	170	204
c_2 (10^{-3} $mol.L^{-1}$)	0,25	0,50	0,74	0,99	1,2	1,5

2. Tracé de la courbe représentant l'évolution de la conductance G en fonction de la concentration molaire volumique c_2 en chlorure de sodium apporté de la solution électrolytique contenue dans le bécher :

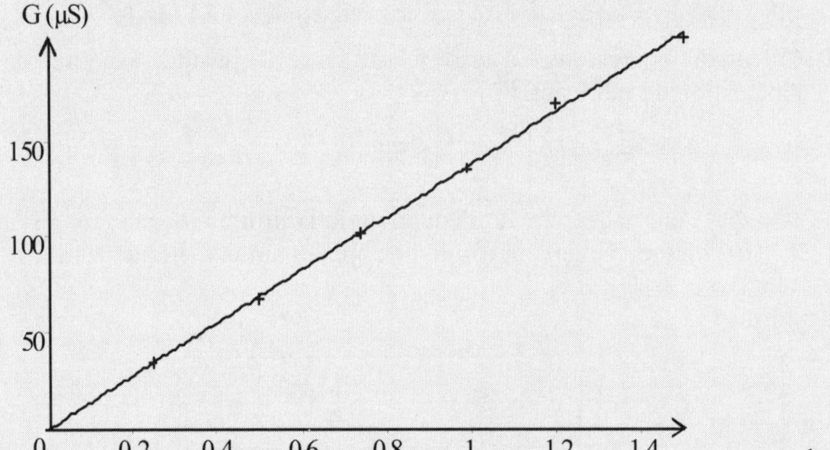

3. La représentation graphique de la fonction $G = f(c_2)$ est une droite passant par l'origine du repère. La conductance G est proportionnelle à la concentration molaire volumique c_2 en chlorure de sodium apporté de la solution électrolytique contenue dans le bécher : $G = k.c_2$ (k est le coefficient de proportionnalité entre c_2 et G et s'exprime en $\mu S \cdot L \cdot mmol^{-1}$ (micro-Siemens Litre par millimole)).

Corrigé 4

1. Tracé de la courbe représentant l'évolution de la conductance G en fonction de la concentration molaire volumique c en chlorure de sodium apporté de la solution électrolytique (voir ci-après).
2. En appliquant la valeur G_i = 825 μS au graphe précédent, on obtient la concentration molaire c_i = 7,9 mmol.L^{-1}. La concentration molaire volumique en chlorure de sodium apporté du sérum physiologique dilué 20 fois est égale à **c_i = 7,9 mmol.L^{-1}**.

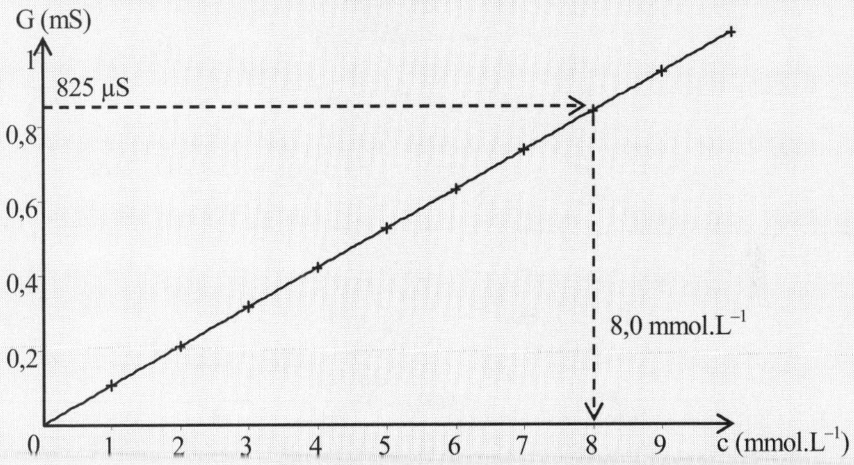

3. La concentration molaire c en chlorure de sodium apporté du sérum physiologique est donc égale à $c = 20.c_i$.
   A.N. : $c = 20 \times 8{,}0.10^{-3}$ = **0,16 mol.L^{-1}**.
   La concentration massique en chlorure de sodium apporté s'obtient par la relation : $c_m = c \cdot M_{NaCl}$.
   A.N. : cm = 0,16 × 58,5 = **9,4 g.L^{-1}**.
4. L'indication portée sur le flacon de sérum physiologique indique une teneur massique de 9 ‰ (9 pour mille) : c'est à dire 9 g de chlorure de sodium pour 1000 g de solution. la masse volumique du sérum physiologique étant voisine de celle de l'eau, on peut écrire que cette indication équivaut à 9 g de chlorure de sodium pour 1000 mL de solution ou encore :
   $(c_m)_{\text{sérum physiologique}}$ = 9 g.L^{-1} (valeur attendue après manipulation).
   Calcul de l'erreur relative :
   $$\Delta\% = \frac{|\text{valeur expérimentale} - \text{valeur attendue}|}{\text{valeur attendue}}$$
   A.N. : $\Delta\% = \frac{|9{,}4-9|}{9} = 4\ \%$. Cette manipulation amène une erreur relative de 4 % qui est une erreur acceptable compte-tenu des conditions expérimentales habituelles en TP de chimie.

REMARQUE : il faut toujours faire attention au nombre de chiffres significatifs dans l'expression d'un résultat (2 chiffres significatifs dans cet exercice sauf pour le calcul d'erreur pour lequel la donnée du laboratoire n'est fournie qu'avec 1 seul chiffre significatif).

Corrigé 5

1. La conductivité σ de la solution s'obtient à partir de l'expression :

$$\boxed{G = \sigma \cdot \frac{s}{L}}$$

Il vient alors $\sigma = G \cdot \frac{L}{s}$.

A.N. : $\sigma_{exp} = 3{,}50.10^{-3} \times \frac{5{,}00.10^{-2}}{2{,}90.10^{-2} \times 5{,}00.10^{-2}} = \mathbf{1{,}21.10^{-1}\ S.m^{-1}}$.

2. L'équation-bilan de la dissolution totale du chlorure de sodium solide dans l'eau s'écrit :

$$NaC\ell_{(s)} \xrightarrow{H_2O} Na^+_{(aq)} + C\ell^-_{(aq)}.$$

	$NaC\ell_{(s)}$	$\xrightarrow{H_2O}$	$Na^+_{(aq)}$	+	$C\ell^-_{(aq)}$
Avant dissolution	n		0		0
Après dissolution	0		n		n

Un rapide bilan de matière (l'électrolyte étant fort, donc totalement dissocié, et la solution étant diluée) à partir d'une quantité n de NaCℓ(s) permet d'écrire si $c_{NaC\ell} = \frac{n}{V}$, si le volume de solution obtenu à partir de la dissolution de la quantité n de chlorure de sodium dans l'eau étant V et considérant que celui-ci reste inchangé, alors $[Na^+] = [C\ell^-] = \frac{n}{V} = c_{NaC\ell}$.

Finalement : $[Na^+] = [C\ell^-] = \mathbf{1{,}00.10^{-2}\ mol.L^{-1}}$.

3. La conductivité σ d'une solution ionique s'obtient par la relation :

$$\boxed{\sigma = \sum_i \lambda_1.[X_i]}$$

Pour la solution envisagée, cette relation s'écrit :

$\sigma = \lambda_{Na^+}.[Na^+] + \lambda_{C\ell^-}.[C\ell^-] = (\lambda_{Na^+} + \lambda_{C\ell^-}) \cdot c_{NaC\ell}$.

Avant d'appliquer numériquement, il faut convertir $c_{NaC\ell}$ en unité S.I. :

$c_{NaC\ell} = 1{,}00.10^{-2}\ mol.L^{-1} = \mathbf{10{,}0\ mol.m^{-3}}$.

A.N. : $\sigma_{théorique} = (5{,}00.10^{-3} + 7{,}40.10^{-3}) \times 10{,}0 = \mathbf{1{,}24.10^{-1}\ S.m^{-1}}$.

4. Calcul de l'erreur relative : $\Delta\% = \dfrac{\left|\sigma_{exp} - \sigma_{\text{théorique}}\right|}{\sigma_{\text{théorique}}}$

A.N. : $\Delta\% = \dfrac{|1{,}21 - 1{,}24|}{1{,}24} = 0{,}0242 \simeq 2{,}4\ \%$. Cette manipulation amène une erreur relative de 2,4 % qui est une erreur acceptable compte-tenu des conditions expérimentales habituelles en TP de chimie.

REMARQUES : il faut toujours faire attention au nombre de chiffres significatifs dans l'expression d'un résultat (3 chiffres significatifs dans cet exercice).
Il faut également prendre garde aux unités (l'utilisation d'unités S.I. (système international) est de rigueur dans cet exercice).

Corrigé du contrôle

1.

a) Tracé de la courbe d'étalonnage : G = f(c).

b) La courbe représentant la fonction G = f(c) est une droite passant par l'origine : on peut en conclure que la conductance G d'une solution de chlorure de potassium est proportionnelle à sa concentration molaire volumique c dans les conditions de l'expérience : G = k.c.

c) En appliquant la valeur $G_2 = 420\ \mu S$ au graphe précédent, on obtient la concentration molaire volumique $\mathbf{c_2 = 3,4\ mmol.L^{-1}}$ de la solution de chlorure de potassium dont la conductance vaut G_2.

d) La solution de concentration c_2 est obtenue par dilution de la solution de concentration c_1.
Au cours d'une dilution, il y a conservation de la quantité de soluté n_{KCl}.
La quantité de soluté introduite est égale à $n_{KC\ell} = c_1.V_1$ et la quantité présente dans la solution diluée est égale à $n_{KC\ell} = c_2 \cdot V_2$. Le principe de conservation énoncé précédemment nous amène à la relation $c_1 \cdot V_1 = c_2 \cdot V_2$ et finalement :

$$c_1 = \frac{c_2.V_2}{V_1}.\ \text{A.N. : } c_1 = \frac{3,4.10^{-3} \times (400+50)}{50} = \mathbf{3,1.10^{-2}\ mol.L^{-1}}.$$

REMARQUE : le volume V_2 correspond au volume total de solution de concentration c_2.

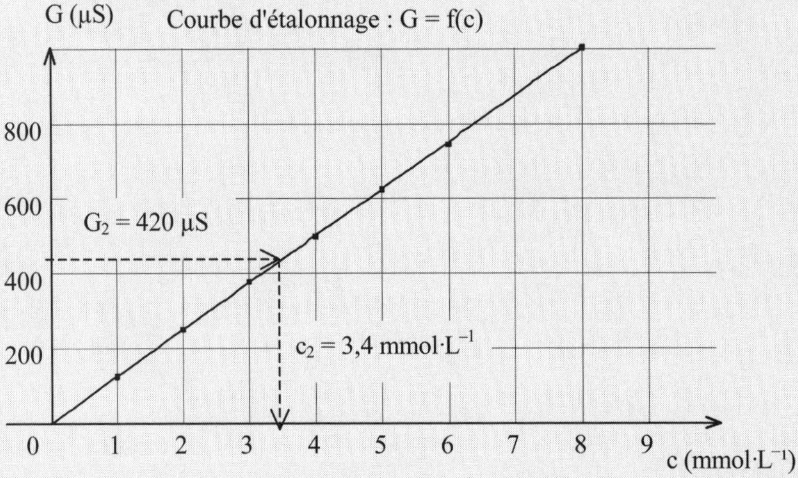

2. L'eau de Dakin

a) Calcul de la masse de permanganate de potassium à peser pour préparer la solution :

$$c_{KMnO_4} = \frac{n_{KMnO_4}}{V_{solution}} = \frac{m_{KMnO_4}}{M_{KMnO_4}.V_{solution}} \Leftrightarrow m_{KMnO_4} = c_{KMnO_4}.M_{KMnO_4}.V_{solution}$$

A.N. : $m_{KMnO_4} = 1,0.10^{-2} \times (39,0 + 55,0 + 4 \times 16,0) \times 0,500 = \mathbf{0,57\ g}$.

b) Tracé de la courbe représentant A = f(c) :

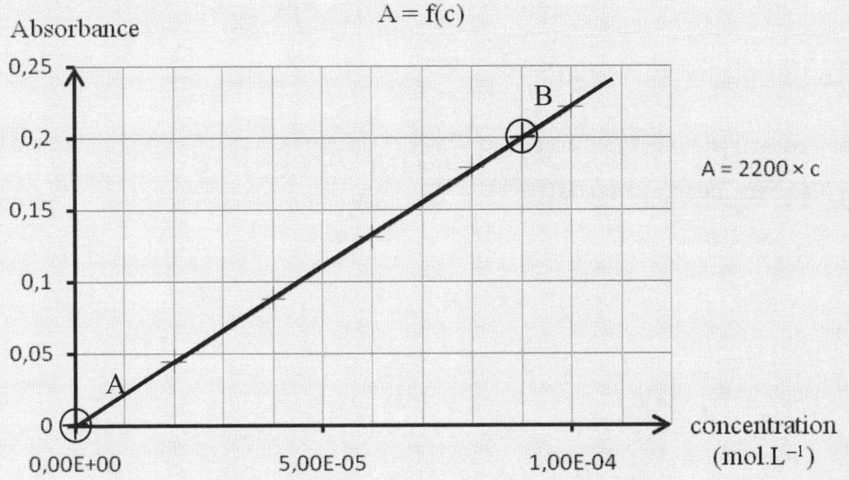

c) Détermination de la relation numérique entre A et c :
Pour déterminer la relation numérique entre A et c, on peut procéder de deux manières :

- Entrer les valeurs dans un tableur-grapheur et modéliser le comportement. On obtient alors la relation A = 2225 × c que l'on arrondit à :

A = 2200 × c

- Le comportement A = f(c) vérifiant la loi de Beer-Lambert, on trace une droite moyenne passant au voisinage des points ; on place deux points éloignés sur cette droite soit A(0 ; 0) et B($9{,}0.10^{-5}$; 0,20) par exemple ; on calcule la pente : $\frac{A_B - A_A}{c_B - c_A} = \frac{0{,}20 - 0}{9{,}0.10^{-5} - 0} = 2200$ $L.mol^{-1}$ et on détermine graphiquement l'ordonnée à l'origine : $A_0 = 0$.

On obtient également **A = 2200 × c**

d) Concentration molaire c_{exp} en permanganate de potassium apporté de l'eau de Dakin :

On applique numériquement dans l'équation $A = 2200 \times c \Leftrightarrow c = \frac{A}{2200}$ la valeur $A_{Dakin} = 0{,}14$ et on obtient : $c_{Dakin} = \frac{0{,}14}{2200} = \mathbf{6{,}4.10^{-5}\ mol.L^{-1}}$.

e) Concentration molaire c en permanganate de potassium apporté de l'eau de Dakin :
L'étiquette du flacon mentionne pour un volume V = 100 mL : permanganate de potassium 0,0010 g.

D'où $c_{KMnO_4} = \frac{n_{KMnO_4}}{V_{solution}} = \frac{m_{KMnO_4}}{M_{KMnO_4}.V_{solution}}$.

A.N. : $c_{KMnO_4,Dakin} = \dfrac{0,0010}{(39+55+4\times16)\times0,100} = \mathbf{6,3.10^{-5}\ mol.L^{-1}}$.

f) Calcul de l'écart relatif $\left|\dfrac{c-c_{exp}}{c}\right|$:

$$\left|\frac{c-c_{exp}}{c}\right| = \left|\frac{6,3.10^{-5}-6,4.10^{-5}}{6,3.10^{-5}}\right| = 0,016 = 1,6\ \%$$

5 Dosage par titrage

TITRAGE DIRECT

Définition d'un dosage direct

Le réactif titré est directement dosé par le réactif titrant.
Le bilan de matière d'une transformation chimique rapide et totale permet de connaître l'avancement maximal de la réaction quelles que soient les quantités initialement introduites en réactifs.
On peut effectuer le dosage d'un des réactifs A (réactif titré) en suivant l'évolution du bilan de matière en fonction de l'introduction mesurée de la quantité d'un second réactif B (réactif titrant).
À chaque ajout du réactif titrant B, l'avancement de l'état final de la réaction est maximal.
Hypothèse : on introduit une quantité initiale n_0A du réactif titré A et on ajoute une quantité totale nB du réactif titrant B.

	α A	+	β B	=	γ C	+	δ D
Avant réaction	n_0A		nB		0		0

1er cas : B est le réactif limitant

Après réaction	$n_0A - \alpha\frac{nB}{\beta}$		0		$\gamma\frac{nB}{\beta}$		$\delta\frac{nB}{\beta}$

2e cas : A et B sont introduits dans les proportions stœchiométriques*

Après réaction	0		0		$\gamma\frac{n_0A}{\alpha}$		$\delta\frac{n_0A}{\alpha}$

3e cas : A est le réactif limitant

Après réaction	0		$nB - \beta\frac{n_0A}{\alpha}$		$\gamma\frac{n_0A}{\alpha}$		$\delta\frac{n_0A}{\alpha}$

Trois bilans de matière significatifs sont alors envisageables :

*A et B sont limitants : $\boxed{\frac{n_0A}{\alpha} = \frac{nB}{\beta}}$.

Équivalence

À l'équivalence d'un dosage direct, les réactifs introduits sont intégralement consommés. Ils ont été introduits dans les proportions stœchiométriques. Il y a changement de réactif limitant.

L'avancement de la réaction à l'équivalence est $x_E = \frac{n_0A}{\alpha} = \frac{(nB)_E}{\beta}$.

On déduit la quantité n_0A de réactif titré A initialement introduit à partir de la quantité $(nB)_E$ de réactif titrant B ajoutée à l'équivalence par la relation :

$$\boxed{n_0A = \alpha \cdot \frac{(nB)_{éq}}{\beta}}$$

REMARQUE : la quantité $(nB)_{éq}$ doit être connue.

TITRAGE INDIRECT

Définition d'un dosage indirect

Le réactif titré n'est pas directement dosé par le réactif titrant.
Deux réactions chimiques sont alors exploitées.
Réaction ① : un réactif A réagit avec le réactif à titrer.
Réaction ② : un produit de la réaction ① est dosé par le réactif titrant.

Dosage par différence

Deux réactions chimiques sont également exploitées.
Réaction ① : un réactif A, introduit en excès, réagit avec le réactif titré.
Réaction ② : l'excès de réactif A est dosé par le réactif titrant.
Conservation du réactif A : $n_{A,\text{ introduite}} = n_{A,①} + n_{A,②}$
Avec $n_{A,①}$: quantité de réactif A ayant réagi avec le réactif titré ;
et $n_{A,②}$: quantité de réactif A ayant réagi avec le réactif titrant.

REMARQUE : Ce dosage est également nommé titrage en retour.

Mise en évidence de l'équivalence

Différentes techniques permettent de mettre en évidence l'équivalence d'un dosage direct :

- changement de couleur d'un réactif ou produit ;
- suivi de la conductance ou de la conductivité de la solution au fur et à mesure de l'ajout du réactif titrant ;
- suivi du pH de la solution au fur et à mesure de l'ajout du réactif titrant ;
- utilisation modérée d'un indicateur coloré ;

Ces deux dernières techniques sont traitées au chapitre suivant.

✱✱ Exercice 1 — 40 min

Dosage d'oxydoréduction

On dose une solution aqueuse de diiode I_2 par une solution aqueuse de thiosulfate de sodium ($2Na^+ + S_2O_3^{2-}$) en présence d'un indicateur coloré : l'empois d'amidon qui donne un composé bleu en présence de diiode.

Pour ce faire, on prélève V = 20,0 mL de solution aqueuse de diiode de concentration molaire volumique $[I_2]$ inconnue que l'on introduit dans un erlenmeyer. On remplit et on ajuste au zéro une burette graduée de 25,0 mL avec la solution titrante de thiosulfate de sodium de concentration molaire volumique $[S_2O_3^{2-}] = 5{,}00.10^{-2}$ mol.L^{-1}.

On place l'erlenmeyer sous agitation magnétique et on verse ensuite, goutte à goutte, la solution titrante dans l'erlenmeyer jusqu'à totale décoloration.

On note alors le volume de solution titrante versé : $V_E = 13{,}2$ mL.

1. Écrire l'équation-bilan de la réaction de dosage.
2. Pourquoi est-on sûr que l'équivalence de ce dosage est atteinte à la décoloration de la solution contenue dans l'erlenmeyer ?
3. Pourquoi verser goutte à goutte la solution titrante ?
4. Établir un bilan de matière en fonction de l'avancement maximal x_{max} de la réaction.
5. En déduire la relation entre les quantités de matière en réactifs à l'équivalence.
6. Calculer la concentration molaire volumique $[I_2]$ de la solution de diiode ainsi dosée.
7. Quelle masse de diiode solide $I_2(s)$ a-t-il fallu prélever pour obtenir 1,50 L de solution de diiode à doser ?

DONNÉES :

couples oxydant/réducteur : $I_{2(aq)}/I^-_{(aq)}$; $S_4O^{2-}_{6(aq)}(aq)/S_2O^{2-}_{3(aq)}$.

$M_{I_2} = 254$ g.mol^{-1}.

✱ Exercice 2 — 40 min

Dosage de la vitamine C dans un jus de citron

Données et préliminaires

Un citron contient, parmi ses constituants du glucose ($C_6H_{12}O_6$), de l'acide citrique ($C_6H_8O_7$) et de l'acide ascorbique ($C_6H_8O_6$).

La masse molaire de l'acide ascorbique est : M = 176 g.mol^{-1}.

Couples oxydant/réducteur :

Forme oxydée de l'acide ascorbique	Forme réduite de l'acide ascorbique
$C_6H_6O_6$	$C_6H_8O_6$

et $I_{2(aq)}/I^-_{(aq)}$; $S_4O^{2-}_{6(aq)}/S_2O^{2-}_{3(aq)}$.

L'expérience montre, qu'à 25°C, l'oxydation de l'acide citrique ne s'effectue que très lentement, l'oxydation du glucose s'effectue à pH = 7 et qu'à pH < 3, cette réaction est très, très lente.

1. Préparation de la solution S

On presse un jus de citron et on filtre le jus obtenu. On verse soigneusement le filtrat dans 5 mL d'acide phosphorique contenu dans une fiole jaugée à 100,0 mL et on ajoute de l'eau distillée, en agitant, afin d'obtenir 100,0 mL d'une solution, notée S, dont le pH est voisin de 2.

2. Réalisation du dosage

On prélève 10,0 mL de S que l'on place dans un erlenmeyer ; on y ajoute 20,0 mL d'une solution brune aqueuse de diiode de concentration $\left[I_2\right] = 3{,}5.10^{-3}$ mol.L^{-1}. On laisse agir quelques minutes ; on réalise ainsi l'oxydation de l'acide ascorbique par le diiode. Le mélange garde une teinte brune.

À l'aide d'une burette graduée, on verse dans l'erlenmeyer une solution aqueuse de thiosulfate de sodium de concentration $\left[S_2O_3^{2-}\right] = 5{,}0.10^{-3}$ mol.L^{-1}. Quand la coloration brune commence à pâlir, on ajoute au contenu de l'erlenmeyer quelques gouttes d'empois d'amidon (ou de thiodène) ; la solution devient bleue puisqu'il reste du diiode en solution. On continue à verser la solution aqueuse de thiosulfate de sodium jusqu'à décoloration de la solution contenue dans l'erlenmeyer. Le volume de la solution aqueuse de thiosulfate de sodium versée est alors de 11,9 mL.

a) Quel renseignement peut-on déduire du fait que le mélange, réalisé entre la solution S et la solution aqueuse de diiode, garde au bout de quelques minutes la coloration brune.

b) Quel est le rôle de l'empois d'amidon.

c) Faire un schéma annoté du dosage du diiode par la solution de thiosulfate de sodium.

3. Exploitation des résultats

a) Pourquoi nomme-t-on ce dosage de l'acide ascorbique : dosage en retour (ou par différence) ?

b) Détermination de la masse d'acide ascorbique contenue dans le jus de citron.

α) Écrire les demi-équations électroniques fictives correspondant aux couples mis en jeu au cours de la réaction d'oxydation de l'acide ascorbique par le diiode et vérifier que l'équation-bilan est bien :

$$C_6H_8O_{6(aq)} + I_{2(aq)} = C_6H_6O_{6(aq)} + 2\,I^-_{(aq)} + 2\,H^+_{(aq)} \quad (1)$$

Le dosage du diiode par la solution de thiosulfate de sodium se traduit par l'équation-bilan :

$$2\,S_2O^{2-}_{3(aq)} + I_{2(aq)} = S_4O^{2-}_{6(aq)} + 2\,I^-_{(aq)} \quad (2)$$

β) Calculer la quantité de matière en diiode ayant réagit avec les ions thiosulfate et celle initialement introduite.

χ) En déduire la quantité de matière en acide ascorbique contenue dans les 10,0 mL de S dosés.

δ) Déterminer la masse d'acide ascorbique contenue dans le jus de citron.

✱✱ Exercice 3 — 50 min

Dosage acido-basique suivi par conductimétrie

Dosage conductimétrique de l'ammoniaque ($NH_3(aq)$) par l'acide chlorhydrique ($H_3O^+ + C\ell^-(aq)$)

Équation-bilan de la réaction acido-basique support du dosage :

$$NH_{3(aq)} + (H_3O^+ + C\ell^-_{(aq)}) = NH^+_{4(aq)} + H_2O_{(\ell)} + C\ell^-_{(aq)}$$

On dose un volume V_b = 100 mL d'ammoniaque $NH_3(aq)$ de concentration c_b, introduit dans un bécher de 250 mL, par de l'acide chlorhydrique de concentration molaire volumique $c_a = 2{,}0.10^{-1}$ mol.L^{-1} par conductimétrie.

Pour ce faire, on relève la conductance G du milieu réactionnel en fonction du volume V_a d'acide versé à l'aide d'une burette graduée.

On obtient la courbe suivante :

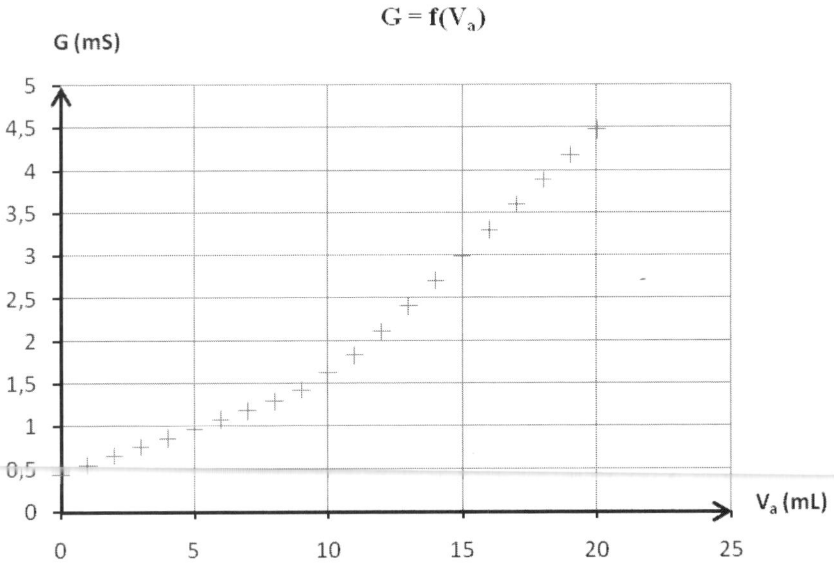

1. Quels sont les couples acide/base mis en jeu au cours de ce dosage ?

2. Établir l'équation-bilan de la réaction support de ce dosage à partir des couples acide/base précédents.

3. Quelles conditions doit vérifier cette réaction pour être le support d'un dosage quantitatif ?

4. Établir un bilan réactionnel afin d'expliquer les deux comportements distincts de la courbe.
5. Quand y-a-t-il équivalence ? Comment la déterminer ?
6. Déterminer le volume $V_{a,E}$ d'acide versé à l'équivalence du dosage.
7. Dresser le tableau d'avancement de la transformation dans son état d'équivalence. En déduire la relation permettant de calculer la concentration c_b. Calculer la valeur de c_b.
8. En déduire la concentration massique $c_{m,b}$ de l'ammoniaque ainsi dosée.
9. En fait l'ammoniaque est préparée en dissolvant 0,35 g d'ammoniac pour obtenir 1,00 L de solution. Calculer l'erreur relative de ce dosage. Commenter.

DONNÉES :

Conductance d'une solution ionique diluée : $G = k\sum_i \lambda_i.[X_i]$

Masses molaires atomiques :

Elément	N	H
M ($g.mol^{-1}$)	14,0	1,00

Quelques conductivités molaires ioniques utiles :

Ion	Oxonium (H_3O^+)	Ammonium (NH_4^+)	Chlorure (Cl^-)
λ (10^{-4} $S.m^2.mol^{-1}$)	350	70	80

✱✱✱ Exercice 4 — 60 min

Dosage acido-basique suivi par conductimétrie

On procède au dosage de l'acide chlorhydrique ($H_3O^+ + C\ell^-$) par la soude ($Na^+ + HO^-$), en relevant la conductance G du milieu réactionnel en fonction du volume V_b de soude versé, en respectant le mode opératoire suivant :

- Mettre 400 mL d'eau déminéralisée (mesurés à l'éprouvette graduée) dans un bécher de 500 mL, y introduire un barreau aimanté et le placer sur un agitateur magnétique.
- Plonger la cellule de conductimétrie dans l'eau et la relier à son conductimètre correctement réglé.
- Introduire V_a = 10,0 mL d'acide chlorhydrique ($H_3O^+ + C\ell^-$) de concentration molaire volumique $c_a = 1{,}0.10^{-1}$ $mol.L^{-1}$ dans le bécher de 500 mL à l'aide d'une pipette jaugée munie de sa poire d'aspiration.
- Agiter doucement.
- Rincer, remplir et ajuster au 0 une burette graduée de 25,0 mL avec la solution titrante d'hydroxyde de sodium ($Na^+ + HO^-$) de concentration molaire volumique $c_b = 1{,}0.10^{-1}$ $mol.L^{-1}$.

– Relever la valeur de la conductance à chaque ajout (de 0 mL à 20 mL) de la solution titrante.

On obtient le tableau suivant :

V_b (mL)	0,0	1,0	2,0	3,0	4,0	5,0	6,0	7,0	8,0	9,0	10,0
G (mS)	4,81	4,42	4,03	3,65	3,28	2,94	2,59	2,26	1,94	1,71	1,49
V_b (mL)	11,0	12,0	13,0	14,0	15,0	16,0	17,0	18,0	19,0	20,0	
G (mS)	1,55	1,74	1,92	2,11	2,33	2,55	2,78	3,01	3,20	3,41	

1. Écrire l'équation-bilan de la réaction de dosage.
2. Tracer la courbe représentant l'évolution $G = f(V_b)$ de la conductance G du milieu en fonction du volume V_b de soude versé.
3. Établir un bilan de matière afin d'expliquer les deux allures distinctes de cette courbe.
4. En déduire une méthode graphique permettant de déterminer le volume équivalent V_E de solution titrante versé à l'équivalence de ce dosage.
5. Comparer les volumes équivalents $(V_E)_{\text{expérimental}}$ et $(V_E)_{\text{théorique}}$ par un calcul d'incertitude relative.
6. Discuter le rapport des valeurs absolues des pentes des parties linéarisables de la courbe en exploitant les valeurs de conductivités molaires ioniques fournies.

DONNÉES :

Conductivités molaires ioniques :

Ion	Oxonium (H_3O^+)	Hydroxyde (HO^-)	Chlorure ($C\ell^-$)	Sodium (Na^+)
λ (10^{-4} S.m^2.mol^{-1})	350	199	76	50

Couples acide/base envisagés : $H_3O^+/H_2O_{(\ell)}$ et $H_2O_{(\ell)}/HO^-_{(aq)}$

Contrôle

45 min / 20 pts

Dosage conductimétrique de l'acide éthanoïque ($CH_3COOH(aq)$) par la soude ($Na^+(aq) + HO^-(aq)$)

Équation-bilan de la réaction acido-basique support de dosage :

$$CH_3COOH_{(aq)} + (Na^+_{(aq)} + HO^-_{(aq)}) = CH_3COO^-_{(aq)} + H_2O_{(\ell)} + Na^+_{(aq)}$$

On dose un volume V_a = 100 mL d'acide éthanoïque $CH_3COOH(aq)$ de concentration c_a, introduit dans un bécher de 250 mL, par de la soude de concentration molaire volumique $c_b = 1{,}0.10^{-1}$ mol.L^{-1} par conductimétrie.

Pour ce faire, on relève la conductance G du milieu réactionnel en fonction du volume V_b de soude versé à l'aide d'une burette graduée.

On obtient la courbe suivante :

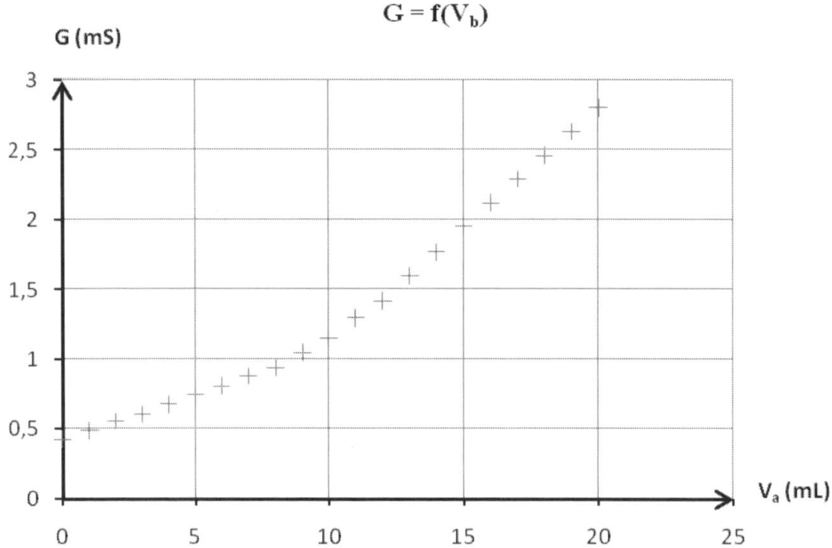

1. Quels sont les couples acide/base mis en jeu au cours de ce dosage ? **(2 pts)**
2. Établir l'équation-bilan de la réaction support de ce dosage à partir des couples acide/base précédents. **(2 pts)**
3. Quelles conditions doit vérifier cette réaction pour être le support d'un dosage quantitatif ? **(2 pts)**
4. Établir un bilan réactionnel afin d'expliquer les deux comportements distincts de la courbe. **(4 pts)**
5. Quand y-a-t-il équivalence ? Comment la déterminer ? **(2 pts)**
6. Déterminer le volume $V_{b,\ E}$ de soude versé à l'équivalence du dosage. **(2 pts)**
7. Dresser le tableau d'avancement de la transformation dans son état d'équivalence. En déduire la relation permettant de calculer la concentration c_a. Calculer la valeur de c_a. **(2 pts)**

En déduire la concentration massique $c_{m,a}$ de l'acide éthanoïque ainsi dosé. **(2 pts)**

En fait l'acide est préparé en dissolvant 0,60 g d'acide éthanoïque pour obtenir 1,00 L de solution. Calculer l'erreur relative de ce dosage. Commenter. **(2 pts)**

DONNÉES :

Conductance d'une solution ionique : $G = k\sum_i \lambda_i.[X_i]$

Masses molaires atomiques :

Élément	C	O	H
M ($g.mol^{-1}$)	12,0	16,0	1,00

Quelques conductivités molaires ioniques utiles :

Ion	Éthanoate (CH_3COO^-)	Hydroxyde (HO^-)	Sodium (Na^+)
λ (10^{-4} $S.m^2.mol^{-1}$)	40	200	50

Corrigé des exercices

Corrigé 1

1. Équation-bilan de la réaction d'oxydoréduction entre le diiode et les ions thiosulfate dans l'eau :

$$I_{2(aq)}/I^-_{(aq)} \qquad I_{2(aq)} + 2\,e^- = 2\,I^-_{(aq)}$$

$$S_4O^{2-}_{6(aq)}/S_2O^{2-}_{3(aq)} \qquad \oplus\,(S_4O^{2-}_{6(aq)} + 2\,e^- = 2\,S_2O^{2-}_{3(aq)}) \times (-1)$$

$$\boxed{I_{2(aq)} + 2S_2O^{2-}_{3(aq)} = 2I^-_{(aq)} + S_4O^{2-}_{6(aq)}}$$

REMARQUE : les ions sodium ne participent pas au bilan réactionnel.

2. Le but de ce dosage est d'évaluer une quantité de diiode. A la disparition du diiode (indiquée par la décoloration du milieu), les ions thiosulfate sont introduits dans les proportions stœchiométriques : on est à l'équivalence de ce dosage.
3. On verse la solution titrante de thiosulfate de sodium goutte à goutte de manière à s'arrêter de verser à la décoloration et non pas de verser au delà car il n'y a plus d'indication d'évolution (le milieu restant incolore) : le résultat du dosage en serait d'autant faussé.
4. Bilan de matière (à l'avancement maximal x_{max} puisque la réaction envisagée est totale) :

	$I_{2(aq)}$	+	$2\,S_2O^{2-}_{3(aq)}$	=	$2\,I^-_{(aq)}$	+	$S_4O^{2-}_{6(aq)}$
Avant R^n	$(n_{I_2})_i$		$(n_{S_2O_3^{2-}})_i$		0		0
Après R^n	$(n_{I_2})_i - x_{max}$		$(n_{S_2O_3^{2-}})_i - 2x_{max}$		$2\,x_{max}$		x_{max}

5. On souhaite faire réagir totalement la quantité de diiode initialement introduite, donc $(n_{I_2})_i - x_E = 0$ (il ne doit plus rester de diiode) ;

d'où $(n_{I_2})_i = x_E$.

À l'équivalence, lorsque tout le diiode a disparu (décoloration), le thiosulfate est toujours un réactif limitant : $(n_{S_2O_3^{2-}})_{i,E} - 2x_E = 0$ (il disparaît totalement) d'où $\dfrac{(n_{S_2O_3^{2-}})_{i,E}}{2} = x_{éq}$.

Finalement : $(n_{I_2})_i = \dfrac{(n_{S_2O_3^{2-}})_{i,E}}{2}$ à **l'équivalence seulement**.

6. $(n_{I_2})_i = [I_2].V$; $(n_{S_2O_3^{2-}})_{i,E} = [S_2O_3^{2-}].V_E$ d'où on tire :

$$\boxed{[I_2] = \frac{[S_2O_3^{2-}]\cdot V_E}{2V}}.$$

$$\text{A.N. : } [I_2] = \frac{5{,}00.10^{-2} \times 13{,}2}{2 \times 20{,}0} = \mathbf{1{,}65.10^{-2}\ mol.L^{-1}}.$$

7. $n_{I_2} = [I_2].\ V_{I_2}$ et $m_{I_2} = n_{I_2}.M_{I_2}$ donc $m_{I_2} = [I_2].\ V_{I_2}.M_{I_2}$.

A.N. : $m_{I_2} = 1{,}65.10^{-2} \times 1{,}50 \times 254 = \mathbf{6{,}29\ g}$.

Il faut prélever 6,29 g de diiode solide, à l'aide d'une balance précise au centième de gramme, afin de préparer 1,50 L de solution aqueuse de diiode de concentration molaire volumique $[I_2] = 1{,}65.10^{-2}$ mol.L^{-1}.

Corrigé 2

2.

a) Le mélange, réalisé entre la solution S et la solution aqueuse de diiode, garde au bout de quelques minutes la coloration brune car le diiode est introduit en excès.

b) Le rôle de l'empois d'amidon est de marquer la présence de diiode. En effet, l'empois d'amidon et le diiode forment un complexe bleuté.

c) Schéma du montage de dosage :

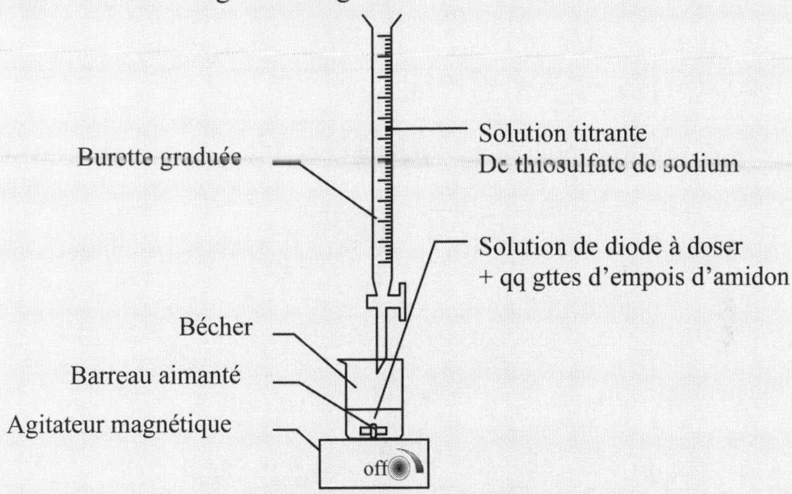

3.

a) On nomme ce dosage de l'acide ascorbique : dosage en retour (ou par différence) car c'est un titrage indirect. En effet, la quantité d'acide ascorbique contenue dans le jus de citron sera déduite de la différence entre la quantité de diiode introduite en excès et celle dosée par les ions thiosulfate.

b) Détermination de la masse d'acide ascorbique contenue dans le jus de citron :

α) Équation-bilan de la réaction d'oxydoréduction entre le diiode et l'acide ascorbique en solution aqueuse acidifiée :

$I_{2(aq)}/I^-_{(aq)}$: $I_{2(aq)} + 2\ e^- = 2\ I^-_{(aq)}$

$C_6H_6O_{6(aq)}/C_6H_8O_{6(aq)}$: $C_6H_6O_{6(aq)} + 2\ H^+_{(aq)} + 2\ e^- = 2\ C_6H_8O_{6(aq)}$

D'où :

$$I_{2(aq)} + 2\ e^- = 2\ I^-_{(aq)}$$

$$\oplus\ (C_6H_6O_{6(aq)} + 2\ H^+_{(aq)} + 2\ e^- = 2\ C_6H_8O_{6(aq)}) \times (-1)$$

$$\boxed{C_6H_8O_{6(aq)} + I_{2(aq)} = C_6H_6O_{6(aq)} + 2\ I^-_{(aq)} + 2\ H^+_{(aq)}\ (1)}$$

Équation-bilan de la réaction d'oxydoréduction entre le diiode et les ions thiosulfate dans l'eau :

$$I_{2(aq)}/I^-_{(aq)} \qquad I_{2(aq)} + 2\ e^- = 2\ I^-_{(aq)}$$

$$S_4O^{2-}_{6(aq)}/S_2O^{2-}_{3(aq)} \qquad \oplus\ (S_4O^{2-}_{6(aq)} + 2\ e^- = 2\ S_2O^{2-}_{3(aq)}) \times (-1)$$

$$\boxed{I_{2(aq)} + 2S_2O^{2-}_{3(aq)} = 2I^-_{(aq)} + S_4O^{2-}_{6(aq)}\ (2)}$$

β) Quantité de matière en diiode ayant réagit avec les ions thiosulfate :

Bilan de matière de la réaction (2) dans l'état d'équivalence E (mol) :

	$I_{2(aq)}$	+	$2\,S_2O^{2-}_{3(aq)}$	=	$2\ I^-_{(aq)}$	+	$S_4O^{2-}_{6(aq)}$
Avant R^n	$(n_{I_2})_{(2)}$		$(n_{S_2O_3^{2-}})_E$		0		0
Après R^n	$(n_{I_2})_{(2)} - x_E$		$(n_{S_2O_3^{2-}})_E - 2x_E$		$2\ x_E$		x_E

À l'équivalence, le diiode est limitant donc $(n_{I_2})_{(2)} - x_E = 0$;

d'où $(n_{I_2})_{(2)} = x_E$.

À l'équivalence, lorsque tout le diiode a disparu (décoloration), le thiosulfate est également limitant : $(n_{S_2O_3^{2-}})_E - 2x_E = 0$ d'où $\dfrac{(n_{S_2O_3^{2-}})_E}{2} = x_{éq}$.

Finalement : $(n_{I_2})_{(2)} = \dfrac{(n_{S_2O_3^{2-}})_E}{2}$ et $(n_{I_2})_{(2)} = \dfrac{[S_2O_3^{2-}].V_E}{2}$.

A.N. : $(n_{I_2})_{(2)} = \dfrac{5{,}0.10^{-3} \times 20{,}5.10^{-3}}{2} = \mathbf{5{,}1.10^{-5}\ mol}$.

Quantité de matière en diiode initialement introduite : $(n_{I_2})_0 = [I_2].V_{I_2}$.

A.N. : $(n_{I_2})_0 = 3{,}5.10^{-3} \times 20.10^{-3} = \mathbf{7{,}0.10^{-5}\ mol}$.

χ) Quantité de matière en acide ascorbique (vit C) contenue dans les 10,0 mL de S dosés :

Bilan de matière de la réaction (1) dans l'état maximal d'avancement (mol) :

	$I_{2(aq)}$	$+ C_6H_8O_{6(aq)}$	$+ 2\ H^+_{(aq)}$	$= 2\ I^-_{(aq)}$	$+ C_6H_6O_{6(aq)}$
Avant R^n	$(n_{I_2})_{(1)}$	n_{vitC}	Excès	0	0
Après R^n	$(n_{I_2})_{(1)} - x_{max}$	$n_{vitC} - x_{max}$	Excès	$2\ x_{max}$	x_{max}

Dans l'état maximal d'avancenemt de la réaction (1), le diiode réagit quantitativement avec l'acide ascorbique.
Le diiode est donc limitant : $(n_{I_2})_{(1)} - x_{max} = 0$ d'où $(n_{I_2})_{(1)} = x_{max}$.

L'acide ascorbique est aussi limitant : $n_{vitC} - x_{max} = 0$ d'où $n_{vitC} = x_{max}$.
Finalement : $\boxed{(n_{I_2})_{(1)} = n_{vitC}}$

La conservation en élément diiode : $(n_{I_2})_0 = (n_{I_2})_{(1)} + (n_{I_2})_{(2)}$ amène à la relation : $(n_{I_2})_{(1)} = (n_{I_2})_0 - (n_{I_2})_{(2)}$ et :

$$\boxed{n_{vitC} = (n_{I_2})_0 - (n_{I_2})_{(2)}}$$

A.N. : $n_{vitC} = 7{,}0.10^{-5} - 5{,}1.10^{-5} = \mathbf{1{,}9.10^{-5}}$ **mol.**

δ) Masse d'acide ascorbique contenue dans le jus de citron :
Le volume du jus de citron a été amené à 100,0 mL dans la préparation de la solution S. Seuls 10,0 mL ont été dosés :

$$n_{vitC,jus\ de\ citron} = 10.n_{vitC}$$

$\Rightarrow m_{vitC,jus\ de\ citron} = n_{vitC,jus\ de\ citron} . M_{acide\ ascorbique}$
A.N. : $m_{vitC,jus\ de\ citron} = 10 \times 1{,}9.10^{-5} \times 176 =$ **33 mg.**
Le jus de citron dosé contient 33 mg de vitamine C.

REMARQUE : l'apport journalier recommandé en vitamine C pour un adulte est de 75 à 90 mg.

Corrigé 3

1. Couples acide/base mis en jeu au cours de ce dosage : $NH_4^+(aq) / NH_3(aq)$ et $H_3O^+ / H_2O(\ell)$
2. Équation-bilan de la réaction support de ce dosage

$$NH_4^+(aq) / NH_3(aq) : NH_4^+(aq) = NH_3(aq) + H^+(aq)$$
$$H_3O^+ / H_2O(\ell) : H_3O^+ = H_2O(\ell) + H^+(aq)$$
$$NH_3(aq) + H^+(aq) \rightarrow NH_4^+(aq)$$
$$\oplus\ H_3O^+ \rightarrow H_2O(\ell) + H^+(aq)$$
$$NH_3(aq) + H_3O^+ = NH_4^+(aq) + H_2O(\ell)$$

3. Conditions nécessaires pour qu'une réaction chimique soit le support d'un dosage quantitatif :
Réaction totale, rapide, unique ou prépondérante et connaître au moins une technique pour détecter son équivalence.
4. Bilan réactionnel avant et après l'équivalence :

Concentrations effectives	$[NH_3]$	$[H_3O^+]$	$[NH_4^+]$	$[C\ell^-]$
Avant l'équivalence	↘	0	↗	↗
Après l'équivalence	0	↗	cte	↗

Avant l'équivalence, $[NH_4^+]$ et $[C\ell^-]$ ↗, donc G ↗ lorsque V_a ↗ ;
Après l'équivalence, $[H_3O^+]$ et $[C\ell^-]$ ↗, donc G ↗ davantage lorsque V_a ↗ car $\lambda(H_3O^+) > \lambda(NH_4^+)$.

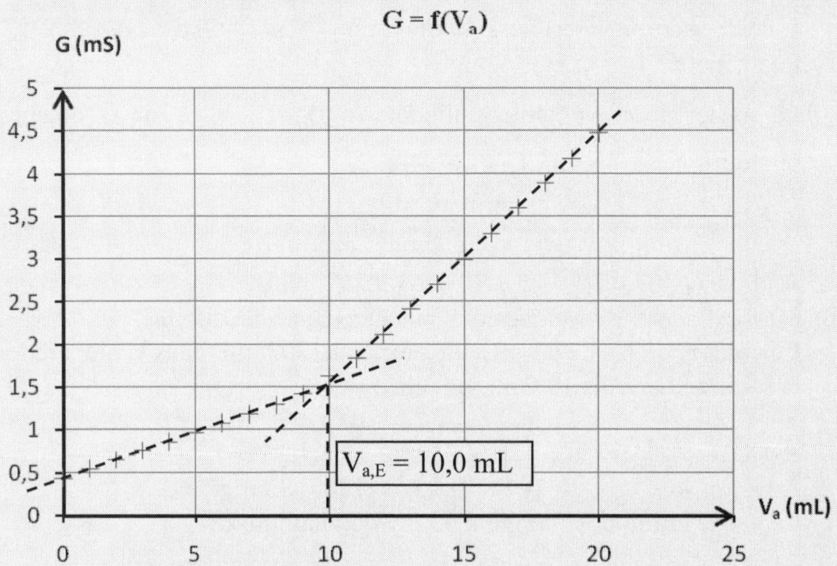

5. Il y a équivalence lorsqu'il y a changement de réactif limitant, c'est-à-dire au changement de comportement de l'évolution de G en fonction de V_a.

6. $V_{a,E}$ est l'abscisse du point de concours des deux droites limites de comportement tracées sur le graphe $G = f(V_a)$:

Par détermination graphique, on obtient $V_{a,E} = 10,0$ mL.

7. Tableau d'avancement traduisant le dosage (mol)

	$NH_3(aq)$	$+ H_3O^+$	$= NH_4^+(aq)$	$+ H_2O(\ell)$
État initial	$C_b.V_b$	$C_a.V_{a,E}$	0	Excès
À l'équivalence	$C_b.V_b - x_E = 0$	$C_a.V_{a,E} - x_E = 0$	x_E	Excès

$$\Rightarrow x_E = c_b.V_b = c_a.V_{a,E} \Leftrightarrow c_b = \frac{c_a.V_{a,E}}{V_b} = \frac{2,0.10^{-1} \times 10,0}{100} = \mathbf{2,0.10^{-2}\ mol.L^{-1}}$$

8. $c_{m,b} = c_b.M_{NH3} = 2,0.10^{-2} \times (14,0+3\times1,00) = 0,34\ g.L^{-1}$.

9. $c_{m,b,préparée} = \dfrac{m_{NH_3,introduite}}{V_{solution}} = \dfrac{0,35}{1,00} = 0,35\ g.L^{-1}$;

d'où $\Delta\% = \left|\dfrac{0,35-0,34}{0,35}\right| = 2,9\%$: la technique de dosage est précise.

Corrigé 4

1. D'après les couples acide/base fournis, la seule réaction acido-basique possible est :

$$H_3O^+/H_2O_{(\ell)} \qquad H_3O^+ = H_2O_{(\ell)} + H^+_{(aq)}$$

$$H_2O_{(\ell)}/\ HO^-_{(aq)} \qquad \oplus\ (H_2O_{(\ell)} = HO^-_{(aq)} + H^+_{(aq)}) \times (-1)$$

$$\boxed{H_3O^+ + HO^-_{(aq)} = 2H_2O_{(\ell)}}$$

REMARQUE : les ions chlorure et sodium ne participent pas au bilan réactionnel mais il faudra en tenir compte pour l'étude conductimétrique.

2. Courbe représentant l'évolution $G = f(V_b)$ de la conductance G du milieu en fonction du volume V_b de soude versé :

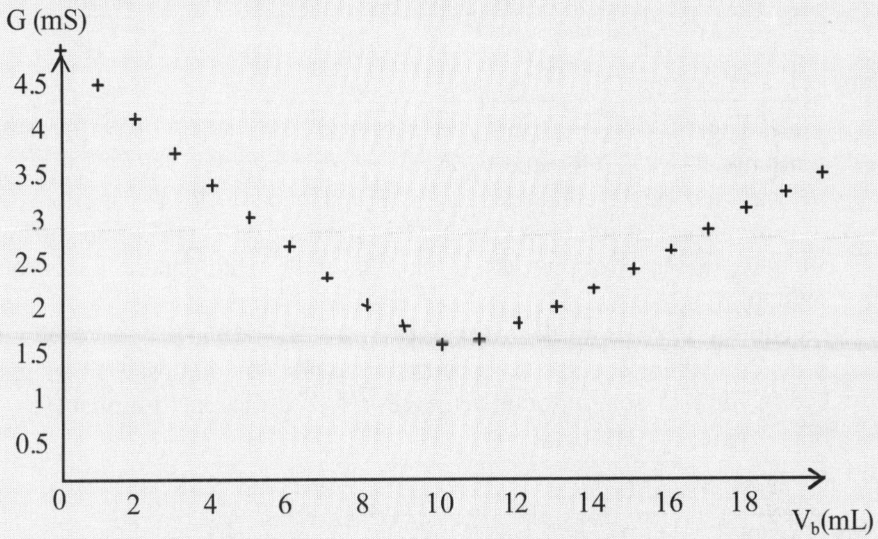

3. la courbe $G = f(V_b)$ comporte deux parties distinctes :

- une partie décroissante pour $0 \leq V_b < 10$ mL ;
- une partie croissante pour $10 \text{ mL} < V_b \leq 20$ mL.

Bilan de matière et étude de la partie décroissante (début du dosage) : les ions hydroxyde HO^- sont introduits par défaut (HO^- est le réactif limitant) :

	H_3O^+	+	$HO^-_{(aq)}$	→	$2\ H_2O_{(\ell)}$
Avant R^n	$(n_{H_3O^+})_i$		$(n_{HO^-})_i$		Excès (solvant)
Après R^n	$(n_{H_3O^+})_i - x_{max}$		$(n_{HO^-})_i - x_{max}$		Excès

Or $(n_{H_3O^+})_i = C_a.V_a = 1{,}0.10^{-1} \times 10{,}0.10^{-3} = \mathbf{1{,}0.10^{-3}\ mol}$;

$(n_{HO^-})_i = C_b.V_b = 1{,}0.10^{-1} \times V_b = \mathbf{0{,}10.V_b}$.

La réaction envisagée est totale et HO^- est le réactif limitant, d'où :
$(n_{HO^-})_i - x_{max} = 0 \Leftrightarrow x_{max} = (n_{HO^-})_i \boxed{= 0{,}10.V_b}$ (V_b en L) ;
$(n_{H_3O^+})_i - x_{max} = C_a.V_a - C_b.V_b = \boxed{1{,}0.10^{-3} - 0{,}10.V_b}$.

Pour $0 \leq V_b < 10$ mL :

	H_3O^+	+	$HO^-_{(aq)}$	$\rightarrow$	$2\,H_2O_{(\ell)}$
Avant R^n	$C_a.V_a$		$C_b.V_b$		Excès
Après R^n	$C_a.V_a - C_b.V_b$		0		Excès

De plus, $(n_{Cl^-})_i = (n_{H_3O^+})_i = C_a.V_a$ et $(n_{Na^+})_i = (n_{HO^-})_i = C_b.V_b$.

Finalement, en posant le volume total $V_{total} = V_{eau} + V_a + V_b$ avec $V_{eau} >> V_a$ et V_b d'où $V_{total} \simeq V_{eau}$, on obtient approximativement :

$[H_3O^+]$	$[HO^-]$	$[C\ell^-]$	$[Na^+]$
$\dfrac{C_a.V_a - C_b.V_b}{V_{eau}}$	$\simeq 0$	$\dfrac{C_a.V_a}{V_{eau}}$	$\dfrac{C_b.V_b}{V_{eau}}$

Ainsi, pour $0 \leq V_b < 10$ mL, on a : $[H_3O^+]$ ↘, $[HO^-] \simeq 0$, $[C\ell^-] \simeq$ constante et $[Na^+]$ ↗ lorsque V_b ↗.
La variation de la conductance du milieu dépend de la variation des concentrations en ions H_3O^+ et Na^+. Cependant, la conductivité molaire ionique des ions oxonium est 7 fois plus importante que celle des ions sodium.
La conductance du milieu décroît pour $0 \leq V_b < 10$ mL.
Bilan de matière et étude de la partie croissante (fin du dosage) : les ions hydroxyde HO^- sont introduits en excès (H_3O^+ est le réactif limitant) :
Pour 10 mL $< V_b \leq 20$ mL :

	H_3O^+	+	$HO^-_{(aq)}$	$\rightarrow$	$2\,H_2O_{(\ell)}$
Avant R^n	$C_a.V_a$		$C_b.V_b$		Excès
Après R^n	0		$C_b.V_b - C_a.V_a$		Excès

$[H_3O^+]$	$[HO^-]$	$[C\ell^-]$	$[Na^+]$
$\simeq 0$	$\dfrac{C_b.V_b - C_a.V_a}{V_{eau}}$	$\dfrac{C_a.V_a}{V_{eau}}$	$\dfrac{C_b.V_b}{V_{eau}}$

Ainsi, pour 10 mL $< V_b \leq 20$ mL, on a : $[H_3O^+] \simeq 0$, $[HO^-]$↗, $[C\ell^-] \simeq$ constante et $[Na^+]$ ↗ lorsque V_b ↗.
La variation de la conductance du milieu dépend de la variation des concentrations en ions HO^- et Na^+.
La conductance du milieu croît pour 10 mL $< V_b \leq 20$ mL.

4. Les parties décroissantes et croissantes de la courbe étant quasiment rectilignes, on linéarise ces deux parties ; l'intersection des deux droites ainsi obtenues représente le cas limite où $[H_3O^+] = [HO^-] \simeq 0$. Cette condition, pour laquelle les deux réactifs sont limitants (ils sont totalement consommés après réaction), représente l'équivalence de ce dosage (voir courbe exploitée au 6.).

5. Sur la courbe exploitée, on détermine le volume équivalent expérimental $(V_E)_{expérimental}$ par l'abscisse du point de concours des deux droites précédemment citées : $\mathbf{(V_E)_{expérimental} = 9,8\ mL}$.

À l'équivalence, lorsque $V_b = V_{éq}$, les deux réactifs ont totalement disparu : $(n_{H_3O^+})_i = (n_{HO^-})_{i,E} \Leftrightarrow \boxed{C_a.V_a = C_b.(V_E)_{théorique}}$.

A.N. : $\mathbf{(V_{éq})_{théorique}} = \dfrac{C_a.V_a}{C_b} = \dfrac{1{,}0.10^{-1} \times 10{,}0}{1{,}0.10^{-1}} = \mathbf{10{,}0\ mL}$.

Erreur relative du dosage :

$$\Delta\% = \frac{\left|(V_E)_{exp} - (V_E)_{théo}\right|}{(V_E)_{théo}} = \frac{|9{,}8 - 10{,}0|}{10{,}0} = 2{,}0\%.$$

Dans les conditions expérimentales du dosage, l'erreur relative est de **2,0 %**. Cette erreur est tout à fait acceptable compte-tenu de la précision courante du matériel employé.

6. Courbe $G = f(V_b)$ exploitée :

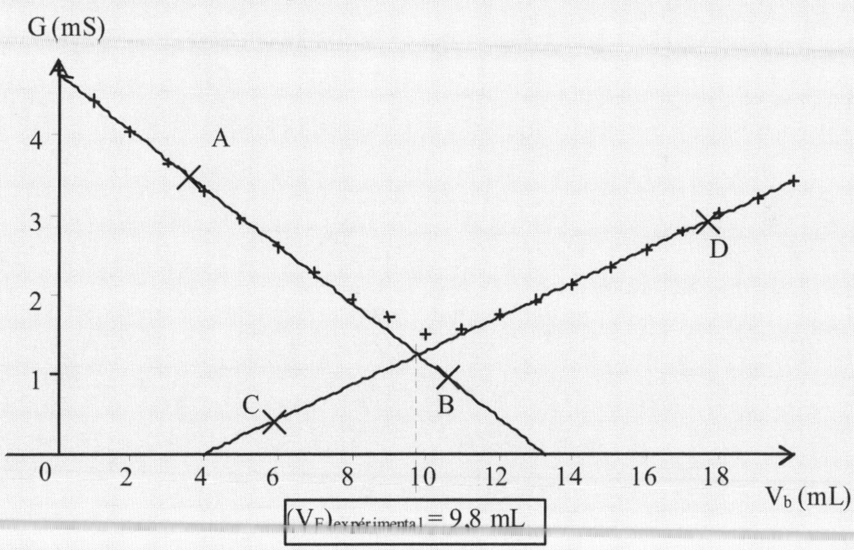

Valeur absolue de la pente de la droite (AB) :

$$\left|m_{(AB)}\right| = \left|\frac{G_B - G_A}{V_{b,B} - V_{b,A}}\right| = \left|\frac{0{,}80 - 3{,}4}{10{,}5 - 3{,}5}\right| = 0{,}37\ mS.mL^{-1}.$$

Valeur absolue de la pente de la droite (CD) :

$$\left|m_{(CD)}\right| = \left|\frac{G_D - G_C}{V_{b,D} - V_{b,C}}\right| = \left|\frac{3,0-0,50}{17,5-6,0}\right| = 0,22 \text{ mS.mL}^{-1}.$$

Rapport des valeurs absolues des pentes des droites (AB) et (CD) :

$$\frac{\left|m_{(AB)}\right|}{\left|m_{(CD)}\right|} = \frac{0,37}{0,22} = \mathbf{1,7}.$$

Les variations de $G = f(V_b)$ sont en grande partie dues à la conductivité molaire ionique de H_3O^+ pour $V_b < V_{éq}$ et à la conductivité molaire ionique de HO^- pour $V_b > V_{éq}$.

Rapport de ces conductivités molaires ioniques : $\frac{\lambda_{H_3O^+}}{\lambda_{HO^-}} = \frac{350}{199} = \mathbf{1,76}$.

Ces deux rapports sont voisins, ce qui montre la cohérence de l'étude.

Corrigé du Contrôle

1. Couples acide/base mis en jeu au cours de ce dosage :
$CH_3COOH(aq) / CH_3COO^-(aq)$ et $H_2O(\ell) / HO^-(aq)$
2. Équation-bilan de la réaction support de ce dosage
$CH_3COOH(aq) / CH_3COO^-(aq) : CH_3COOH(aq) = CH_3COO^-(aq) + H^+(aq)$
$H_2O(\ell) / HO^-(aq) : H_2O(\ell) = HO^-(aq) + H^+(aq)$
$$CH_3COOH(aq) \rightarrow CH_3COO^-(aq) + H^+(aq)$$
$$\oplus\ HO^-(aq) + H^+(aq) \rightarrow H_2O(\ell)$$
$$\boxed{CH_3COOH(aq) + HO^-(aq) = CH_3COO^-(aq) + H_2O(\ell)}$$
3. Conditions nécessaires pour qu'une réaction chimique soit le support d'un dosage quantitatif :
Réaction totale, rapide, unique ou prépondérante et connaître au moins une technique pour détecter son équivalence.
4. Bilan réactionnel avant et après l'équivalence :

Concentrations effectives	$[CH_3COOH]$	$[HO^-]$	$[CH_3COO^-]$	$[Na^+]$
Avant l'équivalence	↘	0	↗	↗
Après l'équivalence	0	↗	cte	↗

Avant l'équivalence, $[CH_3COO^-]$ et $[Na^+]$ ↗, donc G ↗ lorsque V_b ↗ ;
Après l'équivalence, $[HO^-]$ et $[Na^+]$ ↗, donc G ↗ davantage lorsque V_b ↗ car $\lambda(HO^-) > \lambda(CH_3COO^-)$.
5. Il y a équivalence lorsqu'il y a changement de réactif limitant, c'est-à-dire au changement de comportement de l'évolution de G en fonction de V_b.
$V_{b,E}$ est l'abscisse du point de concours des deux droites limites de comportement tracées sur le graphe $G = f(V_b)$:

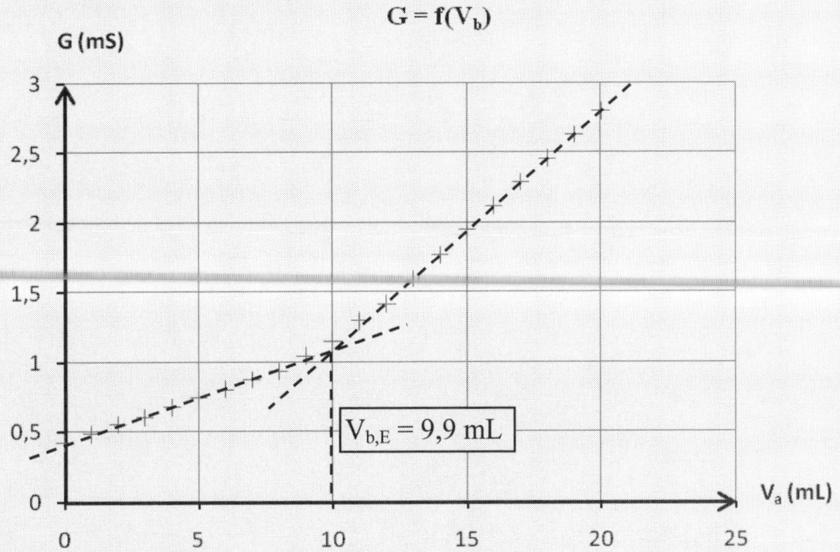

6. Par détermination graphique, on obtient $V_{b,E} = 9,9$ mL.
7. Tableau d'avancement traduisant le dosage (mol)

	$CH_3COOH_{(aq)}$	$+ HO^-_{(aq)} =$	$CH_3COO^-_{(aq)}$	$+ H_2O_{(\ell)}$
État initial	$C_a.V_a$	$C_b.V_{b,E}$	0	Excès
À l'équivalence	$C_a.V_a - x_E = 0$	$C_b.V_{b,E} - x_E = 0$	x_E	Excès

$\Rightarrow x_E = c_a.V_a = c_b.V_{b,E} \Leftrightarrow c_a = \dfrac{c_b.V_{b,E}}{V_a} = \dfrac{1,0.10^{-1} \times 9,9}{100} = \mathbf{9,9.10^{-3}\ mol.L^{-1}}$.

$c_{m,a} = c_a.M_{CH3COOH} = 9,9.10^{-3} \times (2\times12,0+2\times16,0+4\times1,00) = \mathbf{0,59\ g.L^{-1}}$.

$c_{m,a,préparée} = 0,60$ g.L^{-1} d'où $\Delta\% = \left|\dfrac{0,60-0,59}{0,60}\right| = 1,7\%$: la technique de dosage est précise.

6 Dosages par titrage pH-métrique

TITRAGE PH-MÉTRIQUE

Réalisation du dosage

Une réaction acido-basique quasi totale ($\tau_{final} \approx 1$) peut servir de support à un dosage pH-métrique.

Il s'agit de déterminer la quantité de matière ou la concentration molaire volumique d'un réactif (réactif à titrer : acide ou base) connaissant la quantité de matière ou la concentration molaire volumique de l'autre réactif (réactif titrant : base ou acide).

EXEMPLE : dosage d'une solution d'acide AH par une solution d'hydroxyde de sodium ($Na^+ + HO^-$).

Équation-bilan de la réaction support du dosage (Na^+ étant indifférent) :

$$AH_{(aq)} + HO^-_{(aq)} = A^-_{(aq)} + H_2O_{(\ell)}$$

On désire titrer la solution d'acide AH de concentration molaire volumique en soluté apporté c_a inconnue par une solution titrante d'hydroxyde de sodium de concentration molaire volumique en soluté apporté c_b connue.

On utilise le montage schématisé ci-après. On relève le pH du contenu du bécher à chaque ajout de réactif titrant.

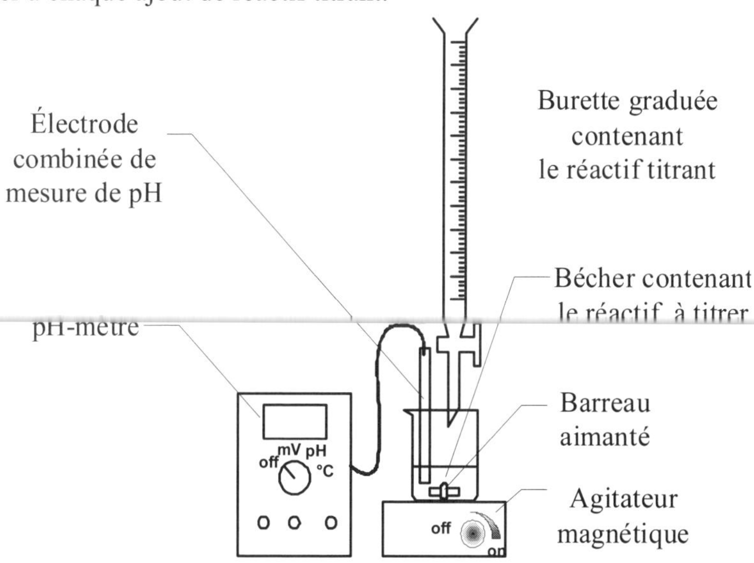

On obtient alors la courbe de variation du pH en fonction du volume V_b de réactif titrant versé :

Titrage d'une solution d'acide AH par la soude : évolution du pH en fonction du volume V_b de base titrante versé.

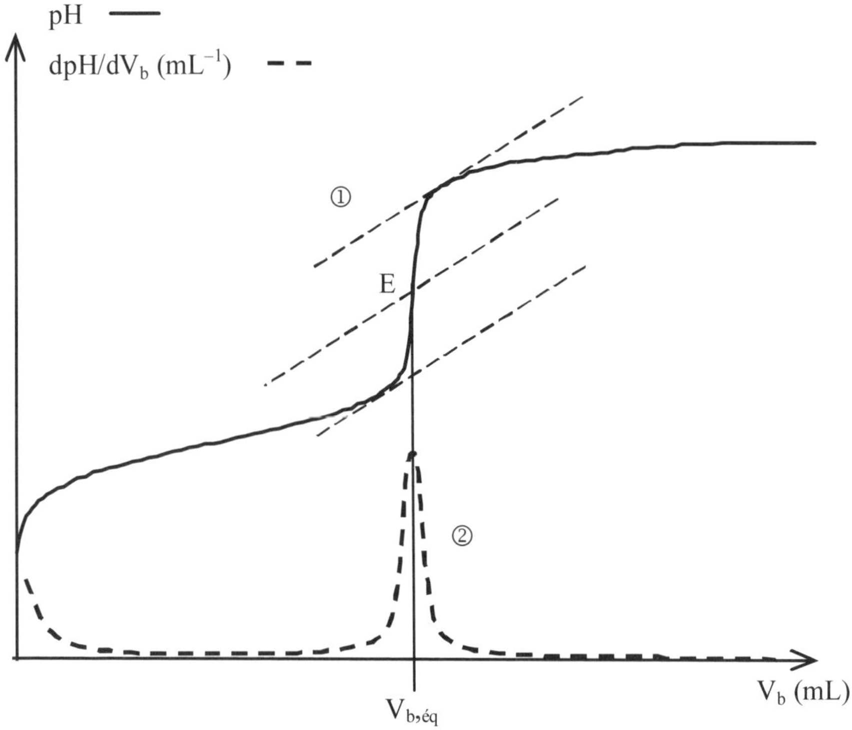

○ Exploitation de la courbe pH = f(V_b)

Détermination du point équivalent E par la méthode des tangentes ①

On trace deux tangentes à la courbe, parallèles, aux maxima d'incurvation encadrant la plus grande variation de pH (saut de pH). La médiane de la bande ainsi formée, coupe la courbe en E d'abscisse $V_{b,E}$: c'est le volume équivalent.

Détermination du point équivalent E par la méthode de la dérivée ②

On trace la courbe $\dfrac{dpH}{dV_b} = g(V_b)$. Le volume de l'extremum de cette dernière coïncide avec le volume de la plus grande variation de pH en fonction de V_b ce qui correspond au volume équivalent $V_{b,E}$.

TITRAGE PAR INDICATEUR COLORÉ DE PH

○ Rappel

Un indicateur coloré de pH est une espèce acido-basique Hind/ind$^-$ dont les formes acide Hind et basique ind$^-$ sont de couleurs différentes en solution aqueuse.

À l'équation-bilan $Hind_{(aq)} + H_2O_{(\ell)} = H_3O^+ + ind^-_{(aq)}$ de la réaction de l'acide Hind avec l'eau, on associe la constante d'équilibre :

$$K_a = \frac{[H_3O^+]_{éq} \times [ind^-]_{éq}}{[Hind]_{éq}} \text{ et le } pK_a \text{ correspondant.}$$

Diagramme de prédominance du couple Hind/ind$^-$:

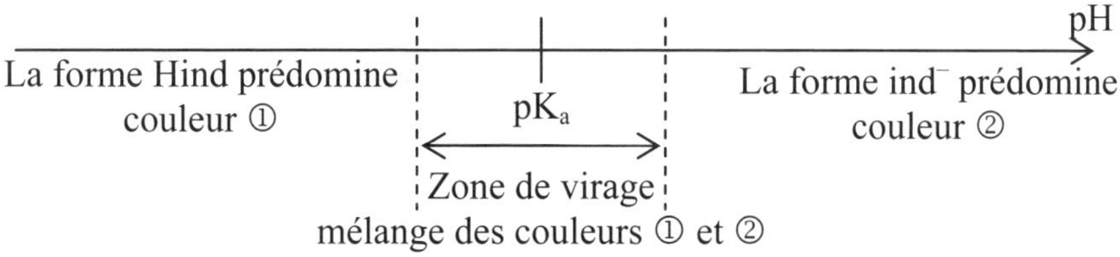

○ Choix de l'indicateur coloré de pH pour repérer l'équivalence acido-basique

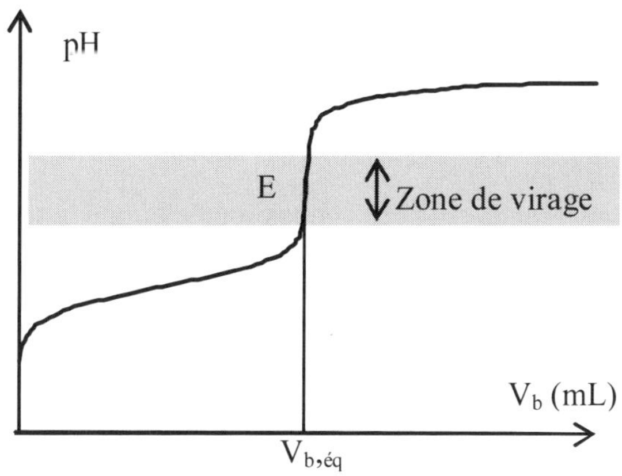

La zone de virage de l'indicateur coloré de pH doit correspondre à la plus grande variation de pH.

REMARQUE : il est préférable qu'elle contienne le pH à l'équivalence.

L'ion éthanolate

L'éthanol, de formule C_2H_5OH, réagit avec le sodium, suivant l'équation-bilan :

$$C_2H_5OH_{(\ell)} + Na_{(s)} = C_2H_5O^- + Na^+ + \frac{1}{2} H_{2(g)} \quad (1)$$

L'ion éthanolate $C_2H_5O^-$ formé au cours de cette réaction, réagit totalement avec l'eau en donnant quantitativement de l'éthanol et des ions hydroxyde : l'équation-bilan de cette réaction sera notée (2).

Protocole :

Dans 20 mL d'éthanol pur on introduit 1,0 g de sodium; une réaction assez vive, exothermique se produit, accompagné d'un dégagement gazeux important.

Après s'être assuré que tout le sodium a disparu, on refroidit le mélange réactionnel. On le verse dans une fiole jaugée à 200,0 mL contenant déjà un peu d'eau distillée. On complète jusqu'au trait de jauge avec de l'eau distillée. Soit S la solution homogène obtenue.

On dose une prise d'essai de $V_b = 10{,}0$ mL de la solution S par une solution d'acide chlorhydrique ($H_3O^+ + C\ell^-$) de concentration $c_a = 1{,}0.10^{-1}$ mol.L^{-1}.

DONNÉES :

masses molaires atomiques :

atome	H	C	O	Na
M (g.mol^{-1})	1,0	12	16	23

masse volumique de l'éthanol : $\rho = 790$ g.L^{-1}.

1. Étude des réactions (1) et (2)

a) La réaction (1) peut-elle être considérée comme une réaction acido-basique ? Justifier la réponse.

b) Montrer que l'éthanol est introduit en excès par rapport au sodium.
En déduire la quantité de matière d'ions éthanolate formée lors de la réaction (1).

c) Écrire l'équation-bilan de la réaction (2) et montrer que cette réaction est une réaction acido-basique.

2. Dosage de la solution S.

a) Le volume de la solution d'acide chlorhydrique versé pour atteindre l'équivalence est $V_{a,E} = 21{,}4$ mL. Par quelle méthode peut-on repérer cette équivalence ?

b) Faire un schéma annoté du dispositif utilisé pour réaliser le dosage de la solution S.

c) Écrire l'équation-bilan support du dosage.

d) Déduire du volume d'acide chlorhydrique versé à l'équivalence la quantité de matière d'ions hydroxyde présents dans les 200 mL de la solution S.

e) Montrer que ce résultat est en accord avec la réponse donnée à la question 1. c).

Injections alcalinisantes

Des solutions d'hydrogénocarbonate de sodium ou de lactate de sodium sont utilisées en injection par les médecins pour leurs propriétés alcalinisantes (traitement de l'excès d'acidité)

L'ion lactate est la base conjuguée de l'acide lactique (ou acide 2-hydroxypropanoïque) de formule semi-développée $H_3C\text{-}CHOH\text{-}COO\mathbf{H}$ qui sera notée A**H** dans la suite du problème.

1. Écrire la formule semi-développée de l'ion lactate. L'ion lactate sera noté A^- dans la suite du problème.

2. Pour vérifier la concentration d'une solution commerciale, on procède à un titrage pH-métrique des ions lactate contenus dans cette solution.
On prélève un volume V_1 = 20,0 mL de solution S de lactate de sodium et l'on y verse une solution d'acide chlorhydrique ($H_3O^+ + C\ell^-$) de concentration molaire en soluté apporté C_2 = 1,0 mol.L^{-1}. On mesure le pH au fur et à mesure de l'addition d'acide. On obtient les courbes tracées en fin d'énoncé.

a) Écrire l'équation-bilan de la réaction support du titrage, la transformation associée étant considérée comme totale.

b) Déterminer graphiquement le volume d'acide versé à l'équivalence V_{2E}, en indiquant la méthode choisie.

c) En déduire la concentration molaire en soluté apporté C_1 de la solution de lactate de sodium. On pourra s'aider d'un tableau d'avancement.

3. Pour vérifier que la réaction support du dosage est bien totale, on se place dans un cas particulier avant l'équivalence lorsque l'on a versé 9,0 mL d'acide.

a) Calculer la quantité d'ions oxonium H_3O^+ introduite dans ces conditions.

b) Le pH de la solution est alors égal à 4,0. Calculer la quantité d'ions oxonium H_3O^+ alors présente dans la solution.

c) En déduire que la transformation pouvait être considérée comme totale.

4. Dans le foie les ions lactate se décomposent en quelques heures en libérant des ions hydrogénocarbonate HCO_3^-.

a) Écrire l'équation de la réaction des ions hydrogénocarbonate HCO_3^- avec les ions oxonium H_3O^+ contenus dans une solution acide. La transformation associée sera considérée comme totale.

b) Quelle est la conséquence d'une injection de lactate ou d'hydrogénocarbonate de sodium sur le pH des liquides physiologiques contenus dans le corps en cas d'excès d'acidité ?

DONNÉES : Couples acide/base

$AH_{(aq)}/A^-_{(aq)}$; $H_3O^+/H_2O_{(\ell)}$; $H_2O_{(\ell)}/HO^-_{(aq)}$; $HCO^-_{3(aq)}/CO^{2-}_{3(aq)}$;

$CO_2, H_2O/HCO^-_{3(aq)}$.

Courbe de dosage : pH = f(V)

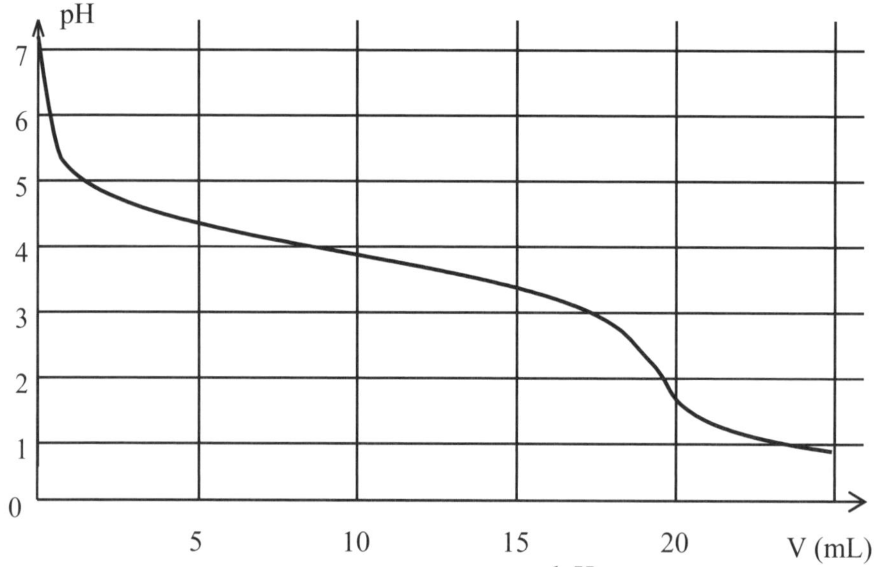

Exploitation de la courbe de dosage : courbe $\frac{dpH}{dV} = f(V)$

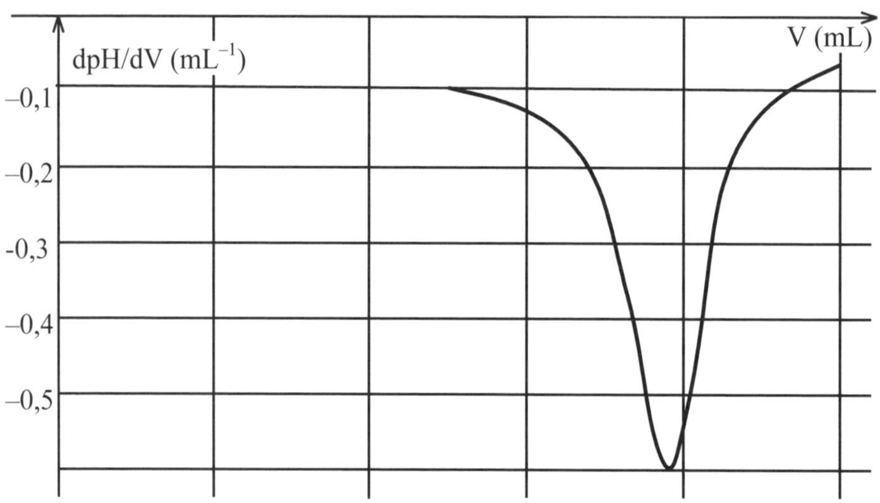

✱✱ Exercice 3 — 40 min

Dosage de l'acide éthanoïque

1. On dispose du matériel suivant :
   pipettes jaugées : 1,0 mL ; 5,0 mL ; 10,0 mL ; 20,0 mL ; poire à pipeter ; fioles jaugées : 50,0 mL ; 100,0 mL ; 200,0 mL ; un pH-mètre avec une sonde étalonnée ; éprouvettes graduées : 10 mL ; 50 mL ; 100 mL ;

un agitateur magnétique ; burette graduée de 25 mL ; barreau aimanté ; béchers et pissette d'eau distillée.

Comment préparer un volume V = 100 mL d'une solution d'acide éthanoïque diluée 10 fois ? Décrire brièvement le protocole expérimental.

2. Sur la figure 1, ci-jointe, on trouve la courbe expérimentale du dosage d'un volume Va = 20,0 mL de la solution d'acide éthanoïque, préparée dans la question 3, par une solution aqueuse d'hydroxyde de sodium (encore appelée soude) de concentration molaire volumique $C_b = 1,0.10^{-2}$ mol.L^{-1}.

La courbe, tracée ci-après, (figure 1), donne les variations du pH en fonction du volume V_b de base versée :

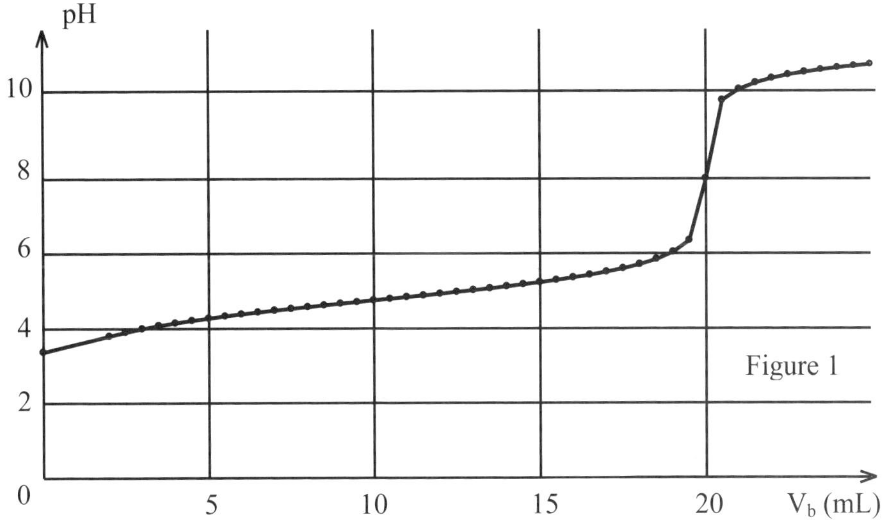

Figure 1

a) Faire un schéma annoté du dispositif utilisé pour réaliser le suivi pH-métrique du dosage en indiquant les noms des récipients utilisés et les réactifs qu'ils contiennent.

b) Écrire l'équation de la réaction de dosage.

c) Qu'appelle-t-on équivalence ? Déterminer l'abscisse du point d'équivalence sur la courbe expérimentale.

d) En déduire la concentration molaire volumique C_1 de la solution d'acide éthanoïque.

e) En l'absence de pH-mètre, l'indicateur coloré chou rouge permet-il de visualiser l'équivalence ? Justifier la réponse.

3. La figure 2, ci-après, obtenue avec un logiciel, présente la simulation du même dosage. Les courbes tracées représentent les variations du pH en fonction du volume V_b de soude ajouté et les pourcentages des espèces acide éthanoïque et ions éthanoate en fonction de V_b.

a) Identifier les courbes 2 et 3. Justifier la réponse.

b) Que peut-on dire des concentrations molaires volumiques des espèces acide et base conjuguées présentes au point d'intersection des courbes 2 et 3 ? En déduire une valeur approchée du pK_A du couple acide éthanoïque/ion éthanoate.

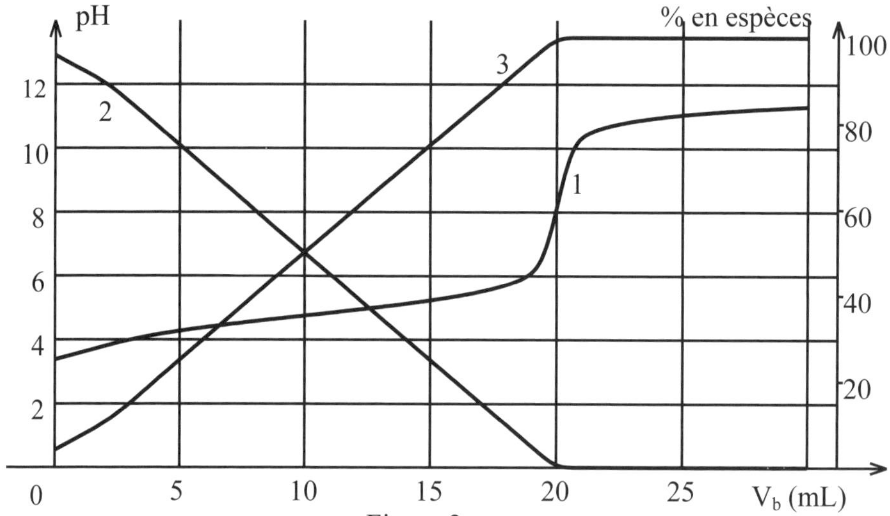

Figure 2

** **Exercice 4** 30 min

Détartrant à cafetière

L'acide sulfamique $NH_2SO_3H(s)$ est un composé d'usage ménager utilisé comme détartrant pour cafetière. Un sachet dose de 15 g de détartrant est fourni avec un paquet de filtres à café.

On souhaite vérifier la teneur en acide sulfamique dans ce sachet dose en effectuant un dosage acido-basique par une solution aqueuse d'hydroxyde de sodium.

Mode opératoire : On prélève 1,00 g de détartrant à cafetière que l'on dissout dans la quantité nécessaire et suffisante d'eau. On introduit cette solution dans une fiole jaugée de 100,0 mL que l'on complète avec de l'eau déminéralisée jusqu'au trait de jauge, on bouche et on homogénéise. Soit S cette nouvelle solution.

On prélève 10,0mL de la solution S que l'on introduit dans un erlenmeyer de 100 mL, on y ajoute 5 gouttes de solution alcoolique de bleu de bromothymol (indicateur coloré de pH) qui se colore en jaune.

On remplit et on ajuste au zéro une burette graduée de 25,0 mL avec la solution titrante d'hydroxyde de sodium de concentration molaire volumique $[HO^-] = 1{,}0.10^{-1}$ mol.L^{-1}.

On verse ensuite, goutte à goutte, la solution titrante dans l'erlenmeyer, placé sous agitation magnétique, jusqu'à apparition d'une coloration verte indiquant l'équivalence du dosage. On note alors le volume de solution titrante versé : $V_E = 9{,}8$ mL.

1. Faire un schéma légendé du montage.
2. Écrire l'équation-bilan de la réaction de dosage en notant AH l'acide sulfamique.

3. Définir l'équivalence de ce dosage et calculer la quantité de matière en acide sulfamique présente dans l'erlenmeyer.
4. Déduire, du résultat précédent, la quantité de matière et la masse d'acide sulfamique réellement présente dans le prélèvement de 1,00 g de détartrant.
5. Calculer la teneur massique, exprimée en pourcentage, en acide sulfamique dans le détartrant étudié.

DONNÉES :

$M_H = 1{,}0\ g.mol^{-1}$; $M_N = 14\ g.mol^{-1}$; $M_O = 16\ g.mol^{-1}$; $M_S = 32\ g.mol^{-1}$.

résumés de cours

exercices

contrôles

corrigés

Contrôle

50 min / 20 pts

Dosage d'un vinaigre

DONNÉES :

masses molaires atomiques :

atome	H	C	O	Na
M ($g.mol^{-1}$)	1,00	12,0	16,0	23,1

masse volumique du vinaigre étudié : $\rho = 1,02\ g.mL^{-1}$

couple acide/base	(H_3O^+/H_2O)	(CH_3COOH/CH_3COO^-)	(H_2O/HO^-)
pK_A	0,0	4,8	14

Constante d'autoprotolyse de l'eau à 25°C : $K_e = 1,0.10^{-14} \Rightarrow pK_e = 14$
Degré du vinaigre étudié : 7° (définition donnée en question 2-b))

Le but de l'exercice est d'effectuer le dosage d'un vinaigre. Pour cela, on dosera l'acide éthanoïque du vinaigre par une solution d'hydroxyde de sodium de concentration $C = 0,10\ mol.L^{-1}$.

Avant de réaliser ce dosage, on a procédé à une dilution au dixième du vinaigre. On appelle S_1 la solution diluée obtenue.

1. Dosage de l'acide éthanoïque du vinaigre
Le volume de solution S_1 à doser est $V_1 = 20,0$ mL.
Les mesures réalisées, traitées par informatique, ont permis de tracer les courbes représentées en fin d'énoncé.

a) Faire un schéma annoté du montage permettant de suivre l'évolution du pH en fonction du volume V de solution d'hydroxyde de sodium versé. **(2 pts)**

b) Écrire l'équation-bilan de la réaction chimique support de ce dosage. Calculer sa constante d'équilibre K. **(3 pts)**

c) Quelles conditions doit vérifier cette réaction pour permettre un dosage quantitatif ? **(2 pts)**

d) Définir l'équivalence de ce dosage. Établir le tableau descriptif de la réaction dans cet état d'équivalence. **(3 pts)**

e) Déterminer les coordonnées du point d'équivalence E. En déduire la concentration C_1 de la solution S_1. **(2 pts)**

f) Quel est l'intérêt de la dilution au dixième ? **(1 pt)**

g) Pourquoi la courbe représentant dpH/dV en fonction de V permet-elle de déterminer le volume équivalent V_E ? **(1 pt)**

h) Parmi les indicateurs colorés suivants, déterminer, en justifiant votre choix, celui qui convient le mieux pour repérer l'équivalence de ce dosage. **(1 pt)**

Indicateur coloré de pH	Zone de virage
Rouge de méthyle	4,2 - 6,2
Rouge de crésol	7,2 - 8,6
Jaune d'alizarine	10,1 - 12,1

2. Exploitation du dosage

a) Calculer la concentration C_0 en acide éthanoïque du vinaigre initial. **(1 pt)**

b) Le degré d'acidité du vinaigre correspond à la masse exprimée en grammes d'acide éthanoïque pur contenu dans 100 g de vinaigre. Calculer le degré d'acidité de ce vinaigre. **(3 pts)**
Comparer cette valeur avec la valeur donnée en début d'exercice par un calcul d'écart relatif. **(1 pt)**

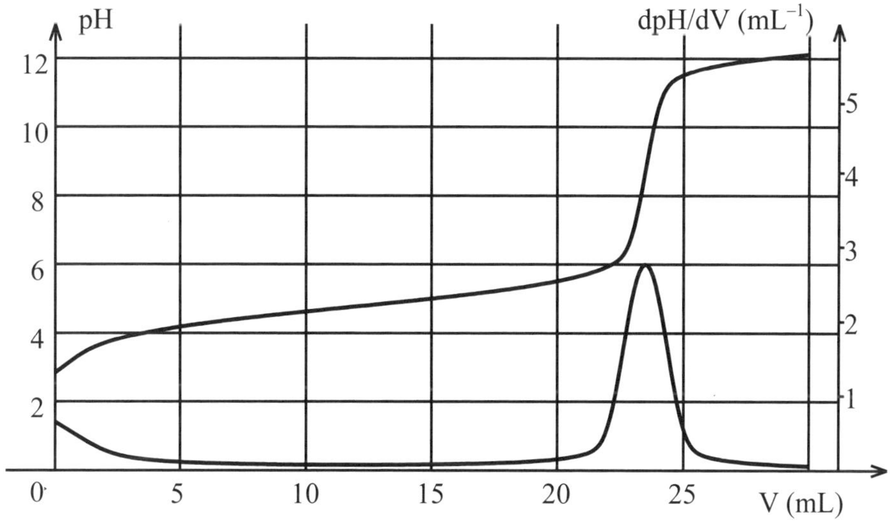

résumés de cours
exercices
contrôles
corrigés

Corrigés des exercices

Corrigé 1

1.

a) La réaction (1) n'est pas une réaction acide/base car il n'y a pas de transfert de proton H^+ entre $Na_{(s)}$ et Na^+.

b) Calcul des quantités de matière de réactifs initialement introduites :

$$(n_{Na})_0 = \frac{(m_{Na})_0}{M_{Na}} = \frac{1,0}{23} = \mathbf{4,3.10^{-2}\ mol}.$$

$$(n_{C_2H_5OH})_0 = \frac{\rho_{C_2H_5OH} \cdot V_{C_2H_5OH}}{M_{C_2H_5OH}} = \frac{790 \times 20.10^{-3}}{2 \times 12 + 1 \times 16 + 6 \times 1,0} = \mathbf{3,4.10^{-1}\ mol}\ ;$$

Tableau descriptif de l'avancement x de la réaction (1) (mol) :

x	$C_2H_5OH_{(\ell)}$	+	$Na_{(s)}$	=	$C_2H_5O^-$	+	Na^+	+	$\frac{1}{2}H_{2(g)}$
0	$4,3.10^{-2}$		$3,4.10^{-1}$		0		0		0
$x_{max,1}$	$4,3.10^{-2} - x_{max,1}$		$3,4.10^{-1} - x_{max,1}$		$x_{max,1}$		$x_{max,1}$		$\frac{1}{2}x_{max,1}$

Il y a disparition d'au moins un des deux réactifs (réactif limitant) dans l'état d'avancement maximal :

$4,3.10^{-2} - x_{max,1} = 0 \Leftrightarrow \mathbf{x_{max,1} = 4,3.10^{-2}\ mol}$ pour $Na_{(s)}$;

$3,4.10^{-1} - x_{max\ ,1} = 0 \Leftrightarrow x_{max,1} = 3,4.10^{-1}$ mol > $4,3.10^{-2}$ mol pour $C_2H_5OH_{(l)}$.

Le réactif limitant est le sodium $Na_{(s)}$ et l'éthanol est bien introduit en excès.

D'après le tableau d'avancement : $(n_{C_2H_5O^-})_{max} = x_{max,1} = 4,3.10^{-2}$ mol.

c) L'équation-bilan de la réaction entre $C_2H_5O^-$ et l'eau est :

$$C_2H_5O^- + H_2O_{(\ell)} = C_2H_5OH_{(aq)} + HO^-_{(aq)} \quad (2)$$

La réaction (2) est une réaction acidobasique car il y a transfert de proton H^+ de l'acide H_2O à la base $C_2H_5O^-$.

2.

a) On peut repérer l'équivalence d'une réaction acidobasique par dosage volumétrique en présence d'un indicateur coloré de pH ou par dosage pH-métrique.

b) Voir schéma en fin de correction.

c) L'équation-bilan de la réaction support du dosage est :

$$H_3O^+ + HO^-_{(aq)} = 2\ H_2O_{(\ell)}$$

d) À l'équivalence de cette réaction rapide et quasi-totale, les réactifs sont limitants : ils ont totalement disparu.

Tableau descriptif de la réaction support du dosage à l'équivalence (mol) :

État d'avancement à l'équivalence	H_3O^+	+	$HO^-_{(aq)}$	=	$2\ H_2O_{(\ell)}$
État d'avancement initial : $x = 0$	$C_a.V_{a,E}$		$C_S.V_b$		Excès
État d'avancement final : $x = x_E$	$0 = C_a.V_{a,E} - x_E$		$0 = C_S.V_b - x_E$		Excès'

$\Rightarrow 0 = C_a.V_{a,E} - x_E - C_S.V_b - x_E \Leftrightarrow \boxed{C_a.V_{a,E} = C_S.V_b}$

A.N. : $C_S = \dfrac{1{,}0.10^{-1} \times 21{,}4}{10{,}0} = 2{,}1.10^{-1}\ \text{mol.L}^{-1}$.

$\Rightarrow (n_{HO^-})_S = C_S.V_S = 2{,}1.10^{-1} \times 0{,}200 = \mathbf{4{,}2.10^{-2}\ mol}$.

Tableau descriptif de l'avancement x de la réaction (2) (mol) :

x	$C_2H_5O^-$	+	$H_2O_{(\ell)}$	=	$C_2H_5OH_{(aq)}$	+	$HO^-_{(aq)}$
0	$(n_{C_2H_5O^-})_{max}$		$(n_{H_20})_{fiole}$		0		0
$x_{max,2}$	$(n_{C_2H_5O^-})_{max} - x_{max,2}$		$(n_{H_20})_{fiole} - x_{max,2}$		$x_{max,2}$		$x_{max,2}$

D'après la réponse à la question 1. c), on a :
$(n_{C_2H_5O^-})_{max} = x_{max,1} = 4{,}3.10^{-2}$ mol ;

D'après le dosage de la solution S, résultat de la réaction (2), on a :
$(n_{HO^-})_S - x_{max,2} = 4{,}2.10^{-2}$ mol.

e) D'où, aux erreurs de mesures près : $x_{max,1} = x_{max,2}$; les réactions (1) et (2) ont bien été totales.

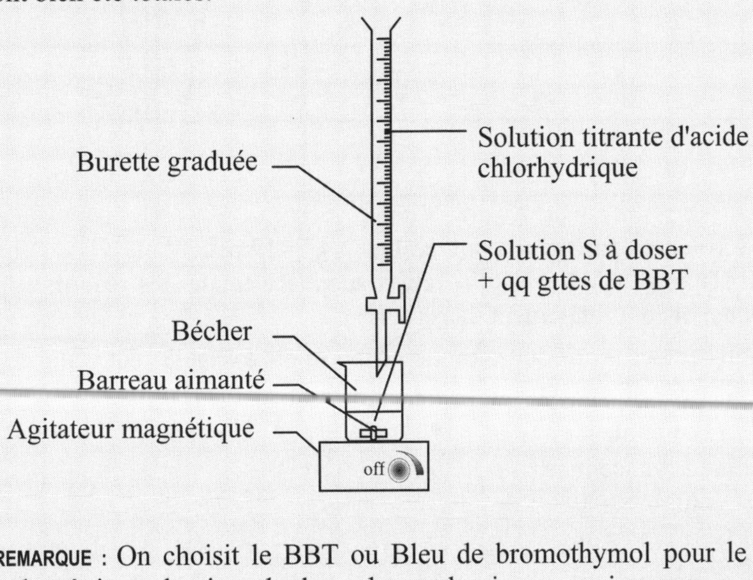

REMARQUE : On choisit le BBT ou Bleu de bromothymol pour le dosage volumétrique des ions hydroxyde par les ions oxonium car sa zone de virage encadre au mieux le pH équivalent.

Indicateur coloré de pH	Zone de virage
Bleu de bromothymol	6 – 8

Corrigé 2

1. Par l'équation-bilan de l'acide lactique sur l'eau :

$$CH_3CHOHCOOH_{(aq)} + H_2O_{(\ell)} = CH_3CHOHCOO^-_{(aq)} + H_3O^+$$

L'ion lactate a pour formule semi-développée : $CH_3CHOHCOO^-$.

2.

a) L'équation-bilan de la réaction support du dosage de l'ion lactate par l'ion oxonium est :

$$CH_3CHOHCOO^-_{(aq)} + H_3O^+ = CH_3CHOHCOOH_{(aq)} + H_2O_{(\ell)}$$

ou

$$A^-_{(aq)} + H_3O^+ = AH_{(aq)} + H_2O_{(\ell)}$$

b) La méthode du pic dérivé est la plus précise pour déterminer l'abscisse du point équivalent :

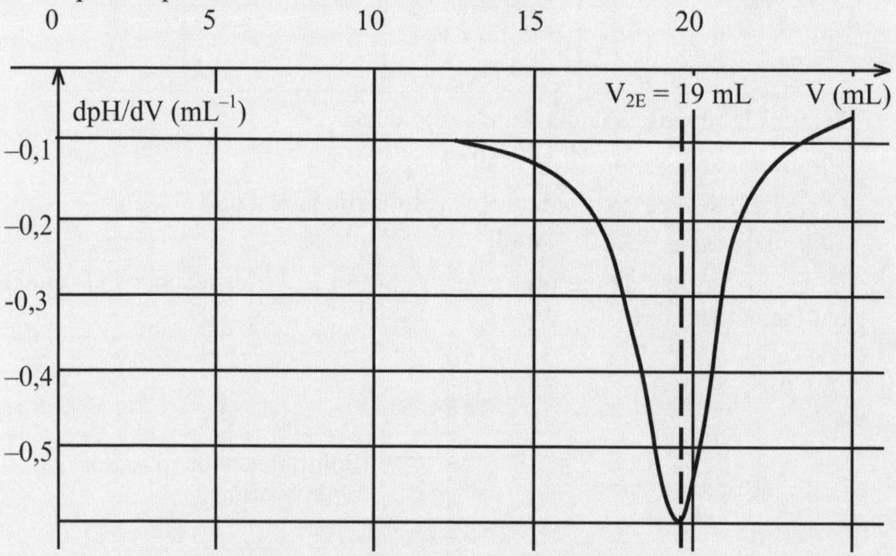

Le volume équivalent a pour valeur $\mathbf{V_{2E} = 19\ mL}$.

c) À l'équivalence de cette réaction supposée totale, les réactifs sont limitants : ils ont totalement disparu.

Tableau descriptif de la réaction support du dosage à l'équivalence (mol) :

État d'avancement à l'équivalence	$A^-_{(aq)}$	+	H_3O^+	=	$AH_{(aq)}$	+	$H_2O_{(\ell)}$
État d'avancement initial : x = 0	$C_1.V_1$		$C_2.V_{2E}$		0		Excès
État d'avancement final : $x = x_E$	$0 = C_1.V_1 - x_E$		$0 = C_2.V_{2E} - x_E$		x_E		Excès'

$\Rightarrow 0 = C_1.V_1 - x_E = C_2.V_{2E} - x_E \Leftrightarrow \boxed{C_1.V_1 = C_2.V_{2E}}$

A.N. : $C_1 = \dfrac{1,0 \times 19}{20,0} = \mathbf{0,95\ mol.L^{-1}}$.

3.

a) La quantité d'ions oxonium introduite lorsqu'on a versé $V_{2,9} = 9,0$ mL est :

$(n_{H_3O^+})_{i,9} = C_2.V_{2,9} = 1,0 \times 9,0.10^{-3} = \mathbf{9,0.10^{-3}\ mol}$.

b) Tableau descriptif de la réaction support du dosage à $V_2 = 9,0$ mL (mol) :

État d'avancement	$A^-_{(aq)}$	+	H_3O^+	=	$AH_{(aq)}$	+	$H_2O_{(\ell)}$
État d'avancement initial : x = 0	$C_1.V_1$		$C_2.V_{2,9}$		0		Excès
État d'avancement final : $x = x_9$	$C_1.V_1 - x_9$		$C_2.V_{2,9} - x_9$		x_9		Excès'

b) Par la définition $pH_9 = -\log[H_3O^+]_9 = -\log\left(\dfrac{(n_{H_3O^+})_9}{V_{total,9}}\right)$, on obtient :

$(n_{H_3O^+})_9 = V_{total,9}.10^{-pH_9}$.

A.N. : $(n_{H_3O^+})_9 = (20,0+9,0).10^{-3} \times 10^{-4} = \mathbf{2,9.10^{-6}\ mol}$.

avec $V_{total,9} = V_1 + V_{2,9} = 20,0 + 9,0 = 29,0$ mL et $pH_9 = 4$.
D'après le tableau d'avancement pour $V_2 = 9,0$ mL, on a :
$(n_{H_3O^+})_9 = C_2.V_{2,9} - x_9 \Leftrightarrow x_9 = C_2.V_{2,9} - (n_{H_3O^+})_9$.

A.N. : $x_9 = 9,0.10^{-3} - 2,9.10^{-6} \approx \mathbf{9,0.10^{-3}\ mol}$.

c) $C_2.V_{2,9} - x_9 \approx 0$: la réaction est quasi-totale ; le réactif H_3O^+ a quasiment disparu lorsqu'on a versé $V_2 = 9,0$ mL.

4.

a) L'équation-bilan de la réaction des ions $HCO^-_{3(aq)}$ avec les ions H_3O^+ est :

$$HCO^-_{3(aq)} + H_3O^+ = CO_2, H_2O + H_2O_{(\ell)}$$

b) Les ions lactate et hydrogénocarbonate sont des bases. Une injection de lactate ou d'hydrogénocarbonate de sodium aura pour conséquence d'augmenter le pH des liquides physiologiques contenus dans le corps en cas d'excès d'acidité.

Corrigé 3

1. On procède à une dilution. Au cours d'une dilution la quantité de matière de soluté (acide éthanoïque) se conserve.
Soit $n_{soluté,0} = n_{soluté,0}$ d'où, si $n_{soluté} = c_{soluté}.V_{solution}$, il vient :

$$\boxed{c_0.V_0 = c_1.V_1}$$

solution	mère	fille
c	$c_0 = 1,0.10^{-1}$ mol.L^{-1}	$c = 1,0.10^{-2}$ mol.L^{-1}
V	V_0(à prélever)	V = 100,0 mL (V final)

$$\Rightarrow V_0 = \frac{c_1.V_1}{c_0}\text{. A.N. : } V_0 = \frac{1{,}0.10^{-2} \times 100{,}0}{1{,}0.10^{-1}} = \mathbf{10{,}0\ mL}.$$

Protocole : On verse une vingtaine de mL de solution mère dans un bécher de 50 mL. À l'aide d'**une pipette jaugée de 10,0 mL**, on prélève V_0 = 10,0 mL de solution mère contenue dans ce bécher. On verse ce prélèvement dans **une fiole jaugée à 100,0 mL**. On ajoute de l'eau distillée jusqu'au trait de jauge. On bouche la fiole. On homogénéise par quelques retournements.

2.

a)

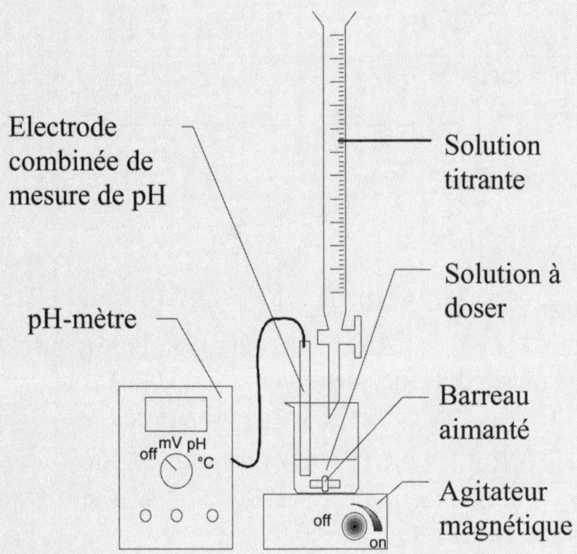

b) L'équation-bilan de la réaction support de ce dosage est :

$$CH_3COOH_{(aq)} + HO^-_{(aq)} = CH_3COO^-_{(aq)} + H_2O_{(\ell)}$$

c) À l'équivalence de cette réaction supposée totale, les réactifs sont limitants : ils ont totalement disparu.
La méthode des tangentes parallèles est suffisamment précise pour déterminer l'abscisse du point équivalent :

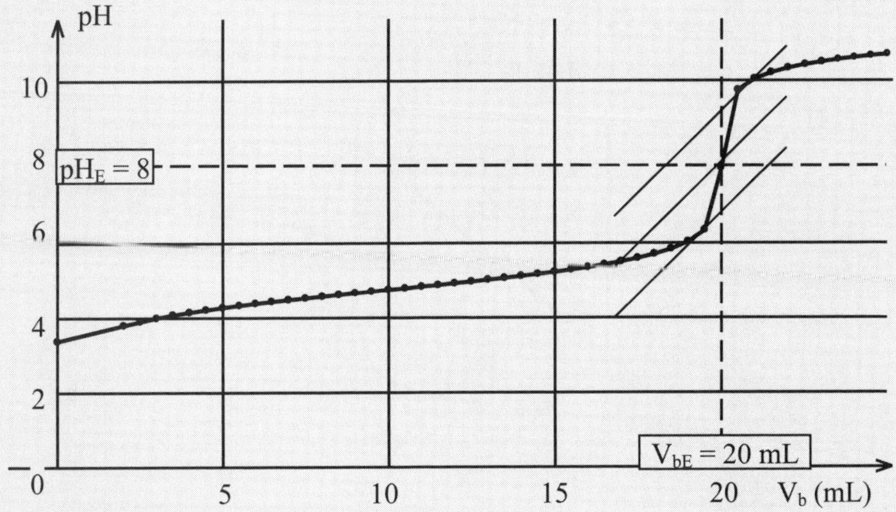

d) Tableau descriptif de la réaction support du dosage à l'équivalence (mol) :

État d'avancement à l'équivalence	$CH_3COOH_{(aq)}$	+	$HO^-_{(aq)}$	=	$CH_3COO^-_{(aq)}$	+	$H_2O_{(l)}$
État d'avancement initial : x = 0	$C_1.V_a$		$C_b.V_{bE}$		0		Excès
État d'avancement final : $x = x_E$	$0 = C_1.V_a - x_E$		$0 = C_b.V_{bE} - x_E$		X_E		Excès'

$\Rightarrow 0 = C_1.V_a - x_E = C_b.V_{bE} - x_E \Leftrightarrow \boxed{C_1.V_a = C_b.V_{bE}}$

A.N. : $C_1 = \dfrac{1{,}0.10^{-2} \times 20}{20{,}0} = \mathbf{1{,}0.10^{-2}\ mol.L^{-1}}$.

e) À l'équivalence, $pH_E = 8$, l'indicateur coloré de pH chou rouge passe du bleu au vert. L'équivalence peut être repérée par le passage de l'indicateur chou rouge du bleu au vert.

3.

a) La courbe 2 représente l'évolution du pourcentage effectif en acide éthanoïque par rapport à l'acide éthanoïque apporté en fonction du volume de soude versé : $\dfrac{[CH_3COOH]}{C_1} = f(V_b)$ car $[CH_3COOH]$ décroît au fur et à mesure que l'on ajoute la soude avant l'équivalence.

La courbe 3 représente l'évolution du pourcentage effectif en ions éthanoate par rapport à l'acide éthanoïque apporté en fonction du volume de soude versé : $\dfrac{[CH_3COO^-]}{C_1} = f(V_b)$ car $[CH_3COO^-]$ croît au fur et à mesure que l'on ajoute la soude avant l'équivalence.

b) Au point d'intersection des courbes 2 et 3, on a :
$[CH_3COOH] = [CH_3COO^-]$.

$$\text{Or } pH = pK_A + \log\left(\frac{[CH_3COO^-]}{[CH_3COOH]}\right) = pK_A \text{ en ce point précis.}$$

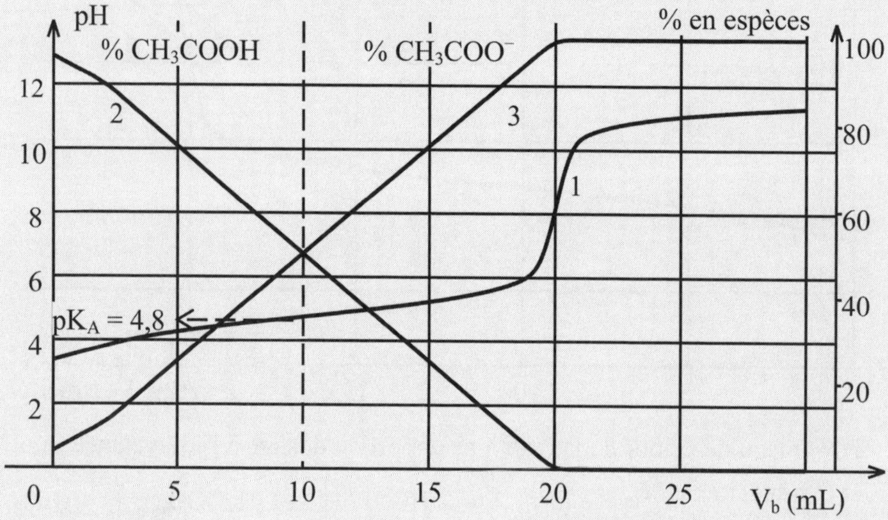

$$pK_{A(CH_3COOH/CH_3COO^-)} = 4{,}8$$

Corrigé 4

1.

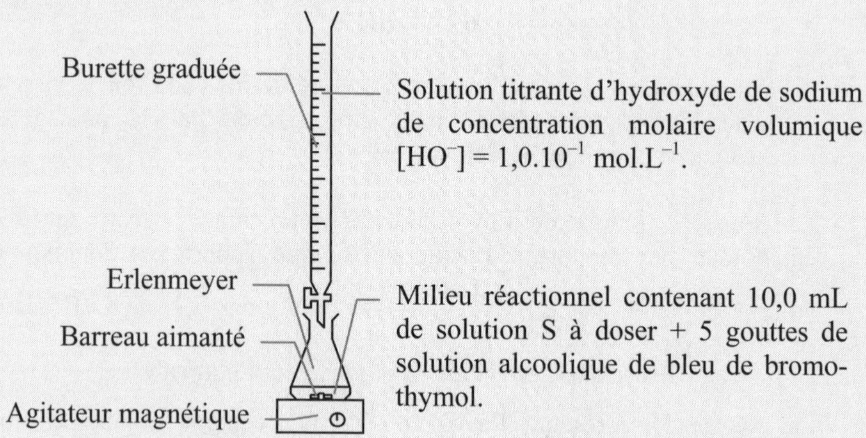

2. Équation-bilan de la réaction acido-basique entre l'acide sulfamique AH et l'ion hydroxyde HO^- dans l'eau :

$$\boxed{AH_{(aq)} + HO^-_{(aq)} \longrightarrow A^-_{(aq)} + H_2O_{(\ell)}}$$

3. À l'équivalence d'un dosage, il y a changement de réactif limitant.
Tableau d'avancement de la réaction support de dosage dans l'état d'équivalence (mol) :

Équation	$AH_{(aq)}$	+	$HO^-_{(aq)}$	=	$A^-_{(aq)}$	+	$H_2O_{(\ell)}$
État initial x = 0	$(n_{AH})_i$		$(n_{HO^-})_E$		0		Excès
État final $x = x_E$	$0=(n_{AH})_i-x_E$		$0=(n_{HO^-})_E-x_E$		x_E		Excès'

$\Rightarrow 0 = (n_{AH})_i - x_E = (n_{HO^-})_E - x_E \Leftrightarrow x_E = \boxed{(n_{AH})_i = (n_{HO^-})_E}$

où $(n_{AH})_i$ est la quantité de matière initialement introduite en acide sulfamique (10,0 mL de solution S) et $(n_{HO^-})_E$ est la quantité de soude versée à la burette à l'équivalence (V_E = 9,8 mL de solution de concentration molaire volumique $[HO^-] = 1{,}0.10^{-1}$ $mol.L^{-1}$) lorsque le milieu vire de la couleur jaune à la couleur verte.

4. $(n_{AH})_i = (n_{HO^-})_E = [HO^-].V_E$.

A.N. : $(n_{AH})_i = 0{,}10 \times 9{,}8.10^{-3} = 9{,}8.10^{-4}$ mol.

Il y a $9{,}8.10^{-4}$ mol d'acide sulfamique dans 10,0 mL de solution S.
Pour 1,00 g de détartrant, c'est à dire 100 mL de solution S, il y a 10 fois plus d'acide sulfamique : $(n_{AH})_{1,00g} = 10 \times 9{,}8.10^{-4} = \mathbf{9{,}8.10^{-3}\ mol}$.

$(m_{AH})_{1,00g} = (n_{AH})_{1,00g} \times M_{AH}$.

A.N. : $(m_{AH})_{1,00g} = 9{,}8\cdot10^{-3} \times (14 + 32 + 3 \times (16 + 1{,}0)) = \mathbf{0{,}95\ g}$

Il y a 0,95 g d'acide sulfamique dans 1,00 g de détartrant prélevé.

5. La teneur massique en acide sulfamique dans le détartrant s'obtient à partir du quotient suivant : $t = \dfrac{(m_{AH})_{1,00g}}{1{,}00}$. A.N. : $t\% = \dfrac{0{,}95}{1{,}00} = \mathbf{95\ \%}$.

Il y a 95 % en masse d'acide sulfamique dans le détartrant pour cafetière étudié.

Corrigé du contrôle

1.

a) Le schéma est représenté dans le corrgié de l'exercice 3 au 2. a)

b) L'équation-bilan de la réaction de l'acide acétique et des ions HO^- est : $CH_3COOH_{(aq)} + HO^-_{(aq)} = CH_3COO^-_{(aq)} + H_2O_{(\ell)}$

La constante de réaction correspondante s'écrit :

$$K_R = \frac{[CH_3COO^-]_f}{[CH_3COOH]_f \cdot [HO^-]_f}$$

$$\Rightarrow K_R = \frac{[CH_3COO^-]_f}{[CH_3COOH]_f \cdot [HO^-]_f} \cdot \frac{[H_3O^+]_f}{[H_3O^+]_f}$$ en multipliant par 1 (élément neutre de la multiplication) sous la forme de $\frac{[H_3O^+]_f}{[H_3O^+]_f}$.

K_R s'écrit alors :

$$K_R = \frac{[CH_3COO^-]_f.[H_3O^+]_f}{[CH_3COOH]_f} \cdot \frac{1}{[H_3O^+]_f \cdot [HO^-]_f} = K_A \cdot \frac{1}{K_e}$$

avec $K_a = \frac{[CH_3COO^-]_f.[H_3O^+]_f}{[CH_3COOH]_f}$ et $K_e = [H_3O^+]_f \cdot [HO^-]_f$.

.

A.N. : $K_R = \frac{10^{-pK_A}}{K_e} = \frac{10^{-4,8}}{10^{-14}} = 1,6 \cdot 10^9$ (à 25°C)

c) Les conditions que doit vérifier cette réaction pour permettre un dosage quantitatif sont : rapide, quasi-totale, unique et permettre la détection de l'équivalence.

d) À l'équivalence de cette réaction rapide et quasi-totale, les réactifs sont limitants : ils ont totalement disparu ;

Tableau descriptif de la réaction support du dosage à l'équivalence (mol) :

Équation	$CH_3COOH_{(aq)}$	+	$HO^-_{(aq)}$	=	$CH_3COO^-_{(aq)}$	+	$H_2O_{(\ell)}$
État initial $x = 0$	$C_1.V_1$		$C.V_E$		0		Excès
État final $x = x_E$	$0=C_1.V_1-x_E$		$0=C.V_E-x_E$		x_E		Excès'

$\Rightarrow 0 = C.V_E - x_E = C_1.V_1 - x_E \Leftrightarrow C.V_E = C_1.V_1$

e) En utilisant la méthode du pic dérivé ou la méthode des tangentes parallèles, les coordonnées du point équivalent sont :

E(23 ; 9)

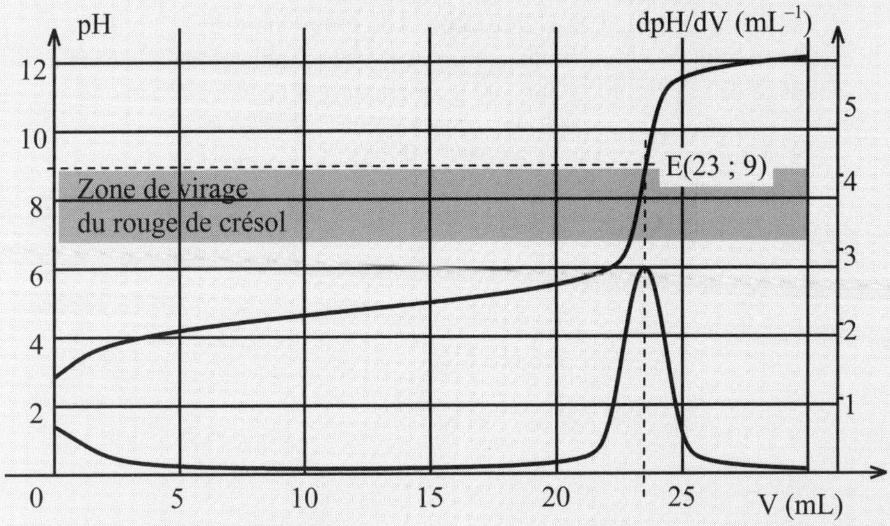

D'après la relation précédente, la quantité de matière en ions HO^- versée à l'équivalence est égale à la quantité de matière en acide éthanoïque introduite.

A.N. : pour V_E = **23 mL**, on calcule $C_1 = \dfrac{0{,}10 \times 23}{20{,}0}$ = $\mathbf{1{,}2.10^{-1}\ mol.L^{-1}}$.

f) On dilue 10 fois le vinaigre commercial afin de travailler dans le modèle des solutions diluées et de ne pas verser plus d'une burette de solution titrante.

g) La courbe dpH/dV présente un extremum (un maximum dans ce cas précis) pour $V = V_E$: c'est pour $V = V_E$ que l'on observe la plus grande variation de pH par unité de volume.

h) C'est le **rouge de crésol** qui convient le mieux car sa zone de virage s'approche au mieux de $pH_{éq}$ = **9**.

2.

a) La solution commerciale, de concentration C_0, a été diluée 10 fois pour donner la solution S_1 de concentration C_1
$\Rightarrow C_0 = 10C_1 = \mathbf{1{,}2\ mol.L^{-1}}$.

b) La masse volumique de la solution commerciale de vinaigre est $\rho = 1{,}02\ g.mL^{-1}$.
Pourcentage massique en acide éthanoïque de la solution commerciale de vinaigre (masse en g d'acide éthanoïque contenue dans 1000 g de vinaigre divisée par 1000 g) :

$$\%_{masse(CH_3COOH)} = \frac{m_{CH_3COOH}}{m_{solution}} = \frac{C_0.M_{CH_3COOH}.V_{solution}}{\rho.V_{solution}}$$

$$\%_{masse(CH_3COOH)} = \frac{C_0.M_{CH_3COOH}}{\rho}$$

$$\%_{masse(CH_3COOH)} = \frac{1{,}2 \times (2 \times 12{,}0 + 2 \times 16{,}0 + 4 \times 1{,}00)}{1020} = \frac{1{,}2 \text{ x } 60}{1020} = 7{,}1\ \%.$$

C'est à dire 7,1 g de CH_3COOH pour 100 g de vinaigre : t_{exp} = **7,1°**.
La bouteille de vinaigre du commerce porte l'indication 7° : c'est à dire 7 g d'acide éthanoïque pour 100 g de vinaigre ou encore 7 % en masse.

$\Rightarrow \Delta\% = \frac{|7 - 7,1|}{7}$ = **1,5 %** d'erreur relative.

7 Spectroscopie

Il existe un grand nombre de composés chimiques.
La spectroscopie est l'outil qui permet de les distinguer et de les identifier.
Les molécules absorbent les radiations électromagnétiques. L'intérêt de la spectroscopie est dû à l'absorption de quantités précises d'énergie ΔE par les molécules.

$\Delta E = h\nu = h\dfrac{c}{\lambda}$	h : constante de Planck ($h = 6{,}63.10^{-34}$ J.s) c : célérité de la lumière dans le vide ($m.s^{-1}$) ν : fréquence de la radiation électromagnétique (Hz) λ : longueur d'onde de la radiation électromagnétique (m)

L'énergie absorbée provoque l'excitation de cette molécule.

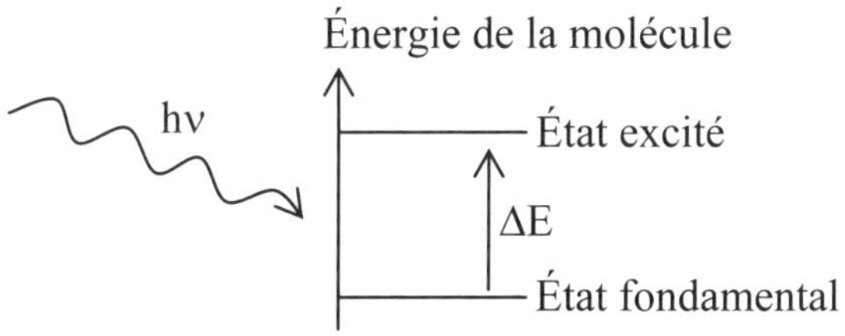

Le passage de l'état fondamental à un état excité est appelé transition.
Le **spectrophotomètre** est l'appareil qui permet de déterminer les caractéristiques de la lumière absorbée et de donner ainsi des indications qualitatives et quantitatives sur les molécules étudiées.
Le document recueillant l'ensemble des informations est appelé spectre d'absorption ou **spectre**.

SPECTROSCOPIE UV-VISIBLE

○ Généralités

Les longueurs d'onde du domaine UV (ultra-violet) exploité en spectroscopie sont comprises entre 200 nm et 400 nm. ($1 \text{ nm} = 10^{-9}$ m).
Les longueurs d'onde du domaine VISIBLE sont comprises entre 400 nm et 800 nm.
Les composés absorbant dans le domaine UV-visible suivent la loi de Beer-Lambert.
Ces composés possèdent un ou plusieurs maximum d'absorption de longueur d'onde λ_{max} et suivent, en solution diluée, la relation : $\boxed{A = kc}$.

○ Loi de Beer-Lambert

Pour les solutions diluées, l'absorbance vérifie la loi de Beer-Lambert :

$$\boxed{A = \log(\frac{I_0}{I}) = \varepsilon.\ell.c}$$

A : absorbance
I_0 : intensité lumineuse de la lumière incidente ($W.m^{-2}$)
I : intensité lumineuse de la lumière transmise ($W.m^{-2}$)
ε : coefficient linéique d'absorption molaire ($L.mol^{-1}.cm^{-1}$)
ℓ : épaisseur de la cuve (cm)
c : concentration molaire en composé coloré de la solution ($mol.L^{-1}$)

Afin de simplifier cette expression il est nécessaire de prendre deux précautions :

- Travailler avec des cuves d'épaisseur fixe (en général ℓ = 1,0 cm).
- Fixer ε qui dépend de l'espèce, de la longueur d'onde de la lumière incidente et de la température.

Ces deux précautions prises et dans le cas de solutions diluées, l'absorbance n'est plus qu'une fonction linéaire de la concentration en composé coloré :

$$\boxed{A = k.c}$$

Longueur d'onde (nm)	domaine	
>780	infrarouge	
625-740	rouge	V
590-625	orange	I
565-590	jaune	S
520-565	vert	I
445-520	bleu	B
380-445	violet	L
		E
< 380	ultraviolet	

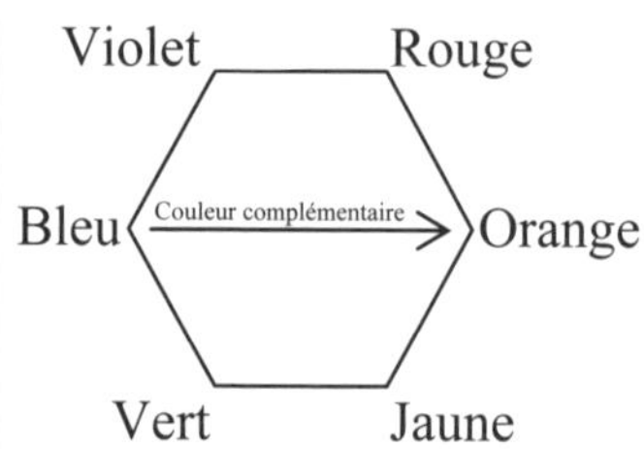

○ Longueur d'onde au maximum d'absorption

Le maximum d'absorption est appelé pic. Sa position et son intensité renseignent sur l'espèce chimique étudiée.

EXEMPLE : Spectre d'absorption visible d'une solution aqueuse diluée de diiode (absorbance en fonction de la longueur d'onde).

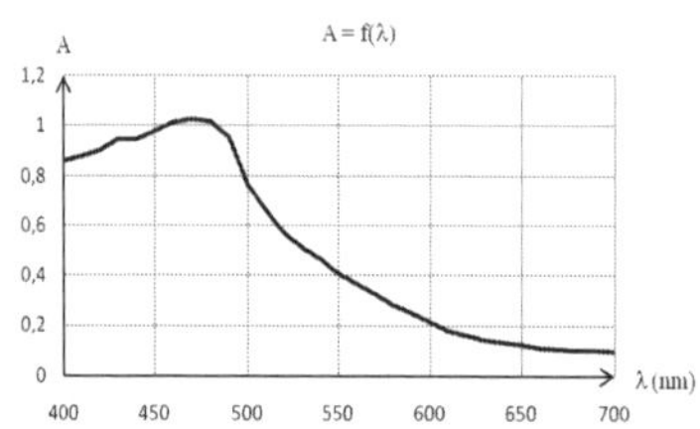

La solution absorbe principalement dans le bleu et dans le violet : sa couleur est jaune (solution diluée) à orange (brun). La longueur d'onde au maximum d'absorption est $\lambda_{max} = 470$ nm.

○ Domaine d'utilisation

Les transitions UV-visibles sont des transitions électroniques.
Certains composés minéraux autorisant des transitions électroniques absorbent dans le domaine UV-visible.
Les molécules organiques absorbant dans le domaine UV-visible contiennent généralement plusieurs doubles liaisons.
Plus la conjugaison des doubles liaisons est grande, plus élevée est la valeur de la longueur d'onde du maximum d'absorption.

SPECTROSCOPIE IR

○ Généralités

Les longueurs d'onde du domaine IR (infra-rouge) sont comprises entre 2,5 µm et 15 µm. (1 µm = 10^{-6} m)
Par soucis de commodité, on préfère utiliser le nombre d'onde : $\sigma = \frac{1}{\lambda}$ exprimé en cm^{-1}.
Finalement, les nombres d'onde du domaine IR s'étendent de 650 cm^{-1} à 4000 cm^{-1}.
Lorsque les composés sont soumis à ces radiations, leurs liaisons covalentes se mettent à vibrer*. Des liaisons différentes ou entre atomes différents vibrent à des fréquences différentes.
* Vibrations d'élongation et de déformation.

○ Vibrations d'élongation des liaisons les plus courantes

Liaison	Domaine de σ (cm^{-1})
–C–H (C tétraédrique)	2850 - 3000
=C–H	3050 - 3150
O–H	3200 - 3700 (liaison hydrogène)* 2500 - 3000 (acide carboxylique)*
N–H	3200 - 3600
C–O	1000 - 1260
S–H	2550 - 2600
C=C	1620 - 1680
C=N	1500 - 1650
C=O	1650 - 1780
C≡C	2100 - 2260
C≡N	2200 - 2400

* Bande large due aux liaisons hydrogène.

Entre 650 cm^{-1} et 1500 cm^{-1}, le spectre devient unique pour chaque molécule (combinaisons des vibrations d'élongation et de déformation) : c'est le domaine des « empreintes digitales ».

Les spectres IR sont fournis en transmittance : $T = \frac{I}{I_0}$ exprimée en %.

I : intensité lumineuse de la lumière transmise ($W.m^{-2}$)
I_0 : intensité lumineuse de la lumière incidente ($W.m^{-2}$)

L'établissement de la structure complète d'une molécule nécessite la connaissance de sa formule brute.

EXEMPLE : la cyclohexanone 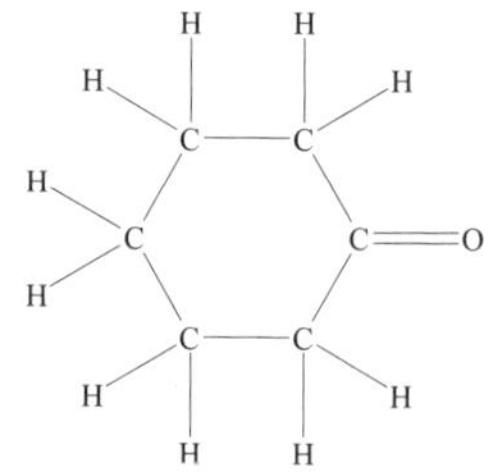

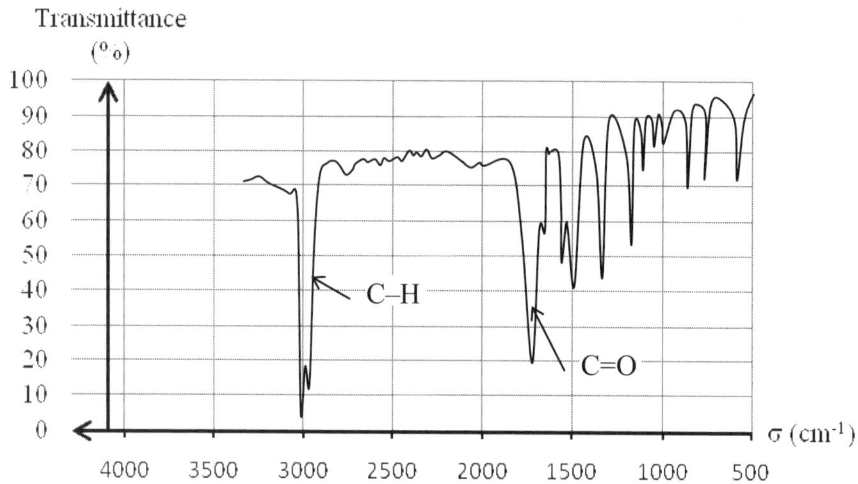

Le pic vers 3000 cm^{-1} est dû à la vibration de la liaison C–H ;
Le pic vers 1750 cm^{-1} est dû à la vibration de la liaison C=O.

SPECTROSCOPIE RMN DU PROTON

La résonance magnétique nucléaire (RMN) du proton est en fait la RMN du noyau $_1H$ de l'atome d'hydrogène engagé dans une liaison covalente simple au sein d'une molécule.

○ Principe

Soumis à un champ magnétique intense, les noyaux $_1H$ résonnent pour des fréquences de qq 10 MHz à qq 100 MHz.
EXEMPLE : à 1,4 T (Tesla), les noyaux $_1H$ résonnent à 60 MHz.

REMARQUES :
Les spectroscopes RMN les plus puissants peuvent atteindre plus de 20 T.
D'autres noyaux donnent lieu à la RMN : $_2H$, $_{13}C$…, $_{17}O$… , $_{31}P$, $_{35}C\ell$…

○ Obtention d'un spectre RMN

▶ Des noyaux d'hydrogène 1 liés différemment résonnent à des fréquences différentes : c'est le **déplacement chimique δ**.
En prenant pour référence un composé ne possédant que des noyaux d'hydrogène 1 liés identiquement : le tétraméthylsilane $(CH_3)_4Si$ ou TMS, le pic de chaque type de liaison engageant $_1H$ d'une molécule étudiée a pour abscisse δ sur son spectre RMN.
Le déplacement chimique δ s'exprime en ppm (partie par million)

EXEMPLE :
Pour un spectromètre RMN de fréquence de référence $\nu_0 = 90{,}0000$ MHz, les $_1H$ du méthoxyméthane $(C\mathbf{H}_3)_2O$ résonnent à une fréquence $\nu = 90{,}0003$ MHz.

$$\delta_{(CH_3)_2O} = \frac{\nu - \nu_0}{\nu_0} \times 10^6 = \frac{90{,}0003 - 90{,}0000}{90{,}0000} \times 10^6 = 3{,}3 \text{ ppm}$$

Un tableau des déplacements chimiques des noyaux $_1H$ de molécules organiques est donné en fin de résumé.

▶ Le spectromètre compare l'intensité des pics qui est proportionnelle au nombre de noyaux $_1H$ identiques et indique sur le pic une marque proportionnelle à l'intensité du pic : c'est l'**intégration**.
Connaissant le nombre total de noyaux $_1H$ d'une molécule, cette information permet d'attribuer à chaque pic son nombre de noyaux $_1H$ correspondant.

▶ Les interactions entre noyaux $_1H$ voisins non équivalents donnent des pics multiples : c'est la **multiplicité du signal**.
Règle N+1 ou (N+1)-uplets
Le signal de noyaux $_1H$ identiques voisins de N atomes $_1H$ équivalents se scinde en (N+1) pics.

Nombre N d'$_1H$ voisins équivalents	Nombre de pics (N+1)	Nom du pic	Rapport d'intégration des pics individuels
0	1	Singulet	1
1	2	Doublet	1:1
2	3	Triplet	1:2:1
3	4	Quadruplet	1:3:3:1
4	5	Quintuplet	1:4:6:4:1
5	6	Sextuplet	1:5:10:10:5:1
6	7	Septuplet	1:6:15:20:15:6 :1

REMARQUE : le rapport d'intégration des pics individuels suit le « triangle de Pascal ».

EXEMPLE : Spectre RMN à 90 MHz du bromoéthane CH_3CH_2Br

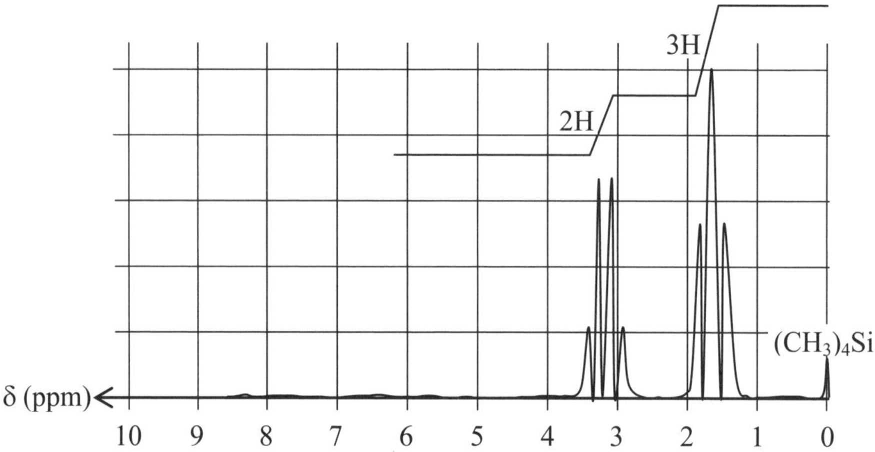

Les 3 noyaux $_1H$ du groupe méthyle $_3HC-$ provoquent un triplet (2 noyaux $_1H$ voisins) d'intégration 3H à $\delta = 1{,}6$ ppm ;
Les 2 noyaux $_1H$ du groupe méthylène $-CH_2-$ provoquent un quadruplet (4 noyaux $_1H$ voisins) d'intégration 2H à $\delta = 3{,}2$ ppm.

Déplacements chimiques de noyaux $_1$H de molécules organiques

Position de l'atome d'hydrogène	δ (ppm)
Sur la chaîne carbonée : 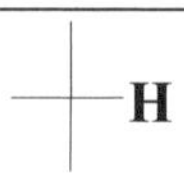	0,8 – 1,9
À côté d'un noyau benzénique : 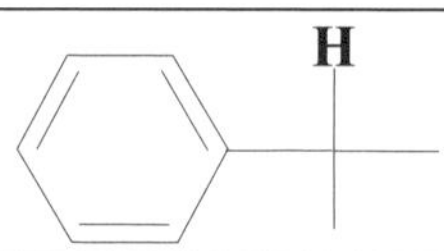	2,2 – 2,5
Halogénoalcane : $R{-}C\mathbf{H}_2{-}X$	3,1 – 3,8
Étheroxyde : $R{-}C\mathbf{H}_2{-}O{-}R'$	3,3 – 3,9
Alcool : $R{-}C\mathbf{H}_2{-}O{-}H$	3,3 – 4,0
Cétone ou acide : 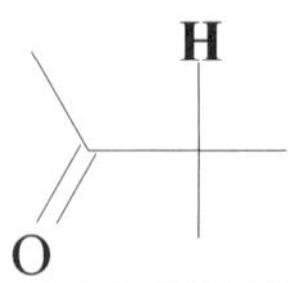	cétone : 2,1 – 2,6 acide : 2,1 – > 2,6
Aldéhyde : 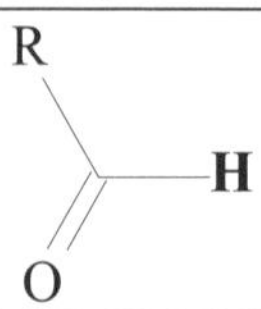	9,5 – 9,6
Alcène : 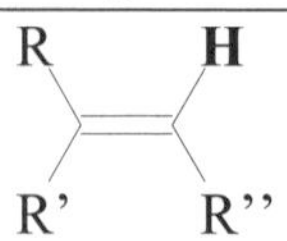	4,6 – 5,7

Aromatique : 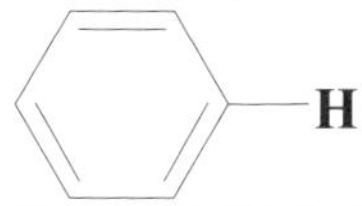	6,0 – 9,5
Hydroxyle : R–O–**H**	0,5 – 5,0
Amine : 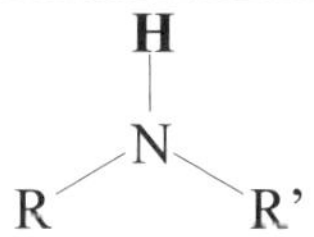	0,5 – 5,0
Méthanoate : 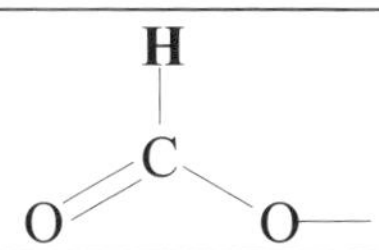	8
Acide carboxylique : 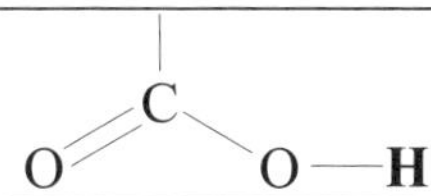	5 – 13

✷ Exercice 1 ⏲ 15 min

Spectre UV

On relève le spectre ultraviolet du 2-méthylbuta-1,3-diène :

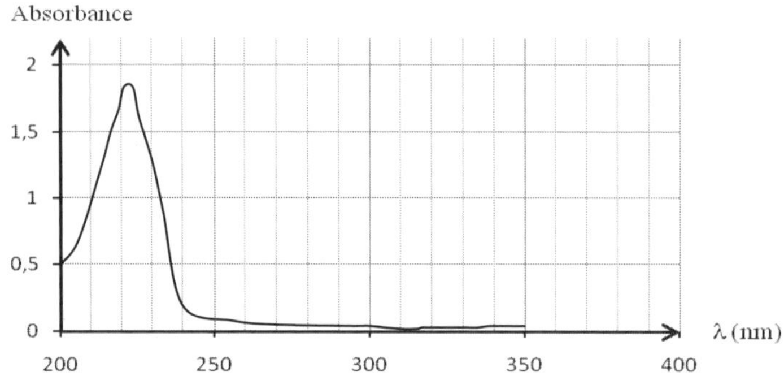

1. Quelle est la valeur de la longueur d'onde du maximum d'absorption ?
2. Quelle est la valeur de l'absorbance au maximum d'absorption ?
3. Pour réaliser ce spectre, on dissout le 2-méthylbuta-1,3-diène dans du méthanol. L'épaisseur de la cuve spectroscopique est standard : $\ell = 1{,}0$ cm et le coefficient d'absorption molaire a pour valeur $\varepsilon = 10800\ L.mol^{-1}.cm^{-1}$.

a) Quelle condition le solvant doit-il vérifier afin de pouvoir être utilisé en spectroscopie UV ?

b) Calculer la concentration molaire de la solution utilisée.

✷ Exercice 2 ⏲ 10 min

Spectre UV

L'aniline absorbe dans l'ultraviolet :

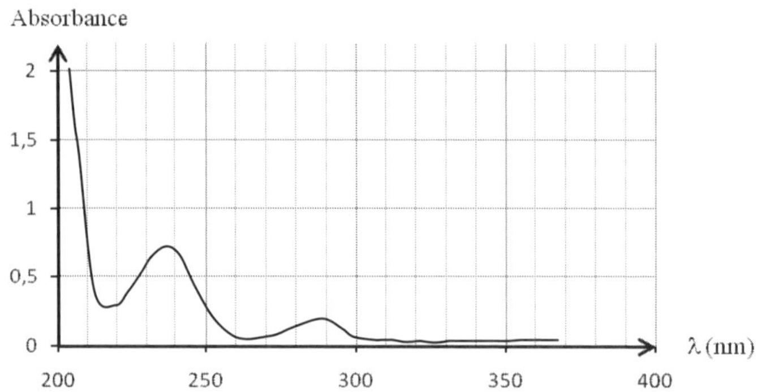

1. Quelle est la valeur de la longueur d'onde du maximum d'absorption ?
2. Quelles particularités présente ce spectre ?
3. Quelle information sur la structure de la molécule d'aniline l'absorption dans le domaine UV nous donne-t-elle ?

✱ Exercice 3 — 10 min

Les molécules suivantes absorbent dans l'ultraviolet et proche visible :

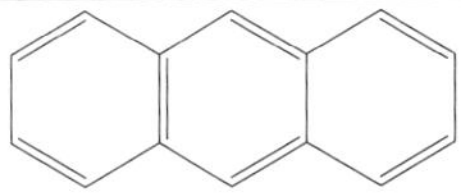

Molécule 1

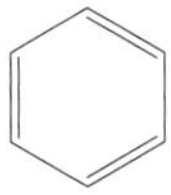

Molécule 2

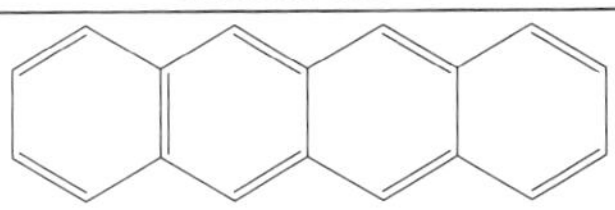

Molécule 3

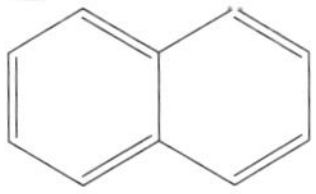

Molécule 4

Leurs longueurs d'onde au maximum d'absorption ont pour valeur classées dans l'ordre croissant :

λ_{max} (nm)	215	314	380	480

1. Redonner à chaque molécule sa valeur de longueur d'onde au maximum d'absorption.
2. Une de ces molécules absorbe dans le domaine visible.

a) Quelle est cette molécule ?

b) Dans quelle zone de couleur absorbe-t-elle ?

c) Quelle est sa couleur ?

✱ Exercice 4 — 15 min

Spectre visible

On donne le spectre visible d'une solution aqueuse contenant des ions thiocynatofer(III) : $[Fe(SCN)]^{2+}_{(aq)}$.

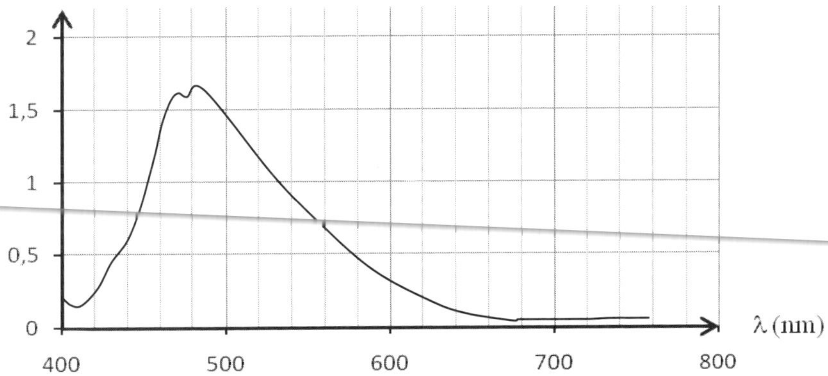

1. Quelle est la valeur de la longueur d'onde du maximum d'absorption ?
2. Quelle est la couleur de l'ion $[Fe(SCN)]^{2+}_{(aq)}$?

3. Quelle est la valeur de l'absorbance au maximum d'absorption ?
4. Pour réaliser ce spectre, on utilise une cuve spectroscopique d'épaisseur standard $\ell = 1{,}0$ cm et le coefficient d'absorption molaire a pour valeur $\varepsilon = 430$ L.mol^{-1}.cm^{-1}. Calculer la concentration molaire volumique de la solution utilisée.

✱ Exercice 5 15 min

Spectre IR

Le spectre infrarouge d'une molécule de formule brute $C_6H_{12}O$ est donné ci-dessous :

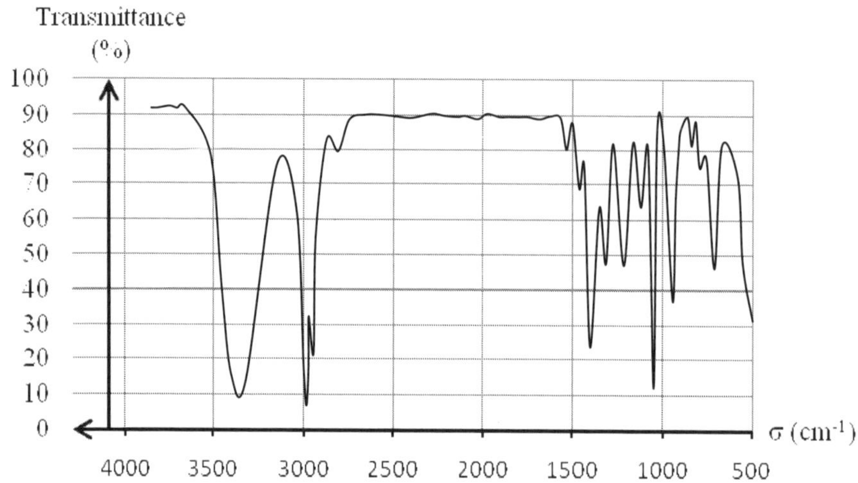

1. Indiquer les zones du « domaine des liaisons » et du « domaine des empreintes digitales ».
2. Quels sont les pics d'absorptions identifiables sur ce spectre ?
3. Quelle est la particularité du pic situé vers $\sigma = 3400$ cm^{-1} ?
4. À quelle famille de composés organiques oxygénés cette molécule appartient-elle ?

✱✱ Exercice 6 — 15 min

Spectre IR

Le spectre infrarouge d'une molécule de formule brute $C_2H_4O_2$ est donné ci-dessous :

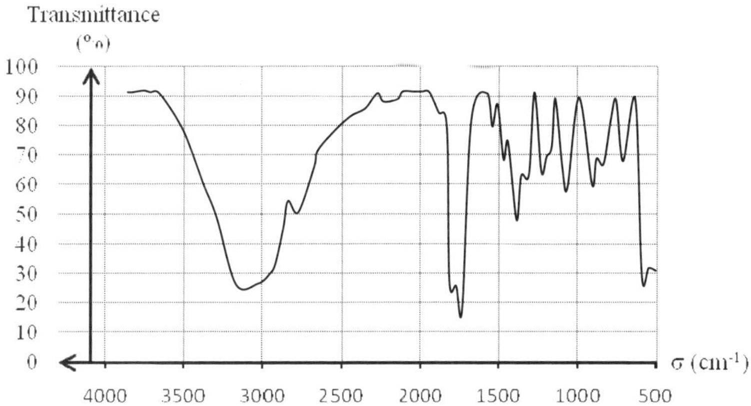

1. Quels sont les pics d'absorptions identifiables sur ce spectre ?
2. Quelle est la particularité du pic situé vers $\sigma = 3100$ cm^{-1} ?
3. Donner la formule développée de la molécule étudiée.
4. Quel est son nom en nomenclature officielle ?
5. À quelle famille de composés organiques oxygénés cette molécule appartient-elle ?

✱✱ Exercice 7 — 10 min

Spectre IR

Le spectre infrarouge d'une molécule de formule brute C_6H_{12} est donné ci-dessous :

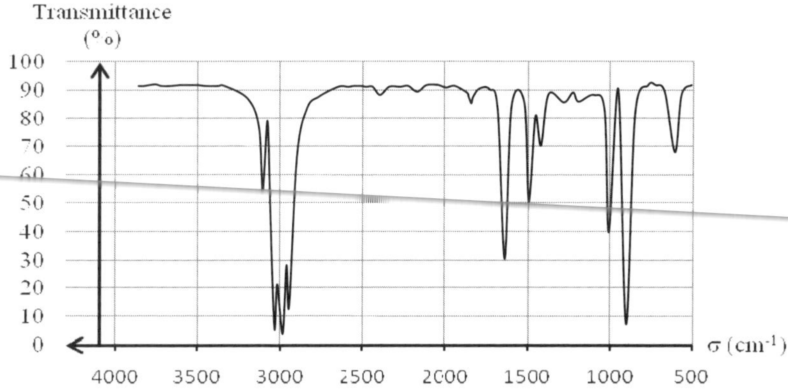

1. À quelle famille de composés organiques cette molécule appartient-elle ?
2. Quel est son nom générique ?

✱✱ Exercice 8 ⏲ 10 min

Spectre IR

Le spectre infrarouge d'une molécule de formule brute $C_5H_{10}O$ est donné ci-dessous :

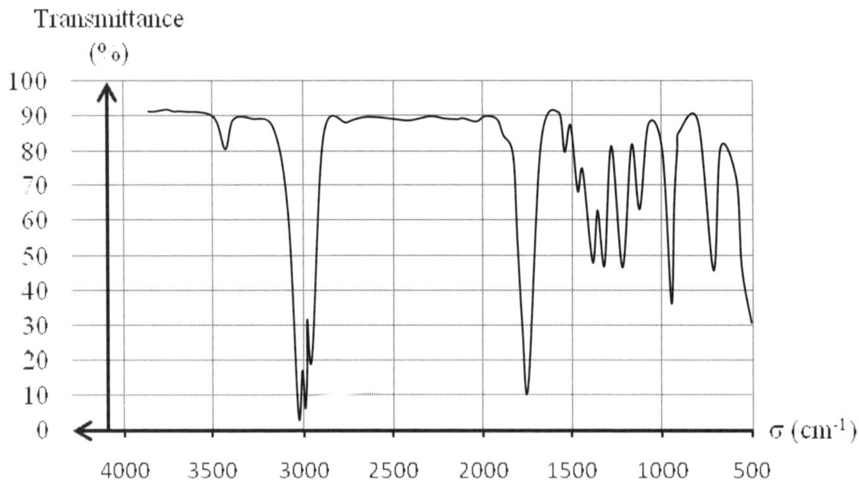

1. À quelle famille de composés organiques cette molécule appartient-elle ?
2. Quel est son nom générique ?

✱✱ Exercice 9 ⏲ 10 min

Spectre IR

Le spectre infrarouge d'une molécule de formule brute $C_6H_{15}N$ est donné ci-dessous :

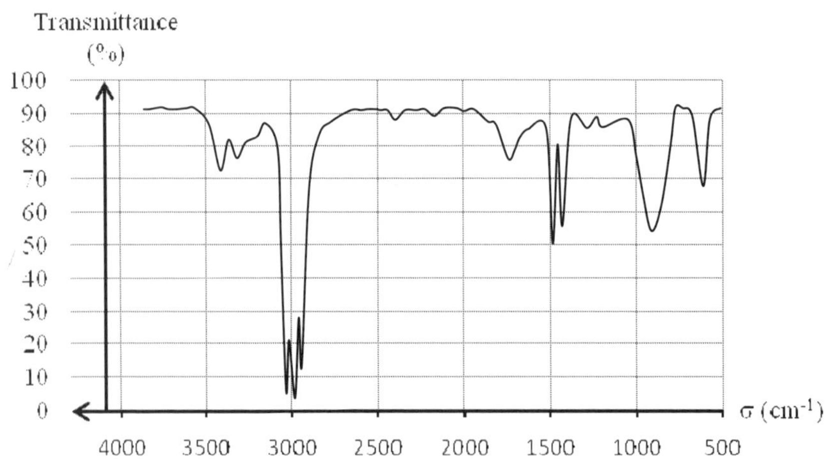

1. À quelle famille de composés organiques cette molécule appartient-elle ?
2. Quel est son nom générique ?

** **Exercice 10** 15 min

Spectre RMN

Le spectre de résonance magnétique nucléaire du proton du propène de formule brute C_3H_6 est représenté ci-dessous :

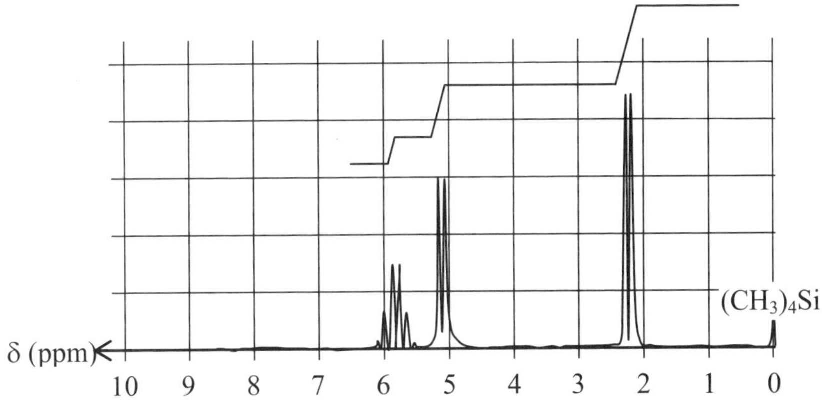

1. Attribuer à chaque ensemble de pics son nombre de noyaux d'hydrogène 1 correspondant. Expliquer la démarche en utilisant les signaux d'intégration.
2. Indiquer, pour chaque ensemble de pics, son nombre de noyaux d'hydrogène 1 voisins. Expliquer.
3. Représenter la formule développée du propène et y indiquer la position de chaque type* d'atome d'hydrogène 1 (*selon sa valeur de déplacement chimique).

** **Exercice 11** 10 min

Spectre RMN

Le spectre RMN du proton d'une molécule de formule brute CH_2O_2 est représenté ci-dessous :

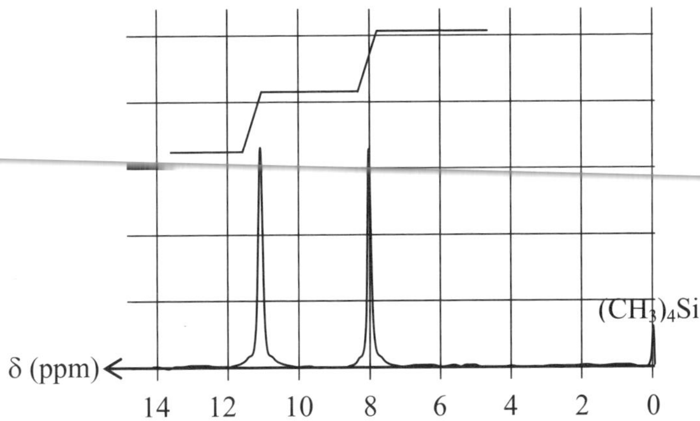

1. Attribuer à chaque pic :
a) son nombre de noyaux d'hydrogène 1 correspondant ;
b) son nombre de noyaux d'hydrogène 1 voisins ;
c) sa nature potentielle selon sa valeur de δ.
2. Identifier la structure de la molécule.
3. Quel est le nom du composé en nomenclature systématique ?
4. À quelle famille de composés organiques appartient-elle ?

✱✱ Exercice 12 — 10 min

Spectre RMN

Le spectre RMN du proton d'une molécule de formule brute $C_3H_6O_2$ est représenté en fin d'énoncé.

1. Attribuer à chaque pic :
a) son nombre de noyaux d'hydrogène 1 correspondant ;
b) son nombre de noyaux d'hydrogène 1 voisins ;
c) sa nature potentielle selon sa valeur de δ.
2. Identifier la structure de la molécule.
3. Quel est le nom du composé en nomenclature systématique ?
4. À quelle famille de composés organiques appartient-elle ?

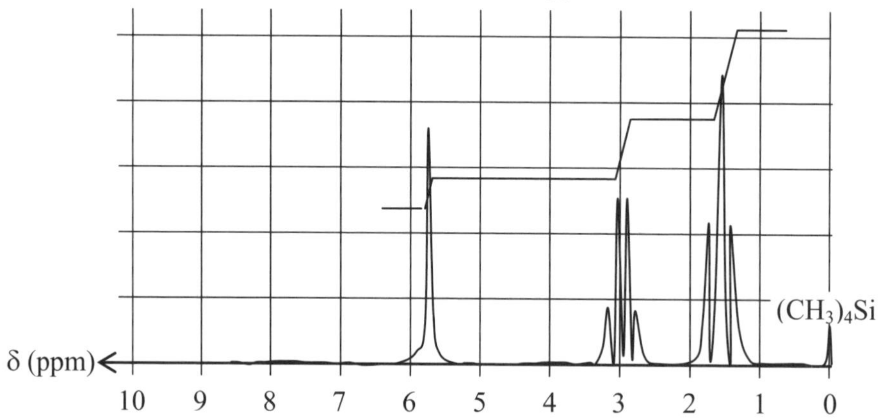

Contrôle

20 min / 10 pts

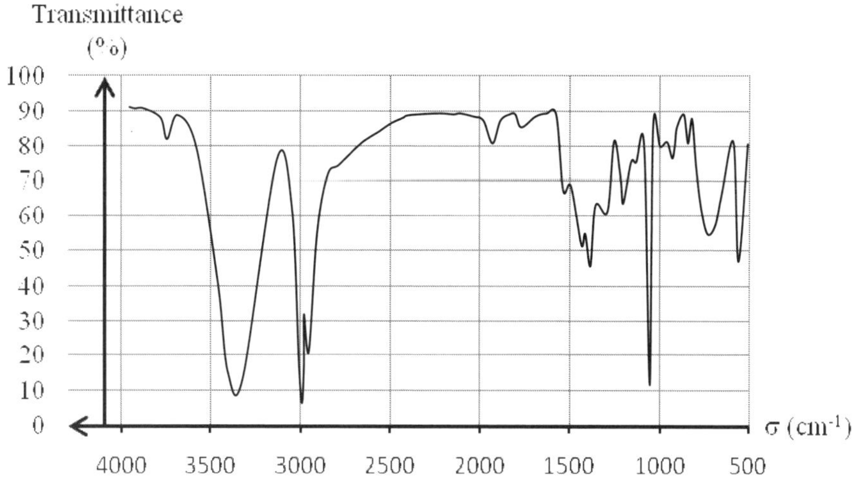

On donne les spectres IR et RMN d'une molécule de formule brute C_2H_6O.

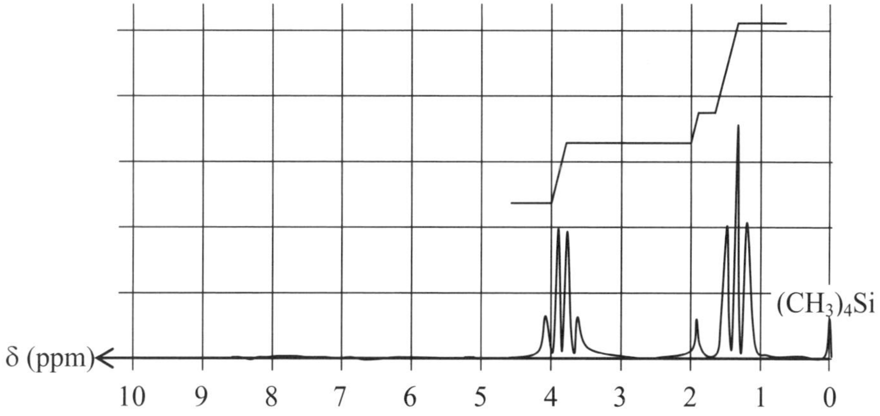

1. Quels renseignements apporte le spectre IR de cette molécule ? **(2 pts)**
2. Identifier clairement chacun des ensembles de pics sur le spectre RMN. **(5 pts)**
3. Représenter la formule développée de la molécule. **(1 pt)**
4. Quel est son nom ? **(1 pt)**
5. À quelle famille de composés organiques appartient-elle ? **(1 pt)**

Corrigés des exercices

Corrigé 1

Exploitation du spectre UV du 2-méthylbuta-1,3-diène :

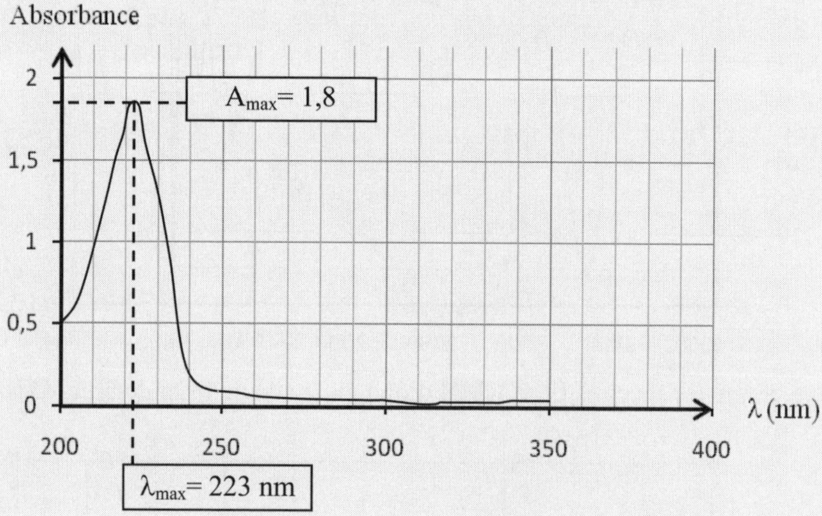

1. La longueur d'onde du maximum d'absorption est λ_{max}= 223 nm.

2. L'absorbance au maximum d'absorption est A_{max}= 1,8.

3.

a) Pour réaliser un spectre UV, le solvant ne doit pas absorber dans le domaine de longueurs d'onde envisagé. On dissout le 2-méthylbuta-1,3-diène dans du méthanol. L'épaisseur de la cuve spectroscopique est standard : $\ell = 1{,}0$ cm et le coefficient d'absorption molaire a pour valeur $\varepsilon = 10800\ \text{L.mol}^{-1}.\text{cm}^{-1}$.

b) La loi de Beer-Lambert permet de répondre à cette question :

$$A = \varepsilon.l.c \Leftrightarrow c = \frac{A}{\varepsilon.\ell}. \qquad \text{A.N. : } c = \frac{1{,}8}{10800 \times 1{,}0} = 1{,}7.10^{-4}\ \text{mol.L}^{-1}.$$

Corrigé 2

Exploitation du spectre UV de l'aniline :

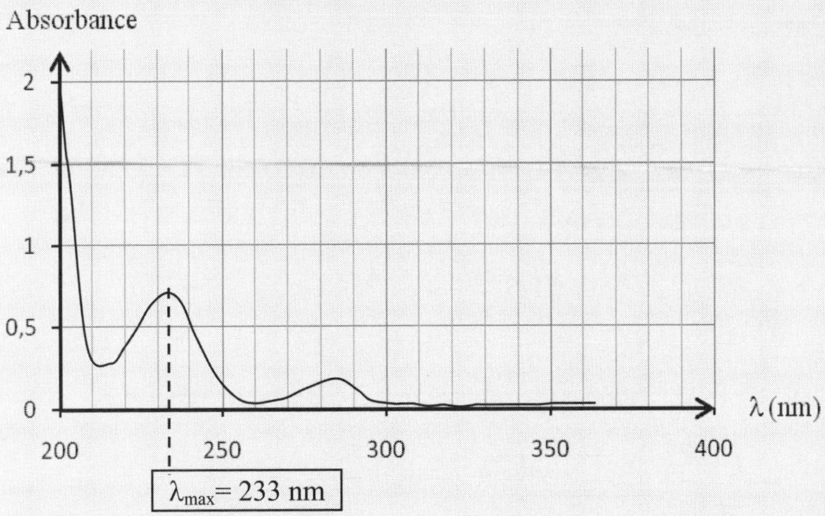

1. La longueur d'onde du maximum d'absorption est λ_{max}= 233 nm.
2. Ce spectre présente un maximum d'absorption secondaire à λ= 285 nm et on peut penser que l'aniline ou/et son solvant absorbent fortement à des longueurs d'onde inférieures à 200 nm.
3. La molécule d'aniline contient des doubles liaisons conjuguées.

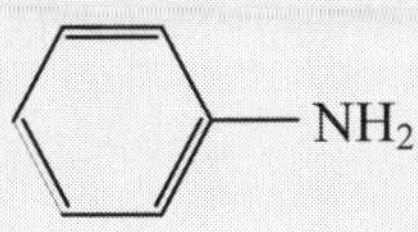

Corrigé 3

1. RAPPEL : « Les molécules organiques absorbant dans le domaine UV-visible contiennent généralement plusieurs doubles liaisons.
   Plus la conjugaison des doubles liaisons est grande, plus élevée est la valeur de la longueur d'onde du maximum d'absorption. »

λ_{max} (nm)	215	314	380	480
Molécule	2	4	1	3

2.
a) La molécule 3 absorbe dans le domaine visible à λ_{max} = 480 nm.
b) La longueur d'onde λ_{max} = 480 nm correspond à un bleu intense.
c) La molécule 3 est de couleur orange (jaune en solution diluée).

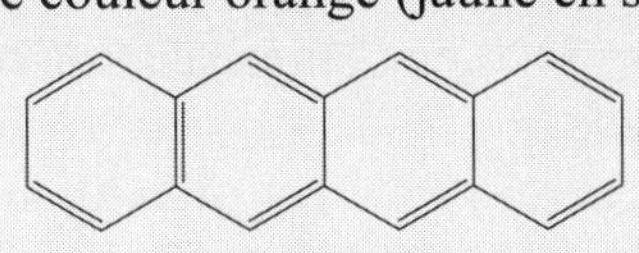

tétracène

Corrigé 4

Exploitation du spectre UV d'une solution aqueuse diluée de l'ion $[Fe(SCN)]^{2+}_{(aq)}$:

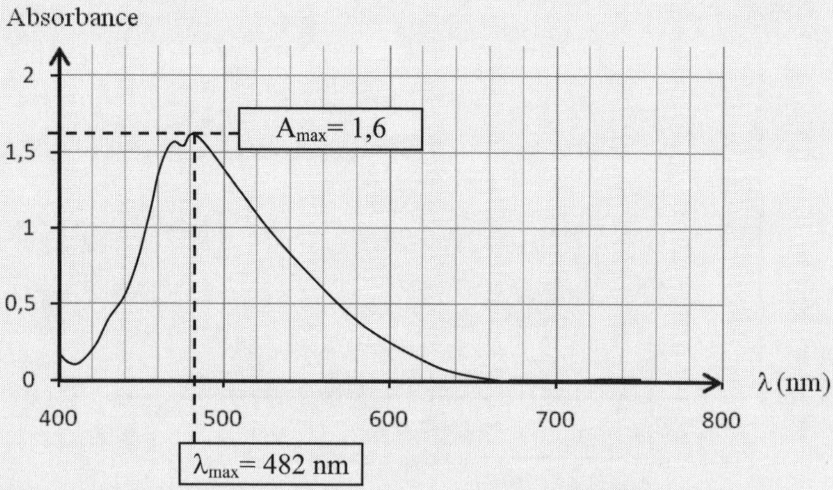

1. La longueur d'onde du maximum d'absorption est λ_{max}= 482 nm.
2. L'absorption est importante de 450 nm à 570 nm. Le spectre visible est alors dépourvu des radiations bleues et vertes. La couleur de l'ion $[Fe(SCN)]^{2+}_{(aq)}$ paraîtra rouge (rouge sang en solution concentrée).
3. La valeur de l'absorbance au maximum d'absorption est A_{max}= 1,6.
4. La loi de Beer-Lambert permet de répondre à cette question :

$A = \varepsilon.l.c \Leftrightarrow c = \dfrac{A}{\varepsilon.\ell}$. A.N. : $c = \dfrac{1{,}6}{430 \times 1{,}0} = 3{,}7.10^{-3}$ mol.L^{-1}.

Corrigé 5

Le spectre infrarouge de la molécule de formule brute $C_6H_{12}O$ est exploité en fin de corrigé 5.

1. La zone du « domaine des liaisons » se situe pour des nombres d'ondes compris entre 4000 cm^{-1} et 1500 cm^{-1} et la zone du « domaine des empreintes digitales » se situe pour des nombres d'ondes compris entre 1500 cm^{-1} et 600 cm^{-1}.
2. On peut identifier 2 pics d'absorptions sur ce spectre :
   - un pic étroit vers σ = 3000 cm^{-1} caractéristique de la vibration d'élongation de la liaison C—H ;
   - un pic large (bande) vers σ = 3400 cm^{-1} caractéristique de la vibration d'élongation de la liaison O—H.
3. Le pic situé vers σ = 3400 cm^{-1} présente une bande large caractéristique de la liaison hydrogène.
4. Un composé organique oxygéné constitué de liaisons C—H et O—H est un alcool.

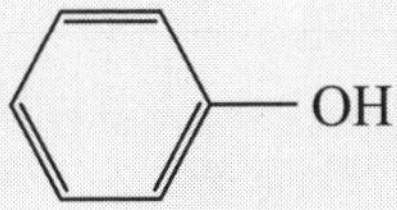

Cyclohexanol

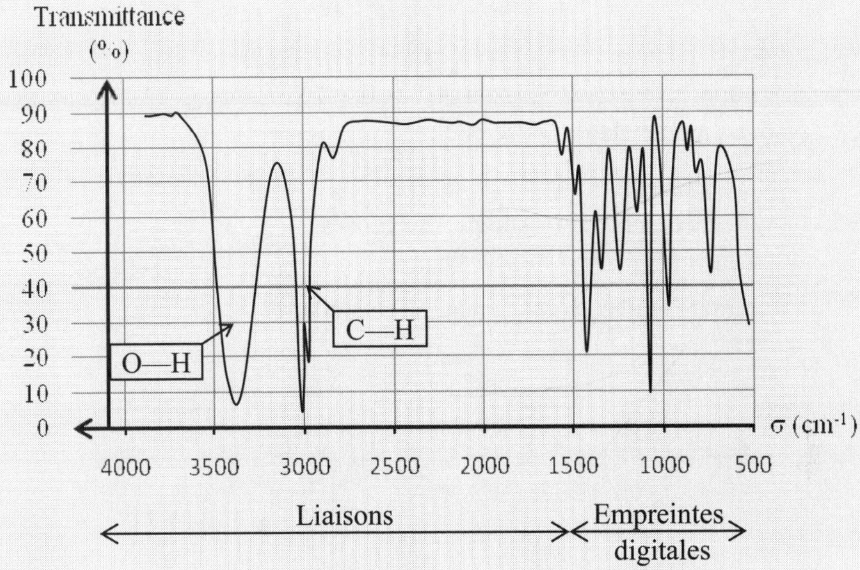

Corrigé 6

Le spectre infrarouge de la molécule de formule brute $C_2H_4O_2$ est exploité en fin de corrigé 6.

1. On peut identifier 3 pics d'absorptions sur ce spectre :
   - un pic étroit vers $\sigma = 1750\ cm^{-1}$ caractéristique de la vibration d'élongation de la liaison C=O ;
   - un pic étroit vers $\sigma = 2800\ cm^{-1}$ caractéristique de la vibration d'élongation de la liaison C—H ;
   - une bande large vers $\sigma = 3100\ cm^{-1}$ caractéristique de la vibration d'élongation de la liaison O—H.
2. Le pic situé vers $\sigma = 3100\ cm^{-1}$ présente une bande large caractéristique de la liaison hydrogène.
3. Un composé organique à 2 atomes de carbone constitué de liaisons C=O ; C—H et O—H est soit un aldol (rarement étudié en enseignement secondaire) soit un acide carboxylique.

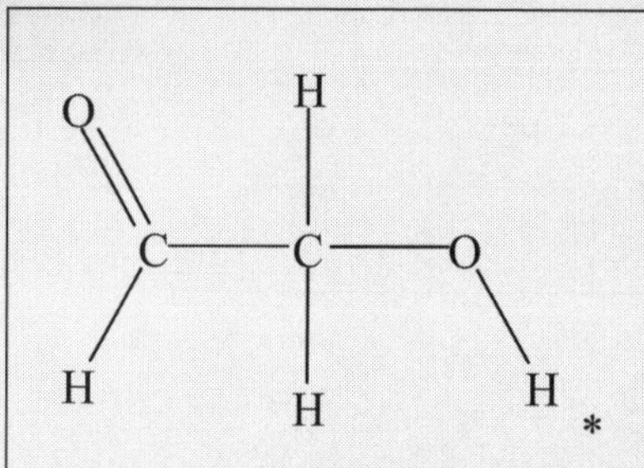	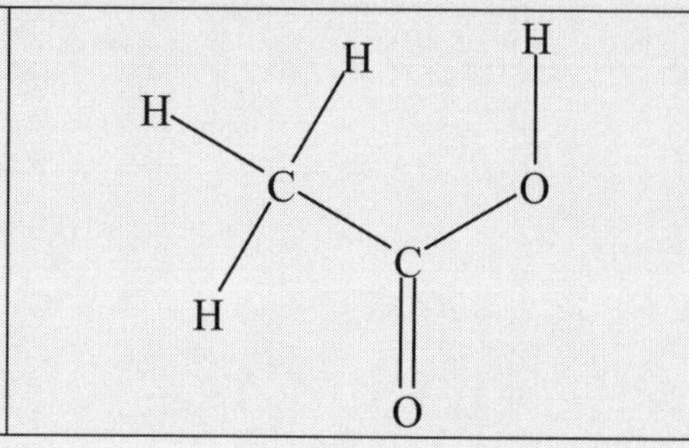

4. Nom en nomenclature officielle :

Hydroxyéthanal*	acide éthanoïque

5. Famille de composés organiques oxygénés :

aldol*	Acide carboxylique

* Rarement étudié en enseignement secondaire

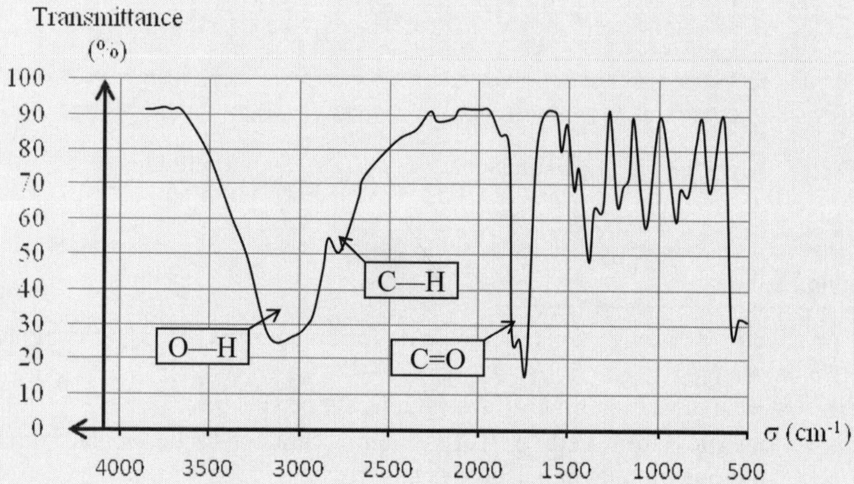

Corrigé 7

Le spectre infrarouge de la molécule de formule brute C_6H_{12} est exploité en fin de corrigé 7.

1. La molécule étudiée est un hydrocarbure.
   On peut identifier 3 pics d'absorptions sur ce spectre :
   – un pic étroit vers $\sigma = 1600\ \text{cm}^{-1}$ caractéristique de la vibration d'élongation de la liaison C=C ;
   – un pic étroit vers $\sigma = 3000\ \text{cm}^{-1}$ caractéristique de la vibration d'élongation de la liaison C—H ;
   – un pic étroit vers $\sigma = 3100\ \text{cm}^{-1}$ caractéristique de la vibration d'élongation de la liaison =C—H.

Un hydrocarbure constitué de liaisons C=C ; C—H et =C—H est un alcène.

2. Un alcène de formule brute C_6H_{12} est un hexène*.
   * un spectre RMN permettra de l'identifier clairement.

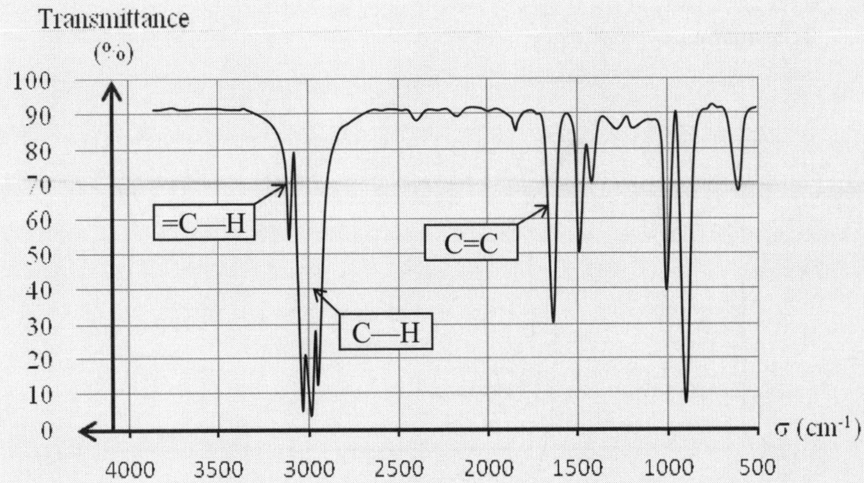

Corrigé 8

Spectre infrarouge de la molécule de formule brute $C_5H_{10}O$ exploité :

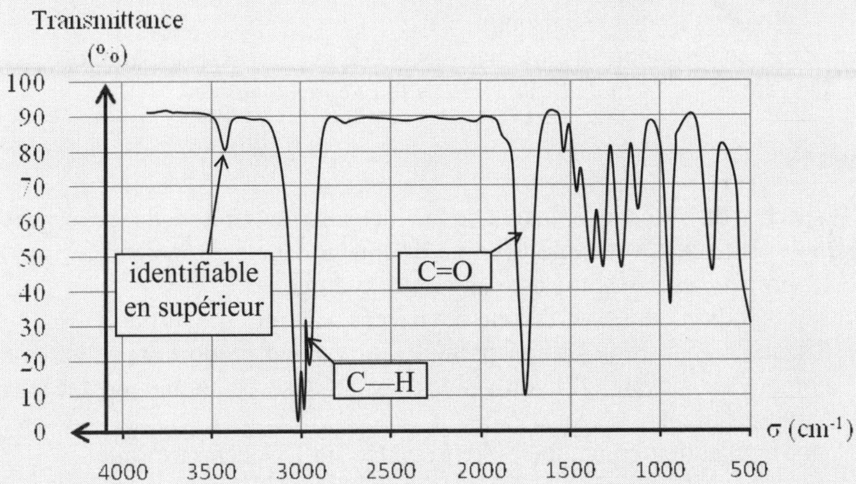

1. On peut identifier 2 pics d'absorptions sur 3 sur ce spectre :
   – un pic étroit vers σ = 1750 cm^{-1} caractéristique de la vibration d'élongation de la liaison C=O ;
   – un pic étroit vers σ = 3000 cm^{-1} caractéristique de la vibration d'élongation de la liaison C—H.

Un composé oxygéné constitué de liaisons C=O et C—H est un composé carbonylé : aldéhyde ou cétone.

2. Un composé carbonylé de formule brute $C_5H_{10}O$ est soit un pentanal soit une pentanone.

Corrigé 9

Spectre infrarouge de la molécule de formule brute $C_6H_{15}N$ exploité :

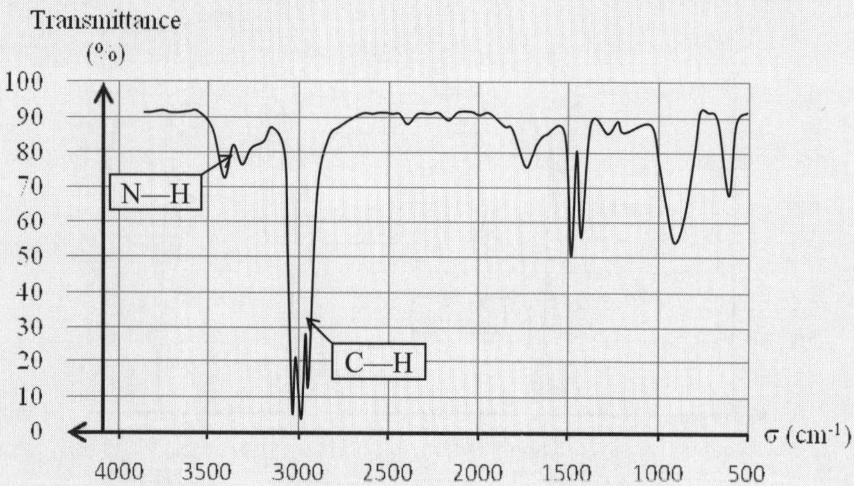

1. On peut identifier 2 pics d'absorptions sur ce spectre :
- un pic étroit vers $\sigma = 3000\ cm^{-1}$ caractéristique de la vibration d'élongation de la liaison C—H;
- 2 pics étroits vers $\sigma = 3300\ cm^{-1}$ caractéristique de la vibration d'élongation de la liaison N–H .

Un composé azoté constitué de liaisons N—H et C—H est une amine.

2. Une amine de formule brute $C_6H_{15}N$ et une hexanamine.

Corrigé 10

Le spectre de résonance magnétique nucléaire du proton du propène de formule brute C_3H_6 est exploité en fin de corrigé 10.

1. Le propène est constitué de 6 atomes d'hydrogène.
L'intégration totale correspond donc à ces 6 atomes d'hydrogène.
Chaque signal d'intégration partielle correspond proportionnellement au nombre de noyaux d'hydrogène 1 ayant absorbé en un déplacement chimique donné.
Une explication graphique est représentée sur le spectre exploité.

δ (ppm)	2,2	5,1	5,8
N noyaux $_1H$ concernés	3	2	1

2. RAPPEL : Règle N+1 ou (N+1)-uplets
Le signal de noyaux $_1H$ identiques voisins de N atomes 1H équivalents se scinde en (N+1) pics.

δ (ppm)	2,2	5,1	5,8
Nombre de pics	2	2	6
Nombre de $_1H$ voisins	1	1	5

3. Représentation de la formule développée du propène :

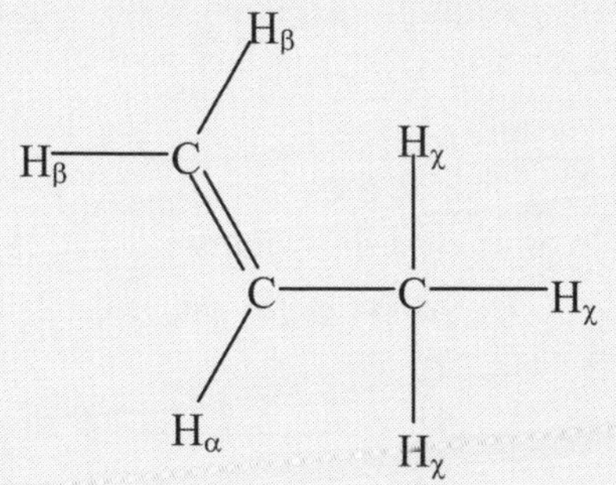

Sextuplet α (intégration 1) : 1 H_α voisin de 5 H (2 H_β + 3 H_χ) :
$4,6 \text{ ppm} < \delta < 5,7 \text{ ppm}$
Doublet β (intégration 2) : 2 H_β voisins de 1H_α :
$4,6 \text{ ppm} < \delta < 5,7 \text{ ppm}$
Doublet χ (intégration 3) : 3 H_χ voisins de 1H_α :
$0,8 \text{ ppm} < \delta < 1,9 \text{ ppm}$

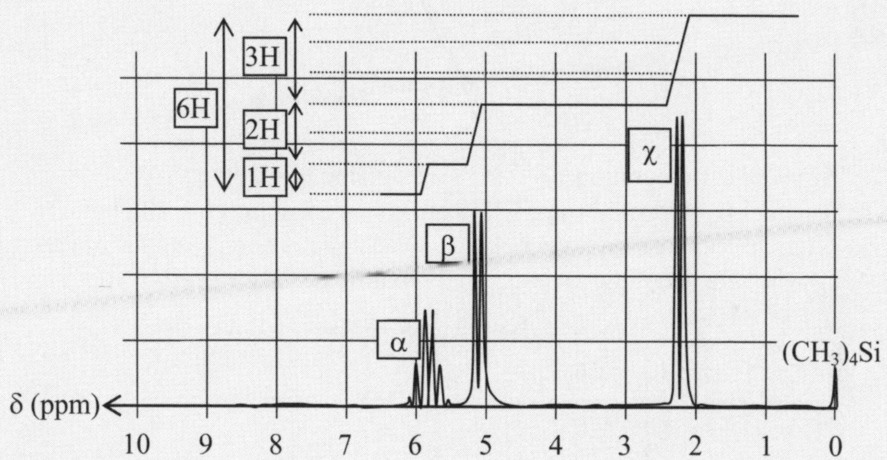

Corrigé 11

Le spectre RMN du proton d'une molécule de formule brute CH_2O_2 est exploité en fin de corrigé 11.

1.

a) La molécule est constituée de 2 atomes d'hydrogène.
L'intégration totale correspond donc à ces 2 atomes d'hydrogène.
Chaque signal d'intégration partielle correspond proportionnellement au nombre de noyaux d'hydrogène 1 ayant absorbé en un déplacement chimique donné.
Une explication graphique est représentée sur le spectre exploité.

δ (ppm)	8	11
N noyaux $_1$H concernés	1	1

b) **RAPPEL** : Règle N+1 ou (N+1)-uplets
Le signal de noyaux $_1$H identiques voisins de N atomes 1H équivalents se scinde en (N+1) pics.

δ (ppm)	8	11
Nombre de pics	1	1
Nombre de $_1$H voisins	0	0

c) Nature potentielle de chaque $_1$H selon sa valeur de δ :

δ (ppm)	8	11
Nature du $_1$H	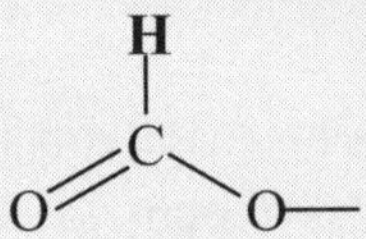	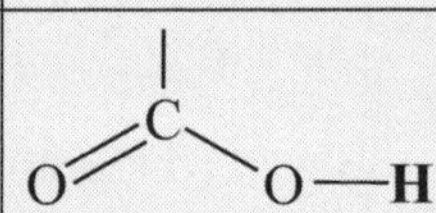

2. Structure de la molécule :

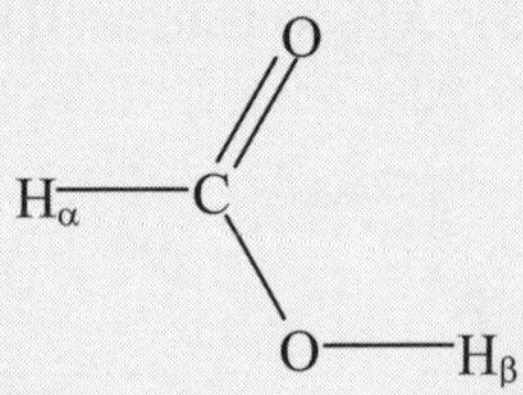

Singulet α (intégration 1) : 1 H_α sans voisin : $\delta = 8$ ppm
Singulet β (intégration 1) : 1 H_β sans voisin : 5 ppm $< \delta <$ 13 ppm

3. Nom du composé en nomenclature systématique : acide méthanoïque.

4. L'acide méthanoïque appartient à la famille des acides carboxyliques.

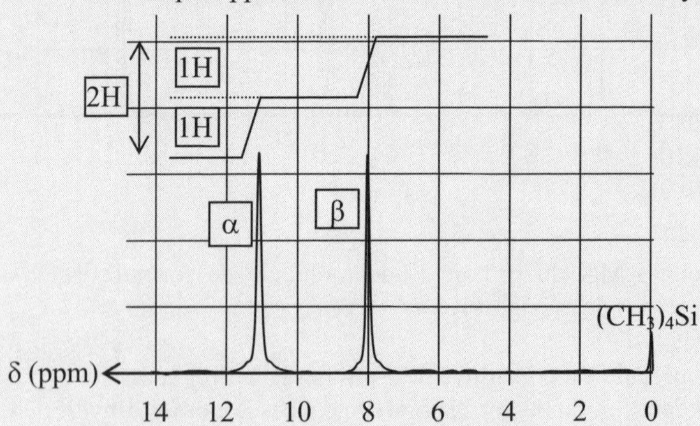

Corrigé 12

Le spectre RMN du proton d'une molécule de formule brute $C_3H_6O_2$ est exploité en fin de corrigé 12.

1.

a) La molécule est constituée de 6 atomes d'hydrogène.
L'intégration totale correspond donc à ces 6 atomes d'hydrogène.
Chaque signal d'intégration partielle correspond proportionnellement au nombre de noyaux d'hydrogène 1 ayant absorbé en un déplacement chimique donné.
Une explication graphique est représentée sur le spectre exploité.

δ (ppm)	1,5	2,9	5,7
N noyaux $_{1}$H concernés	3	2	1

b) **RAPPEL** : Règle N+1 ou (N+1)-uplets
Le signal de noyaux $_{1}$H identiques voisins de N atomes 1H équivalents se scinde en (N+1) pics.

δ (ppm)	1,5	2,9	5,7
Nombre de pics	3	4	1
Nombre de $_{1}$H voisins	2	3	0

c) Nature potentielle de chaque $_{1}$H selon sa valeur de δ :

δ (ppm)	1,5	2,9	5,7
Nature du/des $_{1}$H	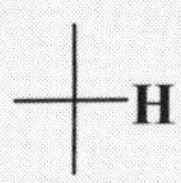	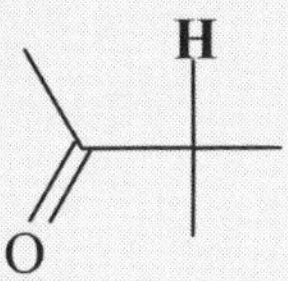	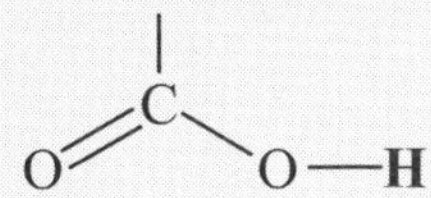

2. Structure de la molécule :

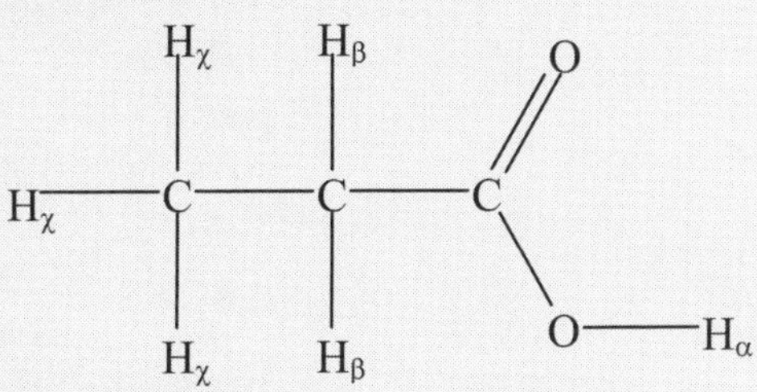

Singulet α (intégration 1) : 1 H_α sans voisin : 5 ppm < δ < 13 ppm
Quadruplet β (intégration 2) : 2 H_β voisins de 3 H_χ : (2,1 ppm < δ < 2,6 ppm) décalé vers les valeurs supérieures (on parle de déblindage).
Triplet γ (intégration 3) : 3 H_χ voisins de 2 H_β : 0,8 ppm < δ < 1,9 ppm

3. Nom du composé en nomenclature systématique : acide propanoïque.

4. L'acide propanoïque appartient à la famille des acides carboxyliques.

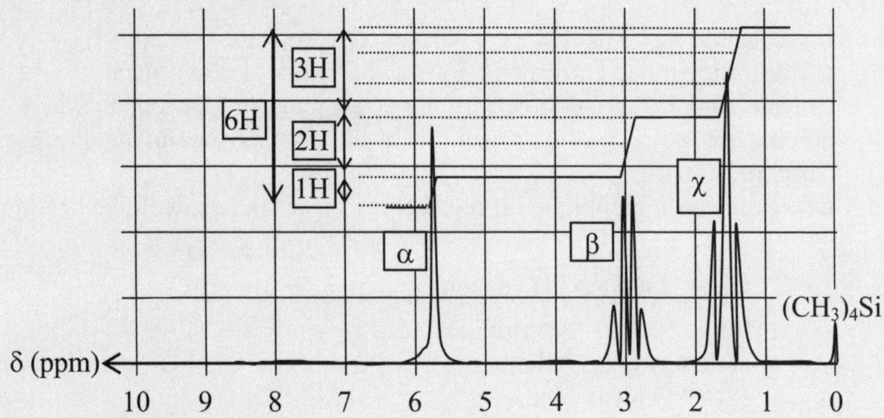

3H
6H
2H
1H
α
β
χ
(CH3)4Si
δ (ppm)
10
9
8
7
6
5
4
3
2
1
0

Corrigé du Contrôle

1. Exploitation du spectre IR de la molécule de formule brute C_2H_6O.

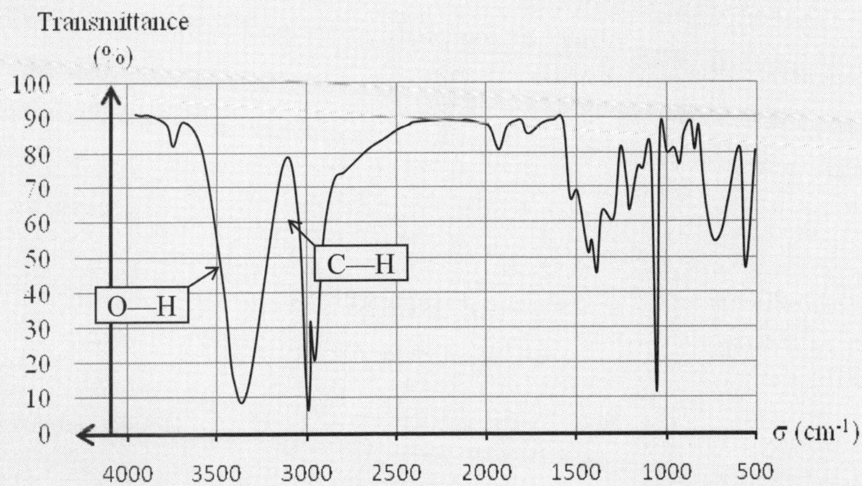

On peut identifier 2 pics d'absorptions sur ce spectre :

- un pic étroit vers σ = 2900 cm^{-1} caractéristique de la vibration d'élongation de la liaison C—H ;
- une bande large vers σ = 3300 cm^{-1} caractéristique de la vibration d'élongation de la liaison O—H. Celle-ci est caractéristique de la liaison hydrogène.

Cette première analyse permet de reconnaître un **alcool**. Ce sera plus aisé pour identifier les signaux RMN.

2. Exploitation du spectre RMN de la molécule de formule brute C_2H_6O.

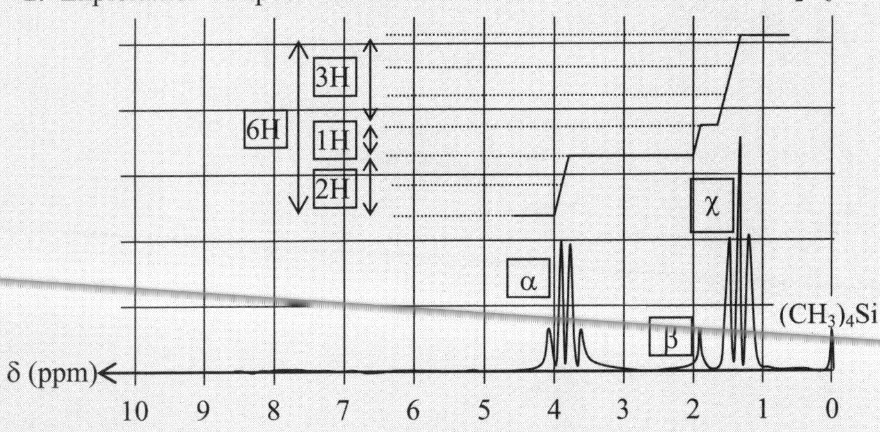

- La molécule est constituée de 6 atomes d'hydrogène.
  L'intégration totale correspond donc à ces 6 atomes d'hydrogène.

Chaque signal d'intégration partielle correspond proportionnellement au nombre de noyaux d'hydrogène 1 ayant absorbé en un déplacement chimique donné.
Une explication graphique est représentée sur le spectre exploité.

δ (ppm)	1,3	1,9	3,8
N noyaux $_1$H concernés	3	1	2

– **RAPPEL** : Règle N+1 ou (N+1)-uplets
Le signal de noyaux $_1$H identiques voisins de N atomes 1H équivalents se scinde en (N+1) pics.

δ (ppm)	1,3	1,9	3,8
Nombre de pics	3	1	4
Nombre de $_1$H voisins	2	0	3

– Nature potentielle de chaque $_1$H selon sa valeur de δ :

δ (ppm)	1,3	1,9	3,8
Nature du/des $_1$H	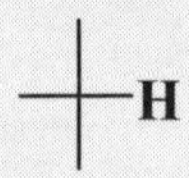	R—O—**H**	R–C**H**$_2$–O–H

3. Structure de la molécule :

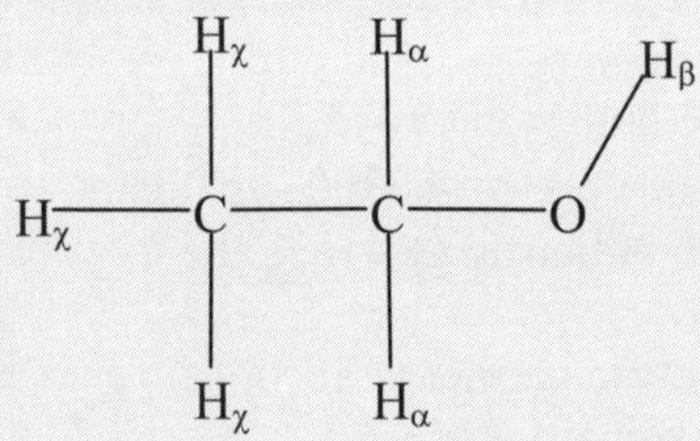

Quadruplet α (intégration 2) : 2 H_α voisins de 3 H_χ : 3,3 ppm < δ < 4 ppm
Singulet β (intégration 1) : 1 H_β sans voisin : 0,5 ppm < δ < 5 ppm
Triplet χ (intégration 3) : 3 H_χ voisins de 1H_α : 0,8 ppm < δ < 1,9 ppm

4. Nom du composé en nomenclature systématique : **éthanol**.

5. L'éthanol appartient à la famille des alcools.

8 Représentation spatiale des molécules

GÉNÉRALITÉS

Les molécules de la chimie organique sont principalement constituées d'atomes de carbone C et d'hydrogène H.
Dans ces molécules, l'atome d'hydrogène, capable de ne se lier qu'une fois, sera périphérique et l'atome de carbone, capable de se lier quatre fois, adoptera principalement les géométries suivantes :

tétragonale (tétraédrique)	trigonale (triangulaire plane)	digonale (linéaire)
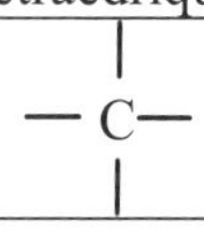	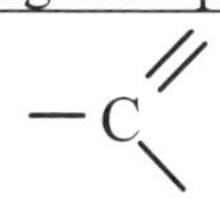	— C ≡

dans une structure en chaîne qui représente le squelette (architecture principale).

REPRÉSENTATIONS COURANTES

EXEMPLES du butane : C_4H_{10} linéaire ou non ramifié

Représentation développée : 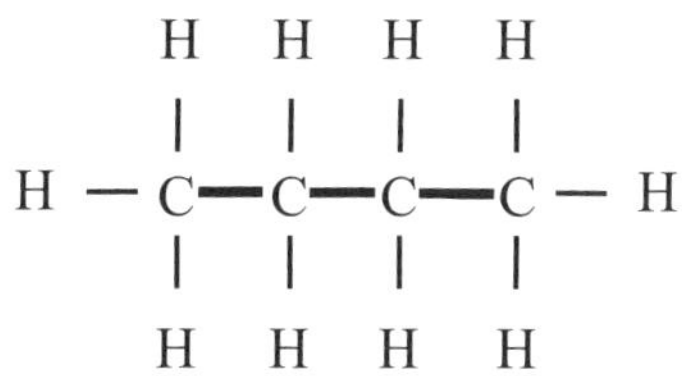

Représentation semi-développée : $CH_3 - CH_2 - CH_2 - CH_3$

Représentation topologique : 

De ces 3 représentations, la représentation topologique est la plus utilisée. Elle permet d'aborder la géométrie spatiale de la molécule tout en ne détaillant que ses fonctions principales.

DIASTÉRÉOISOMÉRIE Z/E

La configuration de la double liaison C=C entraîne parfois la stéréoisomérie.

EXEMPLE :

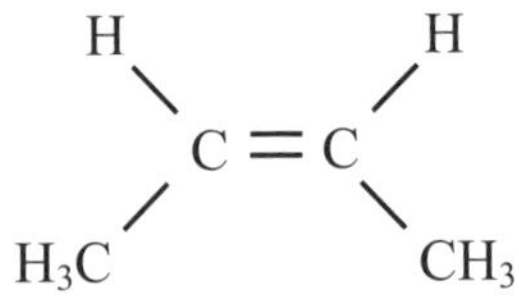

(Z)-but-2-ène

et

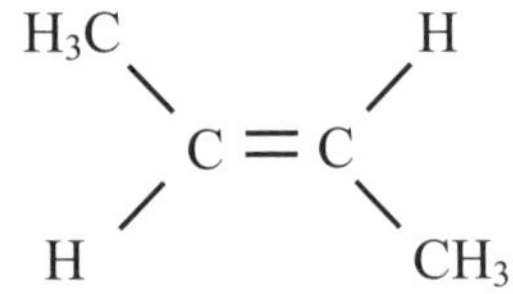

(E)-but-2-ène

ne sont pas superposables et ne sont pas obtenus par isomérie optique : ils sont diastéréoisomères.

Z : les groupes les plus importants se situent du même côté de la double liaison. (**Z**usammen : ensemble)
E : les groupes les plus importants se situent de part et d'autre de la double liaison. (**E**ntgegen : opposé)

CARBONE ASYMÉTRIQUE

Dans certaines molécules organiques complexes, il arrive qu'un ou plusieurs atomes de carbone tétragonaux soient liés à 4 substituants différents : ces atomes de carbone sont **asymétriques** (privés d'éléments de symétrie).

EXEMPLE : le 1-bromo-1-chloroéthane

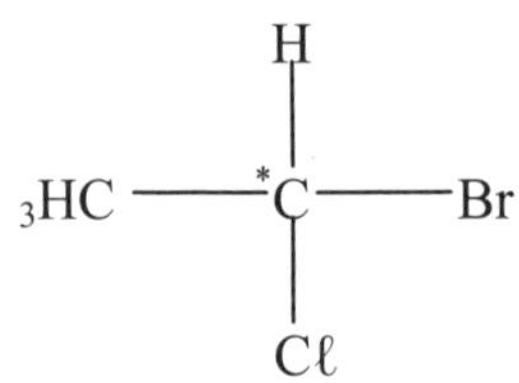

On identifie cet atome de carbone en lui adjoignant un astérisque *.

Représentation de Cram

La représentation de Cram permet de visualiser la géométrie spatiale des atomes tétragonaux.

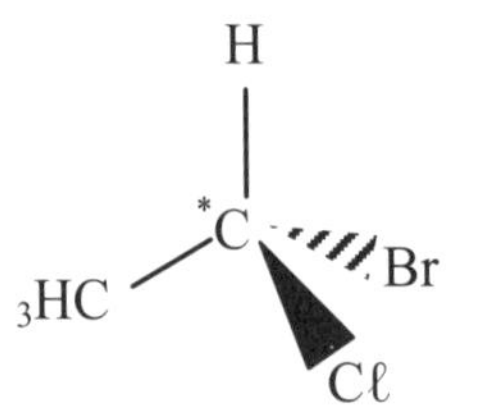

Explications :
- la liaison $^*C—CH_3$ et la liaison $^*C—H$ sont situées dans le plan de représentation ;
- la liaison $^*C—Br$ est orientée vers l'arrière du plan de représentation ;
- la liaison $^*C—C\ell$ est orientée vers l'avant du plan de représentation.
- (pour ce choix d'ordre des substituants)

Cette représentation permet de mieux appréhender la géométrie tétraédrique de l'ensemble.

CHIRALITÉ

Une molécule est **chirale** si elle n'est pas superposable à son image dans un miroir plan.
Les molécules asymétriques sont chirales.

EXEMPLE : un acide α-aminé ; la leucine

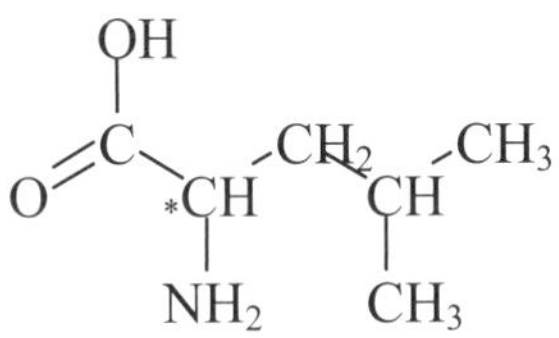

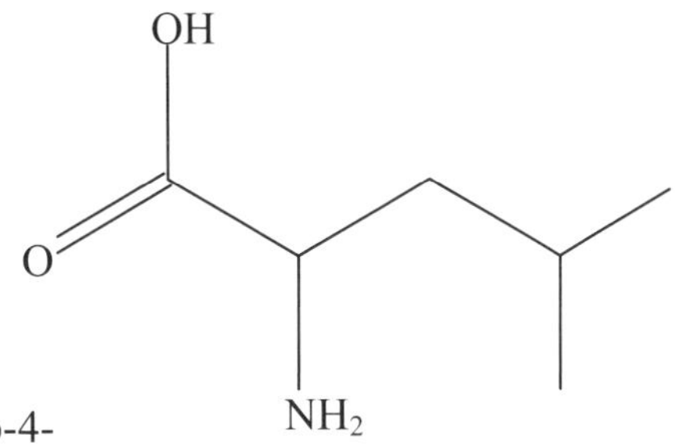

acide 2-amino-4-

Cette molécule possède un carbone asymétrique.
Simplification de sa représentation

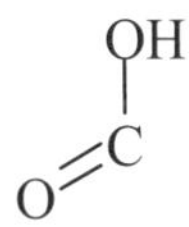

est noté COOH

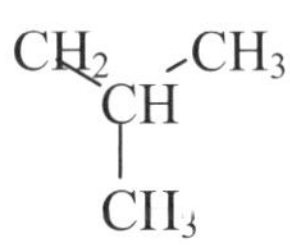

est noté R

Finalement on obtient :

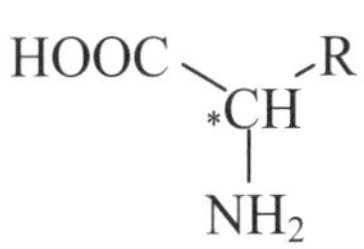

Et en représentation de Cram :

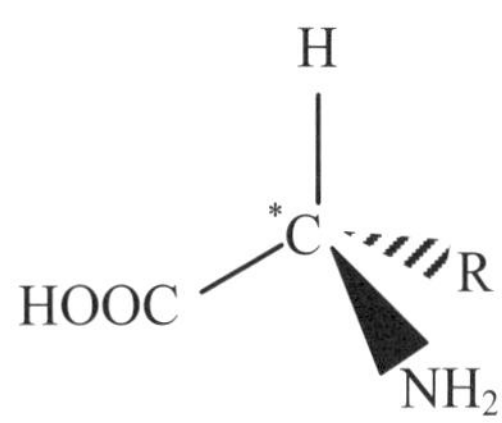

Obtention de son image (inverse optique) à travers un miroir plan

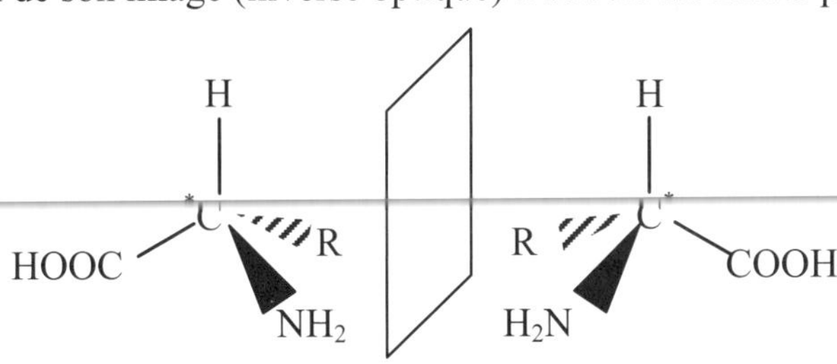

Ces deux molécules ne sont pas superposables et sont, par incidence, différentes.

Faisons tourner la molécule de droite de 180° sur son axe C*—H. Tentons ensuite de la superposer à son image de gauche : ces deux molécules ne sont pas superposables (R et NH_2 ne sont pas superposés).

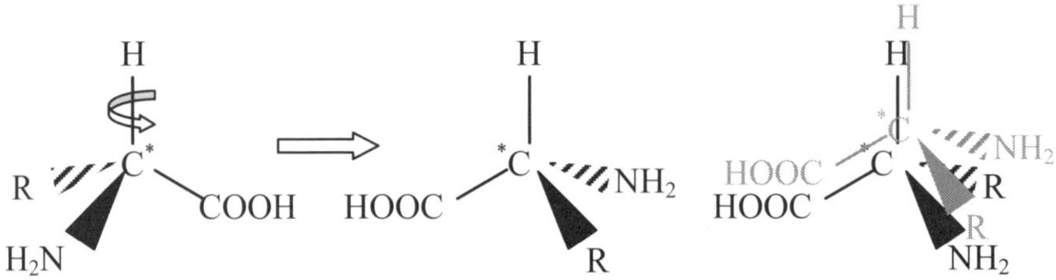

La leucine est donc chirale.
La leucine se présente donc sous la forme de deux isomères optiques, appelés **énantiomères**.

REMARQUE :

- l'énantiomère de gauche est nommé D-leucine ou S(+)-leucine ;
- l'énantiomère de droite est nommé L-leucine ou R(–)-leucine.

Cette nomenclature n'est pas au programme.

COMPOSÉS À 2 ATOMES DE CARBONE ASYMÉTRIQUES

EXEMPLE : un acide α-aminé ; la thréonine

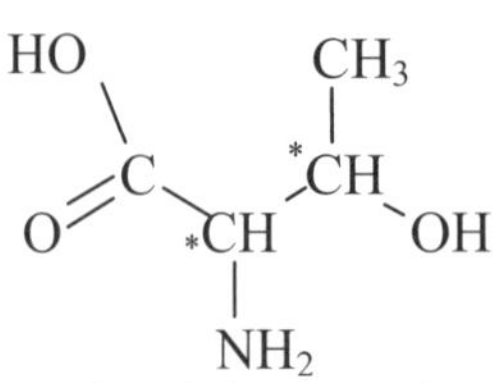

acide 2-amino-3-hydroxybutanoïque

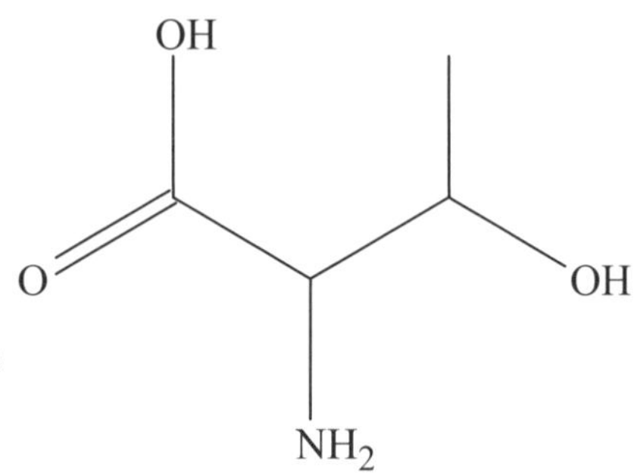

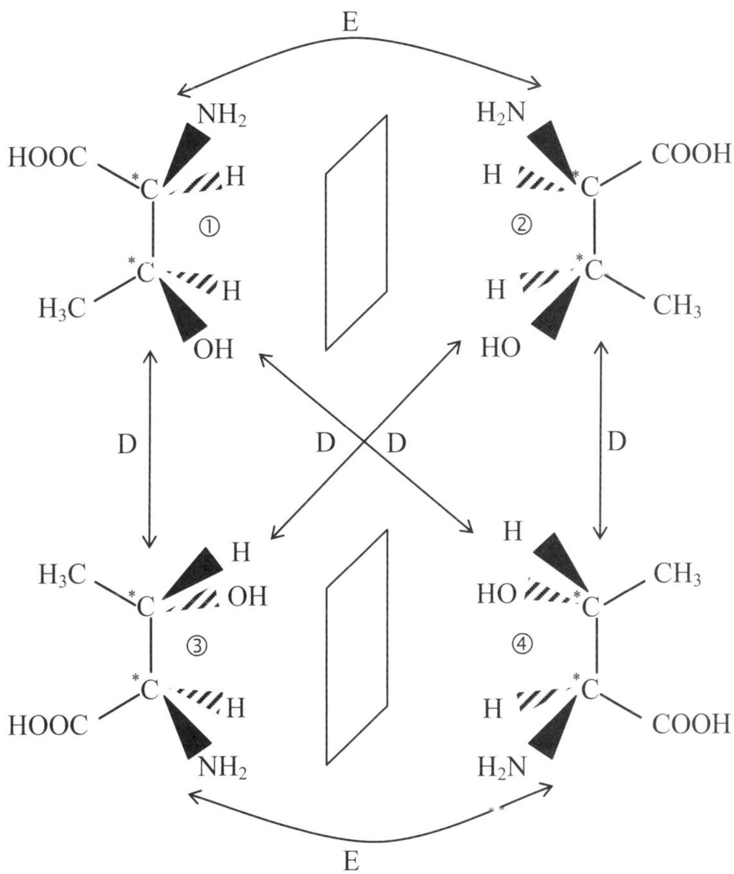

Ces 4 molécules sont des **stéréoisoméres**.

On appelle stéréoisomères deux molécules de même formule brute, comportant les mêmes liaisons mais dont l'agencement spatial des ces liaisons est différents.
Les couples de molécules (① ; ②) et (③ ; ④), obtenus par isomérie optique (image à travers un miroir plan), sont des couples de molécules **énantiomères**.
Les couples de molécules (① ; ③), (① ; ④), (② ; ③) et (② ; ④) ne sont pas obtenus par isomérie optique mais par interchangement* de liaisons et sont cependant stéréoisomères : le molécules sont **diastéréoisomères**.

* Qui nécessite des ruptures et des reformations de liaisons.

Énantiomères et diastéréoisomères sont des stéréoisomères.

MÉLANGE RACÉMIQUE

Les molécules chirales ont pour effet de faire tourner le plan de polarisation de la lumière polarisée. Elles ont un **pouvoir rotatoire**.
Deux énantiomères ont des pouvoirs rotatoires opposés.
Conséquence : un mélange équimolaire de deux énantiomères n'a pas d'effet sur la lumière polarisée : ce mélange est nommé **mélange racémique**.

CONFORMATION

La liaison C—C autorise une rotation autour de son axe.

EXEMPLE :
le butane linéaire C_4H_{10} : $CH_3—CH_2—CH_2—CH_3$

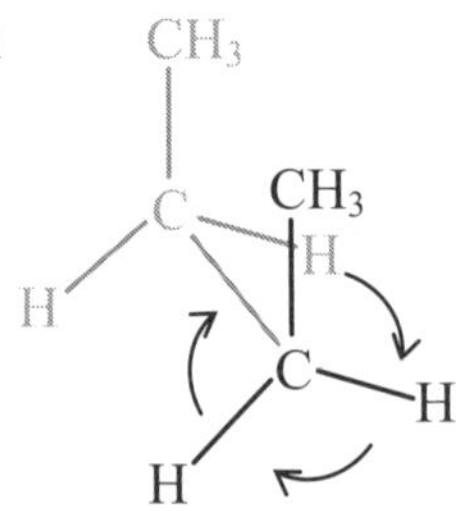

Les différentes situations géométriques résultant de cette rotation entraînent une stéréoisomérie de **conformation**. Les stéréoisoméres de conformation sont appelés conformères.
Cependant, l'importance des groupes liés aux atomes de carbone de la liaison C—C, impose des conformations plus ou moins stables.

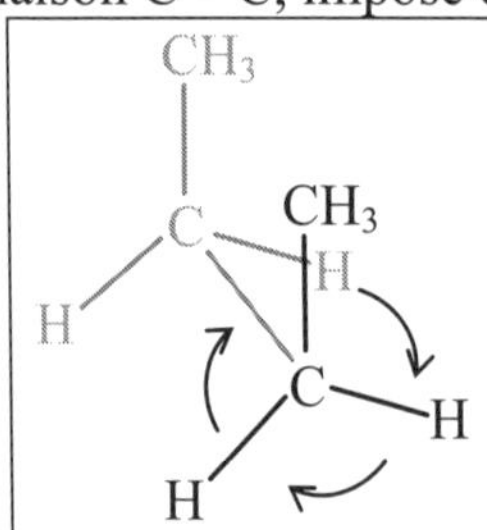	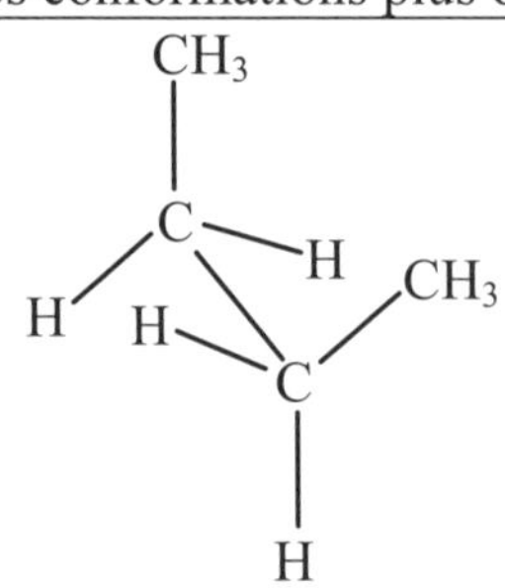	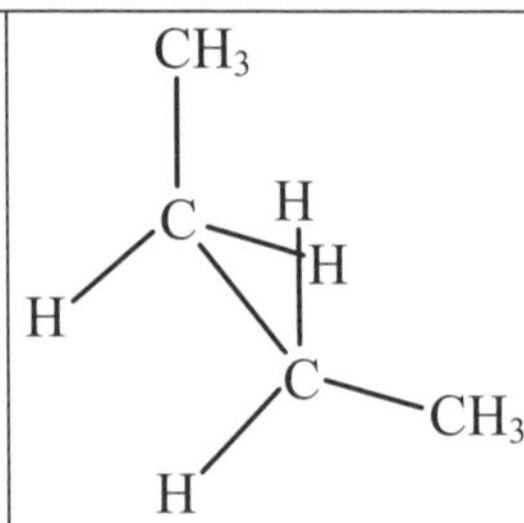
Conformation syn (la moins stable)	Conformation décalée gauche	Conformation éclipsée gauche*
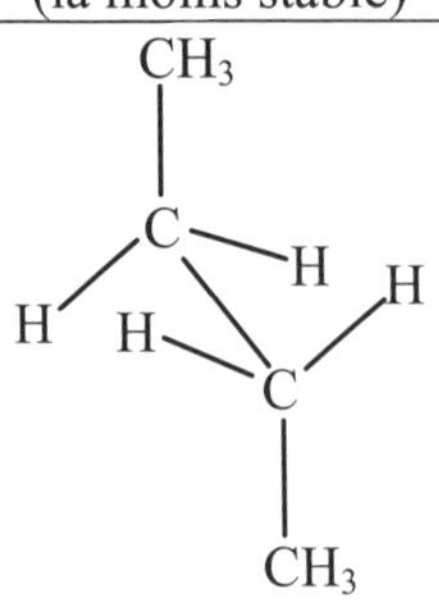	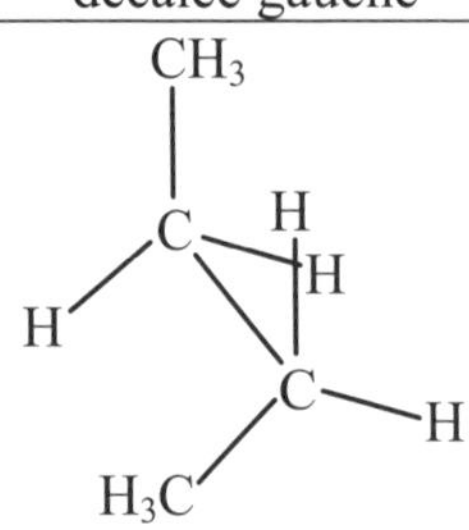	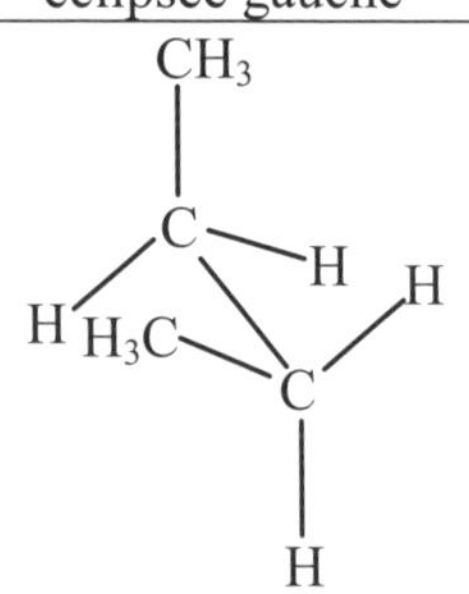
Conformation anti (la plus stable)	Conformation éclipsée gauche	Conformation décalée gauche

* gauche signifie tordue

Diagramme montrant les différentes énergies relatives de la molécule en fonction de son angle de torsion.

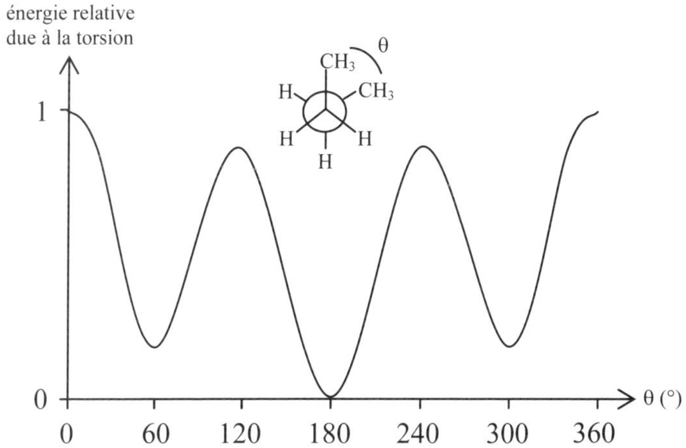

L'énergie la plus basse correspond à la conformation la plus stable.
REMARQUE : ces énergies sont faibles et de l'ordre de qq 10 $kJ.mol^{-1}$

résumés de cours
exercices
contrôles
corrigés

✱ Exercice 1 — 10 min

Dessiner la formule topologique et nommer les alcanes suivants :

1. $CH_3 — CH_2 — CH_3$

2. 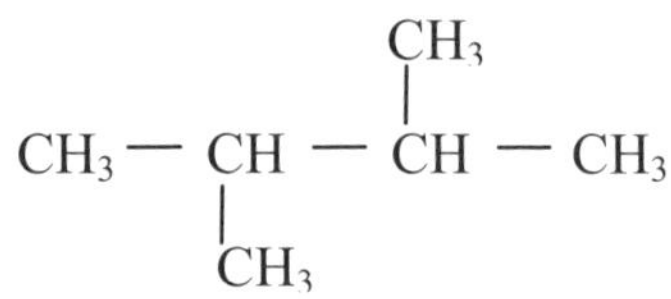

3. 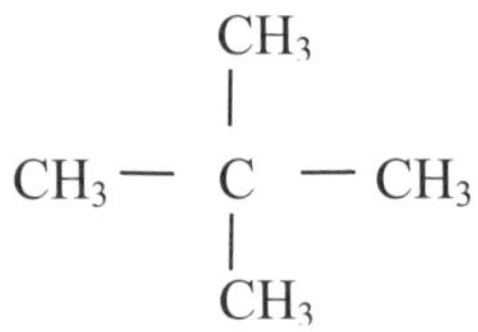

4. 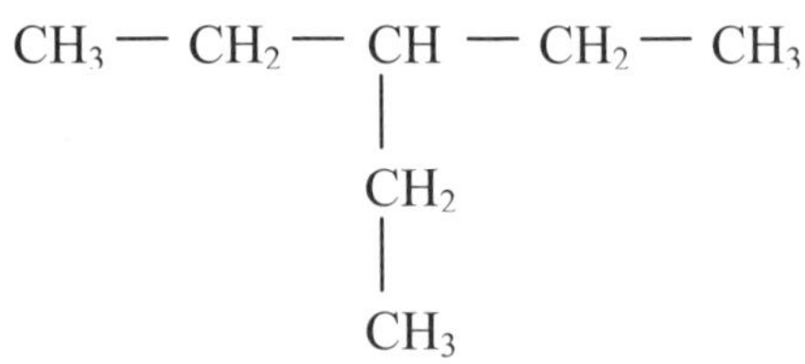

✱✱ Exercice 2 — 20 min

Dessiner les formules topologiques des composés organiques suivants :

1. $CH_3 — CO — CH_3$

2. $CH_3 — CHOH — COOH$

3. $CH_3 — CHNH_2 — COOH$

4. $CH_2OH — CHOH — CHO$

5. 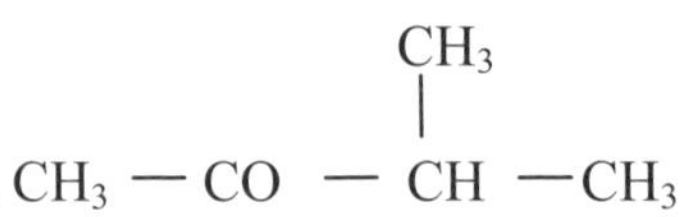

6. $CH_2 = CH — COOH$

7. $CH_3 — CH_2 — CH_2 — CO — NH — CH_3$

8. $CH_3 — CH_2 — COO — CH_3$

✱✱ Exercice 3 — 25 min

L'acide lactique a pour formule semi-développée : $CH_3–CHOH–COOH$.

1. Dessiner sa formule développée.
2. Quelle est la particularité de son deuxième atome de carbone ?
3. Donner la représentation de Cram de l'acide lactique en choisissant ce deuxième atome de carbone comme centre stéréogène.
4. Quelle est la propriété de cette molécule ?
5. Représenter l'inverse optique de la molécule dessinée au 3.
6. Comment nomme-t-on de telles molécules ?
7. Ces molécules sont-elles superposables ?

** Exercice 4 — 30 min

Une représentation d'un acide α-aminé, l'isoleucine, est donnée ci-dessous :

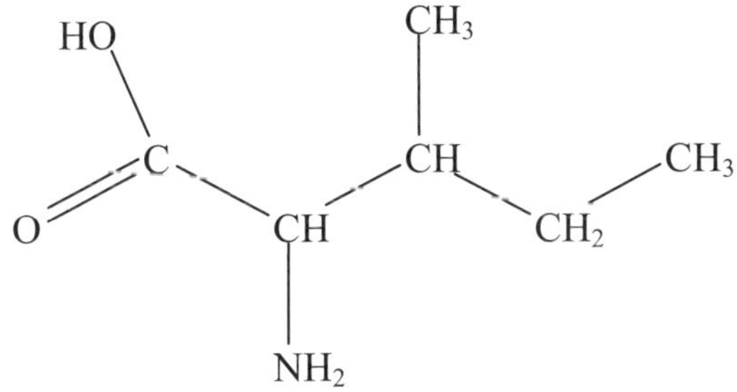

1. Combien de carbones asymétriques comporte cette molécule ?
   Une autre représentation simplifiée de cette molécule est donnée en fin d'énoncé.
2. À quoi correspondent les notations *Me* et *Et* ?
3. Donner une représentation de Cram de l'isoleucine.
4. Représenter les stéréoisomères de l'isoleucine et indiquer leurs relations stéréochimiques.

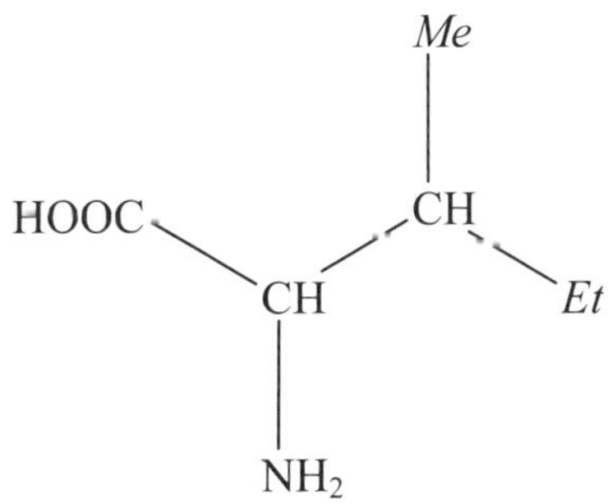

*** Exercice 5 — 30 min

L'acide tartrique a pour formule semi-développée :

HOOC–CHOH–CHOH–COOH

1. Dessiner sa formule développée.
2. Combien de carbones asymétriques comporte cette molécule ?
3. Quelle particularité géométrique supplémentaire cette molécule peut-elle présenter ?
4. Donner une représentation de Cram de l'acide tartrique.
5. Représenter les stéréoisomères de l'acide tartrique.
6. En repensant à la particularité géométrique identifiée au 3., Combien de stéréoisomères l'acide tartrique possède-t-il vraiment ? Quelles sont leurs relations stéréochimiques.

✱ Exercice 6 — ⏱ 10 min

1. Donner les deux représentations topologiques du pent-2-ène.
2. Comment nomme-t-on cette isomérie ? Pourquoi ?
3. Nommer les deux stéréoisomères.

✱ Exercice 7 — ⏱ 5 min

Une représentation du 3-méthylhex-3-ène est donnée ci-joint :

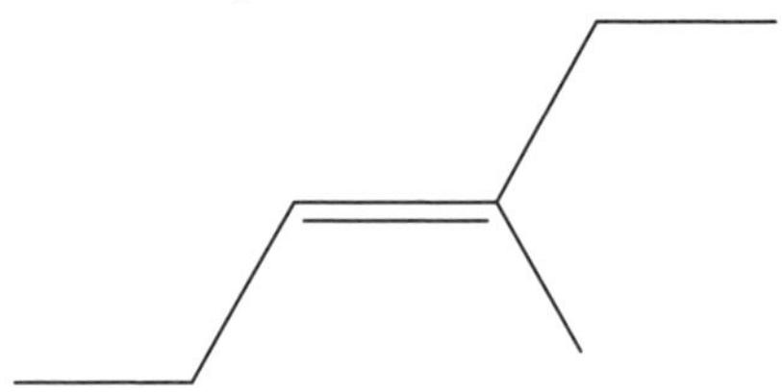

1. Est-ce le stéréoisomère Z ou E ?
2. Dessiner son stéréoisomère.

✱ Exercice 8 — ⏱ 10 min

Le 1,2-dichloroéthane est très utilisé dans la préparation de matières plastiques.

1. Donner sa formule brute, sa formule développée, sa représentation topologique.
2. Le représenter en perspective dans sa conformation la plus stable.

✱ Exercice 9 — ⏱ 20 min

Le pentane peut être représenté par :

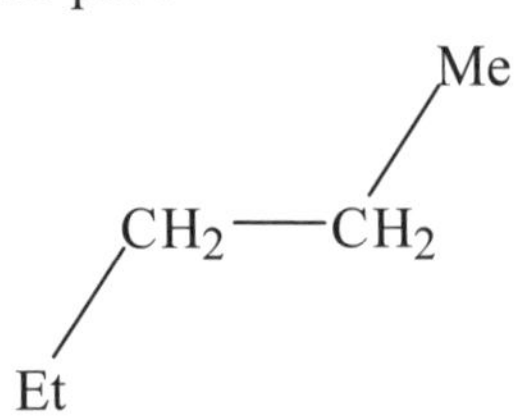

1. Le représenter en perspective dans ses différentes conformations.
2. Nommer ces différentes conformations.
3. Quelle est la conformation la moins stable ? La plus stable ?
   Et signifiant éthyle (C_2H_5) et Me signifiant méthyle (CH_3)

Contrôle

50 min / 20 pts

1. Représenter les formules topologiques des molécules suivantes : **(4 pts)**

a) $CH_3–CH(CH_3)–CH_3$

b) $CH_3–CHOH–CH(CH_3)_2$

c) $CH_2=CH–CH_2–COOH$

d) $CH_3–COO–CH_2–CH_3$

2. Dessiner les stéréoisomères des molécules suivantes et indiquer leurs relations stéréochimiques : **(8 pts)**

a)

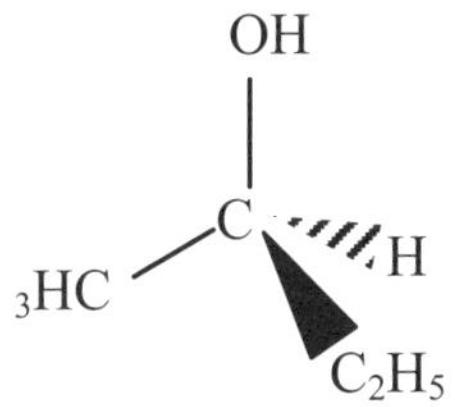

b)

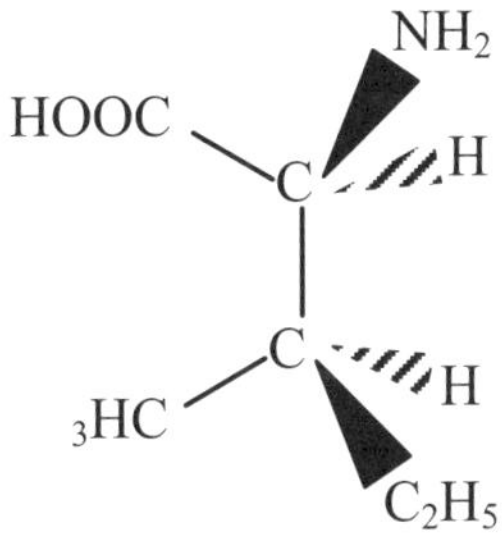

c)

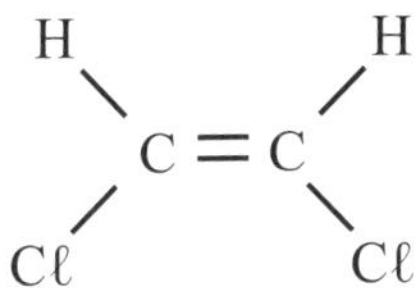

d)

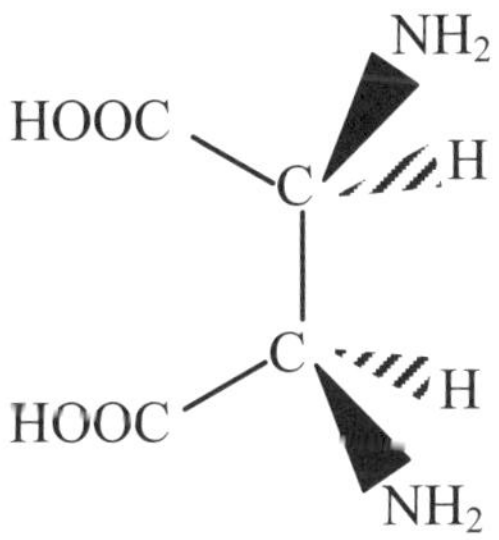

3. Dessiner les différents conformères représentatifs de la molécule suivante et les nommer : **(4 pts)**

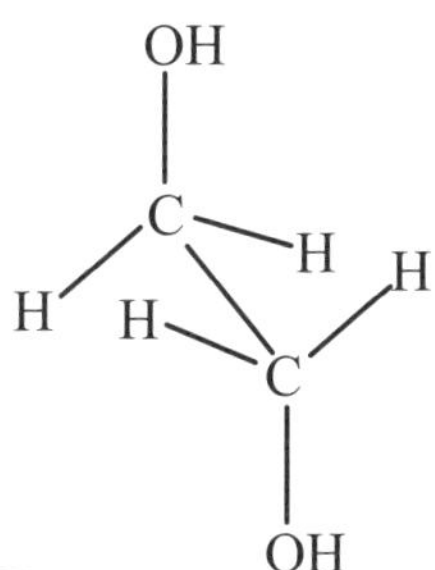

4. Les molécules suivantes peuvent-elles être chirales ? Pourquoi ? **(4 pts)**

a) $CH_3–CHOH–CH(CH_3)_2$

b) $CH_3–CH(CH_3)–CH_3$

c) $CH_3–CHOH–CHOH–CH_3$

d) $CH_2=CH–CH_2–CH_3$

Corrigés des exercices

Corrigé 1

1.

propane

2.

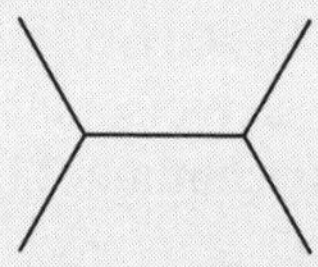

2,3-diméthylbutane

3.

2,2-diméthylpropane

4.

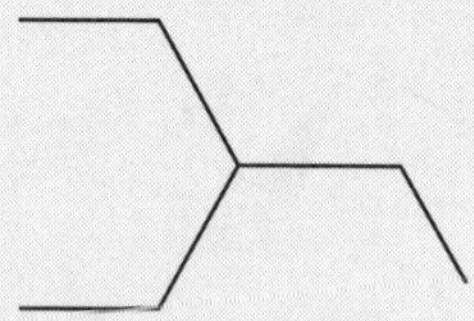

3-éthylpentane

Corrigé 2

1.

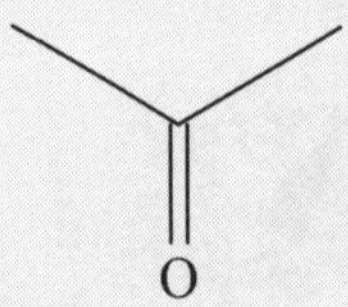

2.

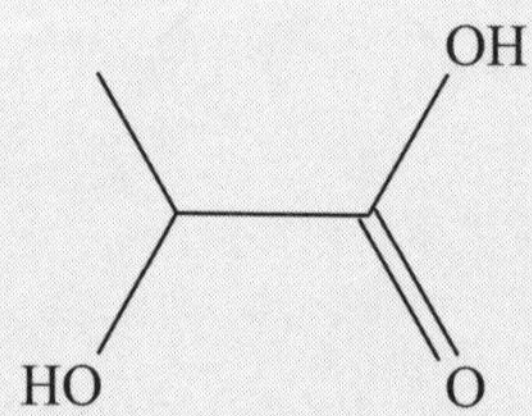

3.

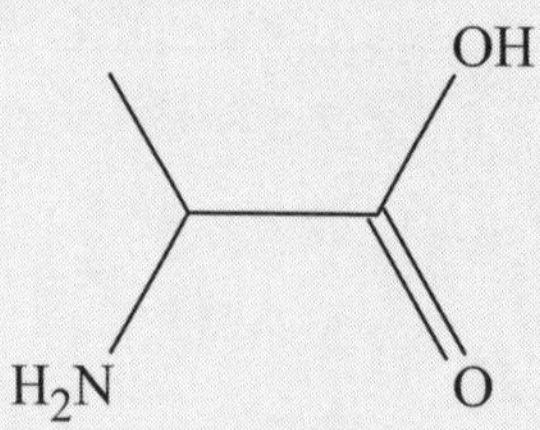

4.

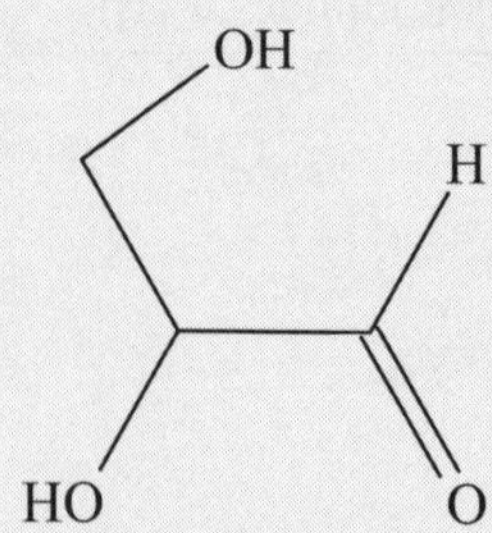

5.

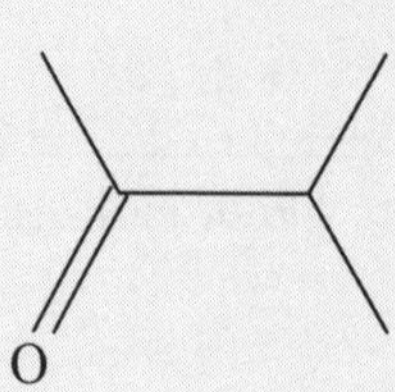

6.

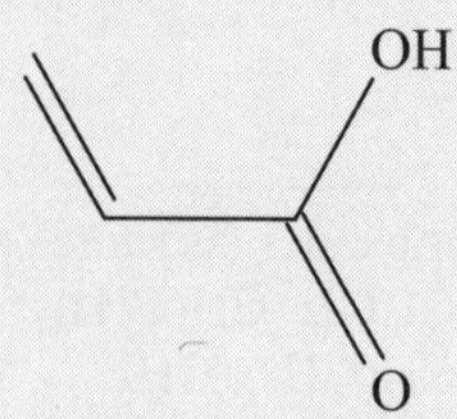

7.

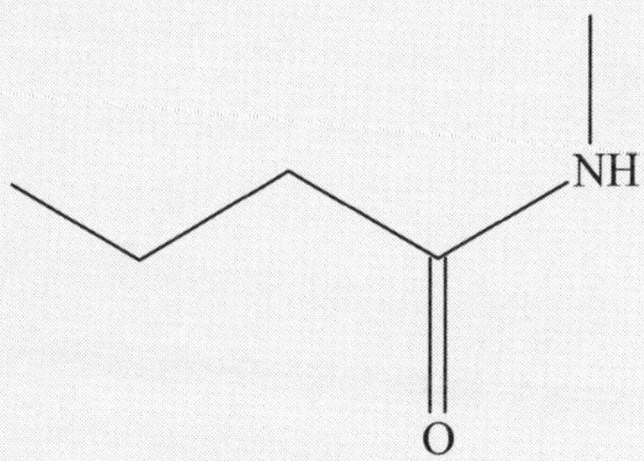

8.

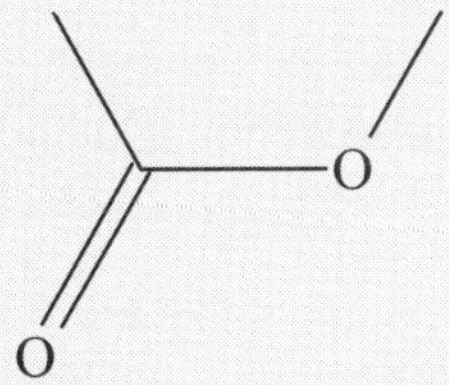

Corrigé 3

1. Formule développée de l'acide lactique : CH_3–CHOH–COOH.

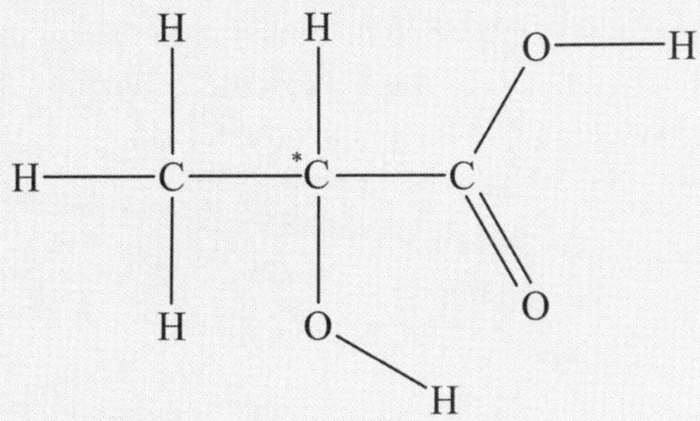

2. Le deuxième atome de carbone de l'acide lactique possède 4 substituants différents : il est asymétrique.
3. Une représentation de Cram de l'acide lactique :

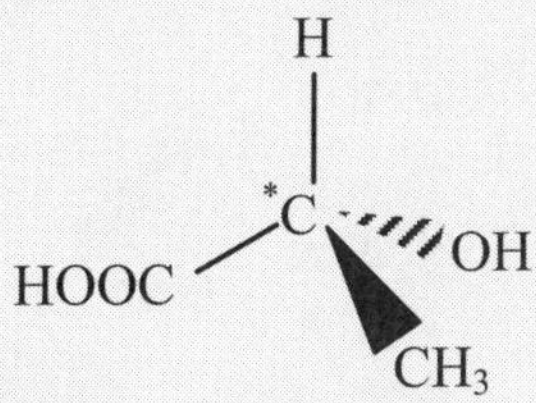

4. Cette molécule est chirale.
5. Obtention de l'inverse optique de la molécule dessinée au 3.

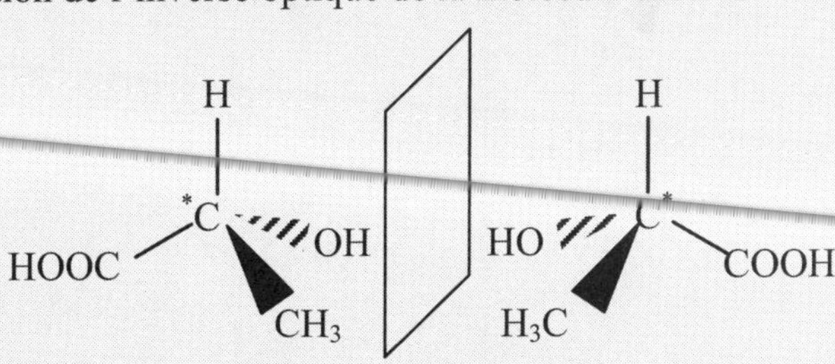

6. Ces deux molécules sont des énantiomères.
7. Ces molécules ne sont pas superposables.

Corrigé 4

Une représentation d'un acide α-aminé, l'isoleucine, est donnée ci-dessous :

1. L'isoleucine comporte 2 atomes de carbones asymétriques :

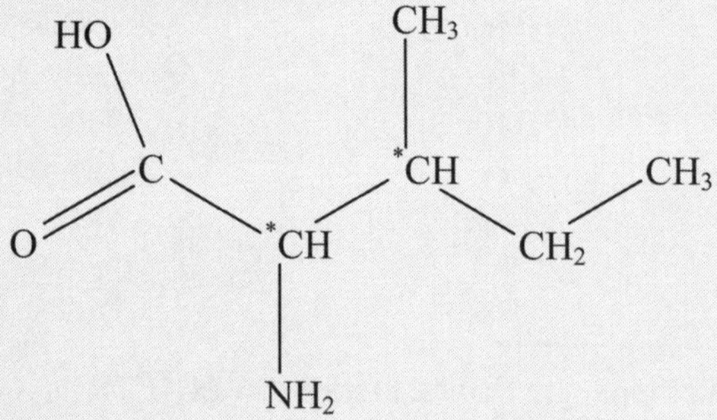

Une autre représentation simplifiée de cette molécule est donnée ci-dessous :

2. Dans la notation simplifiée *Me* représente le groupe méthyle CH_3 et *Et* représente le groupe éthyle C_2H_5 ou $CH_2–CH_3$.
3. Une représentation de Cram de l'isoleucine :

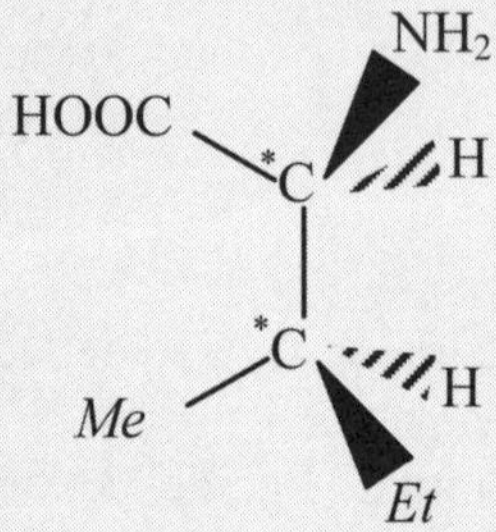

4. Stéréoisomères de l'isoleucine :

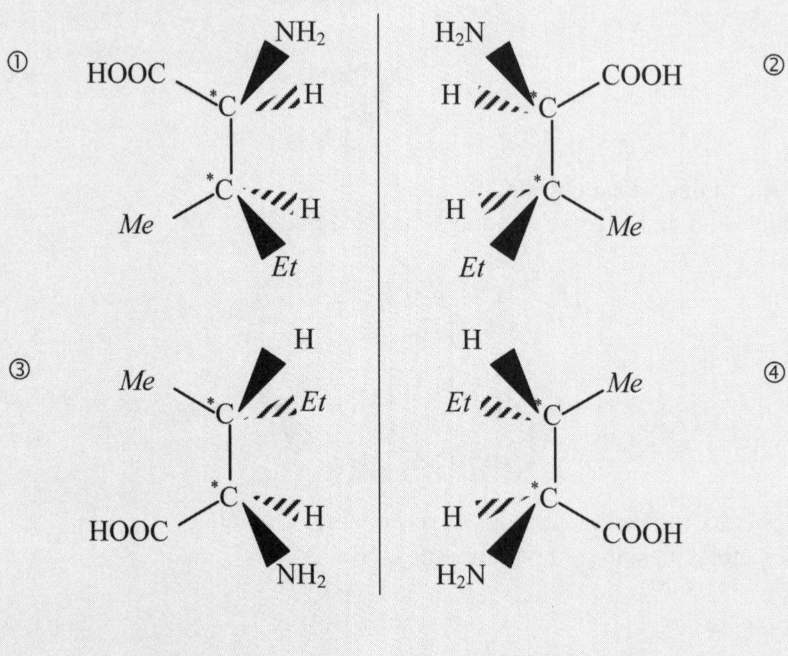

Les couples de molécules (① ; ②) et (③ ; ④) sont obtenus par inversion optique : ce sont des couples d'énantiomères.
Les couples de molécules (① ; ③), (② ; ③), (② ; ④) et (① ; ④) ne sont pas obtenus par inversion optique et ne sont pas superposables : ce sont des couples de diastéréoisomères.

Corrigé 5

1. Formule développée de l'acide tartrique : HOOC–CHOH–CHOH–COOH

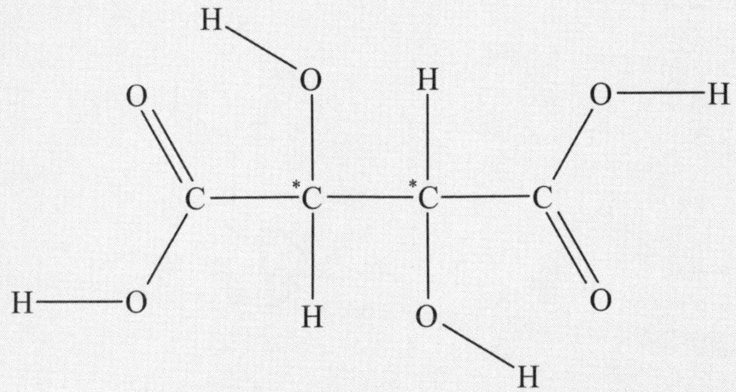

2. Cette molécule comporte deux carbones asymétriques.
3. Dans une configuration et une conformation particulières, la molécule d'acide tartrique possède un plan de symétrie médiateur.

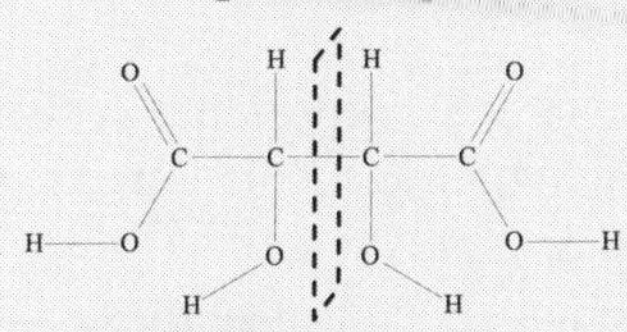

4. Une représentation de Cram de l'acide tartrique :

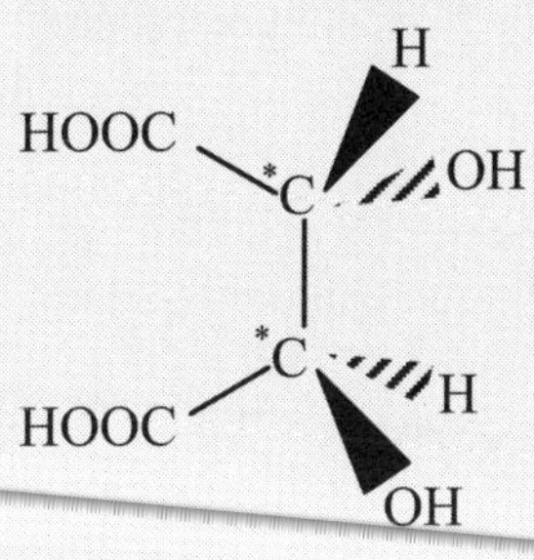

5. Représentation des stéréoisomères de l'acide tartrique :

① ② ③ ④

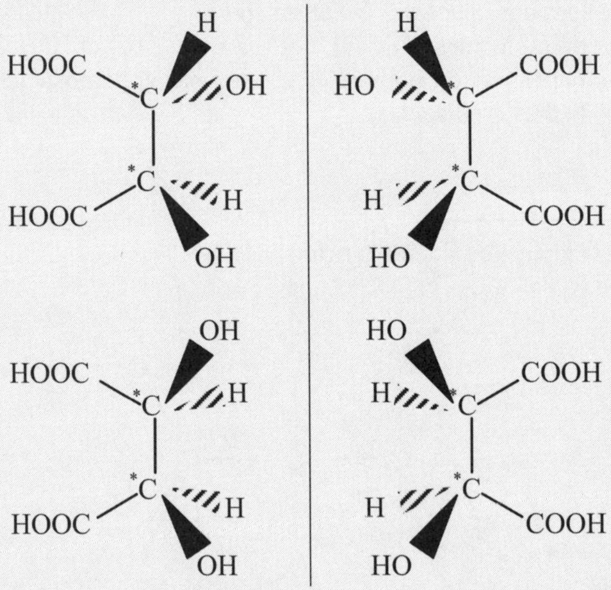

6. Les couples de molécules (① ; ③), (② ; ③), (② ; ④) et (① ; ④) ne sont pas obtenus par inversion optique et ne sont pas superposables : ce sont des couples de diastéréoisomères.
Les couples de molécules (① ; ②) et (③ ; ④) sont obtenus par inversion optique.
Cependant, le couple (③ ; ④) représente la même molécule. En effet, la présence d'un plan de symétrie médiateur interdit toute asymétrie et par incidence toute chiralité.
Une telle molécule est appelé **composé méso**.
Seules les molécules du couple (① ; ②) sont énantiomères.
L'acide tartrique n'a que trois stéréoisomères.

Corrigé 6

1. Représentations topologiques du pent-2-ène :

2. C'est la stéréoisomérie Z/E.
Z signifiant que les groupes les plus importants de la double liaison sont situés du même côté (Zuzammen : ensemble).
E signifiant que les groupes les plus importants de la double liaison sont situés à l'opposé (Entgegen : opposé).

3. 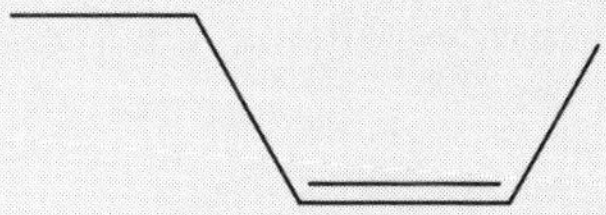

(Z)-pent-2-ène

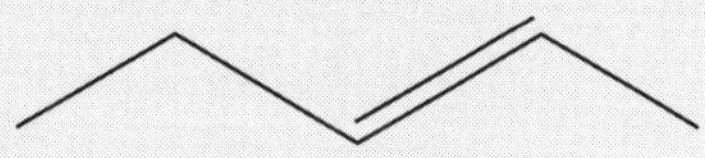

(E)-pent-2-ène

Corrigé 7

Représentation du 3-méthylhex-3-ène proposée :

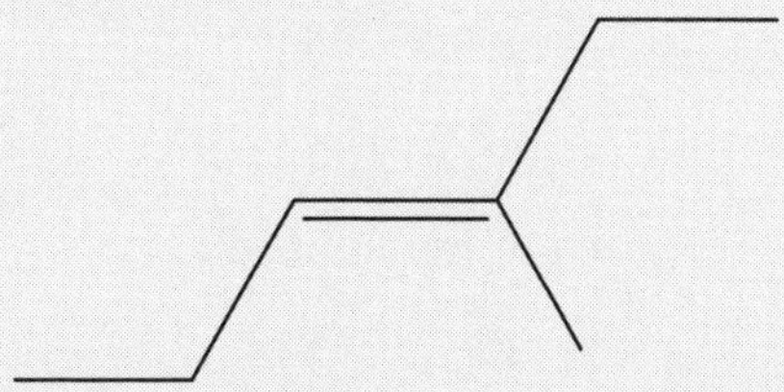

1. Le stéréoisomère E est représenté car les groupes éthyle (plus importants que le groupe méthyle) sont situés de manière opposée sur la double liaison. C'est le (E)-3-méthylhex-3-ène
2. Son stéréoisomère est le (Z)-3-méthylhex-3-ène :

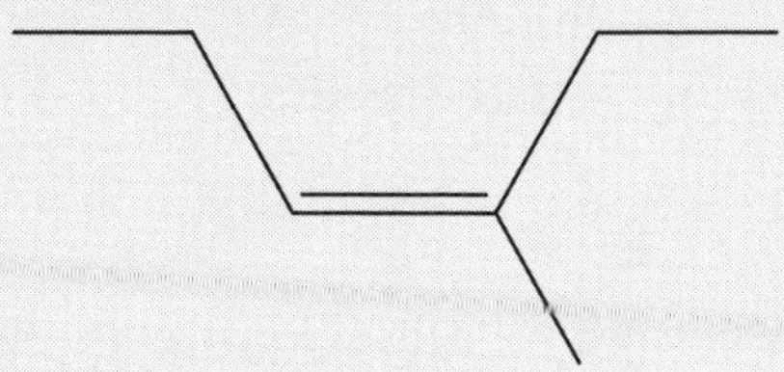

Corrigé 8

1. 1,2-dichloroéthane

Formule brute	Formule développée	Représentation topologique
$C_2H_4C\ell_2$	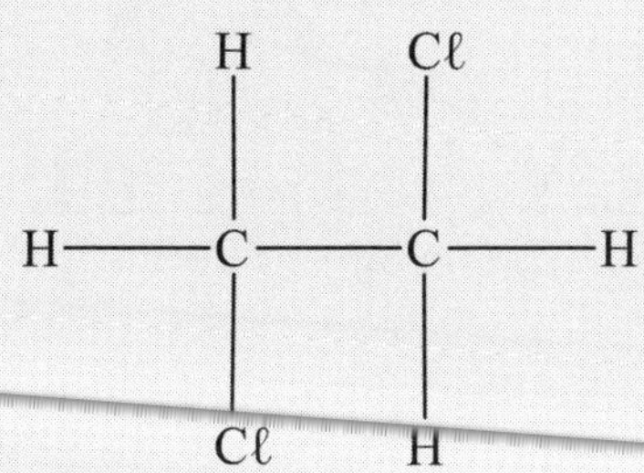	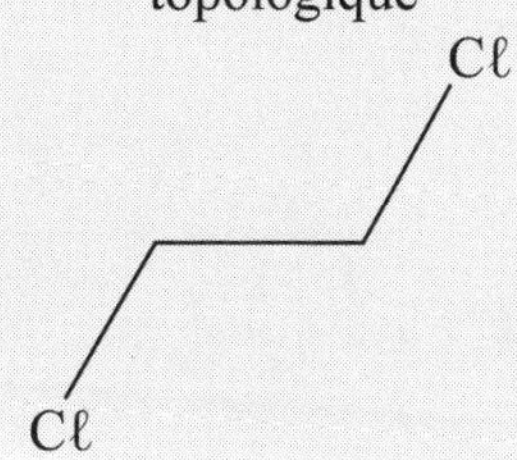

2. Représentation en perspective du 1,2-dichloroéthane dans sa conformation la plus stable :

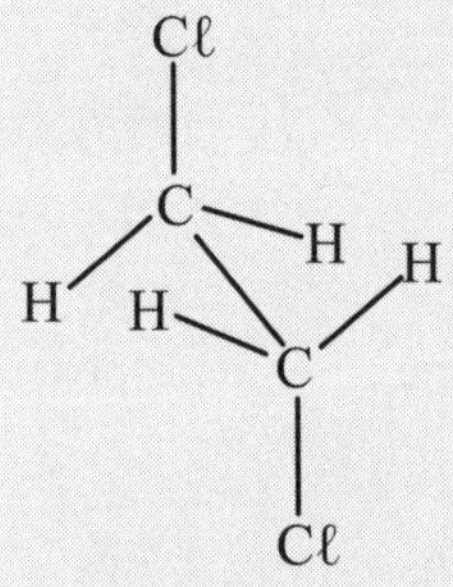

Conformation anti

Corrigé 9

Une représentation du pentane :

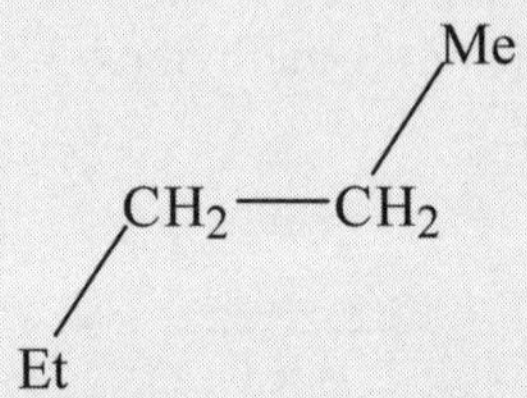

1. Représentation en perspective dans ses différentes conformations :

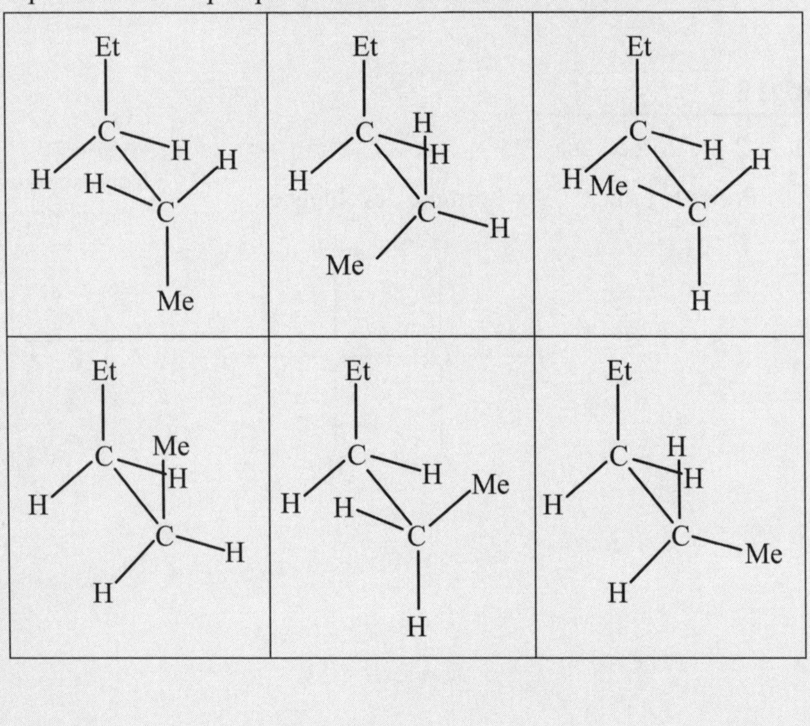

2. Noms des différentes conformations.

Conformation anti	Conformation éclipsée gauche	Conformation décalée gauche
Conformation syn	Conformation décalée gauche	Conformation éclipsée gauche

3. Conformation la moins stable est la conformation syn. Et et Me se repoussant au maximum.
La conformation la plus stable est la conformation anti. Et et Me se repoussant au minimum.

Corrigé du Contrôle

1. Représenter les formules topologiques des molécules proposées :

a)

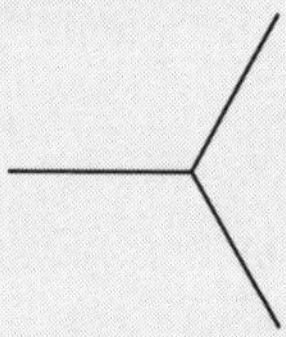

b)

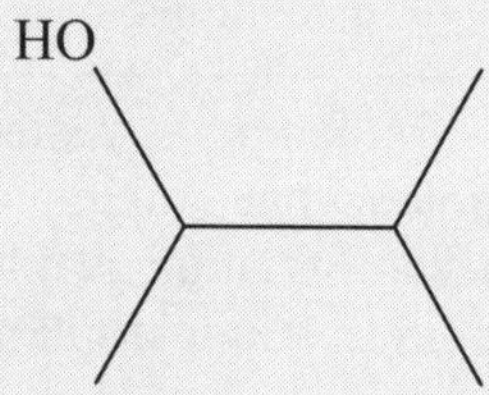

c)

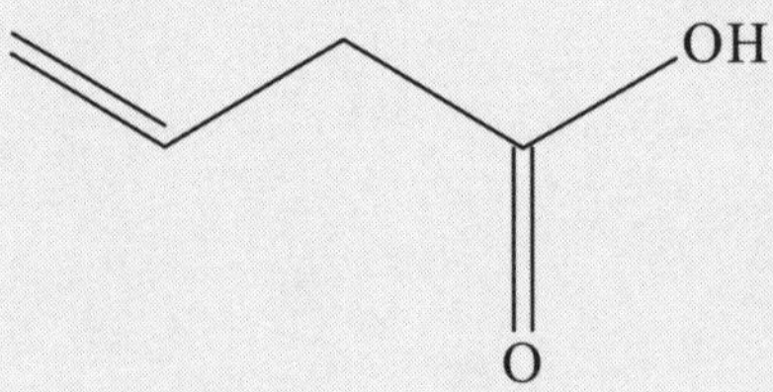

d)

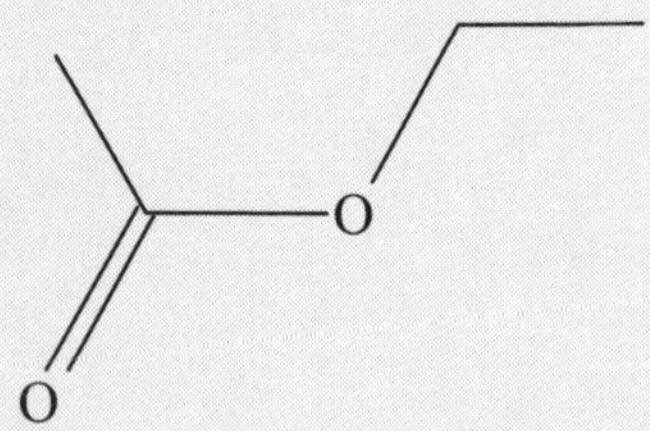

2. Stéréoisomères des molécules proposées :

a)

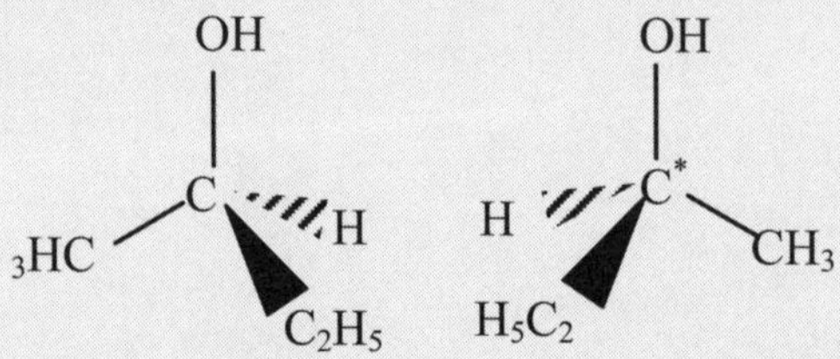

Énantiomères

b)

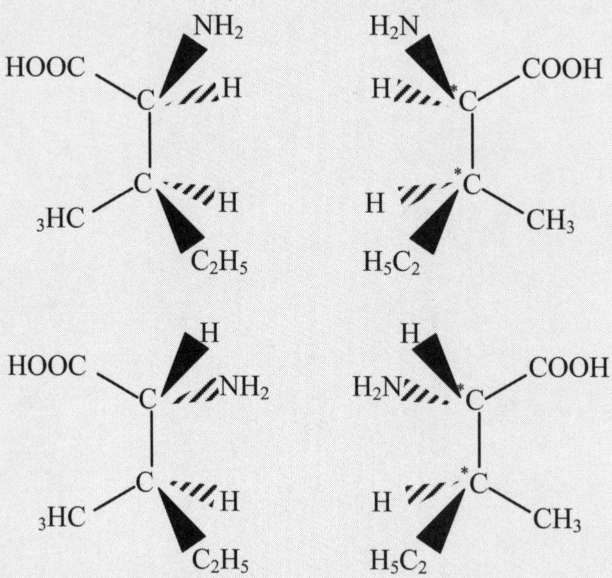

①	②
③	④

① et ② sont énantiomères
③ et ④ sont énantiomères
① et ③ sont diastéréoisomères
① et ④ sont diastéréoisomères
② et ③ sont diastéréoisomères
② et ④ sont diastéréoisomères

c) 

Stéréoisomèrie Z/E

d) 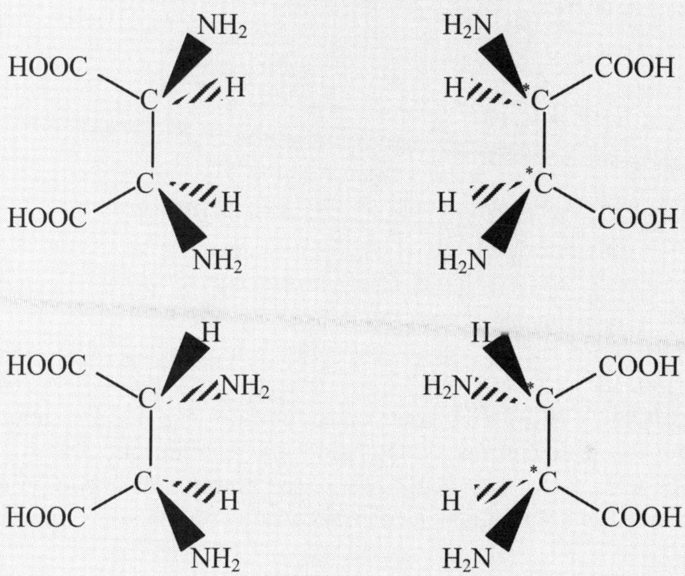

①	②
③	④

① et ② sont identiques (composé méso)
③ et ④ sont énantiomères
①ou ② et ③ sont diastéréoisomères
① ou ② et ④ sont diastéréoisomères

3. Différents conformères représentatifs de la molécule proposée :

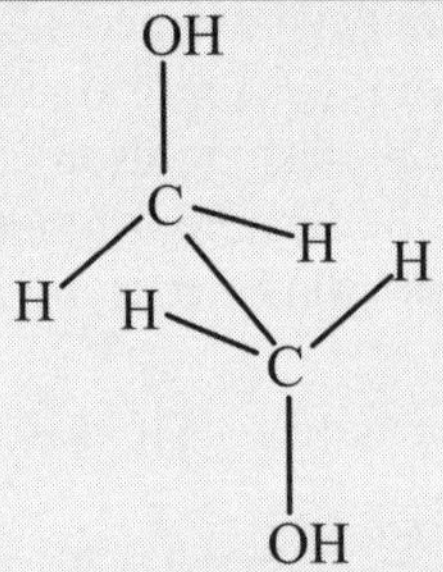 Conformation anti	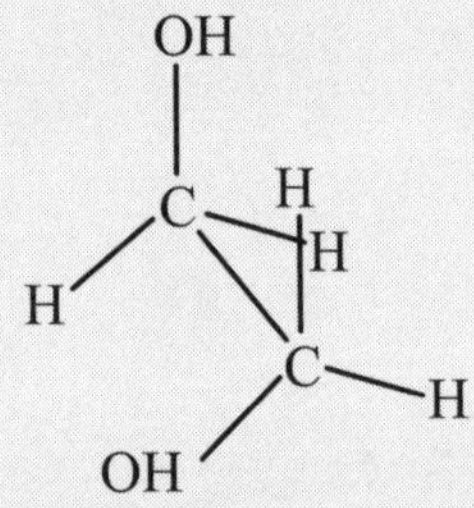 Conformation éclipsée gauche
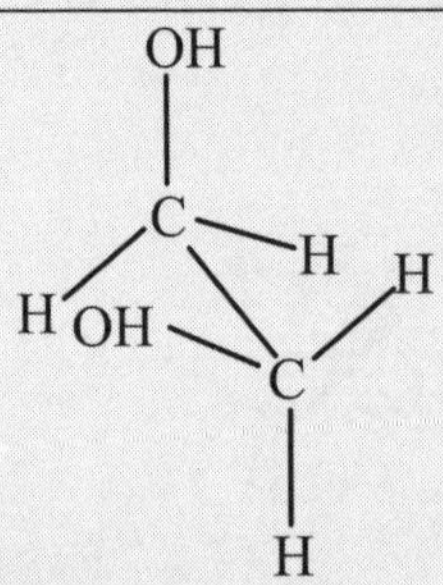 Conformation décalée gauche	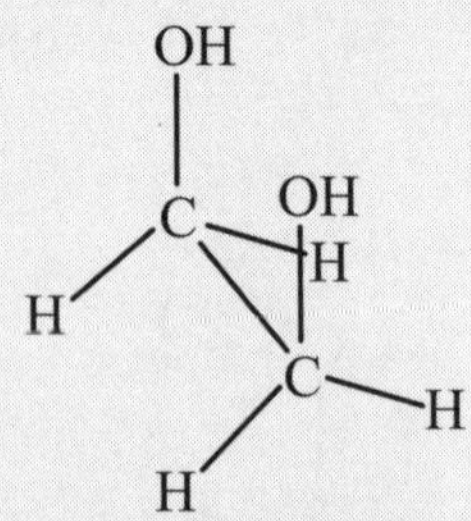 Conformation syn

4. Les molécules suivantes peuvent-elles être chirales ?

a) $CH_3-{}^{*}CHOH-CH(CH_3)_2$ peut être chirale car le deuxième atome de carbone de la chaîne est asymétrique.

b) $CH_3-CH(CH_3)-CH_3$ ne peut pas être chirale car elle n'est pas asymétrique.

c) $CH_3-{}^{*}CHOH-{}^{*}CHOH-CH_3$ peut être chirale car le deuxième et le troisième atome de carbone de la chaîne sont asymétriques.

d) $CH_2=CH-CH_2-CH_3$ ne peut pas être chirale car elle n'est pas asymétrique : la double liaison (plane) entraîne un plan de symétrie.

9 Fonctions de la chimie organique

RAPPELS

Les alcanes normaux (ou linéaires ou non ramifiés)

Formule brute : C_nH_{2n+2} (n est un entier naturel non nul)
Les premiers alcanes :

n	formule brute	nom
1	CH_4	méthane
2	C_2H_6	éthane
3	C_3H_8	propane
4	C_4H_{10}	butane
5	C_5H_{12}	pentane
6	C_6H_{14}	hexane
7	C_7H_{16}	heptane
8	C_8H_{18}	octane
9	C_9H_{20}	nonane
10	$C_{10}H_{22}$	décane

Les groupes alkyles

Le nom d'un groupe alkyle s'obtient à partir du nom de l'alcane correspondant et en remplaçant la terminaison -ane par la terminaison -yle.

n	alcane	alkyle
1	CH_4 : méthane	CH_3– : méthyle
2	CH_3–CH_3 : éthane	CH_3–CH_2– : éthyle
3	CH_3–CH_2–CH_3 : propane	CH_3–CH_2–CH_2– : propan-1-yle 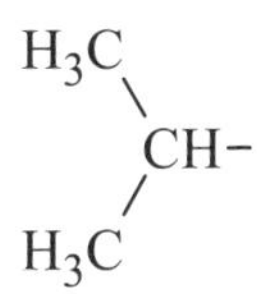 : propan-2-yle

EXEMPLE :

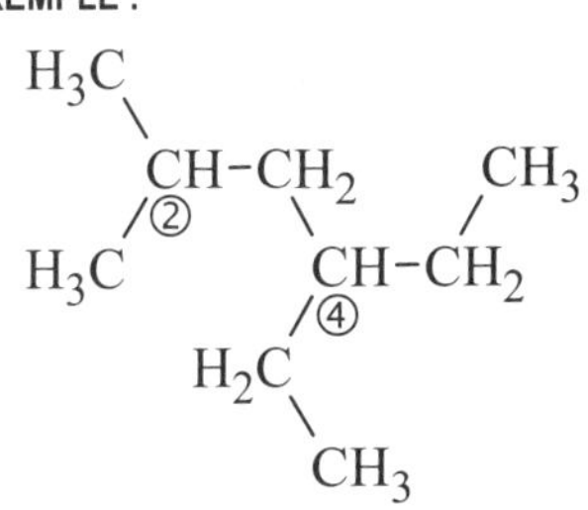

Chaîne carbonée principale à 6 atomes ;
groupe méthyle en position ② ;
groupe éthyle en position ④ :
4-éthyl-2-méthylhexane

EXEMPLE D'HYDROCARBURES INSATURÉS : LES ALCÈNES

Les alcènes linéaires

Formule brute : C_nH_{2n}
Ce sont des hydrocarbures qui comportent au moins une double liaison C=C.

EXEMPLE : $CH_3-CH=CH-CH_3$

Nomenclature : le nom d'un alcène s'obtient à partir du nom de l'alcane correspondant et en remplaçant la terminaison –ane par la terminaison –ène et en indiquant la position de la double liaison par l'indice du premier atome de carbone engagé dans celle-ci.

EXEMPLE : $CH_3 -_{\textcircled{2}} CH=CH-CH_2-CH_3$ pent-2-ène

Les alcènes ramifiés C_nH_{2n}

On nomme le groupe alkyle et on l'intègre dans le nom de l'alcène (chaîne carbonée la plus longue comportant la double liaison), privé de son e terminal et muni de sa position sur la chaîne carbonée la plus longue.

EXEMPLE : $CH_3 -_{\textcircled{2}} CH=CH -_{\textcircled{4}} \underset{\underset{CH_3}{|}}{CH} - CH_3$ 4-méthylpent-2-ène

Les cyclènes : C_nH_{2n-2}

Ce sont des alcènes dont le squelette présente une ou plusieurs cyclisations.

EXEMPLE :

le cyclohexène :

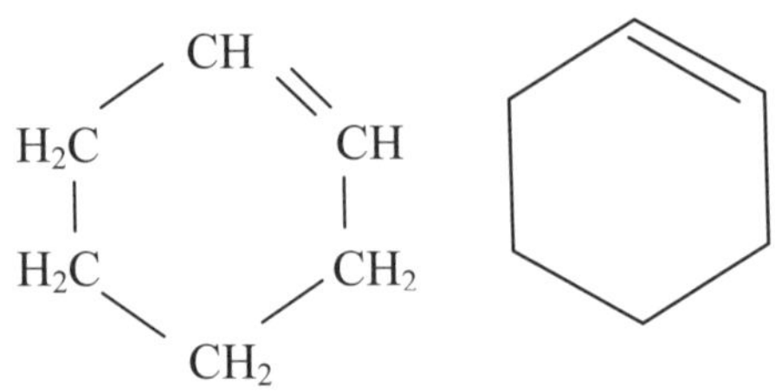

Diastéréoisomérie Z/E

La configuration de la double liaison C=C entraîne parfois la stéréoisomérie.

EXEMPLE : le but-2-ène

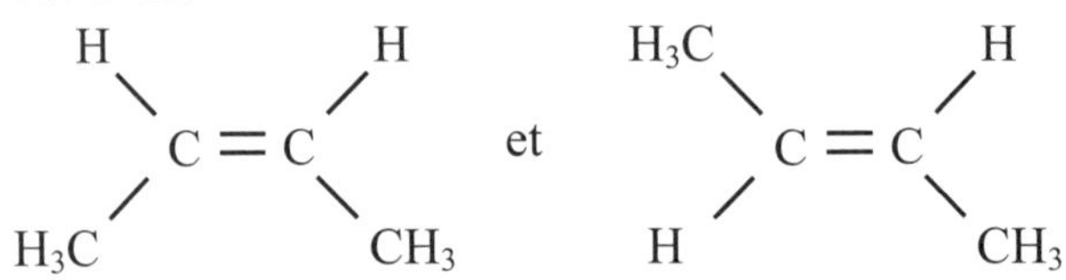

(Z)-but-2-ène (E)-but-2-ène

ne sont pas superposables et ne sont pas obtenus par isomérie optique : ils sont diastéréoisomères.

Z : les groupes les plus importants se situent du même côté de la double liaison. (**Z**usammen : ensemble).
E : les groupes les plus importants se situent de part et d'autre de la double liaison. (**E**ntgegen : opposé).

AUTRE EXEMPLE D'HYDROCARBURES INSATURÉS : LES ARÈNES

○ Le cycle benzénique

Cycle à 6 atomes de carbone présentant une alternance de simples et de doubles liaisons :

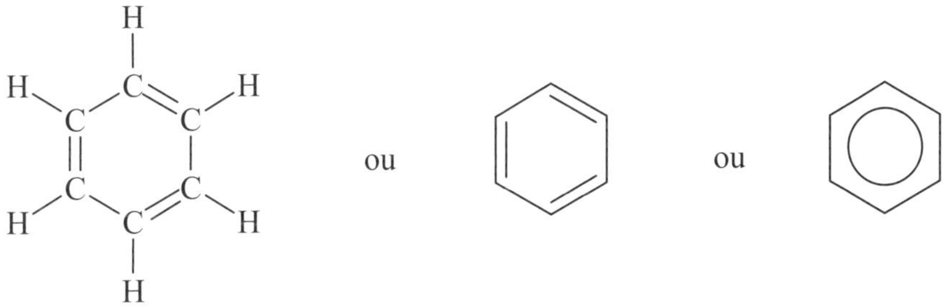

Représentations du benzène

De nombreux composés organiques sont constitués à partir de cette structure.

EXEMPLES :

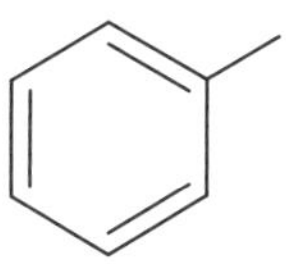

méthylbenzène

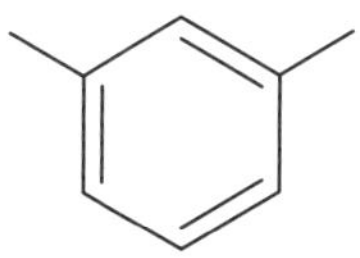

1,3-diméthylbenzène

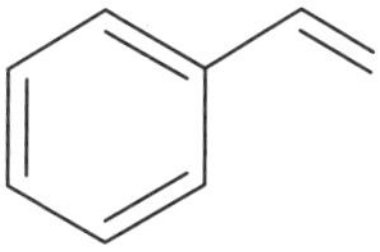

éthénylbenzène

REMARQUE : certains noms de composés aromatiques sont issus de la nomenclature usuelle.

EXEMPLE :

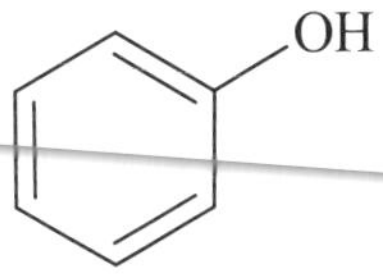

phénol

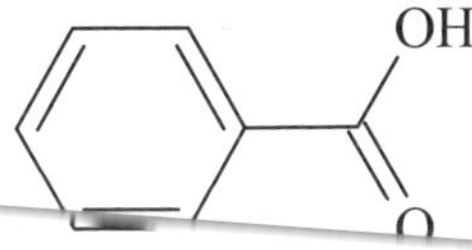

Acide benzoïque

LES ALCOOLS

Généralités

Symbole : ROH (R est un groupe carboné).
Structure : un atome de carbone tétragonal porte le groupe hydroxyle (–OH).

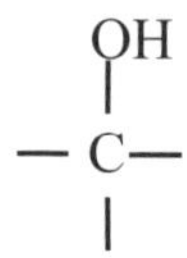 fonction alcool

Classes d'alcool :

alcool primaire	alcool secondaire	alcool tertiaire
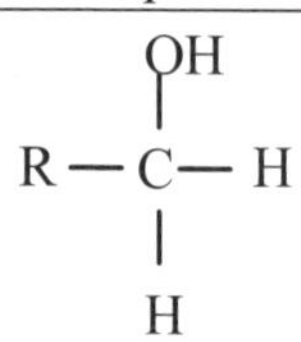	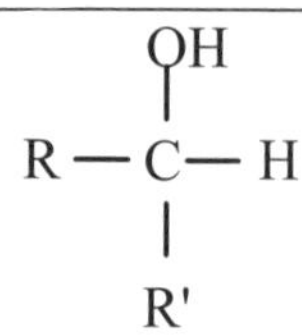	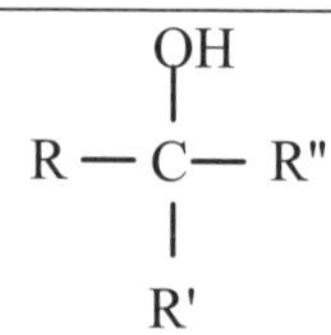

Nomenclature

▸ La fonction alcool est principale

Le nom de l'alcool s'obtient en remplaçant le e terminal du nom de l'hydrocarbure correspondant, dont la chaîne principale est la chaîne la plus longue portant le groupe hydroxyle (–OH), par la terminaison **ol** et en notant la position du groupe hydroxyle (l'atome de carbone fonctionnel étant de plus petit indice).

EXEMPLES :

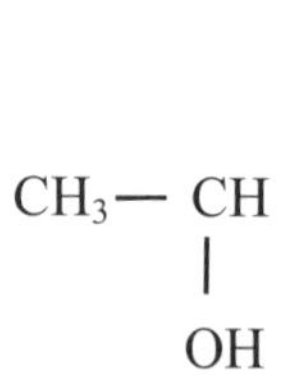

3-méthylbutan-2-ol

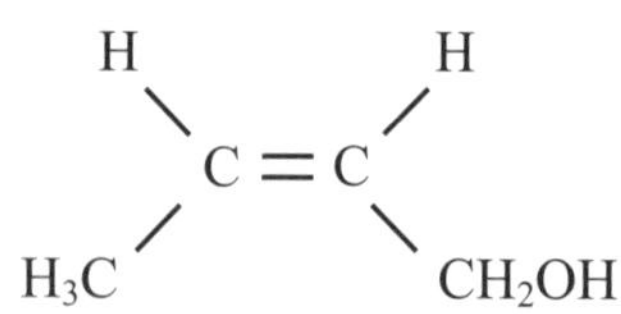

(Z)-but-2-èn-1-ol

▸ La fonction alcool n'est pas principale

Le préfixe **hydroxy** est introduit dans le nom du composé muni de la position du groupe hydroxyle (–OH).
Un exemple est traité au paragraphe sur les acides carboxyliques.

LES AMINES

Généralités

Symbole : RNH_2 (pour les amines primaires)
Structure : un atome de carbone tétragonal porte le groupe **amine** ($-NH_2$).

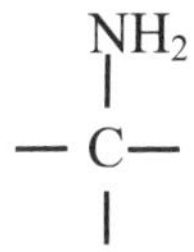

fonction amine

Classes d'amines :

amine primaire	amine secondaire	amine tertiaire
R — N — H | H	R — N — H | R'	R — N — R" | R'

Nomenclature

▶ La fonction amine primaire est principale

Le nom de l'amine s'obtient en remplaçant le e terminal du nom de l'hydrocarbure correspondant, dont la chaîne principale est la chaîne la plus longue portant le groupe amine ($-NH_2$), par la terminaison **amine** et en notant la position du groupe amine (l'atome de carbone fonctionnel étant de plus petit indice).

EXEMPLES :

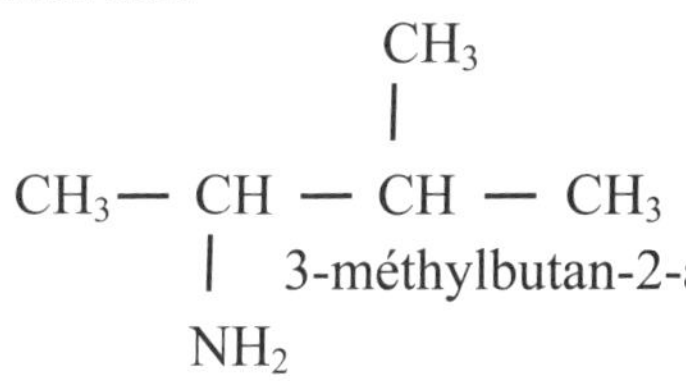

3-méthylbutan-2-amine

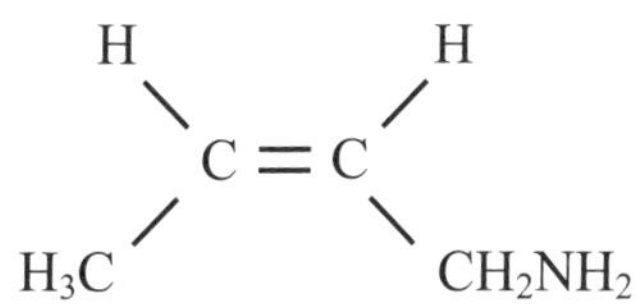

(Z)-but-2-èn-1-amine

EXEMPLES de nomenclature d'amines secondaire et tertiaire :

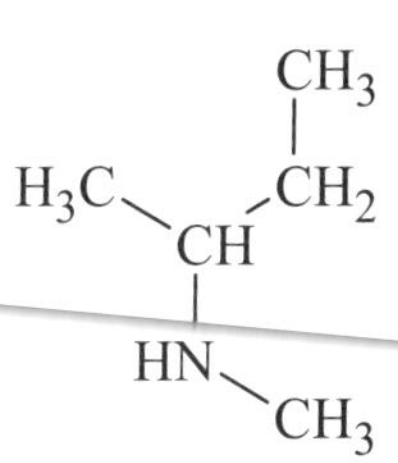

N-méthylbutan-2-amine

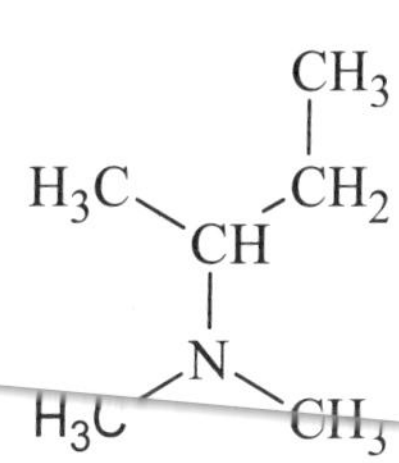

N,N-diméthylbutan-2-amine

▶ La fonction amine primaire n'est pas principale

Le préfixe **amino** est introduit dans le nom du composé muni de la position du groupe amine ($-NH_2$).
Un exemple est traité au paragraphe sur les acides carboxyliques.

LES ALDÉHYDES ET LES CÉTONES

Généralités

Symboles : aldéhydes : RCHO ; cétones : RCOR'

Structure commune : un atome de carbone trigonal est doublement lié avec un atome d'oxygène.

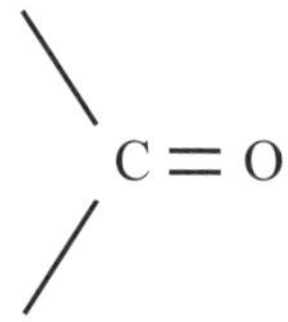

Groupe **carbonyle**

Différenciation :

- pour les aldéhydes, le groupe carbonyle (CO) est obligatoirement situé en bout de chaîne :

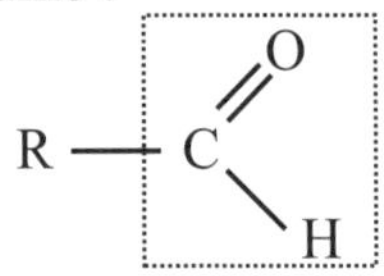

fonction aldéhyde

- pour les cétones, le groupe carbonyle (CO) est obligatoirement situé dans la chaîne :

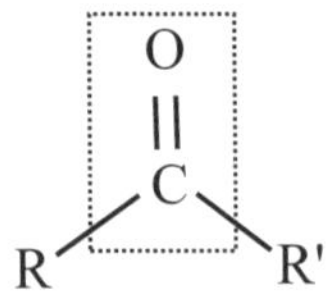

fonction cétone

Nomenclature

▶ La fonction aldéhyde est principale

Le nom de l'aldéhyde s'obtient en remplaçant le e terminal du nom de l'hydrocarbure correspondant, dont la chaîne principale est la chaîne la plus longue portant le groupe carbonyle (CO), par la terminaison **al** (la chaîne carbonée est numérotée à partir de l'atome de carbone fonctionnel).

EXEMPLES :

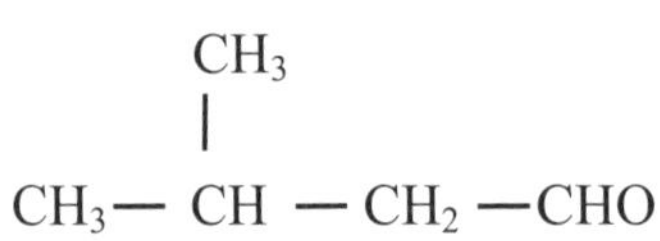

3-méthylbutanal

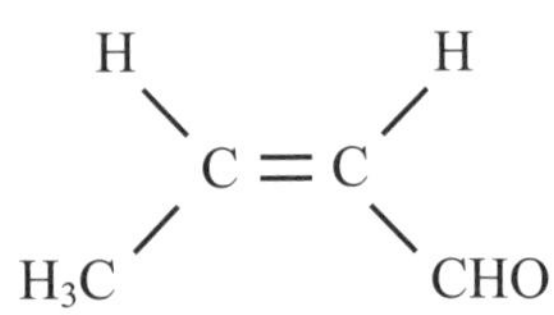

(Z)-but-2-ènal

▶ La fonction cétone est principale

Le nom de la cétone s'obtient en remplaçant le e terminal du nom de l'hydrocarbure correspondant, dont la chaîne principale est la chaîne la plus longue portant le groupe carbonyle (CO), par la terminaison **one** et en notant la position du groupe carbonyle (l'atome de carbone fonctionnel étant de plus petit indice).

EXEMPLES :

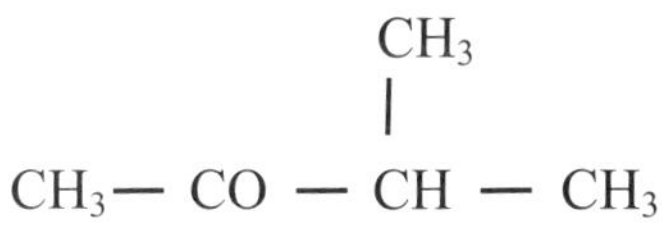

3-méthylbutan-2-one

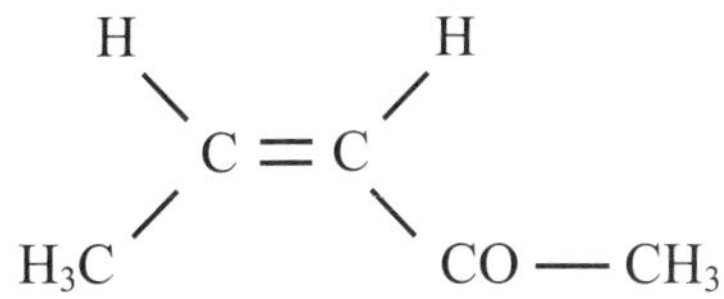

(Z)-pent-3-èn-2-one

▸ **La fonction aldéhyde ou la fonction cétone n'est pas principale**

Le préfixe **oxo** est introduit dans le nom du composé muni de la position du groupe carbonyle (CO).
Un exemple est traité au paragraphe sur les acides carboxyliques.

LES ACIDES CARBOXYLIQUES

○ Généralités

Symbole : RCOOH
Structure : un atome de carbone trigonal, est doublement lié avec un atome d'oxygène et lié avec un groupe hydroxyle (–OH).

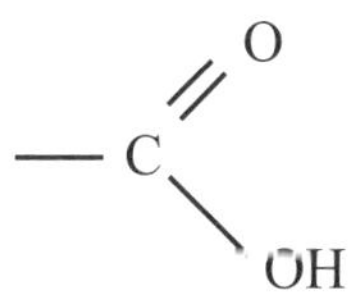

groupe **carboxyle**
fonction acide carboxylique

○ Nomenclature

Le nom de l'acide carboxylique s'obtient en adjoignant le nom de l'hydrocarbure correspondant, dont la chaîne principale est la chaîne la plus longue portant le groupe carboxyle (–COOH), en remplaçant le e terminal par la terminaison **oïque** (la chaîne carbonée est numérotée à partir de l'atome de carbone fonctionnel) au nom acide.

EXEMPLES :

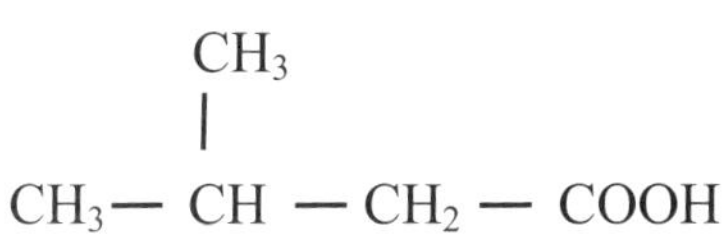

acide 3-méthylbutanoïque

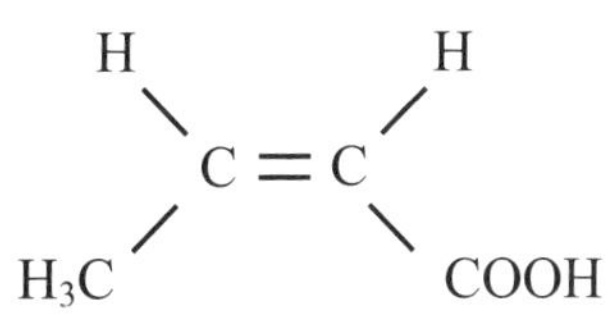

acide (Z)-but-2-ènoïque

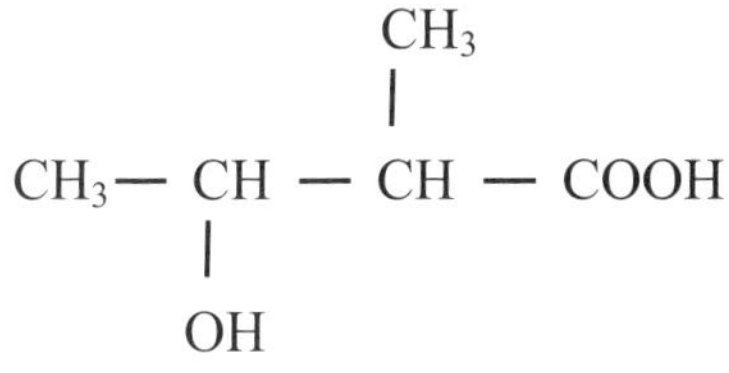

acide 3-hydroxy-2-méthylbutanoïque

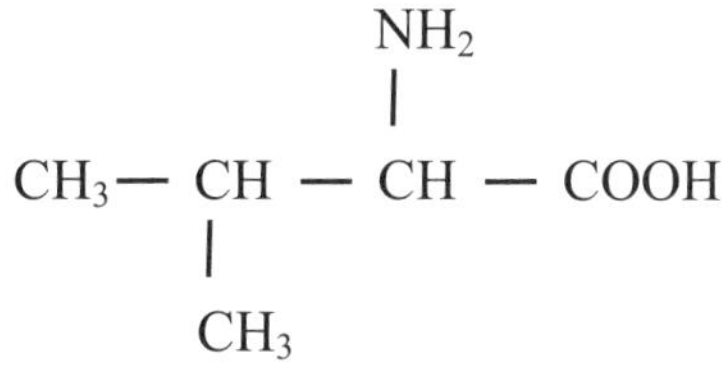

acide 2-amino-3-méthylbutanoïque

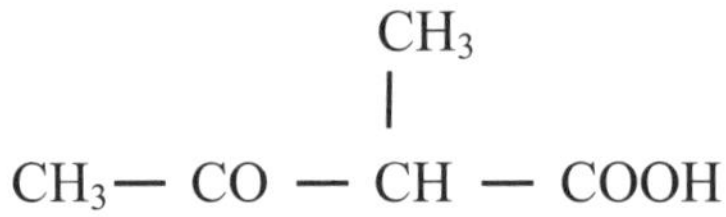

acide 3-oxo-2-méthylbutanoïque

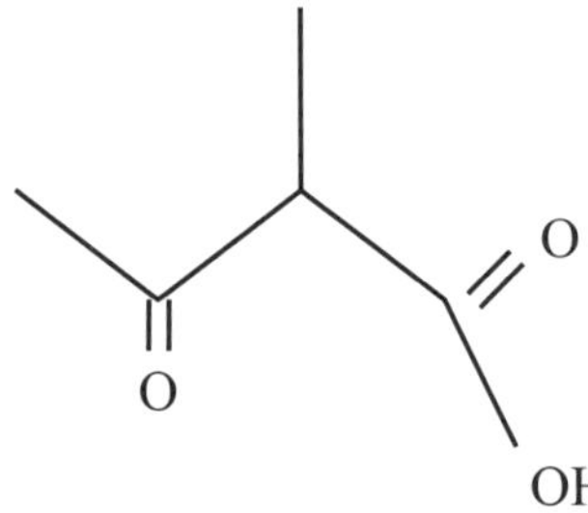

acide 3-oxo-2-méthylbutanoïque
(représentation topologique)

LES ESTERS D'ACIDES CARBOXYLIQUES

○ Généralités

Symbole : RCOOR'
Structure : un atome de carbone trigonal, est doublement lié avec un atome d'oxygène et lié avec un groupe alcanoxy (–OR').

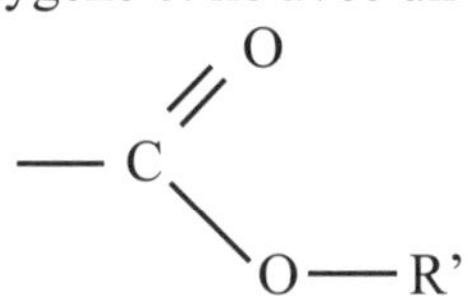

groupe **carboxyle**

fonction acide carboxylique

○ Nomenclature

Le nom de l'ester RCOO–R' s'obtient en faisant suivre, au nom de l'ion conjugué de l'acide carboxylique $RCOO^-$, « de » puis du nom du radical alkyle R'.

EXEMPLES :

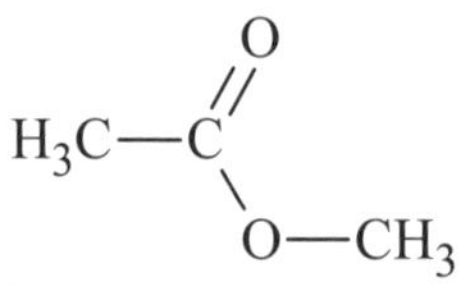

Éthanoate de méthyle

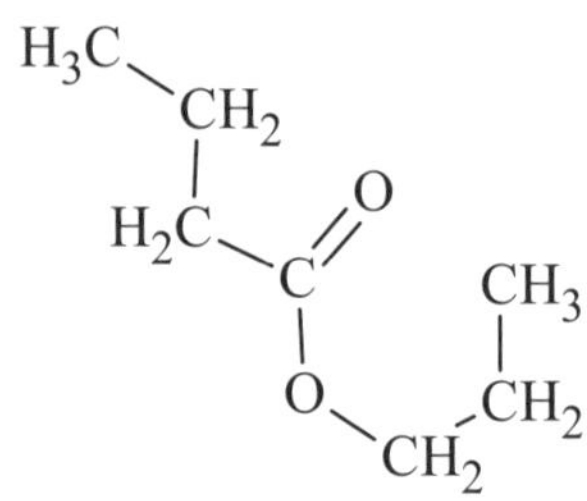

Butanoate de propyle

LES AMIDES

Généralités

Symbole : $RCONH_2$ (pour les amides primaires)
Structure : un atome de carbone trigonal, est doublement lié avec un atome d'oxygène et lié avec un groupe amine ($-NH_2$).

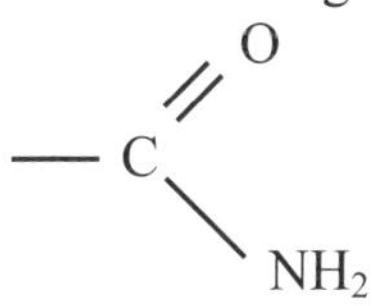

groupe **amide**

fonction amide

Nomenclature

Le nom de l'amide primaire s'obtient en adjoignant au nom de l'hydrocarbure R, privé de son « e » terminal, la terminaison amide.

EXEMPLES :

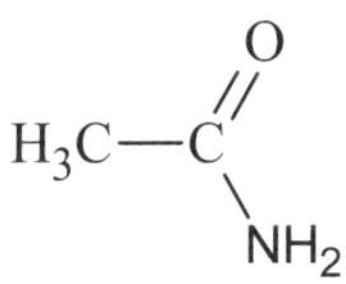

Éthanamide

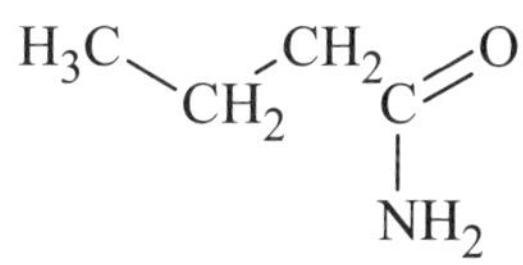

Butanamide

EXEMPLES de nomenclature d'amides secondaire et tertiaire

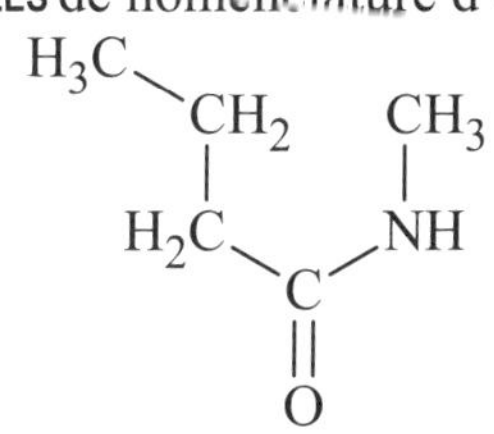

N-méthylbutanamide

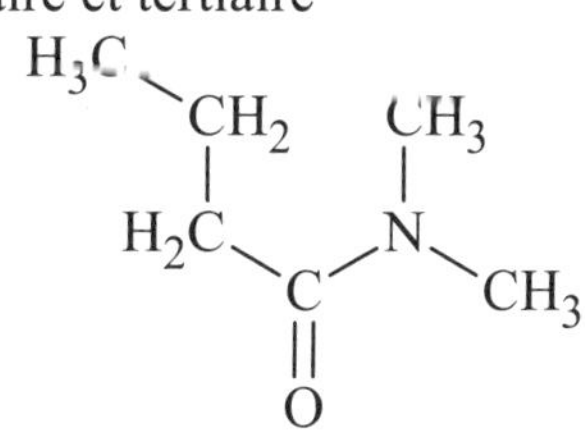

N,N-diméthylbutanamide

✱ Exercice 1 — 15 min

Nommer les composés organiques suivants :

1. $CH_3 - CHOH - CH_3$
2. $CH_3 - CH_2 - CH_2 - NH_2$
3. $CH_3 - CH = CH - CH_2 - CH_3$
4. $$CH_3 - CO - \overset{\overset{\displaystyle CH_3}{|}}{CH} - CH_3$$
5. $CH_3 - CH_2 - CH_2 - COOH$
6. $CH_3 - CH_2 - COO - CH_2 - CH_3$
7. $CH_3 - CH_2 - CO - NH_2$

✱✱ Exercice 2 — 15 min

Nommer les composés organiques suivants :

1. $CH_3 - CHOH - COOH$
2. $CH_2OH - CHOH - CHO$
3. 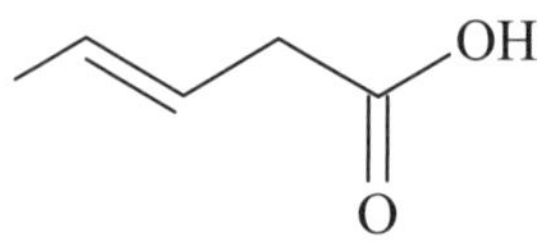

4. $CH_2NH_2 - CH_2 - CH_2 - CH_2 - CH_2 - CH_2NH_2$
5. $CH_3 - CHNH_2 - COOH$

✱✱ Exercice 3 — 30 min

Donner les représentations semi-développées et topologiques des composés organiques dont les noms suivent :

1. 2-méthylpropan-2-ol
2. acide éthanoïque
3. 2-méthylcyclohexanol
4. acide 2-amino-3-hydroxypropanoïque
5. 1-méthylcyclohexène
6. butan-1-amine
7. 3-hydroxypentan-2-one
8. 5-méthylhexanal
9. éthan-1,2-diol
10. acide 2,3-dihydroxybutan-1,4-dioïque

✷ Exercice 4 — 40 min

Nommer les composés organiques suivants :

1. 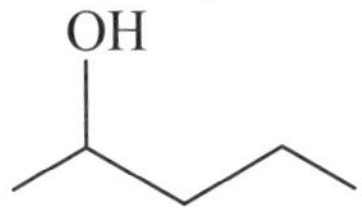

2. 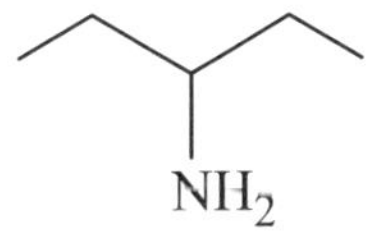

3. 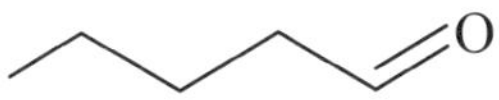

4. 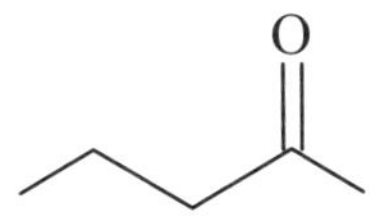

5. 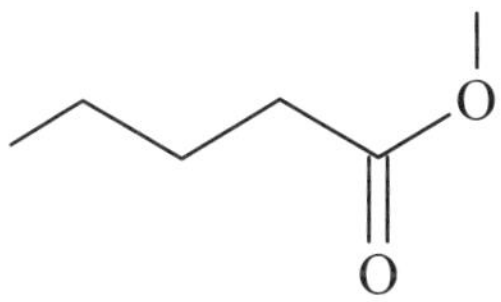

6. 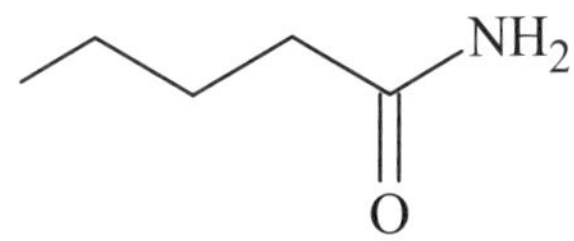

7. 

8. 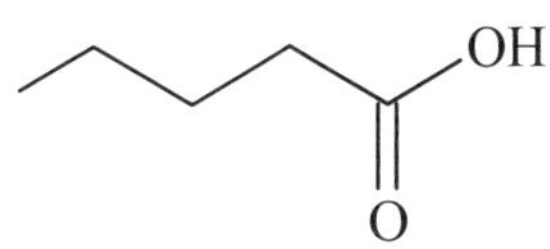

✷✷✷ Exercice 5 — 30 min

Nommer les composés organiques suivants :

1. 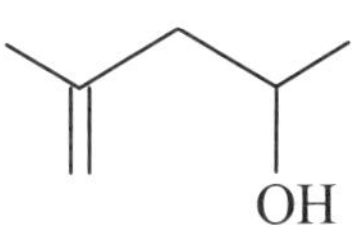

2. 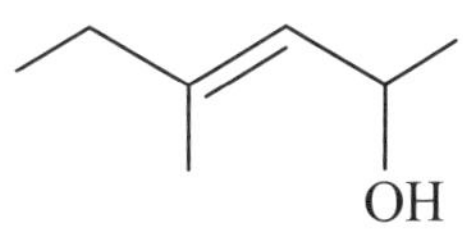

3. 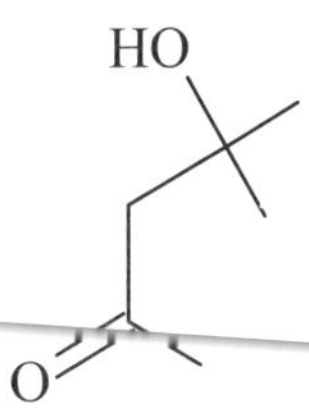

4. 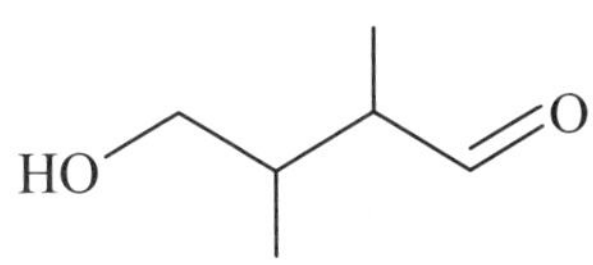

5. 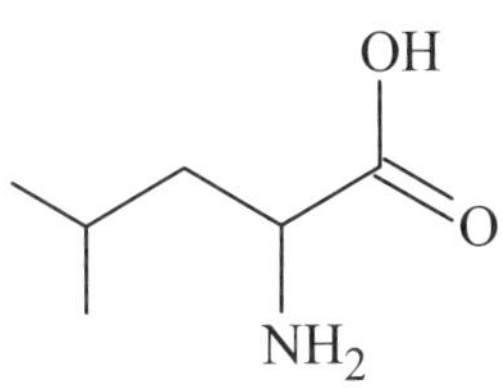

6. 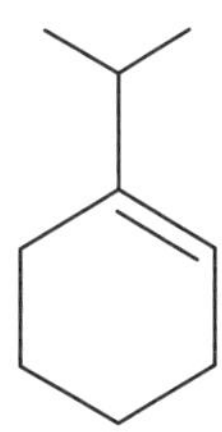

7. 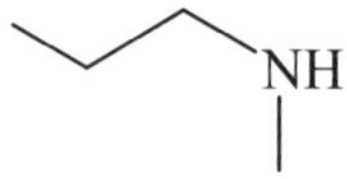

8. 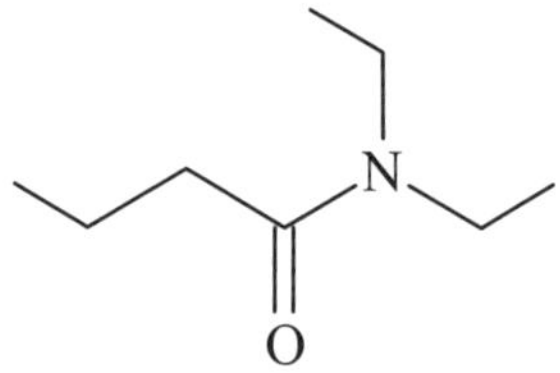

9. 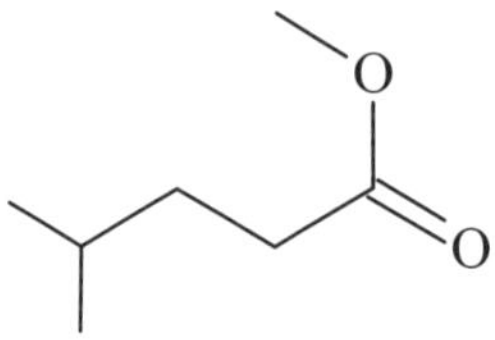

10. 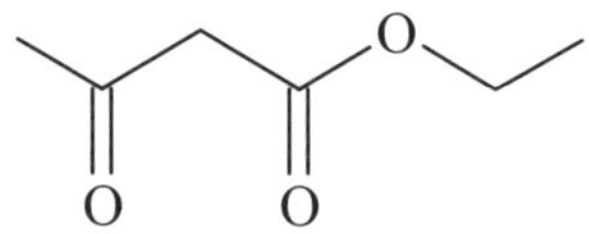

✱ Exercice 6

🕓 20 min

Entourer et nommer les groupes caractéristiques dans les molécules suivantes :

1. 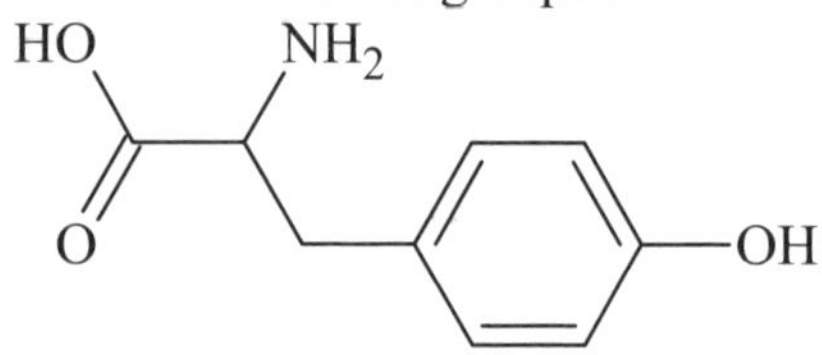

2. 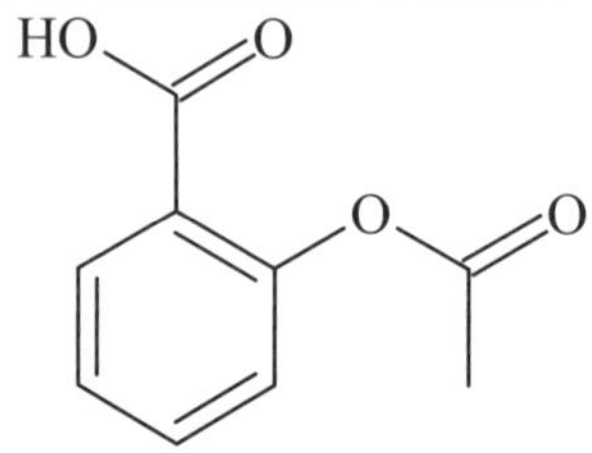

3. 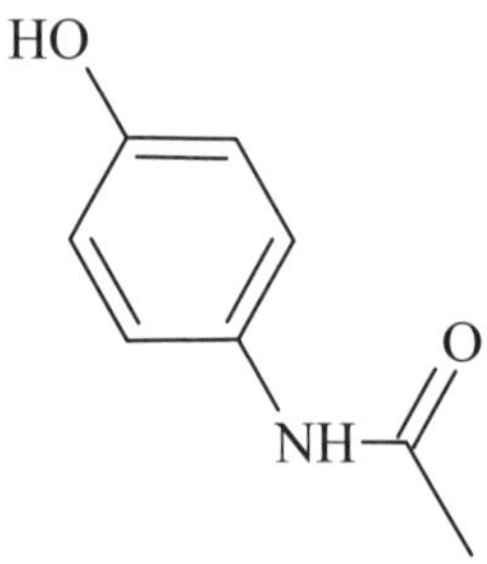

4. 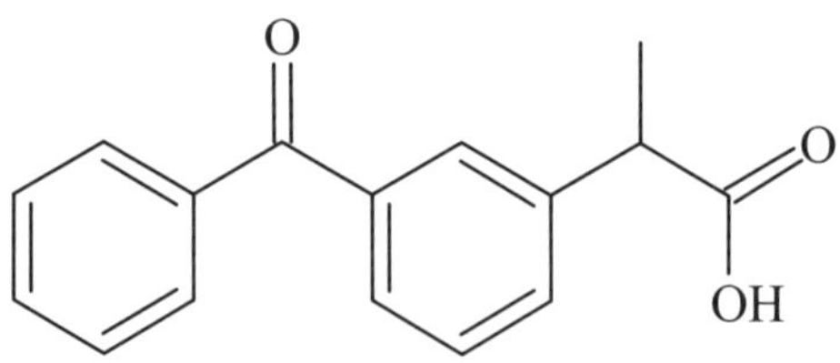

Contrôle

25 min / 10 pts

1. La molécule d'aspartame est représentée ci-dessous :

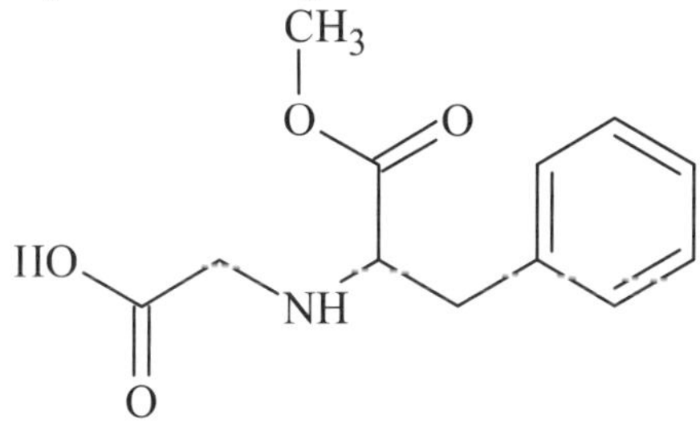

Entourer et nommer ses groupes caractéristiques. **(3 pts)**

2. Donner la formule topologique des molécules suivantes : **(4 pts)**

a) 2-méthylbut-1-ène

b) butanoate de méthyle

c) 3-méthylpentan-2-amine

d) acide (E)-but-2-ènoïque

3. Nommer les molécules suivantes : **(3 pts + 1 pt bonus)**

a)

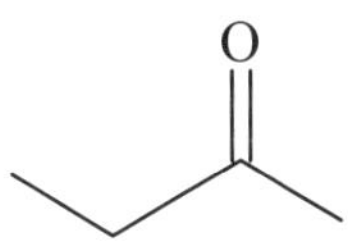

b)

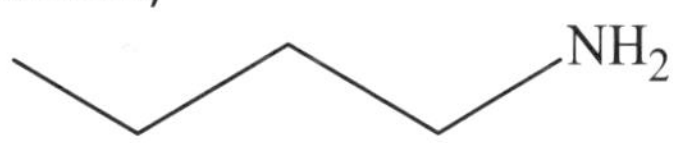

c)

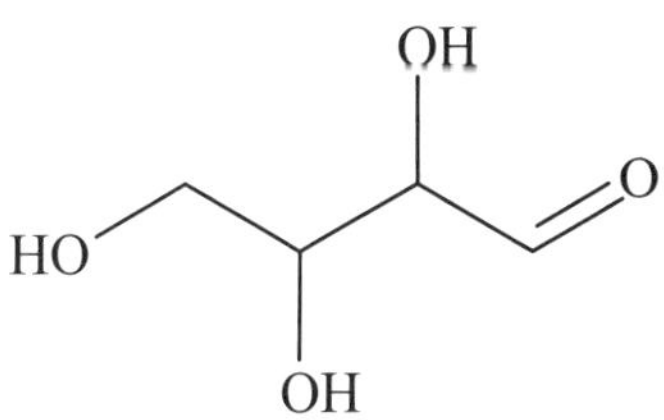

d)

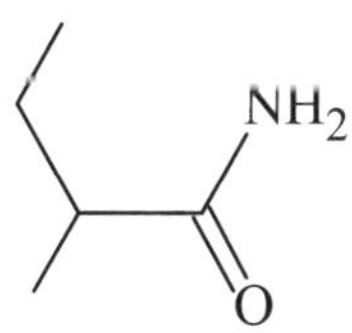

Corrigés des exercices

Corrigé 1

Noms des composés organiques suivants :

1. $CH_3 - CHOH - CH_3$: **propan-2-ol**

2. $CH_3 - CH_2 - CH_2 - NH_2$: **propan-1-amine**

3. $CH_3 - CH = CH - CH_2 - CH_3$: **pent-2-ène**

4. $CH_3 - CO - CH(CH_3) - CH_3$: **3-méthylbutan-2-one**

5. $CH_3 - CH_2 - CH_2 - COOH$: **acide butanoïque**

6. $CH_3 - CH_2 - COO - CH_2 - CH_3$: **propanoate d'éthyle**

7. $CH_3 - CH_2 - CO - NH_2$: **propanamide**

Corrigé 2

Noms des composés organiques suivants :

1. $CH_3 - CHOH - COOH$: **acide 2-hydroxypropanoïque**

2. $CH_2OH - CHOH - CHO$: **2,3-dihydroxypropanal**

3. 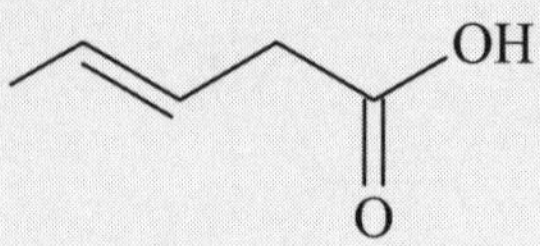

: **acide (E)-pent-3-ènoïque**

4. $CH_2NH_2 - CH_2 - CH_2 - CH_2 - CH_2 - CH_2NH_2$: **hexan-1,6-diamine**

5. $CH_3 - CHNH_2 - COOH$: **acide 2-aminopropanoïque**

Corrigé 3

Représentations semi-développées et topologiques des composés organiques dont les noms sont donnés :

1. 2-méthylpropan-2-ol $CH_3 - C(CH_3)OH - CH_3$ 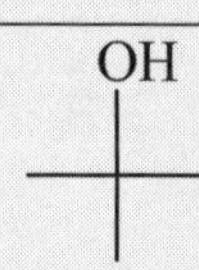

2. acide éthanoïque $CH_3 - COOH$ 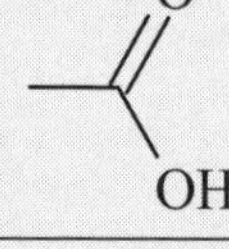

3. 2-méthylcyclohexanol

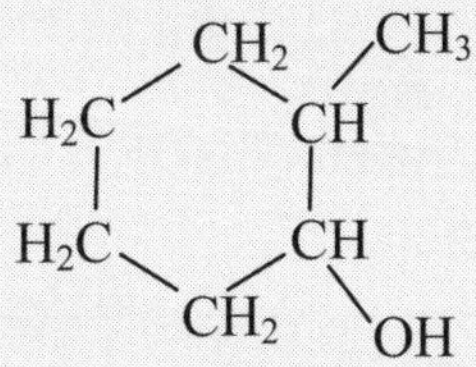

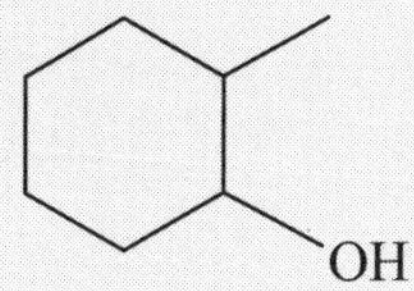

4. acide 2-amino-3-hydroxypropanoïque

$CH_2OH - CHNH_2 - COOH$

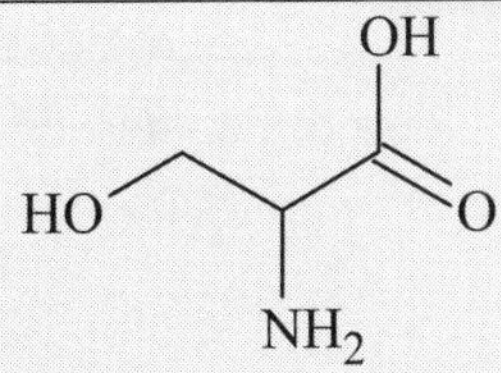

5. 1-méthylcyclohexène

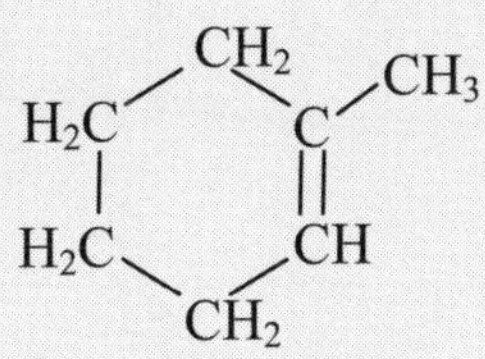

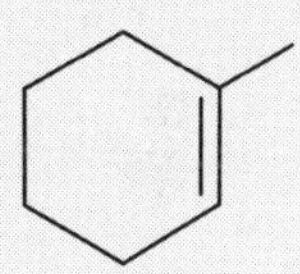

6. butan-1-amine $CH_3 - CH_2 - CH_2 - CH_2 - NH_2$

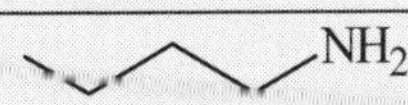

7. 3-hydroxypentan-2-one

$CH_3 - CH_2 - CHOH - CO - CH_3$

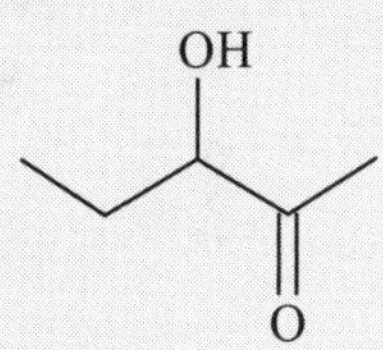

8. 5-méthylhexanal

$CH_3 - CH(CH_3) - CH_2 - CH_2 - CH_2 - CHO$

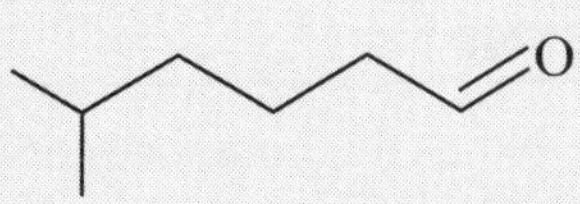

9. éthan-1,2-diol $CH_2OH - CH_2OH$

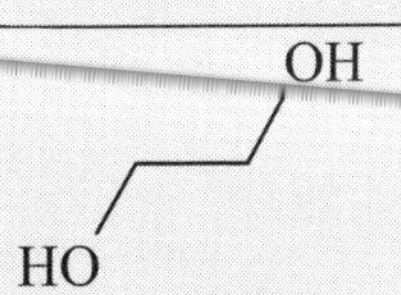

10. acide 2,3-dihydroxybutan-1,4-dioïque

HOOC – CHOH – CHOH – COOH

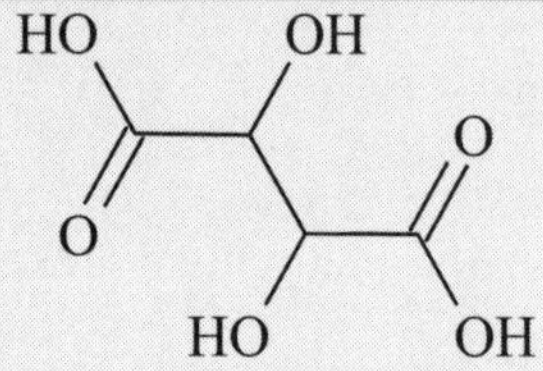

Corrigé 4

Noms des composés organiques proposés :

1.	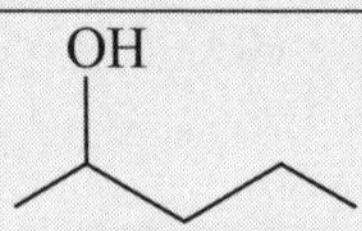 pentan-2-ol	**2.**	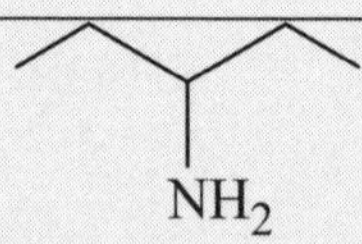 pentan-3-amine
3.	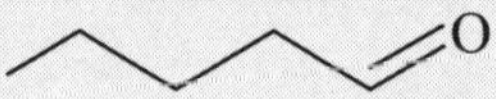 pentanal	**4.**	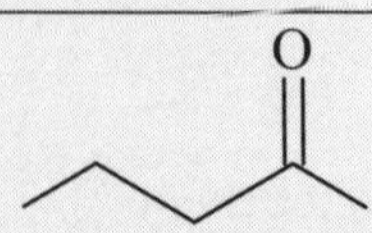 pentan-2-one
5.	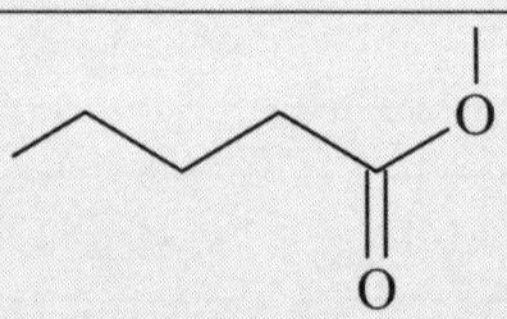 pentanoate de méthyle	**6.**	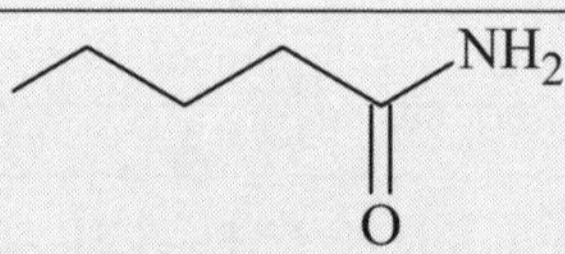 pentanamide
7.	 pent-1-ène	**8.**	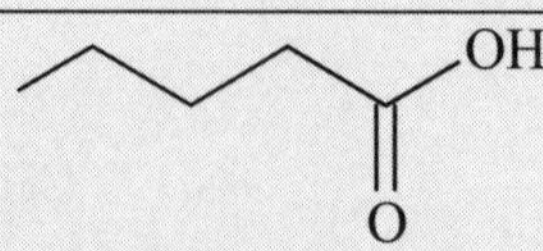 acide pentanoïque

Corrigé 5

Noms des composés organiques proposés :

1.	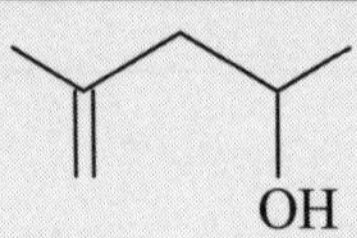 4-méthylpent-4-èn-2-ol	**2.**	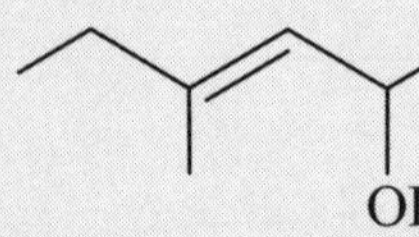 (E)-4-méthylhex-3-èn-2-ol

3.	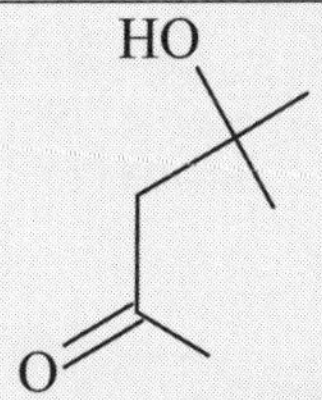 4-hydroxy-4-méthylpentan-2-one	**4.**	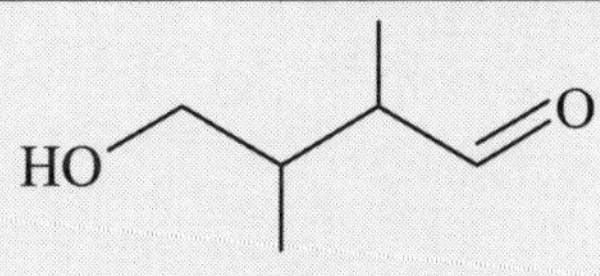 4-hydroxy-2,3-diméthylbutanal
5.	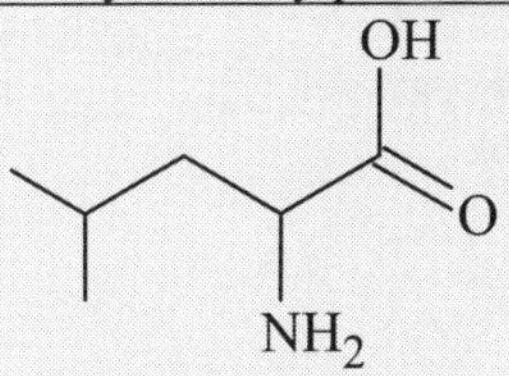 acide 2-amino-4-méthylpentanoïque	**6.**	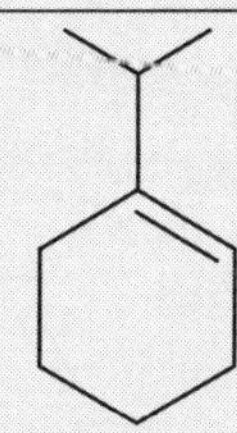 1-(propan-2-yl)cyclohexène
7.	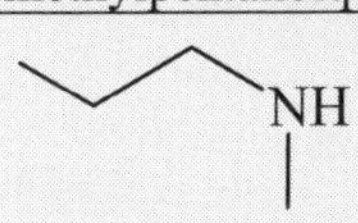 N-méthylpropan-1-amine	**8.**	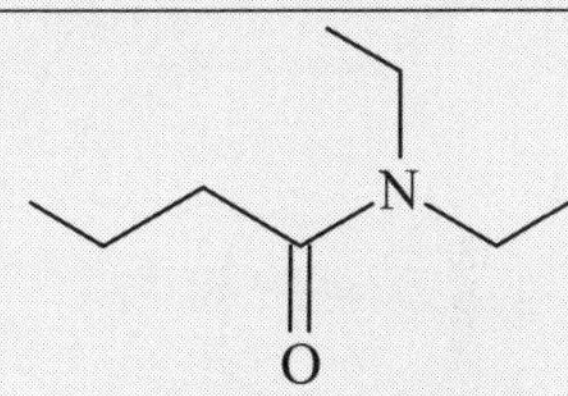 N,N-diéthylbutanamide
9.	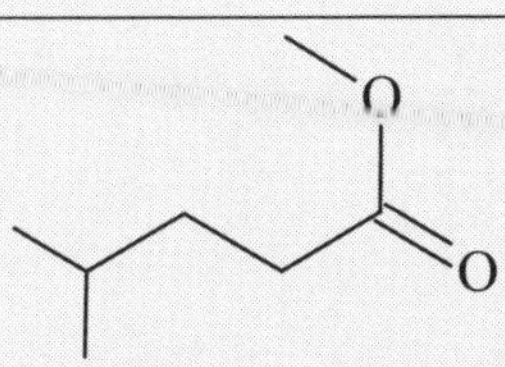 4-méthylpentanoate de méthyle	**10.**	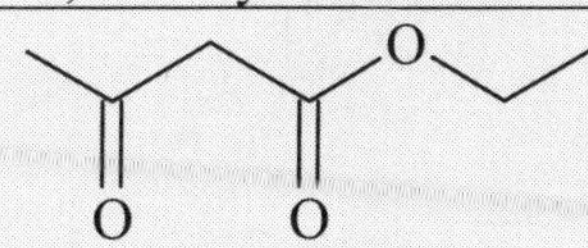 3-oxobutanoate d'éthyle

Corrigé 6

Identification des groupes caractéristiques dans les molécules proposées :

1.

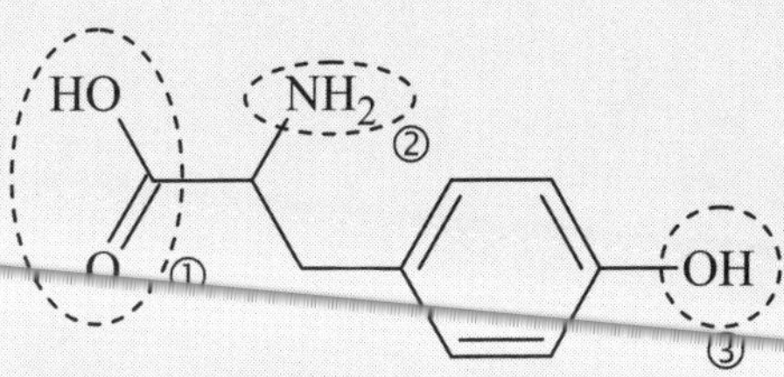

Groupe ① : carboxyle
Groupe ② : amine
Groupe ③ : hydroxyle

2.

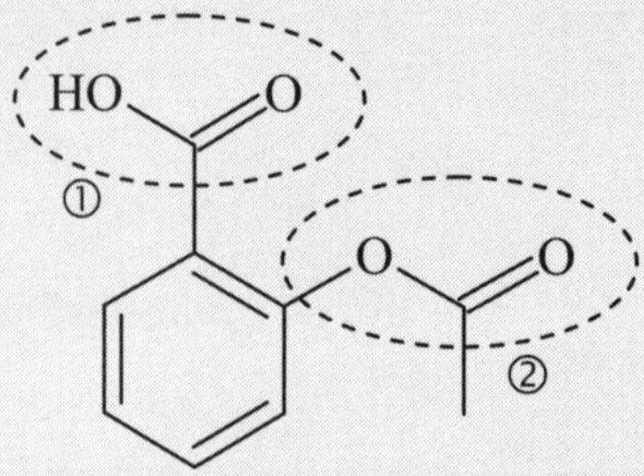

Groupe ① : carboxyle
Groupe ② : carboxyle

3.

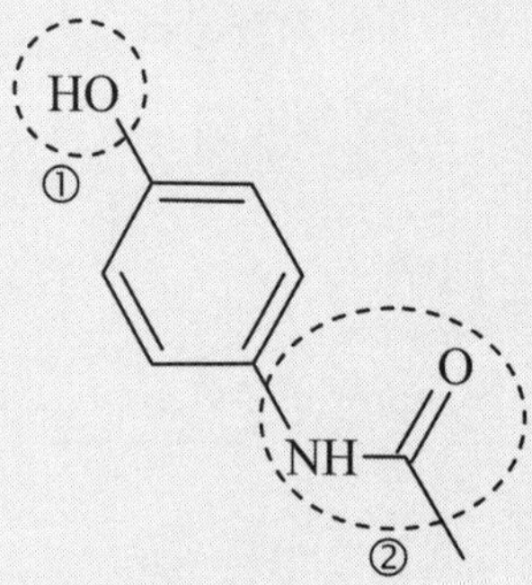

Groupe ① : hydroxyle
Groupe ② : amide

4.

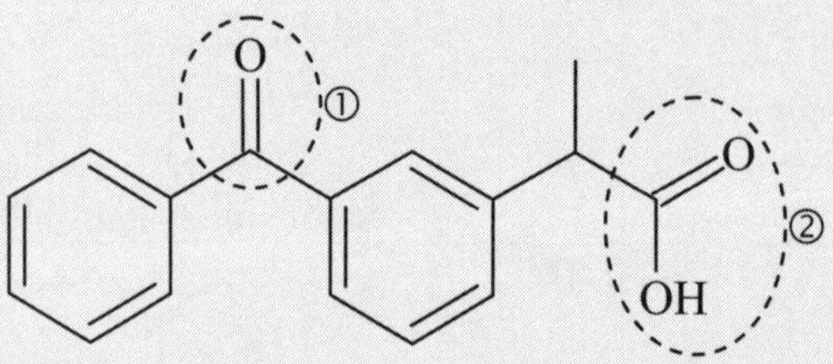

Groupe ① : carbonyle
Groupe ② : carboxyle

Corrigé du contrôle

1. Groupes caractéristiques de la molécule d'aspartame :

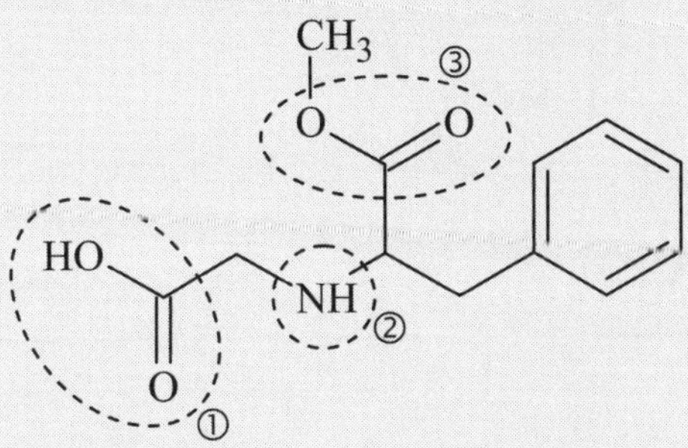

Groupe ① : carboxyle
Groupe ② : amine
Groupe ③ : carboxyle

2. Formules topologiques des molécules proposées :

a) 2-méthylbut-1-ène 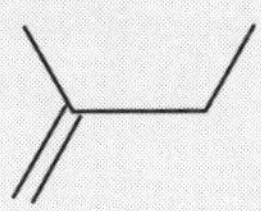

b) butanoate de méthyle 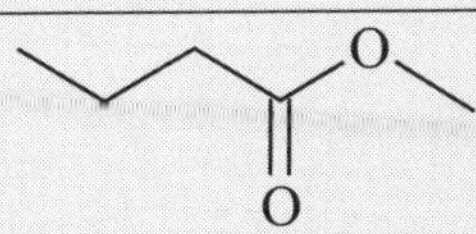

c) 3-méthylpentan-2-amine 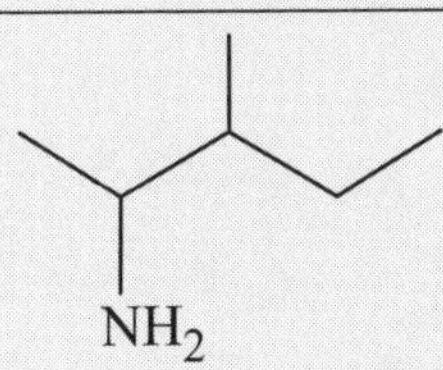

d) acide (E)-but-2-ènoïque 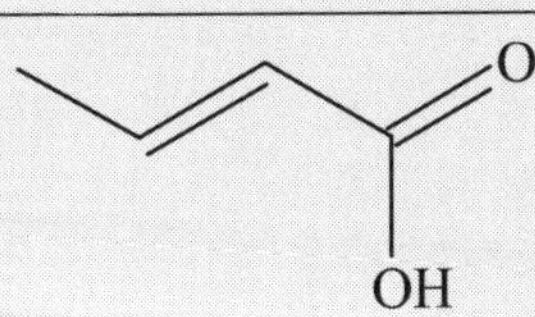

3. Noms des molécules proposées :

a) 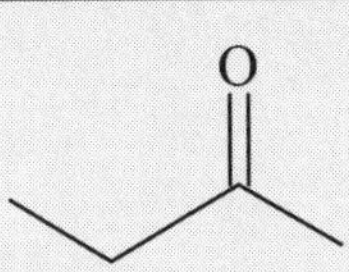

butan-2-one

b) 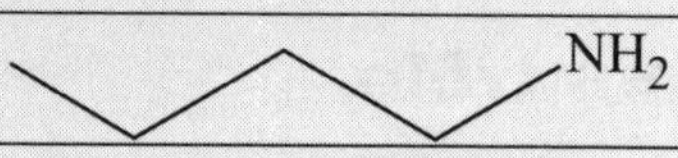 butan-1-amine

c) 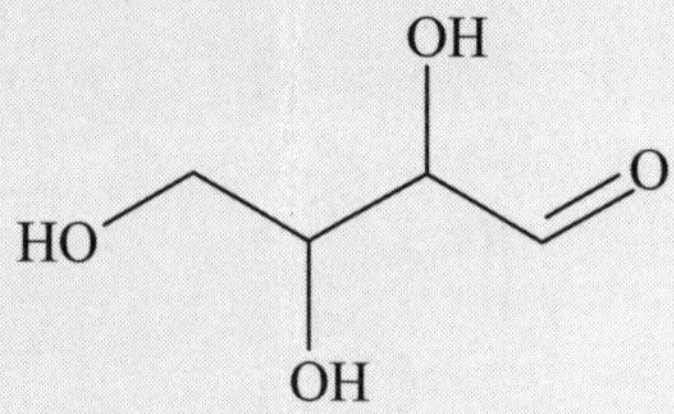 2,3,4-trihydroxybutanal

d) 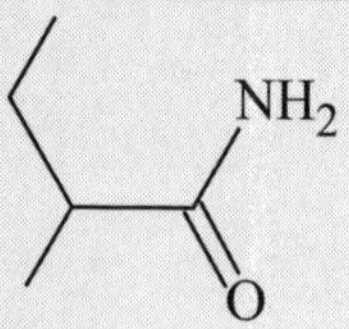 2-méthylbutanamide

10 Réactions en chimie organique

ÉLECTRONÉGATIVITÉ

L'électronégativité χ d'un élément est une grandeur qui caractérise sa capacité à attirer les électrons lorsqu'il est engagé dans une liaison chimique.
L'élément le moins électronégatif est le Francium (χ_{Fr} = 0,7*) et l'élément le plus électronégatif est le Fluor (χ_{Fr} = 4*).* Dans l'échelle de Pauling.

○ Polarité d'une liaison

La polarité d'une liaison chimique est liée à la différence d'électronégativité des atomes engagés dans la liaison.
Une différence d'électronégativité comprise entre 0,4 et 1,7 ($0,4 < \Delta\chi < 1,7$) s'observe pour les liaisons covalentes polaires. Lorsque cette différence est élevée, la liaison prend un caractère ionique important, voire total.
On attribue à la liaison hétéronucléaire (2 atomes différents) un caractère ionique partiel et à chaque atome engagé dans la liaison une charge partielle δ telle que :

$$\overset{\delta+}{A}—\overset{\delta^-}{B}$$

Dans ce cas, la charge partielle δ^+ est attribuée à l'atome A le moins électronégatif et la charge partielle δ^- est attribuée à l'atome B le plus électronégatif.
Cette notation permet de marquer la plus forte présence du nuage électronique sur l'atome B que sur l'atome A.
Une liaison homonucléaire (2 atomes identiques) n'est pas polarisée.

○ Polarité d'une molécule

Une molécule est polaire si elle est constituée de liaisons polarisées et si sa géométrie ne compense pas cette polarisation.

EXEMPLES :

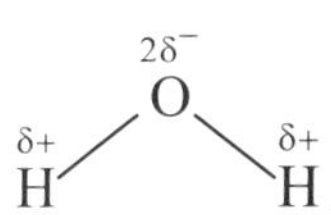

Eau : molécule polaire

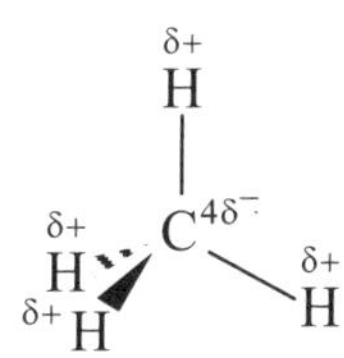

Méthane : molécule non polaire

Dans la molécule d'eau, les barycentres des charges positives et négatives sont distincts ; la molécule est polaire.
Dans la molécule de méthane, les barycentres des charges positives et négatives sont confondus ; la molécule est apolaire.

Quelques valeurs d'électronégativité dans l'échelle de Pauling d'atomes fréquemment rencontrés en chimie organique :

Atome	H	C	N	O	P	S	Cℓ	Br	I
χ	2,1	2,6	3,0	3,5	2,2	2,6	3,2	3,0	2,7

EXEMPLE DE RÉACTIVITÉ

Site donneur d'électrons

Dans une molécule ou un ion, un site donneur d'électrons est potentiellement riche en électrons et sa charge partielle est souvent négative δ^-.
Le don de doublet d'électrons sera représenté par le départ d'une flèche courbe :

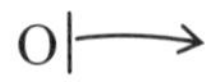

EXEMPLES de sites donneurs d'électrons :

L'atome d'oxygène de la molécule d'eau	L'atome d'oxygène de l'ion hydroxyde	L'ion iodure	La double liaison C=C
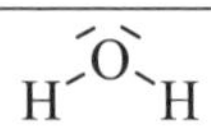	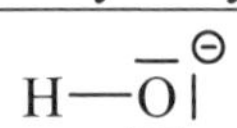	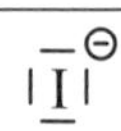	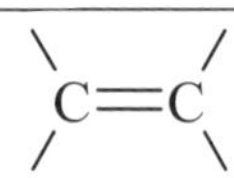

Site accepteur d'électrons

Dans une molécule ou un ion, un site accepteur d'électrons est potentiellement pauvre en électrons et sa charge partielle est souvent négative δ^+.
L'acceptation de doublet d'électrons sera représentée par l'arrivée d'une flèche courbe :

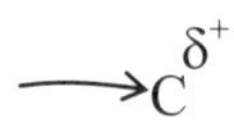

EXEMPLE de site accepteur d'électrons :

L'atome de carbone lié à des atomes très électronégatifs
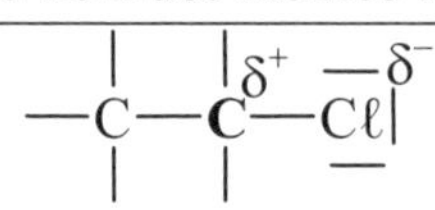

RÉACTION DE SUBSTITUTION

○ Principe

Réaction dans laquelle un atome ou groupe d'atomes (groupe partant) et remplacé par un atome ou groupe d'atomes (substituant).

$$HO^{\ominus} + R{-}I \rightleftarrows HO{-}R + I^{\ominus}$$

Substituant — Groupe partant

○ Schéma réactionnel

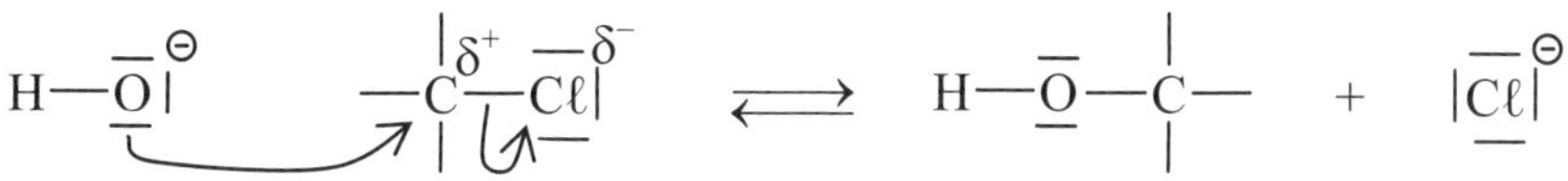

REMARQUES : l'exemple est une substitution nucléophile. Il existe d'autres types de substitutions (électrophile ou radicalaire).
Le schéma réactionnel est simplifié. La substitution peut s'effectuer en 2 étapes.

RÉACTION D'ADDITION

○ Principe

Réaction dans laquelle une molécule se combine à une autre molécule insaturée pour en former une troisième :

Syn-addition

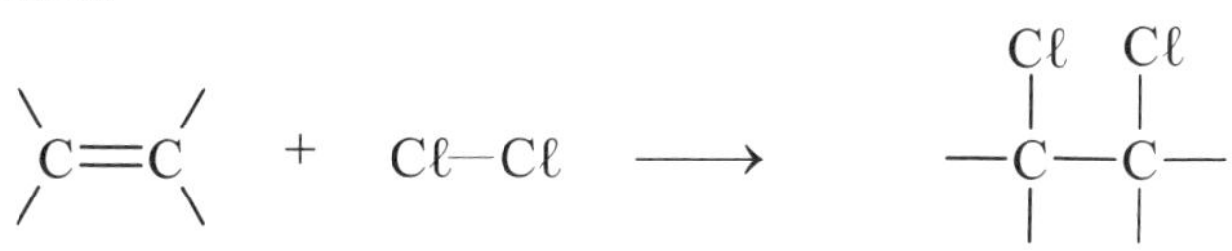

ou trans-addition

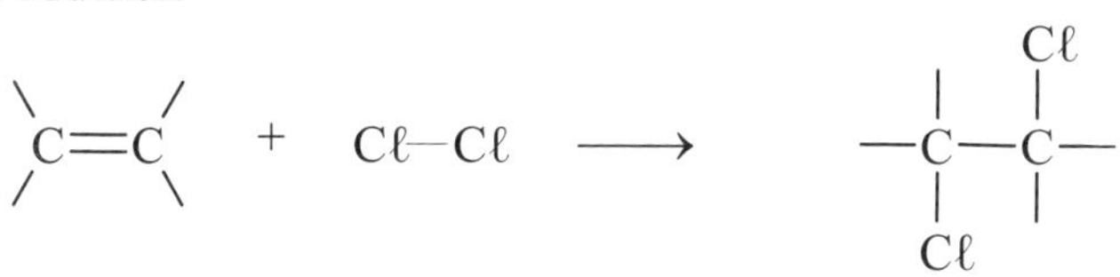

Selon les conditions réactionnelles

Schéma réactionnel

Dans le cas d'une réaction donneur-accepteur de doublets d'électrons et d'une trans-addition :

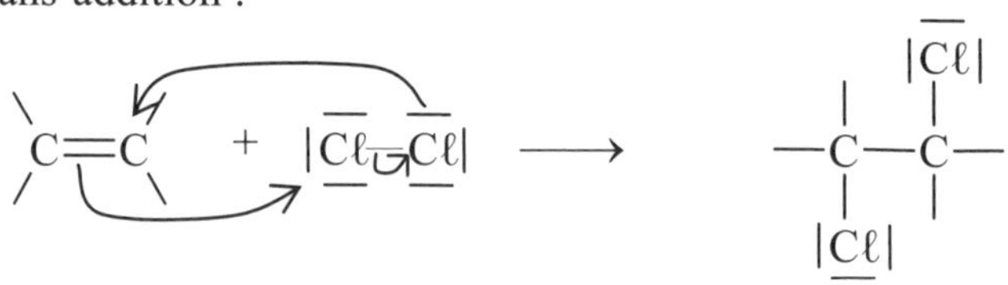

REMARQUES : l'exemple est une addition nucléophile. Il existe d'autres types d'additions (électrophile ou radicalaire).
Le schéma réactionnel est simplifié. L'addition peut s'effectuer en 2 étapes.

Un cas important : la molécule additionnée est constituée d'atomes différents

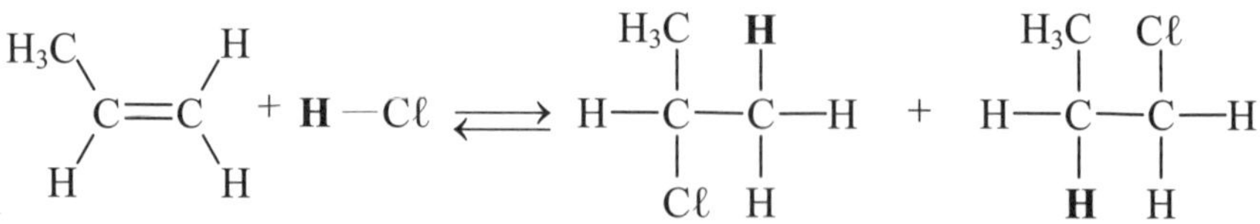

Majoritaire   Minor-

L'atome d'hydrogène (**H**) de la molécule de chlorure d'hydrogène se lie préférentiellement sur l'atome de carbone le plus hydrogéné.

RÉACTION D'ÉLIMINATION

Principe

Réaction dans laquelle une molécule se scinde en une molécule insaturée et un groupe partant (molécule et ions selon le protocole utilisé).

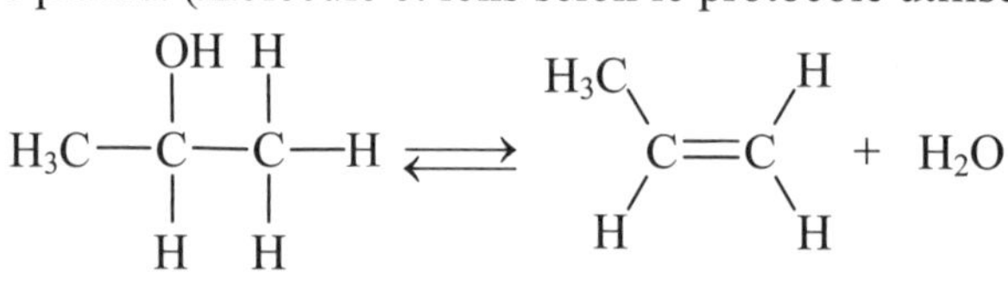

Une base forte ou un acide fort permet d'initier la réaction d'élimination selon la nature du groupe partant.

Schémas réactionnels

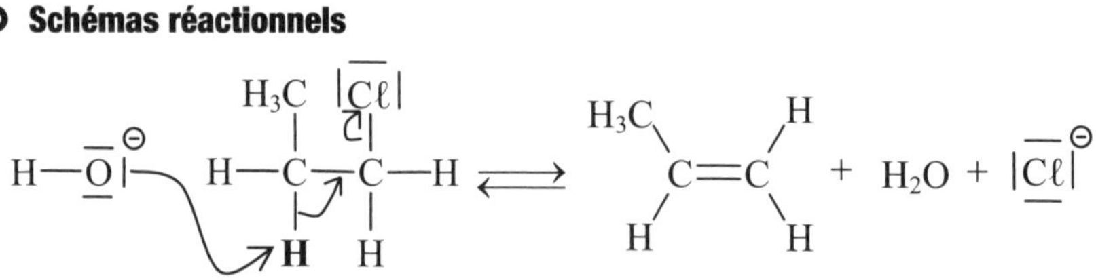

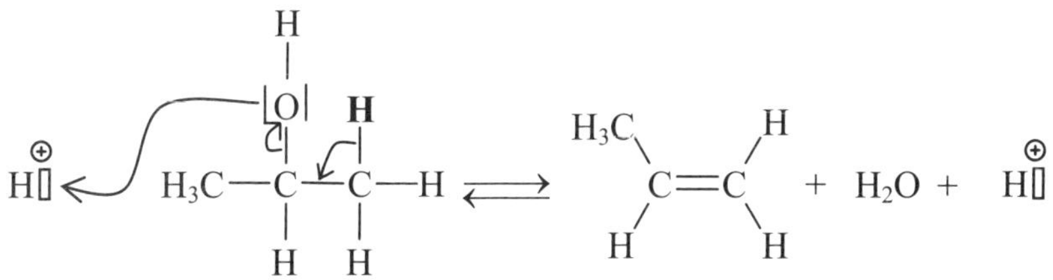

L'ion H^+, régénéré en fin de réaction, est catalyseur.
Un stéréoisomère E est majoritaire par rapport au stéréoisomère Z.

REMARQUES : ces éliminations sont des β-éliminations.
La réaction d'élimination est parfois en compétition avec la réaction de substitution.
La réaction d'élimination est la réaction inverse de l'addition.
Le schéma réactionnel est simplifié. L'élimination peut s'effectuer en 2 étapes.

AMÉNAGEMENTS

○ Aménagement de structure

Modification de la chaîne carbonée de la molécule (création ou rupture d'une liaison carbone-carbone)

EXEMPLES :
Création de liaison carbone-carbone (réaction d'addition)

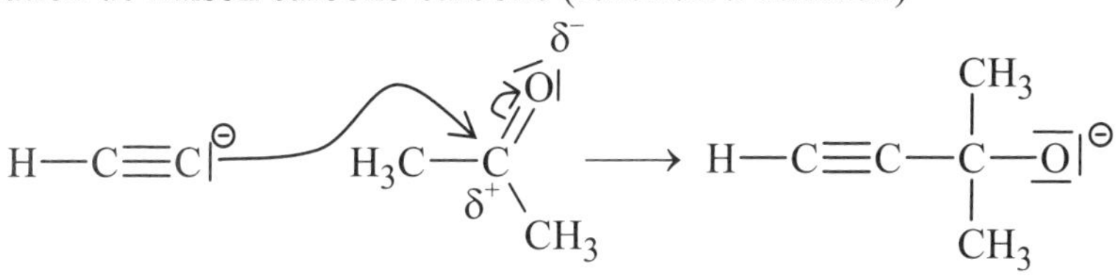

Décarboxylation (rupture d'une liaison carbone-carbone)

$$R—COOH \longrightarrow R—H + CO_2$$

REMARQUE : un aménagement de structure peut entraîner la création, la modification ou la suppression d'un groupe fonctionnel.

○ Aménagement de fonction

Création, modification ou suppression d'un groupe fonctionnel sans création ou rupture d'une liaison carbone-carbone.

EXEMPLE :
Protection d'un groupe hydroxyle

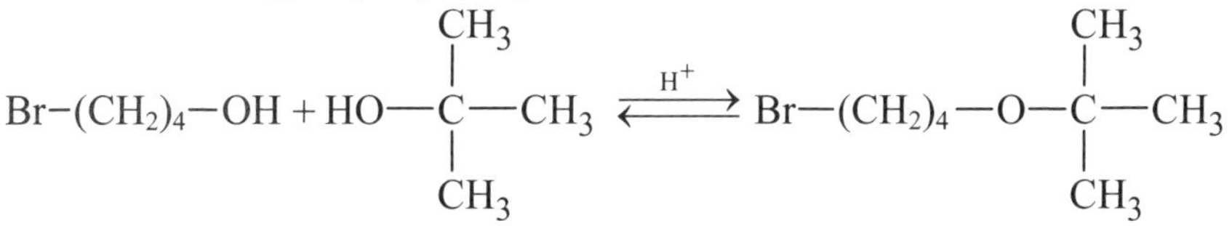

Le groupe hydroxyle du 4-bromobutan-1-ol possède des propriétés acides gênantes pour certaines réactions engageant la liaison C—Br.
On transforme alors, de manière réversible, la fonction alcool en fonction étheroxyde.

ESTÉRIFICATION ET HYDROLYSE D'UN ESTER

Estérification

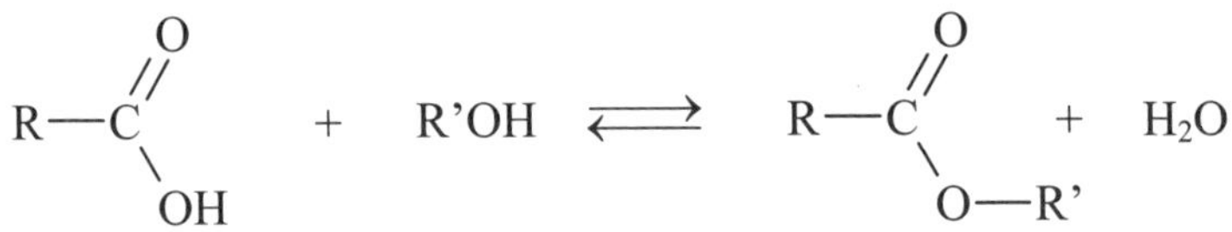

Acide carboxylique — Alcool — Ester

Hydrolyse d'un ester

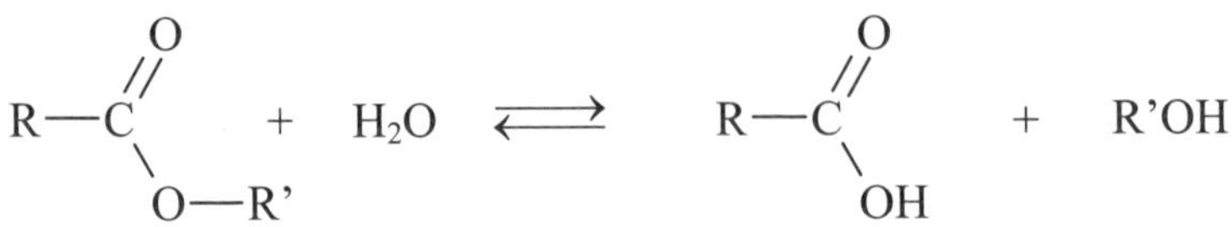

Ce sont des réactions inverses, réversibles, lentes, limitées et athermiques.

AUTRES RÉACTIONS ENTRE DONNEURS ET ACCEPTEURS D'ÉLECTRONS

Saponification d'un ester

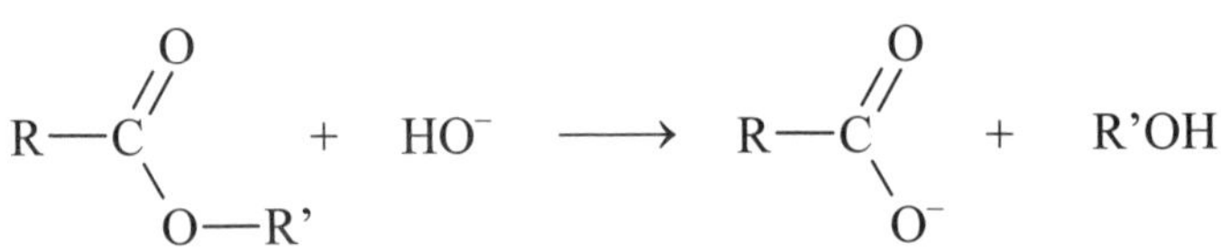

Ester — Ion carboxylate — Alcool

Schéma réactionnel

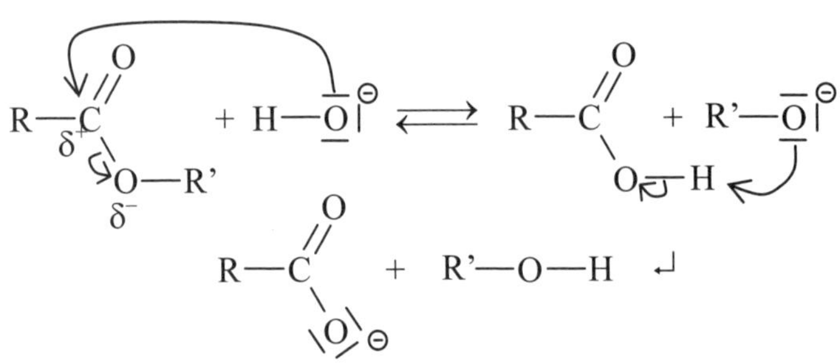

Synthèse d'un amide à partir d'un dérivé d'acide

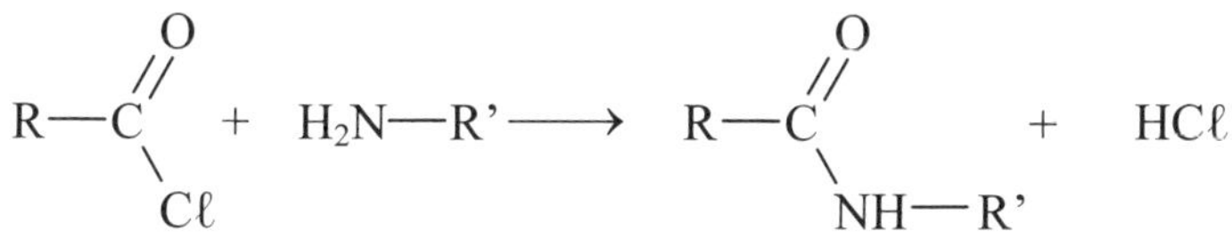

Chlorure d'acyle — Amine — Amide — Chlorure d'hydrogène

Schéma réactionnel

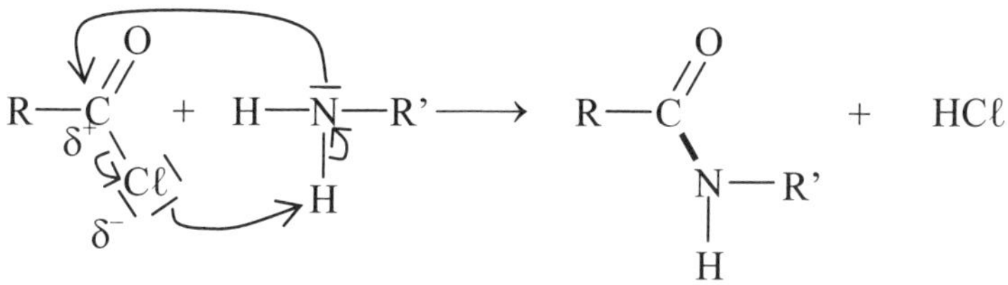

REMARQUES : une synthèse d'amide à partir d'un anhydride d'acide est proposée en exercice.
La liaison entre le groupe carbonyle CO et le groupe amine NH est appelée **liaison peptidique** : liaison importante en biochimie.

Passage d'un dérivé carbonylé à un alcool

À partir d'un dérivé organomagnésien

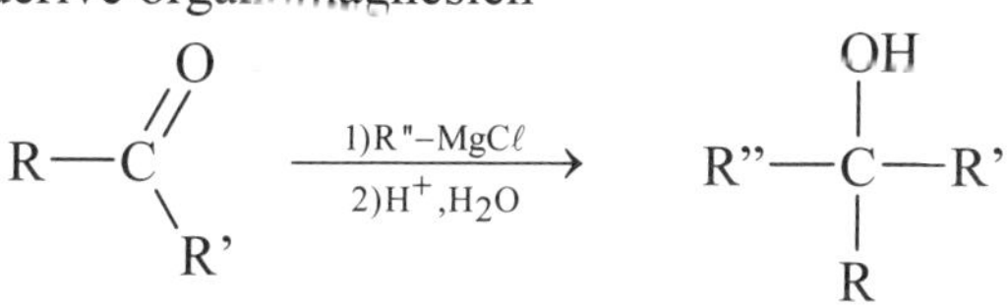

Schéma réactionnel simplifé ($\chi_{Mg} = 1{,}3$)

1re étape

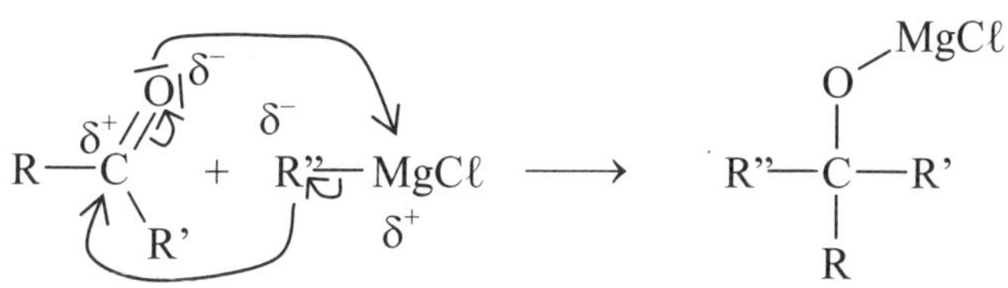

2e étape

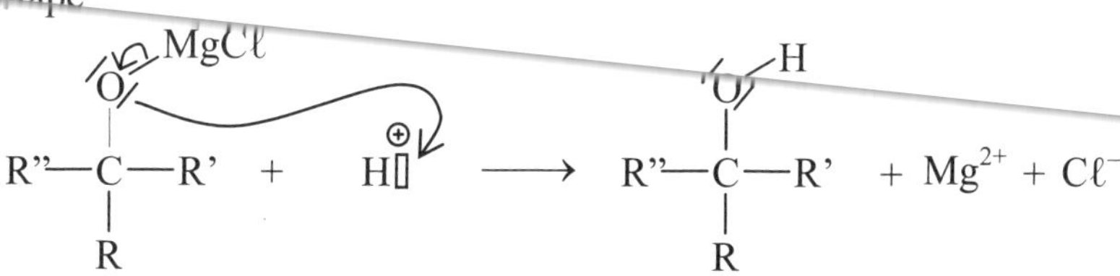

✱ Exercice 1 — 10 min

Identifier les sites donneurs d'électrons dans les molécules ou ions suivants :

1. 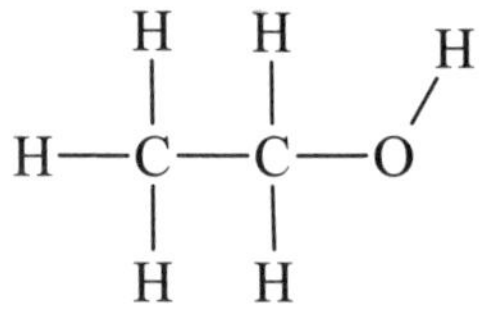

2. 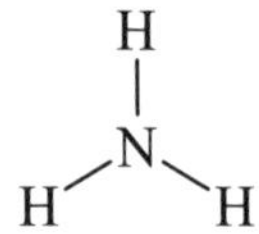

3. 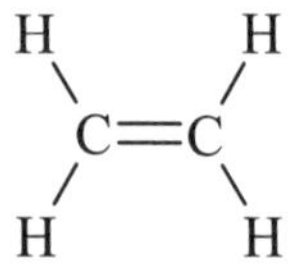

4. $H_3C—CH_2–C\equiv C^{\ominus}$

DONNÉES :

Atome	H	C	N	O	P	S	Cℓ	Br	I
χ	2,1	2,6	3,0	3,5	2,2	2,6	3,2	3,0	2,7

✱ Exercice 2 — 10 min

Identifier les sites accepteurs d'électrons dans les molécules suivantes :

1. 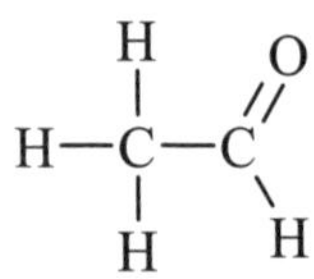

2. 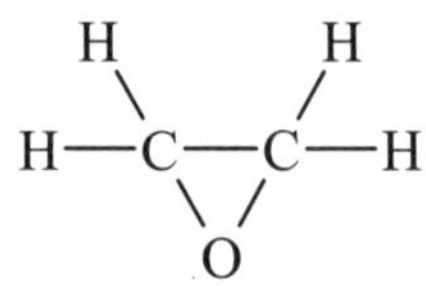

3. 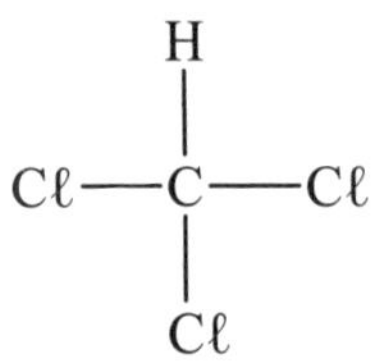

4. 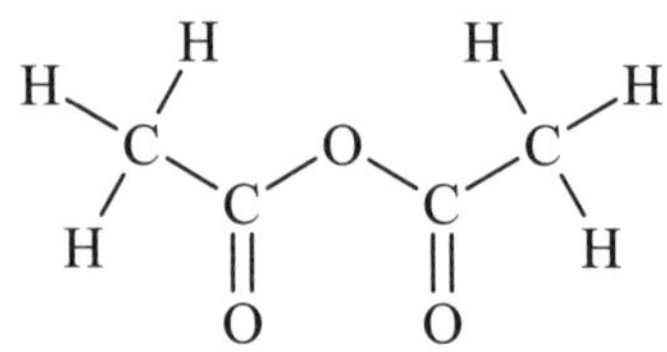

DONNÉES :

Atome	H	C	N	O	P	S	Cℓ	Br	I
χ	2,1	2,6	3,0	3,5	2,2	2,6	3,2	3,0	2,7

✱ Exercice 3 ⏱ 10 min

Identifier la nature des réactions suivantes (substitution, addition ou élimination) :

1. 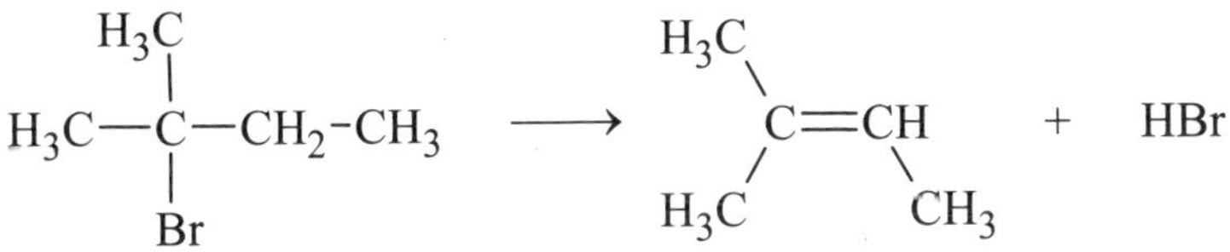

2. 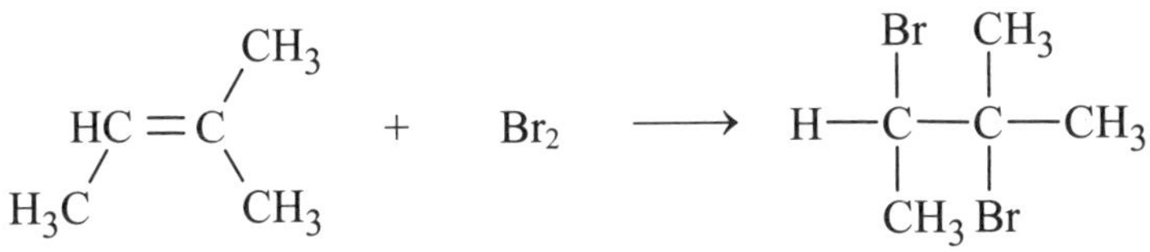

3. 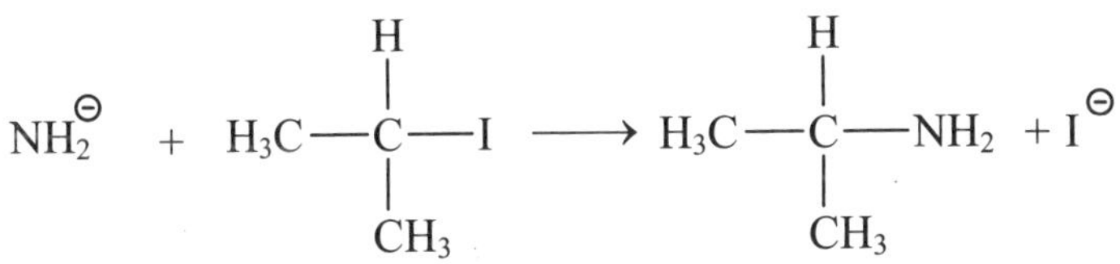

4. 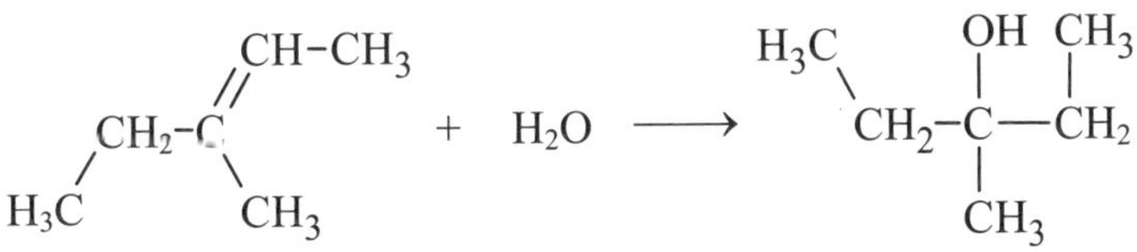

5. 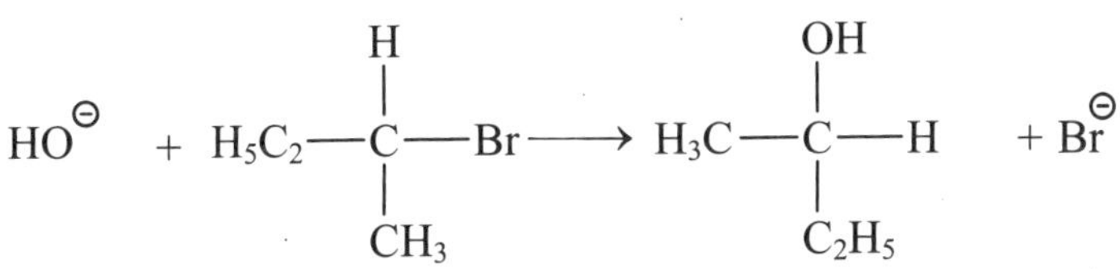

6. 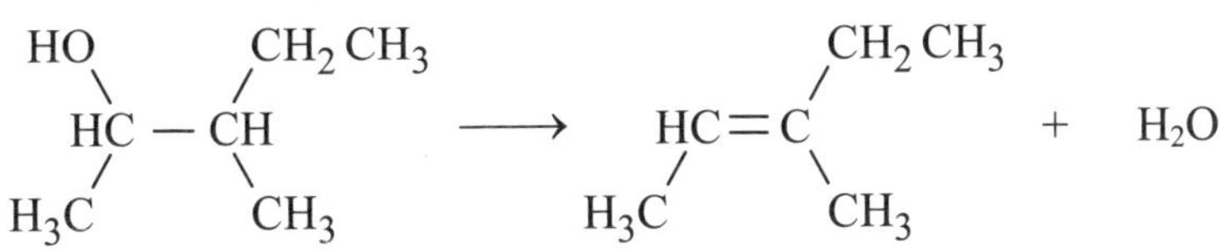

✱✱ Exercice 4 — 15 min

Identifier la nature des réactions suivantes (substitution, addition ou élimination) :

1. 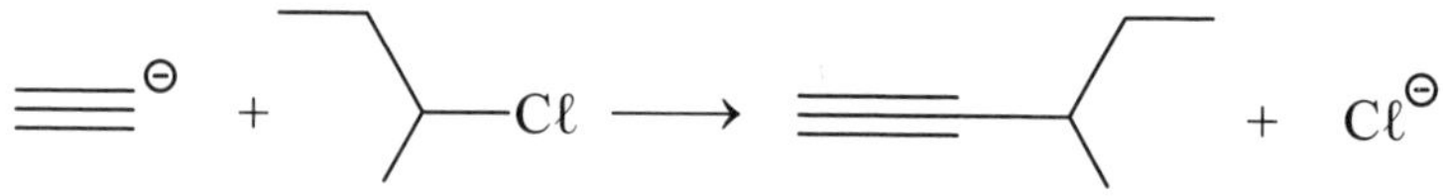

2. 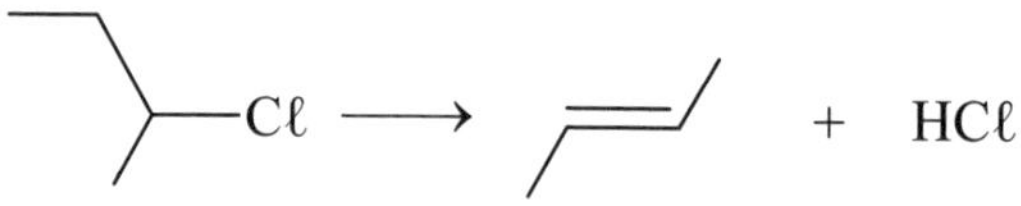

3. 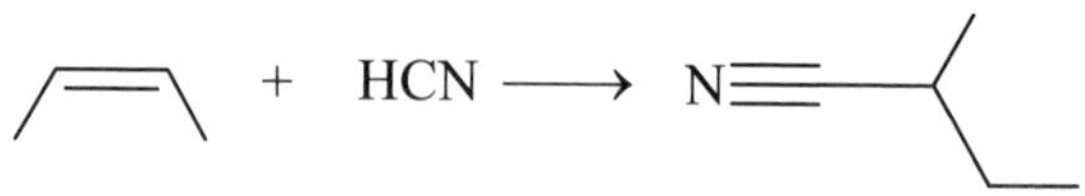

4. 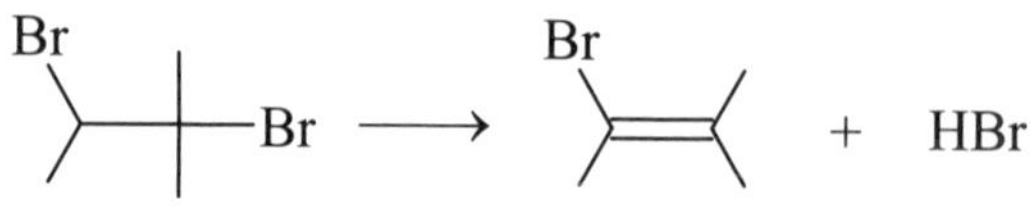

5. 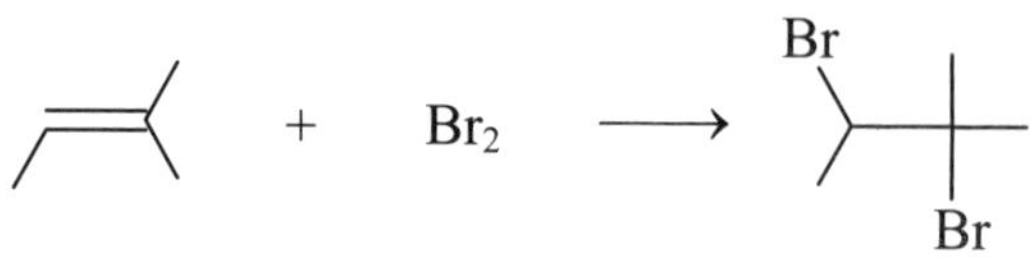

6. 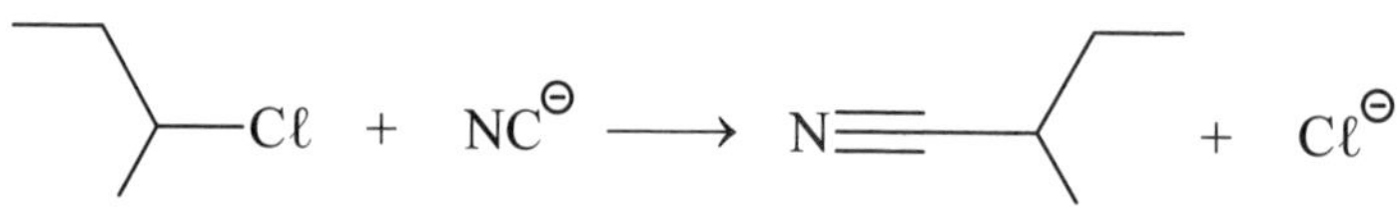

✱✱✱ Exercice 5 — 20 min

Écrire les schémas réactionnels montrant les échanges entre donneurs et accepteurs de doublets électroniques dans les réactions suivantes (on peut éventuellement introduire un catalyseur) :

1. 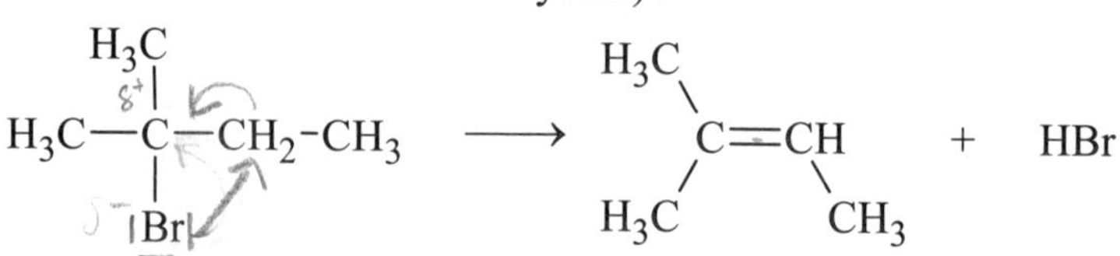

2. 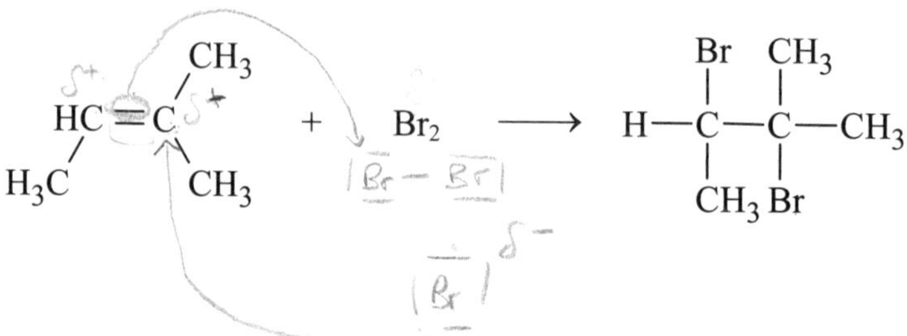

3. 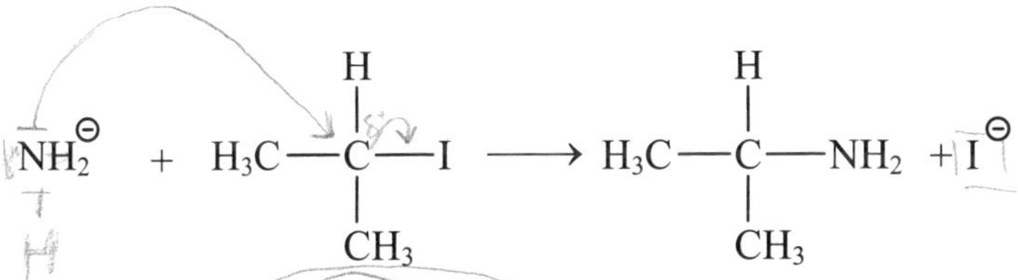

4. 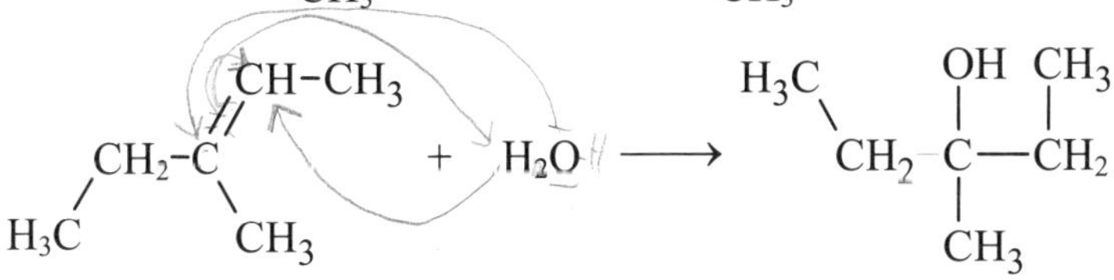

5. 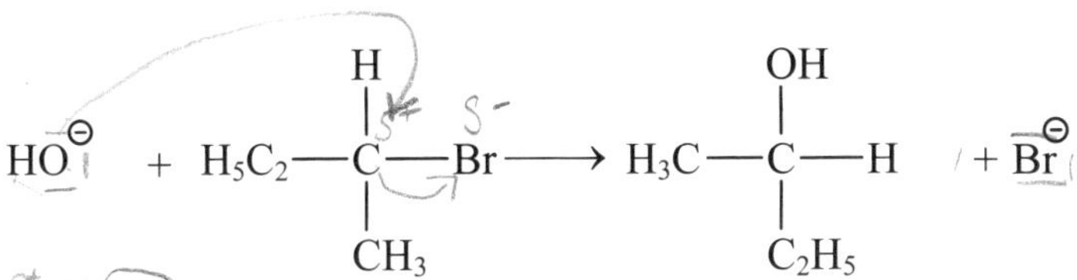

6. 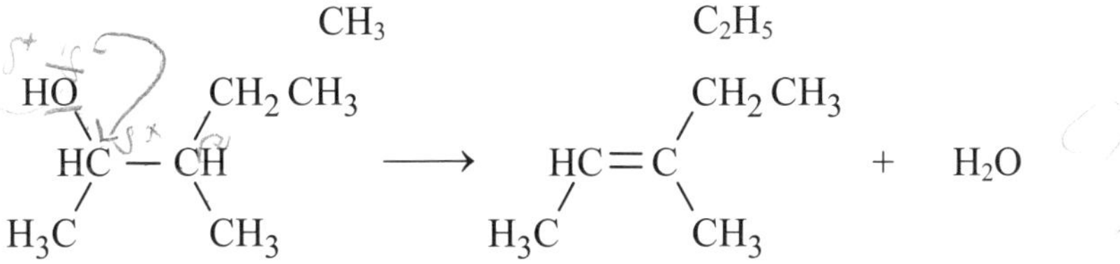

✱✱✱ Exercice 6

🕔 30 min

Écrire les schémas réactionnels montrant les échanges entre donneurs et accepteurs de doublets électroniques dans les réactions suivantes (on peut éventuellement introduire un catalyseur) :

1. 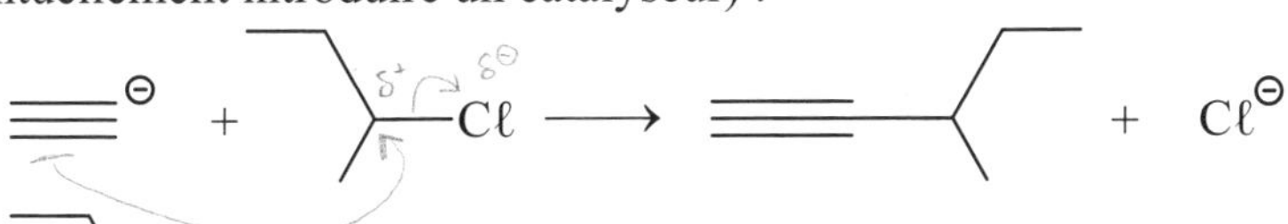

2. 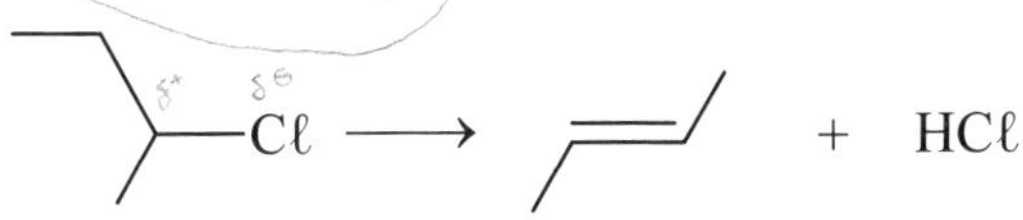

3. 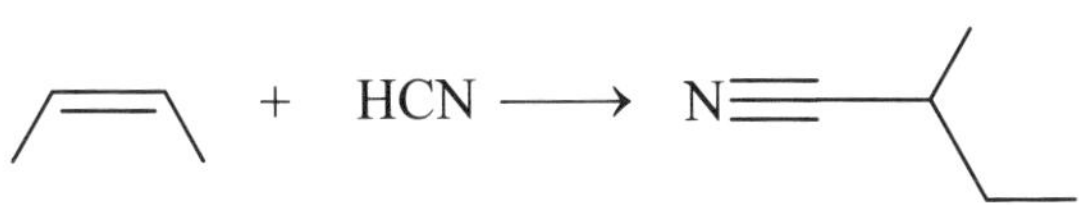

4. 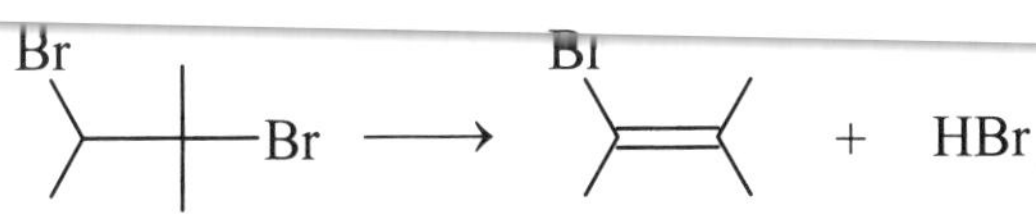

5. 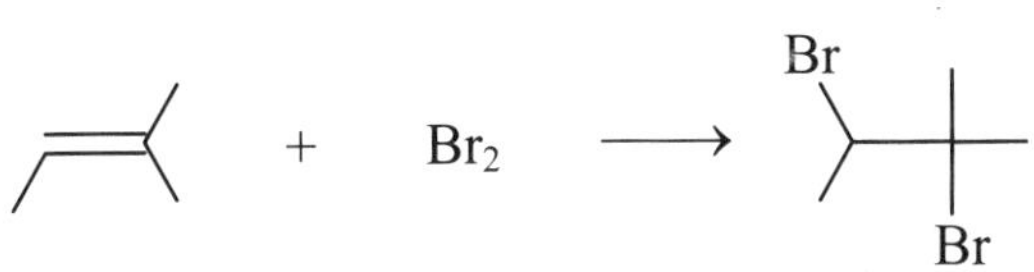

6. 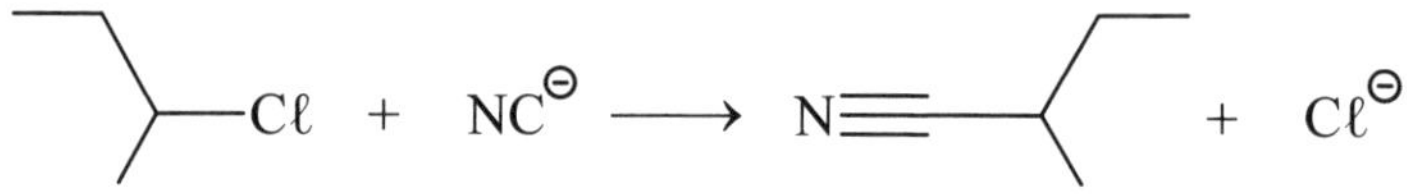

✱✱ Exercice 7

⏱ 10 min

Les réactions suivantes correspondent-t-elles à des aménagements de structure ou à des aménagements de fonction ?

1. 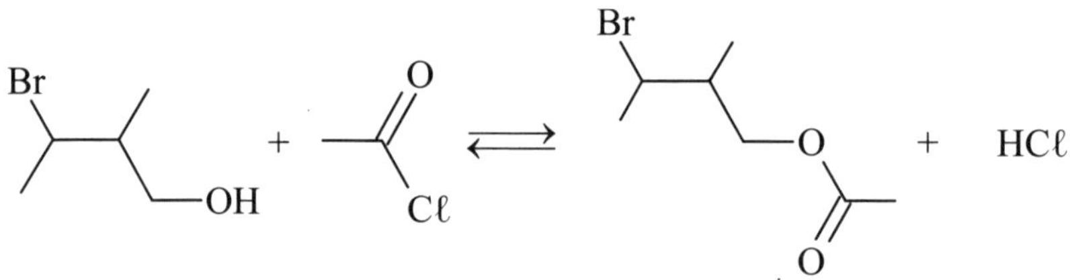

2. 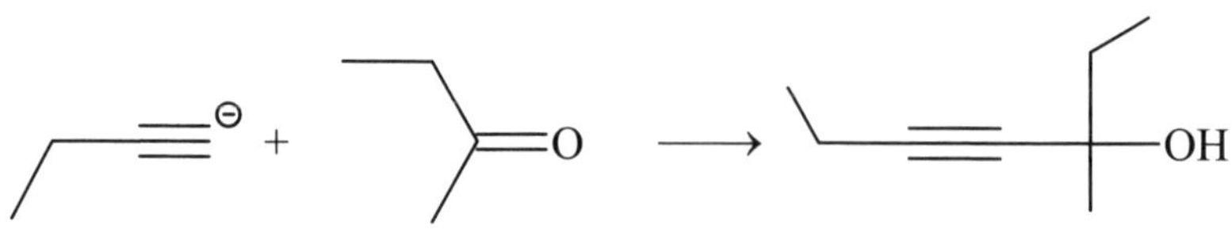

(après hydrolyse acide)

3. 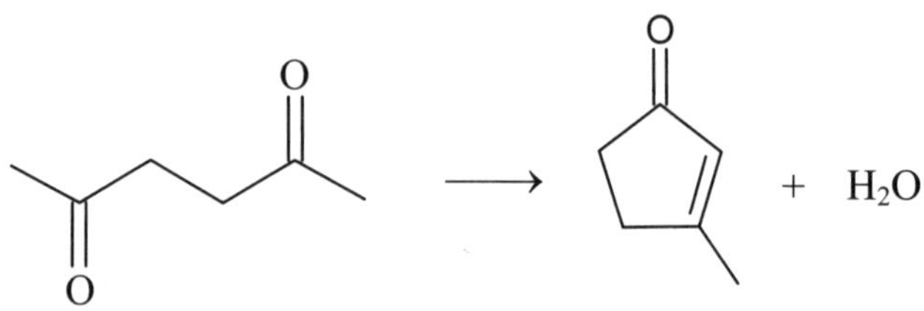

4. 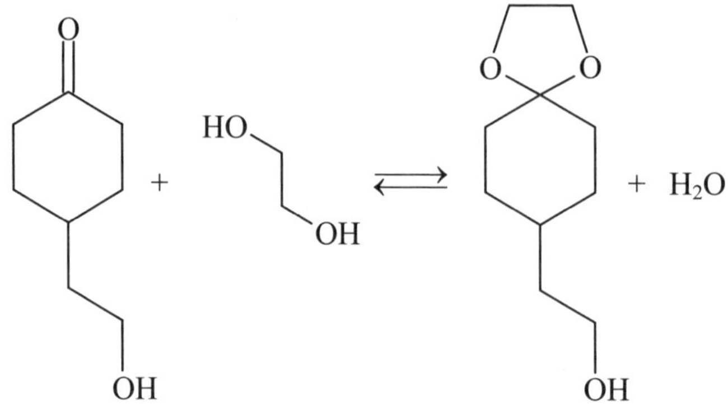

✱✱✱ Exercice 8 20 min

Soit la réaction d'équation :

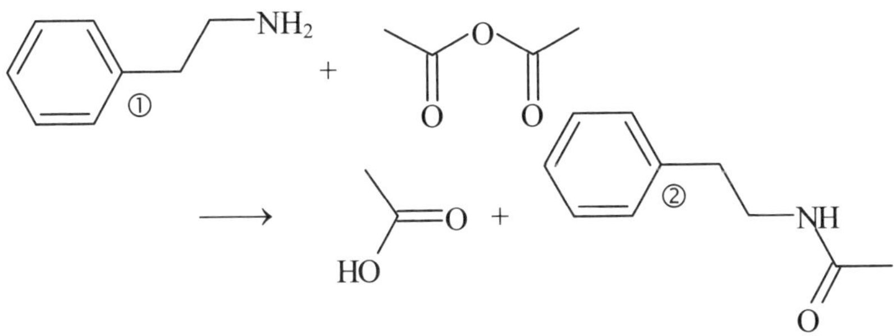

1. À quelles familles de composés organiques appartiennent les molécules ① et ② ?
2. Le deuxième réactif est nommé anhydride éthanoïque. Comment le préparer à partir de l'acide éthanoïque ?
3. Le deuxième produit est l'acide éthanoïque. En déduire un schéma réactionnel entre donneurs et accepteurs de doublets électroniques permettant d'expliquer cette synthèse ?

Contrôle

30 min / 20 pts

A. Selon les conditions expérimentales, l'action de la soude ($Na^+ + HO^-$) sur le (3-chlorobutan-2-yl)benzène :

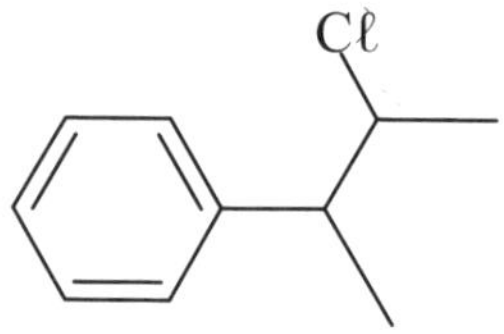

amène à 2 produits :

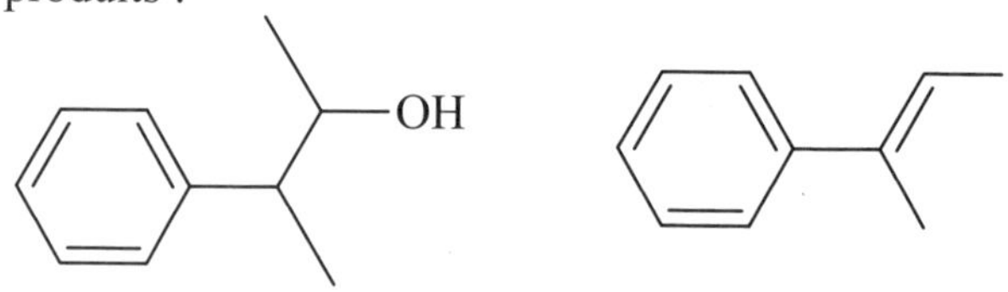

DONNÉES :

Atome	H	C	N	O	P	S	Cℓ	Br	I
χ	2,1	2,6	3,0	3,5	2,2	2,6	3,2	3,0	2,7

1. Comment est polarisée la liaison C—Cℓ dans le (3-chlorobutan-2-yl) benzène ? justifier la réponse.

2. On étudie d'abord la réaction produisant le composé A.

a) À quelle famille de composés organiques le composé A appartient-il ? **(1 pt)**

b) Comment se nomme cette réaction ? **(1 pt)**

c) Écrire son équation. **(2 pts)**

d) Établir son schéma réactionnel. **(3 pts)**

e) Quelle est la particularité stéréochimique du composé A ? **(1 pt)**

3. On étudie ensuite la réaction produisant le composé B.

a) À quelle famille de composés organiques le composé B appartient-il ? **(1 pt)**

b) Comment se nomme cette réaction ? **(1 pt)**

c) Écrire son équation. **(2 pts)**

d) Établir son schéma réactionnel. **(3 pts)**

e) Quelle est la particularité stéréochimique du composé B ? **(1 pt)**

B. La réaction de saponification de l'éthanoate de 3-méthylbutyle a pour équation :

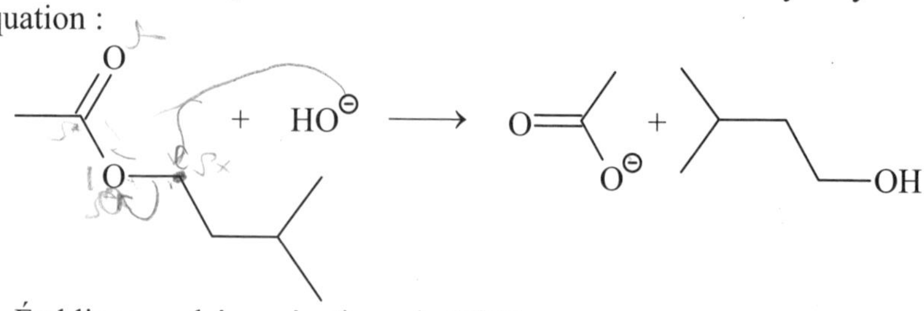

1. Établir son schéma réactionnel. *(3/20)*

2. Nommer l'alcool obtenu. Quelle est sa classe ? *(1/20)*

Corrigés des exercices

Corrigé 1

Les sites donneurs d'électrons sont très électronégatifs et potentiellement riches en électrons :

1.

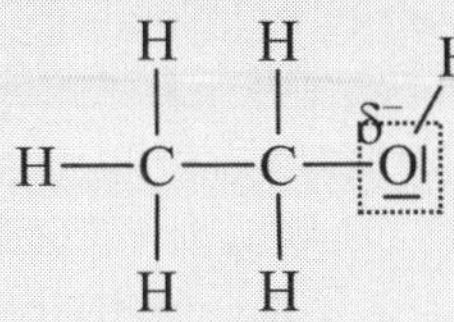

2.

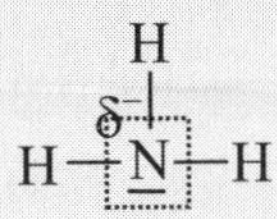

3.

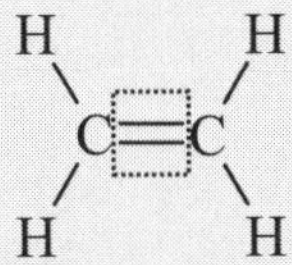

4.

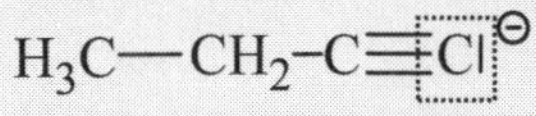

Corrigé 2

Les sites accepteurs d'électrons sont faiblement électronégatifs et liés à des atomes très électronégatifs :

1.

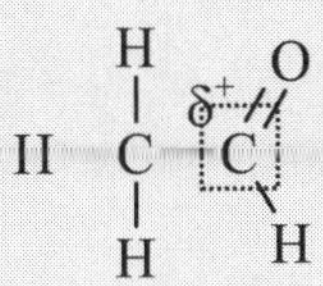

2.

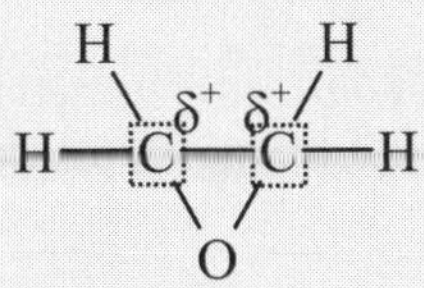

3.

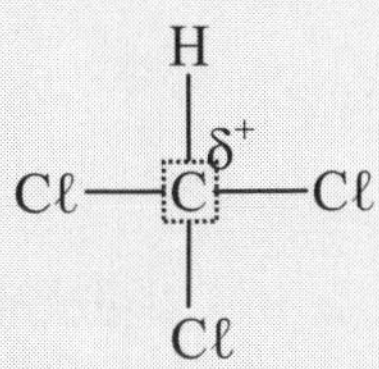

4.

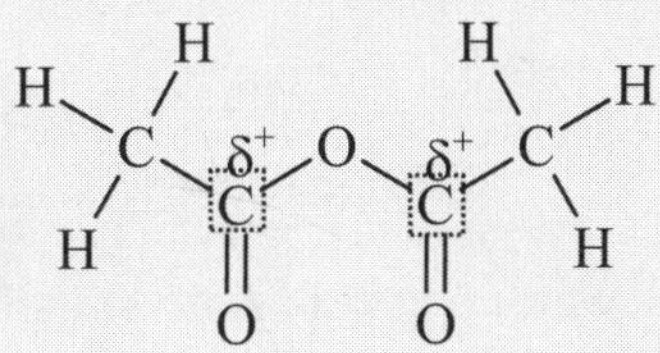

Corrigé 3

1.

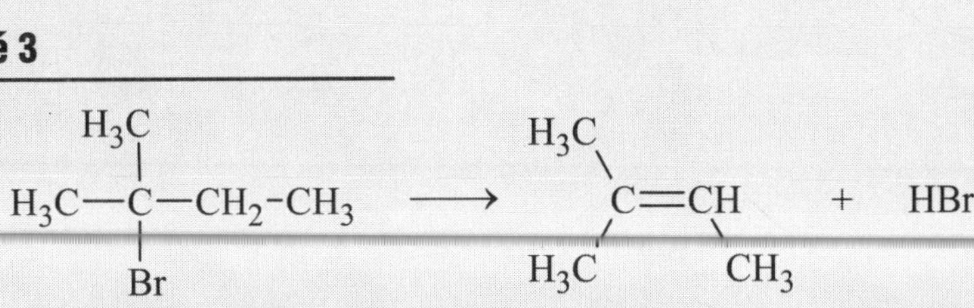

est une **réaction d'élimination**. Le dérivé bromé perd globalement une molécule de bromure d'hydrogène pour donner l'alcène.

2.

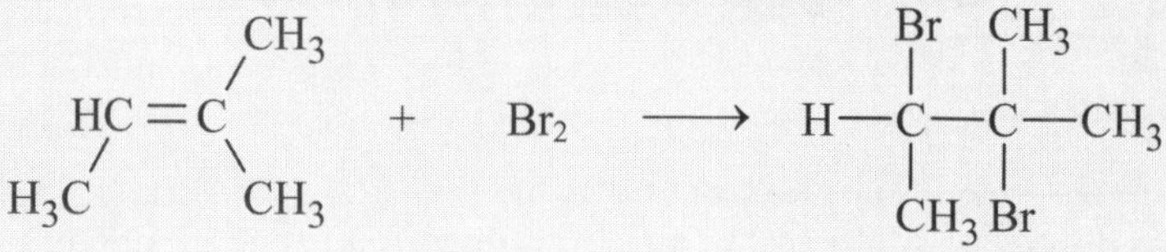

est une **réaction d'addition**. Une molécule de dibrome s'additionne globalement sur la double liaison de l'alcène initial pour donner le dérivé dibromé.

3.

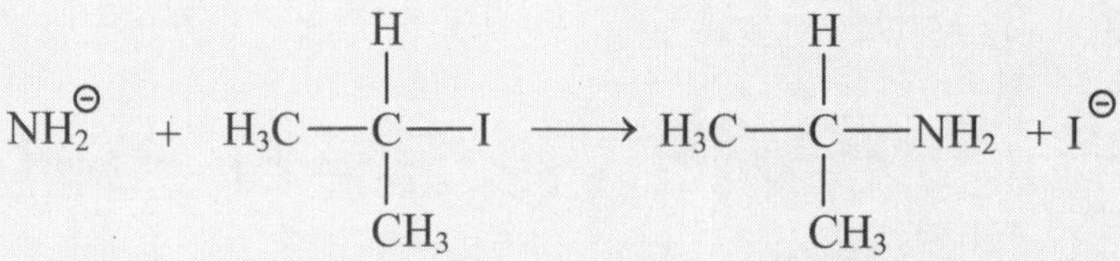

est une **réaction de substitution**. L'ion amidure NH_2^- (substituant) se substitue à l'atome d'iode (ion iodure groupe partant).

4.

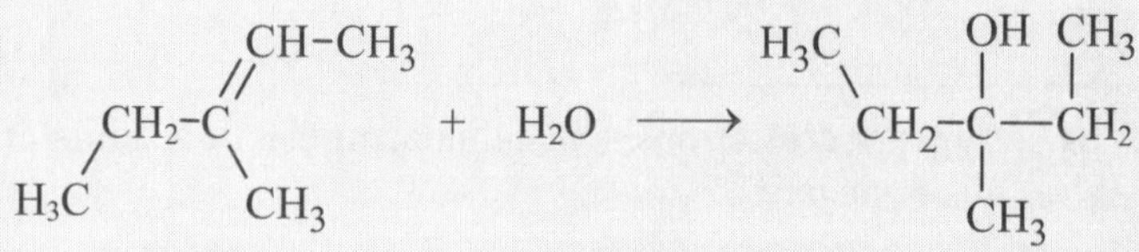

est une **réaction d'addition**. Une molécule d'eau s'additionne globalement sur la double liaison de l'alcène initial pour donner l'alcool.

5.

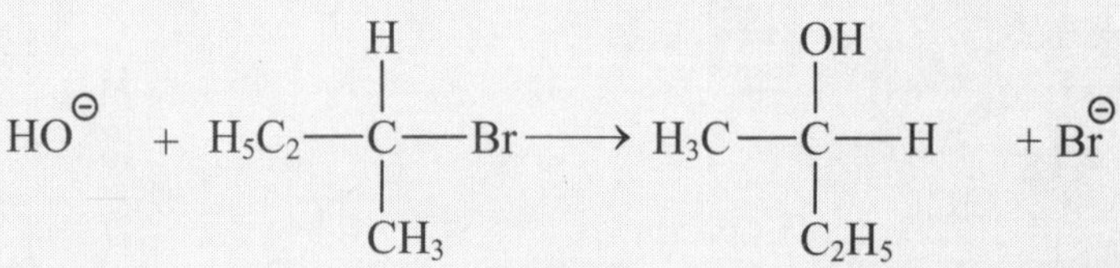

est une **réaction de substitution**. L'ion hydroxyde HO^- (substituant) se substitue à l'atome de brome (ion bromure groupe partant).

6.

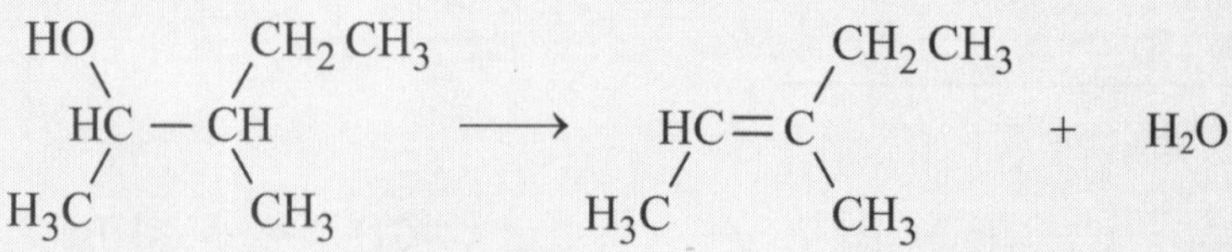

est une **réaction d'élimination**. L'alcool perd globalement une molécule d'eau pour donner l'alcène.

Corrigé 4

1. 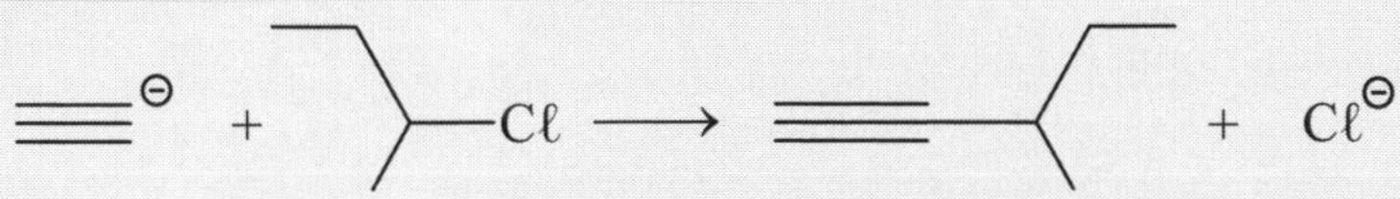

est une **réaction de substitution**. L'ion éthynure C≡C⁻ (substituant) se substitue à l'atome de chlore (ion chlorure groupe partant).

2. 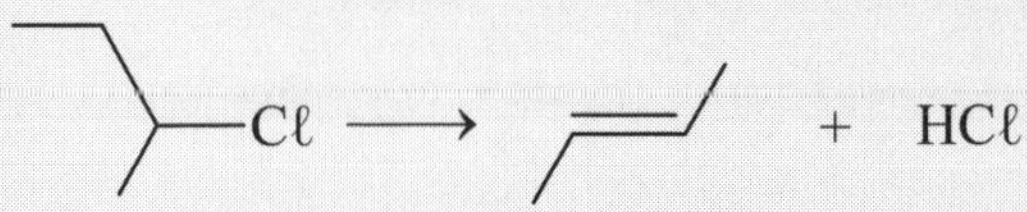

est une **réaction d'élimination**. Le dérivé chloré perd globalement une molécule de chlorure d'hydrogène pour donner l'alcène.

3. 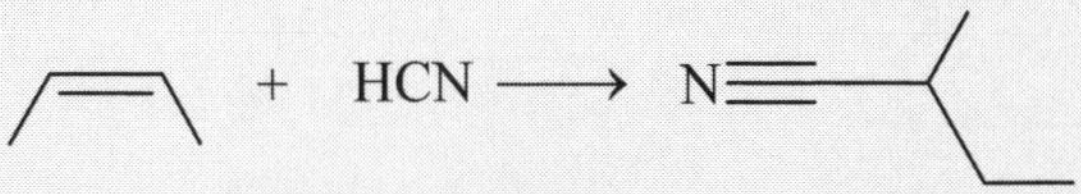

est une **réaction d'addition**. Une molécule de cyanure d'hydrogène s'additionne globalement sur la double liaison de l'alcène initial pour donner l'alcanenitrile.

4. 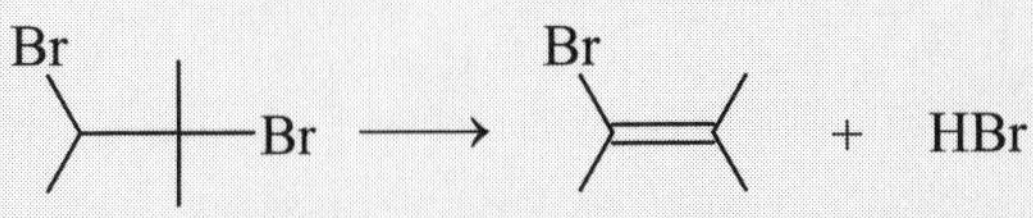

est une **réaction d'élimination**. Le dérivé dibromé perd globalement une molécule de bromure d'hydrogène pour donner le dérivé monobromé insaturé.

5. 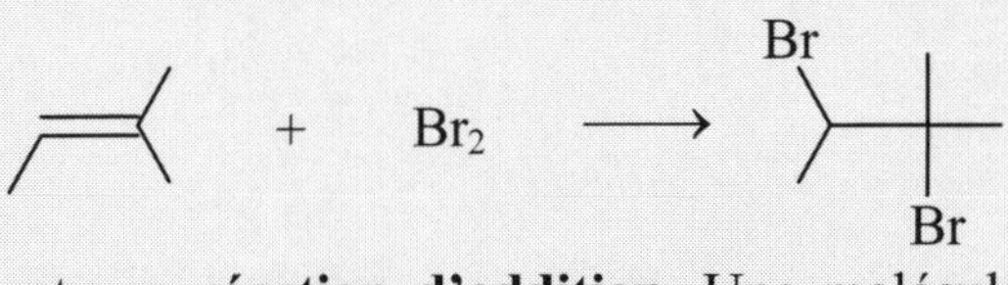

est une **réaction d'addition**. Une molécule de dibrome s'additionne globalement sur la double liaison de l'alcène initial pour donner le dérivé dibromé.

6. 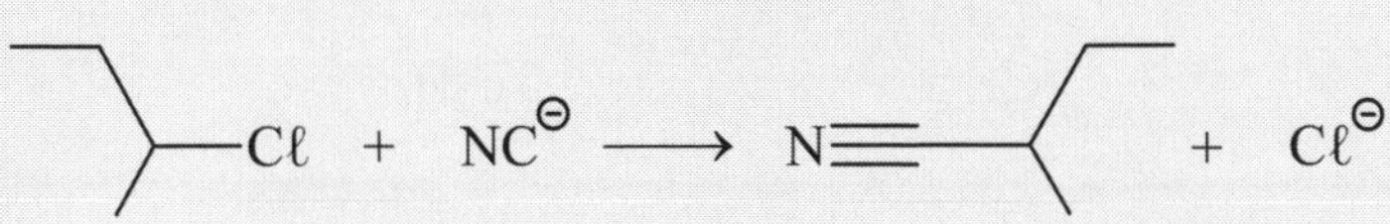

est une **réaction de substitution**. L'ion cyanure N≡C⁻ (substituant) se substitue à l'atome de chlore (ion chlorure groupe partant).

Corrigé 5

Schémas réactionnels :

1. 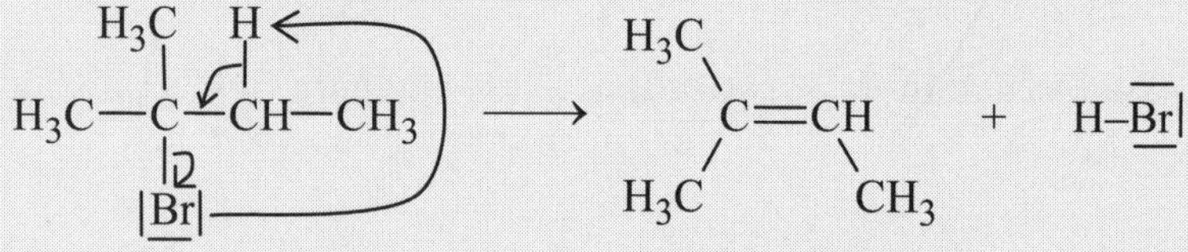

2. 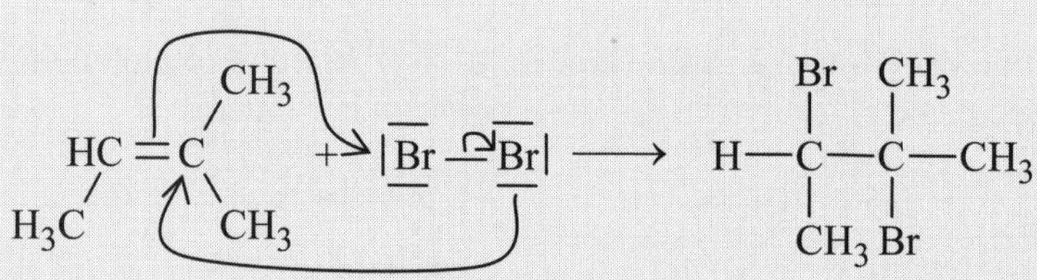

3. 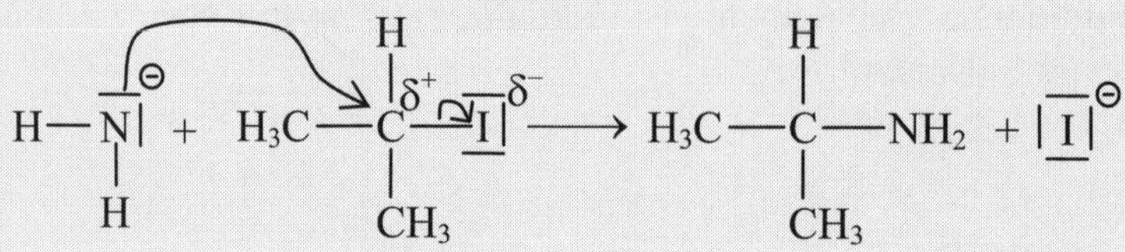

4. 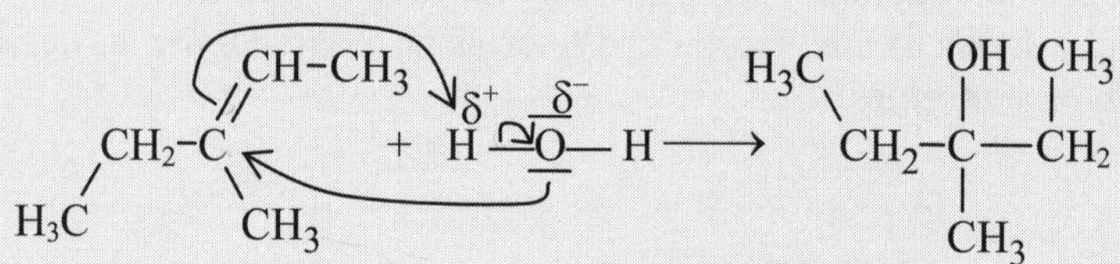

5. 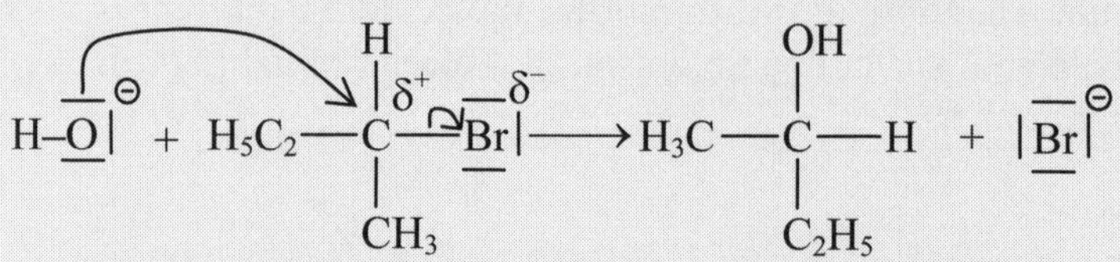

6. 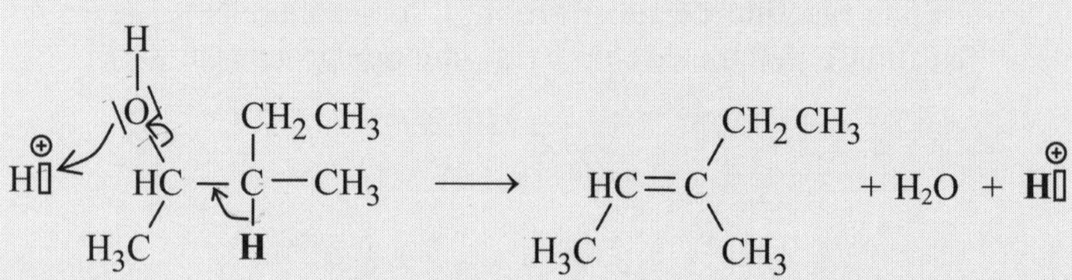

Corrigé 6

Schémas réactionnels :

1. 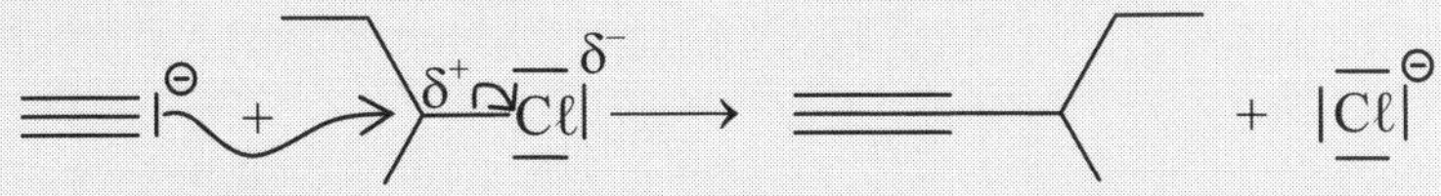

2. 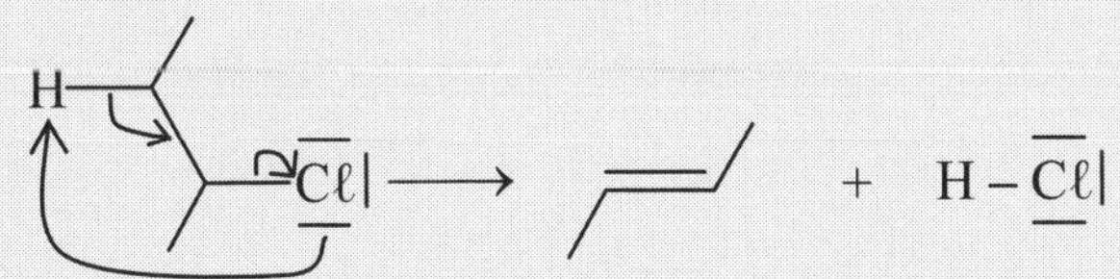

3. 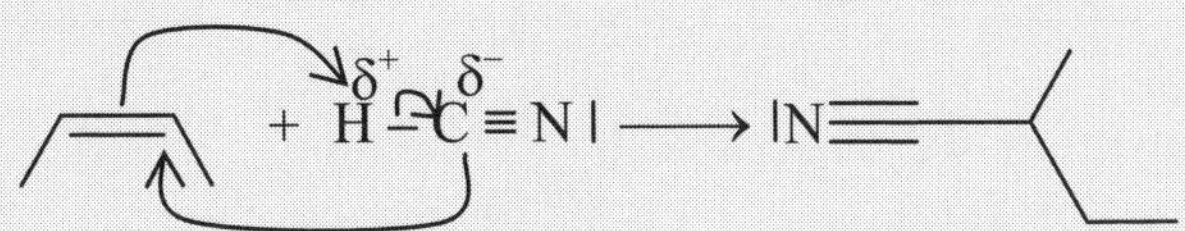

4. 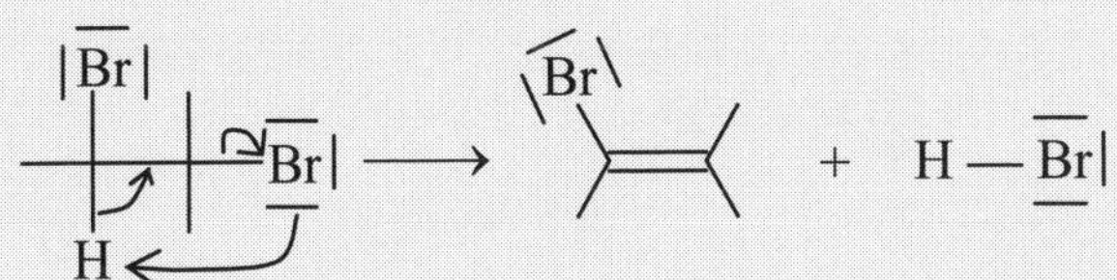

5. 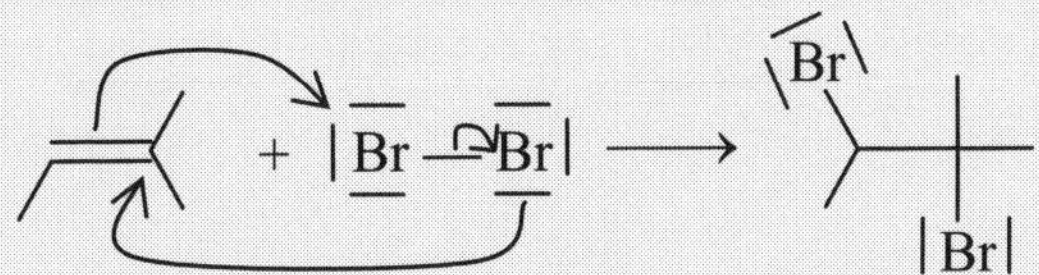

6. 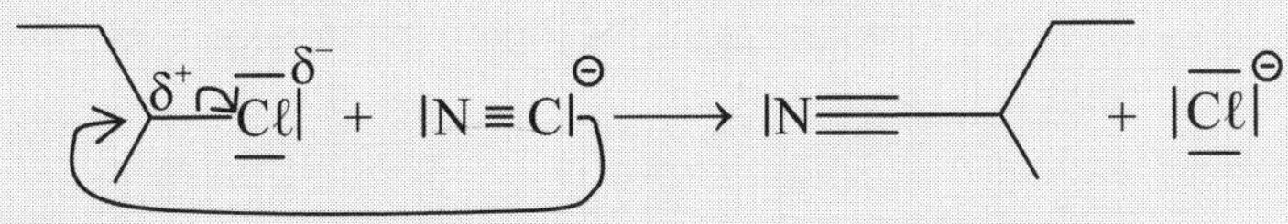

Corrigé 7

1. 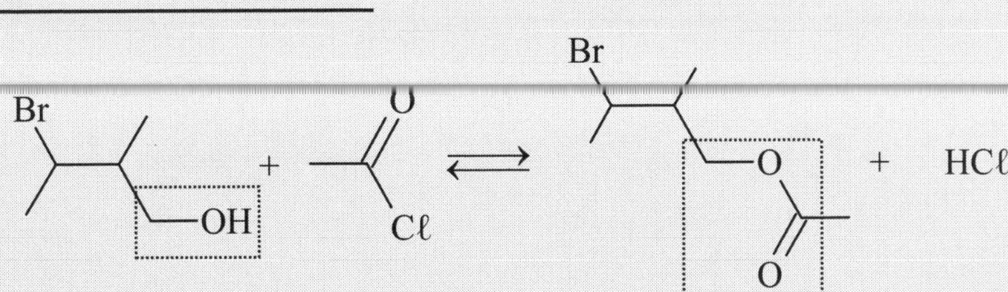

est un **aménagement de fonction**. La fonction alcool est transformée en fonction ester.

2. 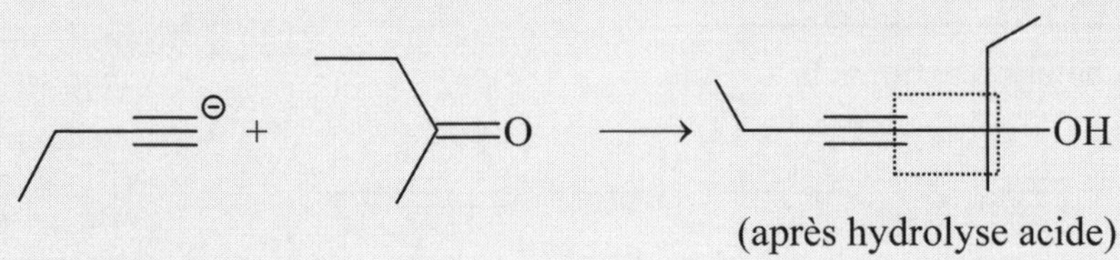

est un **aménagement de structure**. Il y a création d'une liaison carbone-carbone.

3. 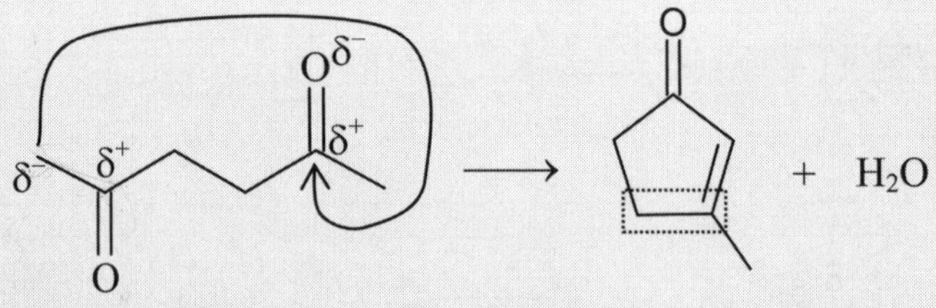

est un **aménagement de structure**. Il y a création d'une liaison carbone-carbone (cyclisation). La déshydratation est une suite logique de ce type de transformation.

4. 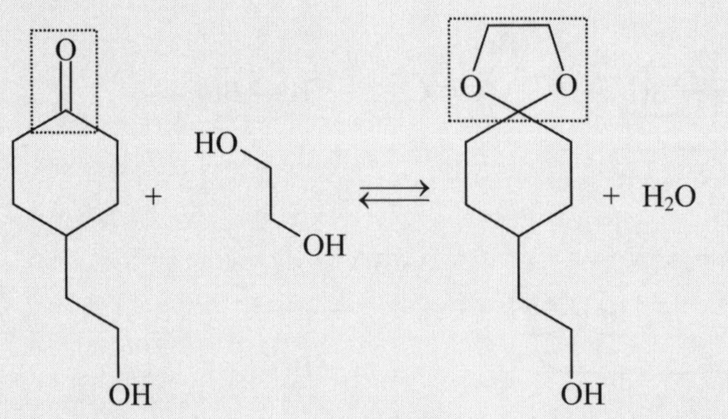

est un **aménagement de fonction**. La fonction cétone est transformée en fonction acétal cyclique.

Corrigé 8

1. Le composé ① est une amine. Le composé ② est un amide.
2. Anhydride signifie privé d'eau : il s'agit d'une déshydratation intermoléculaire :

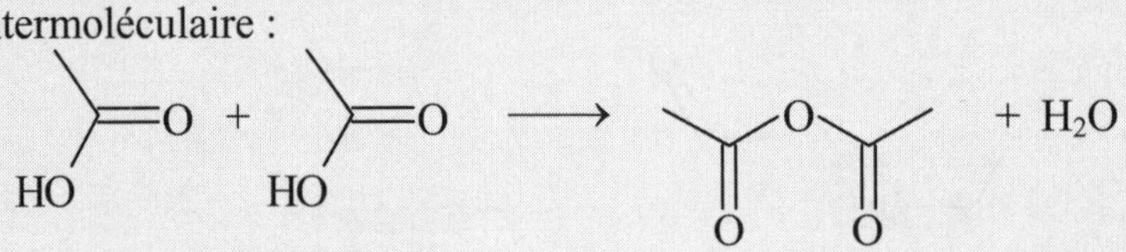

3. Schéma réactionnel :

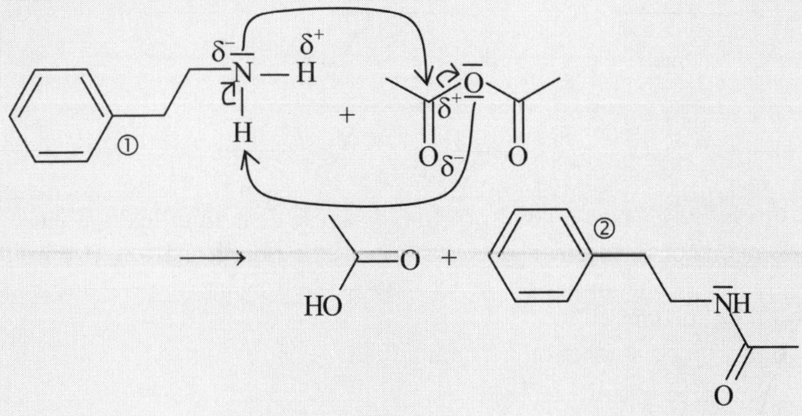

Corrigé du Contrôle

A.

1. Dans la liaison C—Cℓ l'atome de chlore est plus électronégatif que l'atome de carbone :

$$\overset{\delta^+}{C}-C\ell^{\delta^-}$$

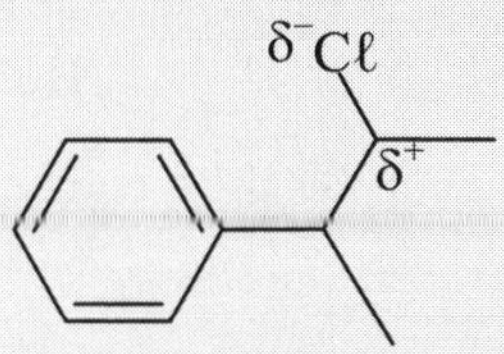

2.

a) Le composé A est un alcool.

b) Dans cette réaction, l'atome de chlore Cℓ est remplacé par un groupe hydroxyle OH : c'est une **réaction de substitution**.

c) Équation de la réaction de substitution :

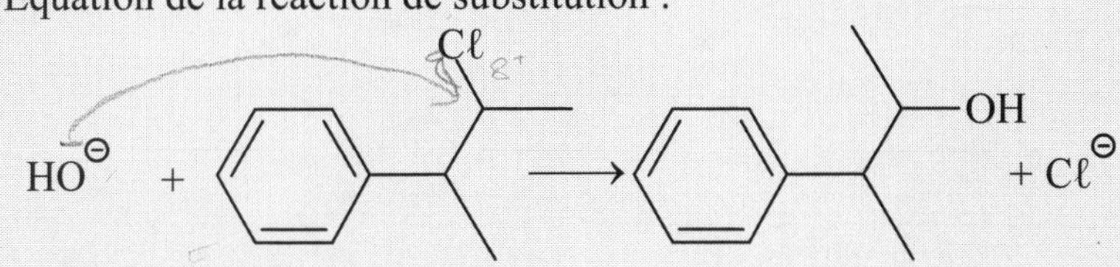

d) Schéma réactionnel :

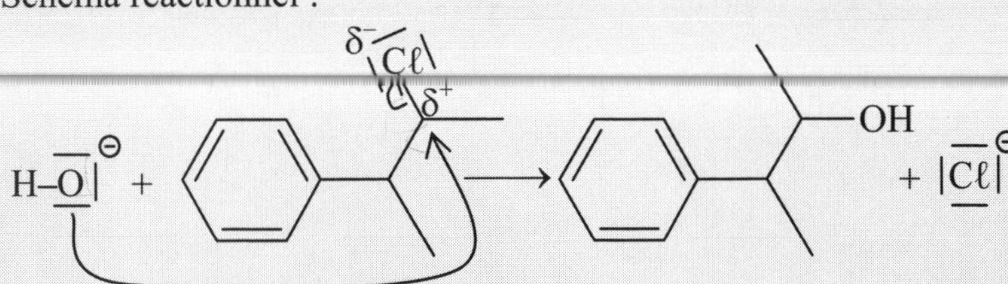

e) Le composé A possède un carbone asymétrique :

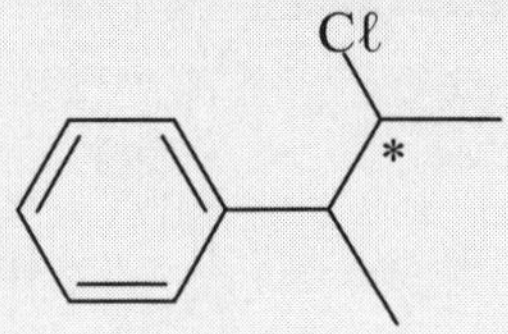

3.

a) Le composé B est un hydrocarbure insaturé de la famille des arènes.

b) Dans cette réaction, il y a création d'une double liaison et élimination globale d'une molécule de chlorure d'hydrogène : c'est une **réaction d'élimination**.

c) Équation de la réaction d'élimination :

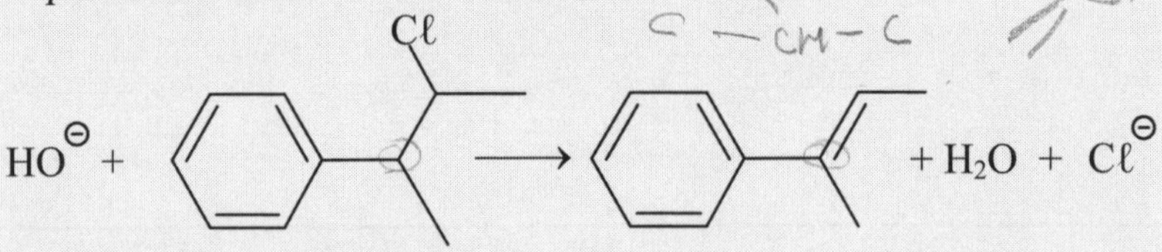

d) Schéma réactionnel :

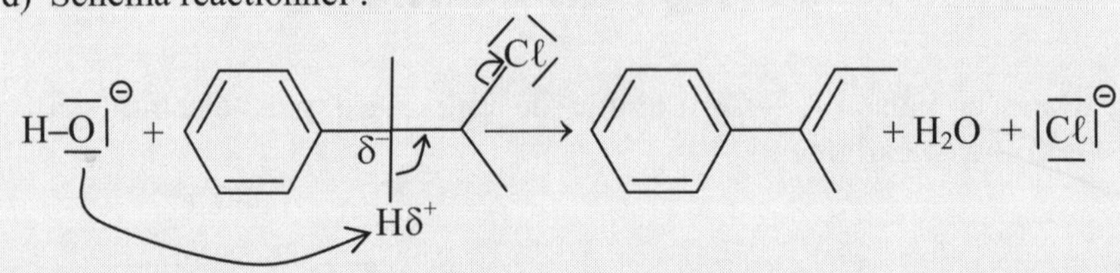

e) Le composé B est en configuration E (Entgegen).

B.

1. Schéma réactionnel de la saponification de l'éthanoate de 3-méthylbutyle

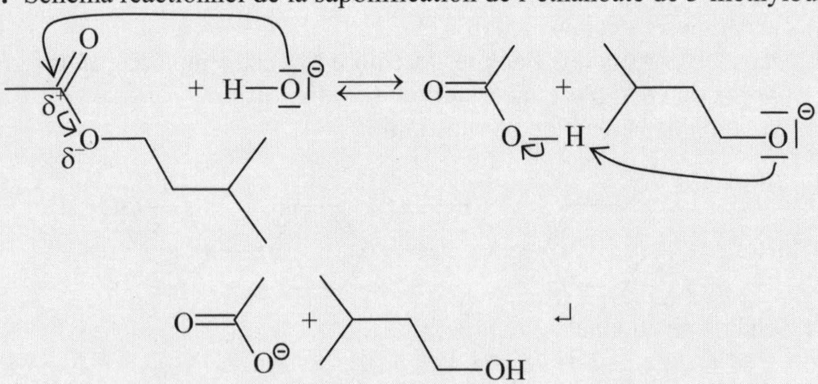

2. L'alcool obtenu est le 3-méthylbutan-1-ol. C'est un alcool primaire.

11 Synthèse organique

ANALYSE D'UN PROTOCOLE

- Identifications des réactifs, du solvant, du catalyseur, du produit d'intérêt, du/des produit(s) secondaire(s)
- Déterminations des quantités introduites, du réactif limitant
- Choix des paramètres expérimentaux ; température, solvant, durée, pH…
- Choix du montage, de la technique d'extraction, de la technique de purification, de l'analyse du produit
- Calcul du rendement
- Sécurité

DIFFÉRENTS MONTAGES UTILISÉS POUR LES EXTRACTIONS OU LES SYNTHÈSES

Montage de chauffage à reflux

Montage utilisé pour toute synthèse nécessitant un chauffage afin de condenser toute vapeur produite.

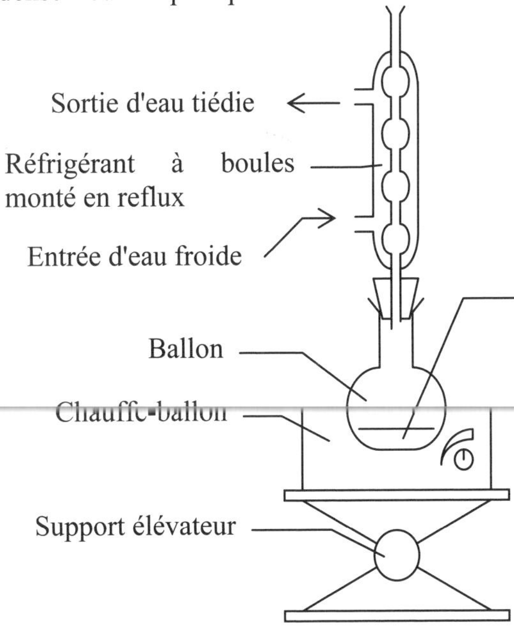

○ Montage tricol à reflux

Montage permettant de contrôler la température du milieu réactionnel tout en additionnant un réactif par l'ampoule de coulée.

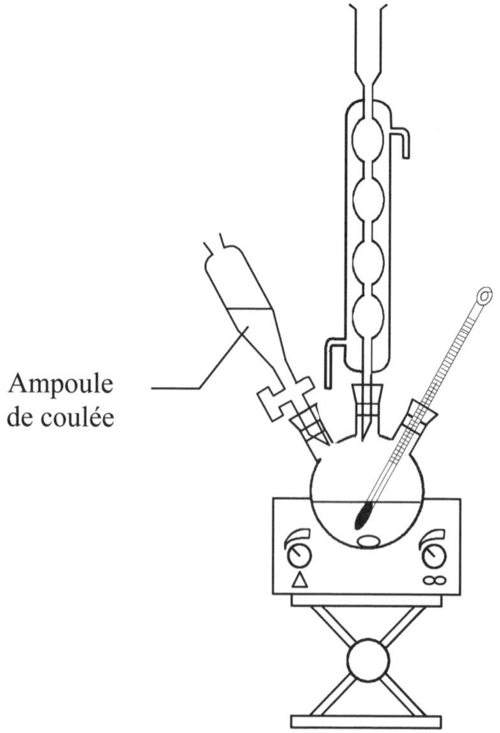

○ Ampoule à décanter

Instrument permettant le lavage de mélanges réactionnels liquides et la séparation de phases liquides non miscibles.

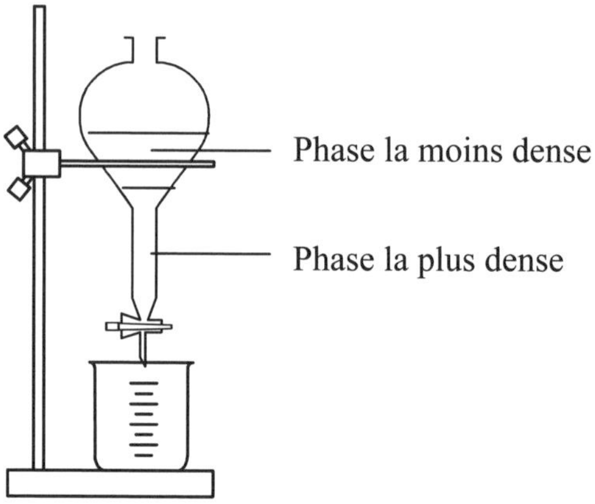

Filtration sous vide

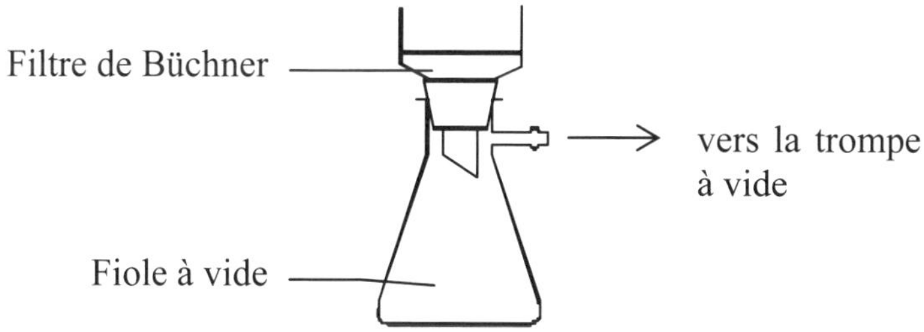

Système efficace de filtration.

Montage à distiller

Le montage à distiller est utilisé pour extraire un composé volatil du milieu réactionnel ou pour purifier (rectifier) un composé liquide.

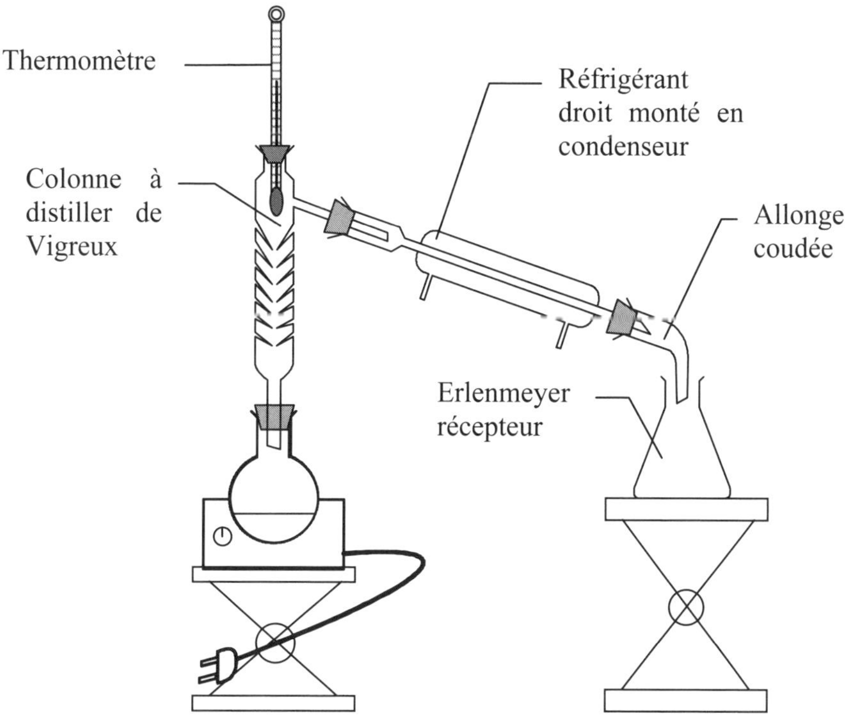

Chromatographie sur couche mince

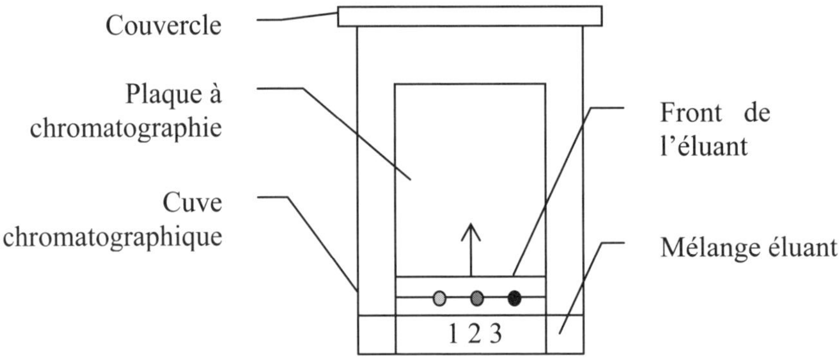

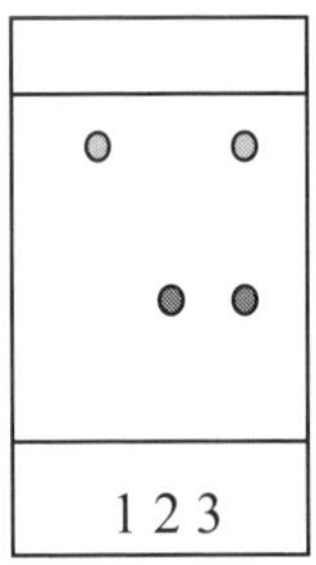

Exemple de chromatogramme obtenu après séchage

La chromatographie sur couche mince est une technique simple pour séparer et/ou identifier des composés chimiques.

EXEMPLE DE PROTOCOLE

Le méthanoate d'éthyle est un ester à odeur de rhum, très peu soluble dans l'eau. On veut le préparer par action de l'acide méthanoïque sur l'éthanol.

Dans un ballon, on mélange 20,0 mL d'acide méthanoïque et 35,0 mL d'éthanol. On ajoute à ce mélange, avec précaution, environ 1 mL d'acide sulfurique concentré et quelques grains de pierre ponce puis on porte à ébullition. On obtient finalement 25,4 g d'ester après 50 min de chauffage que l'on sépare par décantation et lavage à l'eau salée saturée.

On recommence l'expérience en adaptant au ballon un dispositif de distillation permettant d'éliminer, au fur et à mesure, l'ester formé.

DONNÉES :

Masses volumiques :

$\rho_{acide} = 1,2 \text{ g.cm}^{-3}$; $\rho_{alcool} = 0,79 \text{ g.cm}^{-3}$.

Masses molaires atomiques :

$M_H = 1,00 \text{ g.mol}^{-1}$; $M_C = 12,0 \text{ g.mol}^{-1}$; $M_O = 16,0 \text{ g.mol}^{-1}$.

Températures d'ébullition (à p_N) :

$\theta_{Eb,ester} = 54°C$; $\theta_{Eb,alcool} = 79°C$; $\theta_{Eb,eau} = 100°C$; $\theta_{Eb,acide} = 101°C$.

Sécurité :

Acide méthanoïque	
Éthanol	
Méthanoate d'éthyle	

O Identifications des réactifs, du solvant, du catalyseur, du produit d'intérêt, du/des produit(s) secondaire(s)

- Réactifs :

Acide méthanoïque	HCOOH	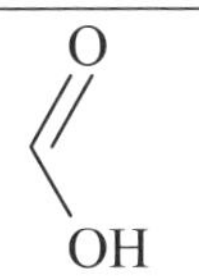
Éthanol	C_2H_5OH	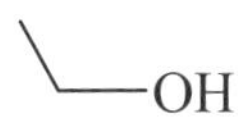

- Pas de solvant particulier
- Catalyseur : acide sulfurique H_2SO_4 concentré
- Produit d'intérêt :

Méthanoate d'éthyle	$HCOOC_2H_5$	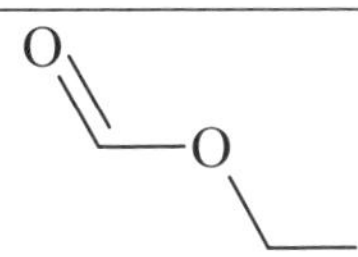

- Produit secondaire : eau H_2O
- Équation chimique de la réaction

$$HCOOH + C_2H_5OH = HCOOC_2H_5 + H_2O$$

O Déterminations des quantités introduites, du réactif limitant

- $n_{acide} = \dfrac{m_{acide}}{M_{acide}} = \dfrac{\rho_{acide}.V_{acide}}{M_{acide}}$.

A.N. : $n_{acide} = \dfrac{1,2 \times 20,0}{2 \times 1,00 + 12,0 + 2 \times 16,0} = \mathbf{0,52\ mol}$.

- $n_{alcool} = \dfrac{m_{alcool}}{M_{alcool}} = \dfrac{\rho_{alcool}.V_{alcool}}{M_{alcool}}$.

A.N. : $n_{alcool} = \dfrac{0,79 \times 35,0}{6 \times 1,00 + 2 \times 12,0 + 16,0} = \mathbf{0,60\ mol}$.

- Réactif limitant
  Tableau d'avancement (en mol) de la réaction :

	acide	+	alcool	=	ester	+	eau
EI (x = 0)	n_{acide}		n_{alcool}		0		0
En cours (x)	$n_{acide} - x$		$n_{alcool} - x$		x		x
EF (x_{max})	$n_{acide} - x_{max}$		$n_{alcool} - x_{max}$		x_{max}		x_{max}

Si l'acide est le réactif limitant, alors :
$n_{acide} - x_{max,1} = 0$ et $x_{max,1} = n_{acide} = 0{,}52$ mol.
Si l'alcool est le réactif limitant, alors :
$n_{alcool} - x_{max,2} = 0$ et $x_{max,2} = n_{alcool} = 0{,}60$ mol.
L'avancement maximal est $\mathbf{x_{max}}$ = MIN ($x_{max,1}$; $x_{max,2}$) = $x_{max,1}$ = **0,52 mol** et le **réactif limitant** est l'acide méthanoïque.

○ Choix des paramètres expérimentaux ; température, solvant, durée, pH...

- Le chauffage à ébullition permet d'accélérer la réaction car l'élévation de température est un facteur cinétique.
- La pierre ponce régule l'ébullition.
- Chauffer pendant 50 min permet de s'assurer d'un meilleur rendement.
- L'ajout d'acide sulfurique en quantité catalytique permet d'accélérer la réaction.

○ Choix du montage, de la technique d'extraction, de la technique de purification, de l'analyse du produit

▸ Choix du montage

Le chauffage à reflux permet de conserver l'intégrité du mélange réactionnel par condensation des vapeurs formées.

▸ Choix de la technique d'extraction

L'ampoule à décanter permet de laver le mélange réactionnel (alcool et acide solubles dans l'eau) et de séparer l'ester (non miscible dans l'eau)

▸ Choix de la technique de purification

Montage de distillation fractionnée (utilisé pour la réaction et pour extraire le produit d'intérêt).
Éliminer l'ester, au fur et à mesure de sa formation, déplace l'équilibre d'estérification dans le sens de formation de l'ester : on améliore le rendement de la synthèse et le produit est purifié.
On peut utiliser cette technique car c'est l'ester qui bout à la plus basse température.

On peut vérifier la pureté de l'ester dans la phase vapeur grâce à la température mesurée en haut de colonne qui doit s'approcher de la température d'ébullition.

Calcul du rendement

Le rendement de la préparation est : $\eta = \dfrac{(n_{ester})_{obtenue}}{(n_{ester})_{max}}$.

$\Rightarrow x_{max} = 0{,}52$ mol : cette quantité correspond à la quantité maximale d'ester produite avec un rendement de 100 %.

On obtient 25,4 g d'ester, alors la quantité d'ester produite est :

$$(n_{ester})_{obtenue} = \frac{(m_{ester})_{obtenue}}{M_{ester}}.$$

$$\text{A.N. : } (n_{ester})_{obtenue} = \frac{25{,}4}{3\times 12{,}0 + 2\times 16{,}0 + 6\times 1{,}00} = = \mathbf{3{,}4.10^{-1}\ mol}.$$

$$\text{Le rendement de la préparation est : } \eta = \frac{3{,}4.10^{-1}}{5{,}2.10^{-1}} = \mathbf{0{,}65 = 65\ \%}.$$

Ce rendement est très satisfaisant pour ce type de réaction.

Sécurité

Précautions à prendre :

Blouse correctement fermée, cheveux longs attachés

Acide méthanoïque		Corrosif : gants, lunettes.
Éthanol		Inflammable : éloigner de toute source d'ignition
Méthanoate d'éthyle		Inflammable : éloigner de toute source d'ignition Nocif par ingestion et inhalation : ne pas respirer les vapeurs (apporter sous la hotte dès que possible)

Se laver les mains après manipulation

Ne pas rester assis sous le matériel en cours de chauffage

Préparation d'un ester : l'acétate d'isoamyle

L'acétate d'isoamyle ou éthanoate de 3-méthylbutyle possède une odeur caractéristique de banane. Il est utilisé comme arôme alimentaire et en parfumerie.

Montage expérimental et mode opératoire

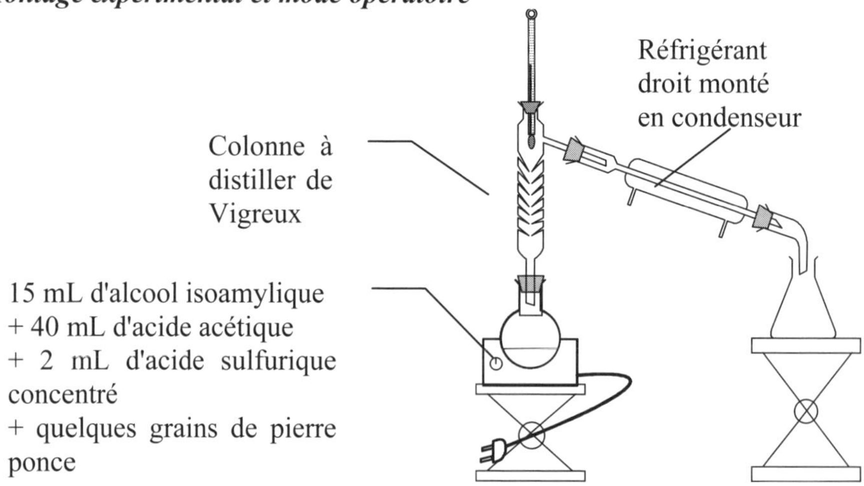

L'alcool isoamylique est le 3-méthylbutan-1-ol ;
L'acide acétique est l'acide éthanoïque.
Températures d'ébullition des réactifs et produits sous pression normale :

Acide éthanoïque	3-méthylbutan-1-ol	éthanoate d e3-méthylbutyle	eau
118°C	130°C	142°C	100°C

Chauffer doucement le milieu réactionnel tout en surveillant le thermomètre. Pendant 10 minutes, éviter de distiller (les vapeurs sont condensées dans la colonne. Chauffer ensuite un peu plus de manière à débuter lentement la distillation. Le premier composé à distiller est l'eau : poursuivre la distillation tant que la température reste aux alentours de 100°C. Dès que la température augmente, arrêter le chauffage et retirer le chauffe-ballon.

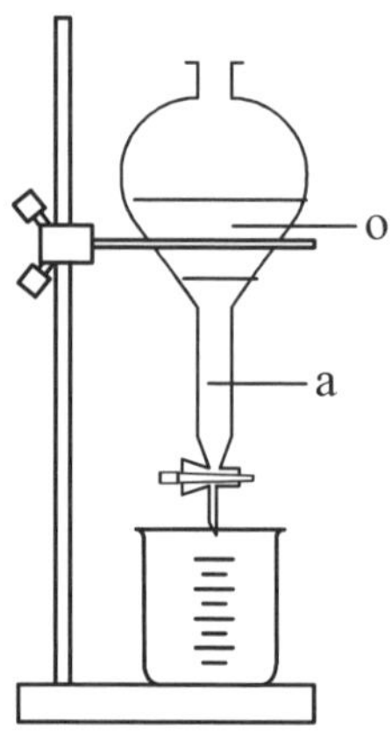

Refroidir le ballon, puis transvaser son contenu dans un bécher de 250 mL contenant environ 80 mL d'eau glacée.

Écarter la phase aqueuse après décantation et Recueillir la phase organique dans un bécher de 250 mL.

Ajouter ensuite une solution de carbonate de sodium à 20 % jusqu'à obtenir un pH voisin de 7 (le dégagement gazeux doit avoir cessé).
Décanter à nouveau. Ecarter la phase aqueuse.
Laver la phase organique restante avec 25 ml de solution saturée de chlorure de sodium. Décanter et écarter la phase aqueuse.
Recueillir la phase organique dans un erlenmeyer de 100 mL. Y ajouter environ 3 g de sulfate de magnésium anhydre. Boucher et agiter l'erlenmeyer quelques instants pour sécher la phase organique.
Filtrer et recueillir le filtrat dans un erlenmeyer sec.
Distiller ensuite, en utilisant le même montage que précédemment, pour ne recueillir que le distillat passant à 142°C.
Peser l'ester ainsi recueilli. Noter son odeur.
On recueille 14 g d'ester par le mode opératoire précédent.

Questions :

1. Écrire l'équation-bilan de la réaction d'estérification.
2. Quel est le rôle de l'acide sulfurique ?
3. Les réactifs n'ont pas été introduits dans les proportions stœchiométriques. Quel réactif a-t-on choisi d'introduire en excès ? Pour quelles raisons ?
4. Quel est le rôle du carbonate de sodium ? Quel est le gaz qui se dégage au cours de son addition ?
5. Définir et déterminer le rendement de la préparation réalisée. Que peut-on en déduire ? Proposer une explication.

DONNÉES :

	Acide	Alcool	Ester
Masse volumique	1,05 $g.mL^{-1}$	0,81 $g.mL^{-1}$	0,87 $g.mL^{-1}$
masse molaire	60 $g.mol^{-1}$	88 $g.mol^{-1}$	130 $g.mol^{-1}$
solubilité dans l'eau	forte	faible	très faible

✱✱ Exercice 2 — 45 min

Préparation du 2-chloro-2-méthylpropane

Mode opératoire

Introduire 25 mL de 2-méthylpropan-2-ol, préalablement amené à une température de 30°C au bain-marie, dans un erlenmeyer de 250 mL.
Mettre des gants et des lunettes de protection et introduire, sous la hotte aspirante, 100 mL d'acide chlorhydrique concentré. Boucher.
Agiter délicatement le contenu pendant 1 min. puis agiter quelques secondes toutes les 2 min.
Au bout de 10 min, laisser reposer puis transvaser le contenu dans une ampoule à décanter de 250 mL. Éliminer la phase aqueuse.

Laver la phase organique avec 100 mL d'une solution molaire de carbonate de sodium (2 Na^+(aq) + CO_3^{2-} (aq)). L'effervescence terminée, agiter le contenu de l'ampoule à décanter puis éliminer la phase aqueuse.
Laver la phase organique avec 100 mL d'eau puis éliminer la phase aqueuse.
Récupérer la phase organique dans un bécher de 50 mL propre et sec et y introduire environ 2 g de carbonate de sodium (Na_2CO_3(s)) anhydre. Agiter jusqu'à limpidité de la phase organique.
Filtrer sur papier et introduire le filtrat dans un ballon à distiller ainsi que 4 ou 5 grains de pierre ponce.
Terminer le montage de distillation fractionnée, placer l'erlenmeyer récepteur dans un mélange eau + glace, alimenter correctement en eau le réfrigérant puis distiller **lentement**.
Recueillir la tranche de distillat attendue. Mesurer son volume.
Identifier par un test de caractérisation le produit distillé.

DONNÉES :

	Masse molaire	θ_{fusion}	$\theta_{ébullition}$	densité/eau
2-chloro-2-méthylpropane	92,6 $g.mol^{-1}$	–26°C	50,9°c	0,842
2-méthylpropan-2-ol	74,1 $g.mol^{-1}$	25,4°C	82,4°C	0,789

Questions :

1. Écrire l'équation-bilan de la réaction en représentation topologique.
2. Calculer la masse de dérivé chloré formé dans l'hypothèse d'un rendement optimal.
3. Pourquoi faut-il chauffer l'alcool à une température de 30°C avant de mesurer son volume ?
4. Dessiner l'ampoule à décanter et indiquer, en justifiant, les positions respectives des phases aqueuse et organique.
5. Pourquoi laver la phase organique avec une solution aqueuse de carbonate de sodium ? Quel gaz se dégage au cours de ce lavage ?
6. Pourquoi introduire du carbonate de sodium anhydre dans la phase organique avant de distiller ?
7. À quelle température doit-on recueillir le distillat ? Pourquoi faut-il distiller lentement ?
8. Comment caractériser le distillat ?
9. On recueille 15 mL de distillat. Calculer le rendement global de cette préparation.

✱✱ Exercice 3 — 50 min

Un procédé industriel de fabrication d'un savon dit « procédé à la cuve » comporte trois étapes :

Étape 1 : la saponification

Les corps gras, débarrassés de leurs impuretés, additionnés d'une quantité donnée de base forte, sont envoyés par un mélangeur dans une cuve ouverte (contenance de l'ordre de 50 tonnes), puis chauffés à la vapeur.

La cuve est remplie progressivement afin que le brassage du mélange reste toujours énergique. L'addition d'eau et de sel facilite le traitement du mélange.

Un peu avant la fin de l'opération, on augmente le jet de vapeur, afin d'intensifier le brassage.

À la fin du traitement, on obtient du savon contenant du sel et du glycérol.

Étape 2 : Elimination du glycérol et relargage

Le savon est chauffé avec plusieurs tonnes de saumure chaude (eau très salée). Dans l'eau salée, le glycérol est très soluble tandis que le savon l'est beaucoup moins.

À la partie supérieure du mélange, se rassemblent des grumeaux de savon, alors qu'à la partie inférieure, il est possible de soutirer la « lessive » formée de saumure et de glycérol.

Étape 3 : La liquidation

Les grumeaux de savon contenant du sel sont chauffés avec de l'eau. Après repos pendant quelques jours, trois couches se forment : au-dessus le savon pur (qui peut être récupéré), puis une substance moins riche en savon et enfin de l'eau avec des traces de glycérol et de sel.

Questions :

A. Saponification d'un ester

1. Écrire l'équation-bilan de la saponification d'un ester et nommer les réactifs et produits de la réaction.

2. Parmi les propositions ci-dessous, choisir celle qui se rapporte à cette réaction réalisée à température ambiante :

① rapide et totale
② rapide et limitée
③ lente et totale
④ lente et limitée

B. Fabrication d'un savon

On peut fabriquer un savon à partir du triester : le palmitate de glycéryle, dont la formule est :

$$\begin{array}{l} CH_3(CH_2)_{14}COO-\ CH_2 \\ \qquad\qquad\qquad\qquad\quad | \\ CH_3(CH_2)_{14}COO-\ CH \\ \qquad\qquad\qquad\qquad\quad | \\ CH_3(CH_2)_{14}COO-\ CH_2 \end{array}$$

a) Sous quel autre nom désigne-t-on un triester dans le texte ?

b) Écrire l'équation-bilan de la réaction de saponification du palmitate de glycéryle par la soude.

c) En travaux pratiques, il est possible de fabriquer un savon en utilisant le montage à reflux de la figure ci-joint :
Nommer les différentes parties numérotées de la figure. Quelle est l'utilité de la circulation d'eau ?

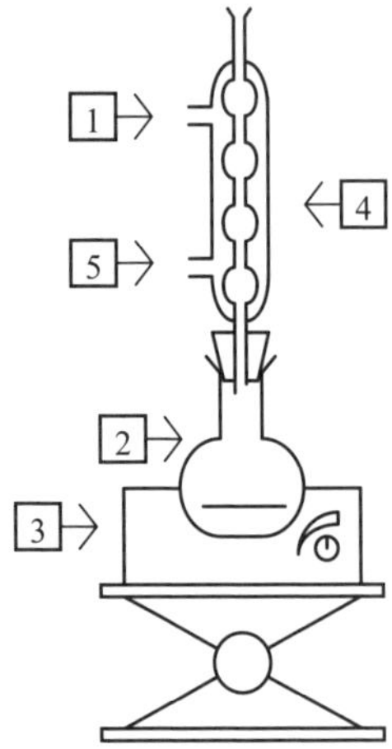

2. Relargage
Quelle propriété des savons exploite-t-on dans l'opération de relargage ?

3. Liquidation
Dans le procédé industriel, le savon est isolé par liquidation. En travaux pratiques, le savon fabriqué peut être récupéré. Parmi les procédés ci-dessous, choisir celui qui pourrait être utilisé et le schématiser :
① filtration sous vide
② électrolyse
③ distillation

4. Rendement
On fabrique un savon à partir de 10 tonnes de palmitate de glycéryle. Le rendement de l'opération est de 85%. Quelle masse de savon obtient-on ?

DONNÉES :
Masse molaire du palmitate de glycéryle = 806 $g.mol^{-1}$;
$M_C = 12$ $g.mol^{-1}$; $M_H = 1{,}0$ $g.mol^{-1}$; $M_O = 16$ $g.mol^{-1}$; $M_{Na} = 23$ $g.mol^{-1}$

✱✱ Exercice 4 — 50 min

Synthèse du paracétamol

Le paracétamol est un médicament qui se rapproche de l'aspirine par ses propriétés analgésiques et antipyrétiques.
Il est dépourvu d'action anti-inflammatoire, mais ne présente pas les contre-indications de l'aspirine.
On l'obtient par réaction entre le para-aminophénol et l'anhydride éthanoïque en milieu aqueux.

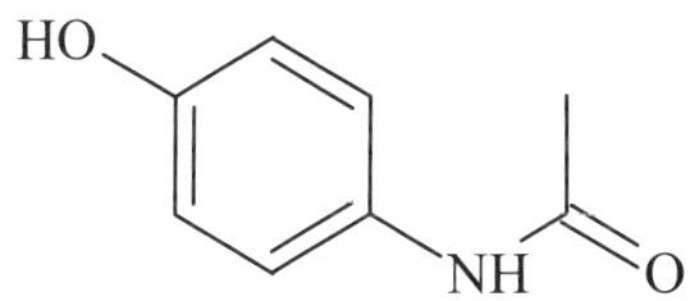

N-(4-hydroxyphenyl)acetamide
paracétamol

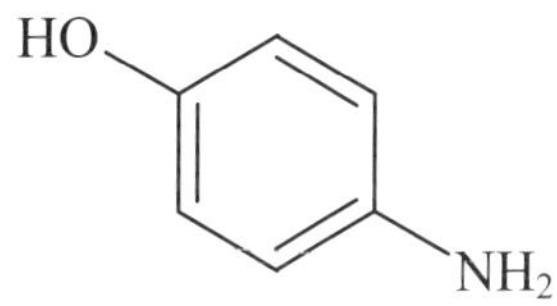

4-aminophénol
para-aminophénol

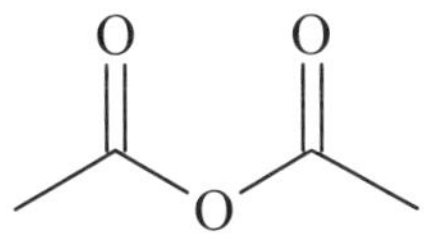

anhydride éthanoïque

DONNÉES :

Para-aminophénol	M(para-aminophénol) = 109 $g.mol^{-1}$ θ_{fus} = 187 °C	
	solubilités dans l'eau :	0,8 g dans 100 g à 20 °C 8,5 g dans 100 g à 100 °C
Paracétamol	M(paracétamol) = 151 $g.mol^{-1}$ θ_{fus} = 170 °C	
	solubilités dans l'eau :	1 g dans 100 g à 20 °C 25 g dans 100 g à 100 °C
Anhydride éthanoïque	M(anhydride éthanoïque) = 102 $g.mol^{-1}$ θ_{fus} = – 73 °C masse volumique : 1,082 $g.mL^{-1}$	

A. Synthèse du produit brut.

- Dans un ballon à trois cols (ou tricol), muni d'une agitation mécanique, d'un réfrigérant à reflux et d'une ampoule de coulée, introduire 10,0 g de para-aminophénol.
- Sous vive agitation, introduire rapidement 30 mL d'eau puis un peu plus lentement 12,0 mL d'anhydride éthanoïque.
- Porter l'ensemble à reflux pendant environ 20 minutes.
- Refroidir puis transvaser dans un bécher.
- Refroidir alors dans un bain de glace : le paracétamol précipite.
- Filtrer sous vide et laver à l'eau glacée.
- Essorer et sécher sur papier filtre.
- Placer le produit brut humide obtenu à l'étuve à 80 °C : on obtient alors le produit brut sec P.

1. Réécrire la formule semi-développée de l'anhydride éthanoïque et entourer le groupe anhydride.
2. Réécrire la formule semi-développée du paracétamol et entourer le groupe amide.
3. Lequel des deux montages suivants est un montage à reflux ? Comment se nomme l'autre montage ?

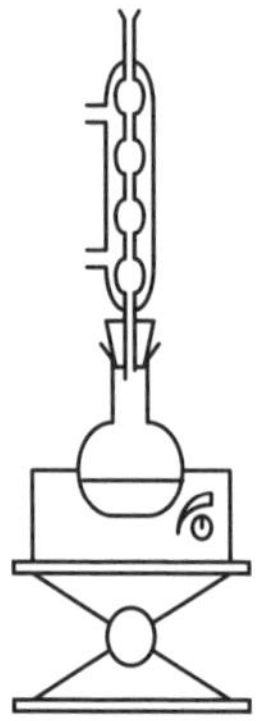

Figure 1

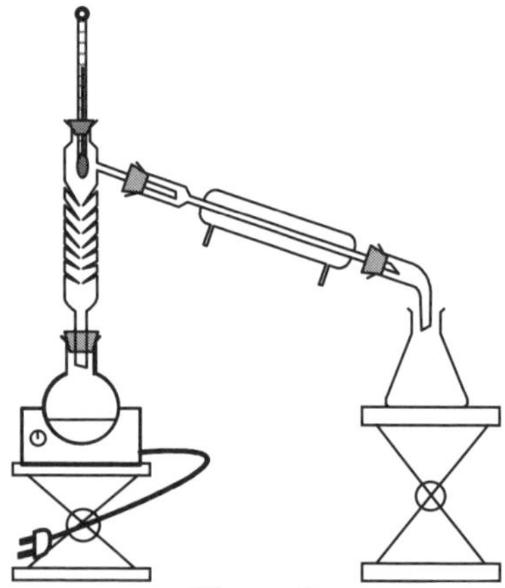

Figure 2

4. À partir des données physico-chimiques :

a) Justifier l'état physique du para-aminophénol avant d'être versé dans le ballon à trois cols (ou tricol).

b) Justifier l'apparition du précipité de paracétamol lors du refroidissement dans le bain de glace.

5. Schématiser et légender l'ensemble de filtration sous vide.

6. Suivi de réaction.

Para-aminophénol + Anhydride éthanoïque
= Paracétamol + Acide éthanoïque

$C_6H_7NO + C_4H_6O_3 = C_8H_9NO_2 + C_2H_4O_2$

a) Montrer que les quantités initiales de réactifs sont :

$n_{\text{anhydride éthanoïque}} = 1{,}27.10^{-1}$ mol et $n_{\text{para-aminophénol}} = 9{,}17.10^{-2}$ mol

b) Dresser alors le tableau descriptif de la réaction.

c) En utilisant ce tableau, préciser quel est le réactif limitant. **Justifier**.

d) À partir de ce tableau, déduire la quantité de matière théorique n_{th} de paracétamol susceptible d'être obtenue.

7. Calcul du rendement de la synthèse.

a) Calculer la quantité de matière n_p de paracétamol réellement obtenue.

b) En déduire le rendement η de cette synthèse.

B. Purification du paracétamol :

À partir du produit brut sec P, on réalise deux parts P_1 et P_2 de masse identique.

On souhaite recristalliser la part P_2.

1. Décrire le protocole permettant de réaliser cette recristallisation dans l'eau ?

2. Après avoir recristallisé cette part P_2, on la place à l'étuve à 80 °C et on obtient une masse: $m_{P2} = 4{,}2$ g.

a) Calculer le nouveau rendement η' de cette synthèse, après cette purification.

b) Comparer η' et η.
c) Quel est le vrai rendement en paracétamol ? **Justifier votre réponse**.

C. Analyse par chromatographie sur couche mince des produits obtenus.
Mode opératoire :
Sur une plaque de silice sensible aux UV on effectue les dépôts suivants :
- paraminophénol (E) en solution dans l'éthanol ;
- paracétamol brut (P_1) en solution dans l'éthanol ;
- paracétamol purifié (P_2) en solution dans l'éthanol ;
- paracétamol issu d'un comprimé pharmaceutique (P_3) en solution dans l'éthanol ;

L'éluant est un mélange organique complexe.

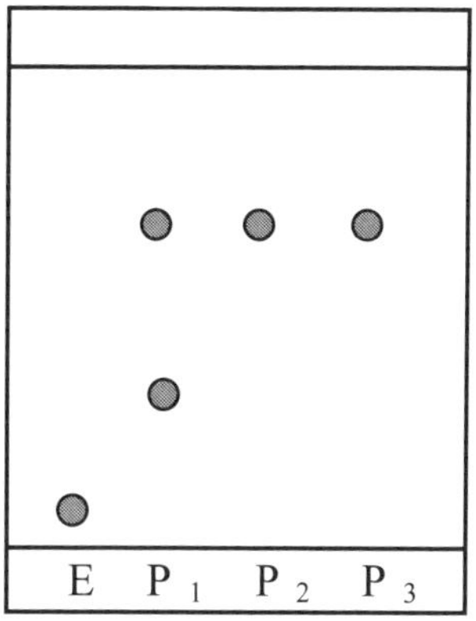

Après révélation, on obtient le chromatogramme suivant :
1. Interpréter le chromatogramme ci-dessus.
2. Peut-on utiliser la chromatographie sur couche mince pour vérifier la pureté du paracétamol ?

Contrôle

50 min / 20 pts

Préparation d'un savon parfumé à la lavande

Un professeur de chimie propose à ses élèves de terminale S de préparer un savon parfumé à la lavande sur deux séances de travaux pratiques.

A. Séance n° 1 : préparation du parfum à odeur de lavande.

Le parfum à odeur de lavande, ou acétate de linalyle, utilisé pour parfumer le savon est une espèce chimique présente dans l'essence naturelle de lavande. Mais il peut aussi être préparé au laboratoire, entre autres par action de l'acide acétique sur le linalol.

À température ordinaire, le linalol se présente sous la forme d'un liquide incolore et odorant, de formule topologique :

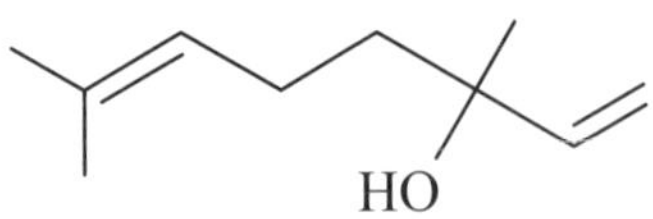

DONNÉES :

Nom de l'espèce chimique	Acétate de linalyle	Linalol	Acide acétique	Anhydride acétique
Densité	0,89	0,87	1,05	1,08
Température d'ébullition (sous $P_{atm} = 10^5$ Pa)	220°C	199°C	118°C	139,5°C
Masse molaire ($g.mol^{-1}$)	196	154	60	102

1. Sur la formule topologique du linalol, entourer le groupe caractéristique de la fonction alcool. **(1 pt)**

2. À quelle famille chimique l'acétate de linalyle appartient-il ? **(1 pt)**

3.

a) En utilisant les formules topologiques, écrire l'équation de la réaction correspondant à la préparation de l'acétate de linalyle. **(1 pt)**

b) Proposer un schéma réactionnel traduisant les échanges d'électrons entre sites donneurs et accepteurs de doublets d'électrons. **(2 pts)**

4. On utilise un mélange équimolaire de linalol et d'acide acétique en présence d'acide paratoluènesulfonique qui joue le rôle de catalyseur.
Qu'est-ce qu'un catalyseur ? **(1 pt)**

5. On utilise le montage représenté à la figure 1 ci-joint :

a) Comment s'appelle le montage de la figure 1 ? Quel est son rôle ? **(1 pt)**

b) Indiquer le sens de circulation de l'eau en utilisant deux des lettres a, b et c. **(1 pt)**

c) Quelles espèces sont présentes dans le ballon lorsque le système chimique n'évolue plus ? **(1 pt)**

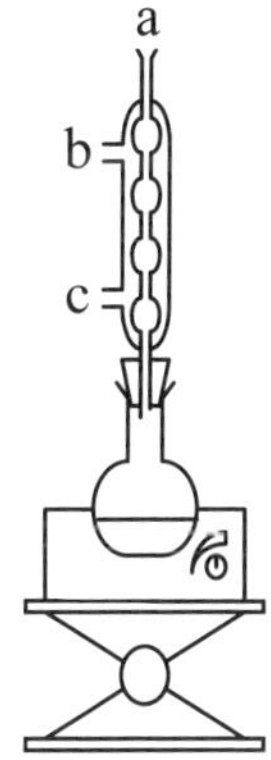

Figure 1

6. Une fois la transformation terminée, après refroidissement, on garde le ballon et son contenu et on change la partie supérieure du montage qui devient alors celui de la figure 2 représentée en fin d'énoncé.

a) Comment s'appelle le montage de la figure 2 ? Quel est son rôle ? **(1 pt)**

b) À partir de 40 mL de linalol. on récupère 2,5 mL d'acétate de linalyle. Calculer le rendement de la synthèse. **(2 pts)**

7. Le rendement dans ces conditions expérimentales est mauvais. D'autre part le linalol est un produit très coûteux.

a) Que proposeriez-vous pour améliorer le rendement, sans changer la nature des réactifs ? **(1 pt)**

b) Que proposeriez-vous pour améliorer le rendement, en changeant l'un des réactifs ? **(1 pt)**

B. Séance n°2 : préparation du savon.

Les savons durs sont des carboxylates de sodium que nous représenterons par la formule générale RCOONa où R est une chaîne carbonée linéaire comportant de 10 à 20 atomes de carbone. Ils sont préparés par action de la soude (solution aqueuse d'hydroxyde de sodium) sur les corps gras qui sont des triesters du glycérol.

Le glycérol a pour formule semi-développée $CH_2OH\text{-}CHOH\text{-}CH_2OH$.

1. Écrire la formule semi développée générale d'un corps gras. **(1 pt)**

2. En utilisant les formules semi-développées, écrire l'équation de la réaction entre un corps gras et la soude. **(1 pt)**

3. Proposer un schéma réactionnel traduisant les échanges d'électrons entre sites donneurs et accepteurs de doublets d'électrons au cours de la saponification d'un ester RCOOR'. **(2 pts)**

On prépare ce savon à partir d'huile d'olive, corps gras qui est principalement composé d'oléine.

Résumé du mode opératoire :

Après un chauffage à reflux des réactifs pendant 30 minutes, en présence d'éthanol qui permet d'homogénéiser le mélange, on refroidit le ballon puis on verse le mélange dans une solution saturée de chlorure de sodium. Après quelques instants, le savon précipite en surface. On le filtre sous vide, on le rince à l'eau froide et on le sèche.

DONNÉES :

Nom de l'espèce chimique	Oléine	Oléate de sodium
Solubilité dans l'eau	très soluble	faible
Solubilité dans l'eau salée saturée	très faible	très faible
solubilité dans l'éthanol	très grande	très faible

L'eau, l'éthanol et le glycérol sont miscibles en toutes proportions.

4. À l'aide du tableau, expliquer pourquoi on utilise de l'eau salée. **(1 pt)**

C. Phase finale.

Dans un becher, les élèves mélangent le savon fraîchement préparé avec l'acétate de linalyle puis ils ajoutent 3 gouttes de jaune d'alizarine "G" qui est un indicateur coloré acido-basique. On obtient une couleur mauve rappelant celle de la lavande. Les élèves déposent le mélange dans un petit moule en papier confectionné pour l'occasion et laissent sécher. Une semaine plus tard, le mini savon est démoulé et les élèves constatent le réalisme du savon obtenu : odeur, couleur, propriétés détergentes.

Pourtant le professeur déconseille fortement aux élèves de se servir de ce savon pour se laver.

Pourquoi une telle réaction du professeur après une réalisation de longue haleine menée avec enthousiasme par les élèves ? **(1 pt)**

DONNÉE :

zone de virage et teintes du jaune d'alizarine G :

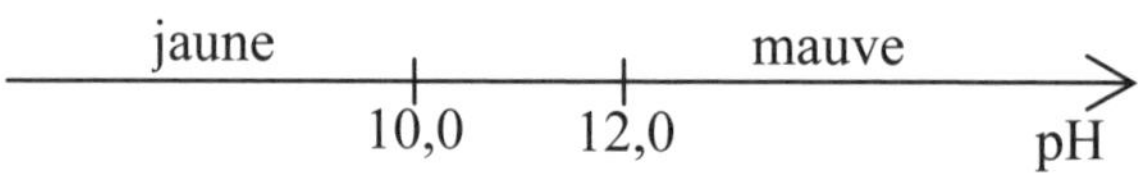

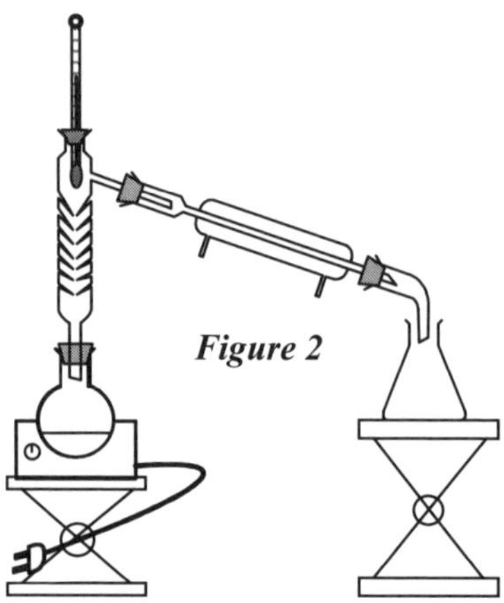

Figure 2

Corrigés des exercices

Corrigé 1

1. Équation-bilan de la réaction :

$$\underset{\text{acide éthanoïque}}{CH_3COOH} + \underset{\text{3-méthylbutan-1-ol}}{HO(CH_2)_2CH(CH_3)_2} \rightleftarrows \underset{\text{éthanoate de 3-méthylbutyle}}{CH_3COO(CH_2)_2CH(CH_3)_2} + H_2O$$

2. L'acide sulfurique est **catalyseur** de la réaction car il libère une grande quantité d'ions H^+ dans le milieu réactionnel (un catalyseur augmente la vitesse d'une réaction sans toutefois apparaître dans l'équation-bilan : il ne modifie pas le bilan de la réaction).

3. Calcul des quantités de réactifs introduites :

$$(n_{acide})_{introduite} = \frac{m_{acide}}{M_{acide}} = \frac{\rho_{acide}.V_{acide}}{M_{acide}} = \frac{1{,}05\times 40}{60} = \mathbf{0{,}70\ mol}$$

$$(n_{alcool})_{introduite} = \frac{m_{alcool}}{M_{alcool}} = \frac{\rho_{alcool}.V_{alcool}}{M_{alcool}} = \frac{0{,}81\times 15}{88} = \mathbf{0{,}14\ mol}$$

Tableau d'avancement (en mol) de la réaction :

	acide	+	alcool	=	ester	+	eau
EI (x = 0)	n_{acide}		n_{alcool}		0		0
En cours (x)	$n_{acide} - x$		$n_{alcool} - x$		x		x
EF (x_{max})	$n_{acide} - x_{max}$		$n_{alcool} - x_{max}$		x_{max}		x_{max}

Si l'acide est le réactif limitant, alors :
$n_{acide} - x_{max,1} = 0$ et $x_{max,1} = n_{acide} = 0{,}70$ mol
Si l'alcool est le réactif limitant, alors :
$n_{alcool} - x_{max,2} = 0$ et $x_{max,2} = n_{alcool} = 0{,}14$ mol
L'avancement maximal est $x_{max} = \text{MIN}(x_{max,1}\ ;\ x_{max,2}) = x_{max,2} = 0{,}14$ mol et le réactif limitant est l'alcool et l'**acide** est introduit en **large excès**.
L'acide est introduit en large excès pour plusieurs raisons :

- augmenter la vitesse de réaction (facteur cinétique concentration en réactifs) ;
- augmenter le rendement de la réaction ;
- faciliter l'extraction de son excès par solubilité en phase aqueuse ;
- (son acidité, si on n'ajoute pas d'acide sulfurique et si on n'élimine pas l'eau, catalyse légèrement la réaction).
- l'acide acétique est moins coûteux que l'alcool isoamylique.

4. L'ion carbonate est une base faible. Son ajout permet d'augmenter le pH en réagissant avec les ions H^+ :

$$CO_{3(aq)}^{2-} + H_{(aq)}^{+} \rightleftarrows HCO_{3(aq)}^{-} \; ; \; HCO_{3(aq)}^{-} + H_{(aq)}^{+} \rightleftarrows H_2O_{(\ell)} + CO_{2(aq)ou(g)}$$

Le gaz dégagé est le **dioxyde de carbone** : $CO_2(g)$.

5. Le rendement de la réaction est le rapport de la quantité d'ester expérimentalement obtenue par la quantité d'ester obtenue dans le cas d'une réaction totale :

$$\boxed{\eta = \frac{(n_{ester})_{obtenue}}{(n_{ester})_{max}}}$$

Calculs des quantités d'ester obtenue et maximale :

$$(n_{ester})_{obtenue} = \frac{(m_{ester})_{obtenue}}{M_{ester}} = \frac{14}{130} = \mathbf{0{,}11\,mol} \; ;$$

la quantité maximale d'ester obtenue se calcule à partir du réactif introduit en quantité limitante : l'alcool et selon le tableau d'avancement de la transformation, on peut écrire : $(n_{ester})_{max} = x_{max} = (n_{alcool})_{introduite}$; $(n_{ester})_{max}$ = **0,14 mol**.

Calcul du rendement de la préparation : $\boxed{\eta = \frac{0{,}11}{0{,}14} = \mathbf{79\,\%}}$

Ce rendement est très supérieur au rendement de l'estérification d'un alcool primaire (67 %) car on a déplacé l'équilibre dans le sens de formation de l'ester de deux manières :

- introduction d'un excès d'acide éthanoïque ;
- élimination de l'eau au cours de sa formation.

En effet $K = \frac{[ester]_{finale} \cdot [eau]_{finale}}{[acide]_{finale} \cdot [alcool]_{finale}}$ étant une constante, toute tentative d'augmentation d'une concentration au dénominateur entraîne une augmentation des concentrations au numérateur, et toute tentative de diminution d'une concentration au numérateur entraîne une diminution des concentrations au dénominateur, ceci en faveur de la formation de l'ester puisqu'on élimine l'eau.

Corrigé 2

1. 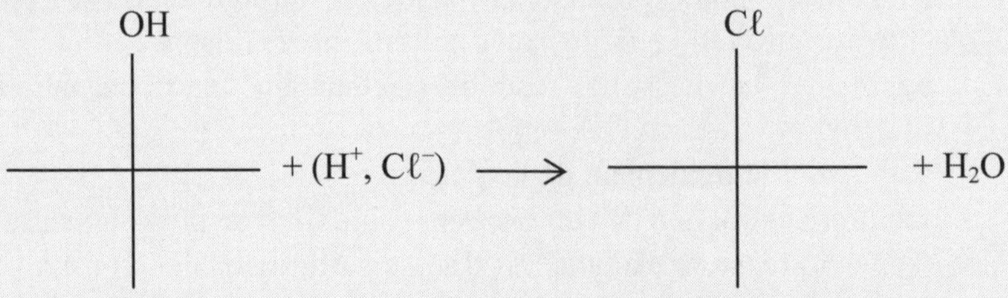

2. D'après l'équation-bilan de cette réaction, on peut écrire dans l'hypothèse d'une transformation totale de l'alcool ROH en composé chloré $RC\ell$:

$$\mathbf{(n_{ROH})_{introduite} = (n_{RC\ell})_{formée,\ max}}$$

Or $(n_{ROH})_{introduite} = \dfrac{(m_{ROH})_{introduite}}{M_{ROH}}$ avec

$(m_{ROH})_{introduite} = \rho_{ROH}.(V_{ROH})_{introduit}$ et $\mu_{ROH} = \rho_{eau}.d_{ROH}/eau$.

Finalement : $\boxed{(n_{ROH})_{introduite} = \dfrac{\rho_{eau}.d_{ROH/eau}.(V_{ROH})_{introduit}}{M_{ROH}}}$

A.N. : $(n_{ROH})_{introduite} = \dfrac{1,0 \times 0,789 \times 25}{74,1} = \mathbf{0,27\ mol}$.

Et $(n_{RC\ell})_{formée,\ max} = \dfrac{(m_{RC\ell})_{formée,\ max}}{M_{RC\ell}}$

d'où $(m_{RC\ell})_{formée,\ max} = (n_{RC\ell})_{formée,\ max}.M_{RC\ell}$.
A.N. : $(m_{RC\ell})_{formée,\ max} = 0,27 \times 92,6 = \mathbf{25\ g}$.
On peut former 25 g de 2-chloro-2-méthylpropane dans l'hypothèse d'un rendement maximal.

3. La température de fusion de l'alcool étant légèrement supérieure à la température ambiante, celui-ci prend en masse dans le flacon : il est donc très difficile de l'en extraire à l'état solide. On préfère alors le transformer à l'état liquide (sans trop élever la température à cause des vapeurs et de la dilatation) et en prélever un volume à l'état liquide.

4. La phase organique (mélange de ROH et de $RC\ell$) a une densité inférieure à celle de l'eau : c'est donc la phase la moins dense. Elle se trouve au dessus de la phase aqueuse dans l'ampoule à décanter.

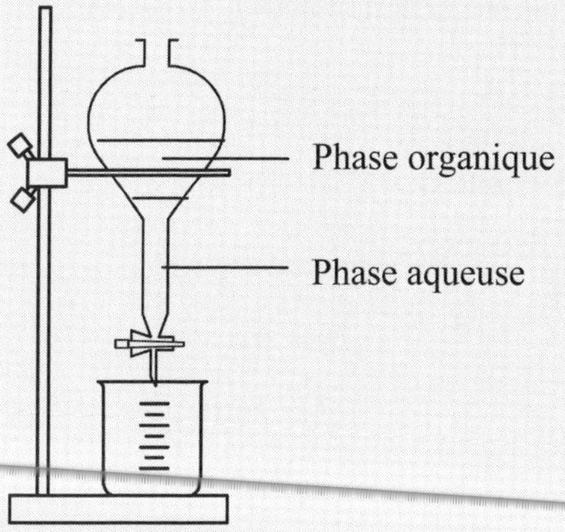

5. On lave la phase organique avec une solution aqueuse de carbonate de sodium afin d'en réduire l'acidité.
Les ions carbonate se transforment en dioxyde de carbone $\mathbf{CO_2(g)}$ lorsque la quantité d'ions oxonium est suffisante.

6. Le carbonate de sodium anhydre sert à éliminer toute trace d'humidité de la phase organique avant distillation. C'est l'opération de **séchage**.

7. On doit recueillir le distillat lorsque la température de tête de colonne à distiller atteint 51°C et que celle-ci ne varie pas trop. C'est un plateau de distillation.
Il faut distiller lentement car c'est le meilleur moyen d'extraire des vapeurs pures du bouilleur : le distillat n'en est que plus pur.
8. On caractérise un dérivé chloré en en introduisant quelques gouttes dans 1 mL de solution alcoolique de nitrate d'argent et qu'un précipité blanc de chlorure d'argent AgCl(s) se forme.
9. $(m_{RC\ell})_{obtenue} = \mu_{RC\ell}.(V_{RC\ell})_{obtenu}$ et $\mu_{ROH} = \mu_{eau} \cdot d_{RC\ell/eau}$.
A.N. : $(m_{RX})_{obtenue} = 1{,}0 \times 0{,}842 \times 15 =$ **13 g**.
Le rendement de la préparation se calcule à partir de la relation suivante :

$$\boxed{\eta = \frac{(m_{RX})_{obtenue}}{(m_{RX})_{formée,max}}}$$

A.N. : $\eta = \frac{13}{25} =$ **52 %**.

Le rendement global de cette préparation est de 52 %. C'est un rendement convenable compte-tenu du nombre d'opérations effectuées.

Corrigé 3

A.

1. Équation-bilan de saponification d'un ester :
$RCOOR' + HO^- = RCOO^- + R'OH$
ester + ion hydroxyde = ion carboxylate + alcool
2. La saponification est une réaction **lente et totale** (réponse ③). Pour l'accélérer, on introduit généralement un large excès d'ions hydroxyde et on procède à chaud.

B.

1.

a) Dans le texte, au début de la description de l'étape 1, un triester est nommé "**corps gras**".

b) Équation-bilan de la saponification du palmitate de glycéryle par la soude

$$\begin{array}{l} CH_3(CH_2)_{14}COO - CH_2 \\ \qquad\qquad\qquad\qquad\quad | \\ CH_3(CH_2)_{14}COO - CH \\ \qquad\qquad\qquad\qquad\quad | \\ CH_3(CH_2)_{14}COO - CH_2 \end{array} + 3\,(Na^+ + OH^-) = 3\,CH_3(CH_2)_{14}COO^- + 3\,Na^+ + \begin{array}{l} CH_2OH \\ | \\ CHOH \\ | \\ CH_2OH \end{array}$$

c) Partie 1 : sortie d'eau du réfrigérant à boules
Partie 2 : ballon à fond rond contenant le milieu réactionnel
Partie 3 : chauffe-ballon régulé en température

Partie 4 : réfrigérant à boules monté en reflux
Partie 5 : entrée d'eau du réfrigérant à boules
La circulation d'eau, de l'entrée (partie 5) vers la sortie (partie 1) du réfrigérant à boules permet de refroidir et ainsi de condenser toutes les vapeurs issues du chauffage de milieu réactionnel de manière à préserver son intégrité (on évite toute émission vers l'extérieur).

2. Les savons sont peu solubles dans l'eau salée. On précipite alors le savon, selon l'équation-bilan :

$$CH_3(CH_2)_{14}COO^-_{(aq)} + Na^+_{(aq)} = \mathbf{CH_3(CH_2)_{14}COONa_{(s)}}$$

$CH_3(CH_2)_{14}COONa_{(s)}$ est la formule du savon fabriqué : c'est le palmitate de sodium.

3. Le savon fabriqué est un solide. On le récupère par **filtration sous vide** (réponse ①).
Schéma d'un système de filtration sous vide utilisé en laboratoire :

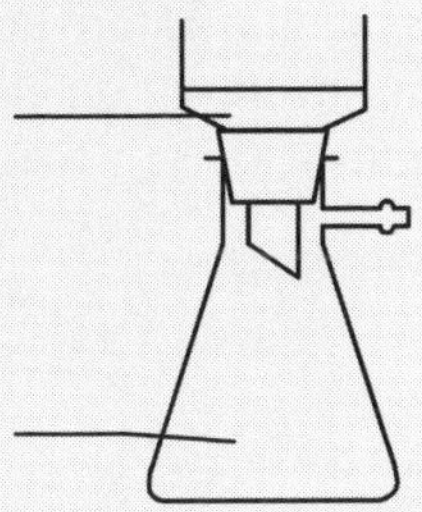

4. Tableau d'avancement global de la saponification et du relargage :

	triester	+	3 soude	=	3 savon	+	glycérol
EI (x = 0)	n_0		Excès		0		0
EF (x_{max})	$n_0 - x_{max}$		Excès'		3 x_{max}		x_{max}

D'après le tableau d'avancement, la quantité maximale de savon obtenue est, puisque le triester est le réactif limitant ($n_0 - x_{max} = 0 \Rightarrow x_{max} = n_0$) :
$(n_{savon})_{max} = 3n_0$

D'après la valeur du rendement global : $\eta = \dfrac{(n_{savon})_{obtenue}}{(n_{savon})_{max}} = 0{,}85$, la quantité de savon obtenue est : $(n_{savon})_{obtenue} = \eta \times 3n_0$.

Or $n_0 = \dfrac{m_{triester}}{M_{triester}}$ et $n_{savon} = \dfrac{m_{savon}}{M_{savon}}$, d'où :

$$(m_{savon})_{obtenue} = 3\eta.\frac{m_{triester}}{M_{triester}}.M_{savon}$$

A.N. :

$$(m_{savon})_{obtenue} = 3 \times 0{,}85 \times \frac{10}{806} \times (16 \times 12{,}0 + 2 \times 16{,}0 + 31 + 23) = \mathbf{8{,}8\ t}.$$

À partir de 10 tonnes de palmitate de glycéryle, on fabrique 8,8 tonnes de savon par ce procédé.

Corrigé 4

A.

1. 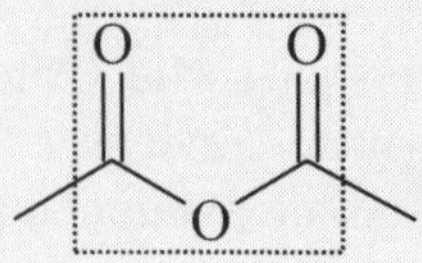

groupe anhydride de l'anhydride éthanoïque entouré

2. 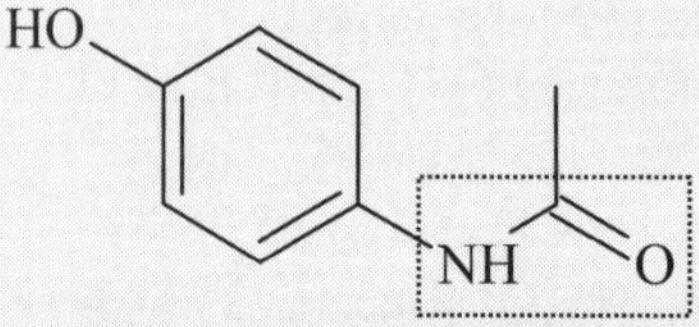

groupe amide du paracétamol entouré

3. Le montage 1 est un **montage à reflux** ; le montage 2 est un montage de **distillation fractionnée**.

4.

a) À température ambiante ($\theta_{amb} = 20°C$), le paracétamol est **solide** car cette température est inférieure à sa température de fusion ($\theta_{fusion} = 187°C$).

b) La **solubilité** du paracétamol **diminue** quand la température diminue : à la température de l'eau glacée, il y a davantage de paracétamol qui précipite.

5.

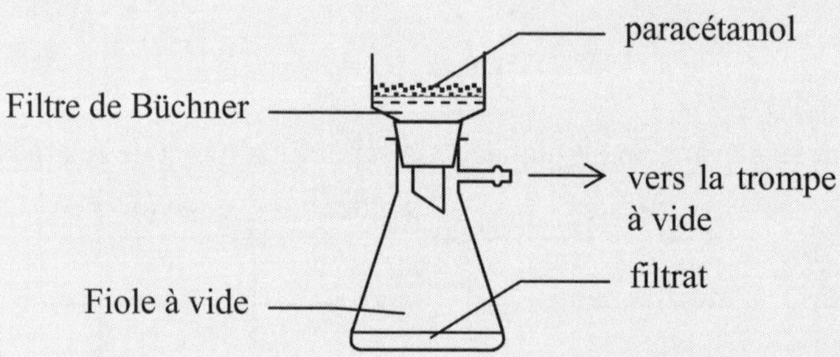

6.

a) $n_{anhydride} = \dfrac{m_{anhydride}}{M_{anhydride}} = \dfrac{\rho_{anhydride} \cdot V}{M_{anhydride}} = \dfrac{1{,}082 \times 12{,}0}{102} = \mathbf{1{,}27.10^{-1}\ mol}$

$n_{para\text{-}aminophénol} = \dfrac{m_{para\text{-}aminophénol}}{M_{para\text{-}aminophénol}} = \dfrac{10{,}0}{109} = \mathbf{9{,}17.10^{-2}\ mol}$

b)

	C_6H_7NO	+	$C_4H_6O_3$	=	$C_8H_9NO_2$	+	$C_2H_4O_2$
État initial (en mol)	$n_1 = 9{,}17.10^{-2}$		$n_2 = 1{,}27.10^{-1}$		0		0
État intermédiaire (en f^n de x)	$n_1 - x$		$n_2 - x$		x		x
État final (en f^n de x_{max})	$n_1 - x_{max}$		$n_2 - x_{max}$		x_{max}		x_{max}
État final (en mol)	0		$3{,}53.10^{-2}$		$9{,}17.10^{-2}$		$9{,}17.10^{-2}$

c) Si l'anhydride est le réactif limitant $x_{max,2} = n_2 = 1,27.10^{-1}$ mol
Si le para-aminophénol est le réactif limitant $x_{max,1} = n_1 = 9,17.10^{-2}$ mol
$x_{max,1} < x_{max,2}$: le réactif limitant est le para-aminophénol

d) D'après le tableau $n_{th} = x_{max} = \mathbf{9,17.10^{-2}}$ **mol**

7.

a) Quantité de matière de paracétamol réellement obtenue :

$$n_p = \frac{m_P}{M_P} = \frac{10,8}{151} = \mathbf{7,15.10^{-2}\ mol}$$

b) Rendement de la synthèse : $\eta = \dfrac{n_P}{n_{th}} = \dfrac{7,15.10^{-2}}{9,17.10^{-2}} = \mathbf{78,0\%}$

B.

1. Recristallisation : Dans un premier temps, on dissout la part P_2 dans le volume nécessaire d'eau chaude. On refroidit ensuite l'ensemble à l'aide d'un mélange réfrigérant (eau + glace) de façon à faire précipiter le paracétamol. On filtre et on obtient le paracétamol purifié.

2.

a) Le produit sec a été divisé en deux parts P_1 et P_2 de masse identique : la quantité de matière théorique à prendre en compte est égale à la moitié de n_{th}.

$$\eta' = \frac{\dfrac{m_{P_2}}{M_P}}{\dfrac{n_{th}}{2}} = \frac{2m_{P_2}}{M_P.n_{th}} = \frac{2\times 4,2}{151\times 9,17.10^{-2}} = \mathbf{61\%}$$

b) $\eta' < \eta$

c) Le vrai rendement du paracétamol est η'. Le premier rendement est calculé à partir d'un paracétamol contenant des impuretés.

C.

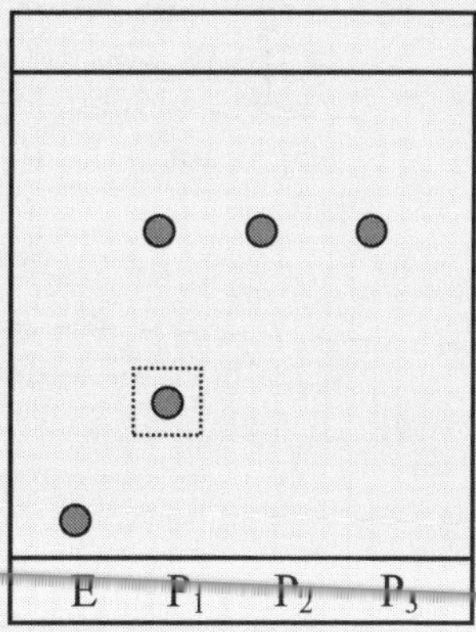

1. Dans des conditions expérimentales identiques, une espèce chimique migre sur la plaque à une hauteur qui lui est propre.
Le paracétamol brut (P_1) fait apparaître deux tâches : il contient deux espèces chimiques, dont l'une est du paracétamol (même hauteur que la tâche relative à P_3 paracétamol pharmaceutique).
L'autre espèce chimique n'est pas identifiable, mais n'est pas du para-aminophénol (E).
Le paracétamol purifié (P_2) ne contient que du paracétamol (même hauteur que la tâche relative à P_3 paracétamol pharmaceutique).
La recristallisation a été utile.

2. Cette chromatographie montre que l'on peut utiliser cette technique pour vérifier l'efficacité de la recristallisation du paracétamol. Certaines impuretés éliminées sont visibles sur la plaque (tache entourée en pointillés). Une meilleure vérification de la pureté sera obtenue par spectroscopie.

Corrigé du Contrôle

A. Séance n°1 : préparation du parfum à odeur de lavande

1.

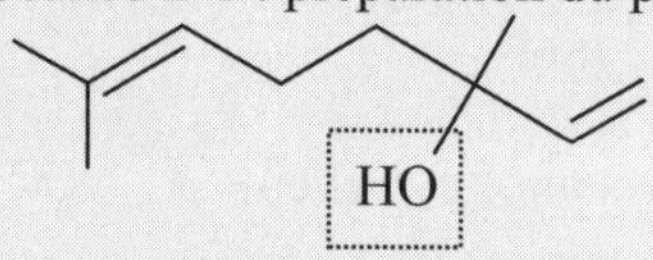

Groupe hydroxyle de la fonction alcool tertiaire du linalol entouré.

2. L'acétate de linalyle appartient à la famille des **esters carboxyliques**.

3.

a) Équation de la réaction d'estérification

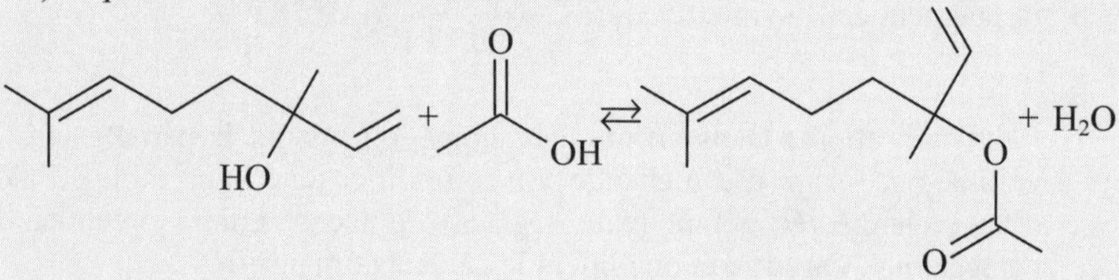

b) Schéma réactionnel très simplifié

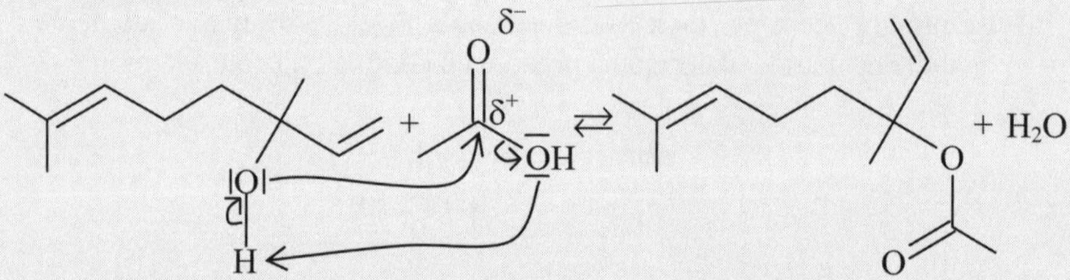

4. Un catalyseur est une substance qui permet d'accélérer une transfor mation chimique sans en modifier le bilan.

5.

a) Le montage de la figure 1 est un **montage de chauffage à reflux**. Il permet de chauffer un milieu réactionnel constitué de composés volatils tous en maintenant son intégrité : les vapeurs sont condensées dans le réfrigérant à boules et les gouttelettes en résultant s'écoulent dans le ballon.

b) Le sens de circulation de l'eau de refroidissement dans l'enceinte extérieure de réfrigérant à boules est de **c vers b** afin d'éviter la formation de bulles d'air nettement moins efficace que l'eau.

c) Le mélange initial étant équimolaire et la transformation étant limitée, le ballon contient les réactifs restants : linalol et acide éthanoïque ; les produits formés : acétate de linalyle et eau et l'acide paratoluènesulfonique introduit comme catalyseur.

6.

a) Le montage de la figure 2 est un **montage de distillation fractionnée**. Il permet de séparer les différents constituants du mélange, contenu dans le ballon, par évaporation et condensation de chaque composé, du plus volatil : l'eau ; au moins volatil : l'acétate de linalyle (sans tenir compte de l'acide paratoluènesulfonique).

b) Tableau descriptif de l'avancement de l'estérification (mol) :

État d'avancement	acide acétique	+	linalol	=	acétate de linalyle	+	eau
État d'avancement initial : $x = 0$	n		n		0		0
État d'avancement final : $x = x_f$	$n - x_f$		$n - x_f$		x_f		x_f
État d'avancement maximal : $x = x_{max}$	$0 = n - x_{max}$		$0 = n - x_{max}$		$x_{max} = n$		$x_{max} = n$

D'après le tableau descriptif de l'avancement, le mélange initial étant équimolaire en réactifs, on obtiendrait une quantité maximale d'ester $n_{ester,\,max} = n$ dans l'état d'avancement maximal.

Calcul de la quantité de matière de linalol n initialement introduite :

$$n = \frac{m_{linalol\ introduit}}{M_{linalol}} = \frac{\rho_{linalol} \cdot V_{linalol\ introduit}}{M_{linalol}}.$$

A.N. : $n = \frac{0,87 \times 40}{154}$ = **0,23 mol.**

Le rendement de la synthèse est donné par la relation :

$$\boxed{\eta = \frac{n_{ester\ récupéré}}{n_{ester\ max}}}$$

Calcul de la quantité de matière d'acétate de linalyle récupérée :

$$n_{ester\ récupéré} = \frac{m_{ester\ récupéré}}{M_{ester}} = \frac{\rho_{ester} \cdot V_{ester\ récupéré}}{M_{ester}}.$$

A.N. : $n_{ester\ récupéré} = \frac{0,89 \times 2,5}{196}$ = **$1,1.10^{-2}$ mol.**

Calcul du rendement de la synthèse :

$$\eta = \frac{1,1.10^{-2}}{0,23} = \mathbf{5,0\%}.$$

Ce rendement, assez faible, est cependant attendu dans le cas de l'estérification équimolaire d'un alcool tertiaire par un acide carboxylique.

7.

a) Afin d'améliorer ce rendement, on peut :
- soit introduire un large excès d'acide acétique (moins coûteux que le linalol ;
- soit en utilisant directement le montage de la figure 2 pour préparer l'ester et **distiller l'eau au fur et à mesure de sa formation**.

b) Afin d'améliorer ce rendement, on peut également remplacer l'acide acétique par l'**anhydride acétique**. La réaction est alors quasi-totale et rapide.

résumés de cours

exercices

contrôles

corrigés

B. Séance n°2 : préparation du savon.

1. Les corps gras sont des **triesters** du glycérol ou triglycérides de formule générale :

$$\begin{array}{l} RCOO-CH_2 \\ \qquad\qquad | \\ RCOO-CH \\ \qquad\qquad | \\ RCOO-CH_2 \end{array}$$

2. Équation-bilan de saponification d'un corps gras par la soude :

$$\begin{array}{l} RCOO-CH_2 \\ \qquad\qquad | \\ RCOO-CH \; + \; 3\,(Na^+ + OH^-) \; = \\ \qquad\qquad | \\ RCOO-CH_2 \end{array}$$

$$3\,RCOO^- \; + \; 3\,Na^+ \; + \; \begin{array}{l} CH_2OH \\ \; | \\ CHOH \\ \; | \\ CH_2OH \end{array}$$

3.

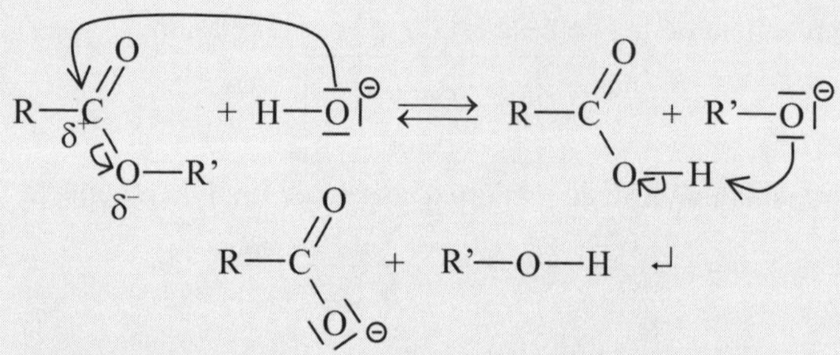

4. La solubilité du savon $RCOONa_{(s)}$ ou oléate de sodium est très faible dans l'eau salée saturée. Le savon y précipite plus facilement et on peut, après avoir laissé reposer le mélange quelques minutes, le filtrer aisément.

C. Phase finale

En présence de jaune d'alizarine, la couleur mauve indique un pH supérieur à 12. Malgré un rinçage à l'eau froide, le savon est encore beaucoup trop basique pour être utilisé sans danger : le mélange est très **caustique** ; il y a un risque de **brûlures graves**, notamment au niveau des muqueuses et surtout des yeux.

12 Polymères

GÉNÉRALITÉS

Définitions

- Macromolécule : molécule constituée d'un grand nombre d'atomes et de masse molaire élevée.
- Polymère : macromolécule construite à partir de séquences d'atomes identiques se répétant un grand nombre de fois.
- Monomère : molécule simple à l'origine des séquences d'atomes identiques se répétant dans un polymère.
- Polymérisation : processus qui transforme les monomères en polymères.
- Motif : séquence d'atomes se répétant dans un polymère.

Exemples de polymères

- Polymère organique naturel : polymère organique d'origine végétale ou animale.
  EXEMPLES : Cellulose et amidon (polymères du glucose), caoutchouc, protéines…
- Polymère organique artificiel : polymère organique issu de la transformation chimique artificielle d'un polymère naturel.
  EXEMPLE : acétate de cellulose
- Polymère organique synthétique : polymère organique issu de la synthèse chimique
  EXEMPLES : polyéthylène (PE), polystyrène (PS), polychlorure de vinyle (PVC), polyéthylène téréphtalate (PET)…

ASPECT QUANTITATIF

Masse molaire moyenne

Moyenne des masses molaires moléculaires des polymères obtenus qui dépend du processus de polymérisation utilisé.
EXEMPLE : $M_{polymère} = 1{,}0.10^4$ g.mol^{-1}

Indice ou degré de polymérisation

Nombre moyen de monomères constituant un polymère.

$$n = \frac{M_{polymère}}{M_{monomère}}$$

EXEMPLE :

Polymère : polyéthylène (PE) de masse molaire moléculaire moyenne $M_{polymère} = 1,0.10^4$ g.mol^{-1}

Monomère : éthylène (éthène) C_2H_4 de masse molaire moléculaire $M_{monomère} = 28$ g.mol^{-1}

$$n = \frac{M_{polymère}}{M_{monomère}} = \frac{1,0.10^4}{28} = 3600$$

En moyenne, ce polyéthylène est polymérisé 3600 fois.

Longueur moyenne d'un polymère linéaire

$L_{polymère} = n.L_{motif}$

EXEMPLE : $L_{motif} = 230$ pm

$L_{polymère} = n.L_{motif} = 3600 \times 230.10^{-12} = 8,3.10^{-7}$ m $= 0,83$ µm.

COHÉSION DES POLYMÈRES

Polymère linéaire

La cohésion des polymères linéaires est assurée par des liaisons de Van der Waals (hydrocarbure) ou par des liaisons hydrogène selon leur constitution.

Ces polymères sont souvent plastiques.

Polymère ramifié

Les chaines de polymères se greffent sur d'autres chaines de polymères au cours de la polymérisation.

Ces polymères sont moins sujets à la déformation plastique que les polymères linéaires (élasticité).

Polymère réticulé

La polymérisation s'effectue dans toutes les directions.

Ces polymères sont souvent durs et thermodurcissables. Leur dureté est irréversible.

USAGES DE QUELQUES POLYMÈRES

Monomère(s)	polymère	usage
$CH_2{=}CH_2$	polyéthylène PE	Films plastiques Emballage
$CH_2{=}CHC\ell$	Polychlorure de vinyle PVC	Tuyaux plastiques Emballage
$CH_2{=}CHCN$	Polyacrylonitrile PAN	textiles
$CH_2{=}CH{-}C_6H_5$	Polystyrène PS	Emballage Isolation thermique
$CH_2{=}C(CH_3)OCOCH_3$	Polymétacrylate de méthyle PLEXIGLAS	Objets transparents et durs
$CF_2{=}CF_2$	Polytétrafluoroéthylène TEFLON ou PTFE	Isolants thermiques et électriques
$C_6H_5OH + CH_2O$	Bakélite PF	Plastique dur
$CH_3(C_6H_5){-}(CNO)_2$ + $HOCH_2{-}CH_2OH$	Polyuréthane PU	Mousses d'ameublement, colles

QUELQUES POLYMÉRISATIONS

Homopolymère

Polymérisation d'un seul monomère.

EXEMPLE : Polyaddition de l'éthylène

$$n\ \underset{\text{éthène}}{CH_2 = CH_2} \xrightarrow[\substack{1000\ p_N \\ \text{catalyseur}}]{300°C} \underset{\substack{\text{polyéthylène} \\ \text{(représentation condensée)}}}{-\!\!\left(CH_2 - CH_2\right)_n\!\!-}$$

Copolymère

Polymérisation de deux ou plusieurs monomères.

EXEMPLE : polymérisation urée-formaldéhyde

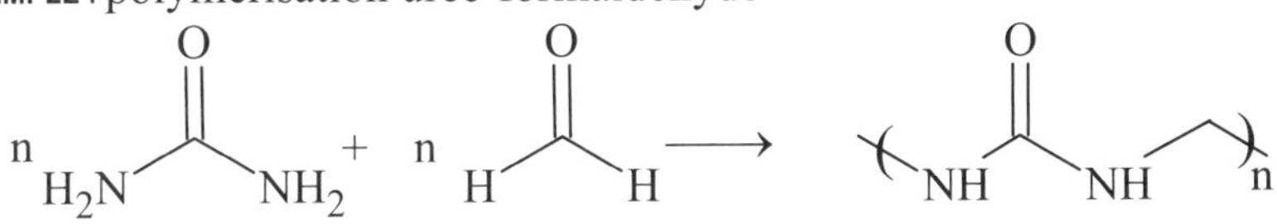

qui peut être réticulé

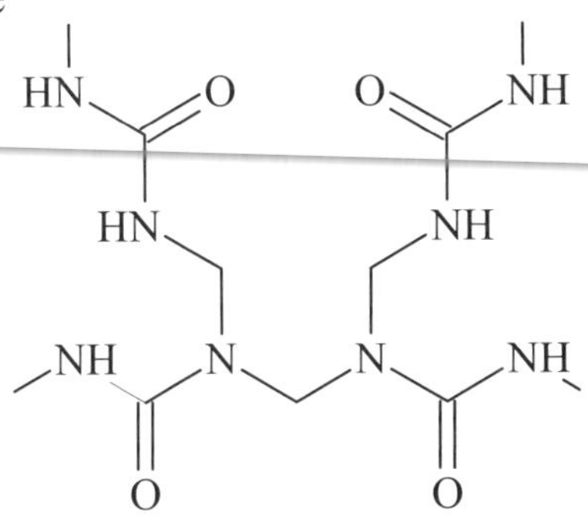

POLYMÈRES BIODEGRADABLES

Le moindre matériau plastique met 400 ans à être dégradé par la nature.

Biodégradabilité

Décomposition de matière organique par des micro-organismes.
Un matériau biodégradable (2 à 3 ans) : le PLA
Polycondensation de l'acide lactique

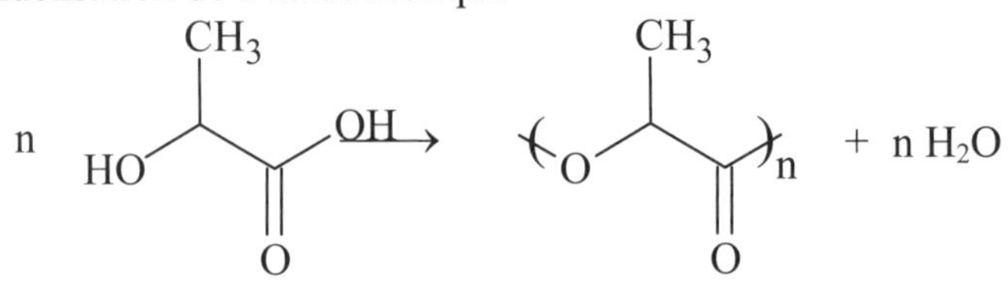

L'acide polylactique PLA est un oligomère (faible degré de polymérisation)
Le PLA est également compostable.

✷ Exercice 1 — 20 min

Le polypropène est un polymère plastique fréquemment utilisé dans l'emballage alimentaire.
Il est représenté par la formule :

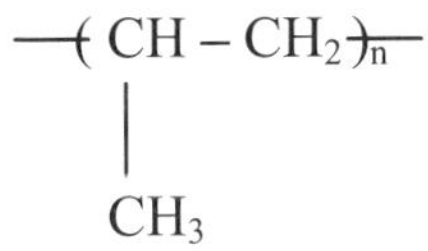

1. Quel est son motif ?
2. Quel est le monomère utilisé pour fabriquer ce polymère ? Le nommer.
3. Représenter une chaîne de 4 motifs de ce polymère en représentations semi-développée et topologique.
4. La masse molaire moyenne du polymère obtenu est 420 kg.mol^{-1}. Quel est son degré de polymérisation moyen ?
5. La longueur moyenne d'un motif est d'environ L_{motif} = 250 pm. Quelle est la longueur moyenne L de la molécule de polymère ?

DONNÉES :
M_H = 1,00 g.mol^{-1} ; M_C = 12,0 g.mol^{-1}. 1 pm (picomètre) = 10^{-12} m.

✷✷ Exercice 2 — 25 min

Le polyisoprène est le polymère contenu dans le caoutchouc. Il est obtenu à partir du 2-méthylbuta-1,3-diène dont la formule semi-développée est :

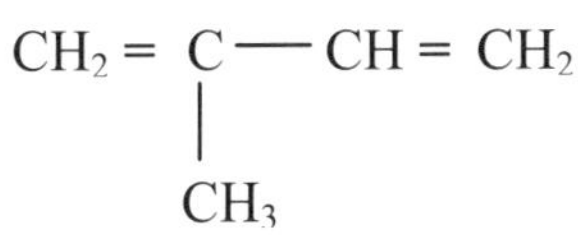

1. Quels sont les deux motifs envisageables pour ce polymère ?
2. Donner la formule condensée des deux polymères isomères possibles.
3. Représenter deux chaînes de 4 motifs dans chacun des cas.
4. Quelles est la masse molaire moyenne du polyisoprène si le degré de polymérisation est de 10000 ?

DONNÉES :
M_H = 1,00 g.mol^{-1} ; M_C = 12,0 g.mol^{-1}.

✷✷✷ Exercice 3 — 40 min

Le nylon 6,6 est un polyamide inventé en 1937 et très utilisé dans l'industrie textile.

Sa représentation semi-développée condensée est :

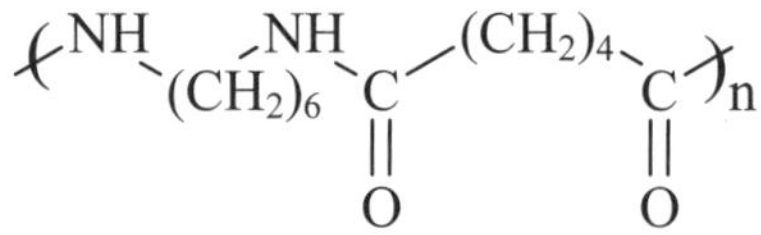

1. Pourquoi ce nylon est-il indicé 6,6 ?
2. Quel type de polymère est-ce ?
3. Entourer la fonction amide sur sa représentation semi-développée condensée.
4. Dessiner sa représentation topologique condensée.
5. À partir de quels types de composés organiques un amide est-il produit ?
6. Retrouver alors les deux monomères qui ont permis de fabriquer le nylon 6,6 et les nommer.
7. Ecrire l'équation de cette polymérisation.
8. Cette réaction est appelée polycondensation. Pourquoi ?

*** Exercice 4 — 30 min

En 1995 on fabriquait, en France, environ 150 000 tonnes de bouteilles à base de PVC, contenant 90% de ce polymère.

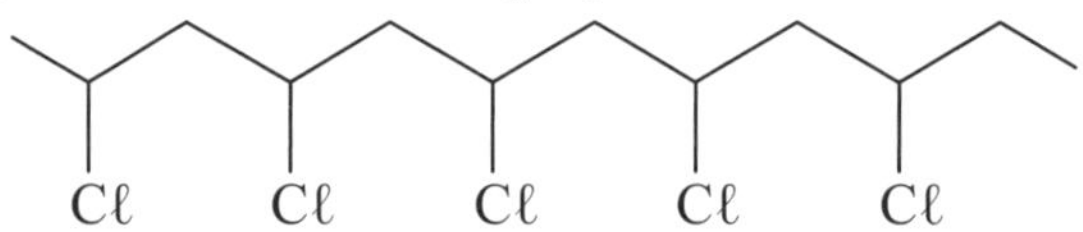

1. Écrire le motif du PVC.
2. La combustion du PVC amène au dioxyde de carbone, à l'eau et au chlorure d'hydrogène. Quelle masse de chlorure d'hydrogène la combustion du PVC contenu dans 1,0 kg de bouteilles libère-t-elle ?
3. Quelle serait la masse totale de chlorure d'hydrogène, libérée annuellement dans l'atmosphère, si toutes les bouteilles à base de PVC étaient incinérées, sachant que la moitié du chlorure d'hydrogène, formé par combustion, reste piégée dans les cendres ?
   La pollution acide de l'atmosphère, due aux activités humaines, se répartissait annuellement en 2 200 000 tonnes de SO_2, 1 500 000 tonnes d'oxydes d'azote et 100 000 tonnes de $HC\ell$.
   Sachant que le tiers des bouteilles à base de PVC sont incinérées, quelle aurait été, en 1995, la contribution, exprimée en %, de l'incinération de ces bouteilles, à la pollution atmosphérique acide totale si le chlorure d'hydrogène n'avait pas été piégé ?

DONNÉES :

$M_H = 1{,}00\ g.mol^{-1}$; $M_C = 12{,}0\ g.mol^{-1}$; $M_{C\ell} = 35{,}5\ g.mol^{-1}$.

Contrôle

25 min / 10 pts

A. Le polystyrène est un polymère très utilisé. Il est obtenu à partir de l'éthénylbenzène (ou vinylbenzène ou styrène) dont les représentations semi-développée et topologique sont :

$C_6H_5 — CH = CH_2$

représentation semi-développée

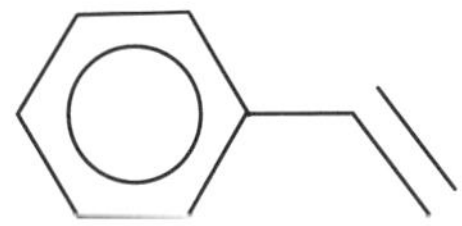

représentation topologique

1. Quel est le motif de ce polymère ? **(1 pt)**
2. Donner la formule condensée du polystyrène. **(1 pt)**
3. Représenter une chaîne de 4 motifs de ce polymère en représentations semi-développée et topologique. **(2 pts)**
4. Quelle est la masse molaire moyenne du polystyrène si le degré de polymérisation est de 20000 ? **(1 pt)**
5. La longueur moyenne d'un motif est d'environ $L_{motif} = 200$ pm. Quelle est la longueur moyenne L de la molécule de polymère ? **(1 pt)**

DONNÉES :

$M_H = 1{,}00$ g.mol^{-1} ; $M_C = 12{,}0$ g.mol^{-1}. 1 pm (picomètre) = 10^{-12} m.

B. Le polyacrylonitrile PAN est utilisé dans l'industrie textile.
Sa représentation semi-développée donne :

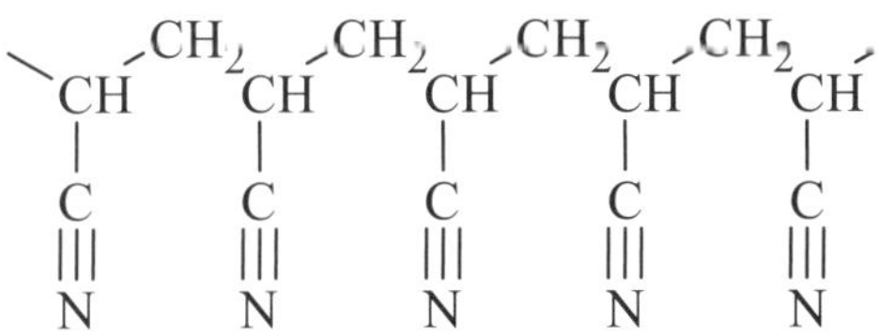

1. Quel est son motif ? Donner sa formule topologique. **(2 pts)**
2. Quel est son monomère ? **(1 pt)**
3. Dessiner le PAN en représentation topologique. **(1 pt)**

Corrigés des exercices

Corrigé 1

1. Le motif du polypropène est :

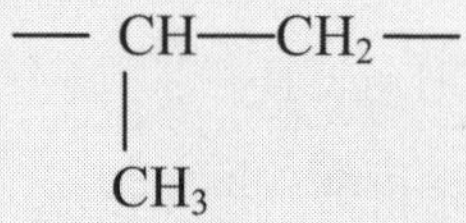

2. Le monomère utilisé est le propène :

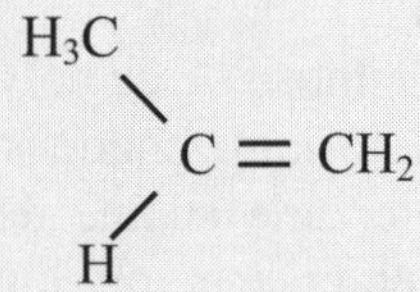

3.

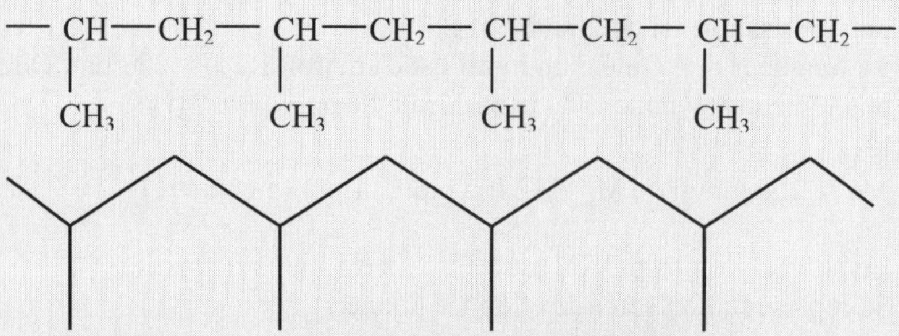

4. La masse molaire d'un polymère obtenu par polyaddition est :
$M_{polymère} = n.M_{monomère}$ n étant l'indice moyen de polymérisation.
pour le polypropène, le degré moyen de polymérisation est :

$$n = \frac{M_{polypropène}}{M_{propène}}. \text{ A.N. : } n = \frac{420.10^3}{3 \times 12 + 6 \times 1,0} = \mathbf{10000}.$$

Le degré moyen de polymérisation de ce polymère est : n = 10000.

5. La longueur moyenne de la chaîne ainsi obtenue est : $L = n.L_{motif}$.
A.N. : $L = 10000 \times 250.10^{-12} = 2,5.10^{-6}$ m = **2,5 μm**.
La longueur moyenne d'une molécule est L = 2,5 μm dans le polymère étudié.

Corrigé 2

1. Le motif du polyisoprène dépend de la double liaison engagée dans le processus de polyaddition :

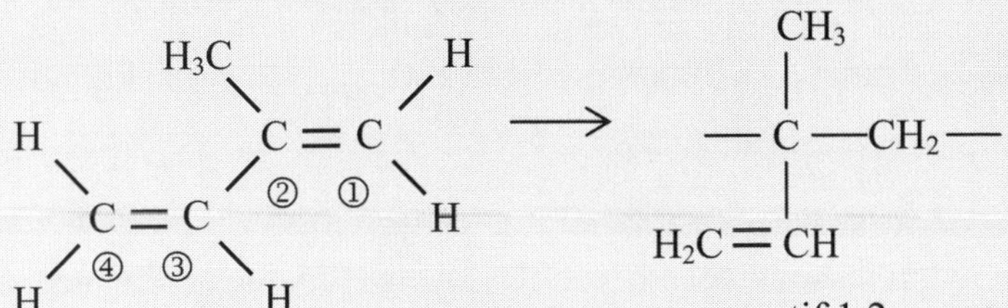

motif 1,2

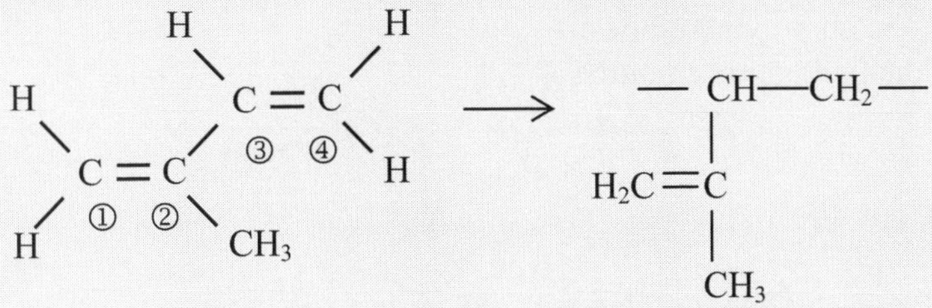

motif 3,4

2.

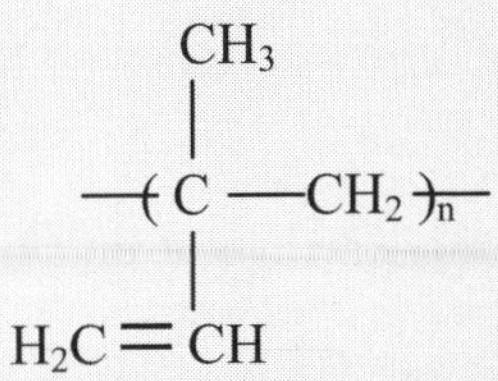

polyisoprène 1,2

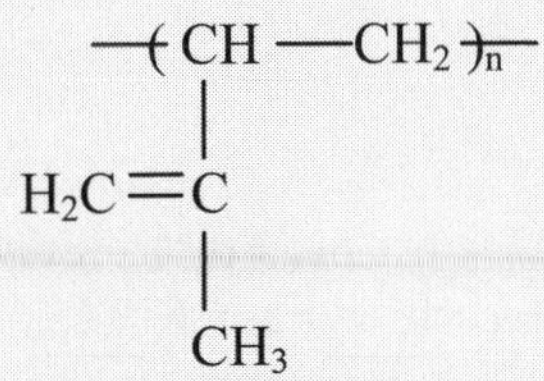

polyisoprène 3,4

3.

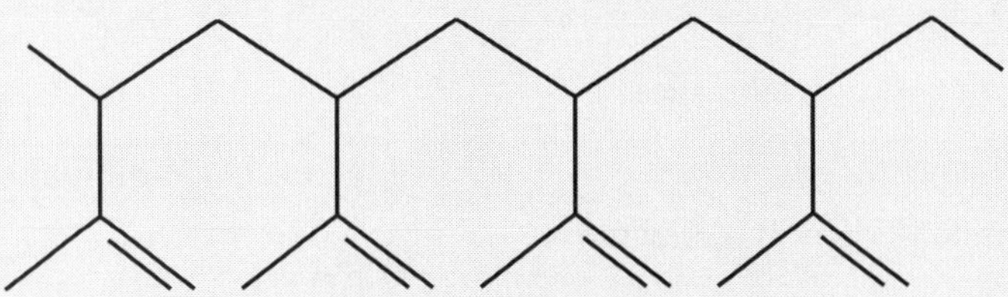

polyisoprène 3,4

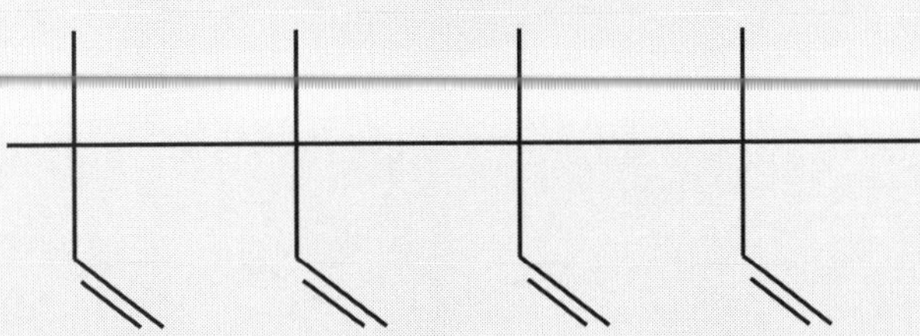

polyisoprène 1,2

4. La masse molaire moyenne d'un polymère obtenu par polyaddition est : $M_{polymère} = n.M_{monomère}$ n étant le degré moyen de polymérisation.
Pour le polyisoprène : $M_{polyisoprène} = n.M_{2\text{-méthylbuta-1,3-diène}}$.
A.N. : $M_{polyisoprène} = 10000 \times (5 \times 12 + 8 \times 1{,}0) =$ **$680000\ g.mol^{-1}$**.
La masse molaire moyenne du polyisoprène de degré moyen de polymérisation n = 10000 est égale à $M_{polyisoprène} = 680\ kg.mol^{-1}$.

Corrigé 3

1. Ce nylon est indicé 6,6 car il y a une double alternance des chaînes carbonées à 6 atomes de carbone (voir représentation topologique).
2. C'est un polymère linéaire.
3. Fonction amide entourée :

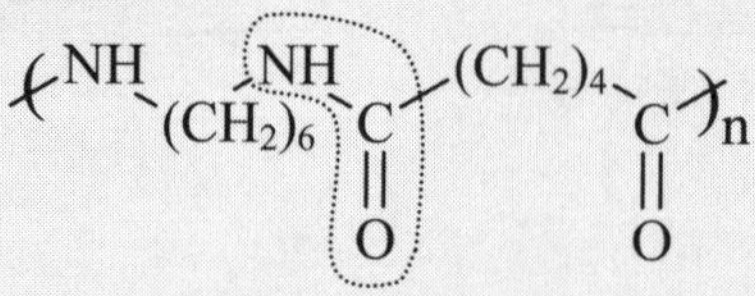

4. Représentation topologique condensée :

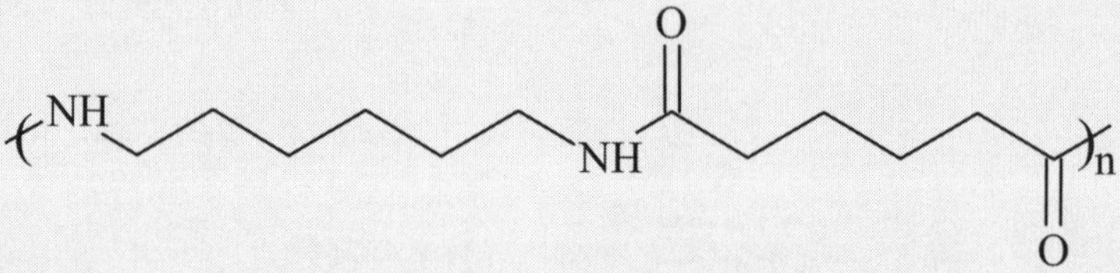

5. Un amide est produit à partir d'une amine RNH_2 et d'un acide ou dérivé d'acide carboxylique R'COX.
6. Les deux monomères qui ont permis de fabriquer le nylon 6,6 sont :

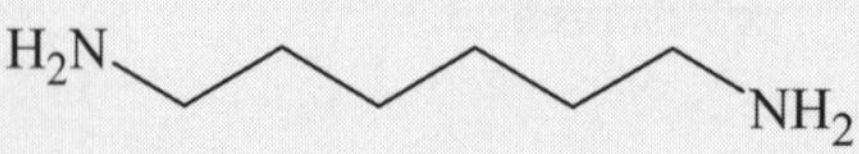	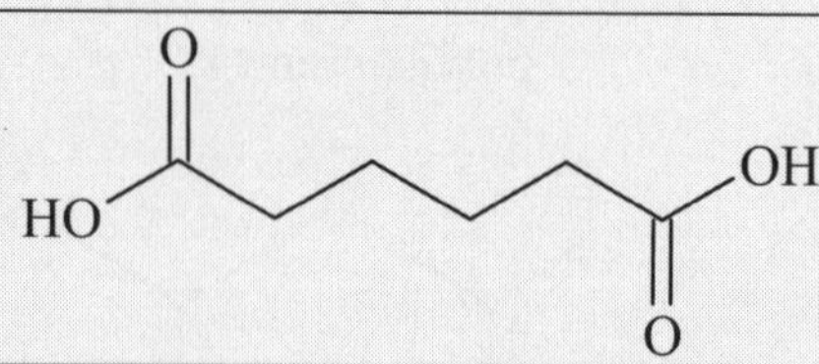
hexan-1,6-diamine	acide hexan-1,6-dioïque ou dérivé

7. Équation de la polymérisation :

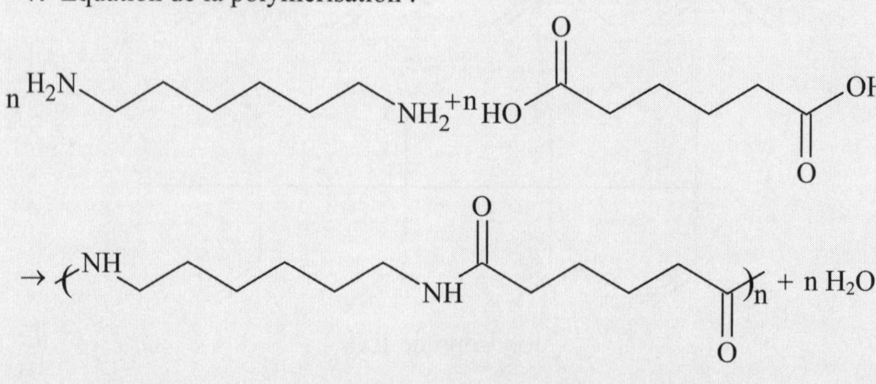

8. Cette réaction est appelée polycondensation car il a élimination intramoléculaire d'une molécule d'eau à chaque création de liaison peptidique (au cours de la formation de la fonction amide).

Corrigé 4

1. Motif du PVC :

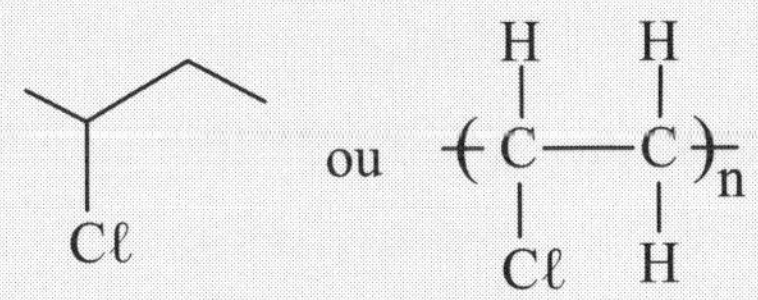

2. Équation de la combustion du PVC :

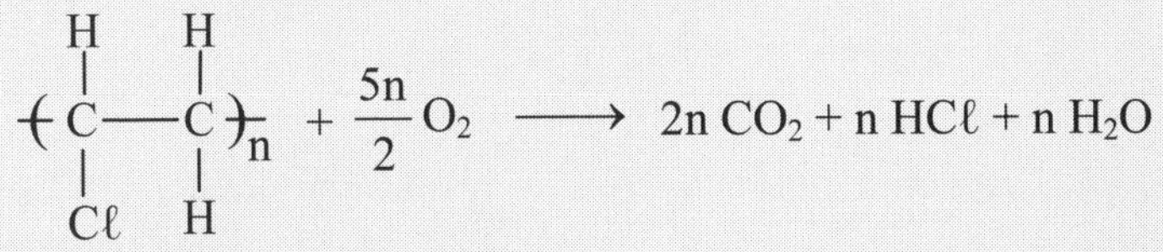

La masse de PVC contenue dans 1,0 kg de bouteilles est égale à :
m_{PVC} = **900 g** (90% en masse).
La masse molaire moyenne du PVC peut s'écrire :
$M_{PVC} = n.(2M_C + M_{C\ell} + 3M_H)$
A.N. : $M_{PVC} = n.(2 \times 12{,}0 + 35{,}5 + 3 \times 1{,}00) = \mathbf{62{,}5n\ g.mol^{-1}}$.
La quantité de matière de PVC contenue dans 1,0 kg de bouteilles est :

$$n_{PVC} = \frac{m_{PVC}}{M_{PVC}} = \frac{900}{62{,}5n}\ \text{mol.}$$

Tableau d'avancement de la combustion totale du PVC (mol) :

	PVC	+	$\frac{5n}{2}O_2$	$\longrightarrow$	$2n\ CO_2$	+	$n\ HC\ell$	+	$n\ H_2O$
EI	n_{PVC}		Excès		0		0		0
EF	0		Excès		$2n \times n_{PVC}$		$n \times n_{PVC}$		n_{PVC}

La masse de chlorure d'hydrogène HCℓ produite par la combustion de 1,0 kg de bouteilles en PVC est égale à :

$$m_{HC\ell} = n_{HC\ell}.M_{HC\ell} = (n \times n_{PVC}).M_{HC\ell} = n \times \frac{900}{62{,}5n} \times M_{HC\ell} = \frac{900}{62{,}5}.\ M_{HC\ell}.$$

A.N. : $m_{HC\ell} = \frac{900}{62{,}5} \times 35{,}5 =$ **510 g** par kg de bouteilles en PVC incinérées.

D'où $\%_{HC\ell}$ = 51% de la masse totale.

3. $m_{HC\ell,totale} = \frac{1}{2} m_{bouteilles,1995} \times \%_{HC\ell} = \frac{1}{2} \times 150000 \times 0{,}51 = \mathbf{3{,}8.10^4\ tonnes}$.

$$\%_{HC\ell,bouteillesPVC,atmosphérique} = \frac{m_{HC\ell,totale}}{m_{HC\ell,atmosphérique}} = \frac{3{,}8.10^4}{100000} = 38\%.$$

En 1995, la contribution, exprimée en %, de l'incinération des bouteilles en PVC, à la pollution atmosphérique acide totale, si le chlorure d'hydrogène n'avait pas été piégé, aurait été de 38 %.

Corrigé du contrôle

A.

1. Le motif du polystyrène est :

$$-CH(C_6H_5)-CH_2-$$

2. La formule condensée du polystyrène est :

$$-\!\!\left(CH(C_6H_5)-CH_2 \right)_n\!\!-$$

3.

$$-CH(C_6H_5)-CH_2-CH(C_6H_5)-CH_2-CH(C_6H_5)-CH_2-CH(C_6H_5)-CH_2-$$

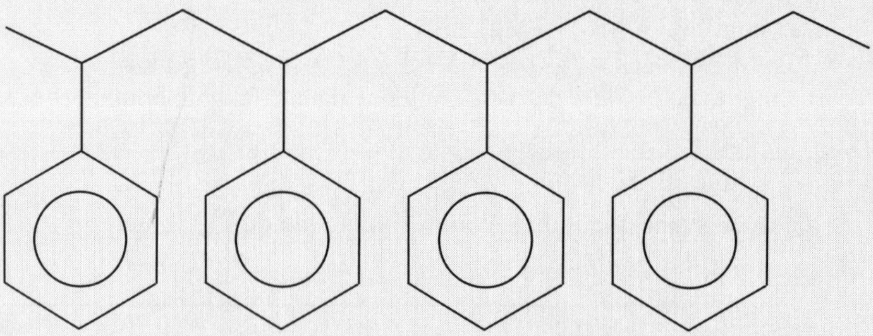

4. La masse molaire moyenne d'un polymère obtenu par polyaddition est : $M_{polymère} = n.M_{monomère}$ n étant le degré moyen de polymérisation.
Pour le polystyrène : $M_{polystyrène} = n.M_{éthénylbenzène}$.
A.N. : $M_{polystyrène} = 20000 \times (8 \times 12 + 8 \times 1{,}0) =$ **$2080000\ g.mol^{-1}$**.
La masse molaire moyenne du polystyrène de degré moyen de polymérisation n = 20000 est égale à $M_{polystyrène} = 2080\ kg.mol^{-1}$.

5. La longueur moyenne de la chaîne ainsi obtenue est : $L = n.L_{motif}$.
A.N. : $L = 20000 \times 200.10^{-12} = 2{,}5.10^{-6}\ m =$ **$4{,}0\ \mu m$**.
La longueur moyenne d'une molécule est L = 4,0 µm dans le polymère étudié.

B.

1. Motif du PAN :

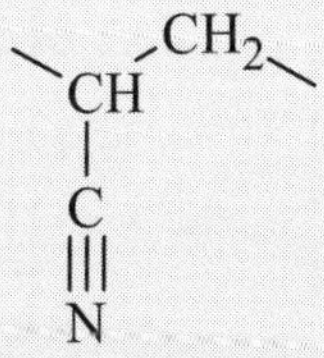

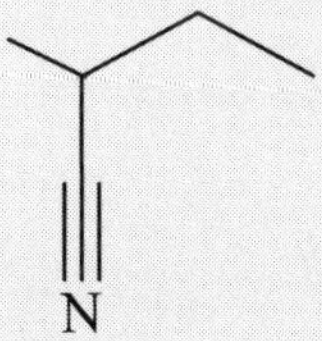

2. Monomère du PAN :

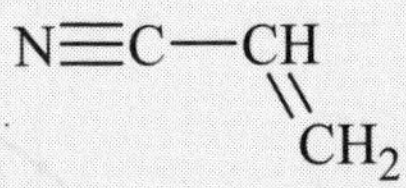

3. PAN en représentation topologique :

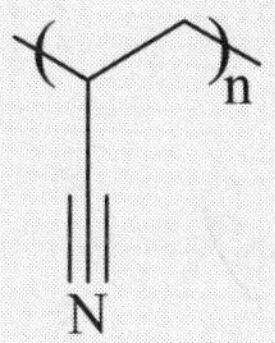

ou

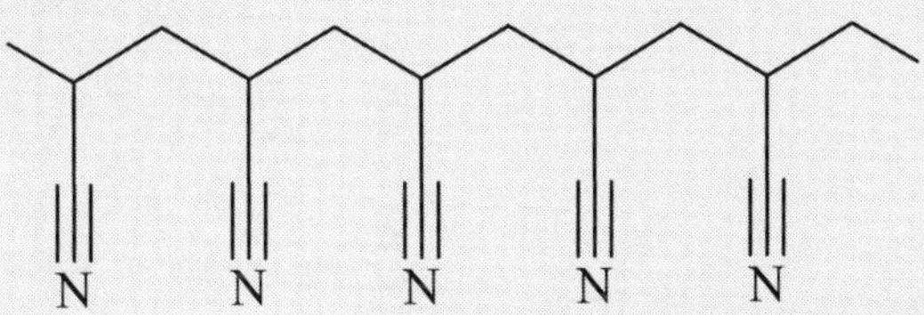

Classification périodique des éléments

A : nombre de masse de l'isotope le plus abondant

Z : numéro atomique

$^{A}_{Z}$X
Nom
M

M : masse molaire atomique ($g.mol^{-1}$) du mélange isotopique naturel

ELEMENTS DE TRANSITION

	I	II											III	IV	V	VI	VII	VIII
K	$^{1}_{1}$H Hydrogène 1,00797																	$^{4}_{2}$He Hélium 4,0026
L	$^{7}_{3}$Li Lithium 6,939	$^{9}_{4}$Be Béryllium 9,0122											$^{11}_{5}$B Bore 10,811	$^{12}_{6}$C Carbone 12,0111	$^{14}_{7}$N Azote 14,0067	$^{16}_{8}$O Oxygène 15,9994	$^{19}_{9}$F Fluor 18,9984	$^{20}_{10}$Ne Néon 20,183
M	$^{23}_{11}$Na Sodium 22,9898	$^{24}_{12}$Mg Magnésium 24,312											$^{27}_{13}$Al Aluminium 26,9815	$^{28}_{14}$Si Silicium 28,086	$^{31}_{15}$P Phosphore 30,9738	$^{32}_{16}$S Soufre 32,064	$^{35}_{17}$Cl Chlore 35,453	$^{40}_{18}$Ar Argon 39,948
N	$^{39}_{19}$K Potassium 39,102	$^{40}_{20}$Ca Calcium 40,08	$^{45}_{21}$Sc Scandium 44,956	$^{48}_{22}$Ti Titane 47,90	$^{51}_{23}$V Vanadium 50,942	$^{52}_{24}$Cr Chrome 51,996	$^{55}_{25}$Mn Manganèse 54,938	$^{56}_{26}$Fe Fer 55,847	$^{59}_{27}$Co Cobalt 58,933	$^{58}_{28}$Ni Nickel 58,71	$^{63}_{29}$Cu Cuivre 63,54	$^{64}_{30}$Zn Zinc 65,37	$^{69}_{31}$Ga Gallium 69,72	$^{74}_{32}$Ge Germanium 72,59	$^{75}_{33}$As Arsenic 74,922	$^{80}_{34}$Se Sélénium 78,96	$^{79}_{35}$Br Brome 79,909	$^{84}_{36}$Kr Krypton 83,80
O	$^{85}_{37}$Rb Rubidium 85,47	$^{88}_{38}$Sr Strontium 87,62	$^{89}_{39}$Y Yttrium 88,905	$^{90}_{40}$Zr Zirconium 91,22	$^{93}_{41}$Nb Niobium 92,906	$^{98}_{42}$Mo Molybdène 95,94	$^{99}_{43}$Tc Technétium 99	$^{102}_{44}$Ru Ruthénium 101,07	$^{103}_{45}$Rh Rhodium 102,905	$^{106}_{46}$Pd Palladium 106,4	$^{107}_{47}$Ag Argent 107,870	$^{114}_{48}$Cd Cadmium 112,40	$^{115}_{49}$In Indium 114,82	$^{120}_{50}$Sn Etain 118,69	$^{121}_{51}$Sb Antimoine 121,75	$^{128}_{52}$Te Tellure 127,60	$^{127}_{53}$I Iode 126,904	$^{129}_{54}$Xe Xénon 131,30
P	$^{133}_{55}$Cs Césium 132,905	$^{138}_{56}$Ba Baryum 137,34	*	$^{180}_{72}$Hf Hafnium 178,49	$^{181}_{73}$Ta Tantale 180,948	$^{184}_{74}$W Tungstène 183,85	$^{185}_{75}$Re Rhénium 186,2	$^{192}_{76}$Os Osmium 190,2	$^{193}_{77}$Ir Iridium 192,2	$^{195}_{78}$Pt Platine 195,09	$^{197}_{79}$Au Or 196,967	$^{202}_{80}$Hg Mercure 200,59	$^{205}_{81}$Tl Thallium 204,37	$^{208}_{82}$Pb Plomb 207,19	$^{209}_{83}$Bi Bismuth 208,980	$^{210}_{84}$Po Polonium 210,0	$^{218}_{85}$At Astate 210	$^{222}_{86}$Rn Radon 222
Q	$^{223}_{87}$Fr Francium 223	$^{226}_{88}$Ra Radium 226	**	$^{260}_{104}$Ku Kurtchatovium 260	$^{260}_{105}$Ha Hahnium 260	$^{263}_{106}$Sg Seaborgium	$^{261}_{107}$Ns Nielsbohrium 261/262	$^{264}_{108}$Hs Hassium 264/265	$^{266}_{109}$Mt Meitnerium 266	$^{269}_{110}$X 269/271 (09/11/1994)	$^{272}_{111}$X (08/12/1994)	$^{278}_{112}$X (30/02/1996)						

*Lanthanides	$^{139}_{57}$La Lanthane 138,91	$^{140}_{58}$Ce Cérium 140,12	$^{141}_{59}$Pr Praséodyme 140,907	$^{144}_{60}$Nd Néodyme 144,24	$^{143}_{61}$Pm Prométhium 145	$^{152}_{62}$Sm Samarium 150,35	$^{153}_{63}$Eu Europium 151,96	$^{158}_{64}$Gd Gadolinium 157,25	$^{159}_{65}$Tb Terbium 158,924	$^{162}_{66}$Dy Dysprosium 162,50	$^{165}_{67}$Ho Holmium 164,930	$^{166}_{68}$Er Erbium 167,26	$^{169}_{69}$Tm Thulium 168,934	$^{174}_{70}$Yb Ytterbium 173,04	$^{175}_{71}$Lu Lutétium 174,97
**Actinides	$^{227}_{89}$Ac Actinium 227	$^{232}_{90}$Th Thorium 232,038	$^{231}_{91}$Pa Protactinium 231	$^{238}_{92}$U Uranium 238,04	$^{237}_{93}$Np Neptunium 1,0	$^{242}_{94}$Pu Plutonium 242	$^{243}_{95}$Am Américium 243	$^{247}_{96}$Cm Curium 247	$^{247}_{97}$Bk Berkélium 247	$^{251}_{98}$Cf Californium 251	$^{254}_{99}$Es Einsteinium 254	$^{253}_{100}$Fm Fermium 253	$^{256}_{101}$Md Mendélévium 256	$^{254}_{102}$No Nobélium 254	$^{257}_{103}$Lw Laurencium 257

Achevé d'imprimer en septembre 2012 par Normandie Roto Impression s.a.s. (France) – N° d'impr. : 12-3632 – Dépôt légal : septembre 2012